德国名将
曼陀菲尔传
Hasso von Manteuffel

汪冰 著

人民日报出版社

图书在版编目（CIP）数据

德国名将曼陀菲尔传 / 汪冰著. -- 北京：人民日报出版社，2012.9
ISBN 978-7-5115-1319-9

Ⅰ.①德… Ⅱ.①汪… Ⅲ.①曼陀菲尔（1897～1978）—传记 Ⅳ.①K835.165.2

中国版本图书馆CIP数据核字(2012)第215077号

书　　名：德国名将曼陀菲尔传
作　　者：汪　冰

出 版 人：董　伟
责任编辑：周海燕
封面设计：王　星

出版发行：人民日报出版社
社　　址：北京金台西路2号
邮政编码：100733
发行热线：（010）65369527　65369846　65369509　65369510
邮购热线：（010）65369530　65363527
编辑热线：（010）65369518
网　　址：www.peopledailypress.com
经　　销：新华书店
印　　刷：重庆科情印务有限公司

开　　本：787mm×1092mm　1/16
字　　数：300千字
印　　张：20.5
印　　次：2012年10月第1版　2012年10月第1次印刷

书　　号：ISBN 978-7-5115-1319-9
定　　价：49.80元

"机动与突袭艺术的大师"、"卓越的装甲兵领袖"
——英国军事理论家、历史学家李德·哈特，1948

"在出其不意地调动部队，敏锐地把握时机，进行足以瘫痪对手的机动等方面，除古德里安外很难再找到堪与隆美尔比肩者。战争后期，巴顿和曼陀菲尔也展示出类似的特质和能力……"
——英国军事理论家、历史学家李德·哈特，1953

"曼陀菲尔可能是继古德里安和隆美尔之后德军最伟大的装甲战术家"
——美国著名作家Cornelius Ryan，1966

"这么一个小个子怎么能在阿登战役中给我们制造那么大的麻烦？"
——二战美军统帅布莱德雷将军，1964

"战士兼政治家曼陀菲尔……加入了德国英雄腓特烈大帝、沙恩霍斯特、格奈瑟瑙、施利芬、克劳塞维茨和毛奇等众神的行列。"
——二战中国战区参谋长、美军四星上将魏德迈，1975

"（曼陀菲尔指挥的）特尔古-弗鲁莫斯之役令我着迷不已，因为它代表着闪电战的防御层面，是与今日依然相关的一个典范。"

——英军准将Richard Simpkin，1979

"特尔古-弗鲁莫斯之役与1942年12月的奇尔河之战、1943-44年的尼克波尔之战一起，被用作美军军官战术教程的经典战例。"

——美军当代军事历史学家格兰茨上校，1995

"非常杰出的装甲师师长……一个耀眼的、充满热情和能量的领导者，每一方面都卓尔不群……一个鹤立鸡群的人物。"

——二战德军元帅曼施坦因，1944

"（曼陀菲尔）不仅为完成任务而冷酷无情和不知疲倦，而且有着出众的军事才华，头脑极为清楚。他还能成功地感染下属并将自己浑身的能量传递给他们……"

——二战德军元帅莫德尔，1945

"（曼陀菲尔）不仅拥有卓越的军事才华，还具有令人侧目的、透过现象把握本质的能力。"

——二战德军上将古德里安，1945

前言

二战硝烟甫一散尽的1948年，英国军事理论权威、历史学家李德·哈特就在其名著《山的那一边》中写下了一段广为流传的断语："这场大战中的德国将领们是他们这个职业——任何地方的这个职业——最精致的产品……"姑且不论这里掺杂了多少个人偏好、道出或隐藏了多少是非真相，昔日对手的一位军事大家的赞誉之词，确曾让多少败军之将在昔日尊荣被剥扯得体无完肤时、在咀嚼失败这杯苦酒的痛苦反思中，能够略微抬起他们曾经高昂的骄傲头颅，甚或生出涕零的感激之心。虽不能说所有德军将领都是军旅职业的精致产物，但后人关注的视角似乎也不应总集中在那几位耳熟能详的大家身上——传记作品早如汗牛充栋的隆美尔，被称为德军最优秀的大脑的曼施坦因，当然还有那位驰骋四方、性烈如火的古德里安。而这恰恰似乎就是多数军事历史爱好者有机会详加了解的几乎所有"最精致的产品"了。摆在读者面前的这部曼陀菲尔传记，就是一位战史研究爱好者试图稍加改变前述格局的一次尝试。

曼陀菲尔纵然不如前述三位将领那么广为人知，但也绝非无名之辈——在中外出版的数百种关于阿登之战的著作中，必然会看到著者们或繁或简地提及德军主将、第5装甲集团军司令官曼陀菲尔。曼陀菲尔固然是在阿登之战中牢牢树立了自己名将的声望，但其参与或主持过的重大战役远不止于此，事实上，他是二战后半程最重要的将领之一。曼陀菲尔1897年出生于普鲁士名门望族，曾祖中有一位堪称铁血宰相俾斯麦竞争对手的军事家兼政治家曼陀菲尔元帅。1908年，11岁的曼陀菲尔进入预备军官学校成为少年军校生，3年后进入著名的里希特菲尔德中央军校，经过斯巴达式的严格训练和军事教育后，1916年初以骑兵少尉军衔投身一战，随第6步兵师转战西线和东线战场。一战后，他随自由军团参加了柏林平乱、剿灭慕尼黑等地革命运动的镇压作战，稍后又被遴选进入战后的10万国防军，成为4000人军官团中的一员。在两次大战之间的漫长岁月里，他长期供职于骑兵，直至1934年末调入初创中的装甲部队。作为古德里安第2装甲师的一名连长，曼陀菲尔与这位装甲兵之父建立了长期的深厚关系，他的能力、口才和教学才华使古德里安将其派往装甲兵学校训练基层军官，他也在教官和校长职务上一干就是7年。

曼陀菲尔错过了1939至1941年初的所有战事，包括德军最经典的闪电战胜利法国战役。他的名将生涯事实上起步于1941年6月22日爆发的苏德战争，3年多一点的时间里他从第7装甲师的一名中校营长火箭般蹿升为德军最年轻的集团军司令官。曼陀菲尔在第7装甲师任营长和团长期间，曾在作战中一路冲锋陷阵、过关夺桥，多次充任大纵深围歼战的装甲箭头，累立战功，特别是在德军扑向莫斯科的"台风"作战中，10月初率战斗群合拢维亚济马包围圈、11月底突袭亚赫罗马伏尔加运河大桥的作战，是其军旅生涯的第一个高潮，他也被誉为"任何情况下都可托付重任的战场指挥官。"经历了1942年初的尔热夫激战后，当年11月曼陀菲尔到北非突尼斯桥头堡出任师级指挥官。在突尼斯的几个月中，他的"曼陀菲尔师"以始终不过5000人的兵力既曾让英军第1集团军狼狈不堪，也让初涉战场的巴顿和布莱德雷的美军第2军付出了昂贵的代价。1943年夏的库尔斯克会战之后，德国战车的命运出现了难以挽回的逆转，就在这个时刻，曼陀菲尔出任第7装甲师师长，率部转战第聂伯河两岸，在基辅突出部反击战中的日托米尔、布鲁希洛夫、拉多梅什利和梅列尼等一系列作战中立下了显赫战功，赢得了希特勒的关注和青睐。1944年初他改任精锐的"大德意志"装甲掷弹兵师师长，率部撤往罗马尼亚北部后，在5月初的特尔古-弗鲁莫斯战役中重创了科涅夫方面军，致使这位苏军名帅在战后回忆录中只字未提罗马尼亚北部的经历。1944年8月间他还率GD师参加了维尔卡维什基斯反击战、立陶宛境内的"双头"作战。可以说，在有曼陀菲尔参加的战役中，他的部队基本都是参战德军各部中表现最出众的。本书相当详细地总结和描绘了曼陀菲尔1943年8月至1944年8月底间投入的所有战事、包括一些鲜为人知的战役。

1944年9月初，曼陀菲尔从师长被直接擢升为第5装甲集团军司令官，来到西线的洛林地区与巴顿的第3集团军交手。本书专设一章讲述曼陀菲尔在这段往往为史家忽略或语焉不详的战事中的角色。在纳粹帝国的最后一赌——1944年12月的阿登反击战中，曼陀菲尔依然是德军将领中取得最大进展、给英美盟军制造最大麻烦的一位，他也因此战在德军内部和英美盟军那里赢得了广泛的声誉。在第三帝国行将崩溃的前夜，曼陀菲尔作为第3装甲集团军司令官，曾与朱可夫和罗科索夫斯基两位苏军名帅大战奥得河防线的北段，直至最后率领基本完整的集团军向蒙哥马利元帅投降。对曼陀菲尔在二战行将谢幕前的最后一战中的角色，本书也有相当翔实的介绍。

曼陀菲尔的战后经历更是与众不同，离开战俘营和重获自由后，他从1948年起即是西德首任总理阿登纳的非正式军事顾问，一直为德国重整军备和重建国防殚精竭虑，为争取老兵权益、释放战俘奔走呼号，也为建立欧洲的反苏策略和防御体系出谋划策。1953至1957年，曼陀菲尔出任国会议员，在西德的国防和外交事务以及新德军的建立过程中发挥了重要作用。1959年8月，他因战时曾下令枪毙一名有临阵畏缩之嫌的士兵，而被西德地方法院判处18个月有期徒刑，但在前总统等显要的帮助下很快获释。曼陀菲尔被称为是"军旅生涯无可挑剔、平民生活卓尔不凡"的融入民主社会的模范，但自1960年代初起，他远离了所有政治活动，除了与昔日的对手艾森豪威尔、布莱德雷、克拉克、蒙哥马利等频繁交往外，还积极参加包括老兵聚会在内的各种活动，同时著述甚丰。1978年9月，曼陀菲尔在度假时因心脏病突发去世。

隆美尔战时是一名公认的"国家社会主义战士"，战后却被冷战期间身居高位的部属们出于种种需要塑造成反希特勒的抵抗运动领袖和德国民族英雄；曼施坦因1949年被作为战犯判处18年徒刑，虽因健康原因早早获释，但他在战争中忠实执行希特勒邪恶政策的举动显然令其卓越的军事生涯蒙尘；古德里安并未被控为战犯，但战后似乎成为最被英美等西方国家嫌恶的前德军将领，而且在1953年即早早离开人世。曼陀菲尔战后的命运与这几位前辈截然不同，他既未被尊奉成隆美尔那样的"民族英雄"，也未被指控为战犯和纳粹分子，而是以"干干净净"的国防军军人象征的身份投入了政坛，还在昔日对手那里赢得了无与伦比的良好声誉和尊敬。二战中的德国国防军当然不是什么干净得毫无暴行与罪行的军队（有这样的军队和战争吗？），作为帮凶，他们也犯下了各种各样的战争罪行，但与恶名昭著的纳粹党卫队、盖世太保、行刑队、集中营看守部队等相比，还是有着很大的区别。事实上，联邦德国立国之初，德国人曾在相当长时间里痛苦地反思军队的战争责任，乃至全体国民的集体罪责，将领们对希特勒的崛起和发动的战争应负何种责任也一直是争执不休的话题。1956年，西德国防部长布兰克（Theodor Blank）曾在公开场合表示："绝不能把军人和战士视为魔鬼，并把他们从社会中割裂开来……德国战士勇敢、忠实、服从地履行了自己的职责。他们被罪恶的国家领导人利用了，这就是他们的悲剧所在。"这段话虽不注定就是盖棺定论，但这个立场显然为战后组建新德军直接扫清了道德障碍，也为德国人在直面历史时既痛苦思过又放下包袱廓清了道路。

曼陀菲尔作为战时德军的一员名将，他的人生轨迹以及后人对他的评价自然无法脱离希特勒的第三帝国时代。自1943年2月首次受到希特勒召见后，到1945年4月前曼陀菲尔曾是受召见次数最多的前线将领之一，希特勒和纳粹高层对他可谓信任有加，尤其是考虑到1941年冬季之后希特勒对国防军将领深深的不信任、厌恶甚至是轻蔑，即便用"备受宠信"一词来描述曼陀菲尔的际遇恐怕也不为过。但是，没有任何证据表明曼陀菲尔是国家社会主义的信徒或狂热的纳粹分子，他能在相对年轻时谋取军旅生涯的高位，主要还是拜他自己的勇敢、才能和战功所赐。整个二战中，曼陀菲尔基本上一直都在忠实地履行军人职责，虽然他曾拒绝执行希特勒下达的"敢死队命令"、"政委命令"和"焦土政策"，也曾挑战邪魔希姆莱的党卫队，更在1945年4月末的最后时刻里抗拒最高副统帅凯特尔的命令，但总体来说，曼陀菲尔是一个简单率真之人，与绝大多数军官类似，他也存在着知识视野狭窄、傲慢自大、不了解政治、不关心军事技战术以外的世界等重大缺陷，而正是这些缺陷使本应秉承军事荣誉和传统的德军军官们心甘情愿地供希特勒驱遣，成为德国战车上一根根可悲的辐条。

　　战后西德武装力量总监施派德尔(Hans Speidel)将军曾对美军四星上将、战时曾任中国战区参谋长的魏德迈(Albert C. Wedemeyer)说过："太多的德国军官一口咬定他们'仅仅是战士'，而且他们对政治知之甚少，或者一窍不通；他们并不觉得除了执行下达的军事命令外还应承担什么责任。"这一评论当然也适用于曼陀菲尔。其实，二战德军将领的视野越来越狭窄、越来越缺乏政治头脑和是非判断力，也是普鲁士—德国军事教育自腓特烈大帝之后百余年演变的结果。18世纪中叶和后半程，腓特烈大帝为普鲁士王国建立了令欧洲诸强敬畏的声誉，那时选择军官最主要的标准是血统和出身——容克贵族、军官世家、高级公务员之子就是他最喜爱、最信赖的军官来源。19世纪之初，当普鲁士军队在耶拿(Jena)惨败于拿破仑之后，伟大的军事改革家沙恩霍斯特(Gerhard von Scharnhorst)着手终结了容克贵族阶层在军官团的垄断地位，"成就和知识水准"也成为选择未来军事领袖的重要标准。不过，即便在改革的黄金时代，普鲁士军官团也一直存在着强调"智力和知识水准"、偏重"性格与精神力量"这两派的斗争。沙恩霍斯特的继承人克劳塞维茨(Carl von Clausewitz)去世后，改革成果曾几乎荒废，直到另一位划时代的军事大家毛奇(Helmuth von Moltke the Elder)担任了普鲁士参谋总长，唯才取人、强调知识水准才成为稳居上风的军官选拔标准，军官团成员必须具备严格的教育水准，参谋本部军官团成员的选拔更是严格，许多军官都是智力兴趣宽广、富有教养和审美情趣的人，不少人通晓历史(并不局限于狭窄的纯军事历史)，对于时代的政治、经济和文化艺术也有着广博的见识。但是，到19世纪末俾斯麦时代终结时，普鲁士—德国军官团中强调"性格与精神力量"的一派占据了上风，支配军官团200年的贵族传统价值观念不仅没有消亡，反而在那些出身虽然普通但知识丰富、视野开阔的将领身上表现得最为明显。用历史学家梅加尔基(Geoffrey P. Megargee)的总结来说，德国人理解的"性格力量"包括坚韧耐久、当机立断、头脑冷静、拼命工作、严守军纪、服从命令、忠诚守信等一系列品质。这些品质当然在任何国家的军队里都很重要，也是指挥官们在战场上应对局势、控制部队和取得胜利必不可少的，但问题在于，德军的军官职业教育在"性格"与"知识"之间失衡了——越来越重视军人的性格和体格的强悍、精神与意志力的作用，越来越偏重与纯粹军事武力直接相关的技战术领域，军官们的智力兴趣和知识视野大大缩小，军官团很少有人对政治感兴趣，或有愿望了解治国之道，几乎所有注意力都集中在如何高效地使用武力，至于军事以外的政治、经济、外交和国民心理等等，均不是未来的军事领袖们需要考虑的。到了1920年代塞克特(Hans von Seeckt)主军时期，打造一支非政治化的小型精英军队、为未来大扩军做好准备是他唯一的目标，军人们被严禁参加任何政党和政治活动，即便选举和被选举权都被褫夺。诸如曼陀菲尔这样的下级军官也只有将所有精力放在强身健体、钻研军事技战术和军事历史等狭窄的专业领域。考虑到这样的历史演进和背景，就不难理解1933年初的骑兵连长曼陀菲尔为什么会向纳粹的万字旗敬礼，二战中的绝大多数德军将领为什么无条件地服从一切命令、心甘情愿地接受任何驱遣。也难怪李德·哈特那段著名的断语中还有一句："如果他们能有更宽阔的视野和更深刻的理解力，他们还能更出色。但是，如果他们变成了哲人，那么他们也将不再成为战士。"

曼陀菲尔战后曾对刺杀希特勒的抵抗运动团体大加挞伐，斥责其成员都是"胆小鬼和卖国贼"，还曾屡次建议阿登纳在组建新军时只能任用那些"恪守誓言者"，"决不能任用那些出于怯懦或个人野心而在背后向领袖捅刀子的所谓抵抗战士"。可以说，曼陀菲尔对自己早年的老战友施陶芬贝格(Claus von Stauffenberg)上校等抵抗分子仇视至深。看过朱维毅所著的《德意志的另一行泪——二战德国老兵寻访录》一书(世界图书出版公司2011版，第216至227页)的读者，想必可从他所采访的二战德军老兵们垂暮之年发出的言论，体会出德国人对密谋团体的认识经历了多么漫长曲折的艰难过程。或许，战后的曼陀菲尔已认识到纳粹政权实为犯罪集团的邪恶性，体会到他曾全身心投入的战争将德国拖入了灾难的深渊，但他根深蒂固的责任感、军人荣誉感和信守誓言的承诺使他无法释怀，也无法原谅前同僚中的反叛分子。

曼陀菲尔是一员名将，也是世界范围内他那个职业、尤其是装甲机动战方面最优秀的将领之一，李德·哈特曾赞誉他是"杰出的装甲兵领袖"、"机动与突袭艺术的大师"，著有《最长的一天》、《最后一役》和《遥远的桥》等名著的作家瑞恩(Cornelius Ryan)也曾说他"可能是古德里安和隆美尔之后德军最伟大的装甲战术家"，至于曼陀菲尔的战时上级和昔日对手对他的好评更是不绝于耳。为这样一位声誉卓著而且也非纳粹分子的将领立传，的确容易滑入一种膜拜的轨道。我本着一种平和的心态，以大量史料为基础，力求相对客观公允、翔实全面地介绍曼陀菲尔的一生。读完本书的读者，掩卷之余定会发现，全书竭力避免描写德国著名军事人物时常见的"膜拜"、"猎奇"或"一批到底"的写作方式，而是试图在言出有据的前提下刻画出一个有血有肉的前德军高级将领。

这本著作能够得以完成，我真心地感激我的夫人和孩子。对于我多年保持着研习战争史和军事人物的热衷，夫人一直给予大度的理解和宽容，当我一度心无旁骛、专注于分析资料和伏案撰写时，夫人更是毫无怨言地纵容我沉溺于自己的爱好，默默地独自承担起照料幼子的责任。我也想感谢我的两个儿子，他们失去了不少爸爸陪着玩耍的时间和机会，但也时常以"捣乱"的方式让爸爸离开案头，能享受一会儿轻松的时刻。

这本著作能以今天的面貌问世，我衷心感谢在军事著作翻译出版方面颇有建树的小小冰人先生。没有他的鼓励和热情举荐，我结识著名出版人、指文图书的罗应中先生的时间可能会大大推后，本书也就难以在今天以这种方式问世。罗应中先生是军事著作出版的行家里手，他不仅待人中恳，而且头脑灵活、创意十足，慨然允诺出版本书之余，还在最后的定稿阶段提出了许多很好的建议，在本书面世过程中发挥了关键作用。这里特向罗应中先生及其编辑出版团队、出版社的相关人士所付出的努力致以谢意。

最后，本书所有的错误和疏漏由作者本人负责。

汪冰谨识
2012年9月

CONTENTS 目录

第一章	引子	001
第二章	成长的轨迹：早年岁月	005
第三章	无奈的看客：投身装甲部队	032
第四章	冰火的洗礼：莫斯科郊外的叹息	042
第五章	伤心的大漠：突尼斯格勒	077
第六章	钢铁的怒吼：重返东线	088
第七章	耀眼的战星："大德意志"装甲掷弹兵师师长	115
第八章	名将的较量：洛林战役	179
第九章	帝国的深秋：阿登反击战	198
第十章	套紧的绞索：奥得河畔	221
第十一章	躁动的灵魂：战后岁月	271
第十二章	矮小的巨人：大结局	295

注释与参考书目 304

第一章
引子

1957年3月初的一天早晨,莱茵河畔的西德首都波恩虽已有几丝春天的气息,料峭春寒还是将这个精致的小城笼罩在寒气和薄雾之中。离莱茵河不远的格雷斯大道(Görresstraße)15号是西德国会的所在地,在这幢并不算恢弘的大楼里,一位短小精悍、目光炯炯的长者正站在一间办公室宽大明亮的落地窗前,紧蹙着眉头,出神地遥望着河畔依然迷离的雾气,还有那有气无力地照射着河面的阳光。

这位派头十足、衣着考究的长者手里攥着一封信,信封上的邮戳日期为1957年3月2日,发信人是杜塞尔多夫(Dusseldorf)地区高等法院的检察总长(Oberstaatsanwalt bei dem Landgericht),收件人则写着:

**"国会议员 退役将军
哈索·冯·曼陀菲尔"**

他就是二战德军的装甲兵将军,曾先后任第7装甲师和"大德意志"装甲掷弹兵师师长、第5和第3装甲集团军司令官,并获得第24枚镶钻骑士最高战功勋章的曼陀菲尔(Hasso Eccard von Manteuffel)。刚过完60岁生日的他正进入四年国会议员任期的最后一年,一直活跃于外交和国防事务的他是西德政坛上一位引入注目的人物,是什么事情让这位一贯活力十足的政治家如此愁眉不展?

正是手中的这封信让曼陀菲尔的内心汹涌澎湃而难以平静。在这封笔调枯涩的公文中,那位检察总长写道:"在立案调查前陆军元帅舍尔纳(Ferdinand Schörner)期间,来自卡塞尔(Kassel)的一位执业医生在1957年1月2日举行的听证会上声称,1944年1月,在乌克兰的瑟柏托夫卡(Shepetovka),时任第7装甲师师长的你下令枪决了一名士兵。军法官指控这名士兵面对敌军胆怯退缩,因之判处其两年徒刑,但随后被作为最高长官的你推翻,而且你不等新的决定下达就下令执行了枪决。第7装甲师的随军牧师在行刑后不久将此事告诉了这位医生……根据国会1953年3月20日通过的相关法案,我现在给你机会就这一指控在1957年3月31日前作出评论和解释。"[1]

曼陀菲尔当然不会忘记发生于1944年1月12日的这桩旧事。当时,一名19岁的士兵在夜间值勤期间,眼睁睁地看着苏军侦察兵将他的班长和另一战友掳走,却因惊惧、怯懦或其他原因,既没有施以援手,也未开枪示警,甚至事后没有立即上报。[2] 第7装甲师军法官以临阵退缩为名判处这名士兵2年徒刑。但曼陀菲尔认为这种举动影响太坏,既有悖于他在所部极力培养战友间感情的政策,又危及防线安全和防区内一所军医院千余伤病员的安危，故而坚持要求严惩不贷，于是两天后对这个年轻人执行了枪决。自1908年从军以来，曼陀菲尔在30余年军旅生涯中历经大小战事无数，指挥过千军万马，从来都有能征善战、体恤部属的声誉。二战结束十几年后的今天回顾当初的举措，他并不认为有何不妥：那个士兵临阵退缩的事实清楚，第7装甲师的防线当时也面临着崩盘的危险，不忍痛杀一儆百则不足以稳定局势和军心，而且还有不少官兵对军法官的轻判交头接耳，纷纷奚落这等同于"回国休假"式的"奖赏"。希特勒最高统帅部下达的"元首7号令"也授权前线指挥官可以采取极端制裁措施，更何况事后他立即向上级做了书面汇报并得到首肯。为什么这个时候把十几年前毫无问题的旧账翻出来？

带着疑问的曼陀菲尔脑海中不禁浮现出1945年5月以来发生的一系列审判前国防军将领的事件。纽伦堡大审判前后，德国国民和老兵大多认为"那是胜利者在审判和羞辱战败者"，随着大规模去纳粹化国民再教育运动的全面开展和深入，国民与舆论对邪恶的纳粹政权以及两百年来的普鲁士军国主义思想进行了痛苦而深刻的反思。在1949年5月联邦德国立国之前，大中城市仍在废墟上进行重建，国人也普遍地在生存和温饱中挣扎，尽管他们痛恨纳粹政权将德国拖入了深渊，也相信军事将领应为输掉的战争负责，但国民对这些将领的态度大致可以用"愤怒但沉默的敌视"来形容，所以这一阶段对将领的审判并未引起普遍关注。即便如此，曼陀菲尔依然清楚地记得两起案例，一起是1947年5月凯塞林（Albert Konrad Kesselring）元帅在威尼斯被英国驻意大利占领军判处死刑，另一起则是1949年8月曼施坦因（Erich von Manstein）元帅在汉堡被英国占领军判处18年徒刑。这两起审判都引起了德国老兵组织、前将领以及英美舆论的强烈反弹。更令曼陀菲尔难以忘怀的是，1948年时，他的战时老长官、装甲兵将军巴尔克（Hermann Balck）被斯图加特地方法院以谋杀罪判处3年徒刑。曼陀菲尔与巴尔克的战时关系相当密切，后者曾数次任其顶头上司。当他1943年夏至1944年初任第7装甲师师长时，巴尔克正是其上级第48装甲军军长，1944年秋曼陀菲尔在西线任第5装甲集团军司令官时，所部正隶属于巴尔克主持的G集团军群。法院指控巴尔克的罪行就发生在1944年11月，当时他的G集团军群所部正在法国阿尔萨斯—洛林地区与美军抗衡，激战正酣、急需炮兵支援之际，他却发现手下的炮兵主任躲在他处烂醉如泥、站立不稳，更搞不清楚炮兵的方位和状况。恼羞成怒的巴尔克立即下令枪毙了这名军官。斯图加特地方法院以"未经军法审判随意枪毙军官"的罪名判处巴尔克入狱3年，不过他在监狱里呆了18个月就重获自由了。当时曼陀菲尔还为此事大感不平，未曾想现在他自己也面临着类似指控。

"简直可笑！我当年的举措一点问题都没有，"曼陀菲尔不禁自言自语，"而且这种指控根本不可能落到英美和法军那些将领头上，荒唐，实在荒唐！一定要说服他们取消指控。"这时他又想起了1953年1月受审的原第133要塞师（1945年1月中改称"克里特"要塞师）师长本撒克（Hans-Georg Benthack）少将，这位少将最后被裁决无罪释放。1949年立国到50年代初的几年里，西德政治的重心和主体事件是重整军备、恢复国防、收回主权和加入北约。与恶名昭著的党卫队、集中营看守部队、盖世太保和纳粹官员团体相比，那时的国防军简直就像一个谜团，无论高级将领还是普通士兵，无不声称国防军是干干净净的、未曾犯下任何战争罪行的"忠义之师"。一些知名将领撰写的回忆录和发表的言论，以及声势日大的老兵团体的不懈努力，甚至为国防军官兵营造了"普通士兵的英雄形象"。此外，还有大批战俘被拘押在苏联和英美战俘营中，老兵团体、若干政客和战俘家属均强烈要求释放他们。这些活动营造了国防军官兵也是"战争受害者"的悲情氛围，因此西德国内的总体舆论一度是有利于、甚至同情前军人的。也正是在这种氛围和政治气候下，曼陀菲尔得以在1953年成功当选国会议员，开始活跃于外交和国防领域，尤其在重整军备和组建新国防军方面更是领军人物。

不过，原国防军第82军中将军长托尔斯多夫（Theodor Tolsdorff）1952年12月被逮捕收监一案，还是引起了曼陀菲尔的忧虑。不到36岁即任军长的托尔斯多夫是普鲁士—德国历史上最年轻的中将，也是紧随曼陀菲尔之后获得第25枚镶钻骑士最高战功勋章的军人。托尔斯多夫被巴伐利亚州特劳恩施泰因（Traunstein）地区法院逮捕的理由是，他在二战最后几天于艾森岑特（Eisenarzt）下令枪决了一位名为霍

第一章 引子

尔茨海（Franz Xaver Holzhey）的上尉。托尔斯多夫承认的确曾下令处死了那名上尉，但称后者当时身着百姓服饰，因而被作为逃兵处置。司法机构认为托尔斯多夫所言与证人的证词出入较大，而且还发现他与另外两起事件有牵连：其一是他曾在1945年3月下令将巴伐利亚兰茨胡特（Landshut）的一座大桥"不必要地"炸毁（实际情况是当时在撤退过程中未炸毁桥梁的其他将领都被逮捕或枪毙了），其二则是他于1945年4月在杜塞尔多夫下令执行了另一起枪决。1953年4月，托尔斯多夫因健康原因暂时获释。他在战争期间曾14次负伤，尤其是在东线头部所受的重伤一生都在困扰着他，但检方却认为他在使诈，他们的证据表明托尔斯多夫"在战争的最后阶段精力非常充沛，显然身体状况极佳"。托尔斯多夫当时在多家医院辗转治疗也是实情，可见检方试图将其扳倒和绳之以法的决心还是很大的。托尔斯多夫一案一直拖到1954年6月21日才开庭审理，当时新闻媒体怀着浓厚的兴趣，以很大篇幅报道了他从1939年时的上尉连长到晋级为中将军长的窜升过程，以及他获得最高战功勋章并先后14次受伤的事实。此外，为之出庭作证的凯塞林和原第1集团军司令官弗尔奇（Hermann Foertsch）将军也引起了媒体的兴趣。曼陀菲尔从报章杂志的广泛报道中了解到该案的情况，注意到有媒体专门就战时前线的压力、流血和挥汗如雨，与法庭外油绿的草坪所代表的宁静祥和进行了意味深长的对比，给他印象最深的还是许多媒体认为民事法庭并不适合裁决十几年前军事指挥官的战场决案。托尔斯多夫在法庭上首先描述的就是在二战最后数日里其第82军的战场态势，声称有必要维持战场纪律和强化官兵的抵抗意志，否则无法保证成千上万的官兵和平民从东南欧及捷克斯洛伐克逃至阿尔卑斯山区。在描述枪决霍尔茨海的情形时，托尔斯多夫说这位时年60岁的上尉（一战老兵）当时身着百姓服饰，来到他的指挥部声称艾森岑特镇镇长要求他在附近的野战医院前树起白旗和两块牌子，以此希望美军不致轰炸医院。托尔斯多夫在法庭上称不记得上尉当时是否举着红十字会的白旗，但记得有命令指出任何手举白旗者可被就地正法。法官质问他为什么不先弄清楚为何霍尔茨海身着百姓衣饰（后者当时正在休假），托尔斯多夫则称宣布枪决令时霍尔茨海一言不发，显然"内

心有愧且认罪"。托尔斯多夫还表示自己当时的压力非常大，"每天要抽60到70枝香烟，还喝很多的咖啡"，因而没有细想自己的命令是否合法。弗尔奇和托尔斯多夫的参谋长先后出庭作证，他们对托尔斯多夫的个人品行给予了绝对肯定。6月22日，当凯塞林出庭作证时他借助一幅大地图向法庭解释了战争结束前阿尔卑斯山区的整体态势，高大挺拔的托尔斯多夫一直笔直地站立在老元帅身边。凯塞林最后总结道："托尔斯多夫在那种情况下下令枪决不仅被允许，而且必要。"最后出庭的是关键性证人——艾森岑特镇时任镇长埃京格尔（Franz Egginger），这位镇长断然否认自己曾让老上尉到野战医院前升起红十字会的白旗，还说托尔斯多夫当时破口大骂"这里还在打仗，你们这群胆小的猪猡！"更声称自己直到今日还为托尔斯多夫的粗暴无礼感到愤怒。托尔斯多夫在第3天的庭审辩论结束时坦承为上尉之死感到难过，但坚持自己的所作所为没有任何违法之处。然而，陪审团最终还是判处他3年半徒刑，裁定他未经军法审判擅自处决军官，且未给当事人解释的机会。这一判决引起了当时正致力于重整军备的一些前军官的愤慨，他们认为如此对待最高战功勋章获得者必将引发大的争议，进而影响新军的组建和征兵工作。当时还有谣传说国防部长正考虑将托尔斯多夫这位年轻的将军招入新军。1956年6月，西德联邦上诉法院推翻了特劳恩施泰因地方法院的裁决，责成其重新审理。到底最终会判决托尔斯多夫有罪无罪，包括曼陀菲尔在内的不少人都在拭目以待。

1954年后，西德国民开始直面一度被漂白的国防军，司法机构也锲而不舍地追究战争最后阶段里将领们以维持战场纪律为名而草率实施的行刑。除了国内的民情舆论、国际政治环境的变化等因素外，恐怕这也和德国人甩掉历史包袱、彻底检讨战争罪行与恶果的决心等不无关系。

1955年1月，有着"魔鬼将军"之称的舍尔纳被苏联释放回到了西德，苏方在多次劝说其加入东德人民军出任高阶将领未果的情况下，希望通过将之遣送回国来干扰和破坏西德重整军备的进程。舍尔纳曾在希特勒的政治遗嘱中排名第6，且被任命为陆军总司令，他的归来果然引起了轩然大波，当时的新闻媒体和舆论像一锅煮沸的水一样鼓噪不已，多数媒体都将舍尔纳

描绘为"残暴狭隘、死忠纳粹的一头怪兽"。1955年2月舍尔纳就受到西德内政部的调查指控,其罪行主要包括:1945年5月6日在德累斯顿草率处决或绞死了士兵;战争期间数次践踏军事法,仅以口头命令即把军官解职或降职;布拉格战役期间未宣布该城为不设防城市,致使成千上万人白白丧命,而他本人却在最后时刻换上便装扔下部队逃跑。接到作证要求的军官对这些指控反应不一:有些人利用自己的影响力发动其他老兵,千方百计地将自己所代表的军人团体与舍尔纳划清界限;还有些将领则认为,审判舍尔纳其实就是把军官团作为被告再次集体羞辱一番。慕尼黑的地方检察官与西德联邦内政部分头进行了长时间的证据收集,但期间遇到很多意想不到的困难,虽有不少人控诉舍尔纳犯有多起屠杀罪、非法行刑罪以及干预军事司法公正罪,但证据确凿的实在寥寥无几。检方也确认了舍尔纳在最后时刻遗弃部队、搭乘飞机自行逃走的事实,但由于无法板上钉钉地证实大量自相矛盾的细节,因而并不准备在审判时指控舍尔纳犯有遗弃部队的罪名。舍尔纳一案自1955年2月立案以来进展相当缓慢,到曼陀菲尔接到指控信的1957年3月时,仍迟迟不能开庭审理。

曼陀菲尔与舍尔纳并无深交,战时轨迹也没有太多交集,他也相信自己对待属下虽然严格,但从来不失公正,从未像舍尔纳那样动辄即以绞刑方式草率处决官兵,自己的声誉与舍尔纳那种"普通士兵之凶神恶煞"的恶名有着天壤之别。不过他赞同的观点是,不管是舍尔纳、他自己或是别的什么人受到审判,将领们无疑都被不公正地要求为希特勒的崛起和发动的战争负责。曼陀菲尔参政后更是煞费苦心地为界定新德军"可以言说的过去"而奔走呼号,他清醒地估计到这个过程将有更加苦涩的倾轧。他曾公开宣称自己与1944年7月20日刺杀希特勒的抵抗运动群体毫无干系,称他不仅为这个事实感到自豪,同时也以自己将战士的职责履行到最后一刻为荣。在讨论应由什么样的人来领导西德和新军队时,曼陀菲尔曾清楚地向时任总理阿登纳(Konrad Adenauer)表明态度——在他看来,重新武装起来的新德军必须由那些久经考验的军人领导,而且只能使用那些"恪守誓言者",决不能任用那些"出于怯懦或个人野心而在背后向领袖捅刀子的所谓抵抗战士,因为这些背信者无法赢得体面的德国人的尊重"。他不止一次地强调说:"我们需要真诚率直、诚实可靠、坚定且富有远见的人,他们拥有勇敢无畏的品质和领导能力,他们过去信守誓言,将来也会这么做。"[3]

"尽管我自信清白,但如果真被他们作为被告弄上法庭,作为议员的我必定颜面大失,必须得做些准备工作,说服他们放弃莫名其妙的指控。"想到这里,曼陀菲尔收住了思绪,快步走到办公室外间,客气地请女秘书向国防部查询1943年至1944年希特勒最高统帅部下发的相关命令,尤其是查找他当年援引的元首7号令的副本。同时,他觉得应该给大律师拉特恩泽尔(Hans Laternser)博士写封信,向他通报法院的相关指控,请他担任辩护律师,同时着手准备辩护材料。这位大律师精通英美法系,因在纽伦堡审判中为多位德国战犯辩护而名声大噪,后又领衔律师团队为凯塞林和曼施坦因辩护,深得前将领们的信任与器重。

写完这封信后,曼陀菲尔觉得有点累了。他把整个身体陷入转椅中,长长地嘘了口气,微微合上眼睛,一刹那间,如烟往事开始一件件浮现在眼前……

第二章
成长的轨迹：早年岁月

坚韧无情：贵胄世家与少年军校

柏林西南20余公里处有一条蜿蜒动人的哈弗尔（Havel）河日夜不停地缓缓流淌，河畔有一座汇聚了普鲁士-德国建筑艺术精华的历史名城波茨坦（Potsdam）。在18和19世纪的历史上，波茨坦之于普鲁士，就像温莎在英格兰的地位一样显赫，自1745年腓特烈大帝（Frederick the Great）在此兴建皇宫以来，历代普鲁士帝王均居于此间，一直到1918年末，帝国末代皇帝逃亡荷兰为止。规模浩大的"无忧宫"（Sanssouci）像一幅由森林、绿地、花园、宫阙、雕塑和喷泉组成的精美画卷，优雅地展现在世人面前。环绕皇宫分布着一座座或雄伟、或精巧、或豪奢的城堡，居住着皇亲国戚、将领和贵族世家，以及皇室的近卫军。1897年1月14日，曼陀菲尔就出生在其中的一个城堡里。这座城堡虽然不若皇宫那般富丽堂皇，却也雄壮考究，周边遍布如茵绿地和参天大树，庭院前的花团锦簇与雕塑喷泉交相呼应，宽大明亮的城堡内则摆满了名贵家具、精美银器和来自东方的瓷器与工艺品。城堡大厅的四壁挂着许多珍稀的油画，最醒目的是一幅硕大的腓特烈大帝肖像，还有环伺其侧的诸多普鲁士名将与英雄的画像，显示出这个家族与普鲁士王室和军队不可分割的密切联系。

曼陀菲尔家族是普鲁士最古老的贵族世家之一，公元1287年的波美拉尼亚（Pomerania）地方文献就有其先祖活动的记录。[1,2] 此后几百年间，门庭显赫的曼陀菲尔家族产生了众多的军事家和政治家，他们侍奉辅佐着从威廉选帝侯（Frederick William）到腓特烈大帝再到其后世子孙的历代帝王们，力助普鲁士崛起于贫瘠的沙丘平原，在造就令欧洲敬畏的普鲁士军队及其精神的过程中，留下了曼陀菲尔家族的赫赫声名。19世纪的两位曼陀菲尔恐怕是这个贵胄世家中最出名的：其一是生于1805年的奥托·西奥多·冯·曼陀菲尔（Otto Theodor von Manteuffel），他于1848年成为勃兰登堡大公的内政部长，并在1850至1858年间担任普鲁士首相兼外交部长。这位曼陀菲尔1850年被授予柏林荣誉市民称号，市内一条大街冠以其名，1869年时，威廉港的一条大街也被命名为"曼陀菲尔大道"，国王威廉一世亲自主持了命名仪式，以表彰他在宪政改革方面的杰出贡献。另一位曼陀菲尔是出生于1809年的埃德温·冯·曼陀菲尔（Edwin Freiherr von Manteuffel），他与前一位曼陀菲尔是堂兄弟，自幼一起长大，但成年后选择了军旅生涯，在1866年的普奥战争中因率部攻克符滕堡（Wurttemberg）而被授予"蓝色马克斯"（Pour le

Mérite)普鲁士最高战功勋章。在1870至1871年的普法战争中,他率领的南方集团军在战胜法国的过程中发挥了关键作用,法国的阿尔萨斯-洛林地区就此易手,威廉一世也在凡尔赛宫加冕成为德意志帝国皇帝,完成统一后的德国自此以"第二帝国"之名出现在历史上。除将这位战功赫赫的军事领袖晋升为元帅外,威廉一世还派遣外交才能颇为不凡的曼陀菲尔代表自己出使维也纳和圣彼得堡。历史学家克雷格(Gordon A. Craig)曾这样写道:"在19世纪的德国史上出现的所有政治家型的将军中,曼陀菲尔无疑是最令人感兴趣,争议也最大的一位……他之所以未能取得后来俾斯麦的彪炳地位,可能仅仅是因为他那极强的个人虚荣心和勃勃野心造成了别人对他的不信任。曼陀菲尔总是有意模仿巴敏诺达(Epaminondas)、汉尼拔(Hannibal)和华伦斯坦(Wallenstein)等历史上的巨人,就连他自己的拥趸和崇拜者也时常对之感到厌恶或忍俊不禁;俾斯麦常恼火于曼陀菲尔的自负和虚荣,曾轻蔑地称之为'一个荒诞不经的下士'……如果说曼陀菲尔一生都在追求卓越和伟大,那么他这么做的原因,仅仅是他认为自己的伟大会为他提供更好地尽忠国王和国家的机会。"3 曼陀菲尔很长时间都是德意志政坛和军事生活中一颗耀眼的明星,人们一般认为正是因为铁血宰相俾斯麦视其为最强劲的对手,才在1879年将之排挤和赶出政治中心柏林,外放到阿尔萨斯-洛林担任总督。同时代的一位普鲁士将军施魏尼茨(Hans Lothar von Schweinitz)曾说曼陀菲尔"对国家的爱就像燃烧的烈火一样;对高贵和崇高既虔诚又热情的追求充满着这个真正的普鲁士人的心胸;基督教徒的谦恭和心灵的伟大统一在这个人身上,也使他成为拥有所有普鲁士伟人都具备的那些美德的一个典范。"3

埃德温·冯·曼陀菲尔元帅于1885年辞世,但他的战争经历、传奇事迹和历史地位极大地影响了12年后出生的哈索·冯·曼陀菲尔,也是后者一生的荣耀和效法的榜样。哈索的父亲埃卡德·冯·曼陀菲尔(Eccard von Manteuffel)是一名退役陆军上尉,与母亲苏珊娜(Susanne von Manteuffel)育有两子三女,哈索排行第三。4 关于父亲,曼陀菲尔在战后的回忆录中甚少提及,只是说过幼年时与父亲及其战友的接触早早激发了自己投身军旅的想法与热情。当父亲1904年1月撒手人寰之时,7岁的曼陀菲尔已是当地维多利亚文理学校(Victoria Gymnasium)的一名二年级学生。虽然幼年丧父深深刺痛着他的心,但在这所历史悠久、颇负盛名的学校里,他结识了一些家境相似、军官父亲也同样早亡或战死的朋友,这多少给他幼小的心灵增添了一些慰藉。母亲苏珊娜是一个坚强的女性,凭借着优越的家境和深厚的社会关系,她精心照料子女,培养他们养成坚韧的性格和独立自强的品行。幼年的曼陀菲尔也早早养成了重视学习、勤于思考、善于总结的习惯,他的德语、法语、历史和数学等必修科目的成绩非常优异。按照规定,学生稍微年长后可以选学德语和法语之外的其他语言,如英语、希腊文和拉丁文等。曼陀菲尔对英语的兴趣远胜其他,数年后进入少年军校和高级军校后又一直勤学不辍,幼年奠定的坚实基础使他精通了这门语言,以致于当他晚年向驻扎在德国的美军演讲时,美国人无不惊讶其英语的流利程度和对语言微妙细节的把握能力。

求学的日子里,曼陀菲尔虽然心无旁骛地执着于学业,但学校组织的参观和郊游活动,还是令他一再震撼于波茨坦林立的洛可可风格和新古典时代的辉煌宫阙,还有站在小山之巅远眺哈弗尔河时那种摄人心魄的美。晚年的曼陀菲尔在回忆1918年冬一战结束后返回波茨坦时,曾感慨自问:"眼前的那些小山,是否还是我儿时记忆中的旧识?"5 1944年秋,新晋装甲集团军司令官的曼陀菲尔再次回到波茨坦,他一路追寻着儿时的记忆,却只能面对着战火损毁的宫阙和满目的残垣断壁唏嘘不已。在他的记忆中,20世纪初的波茨坦无疑是一个美仑美奂的地方,圣尼可拉斯大教堂(Nikolaikirche)的穹窿屋顶令他想起了油画名作《圆桌》(Tafelrunde),画中所绘的腓特烈大帝与伏尔泰等一干顾问近臣齐聚无忧宫大理石厅的场景,依然令他无限向往,而这座教堂的建筑师、同时也是普鲁士铁十字勋章设计者的申克尔(Karl Friedrich Schinkel),更在他心目中有着英雄般的地位。的确,生活在这样一个独特的文化之都,很容易让成长中的青少年产生探究历史、研习建筑与绘画艺术的愿望,但对曼陀菲尔来说,最具神奇吸引力的,还是莫过于大教堂左边的近卫军军营,以及那些服饰华美、军容威严、枪刺闪着凛光的近卫军军人。在皇帝每年生日那天举行的盛大游行上,站在路旁向阅兵队伍挥舞小旗、雀跃欢呼的孩子中,总有曼陀菲尔矮小的身影。

随着时光的流逝,曼陀菲尔即将小学毕业了,在决定是进入普通中学还是选择从军的问题上,小小年纪的他肯定地告诉母亲,自己想进入预备军校成为一名少年军校生,以便来日加入普鲁士军队并成为父亲那样的军官。虽然母亲并不惊讶儿子的想法,毕竟这个家族的男丁几百年来身上都流淌着报效国家的热血,家族的显赫门庭也奠基于追随帝王南征北战的传统,而且军官团仍是当时社会地位最高、最受尊崇的阶层,但当她看着刚满10岁的儿子满脸稚气的面庞时,仍在怜惜之余踌躇不决。曼陀菲尔虽在同龄人中显得瘦小羸弱,但身体健康,心智健全,甚至因为矮小和缺乏力量而一直有意识地培养自己,以机敏睿智和攻击性来弥补身材的缺陷。在曼陀菲尔的一再劝说下母亲打消了疑虑,他也得以在1908年4月进入萨勒河畔瑙姆堡(Naumburg und der Saale)的预备军校学习。巧合的是,当曼陀菲尔来到这里时,一位名叫莫德尔(Walter Model)的17岁青年刚在当年2月离开瑙姆堡,前往尼斯(Nesse)军校学习。莫德尔当时已被有条件地接受为第52步兵团的候补军官,二战中他不仅成为隆美尔(Erwin Rommel)之后德军最年轻的元帅,其轨迹也将与曼陀菲尔多次交汇。

在描述曼陀菲尔的少年军校生活之前,有必要先简略交代一下1918年前普鲁士-德国的军事教育体系。1717年,普鲁士国王腓特烈·威廉一世将柏林的各军校整合为一,在郊区的里希特菲尔德(Lichterfelde)建立了普鲁士候补军官团(Prussia Cadet Corps),专门招收11至18岁的男性青少年就学,并将其领导权交给了未来的腓特烈大帝。普鲁士候补军官团的主要任务是为有志成为军官的贵族子弟提供必要的教育,从开办之初起压倒多数的生源都是贵族世家或军官子弟。之后欧洲各国纷纷效法,俄罗斯1732年建立的贵族候补军官团(Russian Nobel Land Cadet Corps)、法国1751年建立的巴黎军校(Ecole Militaire)、奥地利1752年在维也纳新城建立的特雷西亚(Theresian)军校等,都有着模仿普鲁士军校的浓厚气息。[6] 经过百余年发展和变迁,当普鲁士在普法战争中击败了法国、完成了德国统一大业之后,普鲁士军队的声望达到了顶点,其职业军官的教育训练体系也日臻完善,形成了以里希特菲尔德中央军校为核心、8个预备军校向其输送15岁左右军校生的完整体系。[7] 里希特菲尔德中央军校被称为"高级军校"(Hauptkadettenanstalt),8个预备军校则分别位于戈斯林(Goslin)、波茨坦、瓦尔施泰特(Wahlstedt)、本斯堡(Bensberg)、普隆(Plon)、奥拉宁施坦因(Oranienstein)、卡尔斯鲁厄(Karlsruhe)和瑙姆堡。曼陀菲尔就学的瑙姆堡军校创建于1900年,是建立最晚的一个,也因之拥有各种最新式的设备、军事和体育训练设施,堪称条件最现代化的一个。按照普鲁士军队的条例,一个军校生从进入预备军校到毕业离开中央军校共需9年,从最低一级到最高一级相应分为9级,每级学业为期一年,包括起步的第6级(Sexta)、第5级(Quinta)、第4级(Quarta)、下第3级(Unter-tertia)、上第3级(Ober-tertia)、下第2级(Unter-secunda)、上第2级(Ober-secunda)、下第1级(Unter-prima)和上第1级(Ober-prima)。[8] 预备军校涵盖第6级至上第3级,其余课业属于高级军校,而后者还有一个称作"精选级"(Selecta)的层级,极少数能力卓越、身体强健且足够成熟的候补军官,有资格从这一层级被直接授予少尉军衔,当然能做到这一点的人可谓凤毛麟角。

欲进入预备军校的男孩子必须通过严格的体检以及德语和算术考试。根据学生支付学费的状况,预备军校将申请者分成四类,其中能获得全额或部分学费豁免的一类被称为"皇家少年军校生",特指普鲁士军官子弟,尤其是那些在战争中丧生、或因战场伤病而后亡故的军官之子。对此类申请者,皇帝本人对录取委员会的决定拥有最终否决权。每个预备军校全部四类学生的年录取额为220人(规模稍小的普隆军校只能接纳150名学生)。曼陀菲尔进瑙姆堡军校时无疑属于"皇家少年军校生"这一类,他还是所有人中年纪最小、个头最矮的一个,这曾让他一度非常受挫,花了好一段时间才让大家习惯了他这个"小不点"。曼陀菲尔和同学们被编成两个连,各级军官均为现役军官,而军士长和班长则由高年级学员担任。从理论学习的内容来看,预备军校与普通中学没有本质区别,军事课程根本不在考虑之列,因为普鲁士军方相信"在年轻人真正接触到实际战场之前,修习军事职业的理论不会有多大益处。当年轻人根本不知道如何调遣连营级兵力,甚至在阅兵游行上也从未见过这么多士兵时,阔论战术原则又有何益?"[9]当然,这种学校与普通中学最大的区别在于更强调严格的纪律,灌输对皇帝和国家的绝对忠诚和身为军人的荣誉感和责任感,以及在体育锻炼中强健身心。在军方看来,培养学员的良好品行、领导能力和才干、忠实服从、精于军事演习和身体锻炼等,无疑比帮助他们获取知识或养成分析推理的能力更加重要。

虽然无从得知曼陀菲尔在瑙姆堡军校的具体表现,但他显然系统修习了宗教、德文、法文、英文、拉丁文、数学、物理、化学、历史、地理、地形制图、徒手画等一系列课程。他在战后回忆说瑙姆堡本身就是一座堡垒式的大军营,而军校却是一所"先锋式"军校,萨勒河为他们提供了夏天游泳划船、冬天溜冰滑雪的天然场所,崭新的体育设施给童心未眠的孩子们以尽情玩耍的机会,而学校旁矗立的圣彼得和保罗大教堂(St. Peter and Paul Cathedral) "藏有无数的艺术珍宝,让每一个少年军校生都能日日见证鲜活的德意志历史。"[10] 曼陀菲尔没有提及的是,所有普鲁士军校奉行的都是"斯巴达式"的军事化训练——近似刻板的例行日程,风雨无阻的户外操典、演习和体育锻炼,饮食不得过饱,穿衣禁绝过暖,行为举止必须符合规范,体罚惩处毫不容情……当然,预备军校的宗旨就是将这些孩子培养成吃苦耐劳、坚忍不拔、遵守纪律、服从命令和效忠皇室的军官和德皇麾下的忠勇战士。预备军校对正处于性格形成关键期的青少年的影响是十分深远的,事实上,普鲁士候补军官团最强调的就是青少年性格的养成和发展,他们千方百计地将体育、学术和宗教等揉合在一起,力图在每个未来的军官团成员身上打下烙印。一个典型的例子是二战德军元帅伦德施泰特(Karl Rudolf Gerd von Rundstedt),他在寒冬时节也仅在军服外罩上一件老旧的薄夹克,当属下问他为何不添置一件保暖外套时,这位年近七旬的老将不无骄傲地宣称自己"从预备军校起就养成了这样的习惯!"

1911年,曼陀菲尔在完成了前述"上第3级"的考核之后,进入了在普鲁士-德国军事史上有着独一无二地位的里希特菲尔德中央军校。1920年初,德国作为一战战败国曾被勒令解散陆军参谋本部、关闭柏林战争学院和里希特菲尔德中央军校。当年3月当中央军校关门时,时任陆军总司令莱因哈特(Walther Reinhardt)将军曾在这里发表了告别演说:"……普鲁士候补军官团的精神实乃陆军之精髓。它的目标就是促成生机勃勃的竞争,养成健康的身心,培养对上帝的信仰,积淀对同僚的忠实真挚感情,提倡像珍惜生命那样珍视荣誉,居于所有这一切之上的就是热情洋溢,因为没有热情就无法达成任何伟业。"[11]莱因哈特甚至将这些体现在普鲁士军人身上的特点视为推动德国历史演进的引擎。曼陀菲尔终其一生都对里希特菲尔德中央军校充满真挚的感情。1906年毕业于此的二战德军元帅曼施坦因,在其回忆录第2卷中也曾对这所军校流露出怀念之情,声称这里的教育经历养成了他的责任心和荣誉感,塑造了其绝对服从命令、珍视战友之谊等最主要的价值观。

1911年春夏之交进入中央军校的曼陀菲尔,不幸又成为学员中年龄最小、身材最矮的一个——14岁的他体重不足百斤,身高仅为1米42,仍是一个稚气未脱的小男孩。中央军校将学员编成2个营,每营各5个连,曼陀菲尔被分配在第2营第7连。所有营连长都由现役少校和上尉担任,各连负责具体训练和督导的均为现役中尉或少尉,此外军校还任命了一批已获士官军衔的高年级学生,每人负责照料100名新学员。曼陀菲尔有一位同样出身贵族军官家庭的好友,有意思的是,他与这位好友在身高上堪称两极——列队时两人分列两头,曼陀菲尔说自己可以直着身子从好友张开的双臂下走过,而且还不会碰到对方!正因如此,校方不得不把发给他的几套军服全部改短改小,就连他的毛瑟枪也进行了改装,否则装上刺刀的步枪对他来说实在是过于沉重。19世纪中叶曾在瓦尔施泰特军校学习过的老帅兴登堡(Paul von Hindenburg)曾说:"一个军校生如果只精于学业,那他也不会被其他学员和军官高看一眼,除非他在体育锻炼和演习中同样出类拔萃。"[12]这种传统不仅从兴登堡就学的时代一直延续到20世纪初,也在所有候补军校和中央军校盛行。曼陀菲尔是个品学兼优的优等生,也极其重视体育运动和锻炼身体,因为他深知弥补身体缺陷的途径除了机敏狡黠和个性强悍外,还在于比别人更勤奋地运动和锻炼,并在其中高人一筹。他十分喜爱击剑和马术,但对游泳一直心怀畏惧——据说在他完全掌握游泳技巧之前,教官曾将他从跳台上一把推入池中，结果手忙脚乱之余沉入池底，这次经历在他心目中留下了恐水的阴影。中央军校的课程在深度和广度上完全按照普通文理中学的教程展开，尤其偏重现代语言、数学和历史。1903年4月至1907年2月在中央军校就学的古德里安 (Heinz Guderian) 曾回忆说："这种教育为我们而后的生活打下了坚实的基础，它的教育水平绝不亚于同级的民办中学。"[13] 曼陀菲尔在战后也积极肯定所受教育的水准："……我们的教官都是些从事军校教育多年的人，他们深知年轻人想学什么。在一般科学和自然科学方面我们获得了不少新知，其内容对应于文理中学的课程。如果说在科学训练方面有什么缺陷的话，那就是有些年级的此类课程过短，而这大约是由于授课教官多为年长者，不像年轻教官那样对科学新知充满热情……我可以毫不夸张的说，候补军官团的经历绝对为陆军初级军官提供了卓越的教育基础和军事训练。这经得起任何人、任何时候的怀疑与偏见。当然，这种机构的严格纪律和目标都是为培养未来的职业军官而设计的，在任何情况下，它在体育教育方面都远胜民办学校。"[14] 曼陀菲尔和古德里安等之所以为所受的军校教育大加辩护，主要还是因为1860年以来社会上形成了一种在他们看来毫无根据的偏见，即"从民办学校走出来的候补军官，无论是贵族还是中产阶级出身，往往比来自军校的候补军官受到更好的教育，即便前者中有部分人并未完成全部高中学业……相形之下，军校出身的军官不仅受到次等教育，而且由于年轻时经常在身体和情感上遭受残酷虐待，他们日后在面对人类的苦难时往往持有冷酷无情的态度。"[15]

从预备军校到中央军校一路走出的曼施坦因、古德里安和曼陀菲尔等一干日后的德军名将，自然不会认为军校教育的水准逊于普通文理学校。说他们年轻时经常遭受身心情感上的残酷虐待，虽有些言过其实，但与事实相去不远的是，他们在这些方面经受磨砺的程度远胜他人，结合这批将领对待战争和生命的态度与表现，确有理由相信他们在早年的成长岁月里形成了坚韧自律、不屈不挠乃至冷酷无情的性格。古德里安虽称赞自己所受的军事教育建立在宽容和公正的基础之上，但也坦承其"极为严酷和单调，只适合普通之辈，并不适合抱负远大之人。"[16] 在1934年的"长刀之夜"中被希特勒清除的纳粹冲锋队首领罗姆 (Ernst Röhm)，早年曾在巴伐利亚军校学习受训，他回忆说："……我们这些学员从一开始就受到了最残酷的对待。记不得有多少次当一天的训练完成后，我们拖着完全被击垮的身体跟跄着回到军营。有一次我们大家都在演习中昏厥，所有人都被送进诊所，后来才慢慢恢复过来。"[17] 德国历史学家特韦雷特 (Klaus Theweleit) 对此曾评论道："昏厥或任何相关的状态都不是偶然的。看起来这都是训练计划的一部分。"[18] 特韦雷特还根据一位学员的亲身经历，将普鲁士候补军官学校描述为"一座大监狱"，"学员们生活在囚笼之中，他们没有权力离开这个监狱，只有那些严格遵循控制法则的人才能得到这种奖赏。"[19] 他还写道：

"'囚犯'之间的关系毫无例外都是等级性的。当一个学员进入普鲁士军校时，他在该体系中的位置最初由年龄决定，而他必须努力提高自己的位置。所有学员都在这个森严的排序体系中占据某个位置，每个人都清楚哪些人在他之上、又有哪些人在他之下。每个人都有权力支配和惩罚居于其下的人，也都有责任服从压在他们头上的学员。处于最底层者必须找到自己能支配的人，否则他本人也就完了。如果某个学员未能向居于其下的人施展权力，那他就会受到鄙视或被降级……学员们从来不会得到指令，只有在知道规则的他人做出反应时才会意识到自己的行为举止违规了。每个新来者虽然机敏程度略有差异，但都无一例外地重复着先到者曾犯过的错误；而这些先到者显然也意识到，并且非常欢迎惩罚后来者的机会，就像他们自己当初经历的那样。这里的公正是建立在所有人都受到平等折磨的基础上的。这一原则被严格遵循，没有任何错误可以原谅。针对犯错学员的惩罚完全是体罚……年纪虽小但足够勇敢的孩子如果敢于反抗和保护自己，那他就会受到尊重。但是，即便他们靠拳头偶尔赢得了与年长孩子的较量，体罚仍是大孩子们的特权……军校的每次训练都务求达到极限，直到疼痛感变换为愉悦感为止……如果说学员们有什么可以选择的话，那也不过是选择不同的体罚方式而已。"[20]

一位与曼陀菲尔年龄相仿、曾在军校苦苦挣扎的学员曾这样写道："最终，我发现自己活在一种绝对孤独中。有时候，我那从绝望和悲哀中产生的热情完全被这种最痛苦的孤独感所征服。我那些不相干的所有感觉中,唯一的共同之处就是异常而又无处不在的冷酷无情。这是军校这个完整机器背后的全部目的所在。军校连同它所灌输的一切正是建立在这个基础上的。"²¹

也许留下如上文字的这位年轻人向后人描述的是普鲁士军校更真实的图景。虽然曼陀菲尔从未对严酷的斯巴达式教育和训练发表任何微词,也无从得知他如何在残酷的竞争和倾轧中先是力求生存、而后被群体接受、最后发展到追求卓越,但他显然幸存了下来,而且还逐渐形成了坚韧强悍、冷酷无情的性格。在回顾即将结束的军校受训生涯时,罗姆曾如释重负地写道:"……一个候补军官被要求将自己的职责履行到极致。不管这个要求看起来多么令人痛苦,它当然是非常适宜的。我们所受教育的指导原则就是,当一个军官向战士提出要求时,他不仅自己要身体力行,还要比属下做得更出色。我经常满怀感激地回顾自己在军校学到的那些教训。"²² 类似的话语在曼陀菲尔本人的回忆录中也时有闪现,"从不要求属下去做自己都无法做到的事情"不仅是他对自己的一项要求,更是他日后骄傲地向世人展示的一项特质。

当一次大战在1914年夏爆发之时,17岁的曼陀菲尔正在中央军校进行第四年的学习。8月2日,德皇下达了全国动员令,次日对法宣战,闻听这一消息的德国人普遍欣喜若狂,一个叫希特勒的年轻人也和其他德国士兵一样对即将到来的战争兴奋异常。380万常备军和后备役官兵戴上钢盔,扎紧武装带,搭乘着一列列或西行、或东进、或南下的列车,从各处奔赴前线。在火车短暂停留的各个车站,处处可见鼓掌喝彩的男女老少,满目皆是戎装送行的老兵,演奏军乐的平民和向士兵抛撒鲜花的姑娘们更是让这个尚武的国度罩上了节日般的欢快气息。对于出生和成长于一个以从戎为荣的军官世家的曼陀菲尔来说,他怎么可能对众皆欢呼的战争无动于衷呢?他如饥似渴地搜罗一切关于前线的消息,关注每一战事的进展,他的心随着德军的突破或受挫而上下起伏。随着中央军校通过体检的学长们陆续服役和开赴前线,曼陀菲尔也跃跃试试,但他的申请被拒绝了——他未能通过体检,被认为暂不适合服役。他还得在中央军校继续学习两年,直到1916年初才能投身前线。

按照中央军校的规定,顺利完成头两年学业的学员有资格参加每年春举行一次的所谓"剑结士官资格考试"(sword-knot ensign examination)。过关者若在当年4月1日年满17岁且通过了严格体检,将有两种后续安排:一是作为"剑结士官"被推荐到陆军直接服役;二是进入军校的"精选级"课程,为参加军官资格考试做准备。而那些通过了资格考试、但不满17周岁或体检未能全部达标的学员,则被转入"下第1级"学习。完成了"下第1级"的学员,在年龄和体检均合要求的情况下,学校将根据其父母的意见作出安排——或被推荐到陆军担任"剑结士官",或转入"上第1级"课程,以便准备参加"大学入学资格考试"(德文为Arbiturienten,也称作Maturitats考试,通过者将获高中毕业证书并有资格进入大学)。在极少数情况下,前述类型的学员可进入"精选级"。虽然没有曼陀菲尔在军校最后两年的资料,但根据他1916年初通过了大学入学资格考试并获得了所谓的"成熟证书"一节来看,²³ 他应是在完成了"下第1级"后直接进入了"上第1级",且于1916年1月通过了资格考试,并被即时授予"剑结士官"军衔。按照德军条例,曼陀菲尔这一类完成了"上第1级"学业者,一般要在当年3月1日开始到某所战争学校接受几个月的兵种专门训练,同时条例还要求他们先向分配的部队报到,而且必须在当年2月25日前完成宣誓和领取军服装备等一系列事宜。²⁴

从曼陀菲尔的经历来看,他似乎越过了兵种学校进修这一环节。他在毕业前夕恳求继父帮助自己进入普鲁士–德国军队中地位最高、也最难获准加入的骑兵,还声称最大的愿望就是加入第3"冯·齐腾"(勃兰登堡)轻骑兵团 (Hussar Regiment von Zieten [Brandenburgian])。在王储威廉王子的直接干预下,"剑结士官"曼陀菲尔如愿以偿,2月时他就出现在离柏林不远的军城瑞丝瑙 (Rathenow),成为第3轻骑兵团的一名资深候补军官——该团成立于1730年,首任团长就是时为上校的齐腾 (Hans Ernst Karl Graf von Zieten) 伯爵。齐腾以累累战功位列腓特烈大帝麾下的第一战将,身材瘦弱的这位元帅嗜酒如命,性格刚烈火爆,却是普鲁士历史上最有胆识的勇将之一,更是骑兵的偶像人物。令曼陀菲尔更感欣慰的是,骑兵团的军官们并不排斥他这位新人,没过多久他就成功融入了以封闭内敛和排他性极强著称的骑兵军官团,最显著的例证是他在该团补充连只呆了两个多月,就在1916年4月底擢升为少尉——这种晋升速度令他自己都感到惊讶,因为他这类怀揣高中毕业证书的军校生,通常要见习两年才能正式晋升少尉。这一晋升或许是由于王储干预的背景,或许是因为曼陀菲尔本身才华横溢,或许是因为战事的发展急需补充新军官,从而缩短了晋升年限。几天后的一纸调令透露出了端倪:曼陀菲尔少尉奉命即刻加入第6步兵师第5骑兵中队,前往法国参战。

流入心田的烤酒:一战经历

曼陀菲尔奉命加入的第6步兵师成军于1818年,曾在其先祖埃德温·冯·曼陀菲尔麾下参与了丹麦战争(1864)、普奥战争(1866)和普法战争(1870-1871),是一支实力超群的王牌师,一战期间曾被英法盟军评价为战斗力最强的几个德军师之一。一战爆发时,第6和第5步兵师构成了有"德军精锐"之称的第3军的主体,该军军长是步兵将军洛考(Ewald von Lochow),军参谋长则是因一战后缔造了国防军而大放异彩的军事改革家塞克特(Hans von Seeckt)上校。第3军和其他5个军一起隶属于克鲁克(Alexander von Kluck)上将的第1集团军,这个拥兵32万的集团军是西线德军执行"施利芬计划"的核心部队,任务是制服比利时后冲向英吉利海峡、包围巴黎和聚歼法军主力。"施利芬计划"是由1891至1906年担任参谋总长的施利芬(Alfred Graf von Schlieffen)元帅于1905年提出的,旨在借助大规模钳形攻势在一次决定性战役中彻底击溃法军。按照他的构想,强大的德军右翼应在越过比利时和法国北部后长驱直抵巴黎以西,而后于巴黎之南掉头向东,围歼驻守在梅斯(Metz)—孚日(Vosges)山区—瑞士边境的大批法军。为取得全面的决定性胜利,施利芬构想把普法战争后德国占据的阿尔萨斯-洛林地区作为诱饵,诱使法军在战端开启之际即向该地区进攻,而德军随后将把对手牢牢地锁在这里加以全歼。施利芬计划提出后几经修改,虽已成为德军军事思想的重要部分,但其大胆赌博的性质还是招致一些将领的批评,因为整个计划中存在大量的"如果"、"或许"、"希望"等有一系列先决条件的假设。尽管存在很大风险,德国还是在战火初燃时把西线的全部赌注都押在这个计划上。参谋总长小毛奇(Helmuth von Moltke the Younger)上将深知最右翼德军达成目标的关键在于不顾一切的神速进军,为此特意选择了以冷酷无情出名的克鲁克来执行攸关全局的任务。即便驱策部下毫不容情的克鲁克也深知,他对那些身负40公斤装备、顶着烈日酷暑徒步行军的士兵们要求得太高太多,而且随着推进的深入补给线势必越来越长、越来越不安全,更何况参谋本部还规定必须在6周内完成任务。众多的原因使摩托化程度很低、缺乏车辆的的德军未能实现预期的致命一击,他们的确抵达了巴黎附近,但在马恩(Marne)河一线受阻,在一系列判断决策的细微失误中,从德皇到普通德国人都翘首以待的速胜化作了泡影。10月中旬时德军撤往埃纳(Aisne)河,交战双方展开了所谓"奔向大海"(Race to the Sea)的争先战,德军利用弗兰德斯半岛的相对真空状况,试图再次从侧翼包抄英法盟军。到11月20日,精疲力竭的德军因无力突破而停止了攻势,堑壕战开始降临,并成为此后三年间西线战事的主要特征。

战端开启之际,东线德军仅有位于东普鲁士的第8集团军,对手是俄国第1集团军。当俄国第2集团军开始从南翼运动并威胁到东普鲁士时,惊慌失措的第8集团军司令官建议速撤至维斯瓦(Vistula)河背后防御,结果被立即解职,代替他的是1911年起即告退隐的兴登堡。兴登堡的参谋长是刚因攻陷比利时列日(Liege)而声名大噪的鲁登道夫(Erich Ludendorff)将军,这位参谋长采取了所谓"吃一个、夹一个"的战术,首先吸引第一路敌军的注意力,然后通过快速的兵力调动和集结再给予第二路敌军以致命打击,最后再集中所有兵力回头收拾第一路之敌。德军第8集团军首先于1914年8月31日在坦能堡(Tannenberg)围歼了俄第2集团军,随后又在马苏里亚恩(Masurian)湖地区以双重包围的攻势歼灭了俄第1集团军大部。这种战术在20多年后的二战东线战场上还被反复使用,尤其是被机动能力更强的德军装甲部队运用得更为娴熟。两役之后俄国损失了25万精兵和650门大炮,兴登堡和鲁登道夫就此成为德国公众眼中的超人和英雄,其声望使德皇或任何高官都相形见绌,此后几乎无人再敢质疑他们的政策和军事智慧。这种情况在兴登堡和鲁登道夫1916年主持参谋本部后变得愈发严重。其实，早在1914年冬德皇威廉二世就曾对参谋本部的大权独揽和军事独裁大发牢骚："参谋本部没有告诉我任何东西，也不征询我的任何意见。假如德国人民认为我是最高指挥，那么他们犯了重大的错误。我喝茶观树，四处散步，这一切都让这些绅士们感到高兴。"[25]

从1915年起，东西两线均滑入了血腥的僵持状态，第6步兵师也开始沿着索姆（Somme）河修筑工事和堑壕，进入了旷日持久但没有任何决定性结果的阵地战。1915年晚些时候，第6步兵师被调到巴尔干半岛的塞尔维亚作战，但很快又在次年初返回西线，参加了第一次凡尔登战役开始阶段的作战。曼陀菲尔则是在1916年5月初来到凡尔登一带向第5骑兵中队报到。在1914年8月总动员时，第3轻骑兵团的十个骑兵中队被平均配属给第5和第6步兵师，第5骑兵中队与其他4个中队一起成为第6步兵师的师属骑兵。1916年4月刚结束的凡尔登战役第一阶段中，德军占领了杜奥蒙城堡（Douaumont），法军的3个步兵师在300门大口径重炮支援下5月下旬又发起了夺回城堡的反攻。第5骑兵中队虽参加了城堡防御战，但主要任务却是运送炮弹，曼陀菲尔等军官的职责是侦察敌情和巡逻。法军的5月攻势未能如愿，统帅贝当鉴于伤亡惨重拒绝继续进攻，为改变法军在凡尔登一线的困局，英法盟军又于7月1日在凡尔登以北发起了索姆河之战。在此阶段战事中，曼陀菲尔在索姆河畔的重镇巴波姆（Bapaume）附近执行了大量侦察任务，并在9月15日见识了新型武器——坦克的处子秀。那时索姆河之战已进行了两月有余，双方的厮杀久久未能产生结果，英国远征军总司令黑格（Douglas Haig）爵士为打破僵局，决定将49辆MK-I型坦克投入战场。不过，他将这批进军速度比徒步行军快不了多少的新型武器视为机动性稍强、火力更猛的装甲地堡而已，不仅如此，他还将本就稀少的铁家伙分散配给步兵使用。40余辆实际参战的坦克多半在途中出现了机械故障，10余辆又为地形所限、并被反复轰炸炸出的巨型弹坑所困，最后仅有9辆抵近德军前沿。不过面对这些风闻已久但从未见过的钢铁怪兽，有的德军一线部队一时惊呆、不知所措，任凭坦克碾过战壕干脆举手投降，有的一触即溃、四处逃窜，还有的则很快从最初的错愕中恢复过来，展开了顽强抵抗，直至被吞噬。第14巴伐利亚步兵团就是被坦克从头顶碾过的部队之一，当天减员1600人，其中半数失踪、绝大多数被俘，这对仍为自己的战斗力和意志深感骄傲的德军来说，绝对是一个闻所未闻的超高战损比。[26] 不过，英军坦克的成功只是局部和暂时的，当德军从恐慌中镇定下来，稀少且被分散使用的这些坦克也就无法阻止德军几个反扑就将所有突破口重新堵上。入夜时分，索姆河一线又恢复了原状。

几十年后，已成为装甲兵将军的曼陀菲尔在回忆英军坦克的首秀时，用了"缺乏支援武器、为泥泞和弹坑所困"等字眼解释其初战为何缺乏亮点。在1916年的初秋，作为旁观者的曼陀菲尔恐怕不会想到自己有朝一日也会投身装甲部队，并成为世界范围内这个兵种最优秀的指挥官和专家之一；他恐怕也未预料到这次并不醒目的首秀，还是令英军看到了坦克的潜力，促使他们订购了1000辆坦克并随后组建了史上第一个坦克军团。[27] 一直对使用坦克和装甲车协助突破半信半疑的德军高层，此战之后终于有所触动。德军第3集团军群参谋长向参谋本部汇报时曾这样写道："敌军使用了既残忍又高效的新式武器。毫无疑问他们将大规模投入这种魔兽般的机械，我们必须尽一切可能立即采取反制措施。"[28] 德军随后扩大了反坦克武器的生产，还专门责成一个委员会加紧坦克的研发和生产，而这个委员会名称的缩写"A7V"也成了一战德军第一批坦克的型号。

如果说曼陀菲尔少尉那时对坦克的战场价值并没有留下太深印象，那么对手万炮齐发的威力则让他见识到了战争的残酷、个人在战场上的渺小。1916年10月，法军再次发起了夺回杜奥蒙城堡的攻势，6天里向德军倾泄了53万发75毫米炮弹和10万发155毫米炮弹。晚年的曼陀菲尔曾说二战中的任何地方都从未有过如此集中的庞大火力，其实他健忘了，在1945年冬春之交苏军突向柏林的奥得河攻势中，苏军炮火的数量和密集程度都远远超过了一战凡尔登和索姆河的水准。不过他有理由对当时炮兵的威力留下深刻印象，因为他在10月12日执行侦察任务时被炸伤，右侧大腿被弹片击中，血流不止，随后被转送至明斯特（Munster）的军医院。曼陀菲尔在医院中获得了一枚二级铁十字勋章，医生估计其伤势需要三个月才能康复。他的确伤得不轻，乃至多年后在苦寒的苏德战场上，他还时时受其困扰。不过，1916年底时的曼陀菲尔所思所想皆是尽快归队，刚获铁十字勋章的他心急如焚地幻想搏取更高级的战功勋章。他所在的第6步兵师有不少于4个"蓝色马克斯"勋章得主，第24步兵团的豪普特 (Hans-Joachim Haupt) 上尉和布兰戴斯 (Cordt von Brandis) 中尉因率先攻克杜奥蒙的战功，已于1916年3月获颁最高战功勋章，成为德军乃至整个帝国人皆仰之的英雄。曼陀菲尔知道，如果等到痊愈归队，他很有可能被先安排到补充连待命，还不知需要多久才能重返一线，更勿论摘取更多的荣誉了。于是，1917年1月初，曼陀菲尔未经许可就自行出院了，结果等他赶到部队，医院的电文几乎同时到达。恼火的上级要关他3天禁闭以示惩戒，不过由于到处缺人，加上他一向表现卓异且颇有人缘，对他的惩戒也只停留在纸面上。

随着1916年的结束，西线德军在没有取得任何决定性胜利的情况下葬送了100万官兵，帝国海军也在日德兰海战中被英国皇家海军击败，以胜利结束战争成了遥不可及的梦想。旷日持久的堑壕战，如影相随的泥潭、风雪、暴雨、毒气、疾病和士气低迷都给曼陀菲尔留下了难忘的痛苦记忆，但他与许多同时代的年轻军人一样，似乎产生了一种"战壕情结"，或者说进入了一条"精神战壕"——战壕似乎成为一个神圣的地方，成为德国光荣的一个祭坛，而为国牺牲则是军人的一种特权，他们的职责就是为国牺牲，所投入的战争依然有着不容置疑的高贵性。曼陀菲尔这一代年轻人曾拥有的天真无邪和浪漫的理想主义，在日复一日的轰炸、搏杀和死亡中被荡涤得无影无踪，剩下的只是在血腥和垂死中寻找所谓高贵的意义。德国作家兼诗人荣格 (Ernst Junger) 曾描述过他们那一代年轻人如何从难以言说的恐惧中探寻所谓的崇高性：

"战争像酒一样流入了我们的躯体。我们从花雨中出发，去寻求英雄之死。战争是我们伟大、权力、光荣的梦幻。它是男人的工作，是沙场上的决斗。沙场上的鲜花将浸染鲜血。这世上不再有更可爱的死亡。"[29]

这位荣格年长曼陀菲尔2岁，1918年9月以少尉军衔成为最年轻的"蓝色马克斯"勋章得主。他诗般的语言无疑代表了他和曼陀菲尔这一代人共同的心声。曼陀菲尔冒着违纪受罚的风险迫不及待地返回前线，

却在1917年2月意外地被调到第6步兵师师部，担任首席作战参谋军官的助手。在德军的师级参谋建制中，负责作战的首席参谋军官 (Ia) 是当然的参谋本部军官团成员，作为事实上的师参谋长 (德军不设师参谋长职务，只有军、集团军和集团军群才有正式的参谋长职位)，他不仅负责作战计划的制定和监督实施，后勤 (Ib) 和情报 (Ic) 等参谋军官等也均受其领导。曼陀菲尔自参战以来一直执行情报侦察和巡逻任务，他没有被分配给情报参谋军官做助手，而是成为作战参谋军官的副手，应该说是一次重要提升和机遇，也是上级对其作战表现和发展潜力的认可。他在这个职位上了解了师级参谋工作的所有方面和细节，对战场全局和局部的认识都有了质的变化，虽然从未在培养参谋军官的柏林战争学院学习过，但从1917年2月至一战结束近两年的参谋经历，无疑对其未来大有助益。

1916年底，炮兵将军尼韦勒 (Robert Nivelle) 从霞飞 (Joseph Joffre) 将军手中接过了法军总司令职位，他筹划于1917年春在贡比涅 (Compiègne) 一带向德军发起强大的攻势。尽管英军在索姆河未能突破防线，尼韦勒依然坚信自己能在48小时内刺穿德军防线并锁定一次决胜。他计划以英法军队分别在索姆河南北两面发起旨在吸引德军预备队的佯攻，而他统帅的法军主力则将在埃纳—贡比涅一带发起主攻。不过，德军为缩短防线已于1917年3月主动撤退到所谓的"兴登堡防线"，这一调动使尼韦勒的计划面临着极大风险。虽然英法政客和将领均表示反对，但尼韦勒仍一意孤行。4月中旬，法军向德军第7、第1和第3集团军发起了猛攻，但首日就遭受了伤亡逾10万的重大挫折，此后10天里进展最大的部队也只前进了5英里而已，许多师团完全丧失了战斗力，士气甚至低迷到部队拒绝再度进攻的程度。在这次战役中，曼陀菲尔所在的第6步兵师依然表现卓异，总是被集团军部署在最关键的地段，他本人也因数次及时侦察到敌军兵力部署的变动而在5月获得了一级铁十字勋章。法军攻势的受挫和停顿给曼陀菲尔和战友们带来了一段相对宁静的休整期，不过这段快乐时光并未持续多久，由于第6步兵师长期以来赢得的"消防队长"的声誉，该师在1917年7月中旬被调至东线对俄军作战。俄军7月初向加利西亚 (Galicia) 的奥匈帝国军队和德军发起了攻势，但半个月后完全停滞。7月18日，包括第6步兵师

在内的德奥军队开始反击,迫使俄军四天内败退240公里,势不可挡的德军进入加利西亚和乌克兰后,最远推进到斯布鲁兹(Sbrucz)河。第6步兵师随后布防于塞列特(Sereth)河一线,战斗也再次转为静态堑壕战。曼陀菲尔随师部在东线一直呆到1918年开春才重返西线。

1917年11月7日俄国爆发了"十月革命",在割让了包括波罗的海国家在内的大片土地后退出了大战,从而解除了德国的东线威胁。另一方面,1917年德国发动的"无限制潜艇战"将美国拖入了战争,兴登堡和鲁登道夫决定抢在美军大规模抵达欧洲战场前,于1918年春以浩大的攻势彻底击败英法。德军准备采取在俄国和意大利战场颇为成功的"渗透战术",即在短促密集的炮火准备完成后,由火力强大的机枪战斗群选取敌军防线的薄弱之处进行突破渗透,德军的迫击炮和野战炮兵将给予最大程度的支援。这些突击部队将置两翼完全于不顾,重点奔袭敌军指挥部、炮兵阵地和通信系统,任何抵御猛烈的地段和堡垒都将被绕过,留给后续跟进的步兵加以包围消灭。鲁登道夫还准备将弱小的坦克部队也纳入渗透战术中。坦率地说,1918年德军的这种渗透战术、战斗群配置、利用坦克进行机械化支援作战,在战术上是领先列强的,他们的这种战术和做法无疑是日后的机械化步兵作战战术的鼻祖。二战中的德军将领也娴熟地使用渗透战术,灵活地编组兵种混成的机械化战斗群,突袭敌军神经中枢和后勤保障系统,往往能取得出敌不意的效果。曼陀菲尔在一战中的亲历和经验,加上善于学习总结的能力和习惯,显然帮助他在二战中成为善用这些战术取得成功的佼佼者之一。

1918年3月21日,代号"迈克尔(Michael)"作战的德军春季攻势拉开了帷幕,这是鲁登道夫为获取决胜胜利而展开的五次大规模攻势中的第一次。德军在亚眠(Amien)的攻势取得了突破,开战之初突击部队的进展极为顺利,20辆坦克也在圣康坦(St-Quentin)地带大获全胜,全歼英军第5集团军的赫赫战功也使鲁登道夫再次誉满全德,德皇甚至将3月24日宣布为"国家假日"以示庆贺。然而好景不长,由于坦克数量稀少,支援炮兵的跟进过慢,德军未能将后续重兵及时投往取得突破的地段,因而无力将一时的优势转化为胜利,反而让盟军迅速调集的兵力遏制了推进。鲁登道夫虽宣称"迈克尔作战"取得了俘敌9万、缴获大炮1300门的战果,但德军最终未能攻克亚眠和达成目标。4月9日,德军在弗兰德斯又发起了针对英吉利海峡沿岸港口的第二次攻势,虽然击溃了葡萄牙军队并夺取了大片土地,但在背水一战的英军抵抗之下伤亡惨重,只得在4月29日停止了攻势。此番战事中德军伤亡高出对手大约三分之一,怀疑情绪开始在高级将领间蔓延,担任主攻的第4集团军参谋长罗斯伯格(Fritz von Lossberg)将军就带头怀疑这场无谓流血的实际意义,认为它是"违背战争艺术及其精神的犯罪行为"。就在德军第二次攻势完全停顿之前,亚眠附近的战斗仍在进行,德军第2集团军4月24日投入了西线全部的3个坦克营,与英法军队展开了德军历史上的第一次坦克战。鲁登道夫并没有被高昂的伤亡所吓退,为突破盟军防线、赢得兵力调动的空间,5月27日他又发起了第三次攻势。这次的主战场介于苏瓦松(Soissons)和兰斯(Rheims)之间,像前两次一样初期的突袭也获成功,苏瓦松很快被占,担任主攻的第7集团军5月30日即推进到马恩河,随后进抵到距巴黎仅70公里的蒂耶里堡(Chateau Thierry)。为扩大进攻正面,鲁登道夫命令左翼的第1集团军夺取兰斯,为此集中了4个坦克营提供支援,第2坦克营被部署在兰斯城北,第1、第13和第14等三个坦克营则居于城南。第13坦克营有一位名叫迪特里希(Josef "Sepp" Dietrich)的军士亲历了这次战斗,他将在二战中成为党卫军的高级将领和装甲指挥官,而在几乎所有德军装甲战将中,只有这位迪特里希有着一战的坦克战经历。曼陀菲尔的第6步兵师也参加了兰斯之战,但他只能在师部用望远镜观察——有的坦克掉进宽大的战壕后动弹不得,有的因机械故障被早早遗弃,更多的则是缓缓向前爬行。6月5日,第三次攻势无疾而终。巴伐利亚王储鲁普雷希特(Rupprecht)("鲁普雷希特集团军群"司令官)的参谋长库尔(Hermann Joseph von Kuhl)将军坦承坦克数量不足实为决定性败因。

随着战事的接连失利,德军参谋本部、外交部和其他政府部门在战与和问题上的矛盾一再激化,颓丧的德皇也恼怒地发现,军方、国会和政府正将他和德国的命运推向截然不同的方向,国内怨声载道,饥馑盛行民间,各种矛盾急剧恶化。在这种情况下鲁登道夫又固执地发起了第四次攻势，但势头仅维持了3天即告终结。7月15日，鲁登道夫拼凑出47个师和2000门大炮，又向兰斯邻近区域发起了进攻。这是西线的最后一次重大攻势，意在将弗兰德斯之敌吸引到兰斯一线，待敌兵力空虚后德军将在弗兰德斯进行致命一击。参与此战的德军军官中有不少人在二战前及二战期间成为重要的军事人物，如二战前的参谋总长贝克（Ludwig Beck）上将此时为"鲁普雷希特集团军群"的作战参谋军官；希特勒的首任战争部长勃洛姆堡（Werner von Blomberg）元帅是第7集团军作战参谋军官；伦德施泰特为第15军参谋长；曼施坦因、克莱斯特（Ewald von Kleist）、维茨勒本（Erwin von Witzleben）、博克（Fedor von Bock）、莫德尔、海因里希（Gotthard Heinrici）和阿尼姆（Hans-Jürgen von Arnim）等二战元帅或上将，此时都是参战各军师的参谋军官。比上述人物至少年轻10岁的曼陀菲尔也属此类，事实上，参加鲁登道夫最后一搏的未来军事领袖的数量远远超过前面几次。

在7月的骄阳下，有备而来的英法联军首先放任德军深入，待对手的补给线拉长到一定程度后，立即集中兵力发起强势反击。7月18日，英法联军在350辆新型雷诺坦克支援下，向刚从维勒耶-戈特莱（Villers-Cotterets）森林地带冲出的德军发起了反攻，沿着45公里宽的正面彻底挫败了对手，约有10个德国师被歼。尽管鲁登道夫设法将部队撤到便于防御的地带，但战场主动权已完全易手。兴登堡这时预见到战争的结局已无法逆转，他在写给妻子的家信中说道："如果我们输掉了战争，那也绝非我之过。应该责备的是国人未能给前线官兵们提供必要的精神力量。"[30] 8月8日，英军在亚眠至圣康坦公路两侧发起了全面反攻，揭开了所谓"百日大反攻"的序幕，这一天也被鲁登道夫称为"德国陆军历史上黑暗的一天"。英军集中了600辆轻、重型坦克，大批骑兵和装甲车辆随时跟进，突破了6到7个德军师的防线，在某些地段甚至直捣对手的军师级指挥部。德军在斯卡尔普河（Scarpe）与索姆河之间展开了延迟阻击，虽有第6步兵师等一些久历战阵的部队仍在努力拼杀，但盟军的坦克和空中优势已变得无法阻挡。法军在瓦兹（Oise）河和埃纳河之间的攻势、英军沿着巴波姆和康布雷（Cambrai）展开的攻势，都运用了大量坦克和装甲车，虽然对坦克的使用依然缺乏计划，与步兵的协调也不尽人意，但还是取得了相当的成功。随着美军在9月份发起了登陆以来的第一次大攻势，鲁登道夫考虑将部队撤往马斯河或莱茵河，同时在南翼固守阿尔萨斯-洛林地区的一些要塞。有些德军部队已出现解体迹象，但同时又有新部队从国内和其他战场赶来，迎着溃兵的方向向前继续进行无望的挣扎。第6步兵师等在血战中打出声誉的部队仍在前沿勉力阻挡各路敌军的推进，他们的战场表现依然令人敬畏，许多英法将领认为也许还需一或两年才能结束旷日持久的大战。

当西线战局趋稳之际，其他战场则要脆弱得多。9月间，德国的盟友奥匈帝国与保加利亚先后乞求与英法缔结停战协议，土耳其奥托曼帝国解体，来自巴尔干的连串噩耗和奥匈帝国的背叛在德军统帅部引起了骚动，巨大的悲观情绪笼罩着战争机器的中枢。9月29日"兴登堡防线"被突破，兴登堡和鲁登道夫意识到了战败的现实，要求政府开始进行停战谈判。鲁登道夫10月末去职，兴登堡将所有谈判事宜都推给了政府，同时禁止参谋本部和军方高层染指此事。他的理论是"如果说有什么人投降了的话，那也绝非军方领袖。"就这样，军方高层狡猾地躲在一边，把所有责备和屈辱都留给战时被晾在一边的政府。事实上，兴登堡的策略非常成功，所有前线将领、包括曼陀菲尔这样的下级军官都坚信，德军并未在战场上被击败，失败和投降应完全归咎于国内的失败主义和阴谋势力的破坏，共产主义者、民主党人、和平主义者和犹太人都成为他们发泄怒火的对象。

在处处饥馑、哄抢食品、骚乱暴动和无法无天的德国本土，基尔港的水兵于10月28日发动了兵变，拒绝前往北海与英军作战。基尔上空飘扬的红旗引发了全德的动荡，到11月8日，红旗已插满各主要城市的街头，不少部队也开始按照苏俄的方式组织选举士兵委员会。11月9日，时任总理巴登（Max von Baden）突然宣布威廉二世放弃皇位，副参谋总长格罗纳（Wilhelm Groener）将军在了解了西线高级将领的普遍态度后，也在当日告诉德皇，称前线官兵将在兴登堡控制下有序地撤回，但不会再为皇帝本人而战。普鲁士-德国最粗大的一根支柱现在也垮塌了，就连忠心耿耿的保皇党人兴登堡也不能忤逆时代的潮流，最后只得出面劝说威廉二世逊位。11月10日，心灰意冷的威廉二世逃往中立国荷兰，普鲁士军队、参谋本部军官团、军事内阁和所有凌驾于宪法之上的建制都顿时失去了赖以生存的制度基础。当消息传来时，容克贵族和将领们个个如丧考妣。正乘火车从土耳其经乌克兰赶往柏林的塞克特听到这一消息时大惊失色，几小时里，这位一向善于自控的将军将自己反锁在包厢里，任凭泪水缓缓地滑过脸颊。曼陀菲尔多年后也曾回忆说，他根本不能相信德皇离开了那些为之拼杀效命的将士，而且还是"自我放逐"。20年代曾任驻苏大使的布洛克多夫 (Ulrich von Brockdorff-Rantzau) 曾在著作中说，德皇逊位的那一天他觉得自己"就像被遗弃的孤儿一样。"曼陀菲尔战后读到布洛克多夫的文字时，也坦言这种感觉一度支配了身心，他那时对最高统帅部和德皇毫无同情之心，甚至还充满了轻蔑和为之羞愧之意。[31]

皇权的颠覆并没有摧毁根深蒂固的普鲁士军官团。11月10日，格罗纳与临时政府首脑、社会民主党党魁艾伯特 (Friedrich Ebert) 讨价还价后达成了协议，格罗纳保证军队将支持政府，但前提是政府必须保证军队的独立性，不得损害军队的内部组织和军官团的特权地位。艾伯特认为镇压暴动、恢复秩序、保存新政府的不二出路只能是依赖军方，[32] 他焦虑地寻求军队对脆弱的共和事业的扶持，他在勃兰登堡门检阅第一支返回柏林的部队——普鲁士近卫步兵团时，甚至还称颂他们"并未被敌人征服"。他没有预见到军官团和军队本身将是民主共和的最大威胁，其言行举止反而印证了德国败于"背后被人捅了刀子"的传奇。

1918年11月11日上午11时，硝烟弥漫了四年的战场终于平静下来了。

天生的军官：自由军团与骑兵连长

曼陀菲尔所在的第6步兵师在大战终结时仍是一支很有战斗力和值得倚重的部队，停战协议生效后，这支部队奉命迅速回撤到科隆附近把守至关重要的莱茵河大桥。临近1919年时德军完成了跨越莱茵河的撤退，而且也像前一年的沙俄军队那样自行解体了——多数官兵径直回家，许多部队仅剩少量军官和军士，还有相当多的师团则按苏俄方式成立了士兵委员会，这些单位甚至将最后一批军官都打发回家了。

第6步兵师也成立了士兵委员会，而曼陀菲尔这个年轻少尉竟被推举为主席。曼陀菲尔为自己部队官兵间的融洽关系颇感自豪，该师官兵身着戎装、佩戴肩章和勋章向勃兰登堡开去。"只要我们还活着就无人能阻止我们的步伐"，曼陀菲尔多年后曾这样写道。尽管依然高昂着骄傲的头颅，但他在内心深处与许多官兵一样都已心碎了，他不能理解，深受德皇器重并为之自豪的海军，除潜艇部队外怎能发起兵变、背弃祖国？他们这些陆军官兵经受了更多苦难、肩负着更大的责任，在成年累月的挣扎中尚能恪尽职守，而在牺牲程度和挑战身体极限方面远不及己的海军，怎能背弃誓言？他认定这些叛军是在背后捅刀子的小人，是战败的罪魁祸首。

一路思索不停的曼陀菲尔终于在12月23日抵达勃兰登堡的军营。刚一回营他就接到第3轻骑兵团团部要他带着属下赶到瑞丝瑙的命令——1918年的圣诞节就要到了。曼陀菲尔赶去后发现军营里红旗招展、标语林立，仿佛在提醒他过去的时光一去不复返了，但他也惊讶地发现，虽然军营大半都被士兵占据，但在士兵委员会安排下，军官们竟在地下室还保有一片独立的空间，甚至还有宽敞的接待室、餐厅和厨房，这些象征旧军队军官特权的设施依然完好无损。他参加了当地士兵委员会的会议，发现它能有力地控制驻军和局面，整个城市依然秩序井然，丝毫没有出现其他地方的那种混乱和无法无天。对散居各处、仍忠于职守的军官来说，1918年末至1919年初是非常困难的一段日子——在士兵委员会控制的军营里，士兵不再向军官敬礼，军官的命令只有得到委员会首肯才能生效；在军营外，军官们要冒着遭人唾弃或强行撕去肩章的风险，有时更存在被攻击、暗算甚或被谋杀的危险。所幸的是，瑞丝瑙自古即为军城，他处时常发生的摧毁权威、特权和旧秩序的骚动在这里并未出现，仅有25000人的小城反而热情地欢迎前线官兵，此间的士兵委员会与军官们的关系也一直相当融洽。

战火初歇的德国此时存在四种主要力量：其一是仍行使最高统帅部职权的的陆军参谋本部；其二是数量庞大但正迅速解体的回撤部队，举起红旗的部队在各地成立了成千上万个士兵委员会，剥夺了军官团的特权地位；其三是艾伯特领导的临时政府；最后一个就是革命者的力量，包括独立派社会民主党人、布尔什维克革命者、以及充当政治极端派之近卫军的海员们。当权力从旧式统治中坚分子转移到艾伯特过渡政府时，伴随权力的转移出现了普遍的混乱。但艾伯特政府不愿改变传统的社会制度，一心依靠军队镇压革命运动，尤其是1918年圣诞夜镇压革命水手和士兵的行为，导致了社会民主党中独立派的极大不满和公开决裂。独立派社会民主党人想建立一支不受参谋本部控制的所谓公民军队；因不满艾伯特的作为，出自该党的数位部长退出了政府；卢森堡（Rosa Luxemburg）和李卜克内西（Karl Liebknecht）等领导的"斯巴达克联盟"则希望在工人委员会基础上成立新政府，他们在1918年12月30日成立了德国共产党。一个星期后，柏林爆发了"斯巴达克革命"，革命者迅速控制了柏林的中心地带，艾伯特请求军队镇压，但被战争弄得精疲力竭的官兵不愿把枪口对准革命者，于是临时政府宣布将已经存在的"自由军团"合法化，开始招募志愿者对抗革命力量。1919年1月10日，多达8支的自由军团用火炮、机枪和火焰喷射器等进攻革命者，这些自由军团的成员多是战时的突击队官兵，尚武精神依然盛行，他们的骁勇善战和对共产主义的仇视自然使其在面对革命者队伍时占有压倒优势。数日的流血冲突中革命者遭到了报复和屠杀，大批无辜者在不加区别的滥杀中丧生，卢森堡和李卜克内西也在1月15日被俘后被残忍杀害。德国的许多大中城市都发生了暴动，随之而来的自然是无情剿杀和血流成河。

这就是年轻的曼陀菲尔在1918-1919年转折之际看到的世间乱象，显然他对临时政府和革命力量都没有好感，进而生出了厌倦行伍、离开军界的念头。事实上，他经过一番努力已在一家银行谋到了颇有前景的职位。曼陀菲尔有一日来到姑父拉维尼（Louise Ravene）在柏林的家中做客，这座他小时候常来玩耍的城堡依然奢华壮丽，丝毫未受经济萧条和战乱的影响。拉维尼家族是柏林的富商世家，一百多年来靠经营五金和钢铁积累了巨额财富，姑父拉维尼本人曾任全德钢铁工业联合会会长，此时是势力颇大的全德工业联合会会长兼柏林政府商务顾问。当曼陀菲尔不无得意地将聘用合同拿给姑父过目时，后者却紧皱眉头厉声呵斥："你疯了？你应该呆在军队里，因为你天生就是一个战士！"曼陀菲尔踟蹰地应道："可眼下的状况表明，政府并没有考虑如何保证军官的身份和地位，还有部队的状况实在令人堪忧——"拉维尼不耐烦地打断了曼陀菲尔并不令人信服的辩解，高声说道："柏林眼前的状况和别处的混乱必将很快过去。我们需要有经验的军官，需要那些珍视荣誉、深谙传统的军官。你必须接着做军官！"[33] 姑父的一席话如醍醐灌顶般惊醒了梦中人，曼陀菲尔觉得心底里埋藏最深的对军旅生活的感情被彻底激发出来，他深深地感激姑父帮他解决了困扰多日的难题——自此以后，他再也没有动过离开军队的念头。

不久，曼陀菲尔加入了柏林的"欧文"（Georg von Oven）自由军团。这里有必要简要交代一下战后自由军团的情况。最早的自由军团是由任国防部长的基尔市长诺斯克（Gustav Noske）组建的，1918年11月他以部分忠实可靠的海军官兵为主干组织了名为"钢铁旅"的部队。12月6日，第214步兵师长梅尔克尔（Ludwig von Maercker）将军向上级提议组建一支纯粹由志愿者组成的长枪兵团，以维护法律和社会秩序。得到批准后他凭借个人声望迅速募集到几千人，他在部队里废除了旧军队里长期存在的、等级森严的官兵界限和纪律，转而强调志愿者之间的战友之谊和同志关系。另外他还对步兵、骑兵和炮兵等进行混编，这一首创形式随即成为后续成立的千余自由军团的模板。为数众多的自由军团大小不一，有的仅为连级规模，有的多达一个整师，步兵之外还有骑兵、炮兵、工兵乃至空军的战斗机中队。自由军团成员多为彻头彻尾的职业军人，他们觉得平淡无奇的生活令人生厌，普遍视军旅为生命，厌恶和仇视左翼分子。有些自由军团的军纪良好，战斗力相当强；有些则鱼龙混杂、军纪败坏，在"保卫祖国、反对布尔什维克"的幌子下大行各种令人发指的暴行；还有些则宣称自己是最新的条顿骑士团，更有甚者甘愿成为臭名昭著的政治打手。不管如何，所有这些自由军团都有一个共性，即官兵忠于各自首脑的程度远胜于他们本应保护的政府，尽管使他们的组织合法化并发薪放饷的正是艾伯特政府。

1919年2月成立于柏林的"欧文"自由军团大约有一个营的兵力，其首领欧文上校原为第6步兵师第24步兵团团长，是"蓝色马克斯"最高战功勋章得主。曼陀菲尔刚开始只是普通军官，但不久被提升为欧文的副官。与曼陀菲尔同任副官的还有一位名为金泽尔（Eberhard Kinzel）的同龄人，此人在二战中晋升为步兵将军，先后担任过北方集团军群和"维斯瓦"集团军群参谋长。曼陀菲尔的自由军团经历并不十分清楚，原因之一在于欧文上校有一位叫欧内斯特·冯·欧文（Ernst von Oven）的堂兄，后人关于自由军团的著作经常把两者混为一谈。欧内斯特·冯·欧文是一战德军知名度相当高的将军，1919年时他统帅的数支自由军团总兵力几近3万，慕尼黑的共产主义红色政权即毁于他手。另外，后人也时常将曼陀菲尔的自由军团经历与比他名声更响亮的汉斯·冯·曼陀菲尔（Hans von Manteuffel）上尉混淆起来。这位曼陀菲尔是自由军团时期的传奇人物，也是由波罗的海德裔和拉脱维亚人组成的"波罗的海后备军"（Baltische Landeswehr）的主要领导人。1919年5月22日，以突击营长身份率部作战的汉斯·冯·曼陀菲尔在攻打里加时阵亡。[34] 他丧生后享尽哀荣，得到了传统的条顿骑士式葬礼，二战期间里加的一条大街被命名为"汉斯·冯·曼陀菲尔大道"，而驻波森（Posen）的冲锋队第6旅队也在1940年5月3日改称为"曼陀菲尔旗队"。虽然没有证据表明本书主人公曾到过波罗的海国家作战，但他显然在1919年3月参加了柏林平叛。当时，德国共产党和独立派社会民主党人发起了总罢工，很快控制了市中心和一些要害部门。艾伯特政府立即调遣柏林周边的自由军团入城平叛，3月5日，一支名为"人民海军师"（Volksmarine Division）的部队加入了革命者阵营，而名为"埃尔哈特旅"（Ehrhardt Brigade）的自由军团则加入政府一方。双方在柏林街头血战了一个星期有余，均使用了坦克和重炮在内的重武器，结果是"人民海军师"被击溃后迅速解体，成千上万的无辜市民也倒在血泊之中。柏林平叛结束后，"欧文"自由军团加入梅乍克尔的作战序列，开始奔赴各主要工业城市镇压革命运动。4月间，在马格德堡（Magdeburg）、德累斯顿、不伦瑞克（Brunswick）和莱比锡（Leipzig）等地都留下了曼陀菲尔的足迹。他还有可能在5月份参加了镇压慕尼黑革命政权的作战，但他在战后的回忆中并没有提及这次规模最大的自由军团行动。

当凡尔赛条约在1919年6月28日正式签署时，普通德国人在饥馑、疾病、失业、暴乱、革命和流血中已挣扎了七个月，他们依然无法相信曾为之骄傲的军队战败沙场，也无法接受德国面临着分裂、内战和外敌入侵的现实。在他们看来，苛刻的凡尔赛条约的全部目的就在于强迫德国解除武装和取消国防，并令全体国民失誉。除了割地赔款等羞辱性条款外，单就军事方面而言，留给战后军方领导人格罗纳和塞克特的空间就极为狭小：陆军只准保留10万人，其中军官不得超过4000名；仅允许保留7个步兵师和3个骑兵师，不得拥有坦克、飞机和重炮等攻击性武器，只能拥有国内治安所需的少量装甲车；禁止实施义务兵役制，军队只能包括长期服役的志愿者，军官服役25年，普通军人12年，目的是防止德国积累训练有素的后备力量；解散参谋本部、柏林战争学院和里希特菲尔德中央军校，就连候补军校的数量也被大幅缩减。当时的德国可谓内忧外患，国内的骚乱、暴动和革命此起彼伏；西邻法国的百万雄兵虎视眈眈；重生的波兰也有30个步兵师和10个骑兵旅，直接威胁东部边境；波兰走廊将东普鲁士与本土割裂开来，波森的割让意味着柏林距波兰边境仅百余英里；西面的莱茵兰地区将被占15年并成为永久非军事区……

当曼陀菲尔等一批战时表现卓越、忠实守信的军官被选入临时国防军时，德国全境内大约有40万武装人员，其中绝大多数身在自由军团。内战渐趋平息时大部分军人都自愿安静地离开了，但也有15000名自认为会在临时国防军中占有一席之地的军官和资深军士被遣散回家。这些人自然十分不满，当初召唤他们与革命者作战的是政府，现在将之一脚踢开的也是同一个政府。非常实际的塞克特对自由军团并无好感，当发现他一手挑选的军官大多是"龟缩"在军营不愿与革命者为敌者，或是一线战斗经历有限的参谋军官时，那些军官和军士再也无法抑制愤怒，觉得被政府完全欺骗和背叛了。其中一些人成为后续政变与骚乱的积极参与者；另一些则轻易地被襁褓中的纳粹党招募，这些军人也将纪律和战斗技能注入了在街头作乱的纳粹党冲锋队，使之能轻易地重创共产党和社会民主党人的力量。

曼陀菲尔1919年中加入了第25A骑兵团，回到了熟悉且喜爱的小城瑞丝瑙。骑兵团团部和两个骑兵连（中队）驻扎在瑞丝瑙，另三个连则在不远的施腾达尔（Stendal）。按照凡尔赛条约的规定，德国可拥有3个骑兵师，每师约5500人、辖6个团（每团5个骑兵连和1个炮兵营）。[35] 骑兵在10万国防军中占有如此大的比重并不是偶然的，主要原因当然是英法盟国认为骑兵兵种已经过时，多亦何妨。塞克特虽在条约限制下颇难施展拳脚，不过他并不认同骑兵过时无用的看法。这与他的一战经历和军事思想直接相关，一战中除最初数月身在西线外，他的主要作战经历多在东线并取得了显赫的成功。他同意西线的静态堑壕战致使骑兵未能发挥重要作用，但他也认为，在东线的交战状态和地形条件下骑兵仍能发挥大的作用。视野开阔、洞察力惊人的塞克特虽然政治立场保守，但确是一名卓越的军事家，也绝非抱残守缺之人。他十分清楚随着兵器火力的愈发强大，骑兵以密集队形、挥舞马刀冲锋决胜的时代早已过去，一战德军骑兵的表现之所以乏善可陈，在他看来主要是拜骑兵们所受的既不现实、又极为不足的训练所累，他坚信这个兵种在机动灵活的战场中仍有可为，因而执意保留相对庞大的骑兵数量。塞克特在1927年撰写的题为"现代骑兵"的文章中曾声称：1914年开战之初，如果德军最高统帅部不是把骑兵拆散配属给步兵师，不是把骑兵作为步兵投入到意义不大的堡垒要塞和山川攻坚战中，而是在穿越比利时和法国北部时把大规模骑兵集中部署在敞开的右翼并令其高速推进，那么施利芬计划成功的可能性将大大增加，整个战争的图景恐怕也将重绘。[36] 塞克特还强调，骑兵之所以被认为过时，是因为西线堑壕战使之与战场态势格格不入，只能变成步兵师或被用作步兵，而空军和装甲部队的发展并不能完全取代骑兵，只会使之更加高效，比如空军可帮助骑兵进行远程侦察，追击敌军时摩托化和机械化部队也能伴随和支援骑兵。他构想中的新骑兵的作战任务应包括骚扰敌军侧翼或后方、主力大军进行动员时保护边境地带、干扰敌军机动、进军中保护友军侧翼等等。在战术方面，塞克特认为骑兵可以以其机动灵活的特质迅速占领有利地形，并以其装备的轻武器近距离接敌，摆脱敌军后可再迅速运动到他处，继续骚扰和打击对手。塞克特承认骑兵必须下马与敌交战，但认为骑兵有必要尽可能长时间地骑在马上，以充分发挥机动灵活的优势，在敌军兵力薄弱或完全失控时，骑兵一样可以进行马上冲锋和攻击。塞克特在这篇文章中坦承自己从不后悔在战后国防军中给予骑兵较大的比重，他的军事思想和建军方针当然对曼陀菲尔等众多骑兵军官的命运产生了决定性影响。

塞克特1921至1926年间担任魏玛共和国的陆军总司令，但他对共和政府并无好感，也从不打算真正效忠于这个被他视为"没有更好选择而不得已接受"的权宜政府。他把被条约禁止的参谋本部改头换面，隐藏在1919年11月成立的"军队办公室"中，借助这个幌子他将大批参谋军官和部分曼陀菲尔那样的一线军官保留在临时国防军中，一心想打造出一支非政治化的精英军队。塞克特对共和政府的态度一直模棱两可，曾以命令的形式晓谕全军——"陆军应成为国中之国，但应通过为国效力融入国家，事实上它自身应成为国家最纯粹的象征。"[37] 在他心目中，如果政府是国家的代表或化身，那么军队应该服从政府并为之效命，而如果政府的存在及其宪法的本质在于党派纷争，那么军队就应采取超然的立场。不过，问题的要害在于塞克特拒绝承认魏玛共和国是德意志国家的永久体现，当1923年国内危机再度浮现时，总统艾伯特曾向他了解帝国国防军的立场，塞克特则神态庄重地称"整个国防军都站在我的身后。"他的模棱两可的态度深深影响着军官团：一部分军官对魏玛政府的态度是愤怒地否认其合法性，多数人则像曼陀菲尔一样不冷不热，他们埋首于军事业务和军体训练，对政治动向既不敏感又充耳不闻。

和平年代的军旅生活对年轻军官来说可能有些单调乏味，不允许涉猎任何党派政治活动、甚至连公开谈论政治都被禁止，使绝大多数军官都把精力放在钻研军事业务、研究军事历史和体育锻炼上，因为塞克特不仅希望并鼓励他们成为医生和律师那样的专业人士，还要求他们都成为各种兵器装备的行家里手。塞克特十分重视军事历史的研习在培养军官性格和能力上的作用，将之视为养成敏锐的战术意识、延续19世纪战无不胜的普鲁士军队悠久传统和价值观念的不二载体。他也坚信，军官们从正式的演讲报告、个人研习和广泛阅读中汲取的理论知识，辅以各种形式的调动演习、昔日战场游历、参谋旅行训练等，足以帮助他们克服缺乏实际指挥经验的缺陷。塞克特时刻不忘的是塑造军官团成员强韧的性格和自强不息的精神，在某种程度上，身体强悍、精神坚韧在塞克特心目中甚至占有比理论知识和技能更重要的地位，反复灌输尚武精神也是一战后、二战前的20年间德国军事教育的一大要旨和特征。曼陀菲尔并不觉得没有战场的生活有多么乏味，像做任何事情一样，他以极大的热情钻研军事理论和军事史，并对马术产生了浓厚兴趣。在高强度训练中，他的马术水平提高很快，20年代初就经常出现在赛场和表演中。此外，曼陀菲尔在1920年中开始恋爱了——他在一次狩猎活动中结识了一位名为阿姆加德·冯·克莱斯特（Armgard von Kleist）的贵族小姐，阿姆加德也出身于显赫的贵族军人世家，其叔父就是二战中的装甲统帅克莱斯特元帅。[38] 克莱斯特在一战中曾任近卫骑兵师的首席作战参谋，战后为汉诺威骑兵学校的少校战术教官，1932年时升任第2骑兵师师长，二战中以骑兵将军的身份成为德军最早的装甲军军长和装甲集群司令官之一。1921年6月23日，曼陀菲尔与他的新娘举行了婚礼，[39] 他们的婚姻一直延续到曼陀菲尔1978年辞世为止。从当年所摄的照片来看，身着传统骑兵军服的曼陀菲尔英姿勃发，佩戴着马刀，还将数枚铁十字勋章骄傲地别在胸前。有趣的是，曼施坦因也是在1920年初的狩猎活动中认识了他未来的妻子，而且结识仅三天后就求婚成功。

第25A骑兵团在塞克特的新军组建完成后不久即改称为第3骑兵团，而曼陀菲尔也自1923年起担任团长迪林斯霍芬（Max von Diringshofen）中校的副官。1923至1930年间，曼陀菲尔先后为四任团长担任副官，其中1925年4月起任团长的勃兰特（Georg Brandt）上校给他留下了最深的印象，也使他学到了管理和领导部队的经验。勃兰特生于1876年，曾在1900年侵华的八国联军中任骑兵连长，之后加入参谋本部，1929年2月升任第1骑兵师少将师长，一年后出任国防军骑兵总监。勃兰特的资历很深，接替他担任第1骑兵师师长的即是二战德军元帅博克，而博克之后才是后任陆军总司令的弗立契（Werner von Fritsch）与担任参谋总长的贝克。不过勃兰特1931年即告退伍，二战爆发前一刻被再次征召，曾以骑兵将军军衔征战法国和挪威。1945年4月21日，勃兰特在柏林自杀身亡。[40]

按照战后的帝国国防军条令，德军团长必须亲自负责基层部队军官的继续教育和训练，有责任组织各种演讲和研习活动、引导讨论军事和经济方面的问题，特别是在冬季的军营里这种学习研讨活动占有很大比重。团长还需负责率领所部军官重游昔日战场并检讨成败得失，引领军官们系统地讨论具体战术情况下的攻防策略。除实地游历战场外，军官们也必须在团长主持的研习中就给出的战术问题提交计划和方案。曼陀菲尔除协助团长完成大量的组织活动和实际训练外，还必须将相当的精力放在对每个军官而言都十分重要的军区考核上。这项考试是战后国防军训练军官方面最重要的一个特色，本质上就是过去的参谋本部军官团资格考试，但塞克特又为它增添了新的维度和难度。1918年前，德军军官一旦获得任职资格和授衔就无需参加任何测试，通过参谋本部军官团资格考试虽是进入柏林战争学院的必备条件，但无志于此的军官完全可以不必参加。1919年，塞克特决定从1920年起全面推行军区考核，要求所有军官必须参加，目的是借以了解军官团的教育状况和知识水准。[41] 当然，他也希望军官们能将心思放在研习军事史、军事理论和战术上，让他们全身心投入这项困难的考试也能使之无暇旁顾。

能否通过军区考核是曼陀菲尔这类年轻军官军旅生涯中的一件大事。首先是考核结果的重要性，未能过关者可来年补考一次，但若补考仍然失败就将失去军官资格。当然，所有军官中成绩最优异的10%～15%将有机会进入参谋本部军官培训计划，从而为加入地位尊崇的参谋本部军官团创造条件。其次，此项考核本身为时数日，除一般性知识考察（涵盖历史、数学、物理、化学、经济地理和竞技等方面）外，最困难的仍是军事科目，包括三门应用战术以及战术理论、军事工程、识图与绘图、武器装备等科目各一门。[42] 下级军官们为准备考试往往结成学习小组，参加为期6个月的函授课程，整个军营里钻研学习蔚然成风，所有军官或热衷于研读军事著作和战史，或研习战术和武器性能，军官团的形象也变成了远离政治经济活动、潜心钻研军事业务的职业军官群体。这种高强度、大范围的研习活动中涌现出了一些高水准的军事理论著作，隆美尔的《步兵进攻》这一战术著作算得上是代表之一。另外，20世纪20年代的学习研讨活动对军官们日后的指挥水准和战术素养的影响也不能低估，毕竟这批军官在二战中至少都担任着师以上的职务。虽然无从得知曼陀菲尔在各次军区考核中的

▲ 曼陀菲尔家族名声最显赫的当属德意志第二帝国元帅和大十字勋章得主埃德温·冯·曼陀菲尔(1809-1885)。他是本书主人公曼陀菲尔一生的荣耀和师法的榜样。这张图片是画家在1871年普法战争胜利时绘制的。

▲ 曼陀菲尔的母亲苏珊娜·冯·曼陀菲尔是一个坚强的女性,凭借优越的家境和深厚的社会关系,她在丈夫早亡后精心照料五个子女(哈索排行第三),培养他们养成坚韧的性格和独立自强的品行。

▲ 曼陀菲尔的父亲埃卡德·冯·曼陀菲尔是普鲁士陆军的一名退役上尉,1904年1月故去。曼陀菲尔时年7岁,成年后他甚少提及父亲,但称幼年时与父亲及其战友的接触早早激发了他投身军旅的想法与热情。

▲ 这是一幅难得一见的青少年时期的曼陀菲尔照片,摄于1909年,12岁的曼陀菲尔在瑞姆堡预备军官学校。

▲ 摄于1921年6月的柏林，曼陀菲尔结婚当日的定妆照。英气逼人的曼陀菲尔身着全套骑兵礼服，尤其是轻骑兵的高顶皮军帽非常引人注目。曼陀菲尔的妻子也出自贵族军人世家，其叔父即是二战德军元帅克莱斯特。曼陀菲尔夫妇婚后育有一子一女。

▲ 1900年拍摄的一张反映里希特菲尔德中央军校的老照片。1871年普法战争后，普鲁士军队的声望达到了顶点，普鲁士—德国的军事教育体系也一直是各国师法的对象，这套体系以被称为"高级军校"的里希特菲尔德中央军校为核心，8个预备军校负责向其输送15岁左右的学员。

▲ 摄于1928年的德国基尔，曼陀菲尔正在展示自己优秀骑手的技巧。他在战后曾称自己是"天生的骑手……马术给年轻军官带来了无尽的欢乐和荣誉。"1931年曼陀菲尔获得了"金质骑手奖章"，几年后又获颁"国民金质运动奖章"，堪称体育健将和马术高手。还有资料称曼陀菲尔还是现代五项运动的一位好手。

▲ 摄于1919年的柏林，身着第3"冯·齐腾"轻骑兵团军服的曼陀菲尔，他的胸前佩戴着二级和一级铁十字勋章。曼陀菲尔时任"冯·欧文"自由军团副官，该部是由第6步兵师第24团团长欧文上校1919年2月在柏林组建的。曼陀菲尔随该部与其他名目繁多的自由军团和准军事化组织一起，参与了柏林平叛以及镇压德国各地革命运动的作战行动。

▲ 曼陀菲尔在班贝格任第17骑兵团连长时的同僚施陶芬贝格少尉（摄于1932年）。这位少尉当时被称为"民族主义者"，他与曼陀菲尔等几乎所有军官一样，都曾热情欢呼过希特勒的上台，支持纳粹党鼓吹的民族主义运动。十年多后，这位参谋本部军官成为反纳粹抵抗运动的领袖，更是刺杀希特勒的直接执行者。曼陀菲尔与施陶芬贝格的关系不详，但在刺杀事件后，以及在漫长的战后岁月里，曼陀菲尔一直坚持认为密谋分子们是"背弃自己效忠元首誓言的胆小鬼"。

▲ 希特勒上台后纳粹党在德国各地举办了盛大的游行、聚会与庆典活动。纳粹党非常精通此道，长于组织管理此类活动，尤其善用灯光、音乐和歌曲来营造强盛德国团结在强人希特勒周围的气氛。本图记载了狂热的民众和纳粹份子向万字旗行礼的场景。希特勒执政的最初几年，因解除了凡尔赛条约之枷锁、恢复了主权、自尊与荣誉，以及竭力满足军方的要求与愿望，得到了军官团和陆军的普遍支持，包括日后的抵抗运动领袖贝克、施陶芬贝格等在内，都曾热情欢呼过希特勒的崛起。

◀ 摄于 1935 年 10 月 15 日的柏林战争学院。当日，希特勒政府的大员与几乎所有高级将领齐聚战争学院，庆贺学院重新开放及建校 125 周年。柏林战争学院是参谋本部军官团的人才摇篮，以选拔严格和教育的高水准著称。1920 年，柏林战争学院与参谋本部、里希特菲尔德中央军校一起被凡尔赛条约废止。它的恢复标志着德军屈辱时代的终结与复兴岁月的开始。图中前排左四起依次为：纳粹宣传部长戈培尔，参谋总长、炮兵将军贝克，戈林，希特勒，战争学院院长、步兵将军利伯曼（Kurt Liebmann），帝国老元帅马肯森，陆军总司令弗立契上将，20 年代国防军的奠基人和改革家塞克特上将。

▲ 拍摄时间不详，但是一张非常难得的图片。德国陆军1933至1938年间的两位首脑人物的工作照，左为陆军总司令弗立契，右为参谋总长贝克（1938年10月退役前晋为上将）。1938年初，对纳粹党素不友善的弗立契被希姆莱陷害为同性恋而黯然下台，波兰战役中，以第12炮兵团荣誉上校团长身份参战的弗立契被波军击毙。贝克在一系列与希特勒的严重冲突后于1938年8月辞职，此后成为反希特勒抵抗运动的领袖，1944年7月20日刺杀希特勒事件发生的当夜自杀身亡。

▲ 曼陀菲尔1935年10月从第17骑兵团调入古德里安第2装甲师第2摩托车营任连长，图为该营在举行阅兵活动，图中背对镜头检阅部队者是营长阿佩尔中校。

▲ 摄于 1932 年 11 月，左为魏玛共和国国防部长兼末任总理施莱歇将军，右为时任第 1 集团军群司令官的步兵将军伦德施泰特。在 1934 年 6 月 30 日的长刀之夜中，施莱歇及其助手布雷多将军被希特勒谋杀，多数高级将领和军官团成员却认为这是铲除劲敌冲锋队所需付出的微小代价。德军军官团成员普遍缺乏涉足政治的兴趣和能力，正如伦德施泰特所言："我的指导原则是将自己局限在军事领域，远离所有政治活动。对于政治我实在缺乏才能。"

▲ 摄于 1938 年柏林的东西轴线（Ost-West-Achse）。参加阅兵的装甲部队是一个完整的装甲师，它的二型、三型和四型坦克正向著名的勃兰登堡门驶去。坦克编队旁边是一个摩托化重炮营，12 吨重的 SdKfz 8 炮车牵引着 150 毫米榴弹炮（s.F.H. 18）。

◀ 摄于 1937 年 6 月的埃森纳赫。当日，曼陀菲尔的老部队第 2 装甲师第 2 摩托车营从埃森纳赫进驻巴特基辛根的新军营。这座军营被称为"曼陀菲尔军营"，纪念的就是他的先祖曼陀菲尔元帅。图中校阅部队者为时任第 2 装甲师第 2 坦克团团长的普利特维茨上校（Heinrich von Prittwitz und Gaffron），他后来先后任过第 14 和第 15 装甲师师长，1941 年 4 月率第 15 装甲师进攻北非的托布鲁克时阵亡。

▲ 摄于1937年6月1日的巴特基辛根。曼陀菲尔少校从柏林赶来参加老部队第2摩托车营迁入新军营的仪式。全身戎装的曼陀菲尔虽然矮小，但在一群将领和显要之间倒也显得相当英武。

▲ 摄于1940年5月至6月的法国战役期间，隆美尔第7装甲师的捷克造Pz38t坦克驰骋在法国平原。在二战初期德军的闪电战大胜中，曼陀菲尔只能无奈地作壁上观，但一年后终得良机——1941年6月，他以第7装甲师一名摩托化步兵营营长的身份参加了苏德战争，从而踏上了终成名将的传奇历程。

▲ 摄于1940年6月13日的法国战役后期。这张难得的老照片显示的是古德里安来到第1装甲师第1摩托化步兵团第2营，向夺取莱茵—马恩运河渡桥的立功军官颁发一级铁十字勋章的场景。左边第1人为巴尔克中校，他在波兰战役后被古德里安调任该团团长，中间为古德里安，敬礼者为率部夺取渡桥的韦伯（August Weber）少尉，右一为巴尔克手下的2营营长艾京格尔（Josef-Franz Eckinger）上尉。曼陀菲尔在后方的装甲兵学校里只能艳羡地关注着古德里安、隆美尔和巴尔克等前线将领在闪电战大胜中摘取荣誉的花环。

▲ 摄于1940年5月的法国战役期间，从这张非常出名的照片上可以清楚地看到古德里安有些拥挤的指挥车里安装了密码机。

▲ 摄于1940年5月法国战役的第一阶段，德军装甲兵之父古德里安将军乘坐他的SdKfz. 251/6 Ausf.A 指挥车行进在法国的公路上。

▲ 摄于1940年的柏林—克拉姆普尼茨第2装甲兵学校。曼陀菲尔1939年2月起在这里先后任总教官和校长，装甲兵和机械化步兵的大批基层军官从这里走向波兰、法国、巴尔干、北非和苏德战场。波兰战役爆发时曼陀菲尔曾要求参战，但来自希特勒的命令称他的训练职责一样重大。作为旁观者的他也错过了法国战役，似乎只能以骑着心爱的战马来缓纡郁闷的心情。

具体表现，但他显然都顺利过关，但也不属于最优秀的一类，也从未进入过参谋本部军官团训练计划。个中原因，据他自己透露，是他对进入参谋本部后守着办公桌从事繁文缛节的文案工作毫无兴趣，他只想做一名与部队官兵在一起的军官。

勃兰特主持第3骑兵团时，正值骑兵最困难的时刻——这一兵种被认为是所有军兵种中最保守的，证据之一就是其训练计划仍沿袭一战前的形式与内容。一战中德军骑兵即已下马与步兵并肩作战，但在战后的军事理论和战术思想、尤其是武器装备迅速发展的背景下，德军骑兵却依然把学习演练单兵和编队马术作为训练核心，骑兵们还装备着长枪马刀，而且把大量时间用在这些方面的训练上，显得与时代的发展和要求格格不入。美国军事历史学家科如姆（James S. Corum）对此现象曾评论说："……骑兵是德国陆军目下最保守的兵种。将骑兵军官团高层描述为军事反动派也算不上夸大其辞。"[43] 最明显的例证就是骑兵训练大纲，原出版于1912年的大纲只经过微小的修改又在1926年下发部队。曼陀菲尔这样的下级军官都赞同放弃使用骑兵长枪，但几乎所有骑兵团团长都坚持保留这种徒有其表的武器，这种局面一直延续到1927年10月——一年前接替塞克特出任陆军总司令的海耶（Wilhelm Heye）上将当时否决了骑兵军官团高层和上校团长们的意见，才算废止了对长枪的继续使用和训练。

按照曼陀菲尔的说法，勃兰特是德军骑兵改革的先驱和新式骑兵的创建者。他接手第3骑兵团后立即开始整改，目标是将之建为一支现代化的作战部队，并为整个骑兵做出表率。作为团长副官的曼陀菲尔目睹、参与和经历了整个过程。勃兰特将骑兵过于重视战马和骑手训练的传统转变为更重视作战演练和战术演习，他对骑兵仍惯于手持马刀、而不擅用现代武器的状况十分不满，认为这种部队无力在战场上与敌对抗，就连骑兵的传统职责——侦察和掩护侧翼也无法很好完成。他为手下的骑兵连装备了轻机枪，将一个连作为试点整改为机械化连，包括机枪排、榴弹炮排、反坦克排、工兵排和通信排各一个。虽然骑兵高层整体上非常保守，但也不乏勃兰特这种见识深远之人，第3骑兵师师长菲尔埃克（Hans von Viereck）中将也是一位密切关注机动战和装甲战的军官。他在1927年提交给上级的报告中说"没有坦克的战争是过时的战争。在向与坦克协同作战的部队下达命令方面，军兵种学校的教学显然不能令人满意。"[44] 菲尔埃克还指出德军使用的模拟坦克越野能力太差，演习中经常成为瓶颈，建议将快速车辆的底盘用作模拟坦克底盘，以便更好地协调骑兵与坦克的越野训练，同时他还建议加强对装甲车的使用和训练。

1930年2月，离开第1骑兵师升任国防军骑兵总监的勃兰特中将把前述机械化连交给了曼陀菲尔中尉（他已于1925年4月晋升为中尉）。骑兵中不乏比他资深年长的军官，而且连长之职一般要求至少是骑兵上尉，曼陀菲尔能以中尉领导这样一支新式骑兵，足见勃兰特对他的赏识和信任。曼陀菲尔自己也颇为兴奋，战后坦言这成为他继续钻研业务的动力之一。1932到1933年间，他撰写了一本名为《骑兵连长》的小册子，总结了自己在训练骑兵和照料战马方面的创见与经验，还探讨了对骑兵进行步兵训练和使用的问题。有些在骑兵队伍中浸淫数十年的资深连长虽对曼陀菲尔的见解不以为然，但这并未影响到他与骑兵上下的关系。与军事经验和阅历同步增长的是马术水平，"曼陀菲尔是个优秀骑手"这样的声誉在兵营内外不胫而走。1931年初，曼陀菲尔获得了"金质骑手奖章"，数年后又得到一枚"国民金质运动奖章"。在战后的回忆录中，曼陀菲尔曾称自己是个"天生的骑手……马术给年轻军官带来了无尽的欢乐和荣誉。军官中产生了许多优秀骑手，他们在国内外军体竞赛中经常战胜最强劲的对手，1936年柏林奥运会马术项目的所有金牌都被我们的军官囊括。"[45]

1932年10月，曼陀菲尔奉命调任为班贝格（Bamberg）的第17巴伐利亚骑兵团的骑兵连长。该团下辖6个连，团部与第1、第5连在班贝格；第2和第6连在慕尼黑；第3和第4连则在斯特劳宾（Straubing），团长是后来官至中将的佩法尔（Gustav Freiherr von Perfall）上校。曼陀菲尔的同僚中有一位名为施陶芬贝格（Claus von Stauffenberg）的少尉——这位来自班贝格显赫世家的军官，将在二战中后期成为反希特勒抵抗运动的领袖，且是1944年7月20日刺杀希特勒的直接执行者。

曼陀菲尔带领骑兵连每天勤练不辍，与属下的关系极为密切，也使他认识到连队的凝聚力和绩效很大程度上取决于长官能否激励战士的动力和热情、能否起到率先垂范的作用。他的驻地距纳粹党活动中心慕尼黑不远，他也得以近距离地观察纳粹党和希特勒如何登上德国政治舞台的中央。1933年1月30日希特勒成为总理，当夜，热情难抑的班贝格人像柏林人一样进行了盛况空前的火炬游行。有后人的研究表明，施陶芬贝格少尉当日外出参加社交活动时正赶上班贝格的游行，他因身着骑兵团军服而在无意间被市民簇拥到队列的最前方。[46] 历史学家霍夫曼（Peter Hoffmann）指出，施陶芬贝格可能并未参加当夜的火炬游行，而是后人将此事与稍后发生的一件与曼陀菲尔有关的事件混淆了：大约在3月13日，曼陀菲尔带着骑兵连结束训练后，在返回军营的路上，偶遇骑马归来的施陶芬贝格，后者随即加入骑兵连队列，队伍后面跟着的是骑兵团军乐队。当他们一行路过班贝格市政厅附近时，看到许多市民聚集于此，都在抬头观望市政厅大楼上方冉冉升起的纳粹党万字旗，曼陀菲尔随即命令骑兵连举手敬礼，结果14日的《班贝格日报》（Bamberger Tageblatt）报道了他和骑兵连的举动，声称"国防军也认可这面迎风飘扬的新旗帜。"霍夫曼还说曼陀菲尔因此受到了严厉指责，因为当时在法律上来说万字旗仍仅是纳粹党党旗。[47] 另一历史学家巴尔内特（Correlli Barnett）也在自己的著作中提到了类似史实，但发生的时间被标注为1933年2月1日。[48] 更有趣的是，施坦因（Marcel Stein）在著作中误解了霍夫曼的研究，声称"领导1933年1月30日夜（班贝格）火炬游行的其实是曼陀菲尔中尉，施陶芬贝格只是碰巧路过才加入进去的。"[49]

虽然历史真相已难以还原，但可以肯定的是，彼时军官团的绝大多数成员都认可纳粹的万字旗。施陶芬贝格当时就被同僚描绘为"民族主义者"，而且像绝大多数军官一样在政治上都属于右翼。施陶芬贝格妻子的一位朋友曾忆称，当施陶芬贝格家族1944年7月惊悉正是他主持了刺杀希特勒的政变时，他们无不在伤痛之余感到惊讶——家族许多成员一直都认为，只有他才称得上是大家庭里真正的国家社会主义分子。[50] 1933年初时的施陶芬贝格热情地支持纳粹党鼓吹的民族主义运动，赞同统一原德帝国境内所有国家的德裔，军事上更是支持重整军备、军队扩张和获取被禁的重武器，还向家人和朋友说"这些想法毫无疑问地得到帝国国防军所有军人的赞同。"时任第1骑兵师师长、后任参谋总长的贝克，也在希特勒上台不久后写下的文字中声称1月30日的政权更迭是他盼望多年的事，"出于这一原因，我为自己长久的期望并未破灭而感到万分高兴。这是1918年以来的第一抹真正的曙光。"[51] 而初掌政权的希特勒对军队也是百般逢迎，他在就职典礼上就宣称"……接下来的4到5年里，'一切为了武装力量'就是我的首要原则。"[52] 他还向国民和军人保证，自己的政府将致力于铲除议会民主政治，消灭共产主义分子，通过联合工人农民恢复国家统一，颂扬民族主义，并将绝对的发展优先权赋予军队，特别是恢复1918年前军人在国家享有的特权地位。曼施坦因在战后回忆录中也曾解释过军官团为何欢迎纳粹党的崛起："……纳粹党强调民族主义思想并极力反对凡尔赛条约的束缚，这在战士们心中留下了深刻印象。同样，纳粹党与共产主义展开的殊死搏斗，以及它试图跨越资产阶级与工人阶级之间深深鸿沟的决心，也给我们留下了深刻印象。事实上，这类问题不仅是1918年德国崩溃的根本原因，也是之后所有暴乱和革命的根源，更严重地威胁着德国的未来。只要国内的这些分裂不停止、不愈合，德国怎能再次崛起、恢复强国的荣耀地位、抵御外敌入侵呢？人们必须承认其他政党无法修补这些裂痕。共产党的目标是仿照苏俄建立独裁政府，社会主义者依然忠实于阶级斗争思想，而资产阶级政党总是努力维持自己的意识形态和经济地位，甚或梦想退回旧时代。"[53] 曼陀菲尔对希特勒上台的回顾和反思没有曼施坦因那么深刻，他在1970年代初曾对到访的军史家库罗斯基（Franz Kurowski）这样说道："德国领袖的更迭并没有带给我们不好的印象，相反我们的观感相当不错。就我们的判断而言，我们坚信德国人民的生活将大有改善。武装力量和警察曾遭受的诋毁和失誉、官兵曾受到的轻蔑和虐待立即停止了，失业也仿佛消失了……一夜间大街上恢复了秩序，而几个月前这里还回荡着枪声。政府和国家机器恢复了曾丧失的权威性。德国这个国家和它的新政府在国内外都赢得了声誉。"[54] 曼施坦因和曼陀菲尔等绝大多数军官都热情地欢呼希特勒的崛起，赞同纳粹党在业已失败的自由、多元和民主政体的废墟上建立独裁政权，还热情地展望第三帝国恢复陆军绝对权力和尊崇地位的时刻。用

第二章 成长的轨迹：早年岁月

法国当代历史学家勒梅（Benoit Lemay）的话说，就是"军官团与希特勒有着共同的世界观——创建一支进攻能力极强的强大军队，令德国获得欧洲的支配地位。"[55]

希特勒在解决失业、改善人民生活、弥合阶级分裂的同时，也加快了重整军备的步伐，其中就包括秘密建立空军和加快发展装甲部队，在这个过程中曼陀菲尔的军旅生涯也发生了重大变化。1933年圣诞节前一天，第17骑兵团在团部举行狂欢活动，出席者中有一位柏林来的贵客——原在第3骑兵师供职、此时正在骑兵部队巡视的陆军人事局长施韦德勒（Victor von Schwedler）上校。席间，团长佩法尔找到曼陀菲尔说施韦德勒想跟他聊一聊。在骑兵服役已达17年的曼陀菲尔很早就认识施韦德勒，虽觉得人事局长的邀请对他这个上尉来说是莫大的荣誉，但也觉得事有蹊跷，因为团长同时还告诫他说："不管局长说什么，你都要回答'是的，长官'。容我事后解释。"[56] 曼陀菲尔多年后还清楚地记得施韦德勒当时对他说的话及其诚恳的态度。当时虽近子夜，但大家的情绪都很高，施韦德勒告诉曼陀菲尔说陆军正在组建装甲部队，急需大批优秀军官投入这一新兵种。当他询问该兵种的大致状况时，施韦德勒不疾不徐地答道："本质上来说装甲兵与骑兵相去不远。不过，你将得到一个新伙伴——不是战马，而是个铁制的大家伙。至于战术和部队管理则与骑兵基本无异。"[56] 曼陀菲尔闻言没有急于表态，而是与局长随意聊了一会儿，最后施韦德勒说："曼陀菲尔，这个兵种很有前途。如果你决定加入装甲部队，可把意愿直接告诉我。"按照团长事先的吩咐，曼陀菲尔诚恳地回答称是。次日晨曼陀菲尔即向团长做了详细汇报，原来施韦德勒早就看上了这个优秀的骑兵上尉，尽管名为征询意见，实际上佩法尔早就知道了曼陀菲尔与两个骑兵连将被调到装甲部队的决定。

1934年10月1日，曼陀菲尔和第17骑兵团的两个连奉调加入驻扎在图林根（Thuringia）地区的"埃尔福特（Erfurt）骑兵团"。[57] 这个单位并非什么骑兵团，而是为掩人耳目使用了上述代号的摩托化步兵团。当时它辖有两个摩托车营，第1营驻扎在埃尔福特，曼陀菲尔加入的则是驻于埃森纳赫（Eisenach）的第2营。不过，该团很快又被拆分新组了第3营，因为它实力过于雄厚，光是带跨斗的BMW-700型摩托车就有700辆，还有大批四轮汽车和其他运输车辆。与第17骑兵团同属第3骑兵师的第16骑兵团也经历了类似的变化和重组，该团的骑兵也分别加入了埃尔福特和埃森纳赫的这三个营。当1935年德军组建首批3个装甲师时，"埃尔福特骑兵团"的3个营被分别并入第1、第2和第3装甲师，[58] 曼陀菲尔的第2摩托车营成为古德里安第2装甲师的一部分。

至此，曼陀菲尔军事生涯的新的一页翻开了。

第三章
无奈的看客：投身装甲部队

装甲战术教官

在曼陀菲尔加入初创中的装甲部队的前后数月里，德国发生了一系列重大事件。1934年1月30日，希特勒在纪念执政一周年的活动上再次强调武装力量与国家社会主义政权的关系，宣称德国的两大支柱就是国家社会主义运动所代表的政治支柱和体现在国防军身上的军事支柱。这一理论完美地迎合了军方将领和军官团的抱负，国防部长勃洛姆堡也投桃报李，代表军方宣称"军队是国家社会主义德国及其生存空间的卫护者。"在纳粹政权与军方貌似良好的互动中，以罗姆为首的冲锋队已悄然成长为拥有300万之众的强大力量，对希特勒多次表达过不满的罗姆不仅对前者的地位构成了挑战，更是令军方将领寝食难安的大威胁。当年4月，纳粹党向军方高层了解是否支持希特勒在兴登堡总统百年之后独揽大权，高级将领们给出了肯定的答复，但提出一个条件，即必须保证陆军的绝对军事主导权，特别是消除日益坐大的冲锋队的影响。希特勒也很清楚，没有陆军将领和军官团的全力支持他不可能登上权力之巅，如果不借重于组织严密、纪律严明、训练精良的陆军，他那称霸欧洲的梦想也就难以实现。在所有这些因素共同作用下，希特勒在当年6月30日夜向罗姆及一批冲锋队首脑痛下杀手。在这个所谓的"长刀之夜"里，希特勒不仅处死了百余冲锋队首领，还顺带着将无法原谅的政敌、魏玛政府末任总理施莱歇（Kurt von Schleicher）中将及其臂膀布雷多（Ferdinand von Bredow）少将一并勾决。勃洛姆堡和赖歇瑙（Walther von Reichenau）等将领不仅为希特勒帮助军队剪除劲敌冲锋队弹冠相庆，也为元首的魄力和俾斯麦式的强人作风所折服，更加坚信希特勒有能力带领德国恢复曾经的强国地位。但军官团中也有像伦德施泰特此类的中高级将领，他们秉承塞克特长久以来灌输的非政治军人理念，对政治兴趣不大，也缺乏必要的认识，正如伦德施泰特所说："我的指导原则是将自己局限在军事领域，远离所有政治活动。对于政治我实在缺乏才能。"[1] 尽管军官团中也有一些成员对两位陆军将领被杀感到震惊，并开始怀疑希特勒及其追随者的真实目的，但对绝大多数人来说，这是铲除冲锋队必须付出的微小代价而已，所以他们纷纷打开香槟，举杯庆贺国防军的胜利，真心敬仰希特勒的决断和胆量。二战德军元帅曼施坦因、凯塞林和莫德尔等人当时都持有这样的看法。希特勒无疑是这一事件最大的胜利者，他几乎没有付出任何代价就剪除了政敌，赢得了军官团的倾心支持,并将陆军更紧密地团结在其政权周围。

1934年8月2日,老迈多病的兴登堡总统去世,希特勒成为集所有权力于一身的德国元首。希特勒在兴登堡的国葬葬礼上宣布国防军是唯一合法的军事集团,而勃洛姆堡和赖歇瑙为将军队与希特勒本人更紧地捆绑在一起,当日主动下令军队向希特勒个人宣誓效忠,全国各地的军营里都举行了无条件效忠元首的宣誓仪式。曾经宣誓效忠德皇、效忠魏玛共和政府的曼陀菲尔,与所有官兵一样也将自己的荣誉和忠诚与希特勒紧紧联系在一起了。勃洛姆堡等希望借助这一举动取悦希特勒,强化武装力量为纳粹党之外第二个国家支柱的地位。希特勒自然乐不可支,这一誓言抹去了效忠国家与元首个人之间的任何区别,使得军官团日后在反对希特勒时面对着精神和道德上的重重障碍。这也许能解释曼陀菲尔等军官日后明知希特勒将德国拖入了万劫不复的深渊时,为何仍不愿反对元首或加入任何谋逆活动。另一方面,这一宣誓也为众多军官提供了将自己从日后的所有战争罪行和暴行中解脱出来的借口——他们的一切作为不过是服从命令,是在履行自己效忠祖国和元首的誓言,尽管代表德国的这个政权的真实面目,在"长刀之夜"中已端倪初现。曼陀菲尔晚年曾回忆道:"我团的绝大多数军官,包括我本人在内都不拒绝国家社会主义。不过,我们没有任何理由在政治上表现活跃,因为国防军没有被动或主动的选举权。我们内心深处的信仰是,军队是任何形式的政府的一个政治上可靠的工具。这一信念是担任陆军总司令多年的塞克特上将浇铸在我们每个人心中的:军队必须效力于当政政府,因为政府是支撑国家的柱石。"² 不过,曼陀菲尔似乎忘记了,军官团几乎是毫不犹豫地集体背弃了效忠魏玛共和政府的誓言,并立即转向效忠希特勒。坦率而讲,号称政治中立的国防军似乎更偏好、更认同希特勒的国家社会主义,而不是他们素所仇视的布尔什维克主义和社会主义。

希特勒大刀阔斧的举措并不局限于内政,在外交方面德国更是在1935年上半年取得了一系列重大进展。先是1935年1月13日,因凡尔赛条约与德国分离了15年的萨尔河谷地区,经全民公投后压倒多数的居民要求重回德国怀抱。这一公投结果被希特勒称为"纳粹党的伟大胜利",他还煽情地告诉国人

"15年的不公正已成为过去。"次月,面对德国大规模重整军备而忧心忡忡的英法政府,试图与希特勒谈判达成一个更平等的军备条约,但狡猾的希特勒不愿将自己限制在军备问题上,或让德国再次被多边条约所约束。一个月后,戈林以航空部长身份向世界宣布了德国空军的存在,在举世皆惊的注视下,希特勒又在3月16日宣告正式打碎凡尔赛条约军事条款的枷锁——他要重新引入义务兵役制、重组新军、将和平时期的德军扩充至36个师等。3月21日,希特勒下令以"德意志国防军"(Wehrmacht)的称呼取代以前的"帝国国防军"(Reichswehr),尽管前一名称在军政领域内早已广泛使用。与此同时,希特勒还宣布恢复被禁多年的参谋本部和柏林战争学院。3月17日是德国的"英雄纪念日",纳粹政府安排了盛大的阅兵式庆贺军事复兴,在帝国遗老马肯森(Anton Ludwig August von Mackensen)元帅、国防部长勃洛姆堡、陆军总司令弗立契、空军总司令戈林、海军总司令雷德尔(Erich Raeder)等最高军事将领陪同下,希特勒检阅了部队,并给阅兵台上迎风飘扬的军旗缀上了荣誉十字勋章。

大约就在这个时候,德军摩托化部队司令官鲁兹(Oswald Lutz)将军及其参谋长古德里安开始组建首批3个装甲师。鲁兹曾兼任过德军"摩托运输兵和陆军摩托化总监"(Inspektion der Kraftfahrtruppe und für Heeresmotorisierung)及兵工署六处处长,是二战前德军机械化、摩托化和装甲部队发展进程中的关键人物之一。鲁兹和古德里安1935年夏后分别出任新设立的装甲兵兵种司令官和参谋长,但他们并未获得其他兵种那样的独立地位与权限,创建首批装甲师的过程也可谓历尽波折。步兵将领依然坚持把坦克和装甲车分散配属给步兵,骑兵高层则认为装甲兵正彻底颠覆他们的传统角色和战场重要性,而炮兵、工兵乃至空军也都要求拥有数量本就稀少的摩托车辆。二战结束后的1945年11月,曼陀菲尔曾在战俘营中为美军准备过名为"快速机动与装甲部队"的报告,他在报告中用"有违传统"、"偏见"、"侵占旧兵种的地盘"、"缺乏资金和物资装备"、"引起组织混乱"等一系列词汇,描述了装甲部队初建时面对的困难及来自其他兵种的责难。³ 诸兵种中反对和抵制最激烈的当属骑兵,但极具讽刺意味的是,不仅3个装甲

师的基干力量都来自骑兵,半数以上的军官、包括许多日后最优秀的指挥官都来自骑兵。二战中赫赫有名的装甲兵将军中,除曼陀菲尔和巴尔克(1922至1933年供职于第18骑兵团)外,克莱斯特、霍普纳(Erich Hoepner)、马肯森(Eberhard von Mackensen)、韦尔斯特(Gustav von Vaerst)、施韦彭堡(Leo Geyr von Schweppenburg)、克吕威尔(Ludwig Cruewell)等均出身骑兵。3个装甲师中,第1装甲师师长为魏克斯(Maximilian von Weichs)将军,驻地在魏玛,其第1坦克团成员主要来自于装甲兵学校,并补充了选自骑兵的军官和军士,第2坦克团大部分官兵来自于第7骑兵团;第2装甲师师长为古德里安上校,驻地在伍尔兹堡,其第3坦克团第1营完全是第12骑兵团的班底,第2营则选自6个骑兵团的官兵,第4坦克团是从第1、第2和第3坦克团抽调人员并补充骑兵组成的;第3装甲师师长为费斯曼(Ernst Fessmann)少将,驻地为柏林,其第5坦克团由第1坦克团部分官兵和骑兵组成,而第6坦克团基本上以第4骑兵团为主体。[4] 这3个装甲师后被编入鲁兹任军长的第16军。除这3个装甲师外,德军在建立机械化快速部队方面的努力还包括新成立了3个轻装甲师和4个摩托化步兵师,1938年3个轻装甲师被编入步兵将军霍特(Hermann Hoth)的第15军,第2、第13、第20和第29等4个摩托化步兵师则被编入步兵将军维特斯海姆(Anton von Wietersheim)的第14军。

1935年10月,曼陀菲尔成为第2装甲师第2摩托车营的一名连长,其营长是阿佩尔(Wilhelm von Apell)中校,后者在1941年4月晋为少将后以第22装甲师师长身份参加了苏德战争。曼陀菲尔对古德里安这位装甲部队的创建者和设计师钦佩有加,目睹了他热情而不知疲倦地扑在装甲师建设上,也跟随他亲身参与了冬训和各种演习。曼陀菲尔在战后曾多次表达过对古德里安的仰慕,并为因性格急躁而为人诟病的古德里安辩护,反驳有些将领对他的指责均为不实之词。他写道:"……(古德里安)每次下部队都想帮属下做些什么,每次他从车里跳下时都带着满脑子新想法。他总想教给我们一些新东西,帮助我们理解和信服坦克等新武器的优越性,而在这些方面他总能取得完全成功。他经常出其不意地巡视部队,总是受到官兵的热忱欢迎,绝非有些人说的让基层部队感到烦恼。"[5] 古德里安的手下来自多个兵种,军事背景各不相同,对装甲作战的认识也大相径庭,但他的创新见解和战术思想对年轻军官有着无可抵挡的吸引力,同时他还具有善于笼络人心和组织协调的能力,从而能逐步地将第2装甲师编练成一支兵种协作密切高效的新式部队。曼陀菲尔对古德里安的精明能干和领导作风留下了深刻印象,不仅在战术和兵种协调方面受益良多,古德里安也成为他的导师和朋友。曼陀菲尔感到自己的军旅生涯焕然一新,钻研装甲战术、投身演习的热情也无比高涨,他在坦克与步兵协同作战方面的理论水准、领导和训练连队的才能、善于演说和鼓舞士气的才华也引起了古德里安的注意。1936年初,古德里安将曼陀菲尔调到师部,派他到温斯多夫(Wunsdorff)的第2装甲师学校负责训练军校生和候补军官。曼陀菲尔十分喜爱这份工作,大批充满热情的年轻人投身装甲部队使他觉得"几乎所有的骑兵都赶来受训",同时学校也拥有一些优秀的教官,大家都对坦克这种新武器和新战术着迷不已。校长雷德梅尔(Ludwig Ritter von Radlmaier)上校也被曼陀菲尔称为是"德国装甲兵的创始者之一",他认为,如果说古德里安是装甲兵战术和兵种的创始人,那么雷德梅尔就是装甲兵军官训练的奠基者。这位并不出名的上校二战初期曾担任过第6装甲旅旅长和第4装甲师师长,晋为中将后病逝于1943年。

曼陀菲尔醉心教学和钻研业务的同时,也时不时抬起头来了解军营之外的世界。1936年3月,希特勒再次挑战西方列强的底线,派军开进了凡尔赛条约划定的莱茵兰非军事区。"3年后的今天,我相信德国谋求平等权利的努力可以说告一段落了",这是希特勒3月7日在国会演讲时的开场白。他抑制着兴奋和激动的话音刚落,就赢得了议员们雷鸣般的掌声,他接着说道:"……在国家、政治和经济的所有领域里我们的状况都得到了改善……3年里,德国恢复了荣誉,找回了自信,克服了最大的经济危机,而且最终引领着一次新的文化升华……"[6] 莱茵兰主权的收回令希特勒的声望在1936年达到了顶峰,像千万德国人一样,曼陀菲尔也在这一刻为元首的胆识和能力折服。他在战后曾不止一次地强调,是希特勒解除了套在德国身上的枷锁并恢复了其自尊与荣誉,同时,他也谴责正是一战胜利者的不公正和苛刻促成了希特勒的崛起以及发动毁灭世界的二战。从撕毁凡尔赛条约、引入义务兵役制到将陆军扩至36个师、公开宣布空军的存在、与英国签署海军协议，再到装甲部队的快速发展和现今的收复莱茵兰，希特勒做了军方将领希望他做的一切，甚至军方长久以来的奢望都变成了现实，军官团没有任何理由抱怨或不满。希特勒在国内的政敌们也不得不为他喝彩——"希特勒真是个人物，他有勇气去冒险"这句话就是活跃于地下的政敌们普遍无奈的感叹。支持希特勒的不仅是军队、资本家和工业家，当时的民意调查显示，1936年3月底时全德98.9%的人都支持他。[6] 1936年夏的柏林奥运会更是让全世界认识了一个欣欣向荣的"新德国"。

1936年10月1日，曼陀菲尔晋升为少校，此时离他以少尉身份参加一战已过去整整20年。在第2装甲师学校里，他的才华在点兵场、训练营和讲台上得到了充分展示，古德里安对他的工作成效极为满意，于是在1937年2月将他调到陆军总部的"摩托运输兵和陆军摩托化总监部"任职。曼陀菲尔对于离开教学岗位十分不舍，直言第2装甲师学校的日子是其"整个军旅生涯中最美好的一段时光，在这里结识了许多日后一起浴血沙场的年轻人。"[7] 他觉得自己骨子里就不是一个愿意坐办公室的人，早年参加军区考核时就无意进入参谋本部军官训练计划，现在更不愿离开喜爱的教学岗位和朝夕相处的年轻人。他想了些花招和办法，但在古德里安严令下只得从命。3月1日向总监部报到后，立即作为装甲兵代表被派到步兵总监部，负责将4个步兵师整编成摩托化步兵师。古德里安和曼陀菲尔都认为这些部队整编完成后应划归装甲兵，但遭到势大的步兵总监拒绝。因此，这些摩托化步兵部队并非二战德军装甲部队的摩托化步兵或装甲掷弹兵的前身。嗣后，曼陀菲尔又奉命与其他几名骑兵出身的军官一起撰写机动部队的作战条令。

1937年6月1日，曼陀菲尔从柏林来到巴特基辛根(Bad Kissingen)，参加老部队第2摩托车营搬迁新军营的仪式。建址于小山之上的这座新军营有一个响亮的名字——"曼陀菲尔军营"，纪念的就是他一生的偶像曼陀菲尔元帅。尽管曼陀菲尔已进入陆军权力中枢，但他对阿佩尔中校和老连队一直念念不忘，再忙也会抽出时间探访战友，更何况军营还以自己的先祖命名。当地的一位摄影师拍下了观礼仪式的场景，照片上的曼陀菲尔侧身于一群军官和显要之列，虽身材矮小，但全身戎装的他倒也颇为威武。当阿佩尔中校乘坐指挥车率部从宾客们面前开过时，曼陀菲尔无疑认出了许多熟悉的面孔，包括他在第2装甲学校一手带出的许多军官。他也许还会想到，如果不是古德里安的命令，他应该会以营长、或至少高级参谋的身份乘坐首辆指挥车，率领这支部队进驻新军营。

1938年初，支持希特勒的国防部长勃洛姆堡被人检举出其新婚妻子为妓女出身，尽管希特勒对其信任有加，也只能将这位元帅解职并令其退休。紧接着下台的是陆军总司令弗立契，对纳粹党素不友善的这位上将被希姆莱指控为同性恋。希特勒借着新一轮清洗废除了国防部长一职，自己担任了武装部队总司令，创立了最高统帅部(即OKW)这一指导德军整体作战的机构，同时任命凯特尔(Wilhelm Keitel)将军担任参谋长。经过一番讨价还价，勃劳希契(Walther von Brauchitsch)晋为上将后出任陆军总司令，但他违心地顺从了希特勒的愿望，将一批忠诚度受到质疑的高级将领解职，其中就包括机械化部队的创始人、第一个被授予装甲兵将军军衔的鲁兹。鲁兹对古德里安可谓有知遇之恩，但后者对老长官的被迫退休并未发出任何抗议的声音，反而成为最大受益者之一——他出人意料地被晋为中将和出任统帅3个装甲师的第16军军长。曼陀菲尔对高层的人事变动感到愕然，绝不相信报纸所说的勃洛姆堡和弗立契的失检行为，在与关系亲密的同僚交换意见时，大家都认为希特勒善于玩弄阴谋和伎俩，而且好战的元首成为武装力量总司令后，将不会再有任何力量能阻止他把德国引向战争的快车道。如果说装甲兵和机械化部队在演习场和阅兵式中给人以雄壮威武的印象的话，曼陀菲尔等总监部的军官比任何人都清楚，装甲部队并无足够的坦克和装甲车，现有的老旧过时的坦克根本无法与英法和苏军相比，训练也才刚刚走上正轨，这个新兵种根本没有做好战争准备。不过，连星途坦荡的古德里安对前述事件都不置一词，小小的曼陀菲尔少校除了冷眼旁观外，还能做什么呢？

1938年3月12日晨，古德里安的第16军以第2装甲师为先头开进了奥地利，将之并入第三帝国的版图，同年秋希特勒又兵不血刃地吞并了捷克斯洛伐克的苏台德地区。当年11月德军成立了第4和第5两个新的装甲师,同时又在各军区陆续组建了4个新的装甲旅和一批坦克团。古德里安11月1日晋升为装甲兵将军后,于当月20日出掌重组后的机动兵总监部,负责装甲兵、骑兵、反坦克部队、摩托化和机械化部队的发展与训练。他十分重视这些部队连以上军官的训练,特意于1939年2月1日将曼陀菲尔调到柏林—克拉姆普尼茨(Krampnitz)附近的第2装甲兵学校担任总教官。曼陀菲尔的顶头上司是弗里斯纳(Johannes Friessner)上校,后者曾长期在军校担任战术教官,是卓有声誉的军事教育家,1938年成为军校总监部参谋长,次年9月升任军校总监,二战后期先后担任过北方集团军群和南乌克兰集团军群的上将司令官。曼陀菲尔对弗里斯纳为军校定下的教学大纲和基调深表赞赏,多年后还称赞后者"训练和教育年轻人的教学理念堪称典范,是最理想的军校总监人选。"[8] 在总教官(以及校长)这个职位上,曼陀菲尔在装甲兵和机械化部队的大批基层军官身上留下了烙印,他着力教导年轻人如何在团队努力中培养发挥个人主观能动性和采取独立行动的能力。各装甲部队的摩托化步兵连(即日后的装甲掷弹兵连)连长都来到这里听他讲解示范,除坦克兵和反坦克歼击车学员外,装甲侦察兵、工兵和反坦克炮手也都在此处受训。曼陀菲尔对古德里安在其著作《注意!坦克!》中表述的战术思想十分认同,他把自己从与古德里安共事中学到的理论融入教学中,向学员宣扬与空军密切协同的装甲部队的巨大威力和潜力,强调战场机动、灵活运动、充分利用地形掩护的重要性。同时,他也告诉学员们,摩托化步兵实乃装甲部队之支柱,攻城拔寨、夺取和固守坦克碾过的敌军阵地,仍需步兵付出巨大的努力方能完成。他的这一思想也贯穿于其军旅生涯之始终——5年后他担任了精锐的"大德意志"装甲掷弹兵师师长,在总结自己1944年5月初在罗马尼亚北部战场的作战经验时,虽然他承认突击炮、高射炮、工兵与装甲兵之间的精诚团结和有效合作是防御成功的基础,但也同时强调装甲掷弹兵始终都是主角。他认为,在由多兵种组成的防御阵地里,机械化步兵和装甲掷弹兵在任何情况下都应处于支配地位。

1939年4月1日,曼陀菲尔晋升为中校。此前不足半个月,希特勒刚完成了对捷克斯洛伐克全境的吞并,这一举措既震惊了世界,又震撼了包括曼陀菲尔在内的不少军官和普通德国人。希特勒半年前向国人和世界信誓旦旦地保证苏台德之后再无领土要求,其允诺言犹在耳,现已可耻地背弃了誓言,与西方列强开战的危险真实地浮现在国人面前。自幼受到忠诚守信教育的曼陀菲尔,自然无法理解希特勒的两面三刀和永无止境的扩张野心。但正如纳粹党一位地方官员的报告所言:"不管元首的伟大行径给人们带来多大欢乐、也不管人们对他的信赖程度有多深,每日为生计而需付出的艰辛努力,很快又使人们的心境黯淡下来"[9],曼陀菲尔毕竟只是一个普通军官,而且是一个身心被繁忙的训练和教学完全占满的教官。在克拉姆普尼茨的军校里,曼陀菲尔过得十分愉快,除了工作称心如意外,还能每天回家与妻儿子女相处,尤其是有时间关注孩子们的成长。二战爆发后,由于训练工作日益繁重,经常需要加班加点训练学员以补充前线之需,他才经常性地不在家里居住。不过,他的家人整个二战期间一直居住在军校附近,与情况相似的军官家属比邻而居,直到1945年4月苏联红军到来前才搬走。

曼陀菲尔曾说第2装甲兵学校经他之手毕业了不少于5000名的候补军官,其中包括赖歇瑙和勃劳希契的儿子等将门之后。这些年轻人志愿成为装甲兵,热情投身于全天候训练中,曼陀菲尔也倾其全力教会他们战场上需要的技能,师生间结下了相当深厚的感情。1939年的波兰战役结束后,一些参战毕业生回到学校,向曼陀菲尔讲述了战场体验和装甲战术的实际效果,他对学校教授的一切完全吻合战场实际深感欣慰,同时也对丧生的学员感到痛惜。

自1937年起,希特勒向波兰政府施加高压,强烈要求收回被凡尔赛条约分割出去的但泽,还咄咄逼人地要求在波兰走廊修筑一条铁路,以连接本土的波美拉尼亚和孤悬的东普鲁士,但这些要求遭到波兰和英法当局的一再拒绝。1939年3月底,也即是吞并捷克斯洛伐克之后不足两周,希特勒通知勃劳希契和参谋总长哈尔德(Franz Halder),声称如果进一步的外交斡旋失败,他将毫不犹豫地对波兰动武。德军各兵种迅速准备了各自的作战计划,到4月3日时入侵波兰的"白色方案"已准备就绪。如果说吞并捷克斯洛伐克在军官团曾造成相当的不满和分裂的话,那么仅仅月余后,军官团成员、尤其是能接触到最高机密的高级将领,却都迅速、积极地帮助元首准备入侵波兰。哈尔德在1938年夏还是试图废黜希特勒的密谋组织核心之一,现在则成为希特勒侵略政策最忠实的追随者和计划制定者。

德军军官团对波兰的态度自凡尔赛条约生效之日起就惊人的一致,其观点可以用塞克特1922年的一句话来代表:"波兰的存在是令人无法容忍的,也与德国未来的生存状况毫不相容,波兰必须从欧洲版图上消失。"[10] 曼施坦因战后的一段话也颇能代表他这一代军人对波兰这个他们自1919年起就轻蔑愤恨的国家的态度:"波兰这个国家对我们来说只能是苦涩的根源,拜凡尔赛条约所赐,大片德国领土被割给历史上从未拥有占有权或有自决力的波兰,对我们这些战士来说,波兰一直都是德国虚弱时期内骚动和不满的根源。"[11] 对绝大多数高级将领和军官来说,铲除世敌波兰符合他们长久的愿望,在东欧建立生存空间的一系列举措也令他们感到满意,再加上希特勒借助与苏联签署的互不侵犯友好条约避免了两线作战的危险,所以入侵波兰的行动赢得了军官团和整个军队几乎完全的支持。曼陀菲尔虽支持通过外交谈判收回但泽和波兰走廊等失地,但当外交不能达成目的之时,他也支持以武力解决问题,不过他觉得需要把战事局限在波兰一国范围内,不能与英法等西方列强轻启战端。

经典闪电战的旁观者

记者兼历史学家夏伊勒(William L. Shirer)在《第三帝国的兴亡》一书中曾这样描述1939年9月1日开始的波兰战役:"……完全出人意料的进攻;战斗机和轰炸机在天空呼啸而过,它们或侦察或攻击,既喷吐着火舌,也散播着恐怖;斯图加轰炸机边俯冲边发出凄厉的嘶鸣;整师整师的坦克不停地突破,一天之中向前突进30或40英里;自行速射重炮即便在波兰那车辙密布、尘土飞扬的道路上,也能以每小时40英里的速度滚滚向前;即使步兵的速度也快得令人难以置信,指挥官们借助无线电、电话和电报组成的复杂的电子通讯迷宫,指挥和协调着搭载在摩托车辆上的150万大军。这真是世所未见、足以摧毁一切、怪兽般的机械化力量。"[12] 夏伊勒的用词和渲染实在精彩,点燃了后人对德军装甲部队无尽的想象力,却忽视了这样一个事实——波兰战役时150万德军组成的50余个师中,装甲师仅有6个,机械化步兵也只有曼陀菲尔参与转换的那4个摩托化步兵师。在这次被后人称为史上首次坦克大战的胜利中,德军一共投入了2600辆坦克,但绝大多数是老旧过时的一型和二型坦克,更现代的三型和四型坦克分别仅有100辆和210辆,还有350辆是既小又便宜、火力护甲均很薄弱的捷克造坦克。有军史家即指出"(波兰战役中)德军最新的兵种装甲兵不过是举着战旗、张牙舞爪的阅兵示范部队罢了。"[13] 此说虽有些言过其实,但不争的事实是大多数德军都是徒步行军的步兵,在机动性方面可能比1812年进攻俄罗斯的拿破仑大军强不了太多。即便如此,在机械化和摩托化方面进展更缓慢的波军虽拥有175万人和50万预备队,但在武器装备和战术方面远逊对手,尤其缺乏成规模的机动部队,全军仅有的700辆坦克多数还以营连建制配属给步兵分散使用。在战略层面上,波军不仅准备不足,也不愿放弃任何领土,全部7个集团军中有5个都部署在维斯瓦河以西防御,相对于德军的包围战略和进攻速度来说,这种部署是最致命的错误。从战术角度来看,深受法军影响的波军高级将领更是对速度与战场机动缺乏深刻理解,在古德里安、克莱斯特和霍特等人的灵活调度和指挥面前,显得既笨拙又迟缓。德国空军在第一天即以压倒优势袭击了机场,1000架波军战机中的绝大多数都被迅速摧毁。取得制空权后德国空军开始为地面部队提供战术支援,战斗机部队除进行空中侦察外,还向敌军阵地和集结地进行攻击,而轰炸机部队、尤其是斯图加轰炸机联队则着重攻击炮兵阵地之类的大目标,凄厉的嘶鸣和反复的轰炸对瓦解波军的抵抗意志起到了决定性作用。波军经过最初两天的顽强抵抗后开始后撤,不幸的是他们撤入了德军准备的大口袋中。德军装甲部队一旦突破了前沿空隙,就开始按照他们在训练中学到的战术和方法全力向前,沿途摧毁对手的指挥体系和后勤运输网,其速度之快常使波军各级指挥机构来不及做出任何反应。

德国人花了5周时间粉粹了波兰,造成了对手75万伤亡,而自身仅有8000人战死、32000人失踪或受伤。德军还损失了大约650余辆坦克和车辆,一部分是被波军摧毁,另一部分出于机械故障等原因而受损。虽称不上是一次经典的闪电战胜利,但波兰战役中德国空军和装甲部队这两个新兵种建立了声誉，极大地增强了他们成为左右战局之力量的信心，而古德里安的作战理论和战术也成功通过了实战检验。二战中曾在北非担任非洲军军长、后被英军俘虏的托马(Wilhelm von Thoma)将军，在波兰战役中是第2装甲师第3坦克团团长，他在英军战俘营中曾向李德·哈特阐述了德军装甲部队在波兰、法国和东线初期大获全胜的原因：军、师级指挥官在最前沿指挥作战；确保空中优势以及装甲部队与空军的密切合作；在选择的突破口上集中强大的兵力；利用夜间行军；装甲部队自身携带足以保证前进150至200公里的油料，必要时辅以空投进行补充；每辆坦克的乘员携带3日配给，坦克团和装甲师的后勤单位则分别携带6日和9日的配给。[14] 托马虽在1942年即被俘虏，但他是古德里安装甲战术学派的重要成员，其见解与古德里安一脉相承，对巴尔克和曼陀菲尔等人也产生过重要影响。

古德里安在波兰战役中统领由第3装甲师、第2和第20摩托化步兵师组成的第19军，总算摆脱了机动兵总监这个既繁琐又吃力不讨好的差事。他的老部下巴尔克也许是在总监部干得过于出色，被留下继续当自己不喜欢的高级参谋。他非常希望能与古德里安一起投入睽违已久的战争，但敬业和忠于职守是对军官的基本要求，所以他还是兢兢业业地奔波于各装甲师之间，帮助他们解决坦克改装、修理、部队重组等方面的困难。所幸的是，古德里安没有忘记这位忠实能干的部下，1939年10月，一纸调令将巴尔克调去担任第1装甲师第1摩托化步兵团团长。曼陀菲尔则没有这么好的运气，战争爆发伊始他就积极申请参战，但出乎意料的是，据说来自希特勒本人的命令指出，他在装甲兵学校训练25000名候补军官的职责一样重大。[15] 曼陀菲尔没有抱怨，继续埋头于训练和总结实战经验。一批参战军官在波兰战役结束后调到装甲兵学校出任战术教官，他们带来了最新的实战经验，曼陀菲尔在与他们的交流过程中确信教学内容完全符合战场实际，训练有素的装甲兵在战术素养和能力等方面胜出对手不止一筹，而且坦克战术也在战场上得到检验，各级指挥官在实战中都能严格遵循装甲兵学校教授的战术原则。

波兰战役之后至1940年初的这段时间里，英法两国与德国隔着边境对峙，基本上没有发生战事，而德军则利用这一段所谓"静坐战争"的相对和平期，系统总结了自己在波兰战役中的表现，纠正战术和组织结构上的缺陷。战术方面，陆军总部和参谋本部敕令各部解决暴露出的问题，诸如忽视防空隐蔽、长途行军后的宿营期间不够重视侦察和防御、有待加强足以掣肘机械化和装甲部队大规模运动的交通管制等。虽在波兰较轻松地取得了胜利，但德军高层认为战斗中也暴露出部队训练不足、凝聚力不强、中下级军官普遍缺乏主动精神和攻击性等弊端。为此，勃劳希契下达了一系列旨在加强士兵训练和作战能力的训令，明确要求各部在侦察、安全警戒、行军纪律、射击纪律、长途行军、兵种合作、攻防战术（尤其是在能见度较差的战场态势下）等方面都有显著提高。陆军总部还将强化军官团的领导能力、尤其是加强攻击性和主动性提高到战略高度，要求各军、师对连排级军官、包括预备役军士在内的士官进行强化训练，而营团以上的指挥官则必须参加陆军总部主持的训练计划和密集演习。高层还认为，实战表明摩托化步兵师现有的组织架构过于臃肿，经常造成指挥不畅，于是将每师摩托化步兵团的数目从3个减为2个，裁下的步兵团则充实到装甲师，使后者的摩托化步兵营数从3个增加到4个。同时，德军估计法军的装备和训练与波军不可同日而语，于是将4个轻装甲师改建为第6至第9装甲师，这样德军装甲师的总数目达到了10个，同时，以三型和四型主战坦克取代老旧坦克的进程也在加快。但是，即便百般努力，到1940年5月对法开战时，德军能投入的2600辆坦克中仍有1500辆是一型和二型坦克，三型和四型坦克的数量仍分别仅有350辆和280辆，还有近300辆捷克造坦克仍在使用中。法军拥有上万门各种口径的大炮（德军仅有2500门），还拥有4000辆坦克，而且其主战坦克在重量、装甲厚度、火炮数量与性能等方面均居优势。德军与盟军各有兵力近250万人，但德军唯一占优的只有空军，能够调动5500架战机，英法盟军只有3100架。[16]

正如曼陀菲尔战后所言，法国战役中德军装甲部队在坦克数量、质量均逊于对手的情况下还是取得了闪电战的胜利，除曼施坦因拟定的进攻计划取得了预期效果外，装甲部队与空军的密切协同、火炮的恰当使用、坦克兵的战斗水准、装甲战术的威力、指挥官的领导能力和独立作战意识起到了决定性作用。

第三章 无奈的看客：投身装甲部队

曼陀菲尔不仅与波兰战役无缘，就连法国战役也一并错过，不过他在学校一直关注着战事的进展，尤其是古德里安所部的进军和作战。德军的主攻部队是部署在阿登山区寻求突破的伦德施泰特A集团军群，拥有45个师，全部10个装甲师中有7个在他的麾下。这7个装甲师编成3个装甲军，即霍特的第15装甲军，下辖第5和第7装甲师；莱因哈特（Hans-Georg Reinhardt）的第41装甲军，辖第6、第8装甲师及第2摩托化步兵师；古德里安的第19装甲军位于阿登山区南部，包括第1、第2、第10等三个装甲师和"大德意志"摩托化步兵团。5月10日战斗打响以后，远在后方的曼陀菲尔开始逐日对照地图研判进展和战场态势。德军在阿登山区克服了盟军的轻微抵抗后，装甲部队开始全速冲向马斯河，决意要在盟军意识到真正意图之前抵达并渡过马斯河。5月12日，古德里安手下的第1装甲师抵达马斯河畔并攻占了色当，曼陀菲尔的老熟人巴尔克中校率其第1摩托化步兵团在13日渡过了马斯河，开始漏夜扩大桥头堡和向腹地的齐门里（Chemery）地区扑去。德军第一支渡过马斯河的是隆美尔的第7装甲师，他麾下的第6摩托化步兵团的摩托车营12日子夜时分即在霍克斯（Houx）率先渡过马斯河，第7摩托化步兵团稍后则在迪南（Dinant）渡河。[17]
到5月16日，法军高层虽认识到遭受了重大挫败，但仍未能准确研判战场态势和明了德军的真实意图。有些将领相信德军装甲部队将向南朝马奇诺防线背后的法军开去，有些则认定德军的目标为巴黎，鲜有人能够判断出对手的真正目标是大西洋海岸。不管如何，法军预备队和英国远征军都已开进到比利时，等他们终于意识到南线才是德军主攻方向时，比利时和法国东北部的大批盟军已身陷于一个巨大的包围圈中。

曼陀菲尔密切关注着古德里安装甲军不知疲倦的推进。装甲箭头沿着一条约60公里宽的走廊向西狂奔，他们身后大约100至125公里远的地方是疲于奔命的步兵，就连古德里安自己的第10装甲师也在苦苦追赶冲在最前面的第1和第2装甲师，其队列展开长达100公里。不仅是希特勒和最高统帅部，就连伦德施泰特和克莱斯特都担心古德里安暴露的侧翼会遭到法军的致命反击，命令他停下高速推进的步伐，以等待落后3到4天路程的步兵。古德里安认为盟军没有力量在南翼发起大规模反攻，他必须最大程度地利用

速度向英吉利海峡冲去，因而拒不从命，还与装甲集群司令官克莱斯特发生了激烈冲突，脾气火爆的古德里安甚至以辞职要挟。尽管伦德施泰特出面化解了纷争，古德里安还是在5月17日和18日暂时止步。18日，继续推进的古德里安率部渡过瓦兹河后占领了圣康坦，20日攻陷亚眠，当日夜又抵达海峡沿岸的阿布维尔（Abbeville），从而切断了英法盟军左翼的交通线，曼施坦因设计的作战目标由此得以实现。在古德里安的闪电攻势中，装甲部队沿着索姆河一线在皮卡第（Peronne）、亚眠和阿布维尔建立了一系列桥头堡，英法虽布有重兵，但无力阻挡德军的步伐。古德里安随后掉头北上，22日包围了布洛涅（Boulogne），次日围困了加莱。到24日晨，德军距盟军的最后一个海港敦刻尔克只有区区15公里了，古德里安的先头部队已跨过阿（Aa）运河这道最后的天然屏障，敦刻尔克之前已没有成规模的盟军，海港的陷落似乎只是若干个小时的问题了。一旦港口被切断，大约100万英法和比利时军人将被包围。就在这个时候，"敦刻尔克奇迹"这个军事史上最令人扑朔迷离的一幕发生了，盟军官兵惊讶而又庆幸地发现，一直摧枯拉朽汹涌向前的德军坦克停下了脚步。希特勒出于三方面的考虑下令暂停装甲部队的推进：其一，希特勒及其顾问认定法国战役大局已定，第一阶段的目标已完全达到，有必要让磨损严重、亟需休整的装甲部队停下，使之有机会为下阶段作战进行准备；其二，希特勒与伦德施泰特等西线最高将领们比较担心坦克在弗兰德斯地区的沼泽和水网中陷入苦战；其三，戈林向希特勒允诺，单凭空军的力量就足以摧毁敦刻尔克的盟军。当战损率几达50%的凯塞林第2航空队、以步兵为主体的B集团军群无力消灭包围圈中的盟军，迫使希特勒再次调动装甲部队时，时间已流逝了整整3天半，盟军在敦刻尔克外围构筑了密集坚实的防御网，纵令古德里安也无力突破盟军3个步兵师和大量炮兵支援的这道防线。与此同时，在持续的糟糕天气庇护下，盟军开始了大规模海上撤退，5月26日至6月4日期间有大约34万官兵得以撤回英格兰，尽管他们失去了几乎所有的重武器和装备。战后，哈尔德、曼施坦因、古德里安及绝大多数高级将领都愤慨地指责希特勒犯下的错误，就连直接建议元首停下装甲部队的伦德施泰特也将决策失误完全归咎于希特勒。曼施坦因说："让敦刻尔克

大撤退这样发生实为希特勒最致命的错误之一。这个错误使他无法发动登陆英伦三岛的作战,也使英军有条件在非洲或意大利继续战争。"[18]

法国战役期间,曼陀菲尔收到了一批参战的装甲兵学校毕业生写来的信件。他虽远离战场,但对装甲部队的调动和作战情形却也耳聪目明。期间他曾数次赶赴前线观战或考察,还检查了缴获的英军重型坦克。他有机会循着古德里安的进军路线,再次"游历"了一战期间战斗过的那些地方。在马斯河畔的迪南,他来到陡峭的河岸边,注视着湍急的水流,沉思着隆美尔如何在这里跨越天堑,遥想着自己若是攻击部队的指挥官,又当如何在伤亡最小的情况下狂飙突进。此时的他可能预想不到,4年多后他就从一名战术教官跃升为装甲集团军司令,在1944年底的阿登之战中,他属下的装甲箭头第2装甲师浴血拼杀,一路西进,但在距迪南渡口仅数英里之处陷入重围,再也寸步难行,重现隆美尔昔日辉煌的梦想无情地就此破灭,马斯河也成为他永远未能越过的天堑。

曼陀菲尔无可避免地注意到在德国享有很高声誉的隆美尔和他的第7装甲师,只不过他可能预计不到,自己日后的军旅生涯和声誉将与第7装甲师紧紧联系在一起,而且他还将来到北非作战。步兵出身的隆美尔是一战德军的战斗英雄和最高战功勋章获得者,也和曼陀菲尔一样在战前长期担任战术教官,他的《步兵进攻》一书令其在军界崭露头角,并得到戈培尔和希特勒的赏识。在希特勒的直接干预下,隆美尔在法国战役前几个月出任第7装甲师师长,而没有受过任何装甲作战训练、也无实际指挥经验的隆美尔,在众人怀疑的目光注视下,硬是把该师训练成了一支内敛力很强、战斗力彪悍的精锐之师。隆美尔靠着本能和直觉,迅速掌握了装甲战的技战术精髓和对指挥官的崭新要求,勇武不减当年的他更是时时出现在装甲箭头的最前沿,发号施令、指挥调遣全在最前线的指挥车上进行。隆美尔在性格上与古德里安颇有几分相似,精力充沛,脾气急躁,但都有着能让下属在超出身体极限的情况下仍心甘情愿供其驱遣的魅力和能力。在1940年5月至6月令人目不暇接的诸多战事中,隆美尔的指挥技艺发挥得淋漓尽致,第7装甲师如脱缰野马,时常出现在英法军队最意想不到的地带和时刻,在后方引发了大规模混乱和指挥系统的瘫痪,其迅捷和飘忽不定为第7装甲师赢得了"幽灵之师"的称号,他本人也被称为"启示录中的魔法骑士"(Knight of the Apocalypse)。尽管隆美尔的胆大妄为时常为人诟病,并被指责为赌徒式的自杀行为,但整个法国战役期间,他以自身损失42辆坦克和近700人的代价,换得俘敌近10万、缴获450辆以上的坦克,无论如何都是一个显赫的战功。隆美尔很快成为家喻户晓的人物,一向对其青眼有加的希特勒喜不自胜,隆美尔不仅不负他的栽培和厚望,还与古德里安等将领一起使希特勒的声望达到了顶点,凯特尔和戈培尔的宣传机器甚至称其为"所有时代里最伟大的司令官"和"战略天才"。[19]

拥有号称欧洲最强大的陆军的法国,被坦克和火炮数量与质量均远逊于己的德国以一种闪电战的新方式在40天内彻底击溃,9万人阵亡、20万人受伤、190万人失踪或被俘就是法国付出的高昂代价。面对这场战争史上鲜见的快速全胜,曼陀菲尔似乎并未像绝大多数军人和国民那样被喜悦冲昏头脑。他在装甲兵学校冷静地分析波兰和法国战役中的坦克战战例及其成败得失,仔细地总结闪电战中空军、坦克、火炮和步兵协同作战的经验,他也告诫学员们德国将面临一场艰苦的长期战争,因为英国决不会轻易屈服,而他凭直觉预感美国的参战只是时间问题,就像一战中曾经发生的那样,最后时刻踏入欧陆的美国或许将成为左右战局的力量。但是,曼陀菲尔毕竟是一名军官,他那颗前线战士的心随着德军在波兰、丹麦、挪威、法国和低地国家的一系列胜利复活了,他渴望重返前线建功立业。当希特勒于1940年7月19日在帝国议会宣布晋升12名将军为元帅、升迁了包括古德里安在内的大批将领和军官之时,曼陀菲尔渴望投身前线的愿望更加强烈了。但有一度他显得非常失望,因为希特勒向英国再次摇起了橄榄枝,前线德军以英雄的姿态返回军营,而有些部队甚至都被解散了,似乎这场战争即将以胜利结束了。德国空军未能在不列颠空战中获胜、海军不能保证入侵英伦的行动必然成功等一系列因素,迫使希特勒一再延后、最后无限期搁置入侵英伦三岛的"海狮计划",曼陀菲尔这时或许认为自己再也没有机会在战场上证明自己和实现抱负了。他所不知道的是,随着西部边境的安定和英国无力染指欧陆,希特勒认为解决东方问题的时候到了。极端

第三章 无奈的看客：投身装甲部队

仇视共产主义、视斯拉夫人为劣等民族的希特勒在其政治宣言《我的奋斗》中早就清楚表露过消灭苏俄的愿望，西线战事的结束解除了两线作战的顾虑，没有比现在更合适的时机了。入侵苏联的"巴巴罗萨计划"正在高度保密的情况下紧张准备着，装甲部队的规模得到进一步扩大，第11至第20装甲师和第23装甲师在1940年秋陆续组建，坦克的生产数量得到大幅提升，一批新的摩托化步兵师也在组建和受训。1940年11月，古德里安第一次听说了希特勒入侵苏联的计划，他在战后回忆录中曾留下这样的真假莫辨的文字："当他们在我面前展示出一幅俄国地图时，我几乎无法相信自己的眼睛。"[20] 1940年12月5日，勃劳希契和哈尔德向希特勒汇报了陆军对苏作战的原则和构想，希特勒同意第一阶段的目标是在苏联西部边境全歼其有生力量，但向莫斯科进军前，必须先占领最具战争经济意义的列宁格勒和顿涅茨盆地工业区。哈尔德代表陆军指出，夺取莫斯科这个红色政治首都和铁路运输枢纽，不仅具有高度的政治象征意义，还能实际上摧毁苏联在南北两个方向上的协同抵抗和统一指挥。希特勒则认为边境地区的战斗就能决定苏军现有力量的命运，因而在第二阶段必须优先攫取关键工业区、切断其经济命脉，从而防止对手大规模组建和装备新的部队。希特勒与陆军高层在对苏作战战略上的分歧在计划阶段即已浮现，在实际执行过程中更是时常困扰陆军将领——希特勒把决定性的结果寄托在南北两翼上，而陆军高层则以中路的莫斯科为最重的战略目标，将领们相信最大数量的苏军将出现在通往莫斯科的道路上，而集中优势兵力围歼对手一直都是普鲁士-德国军队的战术传统和作战特点。

1940年12月18日，希特勒最高统帅部在第21号元首令中向三军高层通报了"巴巴罗萨计划"的概貌——最初阶段，德军将以装甲箭头的纵深突破和大胆作战消灭苏联西部的军队，决不允许有战斗力的苏军撤入广袤的腹地；第二阶段将展开迅猛无情的追击，"直到抵达苏联空军再无可能攻击德国领土的地理分界线，最终目标是分割俄罗斯的欧洲和亚洲部分，同时允许德国空军在必要时攻击苏联最后仅存的工业区乌拉尔附近的目标。"[21] 希特勒在训令中针对与陆军高层的分歧作出了若干妥协，要求占领列宁格勒的行动务必与第一阶段的一系列围歼战协同展开，当普里佩特（Pripet）沼泽地南北两翼的战事收尾后，将立即针对莫斯科和顿涅茨盆地展开追击攻势。希特勒没有明确战争的发起日期，但要求1941年5月15日前完成所有准备。当然，"巴巴罗萨计划"的存在及其内容被严格控制在高层，曼陀菲尔这个层级的军官是无从得知的，事实上他第一次听说此事还是在1941年4月底、5月初，此时德军刚在巴尔干半岛打败了希腊和英国远征军，巩固了对东南欧的控制，也清除了侵苏前南翼的后顾之忧。与此同时，德军基本完成了进攻前的准备，部队正陆续调往东部边境地区。

挟着过往两年里战无不胜的业绩，怀着对苏联军民的轻蔑与仇视，同时又拥有芬兰、罗马尼亚和匈牙利等盟友的支持，希特勒在高估自身、低估对手潜力的情况下，自信满满地展望即将展开的对苏战争将以闪电战方式、在很短时间内以德军的胜利告终。虽然曼陀菲尔相信在彻底征服英国前开辟东线战场将是一个代价高昂的错误，但他已错过了此前的所有战事，绝对不愿再放过亲历战争的机会。他在装甲兵学校的军衔是中校，但由于1919年后再也没有前线作战经历，于是主动要求到野战军先指挥一个营。这次他如愿以偿了，而且欣喜地发现，自己将出任第7装甲师第7摩托化步兵团第2营的营长。

第四章
冰火的洗礼：莫斯科郊外的叹息

铁甲披靡：初涉东线战场

法国战役中第7装甲师在隆美尔手上确立了王牌装甲师的地位。隆美尔于1941年2月被希特勒点将派往非洲援助墨索里尼的意大利军队，由此展开了他迅速成为德军最年轻的上将和元帅、最后被塑造成"阳光下的英雄"的传奇历程。参谋总长哈尔德原本属意的非洲德军指挥官人选并非隆美尔，而是方克（Hans Freiherr von Funck）这位典型的普鲁士军官，他刚在1941年初晋升少将后被任命为将赴非洲的第5轻步兵师师长。但希特勒觉得方克过于悲观，神经不够强韧，而非洲战场的态势、地形和气候要求指挥官采取非传统战术，且具有最强悍的意志力，于是他执意把隆美尔这位他眼中"德国陆军最大胆的装甲将军"派去非洲。有趣的是，方克没有去成非洲，却接过了第7装甲师，并在随后两年里将这支"幽灵之师"打造成更加精锐的王牌。等曼陀菲尔在苏德开战前加入第7装甲师时，方克已带领部队进行了几个月的作战演习和密集训练，他已完全熟悉了部队，其平易近人、关心属下福祉的作风也赢得了全师的人心。

1941年6月6日至10日，齐装满员的第7装甲师全师14400人乘火车来到东普鲁士的柯尼斯堡（Konigsberg），进入侵苏前的最后战备阶段。轴心国在苏联边境集结了300万德军和100万仆从国军队，拥有3300辆坦克、7000门大炮、2000架战机和60万辆各型车辆，其中一线部署了17个装甲师，3个装甲师被列为预备队。在这20个装甲师中，第7装甲师等6个师的坦克团拥有3个坦克营，其他14个师则只有2个营。德军一个坦克营的标准建制是90辆各型坦克，故而多数坦克团的作战坦克数目在180辆左右，但德军的保守估计是任何时候都可能出现25%的机械故障，所以大多数坦克团只有135辆坦克实际做好了战斗准备。第7装甲师的第25坦克团是一个装备了284辆坦克的超大型坦克团，有30辆四型坦克、55辆二型坦克、17辆一型坦克、167辆捷克造P-38(t)型坦克、以及15辆指挥坦克。[1] 团长罗森堡（Karl Rothenburg）上校在1918年作为连长时即获得过"蓝色马克斯"最高战功勋章，1940年时是德军最出色的中级装甲指挥官之一。罗森堡手下也有一个在装甲战史上留下了鼎鼎大名的舒尔茨（Adelbert Schulz）少校，此时他是第1营营长，后成为德军第9位（陆军继隆美尔之后的第2位）镶钻骑士最高战功勋章获得者，1944年初他担任第7装甲师师长没几天就阵亡于乌克兰。方克的步兵主要集中在第7摩托化步兵旅，包括翁格尔（Erich von Unger）上校的第6团、隆格豪森（Karl-Hans

Lungerhausen)上校的第7团以及第7摩托车营。此外，该师还包括第78摩托化炮兵团、第37装甲搜索营、第42摩托化反坦克营、第58装甲工兵营、第83装甲通信营和师属第58摩托化补充营等单位。虽然坦克数量离古德里安早年倡议的每师560辆坦克有很大距离，但是1941年6月时的德军装甲师比1940年5月时更加强大灵活，而且在训练水准、领导能力、士气和战斗经验等方面都远远领先各国。

数量庞大的德军和仆从国军队组成了三个集团军群。下辖23个师的北方集团军群由勒布（Wilhelm Ritter von Leeb）元帅领衔，从东普鲁士出发后沿着波罗的海国家向列宁格勒进军，霍普纳上将的第4装甲集群是勒布的装甲箭头；伦德施泰特元帅的南方集团军群下辖40个师，任务是沿着普里佩特大沼泽地南翼推进以攫取乌克兰，克莱斯特上将的第1装甲集群集中了南线的装甲部队；实力最强的是博克元帅的中央集团军群，其任务是沿着普里佩特大沼泽地北翼推进，然后循着当年拿破仑大军进军莫斯科的路线扑向苏联首都。博克集团军群一共有49个师，古德里安的第2装甲集群和霍特的第3装甲集群都隶属于中央集团军群，前者辖有5个装甲师、3个摩托化步兵师、1个骑兵师和6个步兵师，而后者则有4个装甲师、3个摩托化步兵师和4个步兵师，第7装甲师与第20装甲师、第20摩托化步兵师一起被编入施密特（Rudolf Schmidt）将军的第39摩托化军，隶属于霍特装甲集群。

1941年6月22日晨，方克的第7装甲师与施通普夫（Horst Stumpff）将军的第20装甲师一起从东普鲁士出发进入立陶宛境内，佐恩（Hans Zorn）少将的第20摩托化步兵师则在他们身后跟进。第7装甲师当日的首要任务是向距边境约60公里的立陶宛城市奥利达（Olita，亦作Alytus）进发，以夺取附近梅梅尔河（Memel，在东普鲁士以外被称为涅曼河）上的公路和铁路桥为目标。第7装甲师在克服了边境苏军的微弱抵抗后开始全速向涅曼河挺进。奥利达附近有一北一南两座公路桥和介于其间的一座铁路桥，苏军西北方面军司令员库兹涅佐夫（Fyodor I. Kuznetsov）上将麾下的第3机械化军军长库尔金（Aleksei V. Kurkin）将军鉴于仍有苏军在涅曼河对岸防御，并没有及时下令炸毁这些桥梁。方克原计划集中全师的坦克和兵力突袭北端渡桥，但由于行军过于迅捷，师属各部编制纷纷被打乱：较慢的坦克被步兵装甲车超越，出现技术故障的坦克也无法保持高速前进的势头，道路交通疏导方面的失误使第25坦克团第2营被误指向南端的渡桥……最后，坦克团第1和第3营加上第7摩托车营的步兵组成了一个以罗森堡上校为首的突击战斗群，杀气腾腾地扑向北端渡桥。舒尔茨的第1坦克营一马当先，到中午时分已攻入奥利达市中心，并成功夺取了北端渡桥。坦克团第2营与第7摩托化步兵团的曼陀菲尔第2营则几乎同时携手夺取了南端渡桥，为全师的渡河进军做好了准备。对于德军的这一迅捷行动，战后有苏联历史学家对涅曼河西岸的苏军指挥官大加挞伐，称其在德军逼近时未能及时炸毁渡桥不啻为"叛国行径"——高速推进的霍特装甲集群得以轻易渡过本为天堑的涅曼河，从而助其打开了快速进抵莫洛德希诺（Molodechno）—纳洛赫（Naroch）湖一线的道路，使之能从西北方向快速逼近明斯克，同时涅曼河的失守也直接导致了两日后维尔纽斯的陷落。[2]

第7装甲师渡过涅曼河之后迅速建起了一北一南两座桥头堡，但就在他们试图继续向东面高地推进、巩固和扩大桥头堡时，苏军第3机械化军所属的第5坦克师在第126步兵师协助下发起了反扑。苏军第5坦克师的师长为费多罗夫（F.F. Fedorov）上校，主力部队为其第9和第10坦克团、第5摩托化步兵团和第5摩托化榴弹炮团。[3]第3机械化军下辖第5和第2两个坦克师，拥有600余辆坦克（其中110辆为新型T-34和KV-1型坦克[4]），战前驻地就在奥利达北面，所以战争爆发时不用像其他机械化军那样需要奔波上百公里赶赴战场，坦克的机械故障率也相对较低，对德军来说这支部队当是一支相当令人敬畏的力量。第5坦克师在德军渡河时已完成隐蔽和伪装，该部及一个步兵师的突然反击令急于扩大桥头堡的德军第25坦克团和摩托化步兵一时阵脚大乱，不仅不能继续扩大桥头堡，反而陷入了混乱和挣扎之中。不过，训练有素的德军很快从举止失措中恢复过来，充分利用自己在坦克战术、火器和兵种协同等方面的优势，尤其是得到了友军20装甲师第21坦克团的增援，之后将战场局势彻底地扭转过来。德国空军的战斗机和俯冲轰炸机也适时出现在上空，给苏军坦克和步兵造成了重大杀伤。这次坦克战是东线第一次规模较大的坦克战，罗森堡称之为"平生仅见的最激烈的战斗"，从下午一直厮杀到夜晚，最后苏军第5坦克师几乎全军覆没，损失了80余辆坦克，但德军第7装甲师也遭受了较大损失，尤其是最初几小时里更是死伤惨重。曼陀菲尔战后曾回忆说这是他"在22年里经历的第一次惨烈战斗，亲眼目睹了营里的第一批战士负伤或阵亡"。二战后加入西德联邦国防军并晋升为少将的奥尔洛夫（Horst Ohrloff），当时是第11坦克连的中尉连长，他认为奥利达附近的这场坦克战"很可能是二战期间第7装甲师进行过的最困难的战斗。"[5] 奥尔洛夫还回忆说全师至少报废了7辆Pz 38(t)型坦克，但也有资料称，第7装甲师此役至少损失了半数坦克，可能是被算入战损的多数坦克并未完全报废，修理之后还可再次投入战斗。

从涅曼河桥头堡脱笼而出的第7装甲师迅速地扑向维尔纽斯，一天后的23日夜、24日晨就将这座重要交通枢纽收入囊中。维尔纽斯陷落的当天，霍特收到集团军群转发总部的命令，要求他的装甲集群改朝东南方向的明斯克进军，与南翼的古德里安装甲集群会师后合围整个苏军西方面军，而不是像他在开战前与博克商定的那样朝东北方向的维捷布斯克（Vitebsk）、德维纳（Dvina）河与第聂伯河之间的陆桥进军。据理力争无效之后，霍特令施密特率第39摩托化军向西方面军的后方重地明斯克猛插过去。巴甫洛夫（Dmitry Pavlov）大将的西方面军虽拥有第6、第11、第13和第14等四个机械化军，但他对霍特和古德里安两个装甲集群的进军速度、机动性和火力束手无策，还对战场形势作出了致命的误判。当德军第4和第9集团军的步兵在比亚韦斯托克（Bialystok）突出部合围西方面军第3和第10集团军的态势出现后，巴甫洛夫却命令整个方面军连同所有预备队继续向西推进，结果使明斯克地区的防御基本形同虚设。6月26日，第7装甲师以第25坦克团与第7摩托化步兵团为主组成的战斗群作为整个摩托化军的先锋向明斯克方向高速推进，直到傍晚时分抵达明斯克西北约35公里的拉多斯兹科维采（Radoszkowice）时才遭遇苏军阻击。罗森堡不顾部队的疲劳，探明苏军防线的缺口后下令立即夜袭，结果突破了苏军防御，当夜10时左右切断了明斯克至莫斯科的主干公路。子夜时分，罗森堡率领这个战斗群占领了明斯克东北约37公里处的斯莫勒维奇（Smolevichi），一边等待第7装甲师余部的抵达，一边静候古德里安手下的装甲师赶到并合拢明斯克包围圈的南翼。到此时为止苏德战争爆发不过五日，第7装甲师已深入苏联腹地300余公里。第2装甲集群也同样不遑多让，古德里安命令第24摩托化军所部继续向别列津纳（Berezina）河上的博布鲁伊斯克（Bobruysk）和第聂伯河方向推进，其他装甲师和摩托化步兵师均掉头北上寻求与霍特会合。6月27日，第17装甲师在明斯克东南与霍特的第7和第20装甲师会合，如此以来不仅断绝了比亚韦斯托克被围苏军向东突围的可能，还在明斯克形成了更大的包围圈。此后三日里第7装甲师的主要任务是与其他德军一起阻击试图救援的苏军，同时协助陆续赶到的步兵消灭包围圈之敌。在此期间，关于装甲师是应在明斯克等待行动迟缓的步兵，还是继续疯狂东进，古德里安与第4集团军司令官克鲁格（Hans von Kluge）元帅之间出现了激烈的争论与摩擦。古德里安向来视装甲部队为不从属于步兵的独立兵种，在他看来，剿灭包围圈之敌纯属步兵的任务，装甲兵必须不停机动和向前突进才能弥补自身防御能力不足的缺陷。而克鲁格的看法正相反，他不愿看到装甲部队与步兵师的距离拉得过远，更愿用装甲师锁定包围圈外环，只有当包围圈清理干净后才能继续推进。古德里安与霍特这两位坦克专家看法类似，他们都对必须等待步兵而放慢前进步伐大为不满。不过，如果任由两大装甲集群纵情东突，第4和第9集团军的步兵纵然拿出浑身解数，恐怕也难以完成锁死和消灭明斯克包围圈之敌的任务。作为德军装甲部队多次纵深合围胜利的第一例，当明斯克口袋在7月初收拢时，大约30余万苏军被俘、至少2500辆坦克和1500门大炮被摧毁或被掳获。巴甫洛夫与其参谋长也因这一巨大损失而被召回莫斯科遭枪决。

第7装甲师在分享明斯克大胜之荣光的同时，自身也经受了沉重打击。第25坦克团开战以来损失了相当多的坦克和装甲车，其第2营因损失过重于6月27日被解散，所余人员和装甲车辆被并入第1和第3营。6月28日，罗森堡在率部摧毁一辆苏军装甲列车时被炸伤。方克表示可派侦察飞机或一辆八轮装甲车将他运回后方医院，但其善意均被罗森堡拒绝，后者仅带少量随从搭乘一辆装甲运兵车返回后方,结果途中被苏军狙击手击毙。坦克团第3营营长托马勒(Wolfgang Thomale,又译作汤美尔)中校被任命为代理团长,这位才华出众的中校在1943年3月成为装甲兵总监古德里安的参谋长,在二战后半程德军装甲部队的发展中扮演着重要的角色。

按照中央集团军群的计划,霍特装甲集群应留下第12装甲师、第14和第20摩托化步兵师参与歼灭明斯克被围之敌;孔岑(Adolf-Friedrich Kuntzen)将军第57摩托化军下属的第19装甲师和第18摩托化步兵师则将继续向东推进,预计在波洛茨克(Polotsk)附近跨越西德维纳河;施密特下属的第7和第20装甲师则将在维捷布斯克渡过西德维纳河。不过,明斯克包围圈的规模、苏军的奋力抵抗与反扑,使德军第9和第2集团军的步兵师在完成既要消灭对手、又要取代包围圈外层的装甲师这种双重任务时举步维艰。事实上,直到6月30日规模较小的比亚韦斯托克包围圈被完全肃清后,德军步兵师才以强行军方式渐次缩小了与霍特和古德里安装甲集群的距离,这些困难既延缓了装甲师继续东进的步伐,也在客观上使铁木辛哥等苏军将帅获得了宝贵的喘息时间,使其能在西德维纳河—第聂伯河之间调遣兵力和重新部署。铁木辛哥深知,包括维捷布斯克—奥尔沙(Orsha)—斯摩棱斯克陆桥在内的这一战略防线如果被突破,那么通往莫斯科的大门就会被撞开。因此,7个集团军的苏军勉力沿着德维纳河与第聂伯河一线构筑防御阵地,意在积蓄力量发起反攻。

霍特依然指定方克所部担任第39摩托化军向维捷布斯克推进的先锋。7月1日,第7装甲师位于别列津纳河重镇鲍里索夫(Borissov)西侧,该师当日即沿着公路由西向东朝别列津纳河渡口进攻,但在苏军纵深搭配的防御体系面前无功而返。根据霍特与古德里安6月30日达成的协议,后者麾下由内林(Walther Nehring)将军任师长的第18装甲师将从第7装甲师手中接过强攻鲍里索夫的任务,方克最重要的目标是快速攻占维捷布斯克,因而该师奉命立即重组后掉头向北,越过鲍里索夫以北20余公里处的泽姆宾(Zembin)后在别列津纳河北段寻求渡河良机。曼陀菲尔的第7摩托化步兵团第2营与第25坦克团的部分坦克组成了先头部队,7月2日夜在泽姆宾地区突破了

苏军防御,次日在列佩利(Lepel)附近夺取了别列津纳河上一座完好无损的大桥。曼陀菲尔率部连夜渡过了别列津纳河,在对岸建立了坚实的桥头堡,等待全师开抵和渡河。第7装甲师余部7月3日夜10时左右开始陆续抵达列佩利。但是,由于从鲍里索夫至列佩利仅有一条路况很差的破旧道路,连日暴雨又将原始的道路变成了泥淖,第7装甲师的队列拉得很长,有些路段还被因深陷泥淖而动弹不得的车辆堵塞,所以该师花了两天时间才完成不足100公里的行军,还无法在渡河后立即形成向东推进的作战队形。事实上,第7装甲师直到7月5日才完成渡河,同步进军的第20装甲师由于共用道路和渡口,行动也相当迟缓,这些延迟引起了霍特的不满,他抱怨手下的部队在道路侦察方面的失败已危及整个装甲集群的下一步作战。[6] 不过,这些状况的出现也不应完全归咎于参谋工作的不力,明斯克口袋形成前,装甲部队平均每天能推进60余公里,而自7月2日开始,连续一个星期的暴雨和糟糕路况,使向第聂伯河和斯摩棱斯克方向的进军仅能维持在日均不足20公里的速度。时任第4集团军参谋长的布鲁门特里特(Gunther Blumentritt)战后曾生动地向李德·哈特描述了这一行军之艰难:"(明斯克以东的地形)对装甲部队来说简直是令人震惊的困难——广袤的处女地般的森林、巨大的沼泽地、糟糕透顶的道路和那些根本不足以承受坦克重量的桥梁。苏军抵抗也越来越强,他们还在战线前方埋设了大量地雷。这样的形势对坦克行进来说已算够糟的了,更糟的是伴随坦克行进的运输车队、坦克油料与补给、配属部队等都得靠卡车轮子往前运送,如果这些简陋得不能再简陋的所谓道路变成了泥潭,那么这些车辆就更寸步难行了。一到两个小时的大雨足以让坦克军团完全止步,在太阳出来地面变干之前,坦克和卡车都无法前进。"[7] 此时担任第7装甲师师长副官的拉克(Hans von Luck),也曾在回忆录里以大量篇幅描述过行进在泥淖、森林、沼泽中的第7装甲师如何与沿途苏军作战、如何与天气搏斗。[8] 李德·哈特在他著名的《第二次世界大战史》一书中也曾断言,比苏联人民和官兵们的强悍与坚韧还要宝贵的,正是那些极其原始的道路——这些道路在倾盆大雨下很快就变成了无底的泥淖。

7月5日,第7装甲师又开始了从列佩利直扑维捷

布斯克的奔袭。当日中午,在距列佩利以东约50公里的别申科维奇(Beshenkovichi)附近,德军遭到了顽强阻击,苏军重炮在村子两侧向行进中的第7装甲师倾泻了大量炮火,德军前进的道路也被预先构筑的防御工事挡住了。推进速度的放缓和进攻的一再受阻引起了霍特的关注,他下令集中附近的所有炮火向该村开炮,严令方克尽速占领村庄和廓清进军道路。曼陀菲尔受方克委派,率其第2营强攻这个堡垒式的村庄,不久杀进村庄后与对手展开了激烈的逐屋枪战。第7摩托化步兵团第1营也加入了曼陀菲尔的突击队,很快肃清了村内苏军及其两翼的炮兵阵地,整个装甲师也立即跟上乘势向东继续突进。此战使曼陀菲尔在霍特心目中留下了重重一笔,后来他曾评论道:"曼陀菲尔的进攻就是坚定的意志力与以最大程度的机动不断突袭相结合的杰作。"⁹ 5日晚些时候,第7装甲师抵达列佩利以东约65公里、距维捷布斯克西南约50公里的森诺(Senno)地区。在这里,第7装甲师受到了库罗奇金(Pavel A. Kurochkin)将军第20集团军的强力阻击,该集团军的第153和第233步兵师借助西德维纳河南侧的有利地形,顽强挡住了第7装甲师的东进步伐。第7装甲师北侧的第20装甲师也在维捷布斯克正西约50余公里处的乌拉(Ulla)遭遇苏军第22集团军所属第174和第186步兵师的顽强抵抗。一时间,第39摩托化军的整个正面均陷入苦战。

原来,苏军西方面军司令员铁木辛哥及其副手叶廖缅科(Andrei I. Yeremenko)根据斯大林的指示,7月4日深夜命令库罗奇金的第20集团军在别申科维奇和森诺等地建立牢固的反坦克防线,同时要求其步兵师准备配合第5和第7机械化军向森诺和列佩利发起反攻,最终目标是将德军第39摩托化军消灭在西德维纳河一线。美军军事历史学家格兰茨(David M. Glantz)近年的研究表明,在铁木辛哥组织的这场"列佩利反击战"中,第5机械化军(含第13和第17坦克师)装备了428辆坦克,而第7机械化军(含第14和第18坦克师)则拥有高达974辆的坦克!¹⁰ 不过,这两个军均需运动上百公里才能抵达预定的出发阵地,在极困难的道路上跋涉再加上缺乏空中掩护,使它们在7月6日上午进入出发阵地前至少已有三分之一的坦克出现机械故障或遭损毁。另外,苏军坦克的数量虽然惊人,但大多缺少弹药油料,仅有少数是威力较大的T-34中型坦克和KV重型坦克。苏军反攻在6日上午10时发起,两个机械化军从出发地带向西推进了50余公里后,于中午时分分别抵达森诺以北和以南地区。第7机械化军的第14和第18坦克师从东北方向逼近森诺时遭遇了第7装甲师建立的防御带,第14坦克师首先击溃了方克手下的第37搜索侦察营,之后在西进中无意间切断了德军第7摩托车营与师主力的联系,使方克当日一整天都为摩托车营的命运担忧。下午晚些时候,苏军第14坦克师继续向30余公里外的别申科维奇推进,但这一带密布的沼泽、湿地和溪流极大地迟缓了其进军速度,近12个小时里该师一直都在与困难的地形搏斗。与此同时,第7装甲师以第25坦克团第3营加上1个炮兵连和1个摩托化步兵连组成的"托马勒"战斗群,则在苏军必经的一条小河西岸构筑了一条反坦克防线。等到7日晨第14坦克师再度进攻之时,德军猛烈的反坦克炮火竟然摧毁了300辆进攻坦克中的约半数,其中许多坦克深陷河床中央而成为活靶子,苏军第27坦克团团长及其属下的3名营长都是这样被炸死的。方克当日凌晨还派出一个坦克连和部分摩托化步兵向森诺方向运动,成功解救出了第7摩托车营。8日,在里希特霍芬(Wolfram Freiherr von Richthofen)第8航空军轰炸机联队的协助下,第7装甲师以东、北两面夹击的方式攻克了森诺。

在第14坦克师右翼的苏军第18坦克师也遭遇了与前者类似的命运,而在森诺西南方向作战的第5机械化军则更悲惨。由于情报失误和误判敌情,苏军以为森诺西南没有德军装甲部队布防,7月6日下午,苏军第17坦克师在森诺之南突遇古德里安麾下的德军第17装甲师,猝不及防之余损失惨重。而在第17坦克师左翼行动的苏军第13坦克师,在德军防御相对稀疏的地带择路西进时也突遭德军第18装甲师的炮击和截杀。随后两天里,德军的第17和第18装甲师与苏军的第13和第17两个坦克师展开了激烈厮杀,德军第8航空军的俯冲轰炸机联队也在战斗中摧毁了大量苏军坦克。9日,由西向东急驰而至的德军第12装甲师加入鏖战,并在次日包围了第5机械化军残部。苏军战后的一份文件曾称难以理解"一个只有两个营、坦克不足百辆的德国坦克师"如何能包围和消灭实力胜出不止一筹的机械化军。当7月10日两个机械化军的残部仓皇东撤时,他们在森诺南北两侧留下了832辆坦克的残骸和大量士兵的尸体。这些苏军暂时逃过了一劫，但一周后厄运再次降临，时任第14坦克师连长的斯大林长子雅科夫（Yakov Iosifovich Dzhugashvili）大尉也出现在俘虏的行列之中。雅科夫曾向德军审讯军官抱怨说苏军机械化军训练匮乏、指挥能力十分薄弱，"在我看来苏军装备相当不错，只是不知道如何使用，这就是失败的根源。"朱可夫1965年在一次受访时也曾说，正是第5和第7机械化军的覆灭，才将他和铁木辛哥等高级将领从苏军有可能尽早发起反攻的梦想中唤醒，但遗憾的是斯大林本人拒不接受惨痛的教训。格兰茨在点评森诺坦克战这一被遗忘的战斗时曾精辟地总结道："……（苏军）徒劳无益的进攻所取得的唯一成果，就只是延迟了德军第47摩托化军夺取奥尔沙以及第7装甲师攻克维捷布斯克的步伐。毕竟，德军高人一等的战术、苏军将领在有效指挥和控制部队方面的无能、许多苏军坦克甚至无法抵达战场的态势以及德军拥有里希特霍芬第8航空军的空中支援等因素，早早决定了此战之结局。被摧毁的苏军第5和第7机械化军已不再是一支有效的作战力量。铁木辛哥虽然延迟了古德里安针对奥尔沙南翼的攻势，也阻滞了霍特向维捷布斯克的直接推进，但他付出的代价的确极其高昂。"[11]

就在森诺激战犹酣的同时，第7装甲师的第37搜索侦察营于7月8日从一名被俘苏军军官身上发现了一份调动命令，表明苏军正从南线的乌克兰北部和奥廖尔地区抽调兵力增援维捷布斯克——铁木辛哥计划将科涅夫第19集团军通过铁路运到维捷布斯克北翼，部署在西德维纳河与第聂伯河之间的狭长地带展开防御。第7装甲师立即将这一重要情报上报装甲集群，霍特意识到必须在苏军的大规模增援开到和立足之前抢攻维捷布斯克，于是立即命令第20装甲师次日晨沿西德维纳河河岸向维捷布斯克全速推进，同时将正在第7装甲师身后提供支援的第20摩托化步兵师抽调出来，令其跟随第20装甲师向东推进。霍特同时指示第7装甲师和稍后投入战场的第12装甲师尽全力拖住当面之敌。不幸的是，苏军增援被零敲碎打地投入战场，一些师团刚下火车，就在敌情不明、建制不全、重武器未到、指挥混乱的情况下匆忙参战，其结果可想而知。德军第20装甲师在第8航空军的强力支援下行动极为迅猛，在粉碎了苏军第22集团军所部的徒劳抵抗后，9日即从北面迫近了维捷布斯克，10日凌晨由北向南攻入了市中心。而第20摩托化步兵师在迅捷程度上也不遑多让，同样令人瞠目地在9日深夜攫取了已被烧成废墟的维捷布斯克西半部。这两支德军队伍此时虽未完全占据维捷布斯克，但他们在苏军后方的迅猛穿插引起了大范围混乱，不仅干扰了苏军增援的抵达和破坏了其指挥体系，还在相当程度上动摇了对手的军心和抵抗意志。他们的行动也直接帮助了第7装甲师在维捷布斯克南面的推进，11日晨方克所部顺利渡过了德维纳河，在维捷布斯克东南与苏军激战后，突然发现对手主力已撤往斯摩棱斯克一线。12日，第7装甲师占领了维捷布斯克至斯摩棱斯克铁路上的斯麦尔瓦（Smelva）火车站，随后在向杰米多夫（Demidov）进攻的中途遭遇了苏军的3个步兵师。这些苏军属于切斯托克瓦洛夫（Sergei M. Chestokhvalov）少将的第25步兵军，但出乎意料的是，上万苏军虽在维捷布斯克东南构筑了防御工事，但在德军迫近时竟然不战而逃，切斯托克瓦洛夫本人和他的司令部都做了俘虏。苏联方面战后的资料称该军溃逃的根本原因竟是畏惧德军炮火！[12]

第7装甲师夺取杰米多夫后，14日晚些时候出现在距斯摩棱斯克正北仅30余公里处。方克决定越过该城继续向东，以夺取斯摩棱斯克东北方的杜霍夫希纳（Dukhovshchina）为目标。该目标在15日中午实现，方克即组建了以曼陀菲尔第2摩托化步兵营为主体、包括坦克营、工兵、炮兵和高射炮单位在内的战斗群，令其迅速南下直扑重镇亚尔采沃（Yartsevo）。是日夜，曼陀菲尔战斗群夺取了亚尔采沃，切断了斯摩棱斯克通向莫斯科的公路和铁路线。亚尔采沃位于第聂伯河支流佛普（Vop）河沿岸，因其扼守向东通往莫斯科的交通大动脉而有着特殊的地理重要性。沿着这条交通大动脉东去西往的苏军第一时间里向曼陀菲尔战斗群发起了反扑，试图夺回亚尔采沃，但曼陀菲尔击退了所有反攻。他的团长隆格豪森上校在作战日志中曾写道："曼陀菲尔又一次冲在最前面为全师扫清了道路。"[13] 以迅雷不及掩耳之势突袭亚尔采沃、阻断斯摩棱斯克至莫斯科的交通大动脉，从而切断苏军增援补给的主要通道，无疑是方克和第7装甲师到目前为止最精致的时刻。

数小时后，就在第7装甲师陆续开进亚尔采沃时，古德里安麾下的第29摩托化步兵师也以同样的迅捷攻占了古老的军城斯摩棱斯克。斯大林对斯摩棱斯克的陷落愤怒异常，指责西方面军指挥官们"对丢失斯摩棱斯克持有一种失败主义和半心半意的态度"，他在激愤之余严令将领们要么夺回斯摩棱斯克，要么在战斗中死去，"任何其他行为都是对祖国的背叛。"7月16日夜幕降临时，德军营造的另一个巨型包围圈已端倪初现，包括第16、第19和第20三个集团军在内的50余万名苏军官兵虽仍在斯摩棱斯克以西勉力苦战，但正步步落入巨大的死亡陷阱之中。

7月18日起，第7装甲师在亚尔采沃左近开始了两个星期的防御作战，尤其是21日至26日期间，该师与有坦克、重炮和空军支援的苏军第64步兵师展开了逐日的阵地争夺和厮杀，德军防线经常是上午被突破、下午或晚上再夺回来。第7装甲师的一份统计材料显示，第25坦克团经过整整一个月的作战，到7月21日时已报废了70辆各型坦克，持续不断的攻防也使部队极其疲乏，减员严重。即便如此，包括第7装甲师在内的各机械化部队还不能进行休整，因为它们构成的斯摩棱斯克包围圈的外环依然稀松薄弱，正经受着外围苏军由东向西的救援、包围圈内苏军由西向东突围的双重压力。

苏德战争爆发后，德军成效最彰显的战术就是所谓的楔入和围歼战术，惯常做法是在突破防线之后，由快速推进的独立装甲集群将敌军大体上包围在两个同心环中，外环由装甲箭头加以封闭，以隔断被围敌军与外界的联系，内环则是由紧随机械化部队、常以强行军方式追赶的步兵师构成。内环步兵师通常面朝包围圈，负责封锁被围苏军的逃生之路并挫败其突围，直至将其完全消灭，而外环装甲师和机械化步兵师通常面向包围圈外，既要摒退苏军的救援，又要准备在包围圈内敌军泯灭之际迅速发起新一轮攻势。东线初期的德军装甲部队在进攻方面犀利无比，咄咄逼人，但在防御作战时却暴露出不少缺陷，最主要的就是战前的战术条令和训练只强调步兵的防御作用，而装甲部队因其机动性和攻击性而被贴上了"纯粹攻击"力量的标签，不仅缺乏进行防御战的准备和训练，其组织架构（尤其是机械化步兵数量不足）也与防御战的要求不尽相符。

曼施坦因在苏德战争之初为第56摩托化军军长，他曾在战后忆述说："一支深入敌后的快速装甲兵团的安全主要依靠它自身的运动。一旦停止不前，就会很快遭到敌预备役兵力的四面围攻。"[14] 有着类似观察和体验的装甲将领不在少数，他们深感静止状态下装甲师自我防御能力的不足，为此推行了所谓的"刺猬式"环形防御战术。这种360度全方位防御体系不仅被装甲师用在夜间宿营期间的防御上，就连补给加油造成进军停顿时也像刺猬一样缩成一团，令窥视的苏军无从偷袭下手。

最早尝试"刺猬式"环形防御战术的德军将领是时任第6装甲师第6摩托化步兵旅旅长的劳斯（Erhard Raus）。苏德战争的头一个星期里，当劳斯率第6装甲师的一个战斗群穿越立陶宛的某处沼泽林地时，发现森林周边有着大量苏军正在集结并有可能发起偷袭。他下令将林中空地上的几座干草棚选作指挥部，以此

▲ **第7装甲师东线作战路线图**

第四章 冰火的洗礼：莫斯科郊外的叹息

为圆心划出一个防御环，将仔细伪装的坦克部署在圆环上，在坦克外围进行防御的是蹲守在散兵坑和战壕里的摩托化步兵，必要时坦克可从步兵头顶向苏军开炮。摩托化步兵之外的防御则由巡逻队和警戒哨承担。苏军意识到德军的防御十分严密，保护性措施也相当到位，于是没敢按照预定计划发起突袭，只是象征性地向"刺猬"发射了一些炮弹，并用坦克和机枪骚扰了一阵而已。15

尽管"刺猬"阵形在相当程度上弥补了德军装甲师防御能力的不足，但并不适于控制十分辽阔或拉伸得过长的周边。楔入和围歼战术要求进行包围战的装甲师以防御态势控制地形，在步兵赶到前必须在被围敌军周边布防和尽量合拢包围圈，而等大队步兵到达后还必须阻遏敌军之救援，不过德军装甲师在同时执行这两项任务时常常捉襟见肘、力不从心。1941年7月

下旬，第7装甲师在亚尔采沃就面临着这样的困难局面。由于装甲箭头推进过于迅猛，身后苦苦追赶的步兵连同辎重还远在百余公里之外。理想情况下摩托化步兵应在防御上支援装甲师，但1941年夏时德军的摩托化步兵师数量十分有限，作战范围的日趋扩大又使摩托化步兵本身自顾不暇，无法支援第7装甲师等冲在最前方的装甲箭头。此外，由于苏军一直试图突围，为保持对包围圈的压力和阻断其突围可能，第7装甲师与其他装甲师一样也必须不停地调整自身防线，这就使装甲师自身有限的机械化步兵也没有时间和条件构筑有利的防御阵地。在这些因素共同影响下，第7装甲师在亚尔采沃周边经受着既要阻止对手突围、又要屏退援敌的双重防御压力，整个防区曾数度告急，最危险的一次出现在8月1日，就连远在柏林中枢的哈尔德都在当日日记中留下了这样的文字："如果第7装

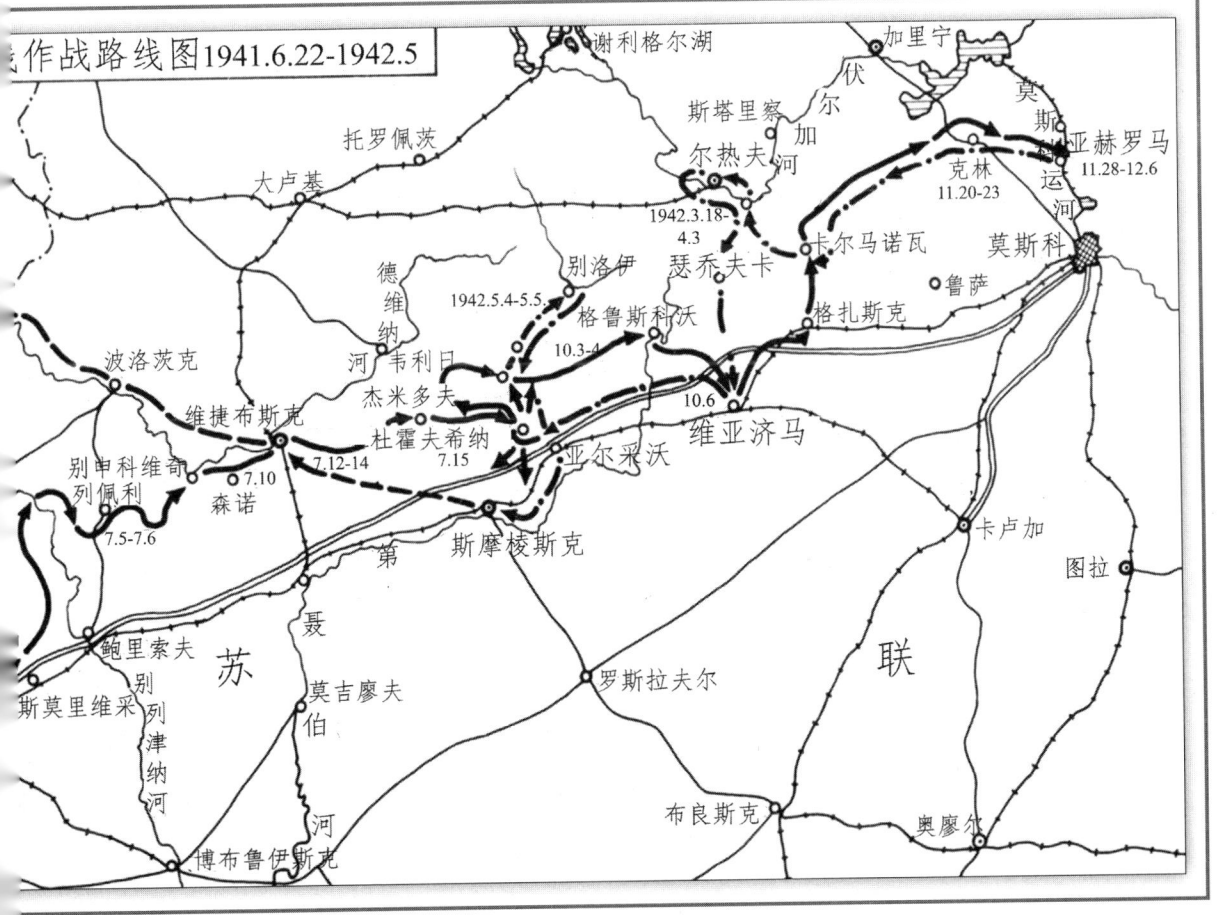

甲师遭受重创,我们也无需感到特别惊讶。"[16]

7月23日,铁木辛哥得到增援后发起了斯摩棱斯克反击战,他投入的部队除了以第24、第28、第29和第30集团军为基础分别组成的四个战役集群外,还包括罗科索夫斯基(Konstantin Rokossovsky)将军领衔的、以第38步兵师、第101坦克师和第107机械化步兵师为主组成的"罗科索夫斯基集群"。以第24集团军为基础组建的"加里宁集群"负责在亚尔采沃以北地区向西进攻,罗科索夫斯基集群的任务是由东向西攻击亚尔采沃,将德军第7装甲师死死缠住,从而打开斯摩棱斯克包围圈苏军向东突围的道路。

在罗科索夫斯基所部的协助下,苏军第16和第20集团军的若干部队成功地在亚尔采沃以南突围。当7月27日大批德军步兵师终于锁紧了包围圈时,已有大约20万苏军从德军装甲师把守的外环突围出去。即便包围圈扎紧后,苏军向东突围的尝试依然没有停止,仍有为数不菲的官兵在德军的猛烈炮火下成功脱逃。

第7装甲师在8月1日的危机过后,奉命准备将防御阵地移交给步兵师,但直到4日夜其防线仍不停地受到攻击。5日夜至6日晨,第7装甲师终将防线移交给第161和第8步兵师,而后退往亚尔采沃西南、斯摩棱斯克以北20公里处的卡缅卡(Kamenka)短暂休整,此刻斯摩棱斯克包围圈内弥漫的硝烟正在逐渐散去,枪炮声也渐趋平息。

中央集团军群在斯摩棱斯克俘虏了30余万苏军官兵,缴获了逾3000辆坦克和3000门大炮,苏军损失可谓惨重之极,但也绝非毫无意义——斯摩棱斯克一役之所以被一些战史专家称为苏德战场的转折点之一,重要原因就在于这是苏军第一次挡住了坚无不摧的德军闪电攻势,并迫使希特勒改变了下一步的作战计划。[17]此战对苏军心理和士气的影响也是深远的,之前苏军完全被德军压制,尤其是被装甲部队的高速推进和大胆攻击所震慑,但到7月底时越来越多的苏军战士学会了以手榴弹和反坦克枪来应对钢铁怪兽,而且他们对德国人越来越强的仇恨之心,已取代了交战伊始的恐惧之意。"身后不远处就是莫斯科"这样的口号不仅仅是鼓舞士气的宣传用语,其带来的心理暗示也在交战中产生了无可估量的影响。被俘苏军官兵表现出的行为令德军既恐惧又敬畏,曾有人这样描述苏军伤员在战俘营中的表现:"……他们既不哭泣,也不呻吟,更不诅咒。他们就那样固执地保持沉默,毫无疑问,沉默的背后一定有某种神秘的东西和不可征服的意志。"[18]在普通德军、尤其是步兵这一时期的家信和日记里,他们在欢呼胜利的同时,字里行间也流露出困惑和不解——他们觉得自己作战的对象顽固得不可思议,似乎有着超人的力量和韧性。在这一阶段率领机械化步兵作战的曼陀菲尔自然与手下感受相若,他也在战后多次感慨苏军官兵的韧性和绝不屈服的意志,甚至在50年代初冷战开始后,他还以对苏作战专家的身份告诫美军和北约,绝不可低估苏军吃苦耐劳的精神和顽强的意志。

斯摩棱斯克战役期间及其后的相当一段时间里,希特勒在下一步的战略方向是否仍为莫斯科问题上摇摆不定,在他心目中,在北方包围列宁格勒并与芬兰军队会师,在南方占领乌克兰、克里米亚和高加索产油区等一直是比夺取莫斯科更重要的目标。陆军总司令勃劳希契和参谋总长哈尔德自开始准备巴巴罗萨计划直到斯摩棱斯克之战结束,一年来一直都将莫斯科作为压倒一切的战略目标,他们想尽办法说服希特勒放弃追求虽重要、但位居其次的经济目标。博克、古德里安和霍特等前线将领也力主继续向莫斯科推进,沿途消灭苏军最后的有生力量,尤其是博克作为诸集团军群司令官中最成功的一个,已取得了最多的围歼战胜利,打开了通向莫斯科的大门,集团军群的位置距莫斯科已不足300公里,以德军的推进速度计算不过是15天日程,他甚至可以展望彻底扫除拿破仑当年失败之阴霾的最佳时机已经到来,更何况他还有机会成为创造普鲁士–德国军事史的第一人。

就在希特勒踌躇未决之际,北方集团军群位于伊尔曼(Ilmen)湖南面的第16集团军在8月中旬遭遇了一次危机,苏军7个师通过波利斯季(Polist)河后向西楔入了第2军和第10军防区间的空隙地带,进而威胁到旧鲁萨(Staraya Russa)地区和德军后方的安全。这一局部受挫引起了希特勒的高度关注,他命令把中央集团军群北翼的第39摩托化军调往北方支援。博克极力反对,向哈尔德表示他的装甲师和机械化部队正在休整和检修坦克,而迎击苏军反攻的最好策略就是尽早回归进攻状态。第7装甲师此时已改任霍特装甲集群的预备队,因之并未随第39摩托化军北上。由于曼施坦因的第56摩托化军做出了及时反应和反击,旧鲁萨地区的危机数日后得到化解,德军波利斯季河的防线也恢复了原状。不过,尽管不再需要第39摩托化军赶往旧鲁萨地区,希特勒还是决定将该军正式调往北方集团军群的北翼,参加围攻列宁格勒的作战。

旧鲁萨地区发生危机的同时,斯特劳斯(Adolf Strauss)上将第9集团军所属的步兵师与孔岑的第57摩托化军领到了进攻重镇大卢基(Velikiye Luki)的任务。和平年代拥有3万人口的大卢基位于洛瓦季(Lovat)河畔,处于列宁格勒之南、莫斯科以西的三角形的一个顶点,地理位置十分险要,附近交汇着四通八达的铁路和公路,对德军来说这里更是屏障北方集团军群补给交通线的门户。但是,斯特劳斯麾下的两个步兵师迟迟无力突破大卢基外围防线,使围攻大卢基城本身的作战无从展开,而整个第9集团军却遭到苏军第19、第24和第30集团军大批部队的一再攻击,西德维纳河至亚尔采沃的漫长防线上有多处频频告急。

在这一关键时刻,不堪重负的斯特劳斯病倒,其第9集团军暂由霍特署理。罗科索夫斯基带领重建的第16集团军,在亚尔采沃附近一直向德军施加强大压力,还经过反击在佛普河东岸站稳了脚跟。

8月17日,德军第8军北翼的第161步兵师在投入最后的预备队后勉强维持住了防线,但随后两日苏军再次突破了防区,迫使该部放弃了沿佛普河和洛伊亚尼亚(Loiania)河构置的前沿阵地。

20日,鉴于第161步兵师及整个第8军的局势相当危险(到24日时撤出战斗的第161步兵师仅剩25%的兵力),霍特紧急投入第7装甲师和第14摩托化步兵师这两支预备队。第7装甲师以曼陀菲尔第2营和第25坦克团一部为先头,越过洛伊亚尼亚河后在弗罗尔(Frol)西南方向楔入苏军突破口的北段,随后渗透到马科维亚(Makovia)西南,在那里击溃了苏军一个步兵师。[19]第7装甲师的这一行动阻止了苏军的进一步突破,也稳定了洛伊亚尼亚河一线的德军形势,使大卢基方向一再推迟的攻坚战得以按时进行。

21日,第6摩托化步兵团团长翁格尔上校阵亡,曼陀菲尔立即奉命接任团长。次日,施图姆(Georg Stumme)将军的第40步兵军在第57摩托化军协助下终于展开了大卢基攻势,步兵将军舒伯特(Albrecht Schubert)的第23军也加入攻击,占据优势的德军终于在大卢基城以东合拢了包围圈。

26日战事结束时,德军俘获了苏军34000名官兵和300余门大炮。大卢基硝烟尚未散尽,霍特即派第40步兵军在一个装甲师协助下向托罗佩茨(Toropetz)扑去,29日该城告破,从而使中央集团军群北翼和北方集团军群南翼之间一度近似真空的稀薄地带稳定下来,德军随即在这里建起了大型物资集散地。

大卢基之战开始前一天,希特勒发布命令,再次重申下阶段最重要的目标并非莫斯科,而是在冬季来临前包围列宁格勒、在南方占领克里米亚和高加索产油区。希特勒命令博克在继续保持防御态势的同时,将霍特和古德里安的装甲集群分别派往北方和南方集团军群,协助他们完成优先权更高的任务。尽管霍特和古德里安对此决定非常不满,还抱怨说"装甲铁拳现在变成了伸开的大巴掌",但元首的命令是无人可以违背的。第57装甲军也在大卢基胜局已定的情况下开赴北方集团军群战区,支援杰米扬斯克(Demyansk)地区的作战。

1941年9月的大部分时间里,第7装甲师除坦克团被不时派去充任步兵防线上的救火队以外,全师大部都在休整。9月8日,北方集团军群完成了对列宁格勒的包围,但未能实现与芬兰军队会师的计划。此时第7装甲师被划归曼施坦因的第56摩托化军,但曼施坦因在当月中旬便离开杰米扬斯克赶赴南方,出任南方集团军群的第11集团军司令官,曾任第10装甲师师长的装甲兵将军夏尔(Ferdinand Schaal)接掌了第56摩托化军。

第7装甲师休整期间,作为古德里安装甲集群南下箭头的莫德尔第3装甲师,在苏军后方长途跋涉300公里,穿越了3条大河,冒着两翼完全敞开、有可能被苏军重兵围歼的风险,于9月14日抵达基辅以东约160公里处的一个村庄。莫德尔最后仅剩的10辆坦克与克莱斯特装甲集群的第16装甲师先头部队随即在此会师,将苏军西南方面军的绝大多数兵力陷入一个巨大的包围圈中,不过扎紧这个硕大的口袋并吞噬其中的猎物还需假以时日。9月20日,莫德尔手下的第543坦克歼击车营俘虏了苏军第5集团军总部,包括苏军最优秀的坦克指挥官之一波塔波夫(M.I. Potapov)少将——他因使德军第1装甲集群和第6集团军一度陷入困境而被誉为"红军最有才干的军事家之一"——在内的大约66.5万名官兵被俘，同时落入德军之手的还有近1000辆坦克和3000余门大炮，创造了希特勒所称的"世界史上最伟大的胜利"。

这一令人震惊的大胜自然给东线德军和国内带来了欢愉，但并非所有将领都陶醉在一时的胜利中。战后有历史学家依然为这次最大的包围战胜利感到惊叹，称"一役俘敌66万的决策难道会是错误的吗？"但更多的战史专家，包括曼陀菲尔在内，虽然都承认德军取得了无可置疑的战术胜利——诸如南方德军得以占领乌克兰、克里米亚大部及顿涅茨盆地，而且南方苏军的覆灭也确保了中路德军右翼的安全，但基辅之战对莫斯科方向的作战并无大的帮助，反而使之失去了整体战略成功的可能，而这最终将让德国付出战败的沉重代价。基辅大胜中德军当然也付出了不菲的代价，尤其是装甲部队的战损极为严重，针对莫斯科的攻势整整延迟了两个月，而且是季节最好的两个月。苏军利用这段时间在莫斯科前方构筑了层层防御带，修筑了数条反坦克防线，埋设了数百万颗地雷。距离寒冬降临，也仅有一个月了。

水寒风似刀：从维亚济马到莫斯科郊外

在北方和南方集团军群相对快速的成功的鼓舞下，希特勒9月6日发布了第35号元首令，在要求两大集团军群继续作战的同时，命令霍特和古德里安的装甲集群迅速回归中路，要求博克准备以围歼战消灭斯摩棱斯克至莫斯科之间的苏军，而后全力扑向莫斯科。9月末时，离开中央集团军群达45天的古德里安和霍特装甲集群终于回归中路轴心线，同时原属北方集团军群的霍普纳第4装甲集群也奉命南下，准备参加以夺取莫斯科为目标的"台风作战"。

第7装甲师在9月底奉命来到科克希（Kokosch）河一带，准备从这里向维亚济马以北、以东方向进军。10月2日，德军第4和第9集团军的步兵以刺刀和手榴弹等近战武器突破了苏军防线，装甲箭头沿着捅开的缺口疯狂地向前突进，霍普纳手下的第10装甲师很快突破了苏军沿杰斯纳（Desna）河构置的防线，而第7装甲师在炮火准备完成之后，将上百辆坦克分成两个梯队，沿着1英里半宽的正面发起了猛攻。在空军4个战斗机联队的支援下，霍特装甲集群当天瓦解了苏军第19和第30集团军的防线，而霍普纳装甲集群则击溃了苏军第43集团军，后方的苏军第33集团军一部也受到装甲箭头的重击。

10月3日，方克师长命令曼陀菲尔率领由第6摩托化步兵团和部分坦克组成的战斗群赶到格鲁斯科沃（Gluschkowo）附近强渡第聂伯河。曼陀菲尔的任务还包括渡河后沿格鲁斯科沃—卡缅涅茨（Kamenetz）—维亚济马公路继续推进，沿途撕开苏军的各道防线并为全师的后续进军创造条件。[20]

曼陀菲尔乘坐装甲指挥车率部出发了，战斗群在4日夜摸到了第聂伯河渡口附近的丛林，而后发起了突袭。曼陀菲尔指挥坦克和装甲车向对岸苏军进行了炮击，近岸的苏军阵地也一个个被拔除。他随即命令指挥车冲在所有坦克和装甲车前，第一个踏上了第聂伯河大桥，并用无线电指挥部队准备渡河。虽然苏军炮弹不停地落在指挥车周围，但曼陀菲尔冷静地命令附近的坦克还击，同时指示等候渡河的坦克继续向东岸齐射。尽管双方炮击不断，子弹四处飞舞，但曼陀菲尔知道自己出其不意的攻击已达到目的，一旦坦克和步兵踏上东岸，苏军防线的坍塌只是时间问题了。他通知师长说突袭已获成功，将立即肃清当面之敌和扩大桥头堡，为全师跟进渡河创造条件。

到5日凌晨时曼陀菲尔战斗群全部渡过了第聂伯河，开始准备迎击苏军反扑。苏军在东岸不远处的森林边缘构筑了伪装严密的防御工事，也接到了战至最后一人的死命令。曼陀菲尔预计对手的反扑必然异常强悍，为避免无谓伤亡，他准备在坦克团主力和师属炮兵赶到时再向森林边缘密布的苏军堡垒发起攻击。装甲步兵们在强大的火力支援和密切协同下，将苏军堡垒一个个拔除，斯图加轰炸机部队也轰炸了苏军阵地及其后方。夜幕降临时整个地区的苏军都被肃清，隆格豪森上校曾记下了这天的战况："……曼陀菲尔的第6团在突破第聂伯河的战斗中表现异常出色。当夜，当我们在第6团身后进军时，惊讶地看到长长的俘虏队伍正朝我们后方行进。我们还看到意在阻止我们推进的座座地堡和条条反坦克堑壕——不过现在它们都没用了——曼陀菲尔搞定了一切！"[21]

曼陀菲尔随即率战斗群朝着维亚济马方向的明斯克—莫斯科公路高速推进，方克也不停地将新的营连配属给他，一切有顽强抵御的地方，都能看到矮小

▲ 入侵苏联的德军第3装甲集群司令官霍特上将。曼陀菲尔所在的第7装甲师隶属于霍特装甲集群的第39摩托化军。霍特是一名老资格的将领，参加过波兰、法国战役以及1944年前几乎所有的东线重大战事，却在1943年11月作为基辅失守的替罪羊遭解职。那时的曼陀菲尔已从1941年的中校营长成为第7装甲师少将师长。仅以战功论，德军上将最有资格晋升元帅的恐怕非古德里安和霍特莫属。

▲ 第7装甲师师长方克少将。直到库尔斯克会战后的1943年8月中，他一直都是第7装甲师师长，8月16日因健康原因离职，曼陀菲尔继任为该师第4任师长。

▲ 德军第39摩托化军军长施密特将军。波兰战役期间他是第1装甲师师长，法国战役期间任第39摩托化军军长，1941年率该军参加苏德战争。1941年12月25日古德里安被解职后，施密特继任第2装甲集团军司令官。1942年初晋为上将，但在1943年4月被解职。

▲ 第7装甲师第25坦克团团长罗森堡上校，他佩戴着1940年获得的骑士勋章和1918年的"蓝色马克斯"最高战功勋章。罗森堡被称为二战初德军最优秀的中级装甲指挥官之一。1941年6月28日，受伤的罗森堡在明斯克附近被苏军狙击手击毙。罗森堡死后被追授少将军衔，第25坦克团也被改称为"罗森堡坦克团"。

—— 053 ——

▲ 摄于1941年7月初，第7装甲师所部在开往列佩利的路上。

▲ 摄于1941年7月初，曼陀菲尔再次充当了夺桥开路的急先锋，图为他的第2营在列佩利夺取的别列津纳河上的一座渡桥。

◀ 立陶宛城市奥利达附近的涅曼河大桥，摄于1941年6月22日。当日，曼陀菲尔率其摩托化步兵营在坦克团第2营帮助下，完好无损地夺取了这座渡桥。德军的动作非常迅猛，致使西岸苏军指挥官未能及时炸桥，直接导致了两日后维尔纽斯的陷落，战后有苏联史家称这一失职不啻为"叛国行径"。

▲ 摄于1941年7月11日的维捷布斯克城,一名德军士兵坐在一辆倒置的苏军KV-2重型坦克的炮管上拍照。这辆重型坦克原属于第7机械化军第14坦克师。7月6日,西方面军第20集团军以第5和第7机械化军为主发起了森诺—列佩利反击战。苏军第14坦克师在与德军第7装甲师的激战中损失惨重,大量坦克被毁,其第27坦克团团长和3名营长均阵亡。苏军残部10日东撤,但第14坦克师的这辆坦克还是在维捷布斯克城破后落入第7装甲师之手。

◀ 摄于1941年7月中旬维捷布斯克至斯摩棱斯克的公路附近。这辆编号B-4755的KV-2重型坦克来自苏军第14坦克师第27坦克团第1营。苏军第20集团军的森诺—列佩利反击战(7月6日至9日)失败后,第5和第7机械化军残余坦克向斯摩棱斯克方向撤退,但噩运很快再次降临。在第14坦克师任连长的斯大林长子雅科夫大尉被俘,这辆坦克也因机械故障被遗弃。德军俘获这辆坦克后将之推到公路旁,图中有德军士兵正在炮塔上,左边公路上是过往的德军车队。

▲ 摄于1941年10月下旬,一辆深陷泥泞的德军卡车尽管装上了防滑链,依然在苏联秋冬之际的破烂道路上挣扎。

▲ 摄于1941年10月,一名浑身泥浆的德军摩托车兵正在艰难跋涉。"台风"作战发起后,俄罗斯秋天的豪雨将旷野和道路都变成了泥淖的世界,苏军的抵抗也越来越顽强,德军扑向莫斯科的最后攻势愈发艰难。

▲ 摄于1941年10月初,格鲁斯科沃附近的第聂伯河渡桥。10月4日夜,曼陀菲尔率第7装甲师战斗群成功夺取了这座渡桥,并在东岸建立了小型桥头堡。

▲ 摄于1941年10月初,曼陀菲尔战斗群夺桥成功后在第聂伯河东岸建立的桥头堡。图中他正与军官们讨论作战方案,右三为曼陀菲尔。

▲ 摄于1942年2月，位于尔热夫西南的德军150毫米重型榴弹炮阵地。

▲ 摄于1941年11月中央集团军群的某处战场，一辆SdKfz 221装甲车上的德军士兵正在某道路中心指示牌前留影。此处距莫斯科仅100公里，而回柏林却有1560公里之遥。

▲摄于1941年11月,一辆德军四型坦克(Ausf.F)在莫斯科外围择路而行,刚刚越过一道水障。

▲摄于1941年11月末,第7装甲师以第1坦克营为主组成的舒尔茨战斗群攻打交通枢纽克林,曼陀菲尔战斗群也在23日赶来助战,两部合力攻克了克林,打开了莫斯科西北方向的大门。

▲摄于1941年11月底,从远处眺望伏尔加－莫斯科运河大桥。曼陀菲尔11月28日完好无损地夺取了这座大桥后在东岸建立了桥头堡,但随即遭到苏军反扑。由于兵力稀薄且缺乏增援,曼陀菲尔于29日奉命撤到西岸。迫于苏军的强势反击,曼陀菲尔撤退时只来得及炸毁大桥之一段。他在战后称引爆大桥的一瞬间是自己"整个军旅生涯最令人失望的一刻。"曼陀菲尔在西岸一直坚守到12月7日—那时,势不可挡的苏军莫斯科大反攻已迫使德军各部纷纷仓皇西撤。

▲摄于1941年12月初,苏军士兵在莫斯科外围丛林雪地间向德军进攻,背景是一辆被摧毁或遗弃的德军三型坦克。12月6日起,北起加里宁,南至叶利齐,苏军12个集团军沿着800公里正面向中央集团军群发起了逆境中的大反攻,苏军的策略是在中路拖住德军步兵集团,重点打击北翼的第3、第4装甲集群和南翼的第2装甲集团军,从而解除德军对莫斯科的直接威胁。

◀ 摄于1941年11月底，第7装甲师占领克林之后，曼陀菲尔率领由全师战斗力最强的部队组成的战斗群向伏尔加－莫斯科运河推进。尽管已是强弩之末，中央集团军群司令官博克还是决心引领剩勇走完最后一英里，曼陀菲尔战斗群充当了莫斯科西北方向的急先锋。

▲ 摄于1941年11月底，曼陀菲尔率部奔往距莫斯科仅50余公里的亚赫罗马途中。从这张难得的老照片可以看出他和部下都包裹得严严实实，酷砺的严冬给部队的机动造成了困难，在他心目中闪电战已是过去的回忆了。

▲ 摄于1941年11月27日，曼陀菲尔组织的突击队准备突袭伏尔加－莫斯科运河上至关重要的大桥，左一为突击队长雷奈克中尉。这些德军基本都穿上了白色雪地服，但雷奈克的白外罩似乎是用床单改成的。

▲ 摄于1941年12月，西撤中的第7装甲师。

▲ 摄于1941年12月，西撤中的第7装甲师。除了若干车辆外，德军撤退队伍与1813年拿破仑大军撤离莫斯科时的景象似乎没有太大区别。

▲ 摄于1941年12月初,莫斯科外围的苏军滑雪部队准备杀入德军后方。

▲ 摄于1942年1月,令人震撼的一幅图片,在莫斯科前方的败退中,曾经战无不胜的闪电战大军不知留下了多少这样的孤魂野鬼。

▲ 摄于1942年初东线某地,曼陀菲尔佩戴着他于1941年12月30日获得的骑士勋章。

▲ 第9集团军司令官莫德尔与其参谋长克雷布斯少将正在尔热夫的积雪中戏耍。克雷布斯后升至步兵将军,1945年3月末古德里安被解职后,克雷布斯成为普鲁士—德国参谋本部140年历史上的末任参谋总长,尽管是任期最短、最默默无闻的一位。

▲ 摄于1941年12月中旬,苏军第1突击集团军与第30集团军合围了克林,几乎将德军第3装甲集群西撤的道路切断,克林被占不足一个月后即被克复。第7装甲师之前参加了克林防御战,此时已经西撤。

▲ 摄于1941年12月,已被冻僵的两名德军。

▲ 摄于1942年5月10日,第7装甲师所余兵力准备登上西行的列车,前往温和宜人的法国休整和补充装备。一年前,齐装满员的第7装甲师需要12辆专列才能将人马和装备运往边境集结地,现在仅用1辆专列还绰绰有余。

◀ 摄于1942年夏的法国马恩河畔的沙隆，在此休整的第7装甲师正在举办体育活动，前排左二为舒尔茨中校，他的左边则是师长方克。曼陀菲尔当年7月15日任第7摩托化步兵旅上校旅长，四个月后被派往突尼斯桥头堡担任师级指挥官，方克在告别仪式上赞其为"第7装甲师这所大学校的校长。"

▼ 摄于1942年初，危急时刻力挽狂澜的莫德尔上将。1942年1月16日，莫德尔出任第9集团军司令官，这时距他卸任第3装甲师师长、担任第41摩托化军军长尚不足百日。莫德尔以他的强悍、冷酷自信和高超防御战术挽救了中央集团军群的北翼。他还在不可能的情况下发起了反攻，在尔热夫附近围歼了苏军第29集团军大部和第39集团军一部。历时四个星期的尔热夫战役扭转了东线德军的局势，功成名就的莫德尔被晋升为上将，同时获得橡叶骑士勋章。图中莫德尔佩戴的就是橡叶骑士勋章。第7装甲师于1942年1月底、2月初编入莫德尔集团军作战序列。

▲ 摄于1942年2月或3月的尔热夫，身着雪地服、脚踩滑雪板的德军步兵。曼陀菲尔战斗群进入尔热夫后，莫德尔曾命令他指挥属下脚踩滑雪板向苏军进攻，但他拒绝从命，莫德尔威胁要将其送上军事法庭。第7装甲师长方克救下了曼陀菲尔，命其赶往法国，为即将撤去休整的部队打前站。在1944年底的阿登反击战中，已任第5装甲集团军司令官的曼陀菲尔是B集团军群司令官莫德尔元帅的下属，两人时隔两年多再次共事，莫德尔对往事似已释怀，且对曼陀菲尔评价很高。

▲ 德军北非战场头半程的几员主将，从左至右依次为弗勒利希中将（Stefan Fröhlich，曾任非洲空军指挥官），隆美尔元帅，凯塞林元帅，非洲军军长、装甲兵将军克吕威尔，非洲装甲集团军参谋长高斯少将。当曼陀菲尔 1942 年末来到北非时，隆美尔的黄金时代已翻然而去，克吕威尔也成为英军战俘，只有天性乐观的凯塞林还在为固守突尼斯桥头堡殚精竭虑。

▲ 1942 年 12 月初，阿尼姆上将出任突尼斯的第 5 装甲集团军司令官，并在次年 3 月继任非洲集团军群司令官。本图摄于 1942 年 5 月 1 日的东线霍尔姆，他身边的将领是第 281 安全警备师师长舍尔（Theodor Scherer）少将。舍尔防御的的霍尔姆被苏军围困长达 105 天，时任第 39 装甲军军长的阿尼姆负责救援作战。历经 3 个多月的努力，阿尼姆的援军终于在 1942 年 5 月 1 日成功解围。图中舍尔正向阿尼姆介绍前日夜间指挥部外发生的激战。

▲ 摄于 1943 年 5 月 7 日，非洲集团军群司令官阿尼姆上将与第 5 装甲集团军司令官、装甲兵将军韦尔斯特会晤。次日，韦尔斯特即与美军接洽投降，一周后阿尼姆被英军俘虏。虽然突尼斯桥头堡的命运早已注定，但在最后一个月的战斗中盟军相对轻易地取得了胜利，有后世史家称这是"拜缺乏战略眼光和战术才华的阿尼姆所赐。"

▲ 摄于1943年2月末至3月中的"牛头作战"期间，阿尼姆正在战场巡视。1942年底至1943年初，为扭转非洲战局，北非德军得到了一批新装备和武器，图中所示的 SdKfz 261/1 Ausf.C 装甲指挥车是阿尼姆的专用装甲车，MG42机枪右侧即为阿尼姆。

▲ 本图摄于1943年4月突尼斯北部山地，两名伞兵似乎在埋设地雷。他们隶属于"曼陀菲尔师"的空军部队还有第11伞降工兵营，该营营长是1940年奇袭比利时埃本－埃马尔要塞的英雄维茨格（Rudolf Witzig）少校，"牛头"作战中维茨格工兵营在攻防作战中表现出色，在桥头堡最后的战斗中，维茨格所部被配属给"巴瑞信"伞兵团，在防御战中也曾重创了美军第2军。注意面向镜头的伞兵在其MP40冲锋枪上加上了枪套，这种图片并不多见。

▲ 曼陀菲尔麾下战斗力最强的一支部队是空军"巴瑞信"伞兵团，它被盟军统帅亚历山大称为"非洲德军中最优秀的部队"。这些训练有素、意志顽强的伞兵在"牛头作战"及桥头堡最后的战斗中曾给英军、巴顿/布莱德雷的美军第2军制造了极大的麻烦。

▼ 摄于1943年2月末至3月中的"牛头"作战期间,德军第10装甲师一辆四型坦克的乘员正在观察炮弹的效果,图示为长管75毫米 KwK.40 L/43 坦克炮。

▲ 摄于1943年春,德军第501重型坦克营的虎式坦克在突尼斯桥头堡。虎式坦克除了装甲厚重外,它的88毫米 KwK.36 L/56 主炮具有强大的杀伤力。

◀ 摄于1943年3月下旬,美军的一辆新式坦克歼击车行驶在突尼斯。德军武器的性能总体上优于盟军,尤其是其虎式坦克和88毫米高射炮。美军此款坦克歼击车是在凯瑟林隘口之战后进入突尼斯的,底盘为谢尔曼中型坦克底盘,火炮转速快于盟军多数坦克的火炮。这种坦克歼击车于3月中旬在马克纳西(Maknassy)附近第一次投入实战。

▲ 一张难得一见的照片，摄于1943年2月20日，地点在凯瑟林隘口附近的第10装甲师指挥部前。第10装甲师师长布罗伊希（左）与他的首席参谋军官施陶芬贝格少校（右）正讨论作战方案。布罗伊希5月12日向英军投降，而曼陀菲尔30年代初的战友施陶芬贝格则在4月7日被盟军轰炸所伤，他保住了性命，但失去了左眼、右手和左手的两个手指。

▼ 1943年4月22日，19000名美军和4000名法军试图突破德军在"绿山"和"秃山"间把守的瓶颈地带，进而铲除扼守公路和铁路线的堡垒杰夫纳。曼陀菲尔在崎岖险峻的山间构筑了完备的工事并在所有通道上敷设了雷场，美第9步兵师被区区数营德意军队死死挡住，进退维艰，每座不知名的小山都成了付出高昂代价才能通过的地狱。夺取"绿山"和"秃山"的战斗一直持续到5月3日。

▲ 在"牛头作战"中，第10装甲师的朗格装甲战斗群拥有14辆虎式和63辆中型坦克，但在贝加府附近陷入了英军的反坦克陷阱，22辆坦克完全报废，其中包括几乎所有虎式坦克。隆美尔一直渴望拥有虎式坦克，但直到3月9日挥别北非时也未能如愿。损失惨重的第501重型坦克营余部（14辆虎式和四型坦克）3月17日后并入第504重型坦克营。图示的就是1943年3月被摧毁于贝加府附近的虎式坦克的炮塔。

▲ 摄于1943年5月12日，布罗伊希向英军投降时的情景，图中前者为布罗伊希中将，后者为第19防空师师长弗兰茨（Gotthard Frantz）中将。

▲ 摄于1943年5月中，阿尼姆投降后被飞机送往盟军总部。他是盟军手中当时仅次于赫斯（Rudolf Hess）的二号战俘，英国在战俘营中给了他相当的礼遇。他于1947年获释，1962年去世。后世的史家对他的突尼斯惨败给予了苛刻批评，尤其是在凯瑟林隘口之战中，由于他顽固地拒绝配合和及时支援隆美尔，使德军错失了或许能扭转北非战局的机会。

▲ 曼陀菲尔所部只有5000人，其中四分之一是意军，包括意大利第10伞兵团。本图摄于1943年4月，意大利炮兵正隐伏在突尼斯北部的一片仙人掌地里，静静地等待战斗的开始。

▼ 摄于1943年5月中的马特尔战俘营。曼陀菲尔幸运地在最后时刻撤离北非，约27万德意官兵和大量物资装备被盟军俘获，包括阿尼姆和韦尔斯特在内的16位少将以上德军将官走入了战俘营。德意军队的损失与3个月前的斯大林格勒相当，所以轴心国北非历险的结束之地又被称为"突尼斯格勒"。

▶ 美军攻克了第609高地后，"曼陀菲尔师"所部于5月2日向北撤往伊其克乌尔湖的预设阵地，并于次日弃守马特尔。图中的美军步兵和装甲车正向马特尔方向进军。

068

的曼陀菲尔率领手下猛冲猛打的身影。他的战斗群作为第7装甲师和整个第56摩托化军的箭头,时而在主干道上迅猛推进,时而拐入乡间小道越野前行,时而短暂停下拔除前进障碍,其推进之迅猛不仅出乎苏军意料,就连德军最高统帅部接到战情通报后也惊讶不已。曼陀菲尔充分利用速度给苏军造成的混乱,有时竟乘着夜色与后撤的苏军行进在同一条公路上。

9月刚出任苏军西方面军司令员的科涅夫意识到即将到来的巨大危险,急令第16、第19和第20集团军向维亚济马撤退,但他的绝大多数部队都被德军第4和第9集团军的步兵牢牢拖住而无法脱身。隶属于布琼尼元帅预备队方面军的第32集团军此时有4个步兵师部署在维亚济马周边的弧形防线上,这些部队本应能抵挡一阵,至少应能帮助保持向东退入维亚济马的道路畅通,但第32集团军的多数部队均由民兵组成,改建为正规军的进程刚刚开始,作战能力和指挥员的指挥水准都相当低下,他们在德军装甲箭头南北两个方向的突然夹击下不堪一击。

10月6日这天成为苏军西方面军和预备队方面军灾难降临的一天。当日上午,曼陀菲尔战斗群进抵维亚济马北郊,夜幕降临时切入苏军后方腹地,实际上切断了明斯克至莫斯科的公路干线,合围苏军的两支铁钳中的一支已高高举起。当晚7时,从南翼奔袭的第10装甲师的一个坦克营攻占了维亚济马机场,9时许,日后也将出任第7装甲师师长的毛斯(Karl Mauss)少校率第10装甲师第69摩托化步兵团第2营,成功地与固守机场的该师坦克营会合,就此切断了维亚济马向东通向莫斯科和卡卢加(Kaluga)的铁路。

7日上午10点30分,第10装甲师所部突入维亚济马,与第7装甲师建立联系后合拢了包围圈。陷入包围圈中的苏军包括第16、第19、第20、第32集团军以及第24集团军残部,科涅夫也仅仅是在包围圈合拢前一刻才撤离出去。7日夜,5个德军步兵军(第5、第7、第8、第9和第27军)迅速束紧了维亚济马包围圈并开始着手消灭被围之敌。几乎与此同时,在维亚济马以南的布良斯克(Bryansk)方向,古德里安麾下的第17和第18装甲师也于10月5日在布良斯克以东切断了通往莫斯科的铁路。10月6日,德军几乎俘虏了布良斯克方面军司令部,司令员叶廖缅科险被生擒。8日,古德里安所部与魏克斯上将的第2集团军所属步兵师在布

良斯克城北会师,所谓的维亚济马—布良斯克包围圈就此完全成形。10日,勃劳希契致电第7装甲师师长方克,代表陆军感谢该师的努力和战功,他的电文写道:"我要特别赞颂卓越的第7装甲师,通过向维亚济马的快速进军,贵部对此番作战中第3次展开的围歼战做出了显著贡献。"[22]

到10月20日,德军消灭了被围苏军95个师中的64个、15个坦克旅中的11个、62个炮兵团中的50个,消灭33万余苏军,另俘获668000名苏军官兵。[23]

作为第3装甲集群箭头的第7装甲师伤亡虽然很大,但该师官兵与其他各部一样都沉浸在大胜的愉悦和兴奋之中。似乎不管苏军哪位将领领军,也不管对手构筑什么防御壁垒、依托何种天然屏障,德军装甲铁拳在前进的道路上都能将之撕得粉碎,似乎没有任何力量能阻止这只无所不能的钢铁怪兽。当士气高昂的德军边行军、边兴奋地憧憬莫斯科的时候,没有人注意到路边树木的叶子已从油绿变成金黄,并开始静悄悄地滑落;而当第一场阵雨敲打着他们依然单薄的夏装时,**丝丝寒意提醒着他们:伴随季节的变换,战场的颜色就要发生巨变了。**

10月7日的一场豪雨如瓢泼一般,一天的功夫就将那些早就残破不堪的道路翻了个底朝天。转眼望去,无尽的前方到处都是泥淖的世界。随后的雨雪交加、泥泞湿滑使德军每前进一步都困难重重,后勤保障系统在很大程度上也陷于瘫痪——补给完全取决于机动车辆和马车从遥远的后方拖运物资的能力。这种气候和泥泞当然也会使苏军无法很好地实施作战计划,但他们至少还有较短的交通线和几乎完好无损的铁路运输网。

10月20日,博克将总部从斯摩棱斯克前移,他自己也想亲眼看一看部队面临的困境。他在当日日记中记下了自己的发现和忧虑:"……真是令人难以置信。即便那些本应是第一流的道路现在都实际上无法通行了。修理这些道路、修复那些被炸毁的桥梁都是几乎不可能完成的任务。哪怕有一辆补给车能从泥泞中穿行,士兵们都觉得是一件了不起的成就。"第6装甲师有一位普通士兵也在10月20日的日记中抱怨:"我们损失的时间越来越多,而且正经历着无止尽的停顿。积雪在白天稍微融化了一些,到晚上又冻得严严实实,新下的大雪马上又席卷和覆盖了平坦的乡间大

地。我们理应在几个月里彻底击败俄国，难道这仅仅是虚幻的假象吗？"[24] 次日这位士兵又写道："我们的进展简直缓慢到了极点……全师现在都被迫分散开来，我们还在努力集结。"[24] 有着类似想法和怀疑的德军绝不在少数，他们咒骂该死的天气，抱怨行军的迟缓困难和饥寒交迫，指责国内的广播报刊狂热地盲目欢呼德国已经胜利，怀疑他们的高级将领是否知道眼前的补给困难和士兵的精疲力竭，同时还震慑于苏军持续作战的能力、非比寻常的顽强和勇气。身着单衣的德军士兵在寒风中瑟瑟发抖，没有几个人还有心思谈论那似乎近在咫尺但又遥远无比的莫斯科。

无尽的泥泞和冰雪使中央集团军群整体的推进基本上等同于爬行于泥淖间的步兵的速度，装甲部队像蜗牛一样步履蹒跚，唯一还能运动的坦克被迫像火车头一样拖拉着五六辆卡车在泥泞中挣扎。等到11月的第一个星期大地开始冰冻板结、坦克和车辆又有可能再度运动时，德军又面临许多新的问题——油料和弹药严重匮乏，坦克和汽车引擎难以发动，所有口径的大炮和重武器都出现了润滑油冻结的现象。情形刚有好转，强劲的暴风雪呼号着降临了，一夜之间积雪齐腰，西伯利亚的冷风吹在身上就像刀子一样钻心刺骨。难以言表的寒冷和低温极大地折磨着衣衫单薄的德军，大批士兵或被冻死、或冻伤后被截肢。

尽管仍在朝莫斯科前进，但步子越来越慢，遭遇的抵抗也越来越强。11月8日，曼陀菲尔率部经过艰难跋涉，进入最后扑向莫斯科的预定出发地卡尔马诺瓦 (Karmanova)。11月16日道路再次冰冻之后，方克将手下最优秀、机动性最强的部队组成了一个战斗群交给曼陀菲尔指挥，这个战斗群以第6摩托化步兵团为核心，还包括第7摩托化步兵团一部、第37搜索侦察营、第58装甲工兵营和坦克团第3营。曼陀菲尔当日率部夺取了多里纳 (Dorina)，次日中午到达加里宁东南方伏尔加河上一座大型水库的南侧，晚上又夺取了加里宁—克林 (Klin)—莫斯科铁路上的萨维多夫斯卡娅 (Sawidowskaja)。

11月20日，第7装甲师的第25坦克团以舒尔茨第1营为主体形成了另一个战斗群，向距莫斯科仅90公里的克林发起了进攻。舒尔茨没有预计到克林的苏军数倍于己，包括独立坦克群、反坦克炮群、炮兵连、独立骑兵师以及高炮营等。这些苏军的指挥官是罗科索夫斯基的副手扎哈罗夫 (Fedor D. Zakharov) 将军，而他无疑把附近能搜罗到的所有力量都集中在克林一带。来自中亚的苏军第17骑兵师的骑兵们挥舞着战刀从森林密处冲出，向德军发起英勇但绝望的冲锋。德军机枪和坦克无情地扫射着他们，前仆后继的红军战士以血肉之躯顽强阻挡着舒尔茨的攻势，战场上横七竖八躺满了苏军尸体，而他们那些忠实的战马仍在嘶鸣不已，仿佛述说着这个冬日里最残忍的屠杀。

23日，曼陀菲尔奉命将防区移交给第36摩托化步兵师，之后率其战斗群赶到克林北郊助战。第25坦克团终于从两支苏军的结合部突破了防线，舒尔茨坐在指挥坦克上第一个踏上了克林的街道，打开了莫斯科西北方向的大门。

这一对战场态势产生重大影响的战功立即为舒尔茨赢得了高度赞誉，不仅是因为他击垮了数倍于己的苏军，还因为克林的易手使对手的整体防线被拉成了弓形，兵力薄弱的防线开始漏洞百出。苏军西方面军新任司令员朱可夫对克林的失守非常愤怒，曾派人调查是否应该严惩扎哈罗夫（这位将军虽逃过一劫，但还是在1942年被贬为第133步兵师师长）。罗科索夫斯基的第16集团军也被迫再次后撤，在距莫斯科仅22英里处建立最后一道防线。

尽管第7装甲师此时减员严重，幸存官兵极为疲劳，而且进军道路越来越艰难，苏军的抵抗更是愈发顽强，但曼陀菲尔在攻陷克林之后还是提出立即向莫斯科进军。他认为短暂的休整也会给对手提供重整防线、调遣兵力的时间，因之极力要求率战斗群向伏尔加—莫斯科运河方向推进，而此时德军大部队仍落在后面，或与地形和天气较量，或与宁死不屈的红军对垒，而德军的弹药补给已根本不敷前线所需。尽管如此，师长方克和军长夏尔批准了曼陀菲尔的请求。

博克当然深知疲劳至极的部队几乎已是强弩之末，但他坚信，与其将进攻推至来年春、眼下在莫斯科附近的露天旷野里渡过严冬，还不如引领剩勇走完"最后一英里"。他一方面心怀侥幸地希望对手能够调动部署的兵力已不足以维持成功的防御，也指望德军能很快血洗来自西伯利亚的增援苏军，另一方面更相信最后的决战"纯粹是一个意志力问题"——谁能坚持到最后一刻谁就能获胜。参谋总长哈尔德赶到前线与博克和诸将会谈后，在11月22日的日记中写道：

第四章 冰火的洗礼：莫斯科郊外的叹息

"……博克将莫斯科前沿的情形与1914年的马恩河做了对比，他坚信投入最后一个营就足以打破僵局。"博克深深地为夺取莫斯科的前景和随之而来的无尚荣誉所吸引，1941年夏他就一遍遍地为全力以赴攻克苏俄首都的战略大加辩护，现在这座城市似乎很快就将落入他的手心。他以巨大的能量无情驱赶着一切还能运动的人畜和车辆，也从前沿指挥部亲自指挥着奔向莫斯科的最后一程。曼陀菲尔的战斗群无疑充当了实现博克奢望的急先锋。

曼陀菲尔战斗群朝着距莫斯科城北仅34英里的亚赫罗马（Yakhroma）进发了。穿越了罗加乔夫（Rogatschew）向南的公路后，曼陀菲尔决定不再沿地图上标识的路线前进——为悄悄抵达亚赫罗马并突袭附近的运河大桥，他必须绕开人烟稠密的村镇，避免惊动沿途的苏联军民。他不仅想夺取大桥，还打算在可能的情况下切断对手的退路。曼陀菲尔战斗群离开公路后潜入冰雪覆盖的丛林，一路上有些地段积雪齐腰，有些则泥泞湿滑，工兵们走在最前面用大锯开路，紧随的装甲运兵车和坦克也就刚刚能够通行，而步兵们则在装甲车两旁艰难地向前挪移。为了在密林中不致迷失方向，走在最前列的曼陀菲尔一直借助罗盘确定方向。

11月27日夜幕降临后，曼陀菲尔的先头终于靠近了运河西岸的村庄阿斯特雷佐沃（Astrezowo），为避免最后时刻暴露目标，他禁止任何人离开丛林，随后率少量军官悄悄摸到一处高地进行侦查，在那里他能清楚地俯瞰整个村庄和邻近的运河大桥。大桥依旧雄伟地横跨在伏尔加—莫斯科运河上，村子里冒出的袅袅炊烟显示出人们对即将到来的危险依然毫无察觉。曼陀菲尔的手下敦促他当夜发动奇袭，但被他拒绝了——由于德军的到来并未引起苏军注意，他希望到次日凌晨再发起攻击，那时整个战斗群各部都将到位，坦克和炮兵也可以给突击队最大的支援。另外，长途跋涉后坦克和装甲车的油料已显不足，连夜突袭虽能夺取大桥和击退苏军的反扑，但到次日晨时将没有足够的油料和弹药进一步扩大桥头堡。左右权衡之后，曼陀菲尔决定放弃夜袭，不过他并没有闲下来休息，而是将军官和军士们召集在一起发布了一系列命令，包括不得生火取暖、不得吸烟、不到万不得已绝对不许开枪，以及次日晨攻击发起时必须将阿斯特雷佐沃的居民全部圈禁到几座大房子里看管起来。曼陀菲尔随后询问谁愿率领突击队向大桥发起攻击，结果所有军官都志愿带队。曼陀菲尔费了一番周折，最后选中了雷奈克（Rudi Reineck）中尉担任突击队长。

27日夜11点30分，雷奈克率领从第6摩托化步兵团第2营第7连挑选出的士兵组成的突击队离开了阿斯特雷佐沃村附近的山林，悄悄进入另一村庄西边的丛林里，以绕过苏军在进入亚赫罗马的公路上构置的工事。[25] 28日凌晨2点，雷奈克准时率突击队朝运河方向扑去，绕过了苏军第133步兵师1个营的阵地后，突击队迅速逼近了大桥。突击队悄无声息地解决了昏昏欲睡的苏军岗哨，而后雷奈克第一个开始向大桥狂奔。4点10分时，大约40名护桥的苏军内务部队士兵被俘，曼陀菲尔的突袭计划获得了成功。曼陀菲尔命令雷奈克在东岸迅速建立桥头堡并将之扩大，不过增援桥头堡的任务并不如想象的那样容易，在崎岖泥泞的地形条件下将重炮和弹药运往对岸实非易事。拉克少校率领的第37搜索侦察营也迅速攻入了亚赫罗马城。接近6点时，第6摩托化步兵团的其他部队和一些坦克赶到运河西岸，结果遭到苏军炮击，德军坦克一边还击一边过桥，不久后第6摩托化步兵团第2营越过大桥，开始向东岸陡坡上的苏军阵地发起攻击。天色放亮之后，就在双方步兵仍在以手榴弹和刺刀进行近战搏杀时，一辆苏军装甲列车在7点30分从北面沿铁道向德军桥头堡驶来，来自第58坦克师的多辆T-34坦克也沿着运河公路向德军步兵发起了反扑，一时间东岸形势十分危急。曼陀菲尔急令第25坦克团第11连连长奥尔洛夫中尉率部迎击，后者的坦克连击退了苏军装甲列车，同时在反坦克炮支援下还摧毁了3辆T-34。上午10点，第6摩托化步兵团第1营在占领和清理完亚赫罗马后，奉命来到运河东岸建立更大的纵深，第2营则返回西岸占领亚赫罗马附近的支援阵地，坦克团第3营被部署在桥头堡附近充任机动预备队。

突袭运河大桥的战斗中，曼陀菲尔的手下俘虏了一名苏军军官，搜出了运河地区的防御地形图和作战命令。曼陀菲尔发现亚赫罗马的地下供热和排水系统有可能直通莫斯科市中心，而且运河边那座巨大的发电站还负责为莫斯科供电。一位德军老兵后来回忆说："我参加了奇袭伏尔加—莫斯科运河大桥的行动，亲眼目睹了我们的小个子团长曼陀菲尔把亚赫罗马发电厂的电源切断。他在进攻中总冲在最前面，撤退中总是最后一个。"²⁶ 曼陀菲尔不仅控制了莫斯科的电力来源，还在运河东岸为整个第3装甲集群建立了一座桥头堡，这个桥头堡是德军在整个莫斯科城外最靠东的一处。

在几十英里外的克里姆林官里，斯大林闻听此事时的反应绝对是震骇不已，他不停地通过电话与朱可夫和伏罗希洛夫等人交换意见，甚至直接下命令给库兹涅佐夫(F.I. Kuznetsov)中将第1突击集团军麾下的两个旅，要求他们不惜一切代价即刻拔除亚赫罗马的桥头堡。

曼陀菲尔拿下亚赫罗马的第一时间里就向师长报告了突袭成功的消息，同时恳请增援以便向莫斯科发起最后一击。方克闻言立即向夏尔请求增援摩托化步兵和坦克，但第56摩托化军手头已没有一兵一卒可以增援第7装甲师，当时第7装甲师的左翼是第14和第36摩托化步兵师，右翼则是西南方向的第6装甲师，全军抵达当前的位置时已耗尽了最后一丝力气。曼陀菲尔深感失望，同时还不得不强打精神应对眼前的苏军反扑。

28日从上午11点到下午2点，苏军第29步兵旅从德军桥头堡的南北两面分别发起了数次进攻，其中一次几乎得手，但最后还是被打退。苏军轰炸机部队对运河大桥进行了轰炸，炮兵也向东西两岸的德军狂轰滥炸。下午3时，苏军的数个喀秋莎火箭炮营向亚赫罗马德军进行了弹幕射击，同时第44步兵旅又从东北方向朝桥头堡发起了进攻。曼陀菲尔拿出最后的预备队——第6摩托化步兵团第1连和第25坦克团第11连，才算止住了苏军的攻势。

28日夜9点，苏军沿着运河河岸和铁路之间的地段，自北向南朝东岸桥头堡再次进攻，德军在强大的压力下渐感不支。曼陀菲尔知道，战斗群如果再无增援就无法再坚持下去了——他那些可怜的士兵已在零下数十度的严寒中持续战斗了很久，身上却仅有一顶钢盔、薄薄的短外套、以及令成千上万人付出了腿脚等惨重代价的过膝长靴。这些简单的冬季作战装备、时常在严寒中发生故障的武器、人员的迅速伤亡和弹药损耗，只怕对付实力薄弱的对手都有困难，更不要说苏军投入的是整整2个旅的精锐步兵，还有数量相当可观的T-34坦克、大炮和轰炸机的支援。

11月29日凌晨2点30分，曼陀菲尔接到师长电文，称集团军群和最高统帅部鉴于其他地区的作战目标未能实现，而且抽不出任何力量前来增援，命令曼陀菲尔所部撤到运河西岸建立防御周边。方克后来曾描绘自己向曼陀菲尔传达这一命令时是何等地失望："当军长告诉我说他没有任何力量来扩大我们在亚赫罗马取得的战果，当他把集团军群要求我们撤出流血牺牲换来的桥头堡的命令传达给我时，我感觉这是一个不祥的兆头，似乎预示着这场战役、乃至整个战争的转折点就要到了。"²⁷

从当日凌晨5时起，曼陀菲尔属下各部交替掩护撤退，到7点时所有东岸部队均撤过大桥。为掩护步兵撤退，西岸德军的重炮和坦克向苏军倾泄了大量炮火，工兵还将大桥一部炸毁以阻遏追击。其后数日，曼陀菲尔在运河西岸转入防御。他显然意识到自己对亚赫罗马和运河大桥出其不意的占领，如果能得到足够的机动部队的增援，而后沿伏尔加河东岸向南进军，完全有可能在苏军防御薄弱的后方震慑莫斯科。对于这一千载难逢的良机溜走，曼陀菲尔只能扼腕叹息，他在战后坦承炸毁运河大桥的那一霎那是自己"整个军旅生涯最令人失望的一刻。"

仓皇西撤：第一次重创

俄罗斯的严寒令强悍的德军基本失去了机动能力和战斗力。在莫斯科西南方的图拉(Tula)率部苦战的古德里安，在11月底的一封家信中曾这样哀嚎："天寒地冻、完全没有藏身之处、缺衣少食、人员物资损失惨重、油料补给状况可怜至极，所有这一切都使指挥官的职责变成了凄惨的折磨，而且这样的状况持续得越久，我不得不承受的巨大职责就越让我不堪重负……"²⁸ 彼时已任第6装甲代师长的劳斯少将曾记下12月1日的气温是摄氏零下8度，而到了4日就陡降为零下35度! 俄罗斯真正的寒魔降临了，这是欧洲100年里最寒冷的一个冬天，古德里安之前抱怨的那些冰雪严寒看起来只是温和的序曲罢了。哈气成冰的严寒瘫痪了德军：步兵无法瞄准，机枪结满冰霜，大炮的滑膛油冻成了硬邦邦的冰块，炮弹落在齐腰深的雪地里只能炸出飞溅的雪末，仅剩的少数坦克无法正常工作，飞机不经过整夜预热就根本无法启动……与武器装备的失灵相比，最凄惨的还是疲惫寒冷而又无处藏

第四章 冰火的洗礼：莫斯科郊外的叹息

身的军人，很多衣衫单薄者成了冻肉，更多的人被严重冻伤和截肢。古德里安曾对此哀叹不已："只有那些亲眼目睹过俄罗斯无尽大雪的人，只有那些亲身体验过冰冷的寒风刺戳着身体、并将一切都埋在积雪下的人，只有那些在荒芜人烟的野外不停跋涉、最后发现自己的掩体几乎露天、而且饿得半死又没有衣物保暖的人，只有那些亲眼看见过来自西伯利亚的对手丰衣足食且拥有冬季作战装备的人，才能真正地评判现在发生的所有事件。"[29]

第8航空军司令官里希特霍芬上将也在12月4日的个人日记中留下了一段长长的文字："……就在昨天，克鲁格的第4集团军遭受了一次严重挫败。该集团军的坦克与步兵被切断了——苏军让德军坦克碾过阵地，然后在坦克身后死缠烂打。我们的先头部队被包围了，克鲁格只得将所有人都撤回来。真是严峻的可怕一日！扑向莫斯科的攻势已然失败了。从莫斯科北边或西北继续进攻现已毫无意义。部队疲惫至极，短期内也不可能有任何增援力量能够到达。我们已经遭受了第一次重大失败，一直以来我们都是一支进攻型军队，现在必须作出调整，必须在极为不利的情况下转入冬季防御。唯一的希望——从宣传的角度来说——是正在图拉周边作战的古德里安。别处的所有攻势都已彻底失败了。"[30]

里希特霍芬对古德里安的第2装甲集团军（1941年10月升格为装甲集团军）尚抱有期待，不过这最后一线希望也在两天后破灭。古德里安麾下的第3、第4装甲师及"大德意志"步兵团虽然突破了图拉的苏军阵地，并在接下的两日里顶风冒雪继续缓慢前进，但部队的战斗力伴随着燃料的耗尽业已枯竭。为挽救处境凄惨的官兵，古德里安决定中止进攻和转入防御。12月5日，从正西方向进攻莫斯科的克鲁格也转入了防御。莫斯科北面的莱因哈特第3装甲集群也一样步履艰难，5日晚些时候，第6装甲师以最后尚能运转的5辆坦克为先头，仍在向曼陀菲尔占据的亚赫罗马爬去。莱因哈特决定中止向莫斯科的最后进军，他致电博克说："针对莫斯科的作战目标已无可能实现。必须占领一条能在冬季固守的防线转入防御。"

大概就在克鲁格、古德里安和莱因哈特等人的命令传达到基层部队之前，苏军12月6日晨发起了声势浩大的反攻。朱可夫等将领的反攻计划其实最初目标相当有限——仅以确保莫斯科的安全为首要目标，打算在中路拖住德军步兵集团军的同时重点击退南北两翼的装甲部队。在南北两翼的德军中，尤以在莫斯科西北的克林形成了一个突出部的莱因哈特第3装甲集群威胁最大，为此朱可夫在莫斯科以南只安排了3个集团军打击古德里安所部，却在莱因哈特的方向部署了5个集团军外加6个西伯利亚步兵师。

朱可夫将库兹涅佐夫第1突击集团军的10个步兵旅全数集中起来，对付亚赫罗马周边的曼陀菲尔战斗群；列柳申科（Dmitri D. Lelyushenko）将军第30集团军所属的10个步兵师、1个骑兵师和2个坦克旅奉命攻击第56摩托化军的其他部队；弗拉索夫（Andrei A. Vlasov）中将第20集团军的6个步兵师、1个骑兵师和几个独立坦克营，则负责进攻莫德尔的第41摩托化军。第56和第41摩托化军是莱因哈特装甲集群的主体，朱可夫针对克林一线投入的兵力为德军3倍，坦克数量为2倍，而且多数还是相当令人敬畏的T-34，其宽履带使其能裕如地应对松软的雪地和泥泞，厚重的装甲也使德军反坦克炮弹打在坦克身上就如同隔靴搔痒。养精蓄锐多日的苏军官兵虽也饱尝奇寒之苦，但他们的装备、补给、士气和精神面貌与已是强弩之末的德军相比不可同日而语。

在这样的状况下，克林北面的德军第36摩托化步兵师首先遭受了最重的一击，漫天飞雪中这支溃败的部队一度下落不明。第56摩托化军位于克林东北4英里处的军部也在8日晨受到攻击，所有参谋人员都被迫手持轻武器迎敌，就连军长夏尔也提着卡宾枪躲在大车后参战。紧急关头，第1装甲师的一个战斗群和第7装甲师第25坦克团的部分坦克及时赶到，两翼夹击后才令军部转危为安。莱因哈特装甲集群的整个防线一天半里即告瓦解，但为解救部队和有序西撤，他必须固守克林，因为厚厚的积雪使装甲师和摩托化步兵师只能沿着经由克林的公路后撤。苏军突破了第36和第14摩托化步兵师的结合部，在北面越过克林后占领了斯帕斯扎洛克（Spas Zaulok）和雅莫尔加（Yamolga）等重要防御屏障，从而阻断了第56摩托化军的补给线路。莱因哈特迅速地将第14摩托化步兵师撤到克林附近，把曼陀菲尔战斗群和第7装甲师余部从亚赫罗马撤出，又将第1装甲师从莫德尔的第41摩托化军调离，然后把所有这些部队加上从第4装甲集群赶来的第2装甲师一起交由夏尔指挥，要求后者尽可能长时间地固守克林，保证整个集群能经由此地有序西撤到更便于防御的地带。夏尔试图组织一些破坏性反击来掩护撤退，但他发现"纪律开始废弛，越来越多的士兵掉头西窜，他们没有任何武器，或用绳子牵着牛，或坐在装有土豆的雪橇上。空袭丧生者的尸体也不再有人掩埋……没有食物、在奇寒中瑟瑟发抖、完全不明局势的官兵只顾仓皇西逃……"[31]

几天后，由于苏军第1突击集团军在克林东南突破了德军第23步兵师与第4装甲集群的接合部，还显示出与苏军第30集团军在克林以西会合、进而合围整个第3装甲集群的意图，莱因哈特急忙把第56摩托化军剩下的坦克组成一个战斗群，交给第7装甲师坦克团长豪塞尔（Eduard Hauser）上校率领，前往克林东南救急。防御克林的职责就此落在了莫德尔肩上，而他在整肃战场纪律和驱遣部队方面的能力与铁腕、在防御战方面的才华也开始引入注目。在莫德尔的努力下，第3装甲集群避免了被分割吃掉的命运。

14日，第3装甲集群的多数部队均已西撤，劳斯的第6装甲师作为先头已抵达斯塔里察（Staritza）和沃洛科拉姆斯克（Volokolamsk）之间的拉马河（Lama）防线。守卫克林的第1装甲师准备与苏军脱离接触、向涅克拉西诺（Nekrasino）撤退时，发现已被强大的苏军所包围。该师采取了声东击西的突围策略，先派一个战斗群向克林正北攻击，待将苏军注意力吸引过去后突然折向西面的戈尔亚迪（Golyadi），在这里该战斗群再次突然南下攻击克林至涅克拉西诺的公路干线。切断了这条主干道的苏军主力迅速地对南下德军做出反应，却未预计到克林城里的第1装甲师主力此时方从城内向正西方向杀出，德军坦克、突击炮和装甲车在公路两侧掩护步兵们的行动，大量伤患搭乘汽车跟随在装甲运兵车后向涅克拉西诺驶去，其他德军部队也趁势接应。第1装甲师迅速冲出了克林包围圈，带出了多数伤患和几乎所有装备，一天后该师又出现在其他前沿迎战苏军去了。

在评论1941年底、1942年初中央集团军群的这次危机时，历史学家克拉克（Alan Clark）曾写道："……在没有油料和车辆的情况下试图把部队从阵地撤下，以每天3或4英里的速度在漫天飞雪的野外爬行，无疑将致使整个德军被分割吃掉。更好的办法是依靠德国官兵固有的强韧和纪律固守并死战……"[32]而这正是希特勒此时此刻严令前线指挥官所做的，这一坚守不退的策略得到了曼陀菲尔的认同，他觉得元首的命令能避免大规模恐慌，唯有如此才不致重演拿破仑大军当年在严寒中撤离莫斯科时遭致全面溃败的悲剧。

当绝望和麻木攫取了前线官兵的身心、而他们的指挥官也在指挥部里颤抖不已和陷入瘫痪时，希特勒置陆军总部的建议不顾，甚至都没有时间接受总司令勃劳希契的辞呈，就开始在腊斯登堡的狼穴大本营直接指挥前线集团军。他下达的"决不允许后撤"的命令被许多将领和后人嘲讽为无知的空论和业余的命令，但实际上只有他能严密控制那些心高气傲、危机时刻彼此埋怨或相互拆台的前线司令官，只有他能阻止军师长们只为自己部队考虑而使友邻的侧翼完全暴露，也只有他能强令空军在不可能的天气条件下继续向被切断的德军运送补给。在这个冬天的第一次受挫中，希特勒"不得放弃一寸土地"的严令事实上为德军建立新防线和避免全线败退赢得了时间。一向根据自己的判断行事的前线将领们突然发现，元首并不只是在名义上戴上了陆军总司令的桂冠——擅自撤退自己右翼的霍普纳被公开革职，古德里安与克鲁格竞相抱怨对方，而动作稍慢一步的这位装甲兵之父也在1941年圣诞节被解职，整个东线则有多达35位军、师长带着程度不等的羞辱回国，即便凯特尔的地位也一度告急，却更加坚定了这位元帅对希特勒俯首称臣、唯唯诺诺的态度。希特勒在乱局中将东线德军从崩溃边缘拯救出来，令其在纳粹高层赢得了至高无上的威望，同时更加重了他对普鲁士贵族将领的厌恶，以及对他们引以为豪的军事职业的轻蔑。自信的元首曾对哈尔德说"作战指挥这种小事任何人都能干"，而他的这种态度、对将领和参谋本部的不信任乃至敌视将伴随着他一起走进最后的坟墓。

在拉马河防线，第3装甲集群、尤其是莫德尔的第41摩托化军顽强防御了两周有余，直到西边的第9集团军形势恶化迫使该部撤退为止。在几乎所有将领中唯有莫德尔高声抗议撤退的命令，他在克林和拉马河防线行之有效的策略、他的坚韧强悍和冷酷无情的个性，引起了希特勒的高度关注。

1942年1月16日，莫德尔奉命执掌危急中的第9

第四章 冰火的洗礼：莫斯科郊外的叹息

集团军，这时距他卸任第3装甲师师长、担任第41摩托化军军长尚不足百日。莫德尔很快发现自己处于更大的危机中——早在1月5日，科涅夫加里宁方面军所属的第29、第39集团军以及第11骑兵军，即已突破尔热夫（Rhzev）和奥列尼诺（Olenino）之间伏尔加河附近的德军防线，德军第6军的第256步兵师与第23军的第206步兵师之间被撕开了一道15公里宽的口子，第23军的3个师随后与第9集团军主体被隔离开来，大批苏军沿着这个豁口潮水般涌向尔热夫西侧和西南方，而第9集团军的其他部队正在拼死防御尔热夫东北、瑟乔夫卡（Sychevka）以及它们与维亚济马之间的铁路线。到1月中旬，由于尔热夫—瑟乔夫卡的安危事关整个中央集团军群北翼补给线的安全，这里被哈尔德称作"整个东线最具决定性的所在。"希特勒破天荒地允许其他几个集团军有限撤退，以释出兵力支援第9集团军。莱因哈特第3装甲集团军（1942年1月1日升格改制）的第1和第6装甲师被划归莫德尔，尚有一定实力的第7装甲师也预定在1月底赶到尔热夫参战。此外，第4装甲集团军的第5装甲师和党卫"帝国"师、第4集团军的第219步兵师和第403安全警备师、中央集团军群仅存的预备队第339步兵师，以及西线赶来的增援部队等也陆续加入第9集团军的作战序列。[33]

精力旺盛的莫德尔以凶猛强悍、甚至是比苏军更顽强的意志力和无与伦比的狂热，准备在尔热夫外围齐腰深的脏雪里与对手展开生死搏斗，他甚至不等各路援军赶到即下令在1月21日发起反攻。他的首要目标就是将之前被捅开的缺口堵上，解救已完全依靠空投补给的第23军，同时切断苏军第29和第39集团军与其后方的联系。德军步兵踏着齐腰深的积雪沉重地迈步前行，他们在单衣薄衫下塞进报纸，以求多少能抵御一下不堪忍受的严寒。

同样忍受着严寒折磨的苏军未能及时反应，到1月23日中午，向东进攻的德军第23军与从尔热夫西侧向西推进的第6军成功建立了一条狭窄的路桥，还切断了前述两个苏军集团军的补给线。三日后苏军开始反攻这个路桥，28日至30日间苏军攻势在坦克和飞机支援下达到白热，期间曾数次突破德军第256和第206步兵师的防线，但最后都功亏一篑。

就在第6军和第23军竭力固守两者间路桥的同时，莫德尔已开始执行反击方案的第二步，即包围和消灭尔热夫西南方的苏军第29集团军全部和第39集团军一部。莫德尔将此任务交给了第46摩托化军军长维廷霍夫（Heinrich von Vietinghoff），后者的主干部队是仍拥有70辆坦克的第5装甲师、力量虽几近枯竭但战斗力仍不容小视的第1装甲师、所属部队被拆开投入尔热夫战场各处的党卫军"帝国师"，以及第86步兵师和几个严重减员的步兵师。维廷霍夫率部从瑟乔夫卡向西北进攻，缓慢扎实地逐步压缩包围圈，同时北翼的第6军和第23军也在勉力维持着一条完整防线，抵挡着苏军援兵从北面发起的无数次攻势。

2月5日，随着被围的两个苏军集团军与伏尔加河东岸主力间的联系被切断，莫德尔正式下达了剿灭被围之敌的命令，这一刻起整个尔热夫地区的战斗更趋激烈——外围苏军在西侧和北翼不断地试图营救，尔热夫东北的德军也遭到无数次轰炸和打击，包围圈内实力可观的苏军虽面临补给告罄的危险，但依然英勇无畏地抵抗和试图突围。

2月9日，德军在包围圈西侧树起了一道完整的铜墙铁壁，同时莫德尔又将所能搜刮的兵力和重武器派去支援包围圈北翼摇摇欲坠的防线，维廷霍夫的挤压作战也取得了较大进展。尽管如此，在积雪厚达3英尺的包围圈内，清除每个村庄、每幢房屋、每个碉堡的战斗都要令德军付出高昂代价。

2月17日，当被围苏军的最后一个主要屯兵点被拔除时，外围苏军向德军第6和第23军的北翼防线发起了最后一次大规模攻击，希冀能够突破路桥和拯救出被围部队。这次作战的规模远超以往，苏军积聚的大量火炮和战机向德军倾斜了无数的炮弹和炸弹，最后一批苏军坦克也与步兵发起了协同攻势，一波又一波的红军战士在无垠的雪地里前仆后继。当日情势十分危急，迫使中央集团军群下令中止清剿包围圈的作战，以便迅速在北翼集结部队阻挡当面之敌，即便是莫德尔也开始担忧数周血战的战果有可能在最后时刻毁于一旦。苏军至少有6辆T-34坦克突破了路桥并向南穿插，但不幸的是尾随其后的步兵被无情地扼杀了，突破进来的苏军坦克也被猛烈的炮火逐一摧毁。

2月18日和19日，被围苏军最后一次尝试向北和向南突围，但都被德国空军和地面部队死死钉在原地。20日，尽管尔热夫周边的战斗仍在继续，被围苏军已成待宰的羔羊，第29集团军大部和第39集团军一部被歼。历时4个星期的尔热夫之战逆转了莫德尔接手第9集团军时面临的险境，也成为东线德军冬季作战的重大转折点，功成名就的莫德尔因之晋为上将，并在其骑士勋章上缀上了橡叶勋饰。

曼陀菲尔和第7装甲师这一阶段身在何处呢？1941年12月下半旬，方克率第7装甲师撤到拉马河防线开始进行防御作战。12月30日，曼陀菲尔因率领第7装甲师战斗群时表现出的"勇敢睿智和卓越战功"而被授予骑士勋章，同时晋为上校。1942年伊始，第7装甲师残部和少数坦克撤至维亚济马和尔热夫之间的地带。

前文曾提到第7装甲师1月底被划归第9集团军，当莫德尔的反攻发起时，他命令曼陀菲尔率领所部向尔热夫西北进攻。由于当面苏军力量过于强大，而德军还要越过齐腰深的雪地才能展开攻势，曼陀菲尔在攻击发起后不久就下令停止，因为他觉得缺衣少食的部队在雪地上毫无伪装地缓慢行进，无疑为狙击手提供了活靶子，继续进攻等于无意义的自杀。莫德尔在反攻前为按自己的意愿部署援军，曾在希特勒面前据理力争并寄存了自己的项上人头，身肩重任的他被每天的四处告急弄得焦头烂额，现在面对着不服从将令的曼陀菲尔，他不由得肝火大盛。莫德尔认为第7装甲师的兵员主要来自图林根地区，而在这个闻名全德的滑雪之乡，甚至每个孩子都会滑雪，所以曼陀菲尔必须指挥手下滑雪进攻！曼陀菲尔觉得集团军司令官的想法毫无根据、甚至荒唐，即便第7装甲师人人都会滑雪，但如何与严阵以待的苏军边滑雪边交战？他还是拒绝继续进攻。莫德尔当然是员能将，但也有酷砺的名声，几个月前出任第41摩托化军军长的消息传来时，该军参谋长和所有参谋竟然集体要求调动，足见莫德尔的恶名远扬。现在曼陀菲尔这个新晋上校团长竟敢违逆集团军司令的命令，无疑需要莫大的勇气。莫德尔威胁要把曼陀菲尔送上军事法庭，所幸方克将其救下。由于第7装甲师已预定撤到法国进行休整和重新装备，所以方克决定立即派曼陀菲尔前去打前站，让他远离盛怒不已的莫德尔。美军统帅艾森豪威尔的儿子约翰·艾森豪威尔（John S.D. Eisenhower）在其著作《苦涩的丛林》中，也曾提到曼陀菲尔和莫德尔间的这段轶事，只不过他把第7装甲师长错指为斯特罗克将军（Freiherr von Stroke），还说保护曼陀菲尔的斯特罗克是莫德尔的叔叔！[34] 如此张冠李戴的史实错误让人读来忍俊不禁。

在1941年12月至1942年3月初的战斗中，苏军虽重创了德军中央集团军群，但并未达成歼灭对手的战略目标，甚至更实际的目标——推进到1941年10月初"台风"作战初起时的防线——也未能实现。几个月里苏军付出了高昂的代价，仅朱可夫主持的尔热夫—维亚济马会战（1942年1月至4月）就牺牲了27万余人，收复的失地仅限于莫斯科周边40英里的环形地带，德军仍固守着尔热夫、维亚济马和奥廖尔等重地。尤其是地图上并不起眼的尔热夫距莫斯科仅112英里，莫德尔第9集团军就像楔入苏联腹地的一根大钉子一样顽强挺立在那里，不仅拖住了大量苏军，还成为莫斯科方向上苏军难以逾越的一道障碍，被希特勒称为是"触角伸向莫斯科的飞地"。朱可夫元帅战后曾苦涩地写道："尽管我们的作战并不成功，但'伟大的卫国战争史'对冬季作战仍做出了肯定的结论。我不同意这一评价。可以说，粉饰历史是为失败涂脂抹粉的可悲尝试。如果考虑我们的损失和取得的结果，显然这是一次惨胜（Pyrrhic victory）。"

苏军试图消灭莫德尔集团军的攻势，在1942年3月至1943年3月一年之间几乎从未间断。这段时间，曼陀菲尔在方克庇护下，头也不回地迅速逃离了尔热夫这块令他担惊受怕的土地，来到温暖和煦的法国，为即将到此休整重组的第7装甲师进行准备。此后两年多里他再也没见过莫德尔，直到1944年冬的阿登反击战前夕两人才再次晤面，身任第5装甲集团军司令官的曼陀菲尔是西线德军B集团军群司令官莫德尔元帅手下最得力的装甲战将，而当他们重逢时，莫德尔提起的第一件事，就是尔热夫的这桩旧事。

第五章
伤心的大漠：突尼斯格勒

西北偏北：负隅突尼斯

1942年6月21日中午，德国国内的广播电台中断了正常的节目，播出了隆美尔率领非洲装甲集团军攻陷托布鲁克、俘敌30000余的消息。欣喜若狂的希特勒宣布晋升隆美尔为元帅，这是后者一年多内的第5次晋升，他也就此成为德军历史上最年轻的元帅。隆美尔的声望在德国达到了顶峰，戈培尔的宣传机器将他塑造成"阳光下的英雄"，报章杂志上随处可见他的照片，非洲德军对他更是顶礼膜拜，愿意追随他走遍天涯海角——这些以佩戴"非洲军"袖标为荣的战士恪守着诺言，不管战况何等惨烈、补给如何匮乏、身心多么疲劳，他们都一直无怨无悔地跟随他的步伐而从未动摇。

隆美尔攀升军旅之巅的时候，曼陀菲尔和第7装甲师在法国东北部马恩河畔的沙隆（Chalons-sur-Marne）已休整了一段时间。第7装甲师在东线作战的10个月里可谓伤亡惨重，据军史家库罗斯基（Franz Kurowski）的资料，该师的损失包括阵亡114名军官、1941名军士和士兵，另有5700人负伤、300人失踪，[1] 也即是说在东线的第一年伤亡率超过了60%。该师是5月11日来到这里开始休整重建的，第6和第10装甲师等国防军装甲师也随后来到法国轮休。党卫军"希特勒警卫旗队"师、"帝国"师和"骷髅"师等也在法国休整期间重组为装甲掷弹兵师。5月底时，通过曾任第25坦克团代理团长、现就职于装甲兵总监部的托马勒上校的关系，第7装甲师优先得到了65辆三型和四型坦克，又接收了40名军官和800名士兵。曼陀菲尔在当年夏除了接收装备、整训新兵和演练战术外，对东线和北非的战事也高度关注。

这段时期内，除北非战场外，东线德军于6月20日发起了代号"蓝色方案"的夏季攻势——B集团军群以第6集团军为先头扑向伏尔加河畔的斯大林格勒，而A集团军群则朝着高加索方向进军，以攫取迈科普（Maikop）和格洛兹尼（Grozny）的油田为目标。

在北非，攻克托布鲁克之后的隆美尔站在埃及边境，畅想着自己下一步的目标——苏伊士运河、中东、乃至远至苏联南部的高加索大油田！6月23日夜，非洲军的先头部队在克服了轻微抵抗后开进了埃及，29日攻克马特鲁（Mersa Matruh），除俘敌6000外，还缴获了堆积如山的物资装备和补给。隆美尔所部虽在次日抵近阿拉曼防线，但严重减员的部队已经疲惫不堪，他手下的两个装甲师仅有55辆坦克还在运转，且只剩下550名摩托化步兵。7月1日，在阿拉曼与盖塔拉大洼地（Qattara Depression）之间，隆美尔遭遇了英军第8集团军的顽强抵抗，中东英军总司令奥金莱克（Claude Auchinleck）将军亲临战场指挥，在这里表现出了最大的勇气和决心。隆美尔的攻势在英军精准猛烈的炮火压制下失败了，久经阵仗的第90轻步兵师的摩托化步兵们，竟然在英军的强大压力下第一次从战场上逃窜而回。奥金莱克阻止了德军向苏伊士运河的推进，但也未能将之从阿拉曼赶出埃及，双方算是战成了平手。隆美尔未能将先期的势如破竹转化为夏季攻势的决定性胜利，在写给妻子的信中他黯然承认"这是我经历过的最困难的一段日子"。

为固守阿拉曼防线并在喘息之后继续进攻，德军总部急调部队驰援北非，其中就包括第164轻步兵师——其师长正是从1942年4月1日起担任第7装甲师第7摩托化步兵旅旅长的隆格豪森上校。隆格豪森于7月13日到达北非，先是暂代第90轻步兵师师长，8月10日正式出任第164轻步兵师师长，随后又在两个星期内同时指挥第21装甲师。² 隆格豪森所遗的旅长职务由曼陀菲尔于7月15日接任，该旅下属的两个团装备了半履带装甲运兵车，第25坦克团也装备了崭新的四型坦克，师属搜索侦察营也获得了一批新式装备，全师的装备和火力配置水准甚至远胜以前。方克与他的三名上校——步兵旅长曼陀菲尔、坦克团长豪塞尔以及炮兵团长弗勒利希（Gottfried Froehlich），竭尽所能地通过高强度训练和密集演习来提高战斗力、士气和恢复自信心。各级军官的努力在1942年秋来临时收到了成效，第7装甲师又一次充满信心地蓄势待发了。

1942年8月初，英国首相丘吉尔解除了奥金莱克的中东英军总司令职务，代之以亚历山大将军（Harold Alexander），同时任命蒙哥马利（Bernard Law Montgomery）中将出任第8集团军司令官。蒙哥马利到任后做的第一件事就是销毁从阿拉曼撤退的所有计划，告诫部队阿拉曼就是最后的阵地。他很清楚隆美尔正在筹划新的攻势，而他自己也在准备反击，鉴于德军反坦克炮和88毫米高射炮以往吞噬了太多坦克，蒙哥马利禁止英军坦克无谓地出现在第一线实施正面攻坚，计划将坦克部署在阿拉姆哈勒法（Alam Halfa）山脊一带的预设阵地，辅之以精心准备的炮兵阵地和反坦克战壕，意欲将德军坦克集群诱骗至此加以全歼。

8月30日，隆美尔在阿拉曼防线南翼实现突破后，开始向北朝着阿拉姆哈勒法山脊推进。在英军炮兵和沙漠空军无休止的轰炸之下，隆美尔很快意识到已无法实现作战意图，油料不足也使他无力完成迂回包抄的机动。9月2日隆美尔下令撤退，在击退英军多次追击后，非洲装甲集团军3日后撤回出发阵地。长时间令人精疲力竭的大漠作战终于累倒了隆美尔，他还身染数种疾病，部队一直得不到及时补给也使他抑郁不堪。9月22日隆美尔暂时离开了北非，将指挥权交给了曾在东线指挥第40军的施图姆将军。隆美尔途经罗马时曾面见墨索里尼，说除非得到更多补给，否则应当撤出非洲，而愤怒的墨索里尼则声称这是一个无需隆美尔操心的战略与政治问题。

1942年10月23日，亚历山大和蒙哥马利酝酿已久的第2次阿拉曼战役打响了。当时隆美尔仍在休养，而施图姆开战之初就死于心脏病突发，德意军队的指挥系统一时出现了极大混乱，直到能力出众的托马将军出面才将瘫痪的指挥体系恢复过来。

10月25日隆美尔急返非洲，对战场进行巡视后，"灾难即将出现"的印象立即占据了他的身心。隆美尔试图建立牢固的新防线，但英军拥有空中优势，兵力和火力上也占尽上风，他组织的多次反攻均以失败告终。到11月3日时他的非洲装甲集团军已损失5万人、400辆坦克和1000门大炮，油料和弹药也即将告罄，意军更是斗志全无，但愤怒的希特勒依然命令绝对不许撤退。隆美尔告诉众将，如果执行元首的严令，三日内集团军或将成为历史。不过，在听令执行不可能完成的任务与保全官兵之间，隆美尔还是选择了前者，他暂停了后撤，回过身来与英军展开了殊死搏杀。11月4日，500辆英军坦克向仅剩20余辆坦克的非洲装甲集团军发起了又一轮进攻，到下午晚些时候，意大利第20军已不复存在，防线也被捅开了20公里宽的缺口，英军坦克和摩托化步兵蜂拥而至。为避免被合围，隆美尔决定全线撤退，即便如此，他手下的大部分非机械化部队还是成了俘虏。

就在隆美尔继续西撤的同时，英美盟军于11月8日发起了代号"火炬"的作战，成功地在维希法国的属地摩洛哥和阿尔及利亚进行了两栖登陆，而维希法军半心半意的抵抗很快在盟军的打击下土崩瓦解。德军地中海战场总司令凯塞林元帅反应很快，一方面派空军全力支援仍在阿尔及尔抵抗盟军的维希法军，另一方面迅速在突尼斯建起桥头堡并将之尽可能远地向南推进，以便与正沿昔兰尼加、的黎波里塔尼亚（Tripolitania）回撤的隆美尔建立联系，同时还计划向西扩展桥头堡，阻遏盟军从阿尔及尔沿海岸线的进军。阿尔及尔的维希法军次日即停止了抵抗，希特勒闻讯后指示凯塞林加快建立突尼斯桥头堡，允诺尽快提供增援，同时还命令布拉斯科维茨（Johannes Blaskowitz）上将统领第1和第7集团军全速占领法国地中海沿岸和科西嘉岛。

11月10日，第7装甲师参加了占领地中海沿岸所有法国城市的"安东作战"（Case Anton），11日夜时该师兵不血刃地占领了马赛，此后一直在马赛港周边执行占领军任务。而曼陀菲尔11月15日获悉自己将被派往突尼斯桥头堡指挥一个师。第7装甲师为他举行了告别仪式，方克赞其为"第7装甲师这所大学校的校长，"³ 感谢他一年多来的卓越领导和所带来的荣誉。

尽管以马耳他为基地的英国皇家空军不断袭扰，德意方面还是在突尼斯迅速积聚着部队，11月12日时第一批载有17辆坦克和40吨炮弹的货轮抵达比塞大（Bizerta）港，两日后又有约3000名德军进入突尼斯，迅速控制了所有重要设施。18日，以德国空军"巴瑞信"（Barenthin）伞兵团、意大利第10伞兵团、德军第11伞降工兵营以及若干步兵营和炮兵连为主体的"布罗伊希师"在比塞大正式组建，由布罗伊希（Fritz von Broich）少将任师长。布罗伊希早年曾任第6、第21和第22骑兵团团长，二战初担任过第1骑兵旅旅长和第24摩托化步兵旅旅长。11月底时，突尼斯桥头堡最重要的一支部队——一年前曾与曼陀菲尔一起合拢维亚济马包围圈的第10装甲师开到，其他德意师团也正在加快赶往突尼斯的途中。随着德意军队的增加，凯塞林派原非洲军军长内林统一指挥所有部队，并为此建立了第90军军部。

曼陀菲尔到北非后，第一件公务并不是去任师长，而是与高斯（Alfred Gause）少将一起，于12月7日向比塞大的法国海军基地司令德里安（Louis Derrien）上将下达最后通牒——德军严令比塞大的所有法军和舰只在30分钟内投降，否则无法保障6000名法军和海员的生命。⁴ 高斯和曼陀菲尔准许德里安保留一个连全副武装地降下法国旗帜，但拒绝其保留佩剑。次日，能干的装甲兵将军内林被突然解职，主要原因是他公开质疑增兵突尼斯桥头堡的决策，还宣称盟军的海空优势将很快摧毁德意军队的补给线，第90军和整个非洲装甲集团军都将因之荡然无存。内林赞同隆美尔的看法，即将突尼斯桥头堡仅作为撤往西西里岛的中转基地而已，他被希特勒认定为失败主义者，尤其是受到戈培尔的严厉谴责。内林的坦率无疑损害了自己的军旅生涯，12月9日他离开北非，稍后不久又到东线出任第24装甲军军长，1944年夏曾短暂主持过第4装甲集团军，但在当年8月又被降为第24装甲军军长，直到1945年3月帝国崩溃的前夜才被起用担任第1装甲集团军司令官。而曼陀菲尔刚到北非时仅为一名上校，1944年9月时却以新晋装甲兵将军的资格统领着第5装甲集团军。

替代内林的是阿尼姆上将，他于12月8日来到突尼斯担任新组建的第5装甲集团军司令官。阿尼姆在波兰战役期间为第52步兵师师长，1940年10月作为第17装甲师师长曾在古德里安麾下效力，1941年10月晋升为装甲兵将军后担任第39摩托化军军长，1942年初的5个月里曾负责解救被苏军围困的霍尔姆（Cholm）。

阿尼姆到北非后经过一系列谨慎的攻防行动，在圣诞节前成功夺取了通向迈杰尔达（Medjerda）谷地、扼守突尼斯和比塞大间海岸线的战略制高点"长停山"（Longstop Hill）。他充分认识到向南扩展桥头堡、为撤退中的隆美尔集团军建立转圜空间的重要性，12月末和整个1月间又进行了一系列规模有限的反攻，夺取了若干重要隘口。当隆美尔终于进入马雷特（Mareth）防线、暂时摆脱了英军第8集团军的穷追之际，阿尼姆已成功扩大了突尼斯桥头堡的纵深，德意军队的力量也得到了加强。

此时阿尼姆已有10万军队，加上隆美尔剩下的7万人马，轴心国仍有机会向突尼斯附近的盟军率先反击，而后还有可能腾出手来重击马雷特防线前的蒙哥马利第8集团军。不过，德意军队夹生扭曲的指挥体系、隆美尔与凯塞林间根深蒂固的矛盾、以及隆美尔与阿尼姆之间很快滋生的摩擦，使轴心国军队失去了协同攻击的希望与可能。1943年1月底时，阿尼姆麾下的第21装甲师夺取了费德隘口（Faid Pass），意大利最高统帅部命令他以第21和第10装甲师为主力进一步扩大战果并向特贝萨（Tebessa）继续推进。阿尼姆认为这一计划胃口过大，高声抗议之余提出了自己所谓的"春风作战"计划——以上述装甲师为主沿西北方向席卷盟军从费德隘口直到丰杜克隘口(Fondouk Pass)的整条防线。而隆美尔此时却提出了一个完全相悖的计划，他要求在对付蒙哥马利针对马雷特防线的攻势之前，由他使用第10、第15和第21等装甲师以及意大利第131"半人马"(Centauro)装甲师进攻缺乏经验的美军第2军，以求稳固自己的右后方。隆美尔和阿尼姆都反对对方的方案，迫使凯塞林飞到突尼斯，在两个互不相让的集团军司令官之间进行调和，其结果是形成了一个无人满意的折中方案——阿尼姆可继续实施其"春风作战"，但在夺取西迪布济德(Sidi Bouzid)后须将第21装甲师立即交给隆美尔，后者则向加夫萨(Gafsa)方向推进，寻机插入盟军后方重创对手。

2月14日，以第21装甲师第5坦克团为主体、拥有大约100辆坦克的德军突击集群从费德隘口杀出，向西迪布济德方向的美军第1装甲师防线发起了攻击，拉开了"春风作战"，即盟军所称的"凯塞林隘口"(Kasserine Pass)之战的帷幕。青涩的美军第1装甲师当日遭受沉重打击，其旅级单位A战斗群(CCA)被击溃后匆忙撤退，一个团的步兵也在被围后成为战俘。随着美军大范围的撤退，隆美尔2月15日占领了加夫萨，随即令先头部队向菲里阿纳(Feriana)方向推进。16和17两日，撤退中的盟军各部混杂交织在一起，建制被完全打乱，乱哄哄的大军缺乏统一指挥，根本无法协同实施任何有效的防御。

隆美尔敏锐地意识到可以利用盟军的混乱局面，为自己带来一次较大规模的战术胜利：如果德军能在凯塞林或斯比巴(Sbiba)突破盟军薄弱的侧翼，那么他向北推进的道路上的障碍就会越来越少，就有可能抵达法军第19军的后方，而这支法军眼下仍被1月时的惨重损失吓得惊魂不定；如果能再进一步推进到勒克夫(Le Kef)，那么包抄英军第5军的后方也绝非天方夜谭。如果这一切都能实现，那么他将能搅乱突尼斯盟军的全部防线，势必造成对手的全面溃退。隆美尔嗅到了或许能就此扭转北非战局的机会，早已失去踪影的敏锐和攻击性又回到他的身上，长时间的消沉郁闷也似乎一扫而空，他向凯塞林建议立即从特贝沙西南展开包围攻势，为此要求将第10和第21装甲师立即划归他指挥，并在菲里阿纳完成集结。凯塞林当时正在希特勒大本营讨论地中海战略，等他收到隆美尔的要求后，立即指示阿尼姆把两个装甲师交给隆美尔。阿尼姆虽勉强从命，但并未全数移交第10装甲师——事实上他只移交了一半的步兵和炮兵及一个坦克营，同时扣住了隆美尔从未有机会指挥过、但无疑盼望已久的第501重型坦克营。数日后凯塞林发现了实情并严厉训斥了阿尼姆，但隆美尔还是错过了或许能扭转局面的良机。

2月22日，隆美尔意识到难以承受逐日增加的伤亡，扩大战果的机会也在盟军的严防死守下迅速溜走，他下令终止进攻和开始撤退。虽然凯塞林隘口在3日后重新回到盟军手中，但青涩的美军还是交出了损失6000官兵、183辆坦克和200门大炮的昂贵学费。英军地中海战场统帅亚历山大元帅1948年时曾慨叹说："美军第2军实在不走运，他们在第一次重大作战中遭遇的对手就是这样一支经验丰富的德军，而且其司令官向来以胆大狡黠著称。"[5]

牛头作战："曼陀菲尔师"师长

在凯塞林隘口之战开始前，曼陀菲尔终于得到了实授师长的机会。1943年2月1日，第10装甲师师长菲舍尔(Wolfgang Fischer)中将在马雷特附近触雷阵亡，布罗伊希于7日被改派为继任师长，曼陀菲尔则接过了前者的职务，"布罗伊希师"也相应改称为"曼陀菲尔师"，仍旧负责突尼斯桥头堡最北翼的防务。曼陀菲尔所部兵力虽不多，但经过布罗伊希之前几个月的努力已颇有普通掷弹兵师的模样，一度曾拥有第190坦克营的3个三型坦克连和1个四型坦克连，1942年12月初时还分配到了若干虎式坦克。曼陀菲尔师的"巴瑞信"伞兵团是以德国伞兵学校的学员和教官为主组建的，训练水平堪称突尼斯德军的佼佼者，在1942年12月至1943年1月的一系列战斗中证明了自己的战斗力，其各级军官的指挥能力和战场效率也颇受肯定。曼陀菲尔战后曾称是他自己"组织起了曼陀菲尔师"，此为不实之言，因为他继承的实际上是一支经验较丰富、战斗力较强的部队。当然，曼陀菲尔接手之后，他利用桥头堡北翼暂无战事的机会，抓紧整训部队和补充装备，同时督促各部沿着山地和海岸构筑了牢固的防御阵地，而这些举措在后续的防御战中发挥了显著的作用。

第五章 伤心的大漠：突尼斯格勒

出任师长后不久，曼陀菲尔被意外地召到希特勒大本营汇报桥头堡德意军队的装备和士气。曼陀菲尔面见元首的前一刻，希特勒的首席副官、陆军人事局长施蒙特 (Rudolf Schmundt) 将军特意嘱咐他务必如实汇报前线状况。这是曼陀菲尔平生第一次近距离接触元首，在两小时的汇报中希特勒一直安静地倾听，既未插话也没有打断。在座的只有希特勒和施蒙特，曼陀菲尔一开始还略显紧张，但由于元首一直没有插话或表示质疑，曼陀菲尔优秀的口才和总结能力帮助他全面地勾勒了桥头堡的状况。他指出北非各师的兵员严重不足，他自己的师甚至都不足5000人，各部也匮乏重武器和炮弹，油料更加捉襟见肘，而且北非空军的力量与英国皇家空军相比远远处于劣势。希特勒当天很有耐心，直到邀请曼陀菲尔与其共进午餐时才对困难和局势发表看法，同时也给他打气鼓劲。汇报结束时曼陀菲尔建议元首派自己信任的将领到突尼斯了解实情，同时尽快平息高层指挥官——主要是隆美尔和阿尼姆之间关于作战目标和策略的纷争。希特勒闻言似乎若有所思，令诧异的曼陀菲尔不禁自忖，难道他是第一次听到突尼斯的真实情况？难道最高统帅部的凯特尔和约德尔一直都在隐瞒真相？

第一次觐见元首给曼陀菲尔留下了深刻的印象，除了元首的言谈举止、个性和令人压抑的威严，他对整个汇报过程中只有希特勒和施蒙特、而没有任何来自最高统帅部或陆军总部的将领感到震惊和不解。他曾在战后反复强调，自己到大本营前12个小时仍在突尼斯前线，现在带着第一手的前线实情赶来汇报，而负责制定方略和指导作战的中枢部门竟抽不出时间、未派出代表来了解。曼陀菲尔说这种情况也发生在以后的多次觐见中，他对凯特尔和约德尔脱离前线的作风极为不满，同时也不忘颂扬后来代理参谋总长的古德里安，说他不管多忙总是挤出时间接见前线将领，了解其需要和苦衷，并尽其所能地帮助研究问题和寻找解决方案。

不过，曼陀菲尔提出的部分建议还是被接受了，回到突尼斯后，他发现最高统帅部作战部副部长瓦利蒙 (Walter Warlimont) 中将这位大员的确来到了突尼斯，但遗憾地是他的出现和活动并未产生任何实质影响——曼陀菲尔说瓦利蒙只在第5装甲集团军总部与阿尼姆进行了短暂交谈，而后与专程赶来的师长们见了面，之后却宣称必须马上赶赴罗马，因为墨索里尼已邀请他共进午餐！有后人在评述瓦利蒙的北非之行时曾说：“最高统帅部的高级将领亲访前线是最不同寻常的。而瓦利蒙带回去的观感过于乐观，当这些错误意见曝光后，在高级将领间本就不受欢迎的瓦利蒙的声誉更糟了。”[6]

瓦利蒙在战后所撰的《希特勒最高统帅部内幕1939-1945》一书中曾为自己进行过辩护，他称自己经过主动争取才在1943年2月上旬来到北非，前后花了十天时间探访意大利最高统帅部、南线德军总司令部、第5装甲集团军司令部以及所有的突尼斯驻军。瓦利蒙称自己赞同隆美尔的结论，即"进攻已无可能，唯有撤离北非才是正道。"他在归途中路过罗马时曾见到凯塞林，发现后者对突尼斯的局势非常乐观，但没有想到的是，就在次日中午他准备向希特勒汇报时，凯塞林突然出现在大本营——当日的例会也变成了所有人听他汇报地中海战场的战况。瓦利蒙称凯塞林"有一种天生的倾向——任何局势下最严重的缺陷和困难在他那里都会被视作部分已被克服，当一些最微小的改进刚出现时，他就开始阔论胜利，哪怕这些仍处于计划阶段或仅是意图而已。"瓦利蒙说自己在当日的例会上只说了一句，就被希特勒打断，元首匆匆结束了会议，因为他嗅出了瓦利蒙的说辞将与凯塞林相悖的气息。瓦利蒙称自己随后还遭到戈林的训斥，说他不该"与他的空军的一位元帅争论"，更不该"惹元首不快"。施蒙特试图为瓦利蒙再安排一次陈述意见的机会，但由于希特勒次日飞往位于乌克兰文尼察 (Vinnitsa) 的东线指挥部，而且一呆就是4周，被留在狼穴大本营的瓦利蒙未能再次当面汇报。不过，瓦利蒙说自己在此期间曾撰写相关报告递交给约德尔，但显然石沉大海、无人关心。[7]

2月23日，就在凯瑟林隘口之战完全结束前，隆美尔被提升为非洲集团军群司令官，下辖意大利将军梅塞 (Giovanni Messe) 的意大利第1集团军（包括德国非洲军）与阿尼姆的第5装甲集团军，但隆美尔也只是徒有其名罢了，最明显的一个例证就是凯塞林和阿尼姆在并未事先知会隆美尔的情况下，于26日在桥头堡北段发起了"牛头作战" (Operation Ochsenkopf)。

阿尼姆的主要攻击部队包括三部分：最北翼的

▲ 突尼斯桥头堡德军"牛头"作战示意图

曼陀菲尔师负责将当面之英军从"绿山"(Green Hill)和"秃山"(Bald Hill)等制高点击退到阿比奥德山脊(Djebel Abiod)，随后夺取英军塞拉特港(Cap Serrat)的雷达站；中路是韦伯(Karl Ritter von Weber)将军的第334步兵师(现称为"韦伯军"，辖两个掷弹兵团、一个山地步兵团、一个炮兵团及若干支撑单位)，第10装甲师的悍将朗格(Rudolf Lang)上校领导的战斗群被配属给第334步兵师，该战斗群有14辆虎式坦克和63辆中型坦克，任务是夺取西迪恩瑟(Sidi Nsir)并向贝加(Beja)进军；韦伯还以所属的第755掷弹兵团为主组成了另一战斗群，令其越过山区后从背后进攻瓦迪宰尔加(Oued Zarga)以及麦得杰斯(Medjez)；南翼则是新近增援的"赫尔曼·戈林师"以及第10装甲师未被抽去支援隆美尔的部队(包括第501重型坦克营)，该部负责从布阿拉达(Bou Arada)方向进攻麦得杰斯。[8]

隆美尔听说这个野心勃勃的计划时感到十分愤懑，他不理解阿尼姆为什么不在凯瑟林隘口激战期间同步进攻。亚历山大元帅战后倒是坦承"阿尼姆的攻势选在了我们颇为困窘的时刻，致使我们无法形成机动预备队，也迫使我们一再延迟必须进行的重组。"

"牛头作战"打响后，德军迅速占领了不少地盘，但未能实现阿尼姆最主要的目的——将防线推进到阿比奥德—贝加—麦得杰斯公路线以远地带。

中路的朗格战斗群实力不俗，出击不久就包围了西迪恩瑟的一个英军步兵营和若干炮兵连，但对手的抵抗十分顽强，为英军第46步兵师占据通往贝加的隘口争取了时间。等朗格突破了英军外围防线、开始向贝加推进时，灾难随即降临到这个战斗群身上——在贝加东北10英里处人称"猎人峡谷"(Hunter's Gap)的险要所在，朗格战斗群陷入了英军精心布置的反坦克陷阱中，双方展开了历时一周的激战，虽然英军第46步兵师损失相当惨重，但朗格的22辆坦克也彻底报废，另有49辆坦克受损。朗格最远推进到可从北面俯瞰贝加—麦得杰斯公路的山区，一度曾使盟军第1集团军总部认为无法阻止麦得杰斯的陷落，甚至建议亚历山大将部队从麦得杰斯撤到西面的山区建立更有利的防线。亚历山大审时度势，拒绝放弃麦得杰斯这一进入突尼斯平原的门户，严令不惜任何代价严防死守。而德军中路的另一战斗群，即以第334师第755掷弹兵团为主组成的"埃德尔"战斗群，在推进到瓦迪宰尔加至麦得杰斯的公路附近时受阻，始终无法突破盟军防线。

南翼的戈林师兵分三路扑向英军第78步兵师和Y师(由第6装甲师炮兵主任统领的暂编师，第6装甲师的坦克部队并不在此)构置的防线，但始终无法夺取布阿拉达和从南面威胁麦得杰斯。亚历山大战后曾指出："德军向贝加和麦得杰斯发起的攻势取得了程度不等的成功，但敌军在最北边的道路上运气似乎更佳。"亚历山大所指的就是曼陀菲尔部在最北翼取得的进展。

2月26日进攻前，曼陀菲尔得到了一个"突尼斯野战营"的支援，投入进攻的步兵达到8个营，此外第21装甲师也派出了15辆坦克组成的分遣队提供支援。曼陀菲尔将兵力编组成三个战斗群，以意大利第10伞兵团为主的战斗群负责进击塞拉特港，以德军第11伞降工兵营和"巴瑞信"伞兵团为主分别组成的两个战斗群，则负责向铁路沿线城市塞杰南(Sedjenane)的北面和南面进军，以围歼此间驻守的英法军队为目标。

2月和3月正值突尼斯雨季，本就稀少的道路两侧都是崎岖不平、灌木覆盖的山地，这些既制约着盟军运用自己最主要的武器——火炮，同时也给曼陀菲尔的进攻和推进造成了相当困难。第11伞降工兵营在痛击法军一部后切断了通往塞拉特港的道路，但在杰夫纳(Djefna)以西12英里的塞杰南北面受阻。"巴瑞信"伞兵团对塞杰南南面的攻势也被英军在艾奥亚纳(El Aouana)附近构置的防线挡住。

3月2日，经过短暂停顿后曼陀菲尔又继续进攻，一番苦战之后向西推进了数英里，终于在3日攻占了塞杰南。同日，在右翼的塞拉特港方向，曼陀菲尔调用海军冲锋舟运送意大利伞兵出其不意地绕到英军侧翼，成功夺取了塞拉特港和英军雷达站。[9] 曼陀菲尔左翼的部队在得到少许增援补充后，一鼓作气将英军第46步兵师第139旅逼退到8英里以西的塔梅拉(Tamera)山脊地带。

相对于其他方向，最北翼取得了显著的成功，阿尼姆亲自来到塞杰南西面的曼陀菲尔前沿指挥部观战。虽然他已无力再为曼陀菲尔提供更多支援扩大战果，但随着这支德军对阿比奥德山区以及通向贝加的公路造成的威胁越来越大，盟军第1集团军派出第1伞兵旅和法军非洲军团（Corps Franc d'Arfique）前去支援实力锐减的英军第46步兵师。盟军虽死守塔梅拉并不断增援，但也未能挡住曼陀菲尔的推进，3月10日时曼陀菲尔夺取了塔梅拉附近的一千高地，做好了进攻塔梅拉城的准备。这时，"牛头作战"其他两个方向的攻势早已停滞不前，唯有曼陀菲尔的北翼仍在奋力苦战。经过近一周的反复厮杀，曼陀菲尔在空军帮助下终于在17日攻陷了塔梅拉，英法军队被逼入阿比奥德山区。19日，曼陀菲尔所部穿越了一些极其困难的地带，终于抵达距阿比奥德不足3英里处。

美军官方的地中海战场战史对此曾写道："（曼陀菲尔）3月19日完成了自己的任务，但他们的力量太弱，无力继续推进。此后，战场局势再度稳定下来，直到对垒双方中有一能投入足够的兵力夺回主动权为止。阿比奥德由此也一直处于持续的威胁之下。当德军第5装甲集团军的攻势告一段落时，凯塞林报告说历时三周的战斗中德军俘虏了1600名盟军官兵，另有17门大炮、16辆坦克、13门反坦克炮、70辆各型车辆被掳获或摧毁。"[10]

尽管曼陀菲尔在"牛头作战"中取得了令人印象深刻的成功，他也成为阿尼姆心目中"突尼斯战场最优秀的指挥官和师长之一"，但中路和南路的失败使其战果除为他个人带来声誉外并未产生实质性影响，坦克的惨重损失更是惹火了挑剔易怒的隆美尔。他曾这样写道："令我特别生气的是，我们在非洲仅有的那些虎式坦克竟被命令穿越沼泽密布的峡谷地带，它们最主要的优势——重炮的超远射程——完全没有发挥出来，而我们南面的进攻中却一直得不到这些虎式坦克……投入作战的19辆虎式坦克损失了15辆……我很快命令第5装甲集团军中止这徒劳无谓的攻势。"[11]

"牛头作战"中德军虽以伤亡1000人的代价俘虏了2500名盟军官兵，但损失了71辆坦克，第501重型坦克营几乎损毁了所有虎式坦克，而英军仅失去了20辆坦克，这样的损失是德军无力承受的，尤其是补给突尼斯的海运线路一再受到狂轰滥炸，更显日益艰难。比坦克损失更令隆美尔沮丧的是，阿尼姆的攻势延迟了他对蒙哥马利集团军的进攻。2月26日时蒙哥马利仅有1个师防御梅德宁（Medenine），当3月6日隆美尔的攻势发起时，他面前出现了拥有400辆坦克、350门大炮、470门反坦克炮的整整4个师的兵力。[12] 隆美尔的3个装甲师在英军准确猛烈的炮火打击下全面受挫，40辆坦克当日就被完全摧毁，而英军甚至没有损失一辆。黯然神伤的隆美尔在日记中写道："……最残酷的打击是我们都认识到自己竟无力干扰蒙哥马利的进攻准备。愁云笼罩着所有人。"9日，隆美尔以养病为由告别了非洲，他再也没有回来。阿尼姆随即被任命为非洲集团军群司令官，第5装甲集团军则由韦尔斯特将军接管。

灰飞烟灭：北非历险的完结

3月25日，亚历山大命令英军第1集团军司令官安德森（Kenneth Anderson）中将尽早恢复突尼斯桥头堡北翼的态势，同时要求他将防线扩展至贝加以北，从而减轻麦得杰斯方向的压力。安德森将前一任务交给了第46步兵师第138旅、第78步兵师第36旅以及第1伞兵旅，外加两个师的炮兵和部分法军。28日，数万英军在瓢泼大雨中向曼陀菲尔区区9营人马的防线发起了大规模攻势。三天后，英军重新进入了塞杰南左近地区，尽管阿尼姆给曼陀菲尔增派了一些预备队，但已无力阻挡英军从崎岖复杂的山区破茧而出。英军31日夺回了塞杰南，也收复了艾奥亚纳以东的所有失地。稍后不久，最北面的塞拉特港也被德军主动放弃，至此，曼陀菲尔在前阶段作战中占领的所有城镇和阵地尽皆丢失，而且所部在激战和败退中伤亡甚众，还有超过850名官兵被俘。第5装甲集团军司令官韦尔斯特在战俘营中曾供称："……多日后敌军向曼陀菲尔师发起了突然进攻，迫使该师退入北方的山区之中。我们失去了曾取得的局部成功和建立的防线，但可能已成功拖住了敌军。"[13]

遭受打击的德军并不只是曼陀菲尔所部，英军第4步兵师于4月5日承担了贝加东北的防务，之后第78步兵师7日向瓦迪宰尔加北面发起了反攻，这是亚历山大和安德森为恢复突尼斯桥头堡北翼而展开的第二阶段作战。英军第78步兵师遭到了德军第334步兵师的顽强抵抗，但还是沿10英里宽正面逐步推进了约10英里。4月14日，英军攻占了麦得杰斯北面8英里处的两座3000英尺高的山脊，次日德军经过反击又将之夺回，但英军而后又以反突击再次据为己有。英军第78步兵师的作战区域鲜有像样的村镇，多为不毛之地和荒山野岭，虽然第334步兵师已将仅有的山村都变成了易守难攻的堡垒,但英军还是成功地孤立和包围了这些堡垒,相当程度上解除了德军对麦得杰斯的直接威胁,盟军也得以向该处运送最后的总攻所需的战略物资。

到4月中旬时,意大利第1集团军和德军第5装甲集团军经过连番苦战,终于在日渐缩小的突尼斯桥头堡内连成一体,其弧形防御周边长约120英里,从北边的海岸线一直延伸到南面的恩菲达维尔(Enfidaville)。防线的缩短虽暂时改善了德意军队的处境,但前阶段作战中兵力和装备的损失异常惨重,使大大缩短的防线对德意军队来说还是太长。南翼的意大利第1集团军的防线从海岸延伸到塔克鲁纳(Takrouna)以西,所属的德军第90轻步兵师负责防守海岸公路,第164轻步兵师防御公路的内陆侧翼,多支意大利师残部与德军交错部署在向西延伸的防线周边,非洲军余部加上意大利第1"苏佩尔加"(Superga)山地步兵师则被部署在与第5装甲集团军防线的交界处。第5装甲集团军防区的作战序列和部署基本没有大的变化,曼陀菲尔师仍在最北翼,第334步兵师驻扎在迈杰尔达河谷北岸的山地,防御迈杰尔达河两岸的是3月份开到的德军第999师——这是一支主要由集中营囚犯组成的部队,其中有些人还是真正的罪犯。亚历山大战后曾称:"尽管该师兵员构成相当奇特,但它与普通德军一样打仗打得很好。特别值得注意的是,构成该师主体的那些政治犯受德国纪律和军事传统的影响远胜于其政治信念,即便在一场正在输掉的战斗中,他们也表现得富有技巧且十分顽强。"[14] 面对英军第5和第9军的是戈林师,该部除得到相当的步兵增援外,还拥有新近开到的第504重型坦克营。阿尼姆将实力最强的第10装甲师安排在库尔兹亚(Sebkret el Kourzia)与迈杰尔达之间,他认为这一带是最受威胁的区域,必须使用强大的装甲预备队来屏障突尼斯平原。

亚历山大战后称,自己有些惊讶地看到阿尼姆并未通过放弃若干不甚重要的区域来进一步收缩防线,从而释出兵力组建一支实力雄厚的预备队,此外,他还注意到阿尼姆除了在突尼斯港外围构筑了一些"并不起眼的"防御工事外,也未在防线后方构筑任何防御体系。盟军准备沿着德军弧形防御周边发动最后的攻势,为此集结了20个师、超过30万人的作战部队以及1400辆坦克,而构成轴心国防御主体的仅有9个德军师,战斗部队仅60000人,所有能参战的坦克加起来也不足百辆。[15] 亚历山大把进攻突尼桥头堡的主战场选在了北翼,即英军第1集团军战区,其意图是从西面尽快实现突破后将非洲集团军群一劈为二、分而歼之,同时尽快夺取对下阶段西西里岛作战来说至关重要的港口城市比塞大和突尼斯。

根据盟军统帅艾森豪威尔关于提振美军士气、分享北非胜利荣誉的指示,亚历山大把巴顿的美军第2军从南翼调到北翼,同时考虑到英美将领之间龃龉不断,巴顿的第2军并不隶属于英军第1集团军,而是直属于他的第18集团军群总部。巴顿的第2军下辖第1装甲师、第1、第9和第34步兵师,还配有一支团级规模的法军,任务是掩护沿着迈杰尔达河进军的英军第5军侧翼,而对手就是曼陀菲尔手下的3个团及第334步兵师的一个团。区区8000余人的德意军队面对的是有95000人之众的巴顿第2军,曼陀菲尔唯一的优势,同时也是希望所在,就是过去数月里沿着崎岖山脊构筑的易守难攻的阵地。

4月22日晨,盟军第1集团军发起了总攻,面对德军借助地利展开的富有技巧的顽强抵抗,起步即处处受挫。主攻的英军第5军面对的是德军第334步兵师的两个团,虽占据绝对压倒优势,但经过4天血战英军只推进了不足7英里,而后还被德军残存的坦克组成的装甲旅所阻遏。巴顿第2军在北翼的攻势也同样乏善可陈,曼陀菲尔的3个团面对的是美军第9步兵师全部(外加配属的法国非洲军团)和第1步兵师一部,他的第962步兵团4个营的防区从海岸线直到塞杰南河谷南侧山地,"巴瑞信"伞兵团3个营在南翼的西迪恩瑟附近抗拒着美军第1步兵师,第160装甲掷弹兵团的3个营则在前述两部中间把守着9英里的防线。美军第9步兵师的主要目标是突破"绿山"和"秃山"之间德军扼守的瓶颈地带,进而铲除扼守阿比奥德——马特尔(Mateur)公路(即7号公路)和铁路的杰夫纳堡垒,战区内盟军拥有19000名美军和4000名法军,而曼陀菲尔起初只有7个营,几天后虽得到一些意大利部队和2个营德军的增援,但总兵力始终不超过5000人,其中四分之一还是意大利部队。

不过,曼陀菲尔最大的优势是其防线的地形极为崎岖险峻,大部队、重炮和装甲车均难以穿行。曼陀菲尔还在防御工事上下足了功夫，按照他的命令各部构筑了林立的混凝土碉堡，其中有些竟需要借助梯子才能出入。山间峡谷、接近防线的地段、预计美军侦察巡逻可能用到的道路、撤退后留下的观察哨位等，都按曼陀菲尔的要求敷设了地雷。美第9步兵师的第60、第39和第47团在进攻发起后，先是顺利夺取了邻近出发阵地的一些山脊，而后便遭到顽强阻击，为数不多的德军炮火竟压制得美军动弹不得。美军第39步兵团4月23日沿7号公路北段推进时，包括团长在内的团部竟被小股德军活捉。第47步兵团在"绿山"和"秃山"外围被德军第160装甲掷弹兵团死死缠住，进退维艰。每座不知名的山脊都成了美军需付出高昂代价才能通过的地狱。

4月27日，美军第39步兵团经过4天跋涉和激战，终于抵达"绿山"以北约2英里处，但随即被钉死在此长达4天。美军第47步兵团虽向东进抵"绿山"西坡，但与第39步兵团的联系被德军切断。在第39步兵团以北作战的第60团进展较快，向东推进到了塞杰南河南侧，而在该团北面的法军毫无建树，被曼陀菲尔手下的第962步兵团打得溃不成军。

美军第2军的南翼是其所属的第1步兵师，此间战场有两条东北走向的河流所形成的河谷，河谷两岸分布着三条山脊和高地，负责防御的德军是"巴瑞信"伞兵团和第334步兵师，其中"巴瑞信"伞兵团把守西迪恩瑟周边及其以北长约10英里的防线，防御西迪恩瑟以南直至兰瑟林(Lanserine)山脊周边的，则是第334步兵师的2个步兵团、1个山地步兵团及第504重坦克营一部。美军第1步兵师在4月23日的首日战斗无比惨烈，美军官方战史曾婉称该师"摸清了宽大正面上敌军某些战略据点的防御强度"，但这并不能掩盖该师沿着泰恩(Tine)河谷南北两侧推进时伤亡极其惨重的事实。25日，第1步兵师缓慢推进到西迪恩瑟东南方的高地附近，但由于邻军第9步兵师在德军压制下几乎原地踏步，结果造成了第1步兵师左翼的暴露，巴顿随即将第34步兵师派到第9和第1步兵师之间，由其负责解决西迪恩瑟至马特尔公路两侧的德军。27日，巴顿调任第7集团军司令官，前去准备西西里岛登陆作战，布莱德雷(Omar Bradley)将军接任第2军军长。

美军第34步兵师在第609高地周边完全受阻于德军"巴瑞信"伞兵团。高出海平面2000英尺的第609高地及其周边一系列较矮的高地，是整个突尼斯桥头堡北段防线的轴心，从贝加到马特尔的所有道路均在其俯瞰和控制之下，尤其是高地守军可以观察到美第2军进攻区域的大部分地段。第609高地周边还有一些扼守通路的据点和高地，它们彼此依托构成了完整的防御环，欲夺取第609高地这个战略制高点就必先解决周边高地。美军为拔除这些高地付出了相当大的牺牲，数日恶战中炮弹几乎将山顶削平，但总也无法如愿。第1集团军司令官安德森建议第2军绕过第609高地及周边据点，但布莱德雷认为不拔除这些钉子，周边的所有美军都会遭到精准的炮火打击。"巴瑞信"伞兵团的严防死守使美军第34步兵师一筹莫展，而第1步兵师沿东北方向朝第523和545高地的推进，也因第609高地仍被德军控制而无法继续。29日，第34步兵师派第135团的三个营从西、北和南三个方向同时进攻第609高地，但到夜幕降临时高地仍在德军手中。最后，布莱德雷从预备队拿出了一个营，并调来17辆谢尔曼中型坦克给予支援，经过30日从黎明到正午的苦战才算攻克了高地。邻近的第523高地29日夜即被美军攻克，但曼陀菲尔次日下令反攻，这个高地一日四易其手，精疲力竭的双方都因死伤惨重而无力固守。

不过，随着美军占据第609高地，整个德军防线的锁链已被打开，美军得以借助地势清楚地了解了曼陀菲尔其余防线的情况。4月30日夜和5月1日白天，德军曾多次试图夺回第609高地，但均告失败——德军投入的反扑力量不足而且缺乏协同，美军又迅速地在高地周边集结了重兵，第34和第1步兵师两个师的炮兵在高地观察哨的指引下，以既猛又准的炮火破坏了德军的每一次兵力集结和反攻尝试。

第609高地被美军攻克之时，曼陀菲尔正一如既往在各防线之间协调指挥，他意识到第160装甲掷弹兵团和"巴瑞信"伞兵团此刻都面临着被分割包围的危险，向北撤到伊其克乌尔(Garaet Ichkuel)湖两侧的预设阵地、甚至放弃马特尔都在所难免。他手下的几千官兵竭尽所能地抵御着几十倍于己的对手，早已精疲力竭，北非的气候和连月酣战使得数百人都身染各种疾病，曼陀菲尔自己也染上了疟疾——虚弱无力、呕吐腹泻使他离开病榻都十分困难，更勿论再对部队实施有效的控制了。曼陀菲尔在这个节骨眼上倒下了，与之命运相仿的还有第334师的韦伯将军。曼陀菲尔不愿在关键时刻离队，但在军医和阿尼姆的严令下不得不同意返回德国接受治疗。

阿尼姆战后曾向军史家库罗斯基说："曼陀菲尔是我在突尼斯战场上最优秀的指挥官和师长之一。他做出了很多自我牺牲，以致病倒在战场上。只是在我的严令下，他才搭乘医疗船依依不舍地离开了非洲战场。这样德国武装力量才又多了一位优秀的将军。"[16]

5月1日，曼陀菲尔正式晋升为少将，尽管已不再实际指挥部队，但"曼陀菲尔师"的名字一直保留到桥头堡覆灭为止。韦尔斯特任命原非洲装甲集团军工兵司令布洛维斯（Karl Buelowius）中将继任师长，[17] 令其率"曼陀菲尔师"残部于2日和3日渐次撤往伊其克乌尔湖的预设阵地。2日夜间德军主动放弃了马特尔，第609高地上的美军曾观测到马特尔城燃起的大火彻夜不熄。美军第1装甲师从3日开始全力追逐败退的德军，该师第91侦察营3日上午11时30分从南边和西边进入了废墟般的马特尔。在一处松柏环绕的公馆里美军侦察兵发现了曼陀菲尔几个月来指挥作战的师部，桌子上还放着一本打开的俾斯麦传记。[18] 美军第2军经过短暂停顿和休整又于6日继续攻势，次日，"曼陀菲尔师"余部在突尼斯东北的比塞大湖地带被分割包围。

尽管德意军队在比塞大周边还有相对完善的防御体系、成规模的海岸炮兵和高射炮部队，但由于长期深受弹药、油料和补给短缺之苦，而且看不到增援或撤离的希望，德意军队此刻已是兵败如山倒，无力阻挡盟军的最后冲刺。

韦尔斯特5月8日下午3时许曾在作战日志上留下了最后一次记录："我们的坦克和大炮都已被摧毁，弹药油料均已用罄。打算战至最后一发炮弹……第5装甲集团军忠实地履行了职责，幸存的斗士们问候祖国和元首。德国万岁。"[19] 实际上，韦尔斯特此前已命令第90轻步兵师销毁所有物资装备，同时派出密使与美军接洽投降。9日，美军第1装甲师先头部队抵达了地中海海岸，当日中午时德军第10、第15装甲师及"曼陀菲尔师"余部等向美军投降。3天后阿尼姆连同他的集团军群司令部一起被俘，而南翼的意大利第1集团军则于13日下午投降。1小时后亚历山大致电英国首相丘吉尔，骄傲地宣称"我们现在是北非海岸的主人了。"

希特勒和墨索里尼的北非历险终于灰飞烟灭了，曼陀菲尔幸运地没有随着这条破船一起沉没——他搭乘医疗船先撤至西西里岛，而后辗转来到柏林和海德堡的军医院接受治疗。与之命运完全相反的是16位少将以上的北非德军将领，他们与阿尼姆一起走进了战俘营。大约27万德意官兵成为战俘，这个数字与轴心国3个月前在斯大林格勒的损失相当，因此，北非德意军队的这一完结之地也被后人称为"突尼斯格勒"（Tunisgrad）。

第六章
钢铁的怒吼：重返东线

阿赫特尔卡：就任第7装甲师师长

曼陶菲尔在北非并没有留下太多的印记，却是其军旅生涯的一个转折点。自1943年5月初侥幸逃脱了覆灭的命运后，曼陀菲尔先后在柏林和海德堡接受治疗，同时作为后备将领待命。8月初身体复原后，他回到了克拉姆普尼茨装甲兵学校附近的家中，8月16日他突然接到去大本营面见元首的命令。希特勒热情接待了他，寒暄之余询问其对下一步工作的考虑，曼陀菲尔毫不犹豫地说想回东线，特别是回到老部队第7装甲师。希特勒痛快地任命他担任第7装甲师师长——这一决定大大出乎曼陀菲尔的预料，因为排在他之前的资深将领足有百人之多！

当时，第7装甲师作为第3装甲军的一部分刚刚参加了库尔斯克坦克大战，7月16日会战结束时该师死伤惨重，舒尔茨中校的第25坦克团仅剩15辆坦克，第6和第7两个装甲掷弹兵团也只剩不足3营的人马。师长方克在8月1日提交的报告中称损失了约100名军官、2600名军士与士兵，"最糟糕的是失去了相当数量的有经验的指挥官和军士。"[1] 方克自己也多处负伤，虽身体虚弱但仍在坚持。尽管如此疲惫，第7装甲师还不能进行休整补充，作为第3装甲军的主力，它必须设法与其他部队一起阻止苏军8月初对哈尔科夫的大规模进攻。拖着病体不遗余力地指挥作战的方克，终于在8月15日晨累垮了，病倒在通向哈尔科夫的阿赫特尔卡（Akhtyrka）这个地方。他被送往基辅的军医院，军医宣布他不再适合前线服役，必须立即回国休息治疗。方克的职位由第6装甲掷弹兵团团长格莱塞默（Wolfgang Glaesemer）上校暂代，直到8月20日曼陀菲尔正式接任为止。

出任隆美尔指挥过的"幽灵之师"的师长，无疑是曼陀菲尔军旅生涯的一个新起点，也是他日后进入名将行列的一大基石。但不容否认的是，他执掌第7装甲师之际，德国战争机器的命运也已无可挽回地逆转了，库尔斯克之后，苏军无可置疑地取得了战场主动权，曾经骄狂不可一世的德军装甲部队已显现出老迈和蹒跚之态。1941年底至1942年初的莫斯科会战中德军经受了无法弥补的惨重损失，1942年夏只能在南方发起大规模攻势，这与一年前德军沿着上千英里的正面全线强攻形成了鲜明对照。1942年底的斯大林格勒会战进一步磨损和消耗了德军，灾难之后德军失去了赢得东线战争的可能，但还有力量发起有限的攻势，并能造成苏军极大的伤亡和物资损失。1943年7月的库尔斯克会战则改变了上述格局，德军仅存的进攻力量和战略预备队几乎消耗殆尽，而苏军则紧紧抓住了战场主动权,并一直未让其易手,直到1945年5月攻克柏林和取得彻底的胜利。古德里安认为德军在库尔斯克之战中遭遇了决定性挫败,斯大林格勒会战后重组和新列装的装甲部队损兵折将,失去了无数无法更替的装备和有经验的老兵,这些被打残的部队相当一段时间里都无力在东线进行有效防御,甚至将之部署到西线以反击可能的盟军登陆都颇成问题。曼施坦因也承认库尔斯克会战后战场主动权的易手,苏军在7月底8月初针对奥廖尔和别尔哥罗德方向的进攻,只是其更大规模攻势的序曲。曼施坦因很快发现,他的南方集团军群全线将遭受多个苏军方面军的同时攻击,德军将被迫撤往第聂伯河一线,而他用尽全力所能取得的,也不过是左支右挡、即兴发挥和拆东墙补西墙式的填缺补漏。

我们先来看一看整个8月间第7装甲师的作战区域和大体状况。8月初时别尔哥罗德和奥廖尔被苏军相继克复,重要城市哈尔科夫虽仍在德军手中,但已处于一种无望的境地,更糟的是霍特的第4装甲集团军与肯普夫集团军级支队(Army Detachment Kempf)之间出现了一个宽达34英里的大缺口——通往西南方100英里外的第聂伯河的道路第一次向苏军敞开了。希特勒命令劳斯将军率第11军进入哈尔科夫,并下达了不惜一切代价死守的命令。

为在哈尔科夫以北地带构筑一条新防线,霍特的第4装甲集团军向西南方向撤退,其属下的第48装甲军军长克诺贝尔斯多夫(Otto von Knobelsdorff)奉命在哈尔科夫西北的格雷沃诺(Grayvonon)至阿赫特尔卡地区建立阻击防线。但是战场形势瞬息万变,8月7日晨格雷沃诺附近的公路线突然被苏军切断,从这里正赶往阿赫特尔卡的第19装甲师遭到伏击,师长自杀身亡,4个苏军集团军在格雷沃诺一带包围了德军第57、第255和第332步兵师、第11装甲师以及刚赶到的第19装甲师余部,[2] 而8月6日时仍在格雷沃诺北面布防的第7装甲师则幸运地逃过一劫。被围德军集中了第11和第19装甲师的坦克与突击炮,强行打开了一条通道,一路冲杀着突出重围,被困步兵师也随之设法抵达了阿赫特尔卡地区,进入"大德意志"装甲掷弹兵师(Großdeutschland,简称GD师)在此构筑的防御工事。随后,第48装甲军与第4装甲集团军其他部队一起在苏梅(Sumy)和阿赫特尔卡之间挡住了

苏军奔向第聂伯河的去路。8月9日,苏军第10坦克军和第100步兵师联手向特罗斯佳涅茨(Trostyanets)的德军第11和第19装甲师一部发起了进攻,再往北10公里,苏军第206步兵师也在突袭后切断了铁路并占领了别尔卡(Belka),从而威胁到德军第7和第11装甲师的侧翼。迫于苏军第2坦克军、第161和第237步兵师的压力,第7装甲师和第57步兵师沿着通往苏梅的公路后撤到波罗姆利亚(Boromlya)河以西建立新的防线。待形势稍稳,第7装甲师开始腾出手来应对苏军在别尔卡方向极具威胁的突破。[3] 8月10日,方克率部从北面进攻别尔卡的苏军第206步兵师,同时第11装甲师的搜索侦察营从南面夹攻,两部合力将苏军击退到别尔卡以东地带。同日,第11装甲师的一个战斗群也夺回了特罗斯佳涅茨。不过,苏军第161和第237步兵师乘着第7装甲师进攻别尔卡的空档,又乘势攻击德军第57步兵师,方克待别尔卡局势稍稳后立即回援第57步兵师,击退了苏军反扑。

随着一系列局部攻防的结束,德军防线在哈尔科夫北面的阿赫特尔卡及其以北地区再次稳定下来,第57步兵师和第7装甲师的防线从波罗姆利亚北面延伸到别尔卡,第11装甲师和第19装甲师的一个战斗群负责防御别尔卡至阿赫特尔卡北面的区域,阿赫特尔卡城周边则由GD师防御。不过,多数德军部队的实力并不强,第255和第332步兵师的作战力量基本耗尽,只得撤往后方休整补充,第7装甲师还剩16辆坦克尚能作战,第11装甲师只有6辆坦克,第19装甲师也仅剩一个战斗群,只有GD师尚具实力,拥有大约70辆坦克和突击炮,其中一些还是豹式和虎式坦克。

防线一旦趋稳,霍特开始将剩下的坦克集中起来组建一个突击装甲集群,命令这支装甲力量从阿赫特尔卡出发进攻东南方的博戈杜霍夫(Bogodukhov),旨在切断和铲除阿赫特尔卡—科捷利瓦(Kotelva)—博戈杜霍夫之间的苏军突出部。霍特还希望突击集群能与博戈杜霍夫附近的第3装甲军建立联系,从而消除苏军对波尔塔瓦(Poltava)的直接威胁。8月16日,德军第112步兵师和第10装甲掷弹兵师抵达前线,前者接管了第7装甲师的防区,使之得以抽身参加突击装甲集群即将发起的反击。内林的第24装甲军军部负责统一指挥装甲集群,下辖第7装甲师、GD师、第10装甲掷弹兵师及几个独立重型坦克营或突击炮营。内林预

定于18日晨发起进攻，GD师担任主攻，第7装甲师居左，负责掩护GD师的侧翼，第10装甲掷弹兵师负责右翼进攻并在GD师侧后跟进。

苏军显然对德军的反攻意图有所察觉，为破坏对手的攻势，同时也为救助被分割孤立的步兵师，沃洛涅日 (Voronezh) 方面军司令员瓦图京(Nikolai F. Vatutin) 大将决定，以第6近卫集团军、第40和第47集团军为主体抢先进攻德军左翼。17日，苏军10个步兵师在近300辆坦克支援下开始进攻3个德军步兵师的防线，刚从第7装甲师手中接过阵地的第112步兵师成为受打击的重点，第57和第68步兵师的防区也很快被突破。第57步兵师的防线位于苏梅和阿赫特尔卡中间，受到了苏军重炮、迫击炮和坦克炮火密集猛烈的轰炸，当日下午就损失了几乎所有尉官和绝大多数军士，有资料称该师的营长们"嗓子都喊哑了也无法阻止部队的匆忙后撤。"⁴ 第11装甲师和第112步兵师当晚联手发起了反击，但也未能阻止苏军的凌厉攻势。

霍特此时处于两难的境地——是取消迫在眉睫的反攻、将部队调去救援左翼，还是坚持原定计划、迅速击溃拉伸过长的苏军？他选择了"围魏救赵"式的赌博——希望突击装甲集群即将打出的重拳能迫使苏军从左翼回撤。

18日晨8时，内林按计划出击了，实力最强的GD师分成三个战斗群——"纳茨默尔 (Oldwig von Natzmer) 装甲战斗群"（含GD坦克团、装甲掷弹兵团1营和装甲炮兵团2营）、"燧发枪兵战斗群"（含GD燧发枪兵团和突击炮营）与"装甲掷弹兵战斗群"（含GD装甲掷弹兵团主体及其他单位），其中的"燧发枪兵战斗群"为整个集群的先头，率先向卡普鲁诺夫卡 (Kaplunovka) 推进，其余两个战斗群随后跟进并以夺取莫舍尼 (Mosheni) 为当日目标，第7装甲师和第10装甲掷弹兵师也按计划同步进军。"燧发枪兵战斗群"很快冲垮了苏军第166步兵师的防线，下午2点即占领了卡普鲁诺夫卡，切断了苏军第27集团军在科捷利瓦的部队与后方的联系。

20日傍晚，GD师一部与第3装甲军所属的党卫军"骷髅"师会合于帕克莫夫卡(Parkomovka)，这一有利态势不仅堵住了哈尔科夫以西的缺口，还立即造成了大批苏军步兵师有被围的危险，这些苏军在损失了相当的兵力和装备后才得以脱身。

内林突击装甲集群的攻势颇为顺利的同时，哈尔科夫方向也爆发了一场激战，对垒双方是罗特米斯特罗夫 (Pavel Rotmistrov) 将军的苏军第5近卫坦克集团军与劳斯的德军第11军。劳斯在哈尔科夫外围将反坦克炮、突击炮和88毫米高射炮集中部署成犬牙交错的棋盘格局，约80个炮兵连沿着从北面进入哈尔科夫的走廊严阵以待，而新近赶到的党卫军"帝国"师也将其豹式和虎式坦克以及突击炮部署在伪装严密的阵地附近，它的两个装甲掷弹兵团则埋伏在哈尔科夫—博戈杜霍夫的铁路沿线。8月19日，第5近卫坦克集团军冒着德军的轰炸，沿着阿克提卡尔至哈尔科夫的公路发起了攻击。在一片一望无际的向日葵地里，苏军坦克遭到了严密的反坦克防御体系的致命打击，数周前德军坦克在库尔斯克遭受的灭顶之灾，这一次轮回到苏军身上——184辆坦克当天有去无回。次日，罗特米斯特罗夫调整了战法，200辆T-34坦克转而沿着铁路线攻击，但又有150辆被无情摧毁。虽然实力惊人的第5近卫坦克集团军还有300余辆坦克，但两天损毁330辆的高昂代价还是令罗特米斯特罗望而却步，不过，在斯大林的严令下，他又在21日发起了第3次攻势，结果又有80余辆坦克瘫痪在战场上，只剩3辆T-34最终抵达哈尔科夫城西，最后还被德军第106步兵师的一个反坦克排干掉2辆和俘获1辆。

不过，令人印象深刻的反坦克战胜利也不能冲淡德军损失同样惨重的事实，第3装甲师的装甲掷弹兵团仅剩两连的兵力，第503重型坦克营只剩最后的9辆虎式坦克，多支部队都损失了几乎所有的军官和军士。南方集团军群司令官曼施坦因很清楚，眼前的局部胜利只是暂时的，占绝对优势的苏军将很快会令哈尔科夫陷入重围，如此一来，德军不仅将有6个师被围，苏军还能够越过哈尔科夫直扑第聂伯河，从而包抄第8集团军（由肯普夫集团军级支队改建而成）的后方。当曼施坦因对其参谋长布塞 (Theodor Busse) 说自己宁可失去一座城池、也不愿损失一个集团军时，他一定是对斯大林格勒的灾难记忆犹新。22日，曼施坦因令第8集团军撤出哈尔科夫，这是这座名城在二战中的第四次、也是最后一次易手。

再回到哈尔科夫以北的阿赫特尔卡地区。8月20日，曼陀菲尔终于抵达前线并从格莱塞默上校手中接过了指挥权。虽然他非常高兴地看到众多熟悉的面孔，但也发现该师既要掩护GD师北翼、又须兼顾阿赫特尔卡防御的任务十分艰巨。霍特原指望内林的进攻能迫使攻击左翼的苏军回撤，但他的如意算盘落空了，苏军第40和第47集团军不仅不回撤，反而得到瓦图京方面军预备队的增援，攻击第4装甲集团军左翼的强度也日渐炽盛。这种情况下霍特只得将第10装甲掷弹兵师撤回北翼，支援已快支撑不住的步兵师，GD师除"纳茨默尔装甲战斗群"还在向东南推进外，另两个战斗群已在帕克莫夫卡转入防御。8月24日，GD师的"燧发枪兵战斗群"与东北面的"装甲掷弹兵战斗群"防线间的缺口被苏军越捅越大，迫使该师放弃了帕克莫夫卡周边的阵地。内林的攻势此时已告终结，阿赫特尔卡以北的步兵师防线被洞穿、以南的哈尔科夫也遭弃守，大兵压境之下阿赫特尔卡城本身丧失了战略价值，在这种形势下霍特命令第7装甲师25日撤了。次日，第7装甲师撤至科捷利瓦北面进行防御，GD师则在科捷利瓦西南的奥波什尼亚（Oposhnya）进行短暂休整。

就在当日，曼陀菲尔的指挥车遭到苏军战斗机的追逐扫射，他当时背部中弹，血流不止，但坚决拒绝撤到后方医院，因为他知道一旦入院，势必将被迫交出指挥权。简单包扎以后，他带伤继续指挥部队迎击对手的多路进攻。31日，克诺贝尔斯多夫第48装甲军的整个防线都遭到攻击，苏军突破了其北翼，撤退已不可避免。曼陀菲尔也率领全师在31日向南撤退，随后几日里进入奥波什尼亚布防。9月1日，曼陀菲尔按照陆军总部6月14日下达的命令，将坦克团1营送上了波尔塔瓦开往巴黎的火车——该营将在法国转换为豹式坦克营（同日离开波尔塔瓦的还有GD坦克团1营，该部也将在法国换装豹式坦克），这样第7装甲师就只剩一个坦克营，而且这种状况将一直持续到来年夏天。

9月7日，曼陀菲尔向上级提交了战况报告，称7月份全师损失2700人，整个8月又损失了3000人（含144名军官），全师已匮乏有经验的军官和老兵；负责为该师提供兵员的第58补充营被解散，最后一批兵员被直接投入了一线部队；接收了10辆四型坦克，但由于缺乏零部件，有8辆四型和4辆三型坦克在修理连停留2周以上而无法参战；整个8月损失了相当多的武器，全师缺少351挺轻机枪、48挺重机枪和18门迫击炮等，

另外摩托车和机动车数量也很少。[5] 缺兵少将的曼陀菲尔无奈之下只得将剩下的坦克全数集中在一个坦克连里。

9月头两天，苏军马利诺夫斯基（Radion Y. Malinovsky）大将的西南方面军在伊久姆（Izyum）地带突破了德军第1装甲集团军和重组的第6集团军北翼的结合部，瓦图京的沃洛涅日方面军完成了进攻阿赫特尔卡地区德军第4装甲集团的所有准备，科涅夫的草原方面军也从哈尔科夫地区向德军第8集团军发起了攻击，第8集团军司令官沃勒尔（Otto Wöhler）将军被迫一再后撤，当时的情形可谓危机此起彼伏。9日，苏军在曼陀菲尔驻防的奥波什尼亚与苏梅西南的斯迈洛（Smeloe）之间发起了大规模攻势，第4装甲集团军的整个北翼五天后被击溃，第7装甲师也在次日开始向西南撤退。当霍特集团军全线后撤以收缩防线时，曼施坦因清楚地意识到，苏军楔入德军后方并抢占第聂伯河渡口的危险，已不再仅仅是地图上粗大醒目的箭头了，罗科索夫斯基中央方面军的先头部队距基辅甚至只有65英里了！曼施坦因以个人勇气和无可辩驳的事实说服了希特勒，后者终于在9月15日下达了全线撤往第聂伯河西岸的命令。

焦土与天堑：决战第聂伯河

第涅伯河是位列伏尔加河、多瑙河之后欧洲排名第三的大河，这条长达1419英里、最后注入黑海的大河不仅是肥沃的乌克兰的母亲河，更是战时一条理想的天堑——它的有些河段深达10余米，宽达2英里，异常陡峭的西岸常比东岸高出30余米，东岸还有长长的滩涂和湿地。斯大林1943年春曾对将帅们表达过自己最大的担心就是德军及时撤往第聂伯河防线，从而无端地延迟胜利的到来并令苏联付出更大的牺牲。苏军1943年夏秋的作战计划可以说完全是围绕着不顾一切抢渡第聂伯河的原则制定的。为达目标，斯大林倾其所有，将40%的步兵师和84%的坦克军都集中在南方战场。曼施坦因集团军群600英里的防线已有多处被撕开或扯断，连续数月作战的部队在兵员弹药均匮乏的情况下仍进行着艰苦血腥的防御战，那些几乎没剩几辆坦克的装甲师仍在各处抢险灭火，而装备精良并在一系列胜利中收获了自信的庞大苏军正无情地碾来。

如何稳健地将4个集团军、15个军部、63个半师一步步后撤数百英里，而且还必须保证各部的内敛力，杜绝恐慌和溃退？如何将近百万军队连同其辎重和重武器有序地撤到仅有的6座渡口，最终跨越令人敬畏的第聂伯河？曼施坦因无疑面临着自己整个二战期间最困难、最具挑战性的时刻。

9月18日起，南方集团军群各部开始向第聂伯河西岸撤去，他们必须尽快抵达河岸，渡河之后装甲师和机械化部队还必须保证各渡口间近乎真空的地段的安全。曼施坦因娴熟地指挥撤退，富有技巧地使用延迟战术阻滞苏军，同时阻挠对手奔向第聂伯河率先建立桥头堡的努力。按照计划，德军第1装甲集团军在扎波罗热（Zaporozhye）和第聂伯彼得罗夫斯克（Dnepropetrovsk）两地过河，第8集团军在克列缅丘格（Kremenchug）和切尔卡瑟（Cherkassy, 亦作齐克塞）渡河，而第4装甲集团军将在基辅桥头堡过河。

为进一步延迟苏军的快速推进，曼施坦因根据希特勒的命令执行了"焦土政策"——在撤退路线上，到处都是烈焰熊熊的村庄、满目疮痍的城镇，满眼望去都是爆炸的厂矿冒出的隆隆黑烟，座座粮仓被焚，成千上万的牛羊牲畜被强行带走或就地杀死。对于曼施坦因执行的焦土政策，苏军统帅科涅夫战后曾愤懑地指责道："……法西斯匪徒在退却时按照预先制定的计划，野蛮地破坏城市、村庄、工业企业、桥梁，焚毁庄稼，赶走牲畜，强行驱赶苏联人去当法西斯的奴隶。曼施坦因在他的一本书中厚颜无耻地承

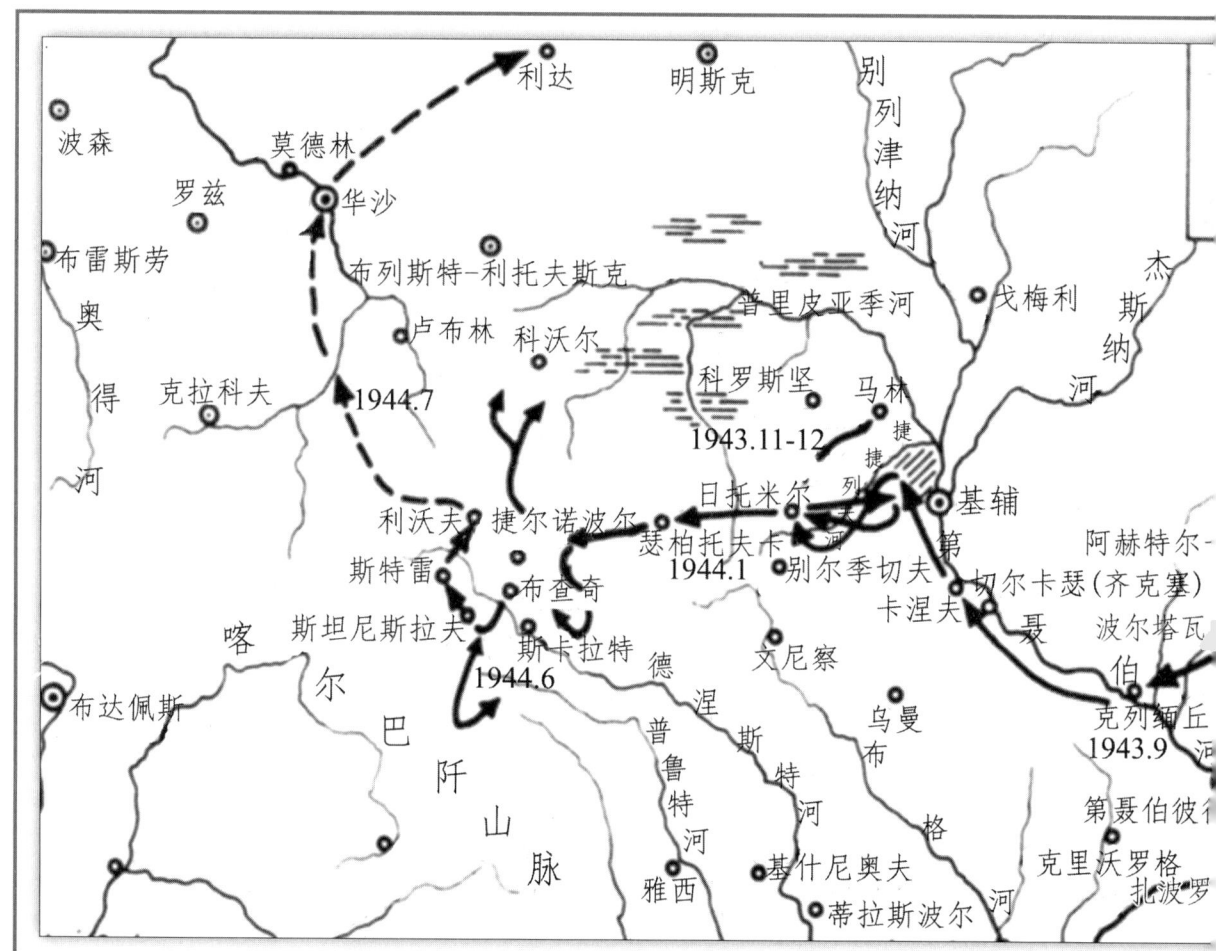

▲ **第7装甲师东线作战路线示意图**

认,他下达了只摧毁顿巴斯重要军事目标的命令。我们则亲眼看到了这一'焦土'地带,看到了骇人听闻的大破坏,看到了受尽野蛮折磨的人们。"⁶ 毫无疑问,"焦土政策"不可能让苏联军民屈服,反而在战后令曼施坦因自己蒙羞和负罪。德军少将梅林津在《坦克战》一书中并不讳言德军确实在自己和追兵间制造了无人区,但辩称"整个集团军群当时危在旦夕,如不采用这些措施,成千上万的部队就永远到不了第聂伯河,更勿论在这条大河的掩护下建立有效的防线。"⁷ 梅林津还认为,盟军1949年指控曼施坦因执行"焦土政策"实为强词夺理,因为在他看来"德军给乌克兰百姓造成的苦难,相较于上百万德国平民在盟军空袭中的伤亡而言,实在算不得什么。"⁷ 无论如何,在1943年的初秋,邪恶的"焦土政策"无疑给苏军的作战和补给造成了极大困难,当他们抵达第聂伯河畔时,发现不仅渡桥荡然无存,连渡船乃至筏子之类的任何小型船只也根本找不到。

曼陀菲尔第7装甲师随第48装甲军被划归给第8集团军指挥。第48装甲军在撤退中一直受到苏军机械化部队的骚扰和攻击,经过波尔塔瓦地区激烈的防御战后,费尽千辛万苦总算到达了克列缅丘格桥头堡。

对于渡过第聂伯河的情形,党卫军"维京"师有一位下级军官曾在日记中写道:"……9月27日,我们从切尔卡瑟附近的一座桥渡过了第聂伯河并抵达西岸。由于对形势估计有误,高层未能在第8集团军区域内提供足够的渡桥。几个渡口都出现了几公里长的等待队伍,作战部队的车辆、坦克、大炮和官兵们的行李都混在一起。称得上奇迹的是,大面积的交通堵塞并未招来苏军轰炸。我们自己没有任何空中保护,天空中看不到任何一架德军战机的影子,渡口附近也未见到高射炮阵地。"⁸

诚如"维京"师的这名军官所言,第8集团军所在的克列缅丘格区域内并没有足够的渡桥,渡河过程的混乱和拥挤不堪可以想见,而第48装甲军还奉命留下部分兵力滞留数日,掩护其他部队渡河,这个任务也毫无悬念地交给了第7装甲师。等曼陀菲尔率部完成渡河后,他们与其他先期抵达的德军一样失望地发现,除了第聂伯河这道屏障外,西岸除基辅等个别地带,竟然没有地堡、掩体、通信线路和战壕等设施!官兵们原以为西岸准备了充足的弹药和补给,能让疲敝不堪的部队稍事休息和恢复,同时还能借助天堑轻易粉碎苏军的渡河尝试。当他们千辛万苦来到西岸集结地时,发现等待他们的与一路想象的大相径庭,失望与不满的情绪难以遏制。正如第57步兵师一位上校团长所言:"部队真心希望第聂伯河背后有精心准备的防御阵地,官兵们能在那里休整和掸去满身的疲劳。但他们却发现,除了俄国人以外,那里既无阵地,也没有地方洗尘。他们的士气和精神由此一落千丈。"⁹

而苏军方面,尽管匮乏渡河工具,各级指挥员还是表现出了极大的主观能动性和即兴发挥的才能,率先抵达东岸的先头部队匆忙伐木制作木筏,四处搜罗侥幸未被烧毁的小船,或利用空汽油桶,甚或干脆泅渡。就这样,少量苏军于9月22日夜成功横渡了第聂伯河，在基辅东南的布克林（Bukrin）立下足来，还很快将之扩大成一座小型桥头堡。德军很早就知道，必须迅速有力地铲除苏军的任何桥头堡，否则，不管它开始多么狭小，苏军都能以惊人的速度和能量将之扩大，一个营一夜间就有可能变成一个师，再想铲除就会困难重重。而苏军也明白，每天乃至每小时的延迟都有可能给德军足够时间调集兵力扑灭桥头堡，对手的狂轰滥炸、地雷铺设、装甲反击都有可能使桥头堡面临覆灭。在布克林这个小小的桥头堡上，苏军迅速集结了数团的兵力，但发现德军的迅速反应使他们很难再进一步扩大，至少眼下尚无可能从这里发起大规模的攻势。由于没有渡桥能将坦克、大炮和弹药运到对岸，而缺乏重武器就意味着无法突破出去，苏军大本营决定执行一次大胆的、以夺取卡涅夫（Kanev）附近尚未被毁的渡桥为目标的空降作战。

9月24日，就在德军第24装甲军仍在撤往第聂伯河的行程中，苏军大本营命令将三个近卫空降旅（第1、第3和第4近卫空降旅）空投到敌后，伺机夺取卡涅夫大桥并固守住足够的时间，以助瓦图京的坦克和机械化部队围歼德军第24装甲军，并在对岸形成突破所急需的桥头堡。同时，另三个空降旅（第1、第2和第4空降旅）将在南面的莫什内（Moshny）进行空降和辅攻。

结果，这一野心勃勃的伞降作战因计划不周而以灾难告终，就像1941年德军伞兵在克里特岛遭受灭顶之灾后再也未进行过重大空降战一样，苏军伞兵部队日后也没有再参加过有重要意义的作战。党卫军"维京"师和国防军第19装甲师开进受威胁的区域后，打死、打伤或俘虏了80%的伞兵，而内林的第24装甲军也在撤退途中顺手消灭了数量不菲的苏军。

尽管苏军的这次空降作战完全失败，但希特勒最高统帅部和曼施坦因都相信对手可能还会有后继的伞降行动，他们担心苏军为将坦克运抵对岸，会不惜一切代价扩大桥头堡。出于这些考虑，曼施坦因命令沃勒尔第8集团军尽快消灭苏军伞兵和已登陆东岸的步兵，全力阻止对手将坦克运过第聂伯河的任何尝试。

9月27日，第48装甲军派第7装甲师和第20装甲掷弹兵师从切尔卡瑟北上，赶往布克林和卡涅夫一带铲除苏军桥头堡。曼陀菲尔师沿第聂伯河西岸快速北上，其坦克团和掷弹兵团不等集结完毕就投入战斗，打了苏军一个措手不及。苏军虽在起初陷入混乱，但被迫入一个转弯处后再也不肯后撤一步。德军掷弹兵们与对手激战数日，却不能完全铲除桥头堡。曼陀菲尔所不清楚的是，布克林桥头堡是苏军大本营计划中的主攻点，瓦图京在此积聚了3个实力强大的集团军，尤其是它的箭头是经验丰富的第3近卫坦克集团军，其指挥官就是坦克名将雷巴尔科（P.S. Rybalko）中将。尽管曼陀菲尔的进攻没有取得决定性战果，但布克林桥头堡很大程度上已被锁住，德军第112步兵师经过反击甚至还夺回了格里戈罗夫卡（Grigorovka）以南可俯瞰第聂伯河沿岸的高地，一道难以逾越的屏障挡住了瓦图京西进的道路。苏军试图冲出桥头堡、敲开德军防线的所有尝试都在对手的严防死守下无功而返。

苏军沿着第聂伯河已在多处建立了大小不等的桥头堡，其中颇令德军高层忧心的一座桥头堡位于普里皮亚季河与第聂伯河交汇处的切尔诺贝利（Chernobyl）附近。罗科索夫斯基的中央方面军8月末即突破了德军第2集团军的防线，其左翼的切尔尼亚霍夫斯基（I. D. Chernyakhovsky）将军的第60集团军更是在8月29日楔入德军南翼后方达25英里。罗科索夫斯基见状立即将第18近卫步兵军派去增援和扩大切尔尼亚霍夫斯基的突破，同时将第13、第61集团军及第2近卫坦克集团军全数调往左翼。苏军强大的攻击力量不仅切断了德军第8军与第2集团军其他部队的联系，还在南方集团军群北翼与中央集团军群南翼之间捅开了一个大缺口。

尽管沿着西南方向通往基辅的道路已基本向第60集团军敞开，但苏军大本营还是认为正面强攻基辅将异常艰难，因之令切尔尼亚霍夫斯基折向西北与第13集团军合兵一处，构成合围基辅的钳形攻势的北翼，瓦图京的数个集团军从布克林桥头堡突破之后将构成南翼。苏军第13集团军所属的第17近卫步兵军于9月25日在奥塔谢夫（Otashev）建起了普里皮亚季河上的桥头堡，第6近卫步兵师也在往南一些的多曼托沃（Domantovo）建立了第聂伯河西岸的桥头堡。切尔尼亚霍夫斯基的第18近卫步兵军在多曼托沃附近越过第聂伯河后，开始向西朝古宾（Gubin）和迪提亚特基（Ditiatki）方向推进。

鉴于两大集团军群的侧翼均已暴露、防线完整性受到直接威胁，而且沿西南方向通往基辅的道路已基本敞开，希特勒于9月25日下令铲除切尔诺贝利南侧的苏军桥头堡。中央集团军群此前曾试图用两个安全警备师和一个匈牙利师来合拢被捅开的防线，但根本无法撼动苏军的三个集团军。9月30日，苏军攻克了切尔诺贝利城。由于各个桥头堡的存在大大分散了德军兵力，直到9月底、10月初时德军两大集团军群才腾出手来准备反攻。

中央集团军群派出的是下辖第2、第4、第5和第12等四个装甲师的第56装甲军，以切尔诺贝利桥头堡北翼的苏军第13集团军为打击目标，南方集团军群则派出了第59步兵军，目标是从切尔诺贝利西南方向攻击苏军第60集团军，第59步兵军除原有的第217、第291和第339步兵师外，曼陀菲尔第7装甲师也在10月初与第8装甲师一起被拨给第59步兵军，并在10月2日和3日进入切尔诺贝利地区。单从反击部队的番号来看，可以说德军非常重视切尔诺贝利桥头堡的作战，但各装甲师可实际参战的坦克数量并不多——第7装甲师9月30日虽有56辆坦克，但多数正在修理，只有18辆可以参战；第8装甲师的77辆坦克中没有一辆能开赴战场，只能派出以第8和第13装甲掷弹兵团为主的两个战斗群；第5装甲师10月2日仅有10辆坦克尚在运转，投入切尔诺贝利北翼作战的只是该师的一个战斗群而已；第4装甲师也只能贡献9辆坦克（另有41辆在短期修理中）。

10月3日，第56装甲军和第59步兵军按计划向切尔诺贝利桥头堡南北两侧发起了协同进攻。在第59步兵军方向，第7装甲师和第217步兵师向正朝古宾推进的苏军第4近卫空降师发起了攻击，第8装甲师则负责进攻奥塔谢夫方向的苏军第6和第70近卫步兵军，德军第339和第183步兵师则以格诺斯泰波尔（Gornostaipol）为目标。[10] 到10月14日战事平息时，切尔诺贝利城大部被德军攻克，苏军被迫后撤，桥头堡也被撕裂成若干彼此不相连的屯兵点。10月8日的国防军公报曾提到了曼陀菲尔第7装甲师："在第聂伯河中游作战的曼陀菲尔少将率领的第7装甲师因其大胆的进攻和强悍的防御而表现格外出众。"[11]

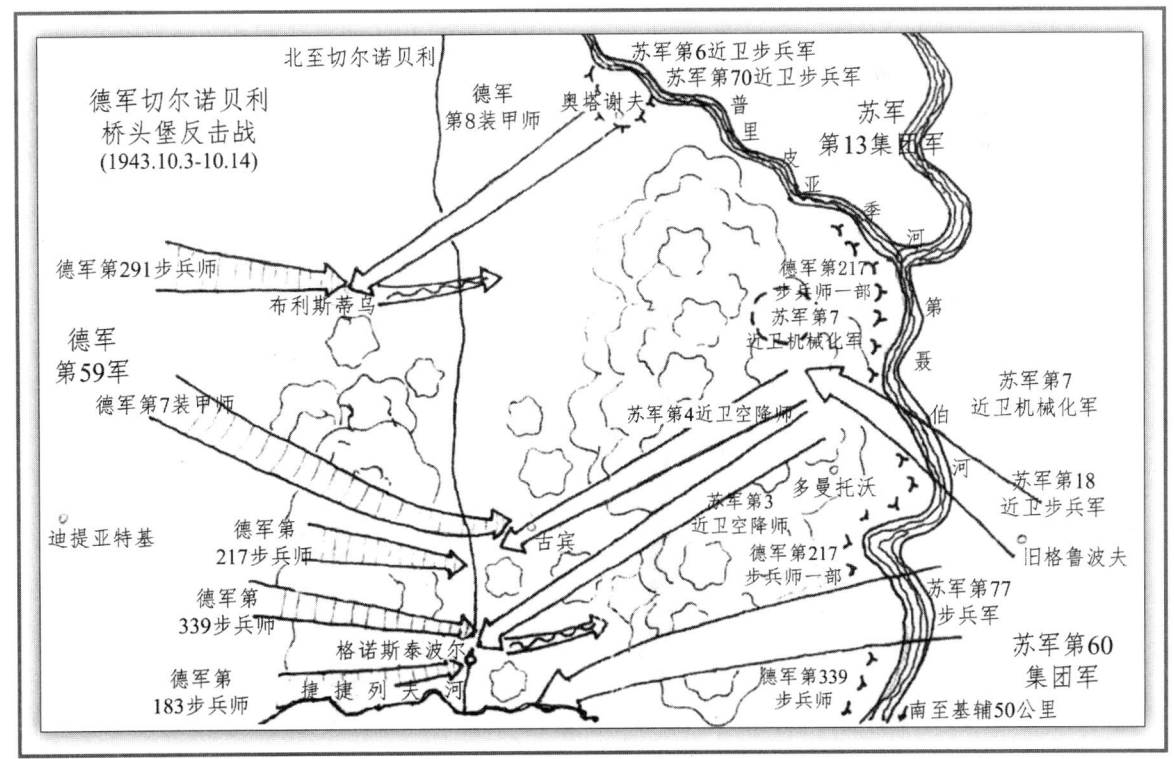

▲ **德军切尔诺贝利桥头堡反击战**

就在德军夹击切尔诺贝利桥头堡的战事收尾之际，苏军从基辅北面靠近亚斯诺格罗德卡(Yasnogorodka)的桥头堡发起了颇具规模的攻势，曼陀菲尔奉命于10月10日向南移动，挡住苏军突出桥头堡的势头。11日至13日，第7装甲师与其他德军一起阻止了苏军的继续突破，16日发起的反扑还破坏了苏军扩大桥头堡的努力。10月剩下的多数时间里，第7装甲师基本是在捷捷列夫(Teterev)河与第聂伯河两河之间的区域作战，尤其是17日至23日这几天里，曼陀菲尔每天都被要求发起进攻，以拉直被冲垮扭曲的防线。10月23日，第7和第8装甲师又联手向桥头堡西侧罗维(Rovy)附近的苏军进攻。

曼陀菲尔自接手第7装甲师以来，历经两个多月的连续作战和数百英里的撤退转进，官兵十分疲劳，急需休整补充。该师原定于11月第一个星期开赴基辅以西休整，但战局的急剧变化迫使高层改变了计划，11月3日，曼陀菲尔收到命令——第7装甲师到基辅以北准备迎击苏军的大规模攻势。

到底发生了什么样的局势逆转？原来，早在9月底内林第24装甲军还在布克林忙于剿灭苏军伞兵时，沃洛涅日方面军第38集团军的先头——第240步兵师——在基辅北面一个叫柳捷日(Lyutezh)的小村庄建立了一个桥头堡。瓦图京和他的政委赫鲁晓夫敏锐地意识到这可能是一个大好机会，立即命令第5近卫坦克军军长克拉夫岑科(Andrei G. Kravchenko)少将不惜一切代价增援柳捷日。远在后方的克拉夫岑科在没有任何渡河装备的情况下迅速地横渡了杰斯纳河，而后又风驰电掣般地赶赴第聂伯河，到10月5日夜6日晨，他的大约60辆T-34强渡了第聂伯河，在德军反扑柳捷日桥头堡达到白热化的关键时刻，这些坦克的到达扭转了岌岌可危的战局，使桥头堡24小时后就扩大到纵深3英里、宽达6英里。与此同时，基辅南的布克林桥头堡的苏军依然一筹莫展，缺乏重武器和弹药、受限于地形以及10个德军师的顽强防御是瓦图京两次试图冲出桥头堡均告失败的主因，正如苏联官方的《伟大的卫国战争史》所言："布克林桥头堡作战的失利清楚地表明此刻在这里无法取得迅速的突破和成功。"瓦图京和赫鲁晓夫于是把目光投向了基辅北面的这个小村庄，他们致电大本营，声言为从柳捷日桥头堡突出去并取得最大成功，必须将一个坦克集团军秘密调动到基辅北面。这个坦克集团军就是雷巴尔科的第3近卫坦克集团军，此外还有第7突击炮兵军和第13步兵军等随之北调。10月24日，大本营批准了第1乌克兰方面军（10月20日由沃洛涅日方面军更名而来）的计划，第38和第60集团军、第3近卫坦克集团军及第1近卫骑兵军等将于11月1日至2日在柳捷日桥头堡发起主攻，而布克林桥头堡的第27和第40集团军则将在主攻开始前两日发动佯攻以吸引德军。

10月25日夜，第3近卫坦克集团军与大批步兵在倾盆大雨中悄悄撤出了布克林，向着北面的柳捷日进发了。尽管雷巴尔科的坦克部队经过前阶段的血战只剩下一半的实力，但还拥有300辆以上的坦克和自行火炮、数百门大炮与迫击炮、装甲运兵车和各种轮式车辆，所以撤出车辆和装备的任务十分繁重。从布克林至柳捷日足有200公里，期间需要隐蔽地两渡第聂伯河和杰斯纳河。为掩饰意图和麻痹德军，雷巴尔科留在布克林的通信部门与集团军下属军、师之间还保持着繁忙的无线电联系；在老阵地附近安置了大批假坦克以及被毁的坦克和自行火炮来欺骗德军，这些足以乱真的假坦克甚至还诱使德军10月底进行了两次轰炸；瓦图京为进一步迷惑敌人还安排了数次佯攻，不断施加的压力迫使曼施坦因增兵布克林，而且还愈发坚信这里就是苏军主攻点。另一方面，赶往柳捷日的坦克集团军昼伏夜行，行军中保持无线电完全静默，经过整整7夜的跋涉，这支神秘的大军终于抵达了柳捷日桥头堡。这次大规模秘密调动取得了完全成功，显示出苏军将领的用兵水准和指挥艺术在二战的第5个冬天已与德军不分伯仲。当然，连日的恶劣天气也帮了大忙，正如朱可夫战后所言："运气站在了我们这一边，天气并不适于飞行，整个调动期间敌军的空中侦察完全失去了效用。"当雷巴尔科集团军已潜入柳捷日桥头堡时，在德军10月底、11月初的战场态势图上，该部的位置仍被标识在第聂伯河东岸、位于柳捷日与布克林之间大约中点的鲍里斯波尔(Borispol)。霍特的司令部在苏军主攻发起前确曾注意到大批苏军渡过杰斯纳河后向西北方向推进，但囿于天气瘫痪了空中侦察，霍特称无从辨明其目的地。

曼施坦因在《失去的胜利》一书中曾简略提及柳捷日桥头堡的作战："……11月初，力量强大的敌军又向集团军群北翼第4装甲集团军的第聂伯河防线发起了进攻……显然，第4装甲集团军所部面对强大得多的苏军，根本无力守住第聂伯河防线。"[12] 曼施坦因留给后人的印象似乎是苏军在第聂伯河诸桥头堡均有压倒优势的重兵，其实他有意无意地忽视了苏军从柳捷日桥头堡破茧而出的关键因素，即雷巴尔科坦克集团军成功的秘密北调。或许，曼施坦因是有意回避苏军在自己眼皮底下调动了数百辆坦克和数万大军，而自己竟毫无所知的尴尬。

到11月1日，瓦图京在柳捷日地区已悄悄集中了3个集团军、1个坦克军和1个骑兵军，步兵是德军3倍，坦克数量比为9比1，此外还拥有2000门大炮和500门喀秋莎火箭炮，火炮密度也达到了进攻正面每公里400门。苏军大本营给瓦图京的任务就是尽快冲出柳捷日桥头堡，从北面逼近和占领基辅，在歼灭德军第4装甲集团军的同时，深入敌后夺取重要的交通枢纽日托米尔(Zhitomir)、法斯托夫(Fastov)、别尔季切夫(Berdichev)和文尼察。完成上述目标后瓦图京将掉头向南，以围歼整个德军南翼为最终目标。

如此宏大的计划在11月3日破晓之时拉开了帷幕，整整40分钟的炮火准备达到了那时为止东线前所未见的规模，而当晨雾散去之后，苏军第2空军集团军又开始狂轰滥炸，最后才由第38集团军第一梯队的步兵在克拉夫岑科坦克军支援下冲向前沿。苏军的炮火和空袭极具毁灭性，第一线的德军第68、第88和第208等步兵师几乎没有还手之力。霍特急令第20装甲掷弹兵师和第8装甲师一部赶往战场救急，但即便这些部队也无法阻止苏军6个步兵师和1个坦克军排山倒海的势头。紧要关头霍特又将曼陀菲尔第7装甲师调了上来。曼陀菲尔在11月3日早些时候接到命令后，立即马不停蹄地赶往柳捷日，不等部队到齐和重组完毕即将手头的力量组成战斗群，与第20装甲掷弹兵师和第8装甲师开始反攻。装甲掷弹兵们相当骁勇，被打退后立即重组，而后继续反扑。夜幕降临时德军夺回了一些失地，暂时止住了苏军的势头。

11月4日下午晚些时候，瓦图京投入了第3近卫坦克集团军和第1近卫骑兵军，数百辆坦克沿着第38集团军步兵杀开的血路，如出笼猛虎般在夜色中上阵了。令德军震撼的是，这些T-34坦克在全速冲刺、不断开炮的同时，竟然全部打开了照明大灯，还发出凄厉的警报声！雷巴尔科的做法无疑是以其人之道还治其人之身，就像1941年夏德军的斯图加轰炸机在狂轰滥炸之时发出的凄厉叫声吓破了不少苏军的胆一样，德军也被眼前的骇人阵势吓到了。不过，这些招数对第7装甲师这种部队并没有太大的影响，曼陀菲尔更忧虑的还是一个个坦克旅冲锋齐射时射出的致命炮火。他以第25坦克团为核心组织了一个装甲战斗群，向苏军发起了多次反扑，但也无力阻止对手在基辅以西5英里处渡过伊尔平河(Irpen)。苏军坦克随后沿日托米尔至法斯托夫的公路推进，由于法斯托夫是基辅西南最重要的交通枢纽之一，第7装甲师与第20装甲掷弹兵师奉命立即反扑。交战之初德军取得了局部成功，但潮水般涌来的苏军坦克编队使它们就像汪洋中的两片孤舟，曼陀菲尔师被推挤着朝日托米尔撤去，第20装甲掷弹兵师的第90掷弹兵团则被裹挟到基辅，而这支部队最后在5日夜幕降临时匆匆弃城而去。德军第88步兵师在混乱中撤到基辅城西，其师长在试图恢复秩序时被追击的苏军击毙。

负责进攻基辅本身的苏军是第38集团军的第50、第51步兵师及克拉夫岑科坦克军的一部，而雷巴尔科坦克集团军则完全绕过基辅，将目标放在事关全局的德军补给线和交通枢纽上。德军5日夜的态势已清楚表明基辅的失守在所难免，守城的第7军开始撤退，第7装甲师、第20装甲掷弹兵师和党卫军"帝国"师的装甲战斗群等均被对手的强势震退到基辅西侧，法斯托夫—别尔季切夫—日托米尔一线都面临着极大危险，南方集团军群整个北翼的生命线随时都有可能被掐断。

5日夜8时整，瓦图京下达了基辅总攻令，克拉夫岑科的坦克军搭载着步兵，再次打开刺眼的大灯，依旧发出刺耳的警报声，轰隆着向基辅城廓高速冲去。到6日晨4时，城内德军的抵抗全部平息，瓦图京终于完成了在11月7日十月革命周年纪念日前解放基辅的重任，斯大林命令莫斯科和各地鸣放礼炮庆贺胜利，率先进入基辅的克拉夫岑科也获得了"苏联英雄"的称号。

就在赫鲁晓夫进入基辅接受欢呼的时候，雷巴尔科率其坦克集团军绕过基辅继续向西南推进，一路上切断了德军补给线，阻断其进入基辅的道路，并向基辅西南30英里外的法斯托夫发起了猛攻。11月5日时法斯托夫的德军大约仅有3个营，一个是由结束休假归队者临时拼凑起来的，另两个则是由上年纪的人组成的守备营。此时曼陀菲尔本人仍在前线，但他的师部就在法斯托夫。师部军官们带着这些战斗力薄弱的步兵营和若干高炮部队进行了一番抵抗，但如螳臂挡车一般，哪能阻挡滚滚向前的装甲铁蹄？

法斯托夫告急的时刻，曼施坦因认定挽救危局的唯一措施就是将所有能抽调的装甲师集中在法斯托夫—日托米尔地区进行反击，而眼前的重中之重就是守住法斯托夫，遏制苏军坦克继续南下，为装甲部队的集结重组争取时间。曼施坦因6日夜急令第4装甲集团军，把刚从西线开到的正在别尔季切夫附近卸车的第25装甲师投入法斯托夫的反击中。这是一支训练不足且毫无东线经验的新编装甲师，这支不幸的部队虽拥有90余辆四型坦克，还配属有第509重型坦克营（45辆虎式坦克），但接到命令时它的坦克团距基辅战场尚有两天路程，到达别尔季切夫的仅是其装甲掷弹兵团。第4装甲集团军命令该师"以最快速度进军法斯托夫，并与党卫军帝国师的一个团一起，不惜任何代价死守。"[13] 第25装甲师的机械化步兵搭乘着装甲运兵车和汽车出发了，却不想法斯托夫已在7日破晓之时被苏军第91独立坦克旅占领，城内的第7装甲师师部和少数官兵也只是在城破前匆忙西撤，幸运地与曼陀菲尔的接应部队会合才逃过一劫。7日中午，第25装甲师第146装甲掷弹兵团在法斯托夫以南地带遭遇了上百辆的苏军坦克，掷弹兵们惨遭屠杀和血洗，幸存者们心有余悸地领教了东线的残酷血腥，官兵们经受的心理重创和人员装备的极大损耗使该师数周后还未能恢复元气。不过，第25装甲师的这次行动、连同它的第9坦克团在9日赶到后发起的执著反扑，多少还是迟滞了雷巴尔科的推进，"帝国"师装甲战斗群在第10装甲掷弹兵师和第198步兵师帮助下，也得以暂时阻遏了苏军的势头，为德军集结装甲部队赢得了时间。

当法斯托夫失守的消息传到曼施坦因那里时，他不由得又惊又怒——装甲部队的集结重组尚未展开，而预定集结地却已易主，而且苏军坦克箭头向西、向南推进的脚步依然没有放慢。曼施坦因当日乘飞机赶往元首大本营，恳求希特勒把预定派往第聂伯河下游的3个装甲师调到法斯托夫方向进行反击。希特勒起初拒绝了其提议，但最后总算同意把从法国和巴尔干调来的第1装甲师与党卫军"希特勒警卫旗队"师改派到基辅方向。

令曼施坦因心惊头疼的还不止法斯托夫，科罗斯坚(Korosten)至日托米尔的铁路线，也即是南方集团军群北翼与中央集团军群南翼之间的铁路连线也被切断了。在科罗斯坚方向，德军第59军于11月8日至9日被切尔尼亚霍夫斯基强大的步兵集群逼退到捷捷列夫河南岸，与邻军第13军之间出现了宽达20公里的缺口，虽有第291步兵师被派去堵上缺口，但也无济于事。第59军仅有实力不足的第291步兵师和"C"军级集群（德军的这种军级集群一般由3个减员过重的师的残部组成，每师由一个团级单位代表，接收来自各师原补充营的新兵，希望危机过后能恢复各师的建制和实力），却负责70公里的防线，面对的苏军多达11至12个步兵师。11月10日，苏军从多处渡过捷捷列夫河，轻易捅破了薄纸一般的德军防线，取得了纵深15公里的突破。[14] 由于众多地段被突破，德军被迫分成若干加强团规模的战斗群分头迎战，同时向科罗斯坚城撤去。苏军游击队在科罗斯坚以西非常活跃，而轴心国方面只有少量的匈牙利警备队驻守在若干堡垒化的城镇。为避免左翼被迂回包抄，第291步兵师派出了以第505掷弹兵团为核心的战斗群向左翼运动，同时掩护第59军余部向科罗斯坚撤退。11月15日，苏军第60集团军所部攻克科罗斯坚，德军第291步兵师（前述战斗群在12日至13日经35公里跋涉后成功突围）和"C"军级集群分别在科罗斯坚城东北和东南12英里处构置防线。此时第59军已成左右无邻的孤军，尽管其防线对科罗斯坚形成了半包围态势，但随着苏军的推进，它自身反而处于更大的包围圈中，给养和弹药只能依靠空投。

比科罗斯坚更早失陷的是日托米尔，第7装甲师的装甲战斗群和第8装甲师都曾徒劳地试图沿基辅至日托米尔公路阻滞苏军西进，但相较于对手的力度和速度，他们的力量实在微不足道。日托米尔周边的德军第7军混乱地快速撤退，由后勤和休假归队者拼凑的守备部队更是不堪一击，即便第8装甲师一部在日托米尔北边曾一度阻止了苏军第1近卫骑兵军，日托米尔还是于13日被苏军第38集团军和第1近卫骑兵军携手攻克。

随着基辅、法斯托夫、日托米尔和科罗斯坚等一系列重镇被依次攻克,一个对苏军非常有利的战略态势出现了——如果苏军大本营此时能够大胆筹划,将基辅以西和西南的成功突破与南翼的基洛夫格勒(Kirovograd)—克里沃罗格(Krivoyrog)方向的推进(11月14日开始)结合起来,并将之演变成宏大的钳形攻势,那么德军南方集团军群绝大多数部队都有可能陷入巨大的包围圈中,1943年冬被灭顶的就不仅仅是北翼的第4装甲集团军了。当然,这一局面并未出现,这或许是因为苏军已满足于在基辅以西攻城掠地和切断交通线,或许基辅以西的作战区域与基洛夫格勒—克里沃罗格方向实在相去甚远,也或许是因为苏军战线已拉伸得过于宽大、兵员和补给都出现了相当大的困难,或者干脆就是因为统帅们此时还没有足够的胆量发动规模空前的钳形攻势。但无论如何,苏军在短短10天内已取得了惊人的成功确为不争的事实。德军第4装甲集团军的11个步兵师尽皆遭受重创,物资和重武器的损失姑且不论,作战部队的大量减员亦使某些步兵师仅剩团乃至营的实力,第7、第8和第25装甲师被上千辆苏军坦克打得支离破碎。朱世巍在其著作《东线:决战第聂伯河》一书中引述的苏军战史资料称,苏军此役以自身伤亡3万余人的代价消灭了10万德军,击毁和缴获火炮与迫击炮约1200门、坦克和强击火炮600辆、飞机90架、汽车2000辆。[15] 这样的失败在德军最负盛名的曼施坦因身上还是第一次出现,他自然要在惨败的阴影下竭力找回颜面。

11月8日起,即将参加反击战的各装甲师开始在基辅西南集结,它们将在第48装甲军指挥下发动攻势。13日,原任意大利战场第14装甲军军长的巴尔克伤愈归队,他原本被任命为第40装甲军军长,该军正在第聂伯河下游东岸的尼克波尔(Nikopol)桥头堡作战,但他在赴任前面见曼施坦因时,意外得知自己被改任为第48装甲军军长。曼施坦因对他说:"第48装甲军的作战区域基辅一带是事关全局的重中之重,我必须把最优秀的装甲指挥官派到那里,元首已同意改派你去第48装甲军。"到15日时,巴尔克手下已集结了6个装甲师(第1、第7、第19、第25装甲师,党卫军"希特勒警卫旗队"师和"帝国"师装甲战斗群)和第68步兵师,这些部队无疑代表着一支令人敬畏的力量,其中不少都是国防军或党卫军的精锐王牌。另外,曼施坦因还允诺,反击发起后他将把第16装甲掷弹兵师和第168步兵师从其他方向调来支援。下表列出了11月20日时德军装甲部队拥有和能参战的坦克与突击炮数量,其依据是第4装甲集团军战时的每周状况统计资料。

由下表可见,为对付实力雄厚的瓦图京第1乌克兰方面军(12月初时瓦图京已拥有452000人、1100辆坦克、6000门大炮和迫击炮,包括66个步兵师和8个坦克军或机械化军[16]),德军集结了恐怕是库尔斯克之后到那时为止数量最多的坦克和突击炮。参战部队中以"希特勒警卫旗队"师与第1装甲师这两个"第一师"实力最为雄厚,尤其是前者刚刚结束休整和重新装备,拥有218辆坦克(95辆豹式、96辆四型和27辆虎式)和50辆突击炮,兵员近2万,可谓实力和战斗力最强悍的主力。第1装甲师在11月10日时也拥有95辆四型、76辆豹式坦克及24辆其他坦克,[17] 相较而言,倒是曼陀菲尔第7装甲师和同在东线转战数月的第19

1943年11月20日基辅反击战发起时德军装甲实力一览

单位	坦克数量		突击炮数量		总数	
	拥有数	可投入作战	拥有数	可投入作战	拥有数	可投入作战
希特勒警卫旗队装甲师	218	58	50	35	268	93
党卫军帝国装甲师	144	41	23	8	167	49
第1装甲师	196	122	-	-	196	122
第7装甲师	33	17	-	-	33	17
第8装甲师	78	8	-	-	78	8
第19装甲师	30	10	-	-	30	10
第25装甲师	75	26	10	4	85	30
独立单位	38	16	43	15	81	31
总计	812	298	126	62	938	360

资料来源:Gregory Liedtke. Furor Teutonicus: German Offensives and Counter-Attacks on the Eastern Front, August 1943 to March 1945. *Journal of Slavic Military Studies*, 2008, 21(3), pp.563-587.

装甲师实力最弱（曼陀菲尔的33辆坦克还是在11月9日至14日陆续接收了20辆四型坦克后才勉强达到的[18]），但令人称奇的是，第7装甲师却是随后持续月余的反击战中表现最出众的部队之一，曼陀菲尔本人也在日托米尔及其周边的一系列攻防战中达到其军旅生涯的第一个高峰。

弄潮涛头立——日托米尔雄狮

就在曼施坦因组织多个装甲师发起反攻期间，日托米尔被攻克，霍特作为基辅失守以及第聂伯河防线被突破的替罪羊而遭解职，第47装甲军军长劳斯升任第4装甲集团军司令官。按照时任第48装甲军参谋长的梅林津的说法，他与巴尔克计划从法斯托夫出发直扑基辅桥头堡，切入苏军后方后围歼对手，彻底消除其继续西进的可能性。为此，巴尔克装甲军右翼的第8装甲师、第20装甲掷弹兵师、第208步兵师以及第2伞兵歼击师等也将同时投入进攻。梅林津称，"以安全和稳妥至上的"劳斯否决了这个胃口过大的计划，

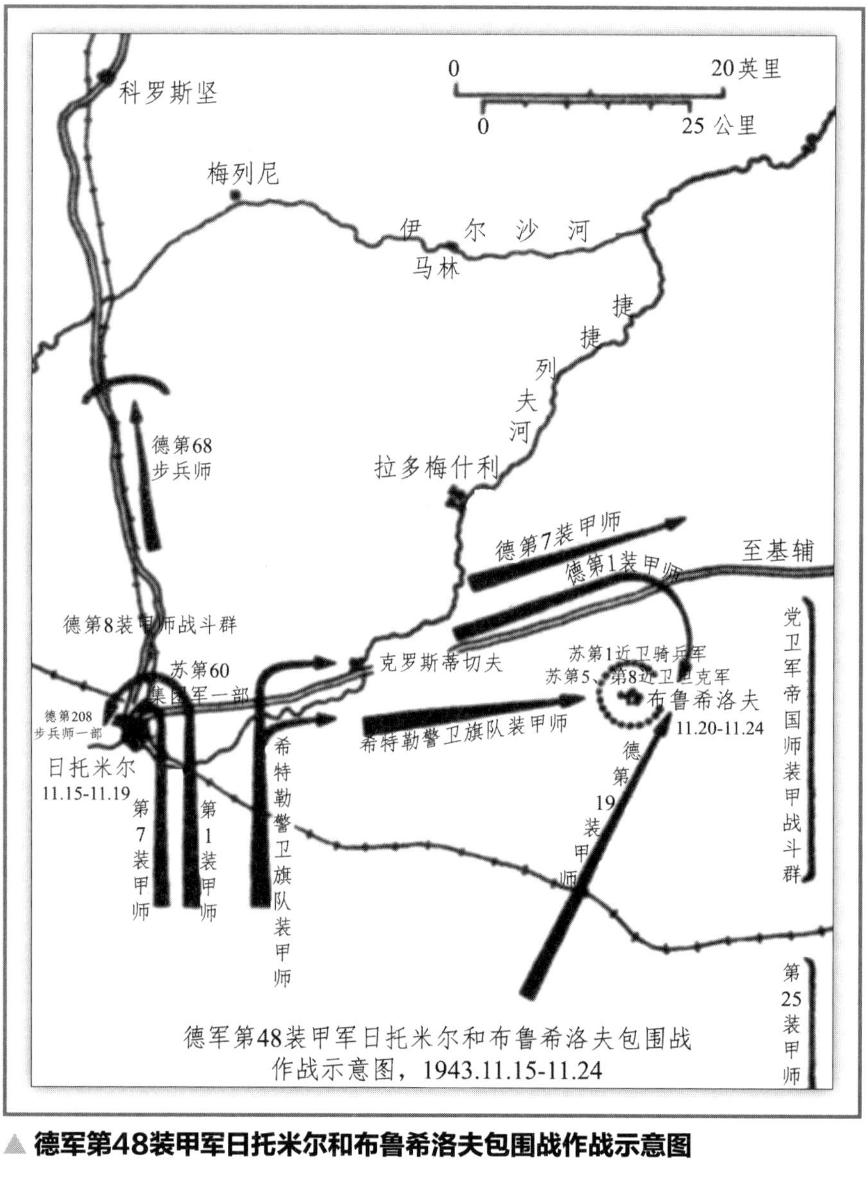

▲ **德军第48装甲军日托米尔和布鲁希洛夫包围战作战示意图**

命令他们在转向基辅前先夺回日托米尔和肃清周边之敌,而后再由西向东从正面将苏军前沿挤向基辅。[19] 经过一番争论,德军的打击重点被确定为日托米尔和科罗斯坚之间敞开的苏军侧翼,装甲部队将依靠机动灵活围歼此间的对手。待防线连成一体、消灭或重创了对手的主力后,德军将领们希望能就势清除整个基辅突出部。

11月15日,第48装甲军各部按计划从法斯托夫南的集结地出发(之前数日里德军已在集结地附近清场,消灭了第3坦克集团军的若干先头部队),向着基辅至日托米尔的铁路方向进军了。巴尔克将第25装甲师和"帝国师"装甲战斗群(帝国师第3和第4掷弹兵团到11月12日为止仅有172名官兵尚能作战,倒是坦克团实力不俗)部署在右翼,左翼为第7装甲师和第68步兵师,主攻则是第1装甲师和"希特勒警卫旗队"。第7装甲师被部署在别尔季切夫北面的区域,进攻发起后进军速度非常快,友军根本赶不上其进度,当日即抵达日托米尔东南的斯坦尼谢夫卡

德军第48装甲军拉多梅什利和梅列尼之战示意图 ▲

(Stanischevka)，次日又攻占了日托米尔以东大约12公里的留可夫 (Lewkoff)。17日，"希特勒警卫旗队"师的第1装甲掷弹兵团抵达日托米尔—基辅铁路上的科切罗沃 (Kocherovo)，切断铁路和公路后开始面朝东方警戒苏军的反扑和增援。第1装甲师的出发阵地位于法斯托夫西南的科尔宁 (Kornin) 附近，该师17日抵达铁路后奉命由东向西朝日托米尔推进，与已处于有利进攻位置的第7装甲师夹击日托米尔，任务完成后再向科切罗沃西北的苏军发动攻势。舒尔茨上校的第25坦克团17日晚些时候开始率先攻打日托米尔，苏军第60集团军的守城部队进行了顽强抵抗。当时德军已对日托米尔形成包围态势，除第7装甲师由东南向西北进攻、第1装甲师从东向西夹击外，日托米尔以南的若干部队，包括第8装甲师的第80装甲炮兵团在内，也在突击炮支援下从南面进攻，但这个方向的德军在城南3公里处遭受阻击而裹足不前。第8装甲师的另两个战斗群，即"拉多维茨"(Joseph von Radowitz) 战斗群（含第8和第28装甲掷弹兵团）和"米茨拉夫"(Bernd Freiherr von Mitzlaff) 战斗群（由第10坦克团1营、第10装甲炮兵团1营和第8搜索侦察营组成），[20] 则自15日起在日托米尔北面的切尔尼雅科夫 (Chernyakov) 攻打苏军阵地。此外，德军第208步兵师一部也在日托米尔西面维持着对守军的压力。即令如此，兵力并不算多的守军还是令各路德军一度一筹莫展。曼陀菲尔战后曾忆述过当时的战况：

"……11月18日我一整天都在试图突入日托米尔，但无法在敌军防线上找到明显的弱点……大约天黑前一小时我收到无线电呼叫，要我迅速赶到舒尔茨上校那里。这可真是不同寻常——两小时前我们刚在师部碰过头，很担心他发生了什么意外。当我赶到舒尔茨那里时，得知他在向日托米尔推进的途中，在一处反坦克炮阵地附近撞见了一些醉醺醺的苏军士兵。这个消息无疑提醒我要立即行动，于是我马上命令各部攻城……我还发出了这样一条讯息：'圣诞礼物正在日托米尔等着我们！'我和舒尔茨带着6辆坦克、约100名装甲掷弹兵乘着夜色逼近了日托米尔城。舒尔茨挺立在坦克编队的最前方。我们的每辆坦克都与装甲掷弹兵们密切合作，在堪称典范的团队努力下，我们这个小战斗群沿着一条条街区逐渐向市中心推进。我们出发的时间是18日傍晚5点，到19日凌晨3点时终于突破了苏军最顽强的防御阵地，开始清理城中的零星抵抗。装甲掷弹兵与坦克乘员们十足的冲劲直到今日仍留给我整个战争期间最深的印象。舒尔茨与我最后一起徒步前进，时至今日，我依然记得他不停地与我握手，显然每个人做到的每样事情都令他激动不已。"[21]

由于守城苏军始终受到来自各方向德军的压力，而且无法判明对手的主攻方向以及到底有多少部队，为避免全军覆没，守军主力在城破之前向东北方向撤离。曼陀菲尔的机械化步兵与苏军余部展开了激烈巷战，守军在一些制高点和大楼进行了顽强阻击。舒尔茨命令坦克团掉转炮口，向射出子弹的大楼齐射，霎那间支离破碎的大楼一幢幢陆续坍塌。

其实，最先向舒尔茨报告苏军抵抗意志似乎正在瓦解的是德军特种兵"勃兰登堡"(Brandenburgers) 部队的"亚历山大营"官兵。[22] 大约100名左右的"亚历山大营"特种兵参加了日托米尔之战，他们在攻城途中发现了苏军反坦克炮阵地里喝醉的士兵，立即报告了舒尔茨，后者调来6辆坦克，一番齐射将这个阵地彻底摧毁。城内苏军有组织的抵抗被平息后，"勃兰登堡"部队的特种兵们开始了巷战，一些苏军还在坚持抵抗，德军在每幢大楼的每一层里搜寻残敌，有时还登上房顶追逐四散逃逸的苏军。曼陀菲尔对"勃兰登堡"部队官兵的作战水准和战斗意志给予了高度评价，对他们与坦克部队的有效合作也很赞赏。

但是，曼陀菲尔感谢最多的，还是他那位永远冲在第一线的坦克团长。在接受国防军宣传队记者采访时他说："最优秀的指挥官舒尔茨率领坦克团始终站在攻击大潮的最前端，他以无与伦比的勇猛和献身精神，鼓舞并支援着我们的装甲掷弹兵、装甲炮兵和通信兵……他是所有官兵的楷模，我对他及第25坦克团的感激是无法用语言表达的。"在他的鼎力推荐下，舒尔茨后于12月14日成为陆军继隆美尔之后的第2个、德军第9个获得镶钻骑士最高战功勋章的军人。曼陀菲尔本人也在11月23日因夺回日托米尔的战功被授予橡叶骑士勋章，但他本人相当谦逊，称荣誉属于第7装甲师的每个官兵。

日托米尔的克复，固然因这里是重要的交通枢纽而具有相当的战略战术价值，但更主要的还是其象征意义——数月里处处受挫的南方集团军群总算赢得了一场睽违已久的胜利,无疑被希特勒和曼施坦因认为是注入南方战场的一针强心剂。德国媒体当然极为兴奋,给予了大肆宣扬,曼陀菲尔也被称为"日托米尔雄狮",希特勒更是邀请曼陀菲尔到大本营与之共渡圣诞,还颇有兴趣地请他描述攻打日托米尔的战术细节。

不过,曼施坦因集团军群北翼的态势并没有因日托米尔的克复出现较大改观,更激烈的战斗在1943年最后的日子里一直在进行着。曼陀菲尔苦战攻城的当天,苏军在日托米尔以东约40公里的布鲁希洛夫(Brussilov)集结了重兵,并于18日向第48装甲军右翼发起了进攻。苏军的主要部队就是雷巴尔科坦克集团军所属的第5、第8近卫坦克军及第1近卫骑兵军。苏军的此番攻势在严防死守的"希特勒警卫旗队"师面前无功而返,巴尔克倒从瞬息万变的战场态势中嗅到了灵活调动兵力、以钳形攻势消灭眼前苏军的机会。他的具体部署如下:

18日刚在白采尔科维(Belaya Tserkov)西北完成集结的第19装甲师将分成两个部分,一部是装甲师主体,将从科尔宁北面出发自南向北进攻,另一部是它的第74装甲掷弹兵团,将沿东北方向朝大戈利亚基(Velikie Gliaki)推进,与第25装甲师会合后暂隶后者指挥;第25装甲师分成三个战斗群,从法斯托夫以西地带出发自南向北进攻;缺乏机械化步兵的党卫军"帝国师"则在开始阶段负责掩护;"希特勒警卫旗队"师负责从西面发起主攻,第1装甲师也将沿日托米尔—基辅公路由西向东进攻;第7装甲师将向西北方向推进,在拉多梅什利(Radomyshl)南面绕过该城,为各路装甲师形成沿捷捷列夫河的北面保护翼,而后再南下夹击苏军;第68步兵师则在第7装甲师左翼实施保护。

11月20日晨1点,在漆黑一团的阴冷暗夜里,"希特勒警卫旗队"师以两个装甲掷弹兵团为主组建的两个战斗群(各配属一个坦克营和若干突击炮)分头出发了。在虎式坦克和三号突击炮带领下,党卫军装甲掷弹兵轻易地在苏军防线上捅开了一个个窟窿。但是好景不长,沿着沃多提(Vodotyi)至布鲁希洛夫公路进军的党卫军第2装甲掷弹兵团和第1坦克团1营,凌晨3时左右在布鲁希洛夫西南3公里处遭到极顽强的抵抗,经过血战之后两处苏军阵地被攻克,但在到达距布鲁希洛夫仅1.5公里处时,隐藏在密林中的苏军反坦克炮彻底挡住了这支党卫军的去路。破晓之时,党卫军的攻击箭头在苏军大炮和反坦克炮的轰击之下完全止步,迫使"希特勒警卫旗队"师师长维施(Theodor Wisch)下令暂停进攻。梅林津战后曾称这是鼎鼎大名的"希特勒警卫旗队"师在战争中第一次发起攻势却未能达到目的。党卫军第1坦克团团长舍恩贝格尔(Georg Schonberger)也在20日中午被炸死,年仅28岁、以攻击性和胆大敢为著称的派普(Joachim Peiper)继任团长。[23]

"希特勒警卫旗队"师的第1装甲掷弹兵团和豹式坦克营组成的战斗群开始向西迂回,准备绕过苏军反坦克防线后再掉头东进,而后从北面进攻布鲁希洛夫。这个战斗群一路磕磕绊绊,终于在22日杀到布鲁希洛夫西北的奥泽尔雅尼(Oserjany),但在猛烈的炮火打击下无法继续突破。该部随即奉命与苏军脱离接触,赶到布鲁希洛夫南面的索罗夫耶夫卡(Solovyevka)一线,负责掩护正由南向北进攻布鲁希洛夫以东雅斯特雷本卡(Yastrebenka)的第2装甲掷弹兵团。雅斯特雷本卡之战是派普任坦克团长后的第一次重大攻坚战,第2装甲掷弹兵团在派普的虎式坦克连和装甲运兵车营支援下,花了近一天时间才经过惨烈的逐屋争夺占领了布鲁希洛夫正东的这个重镇。在战斗陷入僵局的时刻,派普投入了自己之前任营长的装甲运兵车营,而该营绕过苏军正面阵地后从四面八方高速杀入村庄,沿途向一切目标不停开火,将派普一贯的胆大和犀利风格发挥得淋漓尽致。这次战斗后来被认为是派普打消坦克团官兵对新团长的所有疑虑,并由他示范如何攻坚的标准一仗。

虽然主攻方向受挫,但德军两翼的攻势相当成功,尤其是曼陀菲尔第7装甲师的计划执行得相当完美。21日,党卫军"帝国"师战斗群奉命调动到拉多梅什利东南的施塔维谢(Shtavische)附近,并在这里加入曼陀菲尔的作战序列,这个"曼陀菲尔战斗群"于23日至25日期间在施塔维谢周边发动了一系列攻势,消灭了相当数量的苏军。第1和第19装甲师同样表现不俗。20日时,第1装甲师沿日托米尔至基辅公路的两侧向东推进,切入到布鲁希洛夫以东苏军的后方,引起了相当大的混乱。第19装甲师虽然前阶段一直在第聂伯河大转弯处苦战不已,尽管在泥泞和堵塞的道路上的一路强行军造成部队十分疲劳,但还是在右翼迅速实现了突破,以仅仅损失4人的代价摧毁了苏军16辆装甲车和35门以上的反坦克炮。[24]

不过,他们的指挥官显然不熟悉军长的指挥风格——"夜间行军少流血"就是巴尔克一贯以来的座右铭。巴尔克的想法是由第1和第19装甲师一北一南在布鲁希洛夫以东地带合围苏军,而这两个师的师长未能充分利用20日取得的突袭效果,反而在当夜停止了推进。这一停顿激怒了巴尔克,他不容争辩地命令两位师长克服一切疲劳和伤亡,务必迅速完成对布鲁希洛夫的包围。梅林津战后曾回忆说,第1和第19装甲师的先头在21日夜9时即在布鲁希洛夫以东会师,不过他的记忆似乎不甚准确。第1装甲师迟至23日才夺取了布鲁希洛夫东北十余公里处的维索科耶(Wysokoje),而后开始掉头南下,该师第113装甲掷弹兵团在坦克和工兵协助下,当日夜经过突袭攻克了斯德维希(Sdwish)的苏军防线。[24] 在向南追逐苏军的过程中,第113装甲掷弹兵团与第19装甲师的部分坦克相遇,才标志着包围圈外环的合拢。

但是,单靠兵力稀薄的两个装甲师根本无法扎紧包围圈,被围苏军与德军兵力大体相当,谁都不可能经由致命一击完全吃掉对手,包括高级将领、参谋军官和许多专业军士在内的大批苏军,都利用长长的暗夜从疏松的包围圈中溜了出去,并逐渐与开抵法斯托夫周边的苏军第40集团军会合。

派普率领坦克团、装甲运兵车营和部分装甲掷弹兵于23日攻克了更靠近布鲁希洛夫的杜布罗夫卡(Dubrovka),而后又向拉萨罗夫卡(Lasarovka)方向进攻,当日下午与正在布鲁希洛夫北郊进行试探性进攻的第1装甲师一部建立了联系,至此德军包围圈的内环也粗略成形。

24日,各路德军开始清理包围圈,不甘束手就擒的苏军进行了顽强抵抗,尤其是他们隐藏极好的反坦克炮阵地给德军造成了相当大的杀伤,连鼎鼎大名的坦克杀星魏特曼(Michael Wittmann)都认为自己每击毁一门反坦克炮比敲掉一辆T-34坦克的意义更加重大。

当时在"希特勒警卫旗队"师追踪采访的记者曾这样描述布鲁希洛夫包围战的特点:"1943年秋冬之交,发生在基辅—科罗斯坚公路三角地带的坦克战呈现出另一种面貌。苏军的反坦克炮团遍布各个地带,他们拥有上百门大炮、各种口径的反坦克枪、各式各样的障碍物以及牢固的反坦克阵地。他们将那些几乎隐形的火炮藏匿在每个村庄、每处野外阵地和每条道路后边,这些对(德军)装甲兵们构成了极大威胁。魏特曼并不是唯一一个憎恶和痛恨那些隐形者的人,而敌人已完全掌握了人与坦克大战的精要。坦克并不足惧,可怕的是那些反坦克炮!"[25]

布鲁希洛夫包围圈清理干净时,苏军留下了3000余具尸体,数千名被俘官兵,还损失了150余辆坦克、70门大炮和250门反坦克炮。单就战果而论,此役并非什么惊人大胜,更无法与1941年夏德军在围歼战中动辄俘敌几十万的辉煌相提并论,但在1943年冬,这种规模的胜利已足以让希特勒大本营兴奋一阵子了。梅林津曾指出,德军布鲁希洛夫之战的战术成功固然令人印象深刻(他说第4装甲集团军本就勉强同意第48装甲军进攻布鲁希洛夫,也不相信巴尔克会成功),但未能取得完全摧毁对手的压倒性胜利,主要原因还是装甲部队被迫先打日托米尔,使苏军得到了喘息和集结兵力的时间——在梅林津眼中,保守正统的劳斯"犯下了无法弥补的错误"。

巴尔克装甲军在日托米尔和布鲁希洛夫的连续胜利,的确鼓舞了南方集团军群北翼各部的士气。由于两次作战的苏军俘虏多为青少年或50余岁的老者,使某些德军将领简单地认为,尽管苏军人力资源丰富,但似乎并非用之不竭,更有甚者觉得1943年末的苏军步兵师的战斗力充其量只相当于1942年年中时的一半。虽然苏军步兵师的编制在1943年已两次消减,新解放地区内的所有兵源即便已被梳理多遍但仍不敷兵员补充之需,但1943年底时的苏军数量相对于东线德军而言依然充沛(600万相对250万),而且士气高昂,双方的坦克和突击炮数量对比是约5600对1500,更令人难以置信的是苏军拥有炮兵师80个,大炮和迫击炮多达10万门(德军仅有约8000门),而这还不包括步兵集团军和5个坦克集团军(第6个坦克集团军也正在创建之中)自身拥有的火炮。[26] 虽然没有证据表明巴尔克因近期的胜利而轻敌,但他决定不顾部队的疲劳损失,继续猛攻基辅桥头堡。11月25日下午,第48装甲军的5个装甲师皆已做好向东北的基辅桥头堡推进的准备。但就在这时，寒冷的天气突然转暖，冰封的大地又变成了泥泞的世界，所有机动和进军都被迫停止。当日下午5时15分，巴尔克电令各部中止进攻准备并即刻转入防御。曼陀菲尔第7装甲师和其他疲敝的部队终于迎来了短暂的喘息之机，开始以高效率重组部队、补充人员装备以及修理受损的装甲车辆。

布鲁希洛夫之战达到高潮的同时，德军步兵师于11月24日包围并于27日攻克了科罗斯坚，再次打通了至日托米尔的交通线，中央和南方两大集团军群之间又恢复了陆路联系。

以后人的眼光来看，苏军的一系列受挫和失利固然算不上大败，但在1943年冬，这些失败并不令人惊讶地引起了斯大林对瓦图京的关注和不满。早在日托米尔被德军攻占后的11月20日，斯大林即打电话给白俄罗斯方面军司令员罗科索夫斯基，称"瓦图京那里情况不太妙，敌人在那边转入了反攻并攻占了日托米尔。形势变得严峻了，如果再这样下去，就会构成一种威胁，希特勒匪徒就有可能打击白俄罗斯方面军的翼侧。"[27] 罗科索夫斯基战后曾回忆说自己感觉到了最高统帅的生气和不安，并惊讶地获知斯大林任命他作为大本营代表，前往瓦图京司令部了解情况，并采取必要措施打退德军的进攻。随后罗科索夫斯基又接获密令，告知他必要时可取代瓦图京直接指挥第1乌克兰方面军。看来，随着德军反击的步步得手，瓦图京这位11月初光复基辅的头号英雄在斯大林心目中的份量正急剧下坠，最高统帅甚至还疑虑其是否胜任方面军主帅。罗科索夫斯基迅即地赶到瓦图京的司令部，发现忐忑不安的后者"总是以一副辩白的腔调讲话，把谈话变成了犯有过失的下级对上级的报告。"[27] 经历过大清洗时代的瓦图京自然对斯大林的钦差大臣满怀畏惧，更何况他因拔得解放基辅的头筹，而与罗科索夫斯基还产生过罅隙。百般安抚之后，罗科索夫斯基与镇定下来的瓦图京一起探究失败的原因，认为根源就在于德军利用了第1乌克兰方面军的消极被动，以强大的坦克集群"时而在此处，时而在彼处实施突击。而瓦图京不是以强有力的反突击来回敬敌人，而是继续防御。"[27]

罗科索夫斯基在回忆录中称瓦图京是"军事上很有造诣的将军，总是举止安详，镇定自如"，但也不客气地指出他作为方面军统帅每天总是被司令部的事务忙得团团转，似乎将参谋长博格柳博夫(A.N. Bogolyubov)将军当作了摆设。瓦图京回应称可能是自己当参谋军官的时间太长了（他曾任苏军副总参谋长），以致觉得事必躬亲。

与之形成对照的是巴尔克与其参谋长梅林津之间的关系，梅林津战后曾感慨地写道："……如果说曼施坦因是二战德国最卓越的战略家，那么我认为巴尔克有足够的资格被视为最优秀的战场指挥官。他有着卓越的战术素养和领导才能……我们之间那种理想的合作建基于完全的相互信任……巴尔克从不干涉司令部的繁文缛节，因为这些工作必须由参谋长负责。我特别感激勇冠三军的巴尔克将军，因为他允许自己的参谋长每隔两三天就到前沿探访，使我得以将参谋本部军官与前线部队之间本应存在的那种密切关系存续下来。"[28]

罗科索夫斯基称自己建议瓦图京"立即组织对胆敢冒进的敌人实施反突击"，而瓦图京"立即着手准备起来……出色地完成了任务，他实施的突击一下子打疼了敌人，迫使希特勒匪徒转入了防御。"[29] 罗科索夫斯基显然将扭转局势的复杂过程大大简化了——在他次日离开瓦图京总部之后，第1乌克兰方面军又经历了布鲁希洛夫的失败。尽管瓦图京在25日又以三个步兵军为主向布鲁希洛夫德军的侧翼进行了反击，但真正令巴尔克转入防御的，还是突然转暖的天气所造成的积雪融化和四处泥泞，这使其装甲部队在复杂的山地和丛林间无法进行。另外，在瓦图京真正扭转颓势之前，他还要再经受一次重击。

布鲁希洛夫之战结束后，第48装甲军将苏军逼退到捷捷列夫河附近，这时日托米尔虽在德军手中，但法斯托夫还被苏军占据，科罗斯坚虽被攻克，但又被三个苏军步兵师包围。第4装甲集团军之前的防线是朝东，现在却变成面向北方与敌对峙，双方防线的西翼都敞开着没有保护。德军侦测到苏军的频繁调动和集结、整修道路桥梁等一系列举动，曼施坦因和劳斯据此判断对手即将发起大规模反攻，于是决定抢在苏军完成准备前，在其敞开的西翼发起破坏性进攻，重点打击位于捷捷列夫河与日托米尔—科罗斯坚公路之间的第60集团军，从而使德军第13军与第59军的防线连成一体。

劳斯战后曾回忆说："……出其不意地攻击正在准备进攻的敌军，即所谓的破坏性进攻，是一种罕见但极有效的作战行动，其目的就是扰乱敌军的集结准备，延迟或弱化敌军的攻势，或迫使敌军在较不利的方向发起进攻。防御方只能在某些特定情况下发动此类攻势——敌军集结地必须就在附近，我方才有可能进行突然一击，而我方手头还须有足够强大的装甲预备队；地形和道路也必须便于部队借助夜色掩护快速机动；所有攻击准备必须不为对手察觉，或至少真实意图不能被发现。这些先决条件在俄国战场上很少同时具备，但在我担任第4装甲集团军司令官后不久的12月初，有了这样一个极佳的机会来好好打一次破坏战。"[30]

劳斯的忆述其实就是对12月6日至15日间进行的拉多梅什利之战的高度概括。11月30日，劳斯要求巴尔克准备进攻日托米尔—拉多梅什利之间的苏军第60集团军右翼。巴尔克将第1和第7装甲师以及"希特勒警卫旗队"师从原位置撤下，进入装甲集团军防线中段的切尔尼雅科夫西北集结。他的计划是以第68步兵师从日托米尔出发直接打击苏军右翼；该师左翼的"希特勒警卫旗队"师的出发位置位于切尔尼雅科夫西北，负责攻击面对德军第13军的苏军侧翼；位于"希特勒警卫旗队"师西北的第1装甲师被部署在菲德罗夫卡 (Federowka)，负责向东运动到苏军防线背后，在向拉多梅什利以北和东北方向的推进中寻机歼灭苏军有生力量；第7装甲师则部署在第1装甲师西北的沃洛达尔斯克 (Volodarsk)，任务是穿越日托米尔—克洛斯腾公路后继续向东北推进，直至抵达伊尔沙河河岸的马林(Malin)后在苏军后方施以重击。

对于第7装甲师在此战中的作用，梅林津战后曾做过如下评价："……第7装甲师是我们取胜的一手王牌。第48装甲军打算把第7装甲师部署在第1装甲师左面，并令其向苏军后方深入运动。这个精密复杂的计划如欲成功，最重要的就是必须出其不意。这绝非易事，因为该师必须得在饱受游击队袭扰、缺桥少路、极为困难的地形条件下完成机动。但巴尔克将军认为第7装甲师的这一大胆机动将决定此战之总体成败……该师担负的角色要求其指挥官具有娴熟的技巧和调整能力，还要有充沛的精力和坚定的意志。幸运的是该师指挥官是曼陀菲尔将军，他不仅完全具备上述条件，还拥有无畏的个人品质和非凡的勇气——在面对极其困难危险的任务时，指挥官个人的勇气是激励下属英勇作战所必不可少的。"[31]

劳斯与巴尔克都是东线德军不可多得的杰出将领，他深知战前准备和欺骗的重要性，一方面派人侦察攻击路线上的湿地和山林，派工兵修复必要的桥梁和道路，另一方面又命令第213安全警备师清剿附近山林里的游击队。这些完成后，他命令即将投入主攻的3个装甲师在大白天沿着主干道向日托米尔进军，意在诱使苏军相信德军主力正朝另一区域集中。除上述措施外，他还指示防御日托米尔—拉多梅什利公路南侧、朝北面对苏军的德军第13军，在装甲部队突袭的当日发起辅攻，为此他将集团军所有的炮兵营、一个火箭炮旅和一列装甲列车都增援给步兵将军豪菲 (Arthur Hauffe) 的第13军。劳斯还在该军防线背后集中了数量可观的预备队，以诱使苏军相信德军将在此方向继续前阶段失败的反攻。后来的战事进展表明，劳斯的这些欺骗策略取得了完全成功。

德军定于12月6日凌晨6时发起进攻。由于曼陀菲尔装甲师进军的路线最长、也最困难，第48装甲军的工兵5日即到日托米尔西北地区修复了一些桥梁和道路。配属给第7装甲师的虎式坦克连由于坦克过重，被暂时划归派普的党卫军第1坦克团，进攻发起时该连将先随派普东进，而后再越过苏军防线与第7装甲师会合。5日晚，参谋长梅林津把军部迁到紧邻出发阵地的地带，而后赶到各师口头传达命令，并与师长们分头讨论了作战细节。当6日晨的第一抹晨曦浮现天际时，上百辆坦克轰隆着越过了公路，开始朝各自预定的目标推进，德军战斗机和轰炸机也少见地在空中提供近程支援和轰炸。与此同时，几十公里外的第13军方向，数百门大炮和300门火箭炮开始轰炸对面的苏军防线，弹幕稍停，第208步兵师师长皮肯布洛克(Hans Piekenbrock)少将率部发起了正面攻击。这一攻势立即引起了苏军关注，因为它证实了苏军对德军近期调动意图的分析，即第13军的方向正是主攻点。苏军迅速调动预备队反击第208步兵师，但在德军多管火箭炮的轰炸下一再受阻，这又使苏军进一步将预备队投入所谓的主战场，而全然没有料到自己右翼的3个德军装甲师才是真正的王牌。

曼陀菲尔越过公路后发现了一些尚未完工的防御

工事和反坦克堑壕,但由于苏军完全未料到德军会在清晨时分从此方向突然杀到,一时阵脚大乱,防线很快告破。第1装甲师交战伊始的情形与曼陀菲尔部大体相仿,该师的突击箭头包括两支战斗群,南翼战斗群以纽梅斯特中校的第1装甲掷弹兵团为主体,北翼战斗群则以布拉德尔(Ernst-Joachim Bradel)中校的第113装甲掷弹兵团为主,两支战斗群在第1坦克团和突击炮营支援下同步向东推进。切尔尼亚霍夫斯基的第60集团军总部6日午后即被德军第1坦克团2营摧毁。曼陀菲尔也类似地将所部分成两个战斗群,迅速沿东北方向楔入苏军背后,突袭和切断其后勤与通信中心,还成功完成了与科罗斯坚的第59军两个师建立联系的任务。当日夜,第1和第7装甲师均已渗入苏军侧翼防线达30公里,抓获了不少俘虏,摧毁了相当数量的大炮与反坦克炮,也巩固了对日托米尔—克罗斯腾公路和铁路的控制。

在南面的"希特勒警卫旗队"师方向,由该师坦克团、装甲运兵车营和搜索侦察营组成的派普装甲战斗群是第一梯队(拥有4辆虎式和28辆豹式坦克、30辆四型和3辆三型坦克,另有相当多的坦克仍在修理中),以第2装甲掷弹兵团为主组成的另一战斗群跟随在派普之后进军。派普甚至在5日夜就发动了夜袭,拔除了进军道路上苏军构筑的一处360度全方位阵地,同时夺取了唯一一座能承重50吨的桥梁。等6日全师发起攻势时,派普已在东面十余公里处的安德列耶夫(Andreyev)阻断了日托米尔—科罗斯坚公路。此后6个多小时内,派普战斗群在苏军侧后方快速推进,在遭到阻拦的任何地方,他都命令装甲运兵车营带头全速冲向对手,坦克和其他装甲车辆一边跟进一边扫射,完全无视对手反坦克炮和反坦克枪的射击。派普战斗群沿途摧毁了苏军的几个炮兵连和若干反坦克阵地,到中午时分完成了首日目标,但他并没有停下的意图,而是继续推进,结果又有一些苏军炮兵和反坦克阵地被摧毁,近1500名苏军官兵被击毙,4个步兵师(第121、第322、第148和第336步兵师)的师部也被他端掉。[32]派普在12月6日当天也楔入苏军后方30公里,导致对手的大范围混乱,德军第13军下属的步兵师也乘势跟进。不过,由于派普战斗群的补给线被苏军暂时阻断,油料和弹药即将告罄,所以派普决定待弹药油料补充完毕后次日下午再度进攻。

苏军则利用这一停顿迅速调集兵力构筑了新的反坦克阵地,党卫军第2装甲掷弹兵团7日中午的推进因之受阻。派普为避免正面攻击的伤亡,准备夜幕降临后发起夜袭。经过整夜激战和不停的机动迂回,派普于8日上午夺取了拉多梅什利正北的要地萨博洛特(Sabolot),而后迅速南下逼近拉多梅什利北郊。

"希特勒警卫旗队"师的其他部队则多在尽力追赶派普的脚步,这些部队当日晚些时候陆续赶到拉多梅什利周边,将拉多梅什利以东的苏军发起的数次救援攻势均击退。此后将近一周里,"希特勒警卫旗队"师牢牢地拴紧着陷入拉多梅什利重围的苏军。由于派普的夜袭和攻占萨博洛特为包围拉多梅什利创造了条件,派普本人因这一战功以及一贯的勇武、杰出的领导才华和战术执行能力而在1944年1月27日获颁橡叶骑士十字勋章。

第1装甲师的两个战斗群在推进到戈尔布列夫(Gorbulev)后开始折向东北,此时纽梅斯特战斗群改为左翼,布拉德尔战斗群变为右翼后沿着通往马林的公路进军。7日晚,第1装甲师的两个战斗群到达拉多梅什利西北的杰廷(Detin)后开始向正东推进,此时曼陀菲尔所部已抵达北面的亚诺夫卡(Yanovka),而后折向东北的马林。随着装甲部队的推进,第68步兵师也在拉多梅什利西南渡过了捷捷列夫河后加入攻势,苏军被逼入伊尔沙河南岸、捷捷列夫河西岸之间的狭窄三角地带,捷捷列夫河西岸的数个苏军步兵师发起的反攻无力挡住对手的推进,到8日晚时这些苏军被进一步挤压在两河间的若干桥头堡里。切尔尼亚霍夫斯基的第60集团军试图不惜一切代价逆转局势,8日夜和9日晨向桥头堡大量增兵,并于9日上午向德军发起了强势反扑。由于德军第13军防线的中段屡屡出现险情,而且能否迅速摧毁两河间的桥头堡事关装甲部队的调动空间,劳斯指示巴尔克以第1装甲师和"希特勒警卫旗队"师展开钳形攻势,务求逐一拔除捷捷列夫河西岸的苏军桥头堡,第7装甲师则负责在北面掩护两部侧翼。苏军的反扑和抵抗虽然英勇顽强但十分绝望,他们经受不住上百辆坦克和装甲车的碾压,到9日中午时仅剩最后几座桥头堡尚在顽抗。第13军也抓住机会集中坦克和火炮发动正面攻击,北面的第7装甲师于9日铲除了伊尔沙河南侧马林的桥头堡,南面的第68步兵师于当日夜成功突入拉多梅什利,使城内守军最后的命运降临了。10日,第1装甲师的布拉德尔战斗群从米尔恰(Mirtscha)南下,赶往拉多梅什利东北8公里处的克拉斯诺鲍尔卡(Krasnoborka),支援正在此处苦战的派普战斗群,而纽梅斯特战斗群则从米尔恰继续沿东北方向朝科罗斯坚至基辅的铁路线推进。11日,布拉德尔战斗群和派普战斗群联手攻克了捷捷列夫河西岸的大拉恰(Velikaya Ratscha)之后,遭到对岸苏军炮兵和反坦克炮的猛烈攻击。随后,两支战斗群开始沿捷捷列夫河西岸清理苏军残部。到14日,三支装甲师的态势大致为第7装甲师在马林周边防御,第1装甲师的布拉德尔战斗群进抵菲德罗夫卡(与该师出发地同名),在布拉德尔战斗群右边的纽梅斯特战斗群前突到科罗斯坚至基辅的铁路线,而派普战斗群则在攻克了伊斯克拉(Iskra)后穿越了菲德罗夫卡至维普林(Weprin)的公路,准备进攻紧邻铁路的维尔瓦(Wyrwal)。就在当日,派普接到命令,与苏军脱离接触后迅速转进至萨博洛坦—乔多里(Chodory)地域,准备执行新的任务。第1装甲师也奉命向西调动,第7装甲师则奉命在伊尔沙河对岸建立一个稳固的桥头堡,同时做好向西北进军的准备。

据梅林津忆述,拉多梅什利之战中苏军有大约3个半师被歼,试图救援的另一集团军一部也遭重创,约36辆坦克和204门反坦克炮被摧毁或缴获。[33] 劳斯则称12月6日以来的近十天内,德军以相对轻微的伤亡损失,打死打伤和俘虏了成千上万的苏军,摧毁了200余辆坦克并缴获了800余门火炮,"缩短后的防线再次面朝东方,可以仅由步兵师把守,这意味着又可以把第48装甲军投入到新任务中去了。"[34] 劳斯所言的新任务就是由第48装甲军协助第13军和第59军建立完整步兵防线的任务。到14日时,第59军沿着科罗斯坚至伊尔沙河北岸布防,第13军的防线则从南边的拉多梅什利延伸到北边的伊尔沙河,但在伊尔沙河以北、科罗斯坚至基辅铁路线以南,也即是德军防线的中间地带,苏军集结了数量不明但估计不菲的部队,尤其是在科罗斯坚东南的梅列尼(Meleni)集体农庄附近。为消灭伊尔沙河沿岸丛林地带的苏军并防止其南下,从而将第13和第59军的防线彻底连成一体,劳斯命令第48装甲军在18日发起新攻势。

劳斯和巴尔克的计划是,第1装甲师和"希特勒警卫旗队"师先运动到科罗斯坚南面的预定集结地,而后第1装甲师沿东北方向逼近梅列尼,随即转向并切断北面的马林至科罗斯坚公路和铁路,夺取铁路附近的施特雷米哥罗德(Stremigorod)后再向梅列尼以东推进;"希特勒警卫旗队"师则先向东和东北进军,抵达梅列尼以东的切波维奇(Chepovichi,德语作Tschepowitschi)后与曼陀菲尔装甲师会合;配合它们的是第59军的第291步兵师和"C"军级集群,这些步兵将从科罗斯坚出发向东南推进;第7装甲师则奉命先在伊尔沙河北岸建立一个桥头堡,而后运动到科罗斯坚东南的多布里恩(Dobryn),19日开始向切波维奇东面推进,负责屏障曼陀菲尔侧翼的是第112步兵师。

巴尔克再次祭出了欺骗和出其不意的绝招,他不仅禁止各部进行预先侦察,还在进军方向上大玩花招,第1装甲师一部甚至在白天朝完全反向的别尔季切夫开去,到夜晚才突然转进到预定方向。第1装甲师和"希特勒警卫旗队"师都经过两夜行军才进入预定攻击位置。18日上午9时,各路德军在炮火掩护下发起了进攻。劳斯忆称,德军为此番攻势集中了30个炮兵连和1个火箭炮旅的火炮。"希特勒警卫旗队"师将派普坦克团(此时尚有33辆四型、12辆豹式和7辆虎式坦克能投入战斗)、第2装甲掷弹兵团以及突击炮营(13辆突击炮和5辆105毫米自行榴弹炮)组成左翼战斗群,把第1装甲掷弹兵团和装甲运兵车营编为右翼战斗群,气势汹汹地向目的地切波维奇出发了。德军装甲掷弹兵的突然进攻再次令苏军大吃一惊,未费太多力气就解决了一系列阵地,但到当日接近傍晚时派普战斗群被苏军借助有利地形构建的反坦克防线阻挡,他虽将88毫米高射炮调来与苏军对决,但对手的抗打击能力和地形的复杂性一时也令其无可奈何。第1装甲师的第1坦克团先是向北、而后折向东南,在梅列尼苏军的侧翼和后方大胆突破,不过,这支德军在距切波维奇火车站不足十公里处陷入困难的山地,遭到丛林湿地中的苏军反坦克炮攻击,推进的势头也停顿下来。曼陀菲尔装甲师的攻势在发起之后相当顺利,但不久受阻于河谷丛林地带苏军的顽强阻击。此后两天里,两个方向上的德军装甲箭头均陷入苦战,无法合拢隐约浮现的包围圈。20日晨,派普来到第1装甲师的布拉德尔战斗群指挥部,协商如何联手攻克切波维奇。当日午后，布拉德尔率其第113装甲掷弹兵团从铁路线北侧攻击，派普从南面进攻，到6时许终于攻占了切波维奇。

随着第7装甲师也在两日内取得了相当进展并逼近梅列尼，巴尔克至少还抱有合围梅列尼苏军的希望。不过，派普当夜缴获的一份苏军作战地图送到军部后，巴尔克不由得倒抽一口凉气，也令他终于明白了为什么面临被围危险的苏军似乎并不特别在意，也没有出现混乱和溃退迹象——他那3个力量已大为削弱的装甲师试图围攻的对手竟数倍于己，梅列尼西面有约1到2个苏军步兵师，而梅列尼以东至切波维奇一带竟集结有3个坦克军和4个步兵军的庞大苏军！此外，空军也侦察到大批苏军坦克和步兵正从基辅方向开来。12月上半旬，苏军大本营已陆续向瓦图京增援了第1近卫和第18集团军、第1近卫坦克集团军、第25坦克军、第4近卫坦克军等，还有为数甚巨的各口径火炮，仅第1近卫坦克集团军就配备有546辆坦克和自行火炮。瓦图京现在至少拥有1100辆坦克，梅列尼一带的坦克军和步兵军就是这些援兵的一部分，而且苏军正在筹划和准备收复日托米尔地区的大反攻。

当梅列尼周边的苏军以强大的坦克集群为箭头于21日发起反攻时，巴尔克和劳斯都不再对对手的实力和意图存有任何疑虑。当日，第1装甲师在切波维奇火车站南面和东面与苏军展开了整日激战，虽摧毁了一批T-34坦克，但也在3个坦克军的重击之下损失惨重。第7装甲师虽仍在勉力向"希特勒警卫旗队"师靠拢，但其背后的东面和东北面出现了大量苏军，一度处于腹背受敌的险境。"希特勒警卫旗队"师方向，其第1装甲掷弹兵团顶住了苏军坦克和步兵的反复冲击，以6辆豹式坦克摧毁了21辆T-34，派普战斗群在切波维奇火车站北面又消灭了23辆T-34，但到21日夜幕降临时派普仅剩下6辆四型、4辆豹式和2辆虎式坦克尚能作战。当夜，巴尔克准备命令部队放弃包围并转入防御，但在下达命令前，不死心的他还想再做最后尝试——他命令"希特勒警卫旗队"师攻打梅列尼并与第7装甲师会合。第1装甲师一部奉命在次日子夜时分替换切波维奇火车站的"希特勒警卫旗队"师所部，撤出的党卫军第1装甲掷弹兵团和突击炮营将在第2装甲掷弹兵团掩护下，向梅列尼发动最后一次攻击。22日，"希特勒警卫旗队"师在水寒风似刀的漫天飞雪中忠实地发动了进攻，但在强大的防御火力网下除损兵折将外毫无作为。第1装甲师又一次进行了整天的防御苦战，虽令两个苏军坦克军损失了68辆坦克和装甲车，也只能无奈地苦涩后撤。第7装甲师打退了背后和侧翼苏军的所有攻击。23日，随着派普战斗群被派到第291步兵师方向拦击苏军突破，第48装甲军各部当日也均转入防御。

曼施坦因、劳斯和巴尔克等一干名头响亮的将军们策划的基辅突出部大反攻，像铅灰色天空中飘落的雪花一样无声无息地消融了。这次历时月余的反攻显然取得了一些战果——重创了苏军第38、第60集团军及第1近卫集团军一部，夺回了11月初所失地盘的一半，打通了科罗斯坚至日托米尔的铁路和公路联系。曼施坦因估计，苏军此战有20000人阵亡、5000人被俘，另有600辆坦克、300门火炮和超过1200门反坦克炮被摧毁或被缴获。格兰茨使用的苏军战史资料表明，11月13日至12月22日期间苏军有26443人阵亡或失踪，61030人负伤，合计87473人。[35] 双方估计的苏军伤亡数字少见地比较一致，但德方的人员和装备损失情况则无从知晓。据有关资料的不完全统计，德军第1装甲师在11月2日至12月1日间伤亡减员1202人，整个11月间"希特勒警卫旗队"师伤亡达1685人[36]，12月又损失了1544人（此为12月31日的统计，内含12月最后一周苏军反击期间该师的伤亡数字）。[37] "希特勒警卫旗队"师的战史曾称，该师在11月以来不间断的苦战中伤亡严重，装甲兵的损失虽然并不显著，但主要是由于可参战的坦克数量急剧减少的缘故，该师缺少有经验的坦克车长、炮手、装弹手和报务员，有些坦克连甚至将医护人员权且充作坦克车长。曼陀菲尔12月13日提交的报告中指出，第7装甲师在12月1日时就短缺126名军官，到12月13日其第7装甲掷弹兵团2营因伤亡过于惨重已被解散，第58装甲工兵营被压缩成一个连而无法承担重要的任务，第37搜索侦察营也只剩一个连。[38] 不过，曼陀菲尔虽然抱怨牵引机车的匮乏使他无法将重型反坦克炮和88毫米高射炮投入战场，他倒是在12月16日至20日期间接收了50辆崭新的四型坦克。第48装甲军在11月15日反攻发起时投入了600辆以上的坦克，其中不乏威力巨大的虎式和豹式主战坦克，虽未见到梅列尼攻势收场时德军还剩多少坦克和突击炮的资料，保守的估计为损失一半，应当与事实相去不远。

不过，德军将领们似乎没有理由对一系列反击取得的效果感到沮丧，即便梅列尼的攻势最后黯然收场，巴尔克和梅林津对自己"预先阻止和彻底打乱了苏军的另一次大反攻"也感到满意——如果苏军的日托米尔—科罗斯坚反攻顺利发起的话，那么德军第13军和第59军这两个严重减员的步兵军无疑将会覆灭。劳斯则说自己和曼施坦因对德军的有限实力一直都很清醒，因而"从未计划过发起（夺回基辅）这种规模的作战……破坏性进攻的目标已经达到，创建一条连续步兵防线的目的也正在实现。"

1943年圣诞节的前一天，第4装甲集团军的北段难得地出现了一时的宁静。因忙于战事，曼陀菲尔一直没有时间到大本营领受他的橡叶骑士十字勋章，现在他总算有机会了——希特勒特邀他携其坦克团长舒尔茨到东普鲁士共渡圣诞。

瑟柏托夫卡：挥别第7装甲师

希特勒对第7装甲师在日托米尔地带的表现留下了深刻印象，同时对曼陀菲尔使用的战术方法也产生了浓厚兴趣。他将曼陀菲尔召来以后，首先将第332枚橡叶骑士勋章授予给他，而后详细了解了他将装甲师编组成若干自给自足的战斗群、全方位迷惑苏军的战法。曼陀菲尔将日托米尔献给元首做圣诞礼物，而希特勒回赠的则更加不同寻常——包括虎式坦克在内的50辆坦克！[39] 更加出乎意料的是，希特勒令他前去接任国防军宠儿——"大德意志"装甲掷弹兵师的师长。希特勒似乎看出了曼陀菲尔有些不舍的失落情绪，兴冲冲地鼓励道："你要把这个师带成陆军最强大的战斗部队！"希特勒要求曼陀菲尔在1944年1月1日前去赴任，但后者请求延期，因为他想完成基辅突出部的反击后再去赴任，同时他还推荐舒尔茨上校继任第7装甲师师长。对这些请求希特勒一应照准。

当曼陀菲尔和舒尔茨在温暖舒适的狼穴大本营享受难得轻松的时候，在乌克兰的冰天雪地中，瓦图京第1乌克兰方面军向德军第4装甲集团军发起了浩大的圣诞攻势，即所谓的"日托米尔—别尔季切夫战役"。

从12月初开始，朱可夫作为大本营代表来到瓦图京总部协助制订反攻方案，意欲彻底粉粹德军第4装甲集团军，而后向西南推进，与科涅夫第2乌克兰方面军携手插向德军的腹地和背后。为掩饰战略意图，瓦图京也像月前劳斯所做的那样使用了障眼法，他命令右翼的第13和第60集团军余部有意展示出大规模进攻的迹象，诱使德军相信科罗斯坚地区乃主攻点。科罗斯坚当然是瓦图京的重要目标，但他的真实意图是沿着日托米尔—基辅公路、法斯托夫—卡扎京（Kazatin）铁路快速推进，直插南方集团军群司令部所在的文尼察。

12月24日晨，瓦图京方面军空前强大的炮兵向基辅—日托米尔公路南面的布鲁希洛夫地带进行了50分钟的弹幕射击，火力之猛、密度之大实为时所罕见，硬是为其第1和第3近卫坦克集团军轰出了一条通道。整整一个月前，巴尔克装甲军曾在布鲁希洛夫地区取得过围歼战胜利，当该军向北调动和发起拉多梅什利包围战之时，该地区的防务由内林的第24装甲军承担。内林所属的第8和第19装甲师及党卫军"帝国"师残部，未能经受住大规模的轰击和强攻，防线很快被苏军坦克和步兵突破，而邻近的隶属于第7军的第25装甲师也经历了类似情形，不过这些尚存一定实力的部队即使已被分割包围，仍在坚守和等待救援。劳斯没有任何预备队或可从其他地区抽调兵力，只得紧急呼叫巴尔克，令其率第1、第7装甲师与"希特勒警卫旗队"师南下恢复被冲垮的防线——这一任务绝非易事，巴尔克的军部光是为了摆脱苏军就几乎花了一整天时间，参谋长梅林津甚至还需要亲率一个临时战斗群（包括第1装甲师第113装甲掷弹兵团的一个营和来自"希特勒警卫旗队"师的25辆坦克），经过一番激战才得以脱身。三个装甲师开始日夜兼程地赶往日托米尔，当时苏军已在日托米尔以东发起全线攻势，其突击箭头的总部位于科切罗沃，第38集团军紧随第1近卫坦克集团军、第18集团军则跟随第3近卫坦克集团军，已深入德军防线后方20英里，当夜甚至已抵达日托米尔—基辅铁路线。

曼施坦因和劳斯对于苏军的圣诞攻势似乎早有预感，也相应进行了准备。曼施坦因当天正在后方的第20装甲掷弹兵师视察，接获苏军进攻的报告时似乎并不惊讶。劳斯则在战后声称，他的集团军司令部根据各方迹象和情报侦察已认定对手随时可能发动大规模反攻，并已为此采取了若干防范措施来增加防御纵深——他命令第18炮兵师（以被解散的第18装甲师为基础组建)移防日托米尔;指示第48装甲军速到科罗斯坚南面集结和南下;命令正在别尔季切夫休整的第10装甲掷弹兵师将剩余兵力组成团级战斗群进入战备状态;向防守日托米尔—基辅公路的守军增援40辆坦克和突击炮,并将日托米尔附近的党卫军训练营的学员组成警备队,在预判的主战场后方约15公里处构筑反坦克堑壕;在日托米尔、别尔季切夫和卡扎京等重要铁路枢纽构筑堡垒等。[40] 不过,劳斯自己也坦承这些措施似乎只起到了微不足道的作用,在几百辆苏军坦克和强大步兵突击集团的攻势下,无论是各地守军、还是匆忙构筑的反坦克阵地都只能短暂地延迟对手而已。

1943年的圣诞节这天对巴尔克和梅林津来说,注定是一个繁忙紧张,甚或焦躁愤怒的日子。第48装甲军军部费尽九牛二虎之力才从拥挤不堪的日托米尔城里挤出来,当夜终于在日托米尔南侧建起了指挥部。由于日托米尔左近几乎没有适于大部队快速机动的道路,南下的3个装甲师都需从日托米尔穿城而过,而后才能奔赴各自的区域救火。然而,日托米尔城内有限的道路在圣诞节这天完全被堵塞,前线溃兵、驻防的第18炮兵师、第13军和第24装甲军的后勤部队、堆积如山的物资辎重和上千车辆都令街道拥挤不堪。尽管军警百般努力,日托米尔还是似乎变成了一个水泄不通的老鼠笼,所幸苏军轰炸机并没有抓住这个机会来饱餐一顿。紧随第48装甲军军部行动的第1装甲师,在巴尔克的百般努力和强行交通管制下才得以挤出城区,随即开赴日托米尔以东地区寻找第24装甲军所部。"希特勒警卫旗队"师和第7装甲师则在26日才从堵塞中脱身。第24装甲军的几个装甲师于24日夜即奉命向日托米尔撤退,25日又被划归第48装甲军指挥,但此时巴尔克和梅林津并不知道他们的方位、兵力和坦克的状况。第1装甲师奉命赶到克罗斯蒂切夫地区接应第8装甲师的"米茨拉夫"战斗群及党卫军"帝国"师的残部,但苏军27日即对克罗斯蒂切夫发起了钳形攻势,前述两部德军被迫继续后撤,而第8装甲师的"拉高维茨"战斗群则在日托米尔东北一度下落不明。原在布鲁希洛夫附近的第19装甲师后撤的道路已被阻断,圣诞节这天该师向巴尔克发出了"油料用罄且受到30辆苏军坦克攻击"的呼救信号后,一度也与军部失去了无线电联系。巴尔克对此无能为力——当时第1装甲师正在克罗斯蒂切夫激战,"希特勒警卫旗队"师正在日托米尔的堵塞中挣扎,而第7装甲师还在抵近日托米尔的路上。不过,第19装甲师第27坦克团后来摧毁了这30辆苏军坦克,随后在乌克兰向导指引下穿行于沼泽山林,绕行40余公里后终于在留可夫附近抵达捷捷列夫河渡口,从而冲出了苏军包围,并与"希特勒警卫旗队"师的接应部队恢复了联系。

27日,苏军攻势出现了短暂停顿,劳斯利用这点时间迅速地在日托米尔及其以东地区重新部署防线,同时命令巴尔克赶到卡扎京和别尔季切夫之间的山林地带阻挡苏军。当第48装甲军到达捷捷列夫河南岸时,突然出现了长达数英里的苏军坦克编队。劳斯战后曾回忆说:"巴尔克将军显然抵挡不住眼前的诱惑,他将接到的命令置于一边,决定向苏军敞开的侧翼立即发起突袭。不幸的是,他不可能有成功的机会,因为150辆德军坦克不可能击败,甚至都不能撼动实力已增至近1000辆坦克的苏军。正如预期的那样,苏军很快从最初的震惊中恢复过来,分出大约四分之一的坦克和部分反坦克炮挡住了第48装甲军的攻势。尽管巴尔克摧毁了78辆红军坦克,但他未能攻克这一障碍。"[41] 尽管看起来劳斯对巴尔克的自作主张颇有微词,但当巴尔克装甲军赶到卡扎京和别尔季切夫间的防线后,还是以其杰出的战场表现赢得了劳斯的真心尊重。

当巴尔克破坏了苏军切断日托米尔至文尼察公路的尝试后,苏军将攻击部队拆开,试图沿着第48装甲军的防线寻找薄弱点进行突破,但德军装甲师充分利用此间良好的道路,总能及时出现在危急地段阻遏苏军装甲箭头的突破。德军往往利用起伏的地形和山林先行埋伏,等苏军逼近后再齐射以大量摧毁或击伤对方坦克。对此劳斯曾写道:"第48装甲军堵住了苏军第1和第3近卫坦克集团军突破的区域……苏军12月26日至31日间向巴尔克的防线发起了多次攻击,但唯一显见的战果就是他们逐日增多的坦克损失。"[41]

尽管有巴尔克这种意志坚定、足智多谋的军长,也有曼陀菲尔这种指挥有方的一线师长,但并非所有德军都像第1、第7装甲师和"希特勒警卫旗队"师那样骁勇善战,在1943年最后的日子里,第4装甲集团军乃至南方集团军群的整个北翼都在迅速滑向灾难的深渊。12月29日，切尔尼亚霍夫斯基第60集团军这支在前阶段战斗中几乎被摧毁的部队，得到补充和重新装备后怀着极大的复仇心理，迅猛地攻占了科罗斯坚，从西北方向完成了对日托米尔的侧翼包抄，也切断了日托米尔至沃伦斯基新城（Novograd-Volynsk）的公路和铁路。30日，向东通往基辅、往西可抵波兰、向南直达敖德萨的铁路枢纽卡扎京被苏军克复，同时苏军第4近卫坦克集团军和第18集团军从东南方向切断了日托米尔与别尔季切夫之间的公路和铁路线，第1近卫集团军也在日托米尔东面完成了对这座重镇的包抄。31日，日托米尔终于在苏军强大的攻势下陷落，参战苏军各部普遍都把克复日托米尔作为至高无上的荣誉。在日托米尔周边的第8装甲师基本解体，其"米茨拉夫"战斗群匆忙西撤，"拉多维茨"战斗群则被并入第19装甲师后随之向西南撤退，比第8装甲师状况更糟的是第25装甲师——这个倒霉的部队自27日起就不再是一个完整的装甲师，它的主力战斗群（含第9坦克团、第147装甲掷弹兵团1连、第146装甲掷弹兵团2营一部、第87装甲工兵营一部以及第91装甲炮兵团3个连）还在布鲁西洛夫西南作战时就被并入第19装甲师，另一战斗群27日被划归第20装甲掷弹兵师后在别尔季切夫和卡扎京附近作战，许多较小的单位被编入第1装甲师和第18炮兵师，曼陀菲尔也接管了第25装甲师的搜索侦察营，第168步兵师甚至还接收了来自第25装甲师的2000余人。

随着卡扎京的失守，别尔季切夫的陷落也无法避免，苏军的两个先头营已突入城中，但由于第1坦克集团军和第18集团军所部在德军阻击下无法及时跟进，反而导致这些先头部队被困，直到1944年1月5日才最终拿下了别尔季切夫。到这时为止，瓦图京大军沿150英里正面突入德军防区深达50英里，南方集团军群与德国本土最近的公路与铁路通道被斩断，更不用说12月25日以来的短短一星期内，苏军就击毙击伤德军4万余人、摧毁或缴获了近700辆坦克和突击炮。战火在1944年的第一个星期里继续燃烧，曼陀菲尔所部1月2日时尚在别尔季切夫西北，但很快向西南撤退，4日进入别尔季切夫以西的柳芭（Lyubar）地区防御。3日后，第19装甲师和党卫军"帝国"师（该部在1月3日得到了党卫军"兰杰马克"[Langemarck] 突击旅的支援）也进入柳芭地区，与第7装甲师一起进行阻击作

战。第4装甲集团军各部虽仍在勉力抵抗，但事实上已被分割成各自为战的孤立群体，它们之间通向西南以及南方集团军群深远后方的道路基本上已敞开了。

莫斯科广播电台1944年1月6日声称"瓦图京大将最重要的战果就是将精锐的德国装甲师打得抱头鼠窜，其中包括希特勒警卫旗队师和帝国师……这些师损失惨重，有些连队仅剩6至8人……在苏军向日托米尔和别尔季切夫以外的推进中，沿途的每处阵地、每条堑壕或者说每寸土地都留下了我们的弹片……"[42]

1月8日出版的英国《晚邮报》(Evening Post) 则真实地描绘了1944年1月初时乌克兰战场的宏观形势："……俄国人在乌克兰维持着三路主要攻势：其一，他们沿着别尔季切夫至瑟柏托夫卡的铁路推进，而瑟柏托夫卡是直接向罗夫诺 (Rovno) 挺进的一处关键所在。其二是向文尼察和日梅林卡(Zhmerinka) 进军，这些地方是仍在俄国南方坚守的德军补给系统的关键地带。其三，苏军正从东南方向的白采尔科维回头攻打切尔卡瑟地区，仍在第聂伯河西岸防御的10个德军师如若继续坚守，那么他们将面临被包围的危险局面。"[43]

由于希特勒拒绝撤出切尔卡瑟德军，曼施坦因对前述的第三路攻势也暂时无计可施，但对前两路攻势他的反应相当敏捷。1月6日，为避免被逼入北面的普里佩特大沼泽地，曼施坦因命令集团军群最北翼的第59军向西南撤退，哪怕这意味着与中央集团军群之间的缺口宽达110英里也在所不惜。第59军除负责屏障瑟柏托夫卡外，还必须在第13军赶到前分兵守卫罗夫诺。正向瑟柏托夫卡推进的苏军还是那支浴火重生的第60集团军，而向罗夫诺扑去的则是第13集团军。瑟柏托夫卡和罗夫诺这时是仍在德军手中的最后两个沿基辅向西的铁路枢纽，一旦失守，苏军将完全控制可突入南方集团军群侧翼的铁路线。罗夫诺可作为向北进攻卢布林 (Lublin)、向西南攻打利沃夫 (Lvov) 等战略要地的跳板，从罗夫诺到利沃夫及南方德军的补给大动脉只有110英里，而从瑟柏托夫卡到达捷尔诺波尔 (Tarnopol) 只有80英里，从捷尔诺波尔再有几十英里苏军就可以横渡德涅斯特河和直扑喀尔巴阡山脉。[44] 这也就是曼施坦因为何如此重视瑟柏托夫卡和罗夫诺的原因所在。在文尼察至瑟柏托夫卡之间弧形防线上的德军，此刻正沿着原本只供农家小车使用

的道路向西北方向败退，曼陀菲尔装甲师也奉命从柳芭向瑟柏托夫卡靠拢，与第59军的防线连成一体后协助防御瑟柏托夫卡南侧。此时在瑟柏托夫卡西北防御的是第291步兵师，东南方向是第96步兵师和第19装甲师，曼陀菲尔所部的具体位置是瑟柏托夫卡东南的奥斯特罗波尔（Ostropol）西北。

无数的红军战士是在阅读了奥斯特洛夫的《钢铁是怎样炼成的》这本书后，才知道了瑟柏托夫卡这个靠近波兰边境的无名小城，现在他们不计伤亡地一心想夺取这座心目中的英雄城市。双方从1月初开始每日血战，激烈的战斗、危险的局势、瑟柏托夫卡的重要性都使曼陀菲尔暂时无法离职，1944年元旦已晋为少将的舒尔茨也恳求他暂缓离任。

1月12日，向萨尔内（Sarny）方向推进的苏军第13集团军先头部队已抵达罗夫诺以东20公里处的戈伦河（Goryn），其一部甚至已远至斯蒂尔河（Styr），而第60集团军则加紧攻击瑟柏托夫卡周边。曼陀菲尔这一天收到了要他前去GD师报到的命令，但成行之前，苏军拿出了最后的力气向瑟柏托夫卡防线的北段发起了猛攻。白天的战斗中德军防线有多处被捅破，但在第7装甲师的装甲战斗群（1月8日至11日曼陀菲尔又收到了20辆四型坦克）的支援下，这些缺口又被逐一堵上。曼陀菲尔意识到要么生存、要么被歼的关键时刻已经来临，而他的后方还有一座收容了上千伤病患者的野战医院，他唯一能做的就是守住防线，尽最大努力派出坦克支援邻近的步兵师。当日的战斗一直持续到晚上，曼陀菲尔心情非常沉重，因为他失去了3名长期任职于第7装甲师的军官，不过他还是勉力在最危险和薄弱的地段组织防御，同时给官兵们打气鼓劲。

等一天漫长的战斗结束后，曼陀菲尔所属各部均按他的命令在前沿派出了警戒哨位，由一名班长带领数名战士值守，严防苏军在寒冷的夜间进行渗透和破坏，同时让自己人能得到些许休息。结果，当日夜发生了一起事故，虽在当时实属微不足道，但在15年后却令曼陀菲尔身陷囹圄，并改变了他的人生道路。第7装甲师的一个连负责警戒的前沿有个很大的草垛，该连将这里改成哨位并派了一个班把守。当日深夜，苏军侦察兵乘着马拉雪橇摸到哨位外围，将正在哨位外的班长和一名士兵掳走。而这一幕正好被两名士兵目

睹，呆若木鸡的他们既未开枪，也没有立即示警，甚至事后都未立即上报。曼陀菲尔次日听说此事后下令逮捕了这两名士兵，他们的连长建议立即将之枪毙，但曼陀菲尔并没有被气愤冲昏头脑，而是命令先由师军法官审判。军法官13日做出裁决，宣布其中一人无罪释放，另一人被判处两年监禁。曼陀菲尔闻讯后深感愕然，当时不少士兵都在议论此事，称这一惩罚实际上等同于让他们回家休假，而他们这些在前线尽忠职守的人却还要继续在天寒地冻中流血牺牲。

曼陀菲尔感到了来自官兵的压力，同时他也坚信这两名士兵的作为与他从军以来一直信奉的原则完全背离。另外，由于其他部队时有逃跑事件发生，第7装甲师也曾有一名医官投诚苏军，曼陀菲尔认为在战况如此胶着残酷的情况下，部队正慢慢出现溃败甚至解体的迹象。如果接受军法官的审判结果，无疑是向其他官兵展示，逃跑或抛弃危境中的战友的行为并不会受到严惩，反而能得到虽在监狱、但既安全又有吃喝的"度假"待遇。曼陀菲尔认定当事人的行为是胆小怯懦的表现，绝对不能姑息养奸，于是推翻军法官的判决，下令枪毙那名被判监禁的士兵。他将想法告诉了军法官，同时援引元首7号令作为决策依据。虽然他并不特别确定元首7号令是否适于眼前的形势，但他认为，两名士兵的行为不仅背离了他用心培养战友感情的政策，还违反了战场规则——所有战士在任何情况下都必须能依靠他人履行职责，指挥官有权杀一儆百以保护其他忠实履责的战士，否则在以后的类似情况下，还会出现见死不救或临阵退缩的情况，部队的战斗力和作战意志都会随之锐减。1月14日，那名不到19岁的年轻人被执行了枪决，负责行刑的几位士兵都认为这个"胆小鬼"实在"罪有应得"。事后，曼陀菲尔按规定向上级巴尔克及其参谋长梅林津提交了书面报告，包括所有证词、审判结果和否决军法审判结果的理由等。巴尔克的书面答复清晰地指出："没有任何原因反对曼陀菲尔少将的裁决。"[45]

15年后的1959年，曼陀菲尔因这一往事被德国杜塞尔多夫的地方法院判处18个月徒刑。他曾悲怆地回顾道："……我试图向法院描绘当时的局势，但显然这些还不够。我因为做了一件战时各国军队都会做的事情而锒铛入狱。至于法院的裁决，乃至我自己的说辞，我都想让读者自行判断。"[45]

至少在战火纷飞、危机四伏的1944年初，曼陀菲尔坚信自己并未做错任何事情。在德军的顽强防御下，苏军第13和第60集团军的进攻力量几近枯竭，德军又于1月14日和15日在别尔季切夫西南的克拉斯诺波尔地区发起了猛烈的反击，苏军的进攻势头又一次被遏制了。瓦图京方面军转入了防御态势，开始重组和等待增援补给。

1月26日，曼陀菲尔相信第7装甲师可以在没有自己的情况下应对趋稳的局面了，这一天他搭乘飞机赶到正在第聂伯河下游基洛夫格勒作战的GD师。在向第7装甲师官兵最后道别时，他曾充满感情地说道："我几乎无法用语言来表达我对你们所有人的谢意，特别是那些战死沙场的战友们作出的自我牺牲。我应向你们，以及我师的传统——敬忠职守、临危不惧、坚韧不拔和勇敢无畏——致以敬意。战友间的密切合作实为任何成功之前提，对胜利的渴望更具有最后的决定性。"46

就在曼陀菲尔离去后的第2天，沉寂数日的苏军在萨尔内和瑟柏托夫卡之间发起了剑指罗夫诺与卢茨克 (Lutsk) 的大规模攻势，即所谓的"罗夫诺—卢茨克战役"。舒尔茨少将就像担任坦克营长和团长时所做的那样，亲自率领装甲战斗群出现在最前方指挥作战。第7装甲师化解了27日的数次攻势，在舒尔茨领导下一切显得井井有条。28日，苏军进攻瑟柏托夫卡城外围，舒尔茨奉命协助步兵将对手赶回去。他亲率一个装甲战斗群在防线左翼击退了苏军，但他的右翼战斗群的反击受挫。舒尔茨决定绕过瑟柏托夫卡，带领少量坦克和前沿指挥部赶到右翼指挥战斗。途中，苏军的喀秋莎火箭炮向他们一行进行了猛烈轰炸，曾被炮弹多次炸伤但都幸存下来的舒尔茨并不以为意，但这一次幸运之神不再青睐于他。当致命的排炮在舒尔茨的指挥坦克附近爆炸时，他那正在通话的报务员突然间没有了声音，鲜血顺着脖颈流下，而驾驶员扭头一看，发现师长舒尔茨也一样血流如注，人事不醒地歪倒在炮塔边。驾驶员立即转向附近的战地诊所，几分钟后医官做了检查并迅速包扎了伤口，命令救护车迅速将之送往后方医院。师部的官兵们开始焦躁地等候野战医院的消息。中午1时许，师部首席作战军官布莱肯 (Otto-Heinrich Bleicken) 中校接到医院的电话——在所有人注视下他抓起了话筒，几分钟后表情沉重地说了一句话："舒尔茨将军死于重伤不治。"

舒尔茨的阵亡令全师上下极为震惊，前线官兵以极大的愤慨竭力遏制了苏军当日的所有后续攻势。毋庸置疑，这位1937年即在第25坦克团任连长的无畏战士的阵亡，对第7装甲师的士气产生了极大影响，甚至希特勒本人都亲自致电哀悼。1944年1月30日的国防军战况公报曾写道："……数日前从元首手中接过镶钻骑士最高战功勋章的装甲师长舒尔茨少将在战斗中英勇地牺牲了。随着他的离去，德国陆军损失了最优秀的军人之一，装甲部队也失去了一位堪称楷模的指挥官。"47 1月31日，舒尔茨被安葬在乌克兰的堡垒城镇旧康斯坦丁诺夫 (Staro Konstantinov)。

瑟柏托夫卡注定是第7装甲师的一块伤心之地，远在基洛夫格勒的曼陀菲尔惊闻舒尔茨阵亡的噩耗后伤心不已，他对左右说舒尔茨这个"独一无二的坦克兵"将永远活在第7装甲师的集体记忆之中。多年后，在忆及舒尔茨阵亡的情节时，曼陀菲尔依然不能自已，反复强调手中秃笔太过钝瑟，所用语言实在笨拙，根本不能描绘出真实的舒尔茨。他是这样写的："艾德伯特·舒尔茨，你的生命终结了。你像一只趋日的雄鹰那样飞向上帝的怀抱。上帝现在召唤着你。你是忠诚、勇敢和勇气的化身，你是如此忠实，如此英勇无畏，你的所有美德将使你作为德国历史上的一个典范而被永远铭记。"48

曼陀菲尔所言不虚，战后的1955年，当联邦德国组建新国防军时，威斯特伐利亚州明斯特 (Munster) 的一座装甲兵军营就被命名为"舒尔茨军营"。而同一时期名字被镌刻在军营的徽章和名字里的，皆为第三帝国时代一些大名鼎鼎的将领和超级王牌飞行员，包括前陆军总司令弗立契上将、隆美尔元帅、山地兵将军迪特尔 (Eduard Dietl)、王牌飞行员莫尔德斯 (Werner Molders) 上校等人。

1944年2月1日，第7装甲师奉命向北调动到杜布诺 (Dubno) 地区，次日即以无比的勇猛和顽强挡住了推进中的苏军。

十天后的2月11日，瑟柏托夫卡终被苏军攻克。

第七章
耀眼的战星：
"大德意志"装甲掷弹兵师师长

精锐之师撤离乌克兰

1945年冬，在英国北部关押德军将领的一处特别战俘营中，李德·哈特曾多次采访过拘押在此的曼陀菲尔，其中有一次曼陀菲尔谈到了对未来军队组织方式的看法："……现代条件下陆军应有两种类型的部队。最佳的策略是组建一类精锐部队，挑选一定数量的师，给之以尽可能好的装备、充裕的训练经费及尽可能优秀的兵员。一个大国或许能以此种方式创建30个这样的师，当然没有任何国家能如此装备多达百万的部队。但是，装备和训练一支主战精锐部队，远胜于拥有一支数量庞大、但装备和训练平庸无奇的大军。这种精锐部队在空军支援、空降力量和火箭等武器方面的比重应不断增加……与此同时，为培养官兵的荣誉感和自豪感，精锐部队不仅要有最好的装备和训练设施，还要有漂亮整洁、与众不同的制服。"[1]

曼陀菲尔的见解其实并非什么高论，二战各主要交战国已经在这样做了。由于没有任何国家敢自信地宣称其所有军队都达到了最高水准，因而在追求军事卓越的过程中，几乎每个国家都会选出一些历史悠久、战绩优秀的师团，为之配备精良武器、精选兵员、最佳待遇，并以其尊崇的地位和声望来培育自豪感与内敛力。

英军秉承了重视历史传统的一贯做法，王室御林军的"寒流团"(Coldstream)、"掷弹兵团"(Grenadier)、"苏格兰团"(Scots)、"威尔士团"(Welsh)、"爱尔兰团"(Irish)以及"蓝色卫队"(Blue and Royals)骑兵团等，至少在理论上被认为是比普通师团更难以征服的精锐。[2]

在更崇尚自由、缺乏传统或历史因素居于次要地位的美军中，职业军人组成的野战部队与国民警卫队间也有无法令人忽视的区别。美军的"游骑兵"(Rangers)部队被认为是训练最严格的精锐，虽然他们在1943年9月的意大利萨勒莫(Salerno)登陆战中表现惨淡，但在1944年6月的诺曼底登陆战中则因表现卓越而大放光彩。如果说衡量一支部队是否拥有精锐地位的主要依据是其绵长而令人信服的作战记录，那么美军当之无愧的精锐之师应首推第101空降师，这支部队不仅在诺曼底登陆中经历了血与火的考验，还在1944年底的阿登之战中给曼陀菲尔带来了最大的麻烦和挫折。此外，美军第2、第3和第4装甲师也是在战火中涌现出来的精锐装甲师。

苏军一度曾反对任何形式的精英思想与形式，认为这种做法是沙俄时代的产物，而红军则是"人民利剑"。但是，在1941年8月至9月的叶尔尼亚(Yelnia)

突出部之战过后，苏军将几支成功挡住古德里安装甲集群东进步伐的步兵师冠名为"近卫步兵师"，1942年后在主要战役中表现卓越或战绩突出的部队也陆续被授予"近卫"称号，后来还出现了近卫步兵军、近卫坦克军、近卫集团军和近卫坦克集团军，如崔可夫的第62集团军在斯大林格勒会战胜利后就被改称为第8近卫集团军，成为赫赫有名的精锐部队。带有"近卫"称号的集团军一般是苏军总预备队或方面军的核心力量，往往是攻城拔寨的绝对主力，做出了最大牺牲的这些精锐很大程度上保证了苏军的节节胜利。

当曼陀菲尔向李德·哈特做出前述评论时，脑子里或许想起了他1944年1月底交卸的第7装甲师和随即履新的GD师，或许还有党卫军的几支装甲师。希特勒纳粹政权的宠儿无疑是党卫军，这支前后组建了多达38个师的私家党军穿着威武的特殊制服，优先装备最新的武器，而且得到的资源也最为慷慨。不过这支庞大的黑衣党军中能称得上精锐的恐怕寥寥，最早成立的第1"希特勒警卫旗队"师、第2"帝国"师和第3"骷髅"师当然自成一类，具有超强的战斗力和疯狂的作战意志，而第5"维京"师和第12"希特勒青年团"装甲师也算得上是精锐部队。至于其他党卫军师团，虽拥有花样繁多、浩大得令人窒息的头衔称号，但终究不能称为精锐，连最狂热的纳粹分子都认为那些由大批外国志愿者组成的师团，其实都是有名无实的平庸之辈。至于曼陀菲尔曾任师长的第7装甲师，自1940年在隆美尔领导下博得"幽灵之师"的称号以来，在随后两年里在方克领导下取得了无愧王牌称号的大量胜利。而当德军装甲部队在1943年夏的库尔斯克会战中元气大伤、进而步履蹒跚之际，曼陀菲尔出任该师师长后仍在东线取得了若干令人印象深刻的胜利，尤其是刚刚过去的基辅突出部反击战。不过，德军装甲部队中像第7装甲师这样的精锐不在少数，最早成立的第1、第2和第3三个装甲师自然不在话下，论战绩和战斗力，第4、第5、第6、第10、第11装甲师以及装甲教导师等都并不逊于第7装甲师，甚至戈林装甲师也曾是一支锐不可当的装甲王牌。

希特勒将GD师交给曼陀菲尔指挥、并嘱其将之建成国防军最优秀的样板部队，无疑代表着对他的赏识和肯定。在前后多达上千万官兵的二战德军中，GD这支部队有着独特的地位。1939年6月12日，第61柏林卫戍团正式改为"大德意志"步兵团，算是拉开了GD数年生命的大幕，同年10月1日，"大德意志"步兵团的姊妹部队——元首警卫营正式组建，从此属于"大德意志"家族的军事单位开始渐次增加。被希特勒称为"德国人民的卫戍团"的GD步兵团分享了1940年法国大胜的荣誉，当年8月24日获准在右侧袖口佩戴绣有"Großdeutschland"字样的绿色袖标，不到两个月后袖标又改为黑色，象征着这支部队获得了精英地位。GD步兵团1942年改建为装甲掷弹兵团，1943年发展为装甲掷弹兵师，到1944年底时成为"大德意志"装甲军，期间参加过多次重大战役，表现非常突出，不止一次地成为扭转胜负天平的决胜因素。这支部队既是国防军获得铁十字勋章最多的部队，也是最优先得到兵员、物资补给和新式武器的单位，当然其本身也付出了极大的牺牲。历史学家巴尔托夫（Omer Bartov）编纂的统计数字表明，1940年5月9日至1943年9月30日期间，GD团/师阵亡和失踪8994人，负伤30317人，1945年1月25日至4月22日期间"大德意志"装甲军的伤亡高达16988人。[3] 巴尔托夫还估计1943年10月至1945年1月间其损失也会高得惊人。由于从最早的GD步兵团衍生出的部队繁多，战后成立的"大德意志军事单位幸存者协会"曾估计，二战中先后有150000人服役于各GD单位，其中战死45000人，负伤80000人，到1953年还有15000人下落不明。[4] 如果这些数字大约准确的话，那么带有GD名号的各部的战损高达90%以上！

GD师并不属于党卫军，但却得到希特勒及纳粹要员们的垂青关爱，例证之一就是它在1943年初夏得到了一个装备有45辆虎式坦克的重型坦克营（为坦克团第3营），是二战期间国防军唯一永久拥有重型坦克营的师级单位（国防军曾创立了番号501至510的10个重型坦克营，但它们作为陆军总部直属独立单位在作战中隶属于集团军指挥；党卫军也拥有番号101至103的3个重型坦克营，但都直属于党卫军的三个装甲军），另外，GD师下属的"元首警卫营"能够承担卫戍总理府、包括参谋本部在内的所有核心机关的重任，足见这支部队在国防军中独一无二的地位，也表明它拥有相当数量的信仰纳粹思想、或至少是其热情拥趸的官兵。这支部队不仅得到甚至优先于党卫军装甲师的物资补给和新式武器（如虎王坦克），还被希特勒

▲ 1943年8月中下旬，曼陀菲尔在阿赫特尔卡出任第7装甲师第4任师长。第4装甲集团军组织了一次反击，旨在摧毁沃洛涅日方面军的突出部。曼陀菲尔师负责掩护担任主攻的GD师侧翼，同时守卫阿赫特尔卡城。图片所示为进攻中的GD师装甲炮兵团。8月26日，曼陀菲尔在转进途中受伤。此后，霍特集团军继续撤退。

▲ 摄于1943年秋，南方德军撤往第聂伯河西岸前在某地执行"焦土政策"的场景。德军在撤退路线上破坏了沿途所有城镇和一切有价值的物件，曼施坦因因不遗余力地执行希特勒的"焦土政策"而在1949年被起诉，同时也让自己卓越战略家和指挥官的声誉蒙尘。

▲ 一幅令人震撼的图片，摄于1943年9月南方德军撤退途中，背景中苏联集体农庄燃起的熊熊大火表明这支德军执行"焦土政策"时颇为卖力。

▲ 摄于1943年9月底，位于克列缅丘格，横跨在浩大的第聂伯河上的铁路桥。曼陀菲尔第7装甲师隶属于第8集团军，该部与"大德意志"师等都是从这座至关重要的大桥上撤至第聂伯河西岸的。

▲ 摄于1943年9月，曼施坦因率南方集团军群成功撤至第聂伯河西岸后，尽管决战在即，还是抽出时间探访部队和鼓舞士气，图为他与来自GD师坦克团的一名年轻士兵合影。

▲ 摄于1943年9月，德军在第聂伯河西岸的一处防御阵地，图中为一门Pak 43反坦克炮。

▲ 沃洛涅日方面军所部在第聂伯河上架设浮桥。图中俄文标牌写的是"打到基辅去！"

▲ 苏军沃洛涅日方面军所部正在渡越第聂伯河。德军撤退时执行的"焦土"政策给苏军的作战和补给造成了极大困难，当他们抵达第聂伯河畔时，发现除了渡桥荡然无存外，也根本找不到渡船乃至筏子之类的任何船只。

▲ 中央方面军（1943年10月20日改称第1白俄罗斯方面军）司令员罗科索夫斯基大将。他是与朱可夫、科涅夫齐名的著名统帅，在1943年末的基辅突出部之战中，他的方面军左翼与德军第4装甲集团军展开了激战。1945年4月，罗科索夫斯基元帅的第2白俄罗斯方面军将在奥得河畔与曼陀菲尔的第3装甲集团军展开正面交锋。

▲ 摄于1944年秋的一幅经典图片，从左至右依次为第3白俄罗斯方面军军事委员会委员马卡罗夫（V.E. Makarov）中将、最高统帅部大本营代表华西列夫斯基（A.M. Vasilevsky）元帅、第3白俄罗斯方面军司令员切尔尼亚霍夫斯基（I.D. Chernyahovsky）大将。在1943年末的基辅突出部之战中，切尔尼亚霍夫斯基中将的第60集团军是德军第48装甲军的主要对手。这位著名战将38岁时就成为第3白俄罗斯方面军司令员，是苏军最年轻的方面军统帅。不幸的是，这位耀眼的战星于1945年2月阵亡于东普鲁士。

▲ 沃洛涅日方面军（1943年10月20日改称第1乌克兰方面军）司令员瓦图京大将。瓦图京是苏军著名的参谋军官和野战指挥官，1943年11月初率部解放了基辅。但是曼施坦因11月中旬实施的基辅突出部反击战却令瓦图京大失颜面，日托米尔的得而复失、布鲁希洛夫之战的惨败甚至使斯大林产生了以罗科索夫斯基取代瓦图京的念头。1944年2月28日，才华横溢的瓦图京遭到伏击而身受重伤，6个星期后亡故，否则苏联元帅的行列中必然会出现他的身影。

▲ 苏军著名装甲兵将军克拉夫岑科少将，1943年10月时他是第5近卫坦克军军长，1944年初出任第6坦克集团军司令员。

▲ 苏军著名装甲兵将军、第3近卫坦克集团军司令员雷巴尔科中将（图中左二个子稍矮者）正在听下属坦克指挥官的汇报。在基辅突出部之战中，雷巴尔科集团军是德军第4装甲集团军的强劲对手。10月25日，雷巴尔科悄悄撤出布克林桥头堡，一周内长途奔袭200余公里，11月初时突然出现在基辅北面的柳捷日桥头堡，成为苏军从第聂伯河桥头堡破茧而出、解放基辅的关键力量。雷巴尔科的这一高超机动瞒过了曼施坦因和霍特的耳目。

▲ 装甲名将巴尔克。他作为坦克团长参加过法国和巴尔干战役，当1942年12月曼陀菲尔在突尼斯初任师长时，巴尔克率其第11装甲师在东线奇尔河畔粉碎了苏军的罗斯托夫攻势，赢得了"德军最优秀的坦克师长"的称誉。巴尔克任第48装甲军军长之后，在1944年7月任第4装甲集团军司令官，8月底获第19枚镶钻骑士功勋章，9月下旬升任西线G集团军群司令官。当曼陀菲尔投身阿登反击战时，巴尔克被降职为第6集团军司令官，先后进行了布达佩斯救援战和"春季觉醒"反击战。巴尔克战后赢得了昔日对手的尊重，北约和美军将领曾称赞他"在二战中多次以劣势兵力以少胜多、以小搏大，取得过无人匹敌的战场纪录……"

▲ 1943年11月6日苏军收复基辅，瓦图京完成了在11月7日十月革命纪念日前解放乌克兰首都的重任。图中苏军士兵正行进在形同废墟的基辅街头。

▲ 装甲兵将军劳斯（后为上将）。他是奥地利人，1942年4月任第6装甲师师长，一年后任第11军军长，短暂主持第47装甲军后接替霍特执掌第4装甲集团军。1944年4月至5月任第1装甲集团军司令官，8月中任第3装甲集团军司令官。1944年8月末至10月在东普鲁士和立陶宛主持了代号"双头"和"凯撒"的两次反击战，9月20日晋为上将。1945年3月初曼陀菲尔取代他出任第3装甲集团军司令官。古德里安对劳斯评价颇高，称他"在漫长的战争中一直表现卓异……是最好的装甲将军之一。"劳斯是一名被遗忘的装甲名将。在美军战俘营中，众多德军将领曾参与了战史研究项目，其中劳斯的报告最具见地。

▲ 摄于1944年1月初驻防瑟柏托夫卡期间，曼陀菲尔正接受属下汇报。曼陀菲尔在瑟柏托夫卡曾枪毙了一名临阵畏缩的年轻士兵，此事在战后被翻了出来，1959年夏时给他带来了牢狱之灾。

▲ 在1943年秋的第聂伯河决战中，瓦图京命令克拉夫岑科第5近卫坦克军不惜一切代价迅速增援基辅以北的柳捷日桥头堡。克拉夫岑科的60辆T-34坦克渡过了杰斯纳河与第聂伯河，在德军反扑达到白热的关键时刻，扭转了桥头堡的危局。11月6日，克拉夫岑科因率先攻入基辅获得了苏联英雄称号。

◀ 摄于1943年11月中旬，霍特作为基辅失守的替罪羊被解职，劳斯接任第4装甲集团军司令官。曼施坦因将巴尔克改派为第48装甲军军长，令其指挥基辅突出部反击战。德军集结了6个装甲师和1个步兵师的强大力量，曼陀菲尔第7装甲师、第1装甲师和希特勒警卫旗队装甲师等是主要的装甲力量。图中前排手持权杖者为曼施坦因，他的身边是劳斯，后排将官中身材最矮小的似为曼陀菲尔。

▶ 摄于1943年11月下旬基辅反击战期间，官兵中的小个子即曼陀菲尔（前排右三），他的右边是舒尔茨。

▶ 摄于1943年11月下旬基辅反击战期间，巴尔克第48装甲军与雷巴尔科第3近卫坦克集团军在日托米尔周边展开了激战，图为一辆四型坦克。

▲ 摄于1943年11月中，党卫军"帝国"师装甲战斗群准备参加日托米尔反击战，图为该部的虎式坦克。该战斗群与第25装甲师被巴尔克部署在右翼。

▲ 摄于1941年11月19日，第7和第1装甲师合力攻克了日托米尔，图为第1装甲师的坦克和步兵进入日托米尔。第1装甲师和党卫军"希特勒警卫旗队"装甲师是实力最强的德军，后者负责在日托米尔以东构筑保护带，第7和第1装甲师则为攻坚主力，其他多支德军保持围城压力。虽然曼陀菲尔因此战获得了"日托米尔雄狮"的称谓，但第1装甲师一样功不可没。

▲第7装甲师的几位军官在日托米尔反击战中,中立者为舒尔茨上校,右一为第7装甲掷弹兵团团长施泰因凯勒(Friedrich-Carl von Steinkeller)上校。舒尔茨在此战中立下头功,曼陀菲尔称其为最优秀的指挥官和所有官兵的楷模,鼎力推荐其获得镶钻骑士最高战功勋章——舒尔茨12月14日成为隆美尔之后的陆军第2位最高战功勋章得主,曼施坦因和曼陀菲尔对此均非常自豪。

▲第7和第1装甲师的官兵进入日托米尔。

▲日托米尔城中的德军士兵、苏军战俘以及不谙世事的孩子。

▲一名德军士兵在战火平息后的日托米尔城内。摄于1943年11月20日。

▲ 摄于1943年12月8日晨的马林桥头堡。12月6日至15日，巴尔克发起了拉多梅什利之战，曼陀菲尔装甲师在最左翼，负责向苏军深远后方机动。本图难得地汇集了第7装甲师的重要军官，左起依次为霍恩泽（Gerhard Hohensee）中校，曼陀菲尔，首席作战参谋布莱肯中校（部分被曼陀菲尔遮挡），坦克团长舒尔茨、第7装甲掷弹兵团团长施泰因凯勒上校。舒尔茨1944年1月26日接任师长后，未及三日即重伤不治而亡；施泰因凯勒1944年1月10日离开第7装甲师，数月后升任"统帅堂"装甲掷弹兵师少将师长，1944年6月在苏军夏季攻势中与几十名德军将官一起被俘。布莱肯中校在二战结束前为"大德意志"装甲军上校参谋长。

▲ 摄于1944年1月27日，派普在希特勒大本营获橡叶骑士勋章后所摄。1943年11月20日，巴尔克发起了围歼布鲁希洛夫苏军的作战，希特勒警卫旗队师担任主攻，第1、第7、第19和第25等装甲师负责辅攻或掩护侧翼。20日希特勒警卫旗队师第1坦克团团长丧命，年仅28岁的派普被任命为团长。年轻英俊的派普以攻击性极强、胆大妄为著称，他在此战及12月的后续作战中立下的战功为他获得了第377枚橡叶骑士勋章。

▲ 拉多梅什利之战刚结束两日，巴尔克就开始试图将第13和第59军的步兵防线连成一体。12月18日至23日，第1、第7和希特勒警卫旗队师在科罗斯坚东南试图围歼梅列尼附近的苏军，却发现对手实力远超想象，立即弃攻为守。图为第1装甲师第1掷弹兵团团长纽梅斯特（Karl Neumeister）中校12月末在科罗斯坚周边的作战中，他是奥地利骑兵出身，是该师有名的悍将。

▲ 摄于1943年12月中下旬，为帮助第13和第59军建立步兵防线，第48装甲军18日至23日在科罗斯坚东南再起战端。图为德军坦克、三号突击炮和装甲车进入战场。

▲ 本图是美国西点军校博物馆收藏的佩戴镶钻骑士最高战功勋章的舒尔茨少将肖像。

▲ 1943年圣诞，曼陀菲尔到狼穴大本营领受橡叶骑士勋章（第332枚），这张罕见的图片就是授勋场景。当日有4位军官获得橡叶骑士勋章，从左至右为曼陀菲尔、威尔曼（Ernst Wellmann，第3装甲掷弹兵团中校团长）、朗凯特（Willi Langkeit，第14装甲师第36坦克团中校团长）和巴克（Karl Baacke，第266掷弹兵团中校团长）。朗凯特中校在曼陀菲尔1944年1月末改任GD师师长后，于3月初接任GD坦克团长，成为曼陀菲尔最得力的指挥官之一。

◀ 摄于1943年12月末，科罗斯坚以东、梅列尼周边的德军装甲车和三号突击炮，它们属于第1装甲师的"纽梅斯特"战斗群。

▲ 摄于1943年圣诞，巴尔克与参谋长梅林津（右一）在指挥部外。两人脸上虽带笑意，但难掩不间断作战留下的疲惫与创伤。当巴尔克还是第11装甲师师长时，梅林津即是第48装甲军参谋长，两人还将继续搭档到1944年末。梅林津非常景仰巴尔克，在名著《坦克战》一书中曾如此评价后者："如果说曼施坦因是二战德国最伟大的战略家的话，那么巴尔克可被视为我们最优秀的战场指挥官。"

▼ 瓦图京的圣诞反攻势不可挡，各路德军纷纷败退，一星期内苏军就杀伤俘虏德军4万余人，摧毁或缴获坦克和突击炮700辆。图为1944年1月初一辆苏军T-34坦克搭载步兵跨越日托米尔－别尔季切夫公路时的情形，不远处是燃烧的德军虎式坦克。

▶ 1943年圣诞当日，瓦图京第1乌克兰方面军（朱可夫任大本营代表）发起了反攻，当日即进抵日托米尔至基辅的铁路线，以无可阻挡的势头在31日收复了日托米尔。图为一名德军机枪手撤出日托米尔前在烈焰熊熊的建筑前留影。

▲ 摄于1943年末、1944年初的东线乌克兰。

▲ 摄于1943年末的日托米尔附近，曼陀菲尔乘坐的是一辆官方名称"Versuches Kfz.620"、呢称"Kettenkrad"的SdKfz.2半履带车。这种履带车是国防军最小的履带车，主要用于后勤补给之需，但也被用作牵引轻型火炮的器具，特别适用于伞兵部队。

◀ 摄于1944年1月5日，一张罕见的曼陀菲尔照片。德军无力阻挡瓦图京的圣诞攻势，曼陀菲尔装甲师1月2日时尚在别尔季切夫，4日即撤至别尔季切夫以西的柳芭，本图应是他在柳芭作战时所摄。几天后曼陀菲尔再度撤退，向瑟柏托夫卡转进。图中的曼陀菲尔顶着风雪，乘坐的是一辆似为SdKfz.263的八轮装甲车，他也显得心事重重，似乎正为自己部队的安危担忧。

▲ 摄于1944年1月底，第7装甲师官兵为他们的师长舒尔茨少将送行。图中为一辆三型坦克，舒尔茨的棺椁上覆盖着一面纳粹的万字旗。

▲ 舒尔茨阵亡后，毛斯于1944年1月30日成为第7装甲师师长，这位有牙医博士头衔的少将到1945年3月底前一直是该师师长。1945年3月25日，毛斯在但泽和格腾哈芬与苏军第1近卫坦克集团军作战中身负重伤，后被截肢。本图即为毛斯受伤前所摄。1945年4月15日，毛斯被授予德军第26枚镶钻骑士勋章，是希特勒颁发的最后一枚最高战功勋章。

▲ 1944年1月31日，舒尔茨被埋葬在乌克兰的堡垒城镇旧康斯坦丁诺夫，图为其墓地上竖起的十字架。

▲ 第7装甲师师长曼陀菲尔在1943年冬，图中他乘坐的是 Horch Kfz.15 中型轮式指挥车，这款指挥车装备了通讯设备，一般作为指挥官穿梭前沿和后方的越野工具。曼陀菲尔身着一件兔皮背心，内着将官制服，颈项悬挂着橡叶骑士勋章。

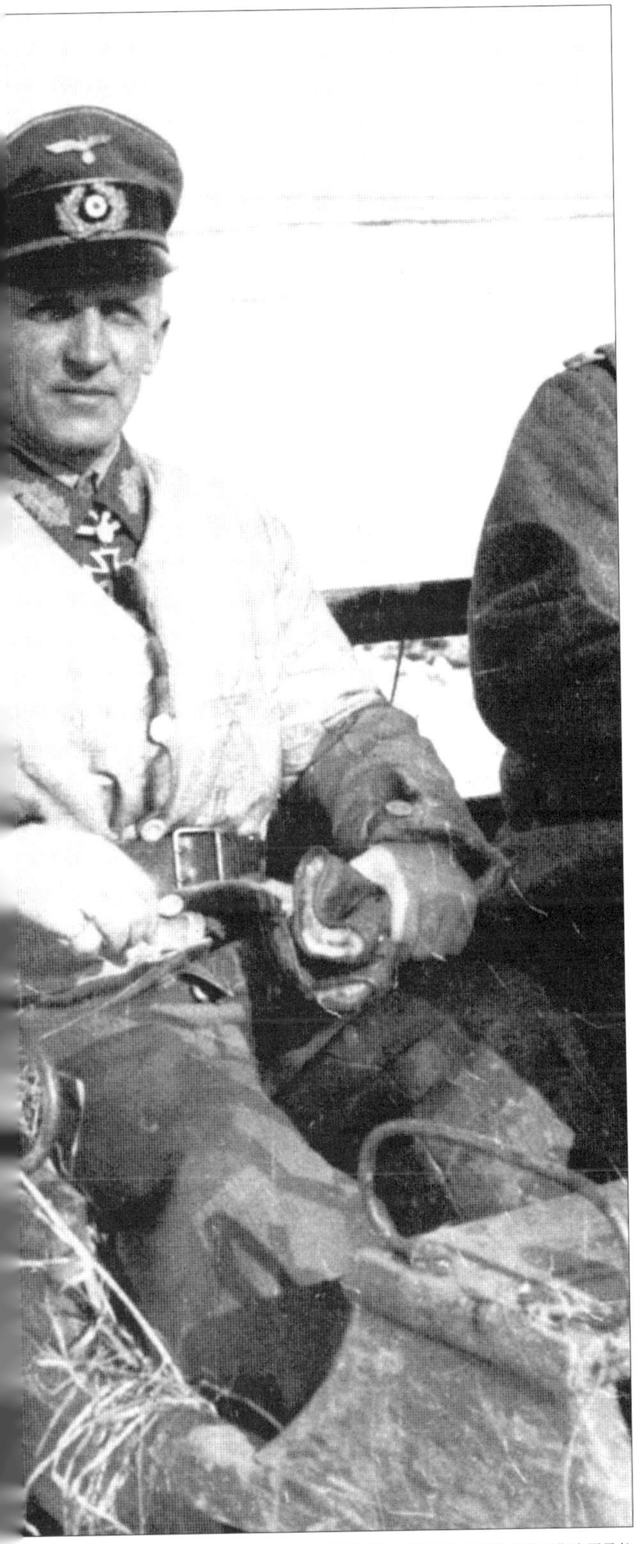

▲ 摄于1944年3月,苏军第1、第2和第3乌克兰方面军发起了大反攻,包括GD师在内的各部德军无法抵挡,陆续西撤,图为尚能携带装备和重武器西撤的GD师,该部在3月底、4月初越过德涅斯特河后进入罗马尼亚的雅西地区。

▲ 摄于1944年3月末,图为GD师渡过德涅斯特河、撤入比萨拉比亚地区的情形。

▲ 摄于1944年4月初,GD师驻地的一个方向指示牌,除标注GD师各单位的方向外,也指示通向第14装甲师的道路。图中背对镜头的小个子即是曼陀菲尔。

▲ 约摄于1943年末、1944年初的乌克兰某地,曼陀菲尔乘坐的是俄罗斯农用马拉雪橇,在天寒地冻、积雪齐腰的东线,这种雪橇的机动性有时要优于德军的半履带车和轮式车辆,尤其适于后勤部队在困难地形下的物资运输。

▲ 1944年3月的GD师师长曼陀菲尔，他颈项中佩戴的是双剑橡叶骑士勋章。

▲ 科涅夫麾下的第 27 集团军司令员特罗菲缅科将军。

▲ 摄于 1944 年 3 月的乌克兰，GD 师师长曼陀菲尔与两位军官交谈。

▲ 科涅夫麾下的另一悍将、第 40 集团军司令员日马岑科将军。

▲ 摄于 1944 年 4 月初，曼陀菲尔率 GD 师撤入罗马尼亚雅西地区。曼陀菲尔（中）正与几位军官磋商，最左边是一位罗将军官和一位上尉。图中曼陀菲尔戴着 M1943 式样的老式军帽，穿着皮大衣，胸前挂着 10x50 的蔡斯望远镜。

▲ 苏军装甲兵领袖波格丹诺夫大将军。波格丹诺夫以其惊人的勇敢和卓越的组织领导才能在苏军将领间享有盛誉，曼陀菲尔等德军将领也坦承他是苏军最优秀的坦克战专家之一。不过，在 1944 年 4 月至 5 月的战斗中，尤其是特尔古 - 弗鲁莫斯之战中，曼陀菲尔 GD 师给波格丹诺夫第 2 坦克集团军造成了惨痛的损失。

▲ 图为时任苏军第 7 坦克军军长、装甲名将罗特米斯特罗夫大将军（坦克边戴眼镜者），在 1944 年春夏之交的罗马尼亚战场上他是第 5 近卫坦克集团军司令员。

▲ 图为苏军第 2 乌克兰方面军司令员科涅夫元帅与其参谋长扎哈罗夫（Matvei Zakhrov）将军正在研究战情。科涅夫在 1944 年初的切尔卡瑟（齐克塞）围歼战中功成名就，奠定了名将地位，也为之带来了元帅军衔。3 月中旬起，科涅夫方面军以空前的速度向德涅斯特河和普鲁特河推进，包括曼陀菲尔 GD 师在内的德军第 8 集团军被赶入罗马尼亚北部。在 1944 年 4 月的雅西之战、5 月的特尔古 - 弗鲁莫斯之战中，曼陀菲尔 GD 师在友军配合下挫败了科涅夫消灭雅西德军、扑向普罗斯蒂大油田的意图。或许是由于败得过惨，科涅夫在战后回忆录中只字未提 1944 年 4 月至 5 月间的罗马尼亚北部战场。

◀ 苏军装甲兵领袖罗特米斯特罗夫（右一），摄于 1944 年 7 月夏季攻势期间。其后的 8 月初，他被解除了坦克集团军司令员职务，后改任苏军装甲兵与机械化部队副司令员。单就战绩而言，他的第 5 近卫坦克集团军的继任者们无一人能望其项背。

▲ 这是后人根据1944年春末夏初的一张老照片所绘的艺术图片，描绘的是曼陀菲尔视察GD师所部的情形。图中曼陀菲尔旁边的是装甲掷弹兵团1营营长克雷戈（Harald Krieg）少校，克雷戈身着芦苇绿军服，头戴普通热带样式军帽，右袖上缀有坦克击毁勋章。曼陀菲尔则戴着老款军官野战帽，注意其军帽上的将官用金色嵌边和手工绣制的金色条纹帽徽。在曼陀菲尔的一些照片中他常身着摩托车兵用的橡胶外套，里面似乎没有正规军服，只是一件纽扣领衬衫，醒目地展示着双剑橡叶骑士勋章。图中的他神情略显倨傲，但实际上他在官兵和同僚中口碑甚好，GD师的官方战史曾称"曼陀菲尔中将很受官兵欢迎，即便他严格得近乎冷酷无情，但他绝不要求官兵们做他自己都做不到的事情。他的名字与特尔古－弗鲁莫斯、雅西和维尔卡维什基斯等战役紧密相连，他证明了自己作为一个装甲指挥官的指挥艺术和巨大价值。"

▲ 摄于1944年4月，罗马尼亚战场的德军主帅舍尔纳上将（右）与第8集团军司令官、步兵将军沃勒尔（左）。沃勒尔是一名能干的参谋本部军官，曾任曼施坦因第11集团军参谋长、克鲁格中央集团军群参谋长、第1军军长等职，1943年8月任第8集团军司令官，1944年底至战争结束前为南方集团军群司令官。

▲ 摄于1944年5月初的特尔古-弗鲁莫斯战场，曼陀菲尔正向一位罗马尼亚军官介绍自己的防御部署和计划。

▲ 曼陀菲尔向罗马尼亚军官介绍防御部署。

▲ 1944年8月中旬，已改任北方集团军群司令官的舍尔纳来到GD师视察，图为他正在视察GD工兵营。舍尔纳虽是参谋和后勤部门的噩梦，但一线部队对他的领导风格还算认同。舍尔纳以残忍无情、粗鲁无礼著称，有"疯子费迪南"的绰号。曼陀菲尔的首席参谋军官纳茨默尔后来任舍尔纳的参谋长，他战后曾说这位元帅就像"半个宪兵、半个士兵"，尖锐地批评他把大量时间浪费在小事上，却把作战计划和指挥重任交予其他人。

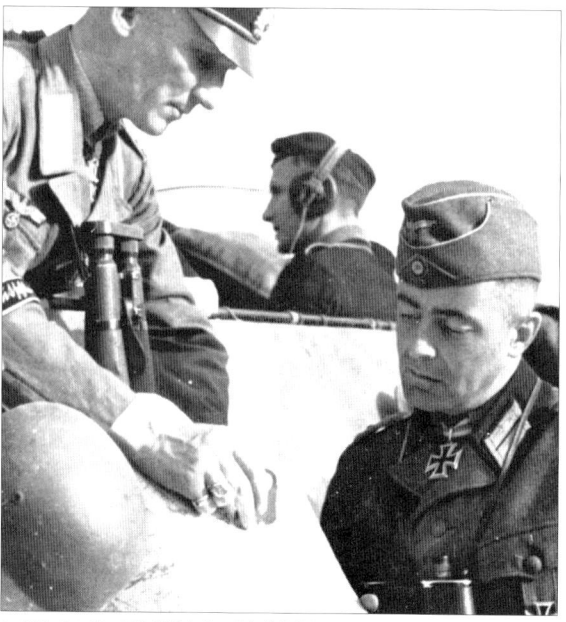

▲ 摄于1944年5月初的特尔古-弗鲁莫斯战场，曼陀菲尔正与其首席参谋军官纳茨默尔上校商谈。纳茨默尔是一名能干的参谋本部军官，1944年7月晋为少将后出任北方集团军群参谋长，1945年2月至战争结束为中央集团军群参谋长。

▲ 曼陀菲尔在一处炮兵观察哨位听取罗马尼亚军官的汇报。

▲ 摄于1944年5月初的特尔古－弗鲁莫斯，曼陀菲尔正听取汇报。

▲ 摄于1944年5月初的特尔古－弗鲁莫斯，开战前曼陀菲尔GD师各部进行了多日的防御准备和精心伪装，图为一辆伪装过的自行榴弹炮（无法识别其底盘型号）正严阵以待。

▲ 摄于 1944 年 5 月初的特尔古-弗鲁莫斯。曼陀菲尔与朗凯特上校（左二）等几位军官正在稍事休息。

▲ 摄于 1944 年 5 月初的特尔古-弗鲁莫斯，图为 GD 师摧毁的苏军第 14 独立近卫重型坦克团的 IS-2 "斯大林" 重型坦克。

▲ 摄于 1944 年 5 月初的特尔古-弗鲁莫斯，曼陀菲尔正在前线与部属通话和指挥作战。这张照片似乎是他最喜爱的照片之一，战后每逢有仰慕者索取签名照，此照一般都是他的首选之一，网上流传的这张照片往往有其龙飞凤舞的签名。

▲ 摄于 1944 年 5 月初的特尔古-弗鲁莫斯，曼陀菲尔正在巡视 GD 装甲掷弹兵团战场，他的右边是洛伦兹上校。

▲ 摄于1944年5月初的特尔古-弗鲁莫斯。此战中苏联空军第5集团军负责为科涅夫提供空中支援，德军也出动了数量不菲的战机（罗马尼亚空军也有参战），其中包括"斯图加上校"鲁德尔所在的俯冲轰炸机部队。图为一架Ju-87冲轰炸机飞经一处峡谷时，GD师一个机枪阵地旁的士兵向之挥手示意。

▲ 曼陀菲尔在1944年5月面见元首期间见到了前希特勒青年团领袖、维也纳纳粹总督席腊赫，他应后者邀请携夫人到维也纳盘桓了三日。图中左一为席腊赫，右一为曼陀菲尔，中间的独臂军官身份不详。

▲ GD师6月8日开始撤往后方休整。GD师军官有把当地的动物当作宠物喂养的习惯，这次也不例外，图中的尼马克上校正抱着新宠面对镜头微笑，旁者为其参谋和随从。不过，这种轻松愉悦的时光没有持续多久，就被苏军的夏季攻势打断，GD师很快调离罗马尼亚，向北方更危急的战区开拔。

▲ 摄于1944年5月初的特尔古-弗鲁莫斯。从左至右依次为曼陀菲尔、副官和装甲掷弹兵团1营营长克雷戈尔少校。当时，曼陀菲尔的阵地不仅受到苏军炮火的狂轰滥炸，还遭到支援苏军罗马尼亚攻势的美军B-17轰炸机编队的地毯式轰炸，迫使曼陀菲尔等在工事和堑壕中暂避。不过，由于开战前进行了周密详尽的防御准备，德军的损失并不严重。

▲ 摄于1944年5月7日，曼陀菲尔在巴伐利亚贝希特斯加登的元首山间别墅觐见希特勒。1944年的曼陀菲尔深受希特勒青睐，是受召见次数最多的将领之一。

▲ 摄于1944年8月初的东普鲁士边境。曼陀菲尔与坦克团长朗凯特上校（左一）、装甲掷弹兵团长洛伦兹上校（右一）在协商作战策略。

▲ 摄于1944年8月，曼陀菲尔与豹式坦克上的朗凯特交谈。曼陀菲尔乘坐的仍是他那辆VW Typ 166 Schwimmwagen（166型大众水陆两栖车）。

▲ GD师1944年8月9日向维尔卡维什基斯发起了进攻，图中掷弹兵们正经过一片植被繁茂的区域，他们的装甲车（SdKfz.251 Ausf.D）都做了精心伪装——这也是被逼无奈，战争行将谢幕时，无论西线还是东线，战场的天空都已被对手主宰。

▲ 1944年7月末，曼陀菲尔GD师奉命北调，在东普鲁士边境地区加入第3装甲集团军作战序列，当时苏军在立陶宛的先头部队已逼近东普鲁士。图为GD师的豹式坦克正在装车准备北上。

◀这是一张非常有名的照片,摄于1944年8月的东普鲁士边境地区,曼陀菲尔正与尼马克上校(左一)和朗凯特上校(右一)进行反攻前的最后准备。掷弹兵团团长洛伦兹此时已离职接受师级指挥官训练。曼陀菲尔和尼马克佩戴的是双剑骑士勋章,而朗凯特的则是橡叶骑士勋章。尼马克8月24日在希奥利艾战场负重伤,1945年初痊愈后出任装甲教导师少将师长,战后曾任西德奥委会主席。朗凯特也在希奥利艾负伤,痊愈后于1945年2月出任GD家族的新成员——"库尔马克"(Kurmark)装甲掷弹兵师少将师长。

▲1944年7月底8月初,GD师陆续抵达东普鲁士边境地区,8月8日,曼陀菲尔奉命夺回立陶宛重镇维尔卡维什基斯,图为GD师的装甲车正进入维尔卡维什基斯地区。

▲摄于1944年8月的维尔卡维什基斯,GD师的豹式坦克正穿越开阔地,向维尔卡维什基斯方向开去。离开罗马尼亚时齐装满员的GD师虽收复了维尔卡维什基斯,但自身损失了80余辆坦克,此战的超高战损一度引起了希特勒和参谋总长古德里安的关注与不满。

▲ 摄于1944年8月下旬的希奥利艾地区。为恢复北方和中央两大集团军群被切断的联系,第3装甲集团军发起了"双头"作战,投入了包括GD师和第7装甲师在内的6个装甲师和大量步兵。此战从8月16日持续到28日,德军重创了巴格拉米扬的第1波罗的海方面军,恢复了两大集团军群的联系,暂时挽救了濒临覆亡的北方集团军群。GD师8月16日开始进攻,本图反映的就是攻势发起前,曼陀菲尔与施梅尔(Hugo Schimmel)少校最后一次检查地图、确保各参战单位按预定计划出击的场景。掷弹兵团团长洛伦兹已离职参加师级指挥官培训,施梅尔少校暂代团长职务。最右边戴眼镜者为曼陀菲尔的副官施罗德尔(H. Schroder)少尉。

▲ 摄于1944年8月的维尔卡维什基斯，GD师坦克部队取得最初的突破之后，乘坐SdKfz.251装甲车的掷弹兵们与一些摩托车兵一起向前冲去。

▲ 摄于1944年8月的维尔卡维什基斯之战中。与许多摄于训练、休整或演习中的德军图片相比，这幅照片似能更真实地体现GD师士兵的战场面貌。

▲ 摄于1944年8月的维尔卡维什基斯之战中，编号3501的GD师装甲车（型号SdKfz.251/1 Ausf.D）正在战斗中。这名强悍的军官为坐骑安装了2厘米机枪（MG 151/20），这在德军车载武器中颇不寻常，可能他是从坠毁的飞机上取下这挺机枪后安装的。

▲ 摄于1944年8月的维尔卡维什基斯之战中，GD师一个机枪班的士兵在作战的间隙闲聊，有美女相伴、猛兽壮胆，难怪GD师能较顺利地夺取维尔卡维什基斯。

▲ 摄于1944年8月下旬的"双头"作战期间，这幅精彩的图片动感地表现出德军在战场上还击对手的场景。图中的德军来自燧发枪兵团，该部8月17日在库尔谢奈地区与苏军第54步兵军进行了激战，图中的大桥即为库尔谢奈铁路桥，几名GD师士兵在阵地上以轻武器还击苏军，旁边是一门75毫米Pak 40反坦克炮。

▲ 摄于1944年8月"双头"作战期间，曼陀菲尔正在与参谋们讨论协商，右边的军官正在用电话传达师长命令，图中的小旗指示着GD师师部的方位。

▲ 摄于1944年8月9日，GD师当日攻克了维尔卡维什基斯，图中的GD师士兵身旁是苏军遗弃的76.2毫米反坦克炮。不过，苏军经过反扑很快夺回了火车站，双方僵持一日后GD师于11日奉命撤离，向北开到希奥利艾地区参加"双头"作战。

▲ 摄于1944年8月下旬的"双头"作战期间，来自第14装甲师第36坦克团的一辆豹式坦克途经燃烧中的房舍，坦克炮塔和装甲周边均有备用履带。

▲ 摄于 1944 年 8 月下旬的"双头"作战期间，第 5 装甲师第 31 坦克团的一辆豹式坦克似乎正隐伏在房屋附近准备偷袭苏军。

▲ 摄于 1944 年 8 月，背景是一辆三型指挥坦克（SdKfz 267 Ausf. K）。注意曼陶菲尔身后的坦克车长穿着的迷彩服似乎与其坦克顶部的色彩非常协调。

▼ 摄于 1944 年 8 月"双头"作战期间，曼陀菲尔乘坐装甲车（SdKfz 251/1 Ausf. C）巡视战场。

◀ 与曼陀菲尔同年的巴格拉米扬大将（1897-1982）。"双头"作战发起时，巴格拉米扬虽准确判断出对手的意图，但无法判明其主攻点和兵力配备，使之在交战伊始损失不菲，还丢失了图库姆斯。后续的战事发展表明巴格拉米扬的反应、运筹和指挥能力确属不凡，他阻止了德军的所有后继攻势，包括主攻点转到多贝莱后的进攻。

◀ 苏军大将巴格拉米扬（1955年晋升为苏联元帅），摄于1944年8月。

▼ 摄于 1944 年 8 月 31 日,曼陀菲尔正在指挥部队。这是他最后一次以师长身份在前线指挥作战,次日他被解除了 GD 师师长职务,掷弹兵团团长洛伦兹少将继任。不明所以的曼陀菲尔告别了 GD 师,在大本营方获知自己被晋为装甲兵将军和第 5 装甲集团军司令官。

第七章 耀眼的战星："大德意志"装甲掷弹兵师师长

视为纳粹党全面控制陆军的试点和桥头堡。早在法国战役结束后不久，GD步兵团官兵就被禁止参加一切教堂礼拜活动，此后也被禁止配备随军牧师。1944年1月27日，希特勒曾将东线高级将领召集到大本营，向他们做了在陆军进行纳粹教育必要性的报告。曼施坦因战后曾回忆说："希特勒认为军事形势越严峻，就越应该关注作为胜利之保证的'信仰'。这也是他选择师以上高级指挥官时的一项标准。"[5] 一个月后的盟军情报机关的评估报告则指出："GD师被挑选出来充当新式政治教育的典型。"希特勒直接下令GD师每周政治学习两次，还将结合某些政治仪式每隔一周进行一次额外学习。[6] 希特勒向GD师灌输纳粹思想的苦心在某种程度上收到了效果——在1944年7月20日的政变中，"元首警卫营"营长李梅尔（Otto Ernst Remer）少校与手下在平变过程中发挥了关键作用。曼陀菲尔执掌GD师后，该师1944年多数时候补充的新兵中有大约90%以上是来自希特勒青年团的志愿兵。我们有理由相信GD师是一支深受纳粹教义熏陶和影响的部队，另外，该师在东线与党卫军一样超高的伤亡率也使其官兵极为仇视苏军，各级军官都在进攻中侵略性十足，防御中坚守不退，危机中镇定自若，战术运用中机动灵活。称GD师是精锐中的精锐、王牌中的王牌，想来不会有太多反对的声音。

1944年1月初，已确定出任GD师师长的曼陀菲尔正率第7装甲师在瑟柏托夫卡—别尔季切夫铁路线一带与苏军搏杀，而GD师经过克里沃罗格的连续作战后，终于在1月3日至4日调至基洛夫格勒以西布防。GD师作为东线南方的机动消防队，一直不断地被派往各处填缺补漏，虽堪称中流砥柱，但伤亡惨重，疲惫至极，差不多是最后一支轮休的部队。硝烟依然弥漫之际，GD师坦克1营被调到法国改装豹式坦克，但第26装甲师第26坦克团的第1营（全营1227人、拥有76辆簇新的豹式坦克和8辆装甲运兵车）随即又加入GD坦克团的序列。1月下旬，瓦图京第1乌克兰方面军与科涅夫第2乌克兰方面军合围了以切尔卡瑟为中心的德军突出部，德军第11军和第42军的6个师被围，这就是有名的"切尔卡瑟口袋"。曼施坦因派出第3和第47装甲军展开救援，GD师豹式坦克营（即第26坦克团1营）和虎式坦克营（GD坦克团3营）被划拨给隶属于第47装甲军的第11装甲师，于1月27日在斯米拉（Smela）以南的卡皮塔诺夫卡（Kapitanovka）投入救援作战。"切尔卡瑟口袋"在1月28日被苏军完全扎紧，此后GD坦克团基本上是在包围圈南面连续作战，终因损失惨重而在2月8日撤回。2月29日时，GD豹式坦克营还拥有61辆豹式坦克，但只有15辆尚能作战。

就在1月27日这天，将GD师从所谓"阅兵部队"带成王牌的师长霍尔雷恩（Walter Hornlein）少将将指挥权移交给了曼陀菲尔。后者上任后的第5天（2月1日）晋升为中将，开始运用自己在希特勒面前的特殊影响力索取兵员和物资装备。2月12日，曼陀菲尔发起了主掌GD师后的第一次攻势，他手下的燧发枪兵团团长尼马克（Horst Niemack）上校进攻之初取得了一些进展，但很快在布拉戈达特诺耶（Blagodatnoye）以西高地受挫。出师不利的局面使曼陀菲尔意识到，必须充分利用眼前相对平静的机会抓紧时间休整，同时加快补充兵员与重武器。按照希特勒的直接命令，GD师在2月27日开始进行结构重组，目标是在增强作战能力的前提下削减兵员，从总体上提高GD师的装甲车数量和质量，增加使用这些装备的作战部队的数量，从而将GD师建成实力最强劲的装甲师。为此，GD师的反坦克炮营、掷弹兵团4营、燧发枪兵团4营以及高射炮营的一个连被裁撤，但是，这些裁撤的兵员立即被转为直属各团团部，反坦克炮营官兵也被其他各部直接吸纳。与此同时，所有装甲掷弹兵营都从原先的5个连缩减为4个连。[7] 整个2月，GD师除补充了45辆装甲运兵车外，还陆续接收了17辆四型、16辆豹式和16辆虎式坦克，[8] 坦克团长布辛（Otto Busing）上校的3个坦克营（每营各4个连）因之很快齐装满员。洛伦兹（Karl Lorenz）上校的装甲掷弹兵团由3营12个连组成，全部装备了装甲运兵车；尼马克上校的燧发枪兵团也由3营12个连组成，其中一个营改建为装甲掷弹兵营并装备了半履带车，另两个营则装备了搜索侦察车；装甲工兵营的2个连和搜索侦察营的3个连也都配备了装甲运兵车；高射炮营的4个连中有3个配备了88毫米炮，另一个则装备了37毫米炮。另外，GD师还有拥有40辆突击炮的突击炮营等单位。当然，GD师的结构重组不可能一蹴而就，事实上重组过程从1944年春一直延续到该师进入罗马尼亚的初夏时节。对这样一支拥有160辆坦克、几十辆突击炮、总兵力2万余人的部队，曼陀菲尔感到非常满意，他曾不无自得地说：

"……我拥有的大量豹式和虎式坦克都是那时的主战坦克,它们在性能、射程和装甲等方面都属绝对顶尖……我的机械化步兵团有3营之众,而其他装甲师只有2个营……我师的军士和士兵大多是来自希特勒青年团的志愿兵,这些年轻人周身洋溢着自信和无与伦比的责任感。"⁹

1944年2月22日,曼陀菲尔收到了元首大本营发来的电文:"为表彰你一贯的英雄主义,特授予你德国武装力量第50枚双剑骑士勋章。"希特勒的犒赏虽是肯定他1944年1月来在瑟柏托夫卡和基洛夫格勒周边防御战中的表现,但这些局部作战本身并不带有全局决定性,因而双剑骑士的殊荣更多体现的还是希特勒对他的厚爱与期待。此后,元首大本营多次询问他何时能抽空前来领受勋章,但正如曼陀菲尔本人所言,"何时能前去领受勋章一事完全取决于苏军。"⁹

2月中旬,德军北方集团军群已后撤到所谓"猎豹防线",中央集团军群的防线也相对平静,而南方集团军群和A集团军群则将将躲过了灭顶之灾。当防线暂趋平稳之际,希特勒根据既往的经验估计1944年开春之时泥泞将主宰整个东线,苏军届时必将受困于此而无力发起大的攻势。但他显然忽略了苏军正是在两年前的3月发起了哈尔科夫反攻,曼施坦因也同样是在一年前的3月发动了哈尔科夫反击战。参谋总长蔡茨勒(Kurt Zeitzler)将军曾提醒希特勒注意这些事实,他还问元首"如果您是俄国人会怎么做?"希特勒却固执地回答说这个季节里自己什么都不会做。事实上,1944年冬是罕见的一个暖冬,3月初时积雪和冰封的地面开始比往年更早融化,无法通行的泥泞大地似乎印证了希特勒的判断。但是,装备了宽履带装甲车和大量美制卡车的苏军一反常规,根本不为天时和地形所阻,立意要在泥泞中发起一场惊世骇俗的闪击战。

苏军大本营2月中旬即将全部的5个坦克集团军调到南方战区,而到月底时新组建的第6坦克集团军(司令官即为克拉夫岑科)也出现在这一区域。¹⁰ 进入3月,南方集团军群的防线上出现了大量令人不安的迹象,虽囿于风雪德军无法确知对手调动集结的情况,但上至曼施坦因、下至普通官兵都预感到对手的新一轮重大攻势即将展开。南线德军此时的状况令曼施坦因忧虑不已,第6集团军在克里沃罗格和尼克波尔遭受了重大挫折,第8集团军在科尔逊—切尔卡瑟一线新败并被切断,第1装甲集团军在救援作战中被血洗,其战斗力最强的装甲师还被调至西线,而第4装甲集团军正精疲力竭地倚靠在战前的波兰边界附近命悬一线。曼施坦因一再敦促希特勒允许将南线德军撤到更利防守的德涅斯特河防线,但希特勒绝不愿将西乌克兰和克里米亚拱手相让。

3月4日起,苏军第1、第2和第3乌克兰方面军先后发起了声势浩大的攻势。

首启战端的是朱可夫的第1乌克兰方面军(瓦图京之前刚刚意外受伤,不久去世),该方面军从瑟柏托夫卡和杜布诺地区向西南进攻,以楔入南方集团军后方,进抵乌克兰—罗马尼亚边境以北为目标。朱可夫最右翼的第13集团军主攻罗夫诺的德军第13军,而集中了4个集团军重兵的主力将重拳砸向瑟柏托夫卡一线的德军第59军。曼陀菲尔的老部队第7装甲师连同第96和第291步兵师等把守的防线一时漏洞百出。切尔尼亚霍夫斯基的第60集团军在泥泞中奋勇向前,7日即抵达奥地利—俄国老边界附近的沃洛奇斯克(Volochisk),切断了利沃夫—敖德萨的铁路线,迫使乌克兰德军的补给必须绕行罗马尼亚。朱可夫3月5日投入的第1和第4坦克集团军向德涅斯特河上游高速冲去,德军第4装甲集团军的防线被无情撕裂,第13军被迫向西和西北撤退,而第59军则被挤压着推向第1装甲集团军方向。

同样不遑多让的是科涅夫的第2乌克兰方面军,这支大军于5日发起了剑指乌曼和文尼察的攻势,其第2和第6坦克集团军与第5近卫坦克集团军一起在10日攻克了前述两大重镇,并于17日在莫吉廖夫-波多利斯基(Mogilev-Podolskii)一带横渡了德涅斯特河,德军第1装甲集团军和第8集团军立时被分割开来。

与这两大攻势同步进行的还有马利诺夫斯基的第3乌克兰方面军,该部6日起从北面重击第涅伯河下游的德军第6集团军,使之被牢牢吸住,不能分身支援险象环生的第8集团军,而托尔布辛的第4乌克兰方面军也迅速地由东向西推进,以围歼德军第6集团军、前突到罗马尼亚北部的比萨拉比亚(Bessarabia)地区为目标。

曼陀菲尔的GD师隶属于沃勒尔的第8集团军,其左翼是力量几近枯竭的党卫军"骷髅"师,右翼则是A集团军群所部。GD师位于基洛夫格勒以西的防

第七章 耀眼的战星："大德意志"装甲掷弹兵师师长

线并非科涅夫的打击重点，这个辅攻方向上的苏军主要是近卫第7和第5集团军所部，以突向新乌克兰卡（Novo Ukrainka）和佩沃梅斯克（Pervomaisk，即五一城）为目标。8日晨，苏军5个步兵师和相当数量的机械化部队在弹幕轰击之后向GD师防区发起了全面进攻。经过最初的混乱，曼陀菲尔判明苏军主攻点为基洛夫格勒至罗夫诺耶（Rovnoje）公路上的罗索瓦特卡（Losowatka）一带，而防御此处的GD师部队是装甲掷弹兵团2营和3营。曼陀菲尔命令位于戴米诺（Dymino）附近的炮兵团炮轰罗索瓦特卡周边密集的苏军步兵，而后派坦克团大部支援装甲掷弹兵团。坦克团长布辛在与部属商议反击方案时被苏军追击炮炸成重伤，几小时后身亡。曾任第14装甲师第36坦克团团长的装甲干将朗凯特（Willy Langkeit）上校随即被调任GD坦克团团长。苏军见在GD装甲掷弹兵团方向难以快速突破，遂在坦克支援下向装甲掷弹兵团与燧发枪兵团的结合部发起了猛攻，安东诺夫卡（Antonovka）和维瑟利（Wesselyi）等结合部方向的几个据点先后告陷，德军付出了最大努力才总算暂时阻止了苏军坦克碾过阵地。GD师以惨淡的伤亡结束了8日的战斗，但坦克团的反击和步兵的拼死抵御还是避免了全线溃败，苏军最深远的突破也被局限在5公里范围内。9日对曼陀菲尔来说仍是失落的一天，当日中午时分，戴米诺的失守标志着GD师几乎被围，他在戴米诺西面伊万诺夫卡（Ivanovka）的师部通过望远镜就能清楚地看到蜂拥而至的苏军步兵，还有一辆辆似乎无法征服的T-34坦克。曼陀菲尔使尽浑身解数，灵活地调动各部交替掩护，终于在保全了重武器的情况下摆脱了包围。[11] 10日，曼陀菲尔获悉乌曼失守后立即驱车前往第8集团军司令部了解进退策略。鉴于补给线路已受严重威胁，滞留在第聂伯河下游的德军面临着退路被断的危险，沃勒尔命令曼陀菲尔准备撤往布格河畔的佩沃梅斯克，但必须掩护右翼第6集团军邻军的撤离。11日，第8集团军的左翼被突破，曼施坦因命令沃勒尔所属各部撤退，13日又令第1装甲集团军的右翼也撤到布格河背后。

3月10日起，GD师开始边打边向西南方向撤退，曼陀菲尔率部进行延迟阻击的同时，下令将存放在罗夫诺耶的所有重要物资向布格河西岸先行转移，主力部队则在15日撤到罗夫诺耶。或许是为败退中的德军打气，或许是因为GD师在苏军追击和轰炸下尚能维持秩序，14日的国防军战况公报曾这样写道："……在东线南方战场，我们的部队克服了泥泞不堪的地形，凭借着堪称典范的意志和毫不动摇的进攻精神，在与数量绝对占优的敌军对垒时表现优异。在刚过去的几天里，曼陀菲尔中将的大德意志装甲掷弹兵师表现尤其出众。"[12]

但是形势变化之快超过了德军的反应和准备，15日时第8集团军的左翼已被完全击溃，造成该集团军与第1装甲集团军之间出现了大缺口，苏军的5个集团军和1个坦克集团军正向西南猛进和跨越布格河（早在11日苏军坦克和步兵就以迅猛的攻势夺取了南布格河左岸的朱林卡和盖沃龙）。沃勒尔将集团军可抽调的兵力从右翼调到左翼，企图反击跨越布格河的苏军先头，但正如曼施坦因战后所言："该集团军只能局部阻止苏军前进，就布格河这条宽大的防线而言已无法坚守，重建与第1装甲集团军的联系也难以实现。相反，渡过布格河的强大苏军却将第8集团军逼向南方，并在超越追击中提前到达德涅斯特河。"[13]

18日，德涅斯特河畔的扬波尔（Yampol）被攻克，苏军2个集团军和1个坦克集团军在德军第8集团军的侧后方向南高速推进，试图在布格河与德涅斯特河之间围歼沃勒尔集团军的意图已十分明了。有鉴于此，沃勒尔决定放弃已失去意义的布格河西岸防线并继续西撤。苏联元帅华西列夫斯基战后对此曾不无自豪地感慨道："……乌克兰第2方面军的前进速度在那些日子里也许是空前的，好像是雪崩从南布格河向德涅斯特和普鲁特河排山倒海地滚来。"[14] 在雪崩般的攻势面前，德军各部根本无力抵挡，只能避其锋芒、狼狈逃窜，西撤道路上自毁或被摧毁的车辆与物资燃起的熊熊烈火昼夜不息。

3月剩下的日子里，曼陀菲尔的GD师就像踏上了逃亡之旅，部队经常面临着被合围的危险，空军也极少提供帮助，偶尔会有一架侦察机在上空往返盘旋，指引地面部队奔向可能的逃生之路。普通士兵时不时地询问报务员"前线在哪"、"敌军在哪"、"我们到底要到哪里"等问题——曼陀菲尔也不知道撤到何时才算终了，何处才能建起一条可以依托的完整防线。18日，集结在佩沃梅斯克附近的GD师继续西撤，多数时候径直向西，间或北上南下。22日GD师抵达了巴尔塔（Balta），在这里曼陀菲尔奉命将燧发枪兵团暂时划归第14装甲师继续西撤，而他与师主力则沿西南方向朝德涅斯特东岸的杜博萨里(Dubossary)撤去。30日，曼陀菲尔与师主力在杜博萨里越过德涅斯特河，次日到达罗马尼亚西北部的重要城市基什尼奥夫(Kishinev)附近。GD师主力在基什尼奥夫集结完毕前，曼陀菲尔已奉命派出先头部队前往雅西东北的科内斯蒂-特尔古 (Cornesti Targul) 布防，大部则于4月1日跟进开拔。一直西撤的GD师燧发枪兵团在抵达德涅斯特东岸的勒布尼察(Rybnitsa)后，未及停留又继续向西面的弗洛雷什蒂(Floresti)撤退。但在抵达目的地前，该部又接到命令掉头向南，朝基什尼奥夫北面的奥尔吉夫(Orgeev)进军。

至此，德军的战略意图才算明朗，即背靠喀尔巴阡山脉，在罗马尼亚北部和东北部布防，挡住对手向罗马尼亚腹地、普罗斯蒂 (Ploiesti) 油田乃至布加勒斯特的推进。为此，守住雅西、基什尼奥夫以及它们之间的铁路线就显得弥足重要，即便就眼前而言，从德

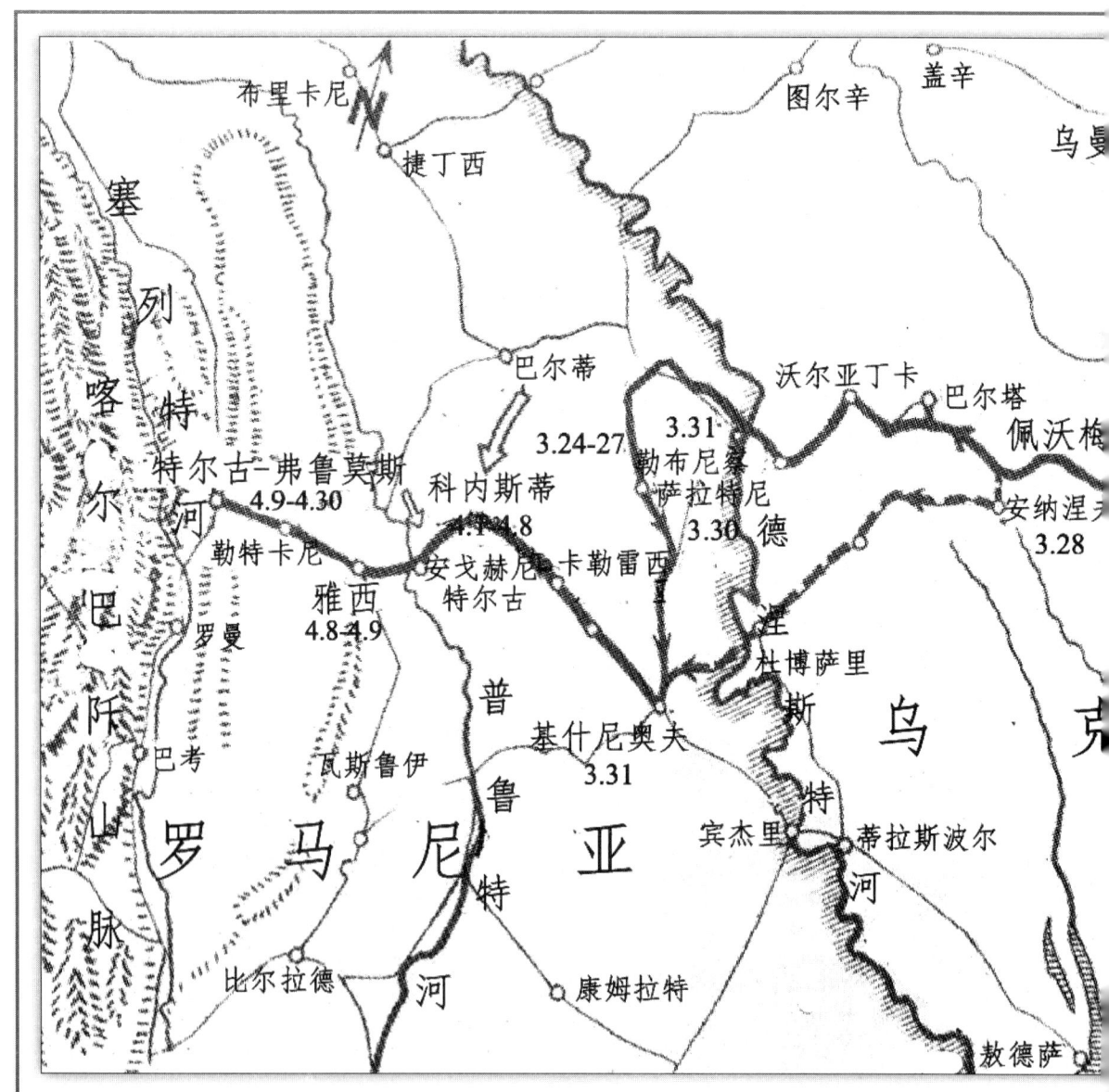

▲ **曼陀菲尔GD师从乌克兰撤入罗马尼亚北部的路线图**

第七章 耀眼的战星："大德意志"装甲掷弹兵师师长

涅斯特河由东向西撤退的德军和物资装备都将从这条线路通过。

科涅夫方面军中央战区的第2和第6坦克集团军、第52集团军和第4近卫集团军，在3月最后一个星期开始从北面逼近雅西和奥尔吉夫。抗衡这些苏军的是沃勒尔属下的第4军和第47装甲军，其防线包括上述两座城市以北、普鲁特河与德涅斯特河之间的宽大正面。波格丹诺夫(Semen I. Bogdanov)中将的第2坦克集团军是科涅夫的装甲箭头，3月初以来一路攻城掠地，战无不胜，27日即在派尔利察(Pyrlitsa)附近切断了雅西至基什尼奥夫的铁路，而这里距雅西也仅16英里而已。第4军军长米埃特(Friedrich Mieth)将军奉命紧急派兵反扑，实力严重不足的第23装甲师拼凑出一个战斗群，在GD师装甲掷弹兵团2营以及第79步兵师第226掷弹兵团的支援下，于4月最初几日挫败了波格丹诺夫的先头部队，夺回派尔利察后恢复了雅西—基什尼奥夫铁路的畅通，使波格丹诺夫数周以来势如破竹的攻势就此戛然而止。

波格丹诺夫本人因其惊人的勇敢和卓越的组织领导才能广受苏军将领尊敬，即便曼陀菲尔等德军将领也坦承他是苏军最优秀的坦克战专家之一。不过，在1944年3月底至5月初的罗马尼亚北部战场，这位战功赫赫的坦克将军在与曼陀菲尔的交锋中遭遇了个人最大的滑铁卢。

曼陀菲尔在回顾这一阶段的行动时曾说："……GD师与苏军一路并行西进，不停地在侧翼打击对手。齐膝的泥泞加上时常出现的暴风雪，使得西行之路困难至极，甚至无法行进。但我们必须苦战，必须挡住敌军推进的势头。3月31日我和师部抵达了基什尼奥夫，而我的先头部队之前已在雅西东面的科内斯蒂-特尔古占领了有利的阵地。就在先头部队进入阵地不久，成群的T-34坦克搭载着步兵出现了，显然其目标就是通向雅西的道路。另一个不速之客是到目前为止规模最大的暴风雪和奇寒。"[15]

1944年3月的最后几天，曼陀菲尔和GD师彻底告别了乌克兰，此后再也没有踏上苏联的疆界一步。随后两个多月里，在罗马尼亚北部比萨拉比亚的战场上，曼陀菲尔将迎来自己作为师级指挥官最精致的时刻。

狼烟再起：战火重燃比萨拉比亚

罗马尼亚北部的比萨拉比亚在1944年初春前仍是一个安静得似乎与世隔绝的地方。1941年夏，当德军和罗马尼亚军队越过德涅斯特河进攻苏联时，这里的出发阵地曾短暂地喧闹过一阵，随着战线很快深入苏境，宁静又回到了这个世外桃源般的所在——在东边，河岸陡峭但水流和缓的德涅斯特河从乡间徐徐向南流去，在西侧靠近喀尔巴阡山脉的则是宽大的普鲁特河河谷，介于两条大河间的不仅有比萨拉比亚的首府基什尼奥夫和重要城市雅西，还遍布着起伏

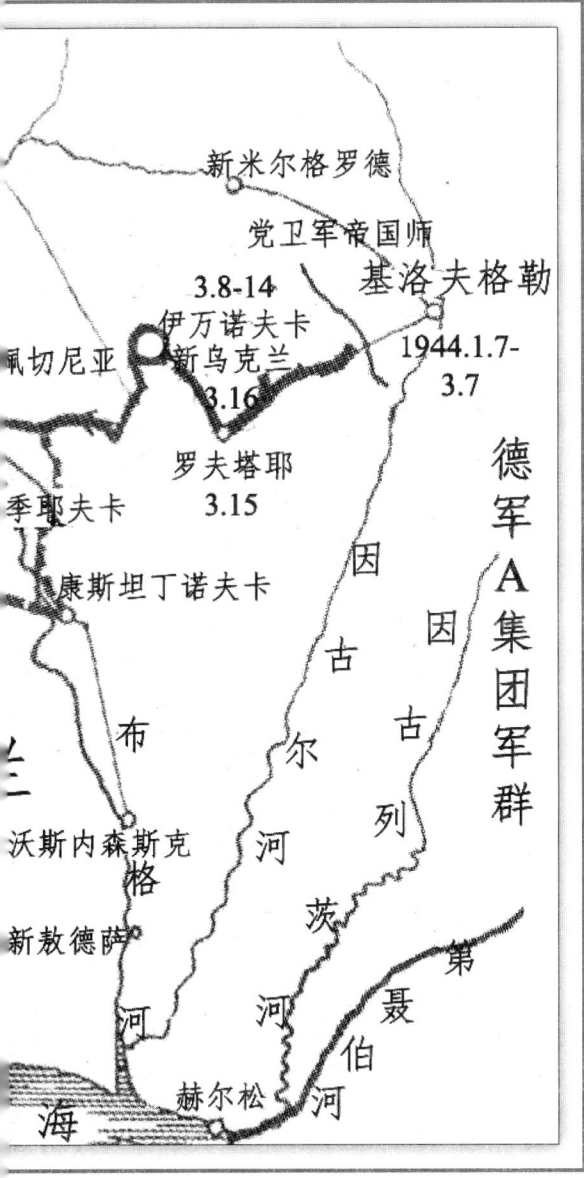

的丘陵山地、一望无际的茂密丛林，间或点缀着大小溪流、成片的刺槐林或桑园。1944年3月末，当第一批德军和罗军踩着积雪、踏着泥泞从西乌克兰撤到比萨拉比亚时，这里朴实的居民起初还颇有些无动于衷。但当他们看到一眼望不到头的西行车队踩踹着破烂的道路，大批疲惫的德军沿德涅斯特河构筑了各种防御工事和堡垒、并准备借助这条浩大的天然屏障挡住紧逼的苏军时，即便最漠不关心的农夫也会意识到，他们的家乡即将重燃战火，而且战争的颜色就要发生巨变了。

1944年3月30日，希特勒解除了南方集团军群司令官曼施坦因和A集团军群司令官克莱斯特的职务，分别代之以莫德尔和舍尔纳。4月5日，为构建一条完整防线、阻止苏军进入罗马尼亚乃至巴尔干地区，南方集团军群改称北乌克兰集团军群，A集团军群则改为南乌克兰集团军群。负责屏障罗马尼亚的是舍尔纳上将的南乌克兰集团军群，下辖罗军第3和第4集团军、德军第6和第8集团军，以及克里米亚半岛的德军第17集团军。

舍尔纳的强悍、决不向困难和失败低头的作风在德军将领中非常出名，希特勒很欣赏这个残忍无情、粗鲁无礼、对参谋和非战斗人员十分严厉的将军，尤其是他即便在危急时刻依然镇定自若、毫不动摇地执行严厉的战场纪律的作风，早在他担任第6山地师师长和第19山地军军长时就为之赢得了"疯子费迪南"的绰号。舍尔纳与希特勒特别相像的一个地方，就是他们都坚信仅凭决心和钢铁意志就能赢得战场成功，为此他特别着迷于维护战场纪律和权威，而且深信这是成功的重要条件。舍尔纳的参谋长战后曾尖锐地批评他把大把时间浪费在指挥交通、吓唬厨师、在部队里散播令人恐惧的名声等小事上，却把关键的指挥任务交给其他人，还说舍尔纳就像"半个宪兵、半个士兵"。

舍尔纳虽在将帅中声誉不佳，也不是个有大智慧和战略眼光的战略家，但希特勒欣赏他、苏军痛恨他也不是无缘无故的。他本身是一位出色的防御战专家，能熟练地以阵地战和阻击战长时间阻滞对手，当形势剧变时又能富有技巧地将被困部队及时撤出重组。1944年2月在尼克波尔桥头堡之战中拯救出9师之众、1944年4月至7月在罗马尼亚北部成功挫败科涅夫的几番进攻、1944年末至1945年初率北方集团军群进行6次库尔兰防御战挫败了苏军的所有攻势等，无不是这位防御悍将军事才华的集中体现。

舍尔纳的南乌克兰集团军群包括两支主要力量，一支是由德军第6集团军和罗军第3集团军混编而成的"杜米特雷斯库集团军群"（以罗军第3集团军司令官杜米特雷斯库 [Petre Dumitrescu] 之名命名），负责的南翼防区从德涅斯特河西岸的奥尔吉夫向南延伸到敖德萨东北的黑海海岸；另一支是由德军第8集团军和罗军第4集团军混成的"沃勒尔集团军群"，负责北翼防御，防区从喀尔巴阡山脚延伸到奥尔吉夫，主要部队包括德军第4和第78军两个步兵军、第40、第47、第57等三个装甲军（其中第47装甲军军长就是前第7装甲师师长方克），以及罗军第1、第4和第5军。

1944年4月初，除防区东段以外，沃勒尔大量使用罗军把守西段和中路的一线阵地。尽管认为罗军缺乏战斗意志，但他别无选择，因为德军各师经过月余作战后兵力和装备锐减，而且还分散在各处，需要时间集结重组和重新部署，唯一的例外是德军第4军把守的东段——3月底4月初时为击退觊觎雅西的苏军装甲箭头，第4军在这个方向派上了第23装甲师和曼陀菲尔GD师，此时第24装甲师和罗军第5骑兵师也在第4军麾下把守东段。东段德军面对的是科涅夫方面军左翼的第5和第7近卫集团军、第53集团军及第5近卫坦克集团军，中路的是苏军第52集团军、第4近卫集团军、第2和第6坦克集团军，在靠近喀尔巴阡山脉的西段与德罗联军对峙的则是苏军第27和第40集团军。舍尔纳、沃勒尔和第6集团军司令官霍利特 (Karl Hollidt) 等诸多德军将领均轻视罗军的训练水准和战斗力，也忧虑他们的可靠性。

曼陀菲尔对罗军的态度更为极端，战后他曾轻蔑地写道："罗马尼亚人的战斗价值很低，根本没有什么份量，甚至是我们的一大负担。他们的军官团很差劲。这一判断适用于部署在罗马尼亚边境阵地上的所有罗军，也包括我部防线左翼和后方的罗军，甚至我身后的罗军骑兵师还需要我来提供补给。"[16] 曼陀菲尔后来在总结特尔古-弗鲁莫斯的经验时，甚至说"完全不指望罗军能帮上忙，而结果证明自己太正确不过了！"

曼陀菲尔手下的一名坦克兵战后曾写道："与我们一起作战的罗军士兵处于一种完全绝望的悲惨境

第七章 耀眼的战星："大德意志"装甲掷弹兵师师长

地。他们的装备完全老旧过时，真地不能给我们提供任何支持。当罗军士兵无力完成交办的任务时，我们大家都惊讶地看到，他们的连长竟然狠揍了他们一顿，这在德军中是完全无法想象的。"[17]

舍尔纳或许完全赞同曼陀菲尔及其手下的意见，但他还不能如此明目张胆地轻视盟友——苏军正希望借助攻陷雅西和基什尼奥夫来逼迫罗马尼亚退出轴心国阵营。为防止罗马尼亚的实际统治者安东内斯库将罗军撤走，舍尔纳一俟德军集结完毕，即将德军和罗军穿插部署，基本上每个罗马尼亚师的左右翼各有一个德国师，这样实际上德军第6集团军监管了罗军第3集团军，而德军第8集团军则负责监视罗军第4集团军，这种锁定战术令罗军即便想撤也无法撤出。老辣狡诈的舍尔纳还有另一层深意，他试图让德军在战斗中给罗军树立榜样，同时增强后者守住防线、保家卫国的信心与决心。他还花了很大力气来提高罗军的装备水平和战斗力，甚至优先供应德制武器弹药给罗军，并派有经验的军官利用战前的平静期帮助罗军提高训练水平。尽管如此，沃勒尔还是从4月中旬开始力所能力地以德军替下多数罗马尼亚师，命令后者退后去占据"斯特龙加(Strunga)防线"。这条防线长约90公里，由多层防御带构成，从特尔古-尼姆特(Targul-Neamt)南面的喀尔巴阡山脚一直延展到雅西南面的普鲁特河，安东内斯库和罗马尼亚人对此防线抱有极大的期望。

4月第一个星期，GD师主要在科内斯蒂-特尔古和安戈赫尼-特尔古(Ungheni Targul)进行防御作战。按照第8集团军作战日志的记载，曼陀菲尔师在极度疲劳的情况下阻止了苏军向西南的突破，"摧毁了89辆苏军坦克……还消灭和俘虏了大量红军步兵。"[18] GD师的一名装甲掷弹兵曾这样描述他们如何摧毁那依然令人生畏的钢铁怪兽T-34坦克："T-34就像我们的虎式坦克，而我们GD师不仅有虎式坦克，还有威力更大的虎王。如果某辆T-34通过我们的防区，突击工兵一般会先躲进房子的地窖里。等坦克从屋外经过后，突击工兵们会从地窖出来，从后面爬上坦克并将装满炸药的木盒子置放在履带上。苏军坦克开不了几米履带就会被炸坏，随后就动弹不得了，俄国人会马上打开舱盖逃出来。这时突击工兵会把手榴弹扔进舱盖大开的坦克里，或用机枪扫射逃出的坦克乘员。稍想一下你就会意识到，这种行动需要难以想象的勇气和毅力，因为在这种攻击中无人能确保炸药一定能将坦克炸得动弹不得，攻击者本身也可能被炸死，或被苏军射杀。风险无疑是巨大的。"[19] GD师狂热顽强的战士们在近战中对付T-34或许已有心得，但他们很快就将遭遇前所未闻的另一款坦克——重量与德军豹式坦克相当、但火炮口径高达122毫米的IS-2"斯大林"重型坦克。

4月8日，平静了片刻的雅西北部战场再度喧嚣起来。经过一番准备，科涅夫手下的第52集团军在第6坦克集团军最后一批坦克的支援下继续进攻雅西。苏军此方向的攻势其实只是佯攻，真正的主攻是在雅西西面的特尔古-弗鲁莫斯(Targul Frumos)方向。佯攻打响的同时，日马岑科(Fillip.F. Zhmachenko)中将的第40集团军与特罗菲缅科(Sergei. G. Trofimenko)中将的第27集团军，在波格丹诺夫第2坦克集团军支援下，开始沿特尔古-弗鲁莫斯轴线向南推进。科涅夫的攻势取得了出其不意的效果，沃勒尔第8集团军的注意力被雅西北面的战事完全吸引，负责佯攻的苏军第5机械化军和第73步兵军的部队，在雅西以北9英里处的一个小村庄与德军第24装甲师的一个战斗群展开了昏天黑地的厮杀。尽管德军人数和装备处于绝对劣势(第24装甲师在撤离乌克兰时损失了绝大多数坦克和摩托车辆，只有其第89装甲炮兵团还有一些自行火炮)，但这个战斗群极富攻击性，打退了苏军所有的攻势，对手苦战竟寸土未获。而在主攻方向，特罗菲缅科麾下第35近卫步兵军的第206步兵师，4月9日上午即将特尔古-弗鲁莫斯城及附近的罗军第4军的守军消灭，随即沿城东南和西南构筑了防御工事，第202步兵师则向特尔古-弗鲁莫斯以东和东北推进。苏军第二梯队的第93近卫步兵师和第3近卫空降师也迅速赶来增援，以求在德军做出反应前建起防御屏障。特尔古-弗鲁莫斯西面的日马岑科第40集团军，也在9日的向南快速推进中击溃了罗军第6步兵师，夺取了特尔古-弗鲁莫斯以西十几英里的帕斯卡尼(Pascani)。波格丹诺夫第2坦克集团军所部虽急欲增援第27集团军，却在波杜伊罗埃(Podu Iloaie)被第24装甲师的另一战斗群死死缠住，无法抽身。[20]

德军方面，沃勒尔虽关注第24装甲师雅西正北的战斗，但一旦雅西西面的苏军突破前沿的消息传来，他立即在8日中午命令曼陀菲尔尽快开往特尔古-弗鲁莫斯周边恢复局面。当时，GD师尚在雅西东北看守安戈赫尼-特尔古与派尔利察之间的铁路线，收到急令后曼陀菲尔立即移交防务，开始向雅西西面集中。9日下午，经过一天一夜的强行军后GD师抵达雅西西侧，曼陀菲尔进行重组的同时命令GD工兵营不停顿地继续西进，要求其抵达特尔古-弗鲁莫斯南面后立即反击。GD师的一名参谋军官曾称这次高效的快速调动"令人印象深刻，清楚地展现了GD师的作战绩效和各级指挥官的领导能力，也体现了GD师的后勤保障十分高效。"当苏军第202步兵师抵近波杜伊罗埃西郊、试图切断这里通向特尔古-弗鲁莫斯的铁路时，不幸遭遇了刚抵此处的GD师，这支苏军的攻势立即受挫。

与此同时，波杜伊罗埃北面和西北的第24装甲师仍在与苏军第27集团军缠斗，本应为步兵提供及时支援的两个苏军坦克军也还在特尔古-弗鲁莫斯东北的泥泞山路间挣扎，迟迟不能到达战场。不过，到9日夜，随着苏军占领了特尔古-弗鲁莫斯并向南推进，以及切断了特尔古-弗鲁莫斯至雅西的铁路，轴心国军队在雅西以西的防线总体都受到震动。如果任由苏军继续推进，雅西以东的防御也将遭受威胁。

就在科涅夫和他的步兵军师长们焦虑地等待波格丹诺夫的坦克军赶来扩大9日的突破战果时，GD师10日晨发起的反攻打翻了胜负的天平。GD师在150余辆坦克和突击炮支援下，沿着波杜伊罗埃至特尔古-弗鲁莫斯的铁路两侧向西推进。尼马克上校的装甲燧发枪兵团首先担任箭头，在装甲炮兵团一个营的支援下迅速夺取了达瑙（Danuan）附近的高地，有效屏障了行进中的GD师北翼。稍后，装甲燧发枪兵团进行重组，西进先锋改由装甲掷弹兵团3营担任，在波杜伊罗埃附近解救出一批被围罗军后，还在后者的帮助下俘虏了相当数量的苏军步兵。此后，装甲掷弹兵1营又开始带头向波杜伊罗埃以西10英里处的一处城镇发起攻击，虽遭到顽强抵抗，但到夜幕降临时还是将苏军击溃。当夜，曼陀菲尔率部继续逼近特尔古-弗鲁莫斯城，猛烈的炮火轰击后GD师突破了苏军阵地，城内守军大部借着夜色撤到城北地带。到晚上10时，GD装甲掷弹兵团在特尔古-弗鲁莫斯外围建起了环形防御阵地，城内各处的零星抵抗也渐次平息。天亮之后，装甲燧发枪兵团在城北设置了前哨阵地，并与漏夜撤离的苏军对峙。装甲掷弹兵团则继续向城西数英里外的苏军进攻，将之逼退后建起一道新的防线，突击工兵营在数辆虎式坦克支援下也沿西北方向扩大了防御阵地。曼陀菲尔从东面向特尔古-弗鲁莫斯发起的攻击，在时机选取上可谓恰到好处。当时，苏军第206步兵师、第3近卫空降师和第93近卫步兵师的主力已越过特尔古-弗鲁莫斯，正准备继续向南推进到"斯特龙加防线"的边缘，留守特尔古-弗鲁莫斯的多是一些二线部队和后勤单位。曼陀菲尔适时的攻击就像将苏军摆开的长蛇阵拦腰斩断，其首尾不能兼顾。守城苏军无法抵挡GD师的犀利攻势，南面的几个步兵师发现不仅自己的补给线被斩断，而且在他们的前方，罗军第1装甲师和第7步兵师也乘机自南向北向他们进攻，一时间这几个师发现自己即将陷入一个若隐若现的包围圈中。由于曼陀菲尔的多数兵力都在特尔古-弗鲁莫斯构筑防御周边，没有足够的兵力围困对手，这三个师的苏军才得以用了两整天时间脱身，绕道撤回特尔古-弗鲁莫斯城北与主力会合。

曼陀菲尔战后回忆这段战斗时曾不无骄傲地写道："……收到最初命令仅48小时后，GD装甲掷弹兵团就全面控制了特尔古-弗鲁莫斯城，城西和城北的各处高地都在我们掌控之下……俄国人突向普罗斯蒂大油田的攻势被挡住了。"[21] 在另一文献中他还写道："……尽管天气极为恶劣，路况也很差，我的GD师还是迅猛无情地扑向敌人，完成了挡住苏军突破的任务。那些日子里积雪很深，而且常有那种造成能见度极低的暴风雪。我部的英勇表现和堪称典范的坚定意志成功地遏制了苏军。如此，其他师才得以有充裕的时间和空间进入周边阵地，并在我们坦克的保护下建立防线。"[22]

特尔古-弗鲁莫斯的初次战斗在4月12日夜结束了。这里至雅西的铁路和公路线再次畅通起来，轴心国不仅可以由此向德涅斯特河防线输送兵力和补给，特尔古-弗鲁莫斯至雅西也形成了一条完整的防线。曼陀菲尔将GD师防线分成两部分，左翼是看护城北和西北的装甲掷弹兵团，其西邻是罗军最优秀的部队之一第1近卫装甲师；右翼的装甲燧发枪兵团把守的防线从城东北向东延伸到斯宾诺莎（Spinoasa），东邻为同样骁勇善战的第24装甲师，该师看护的区域从斯宾诺莎和波杜伊罗埃北面延伸到雅西西面的勒特卡尼（Letcani），而第24装甲师的右翼则是拱卫雅西西北的罗军第7步兵师。曼陀菲尔未将坦克团拆开配属给步兵，而是将其作为预备队部署在特尔古-弗鲁莫斯附近。

科涅夫虽对特尔古-弗鲁莫斯的受挫感到震惊，但并不准备就此收手，他反而认为，方面军庞大的兵力在宽大的正面上四处出击，总有一处会被突破。4月12日，他又命令日马岑科麾下的2个步兵师在波格丹诺夫所部约70辆坦克支援下，向波杜伊罗埃北面的德军第24装甲师发起进攻。这次仍以失败告终的攻势，终于使科涅夫意识到自己低估了对面这批老手的战斗力和机动能力，而自己四处出击的战术最多只能压弯防线，却不能将之折断和形成突破。科涅夫决定，等到实力强劲的第7近卫集团军和第5近卫坦克集团军在雅西西面完成重组之后，再继续大规模南下的攻势，还必须与第3乌克兰方面军从德涅斯特河西岸桥头堡发起的攻势协同进行。由于大规模调动和两个方面军协同进攻的准备工作十分繁杂，苏军的新一轮攻势被初定在4月底进行。不过，在特尔古-弗鲁莫斯至雅西之间的前沿，德军试探对手意图，或苏军为进一步改善出发阵地而进行的小规模作战一直没有间断，间或还穿插着GD师为巩固和扩大防御周边进行的连排规模的小战。

4月18日，一架迷航的苏军飞机迫降在GD师最靠北的阵地巴尔斯（Bals）附近，曼陀菲尔的手下从被俘军官身上搜出了机密文件，由此第8集团军获知了苏军进攻的目标和兵力配备等重要情报。虽然无从知晓对手攻势的准确时间和主攻点，但德军各部均相应加大了构筑工事的力度。曼陀菲尔根据航拍图片、无线电监听和情报侦察报告判断，如果苏军的战略意图是突向普罗斯蒂大油田，那么必定将从特尔古-弗鲁莫斯方向经过，因为该城扼守着塞列特河东面唯一一条向南的公路，苏军必定会不惜一切代价夺取堪称南进大门的特尔古-弗鲁莫斯。他命令部队抓紧时间加固前沿的散兵坑、碉堡、机枪射击点和反坦克炮阵地，工兵们每夜都冒险渗入无人地带埋设地雷和敷设铁丝网等路障。曼陀菲尔就像在突尼斯桥头堡时所做的那样，在一些从德军阵地既无法观察、又无力炮轰的死角，命令工兵埋下大批地雷。这些密集的防御准备占去了他4月份的多数时间。他相信苏军很快就会进攻，所以当4月中旬希特勒命令他到大本营时，他恳求延期并得到了批准。沃勒尔也加快了调遣兵力、调运弹药和油料的速度。曼陀菲尔战后曾说4月间"德军有充足的弹药和油料，我想驳斥战后流行的那种'传奇说法'，即我们在这个时候理应匮乏弹药。当时任何补给不足的部队都能得到所需的弹药和补给。"

科涅夫在4月18日即向斯大林提交了总攻方案，他的突击集群除原有的第27、第40集团军和第2坦克集团军外，又增加了第7近卫集团军和第5近卫坦克集团军，总兵力多达15个步兵师、大约470至520辆坦克与突击炮。[23] 这支庞大的力量将从特尔古-弗鲁莫斯北面向南攻击，以包围雅西以西的德军、粉碎"斯特龙加防线"、突入罗马尼亚腹地为目标。科涅夫预定在27日发起主攻，同时还将在雅西一线佯攻以分散德军注意力。科涅夫的计划有一个前提，即马利诺夫斯基的第3乌克兰方面军也需同时在基什尼奥夫以东的德涅斯特河发起进攻。但是，由于后者在德涅斯特河西岸桥头堡的攻势进展甚微，而且科涅夫在调动集结大军时也面临着大量困难和德军袭扰，无奈之下总攻时间只能一推再推，最后敲定在5月2日凌晨。

科涅夫采取了严格的保密措施，作出了种种干扰德军判断的假象，这些举措收到了奇效——沃勒尔的情报部门在5月1日夜还错误地相信，苏军第27集团军和第2坦克集团军全部集结在雅西以北，并准备随时发起针对雅西的攻势。直到5月2日晨科涅夫的突击集群开始进攻特尔古-弗鲁莫斯防线之时，沃勒尔的司令部才搞清楚原来前述两个集团军的大部均部署在特尔古-弗鲁莫斯附近，雅西北面的只是少数部队做出大军压境的假象而已。

虽然在情报判断上先输一招，但沃勒尔对对手大规模的调动集结并非一无所知，事实上，从4月24日起，他就娴熟地调动部队进行了旨在搅乱苏军集结的一系列破坏性进攻。首先调动的是GD师在基洛夫格勒时的难兄难弟——党卫军"骷髅"师，该师在4月初从防线东翼的第40装甲军调至西翼的罗曼（Roman）西北待命，改为隶属于第57装甲军，期间得到了令各部眼红的大量增援补给（包括来自党卫军第16装甲掷弹兵师的4500人和一批重武器），再次成为一支令人恐怖的打击力量。"骷髅"师领受的任务是支援帕斯卡尼西南的罗军第6步兵师，而向再进攻帕斯卡尼南面和西南的苏军。经过3天激战，"骷髅"师将苏军第51

步兵军的两个师赶出了集结地，也攻克了帕斯卡尼。

同时展开破坏性攻势的还有GD师及其左邻的罗军第1近卫装甲师。4月25日凌晨，罗军第1近卫装甲师向苏军发动攻势，GD师装甲掷弹兵团和坦克团也同时朝西北面疑似苏军集结地的地带发起了进攻。GD突击炮营的迪登斯（Diddo Diddens）中尉在战斗中率部摧毁了3辆坦克和31门反坦克炮，他也因此战功获得德军当日公报的点名表扬。GD装甲掷弹兵团的进攻完全出乎苏军意料，刚刚换防完毕的苏军被打了个措手不及，在蜂拥后撤中这部分苏军失去了出发阵地。GD坦克团的攻势则遭到苏军的顽强还击，对手坦克的数量和炮火的密度使曼陀菲尔相信，自己选取的进攻地段极可能就是苏军的主攻前沿。曼陀菲尔认定最好的防御就是进攻，27日又派坦克团和突击炮营攻打位于帕斯卡尼和杜姆布拉维塔（Dumbravita）之间高地上的苏军集结地，数小时的坦克战中，德军以微小的代价换来了打乱苏军集结部署、摧毁一批坦克的胜利。

当德军的"搅屎棍"作战在4月28日结束时，德军和罗军已将特尔古-弗鲁莫斯的防御周边向西北和北面大约推远了6英里，科涅夫预定攻势的许多出发阵地现在都成了德军前沿的后方。此时，沃勒尔手下负责防御特尔古-弗鲁莫斯地区的是罗第5军和德军第57装甲军，而曼陀菲尔GD师把守的区域位于正中央，其大体呈弧形的防线从特尔古-弗鲁莫斯城西北一直到城东北，GD师左翼是罗军第1近卫装甲师，右翼是第46步兵师的第97掷弹兵团，而第24装甲师作为预备队部署在第46步兵师右后方。作为集团军预备队的"骷髅"师受到了同为精锐的GD师官兵的尊敬与信赖。有GD师士兵曾说，GD士兵如果被俘，最多就是被发往西伯利亚的劳工营或采石场服苦役，而"骷髅"师官兵一旦被俘，"如果走运的话能直接在头上挨上一枪，而通常的情况是被枪毙前还要经受极其残忍野蛮的折磨。"在GD师普通官兵眼中，与他们并肩作战了颇有时日的"骷髅"师是在任何危急情况下都可以绝对信赖倚重的部队。

曼陀菲尔战后曾回忆说，在罗马尼亚北部战场相对平静的4月，元首大本营曾打算将GD师调往他处，但在他的一力坚持下，希特勒改变了想法。他向大本营报告说，苏军即将发起大规模攻势，而GD师官兵不仅士气高昂、熟悉地形，还拥有整个陆军数量最多的坦克和重武器，针对苏军攻势还做了大量细致的防御准备，所以GD师在这个战场将起着无可替代的作用。诚如曼陀菲尔所言，GD师在特尔古-弗鲁莫斯一带已驻守数周，不仅对地理地形了如指掌，其防线也有着天然地利。如果在所附的草图上将波杜伊罗埃、特尔古-弗鲁莫斯和塞列特河由西向东连成一条直线的话，这条线（图中的"L"）以北是坦克和装甲车皆可穿行的宽大开阔地带，苏军已占据了此线以北几乎所有的高地（如图中的"F"、"I"和"J"），不过这些高地距德军最靠北的第一道防线（图中的"D"一线）仍有大约5、6英里。曼陀菲尔希望苏军只能远望自己的防御体系而无法窥其门径。"L"线之南的地势陡然升高，德军在这里苦心经营的防御阵地（如图中的"K"和"E"）居高临下，不仅可以俯瞰整个战场，也为88毫米高射炮和野战炮等提供了预设阵地。GD师防区内还密布着茂盛的树林，为步兵修建战壕、伪装重器和突击炮提供了理想的地利。GD师官兵相互竞赛着加固阵地，在北面构筑了大量路障，通向特尔古-弗鲁莫斯的公路上也埋设了大量地雷，并布置了铁丝网与反坦克堑壕。GD师左翼是罗马尼亚第1近卫装甲师，该师一个兵力不菲的步兵旅部署在"L"线以北的丛林地带（图中"G"地区），另外该师的预备队和大约60辆坦克分布在图中的"K"地区。曼陀菲尔对这支差不多算得上是罗军最精锐的部队仍不屑一顾，拒绝将GD师与之混合部署，坚持让罗军自行负责防线——他并不担心左邻到时的坍塌，在他看来，这一带的地势注定了即便苏军突破了罗军防线，也必须取道特尔古-弗鲁莫斯周边，而他自信以GD师的能力足以围歼任何突入之敌。他也不担心右翼（分界线在波杜伊罗埃北面的"H"高地），因为驻防德军是战斗力颇强的第46步兵师，其后方还部署着第24装甲师这样一支强悍的预备队。

曼陀菲尔最主要的作战单位是装甲掷弹兵团（"A"地区）和燧发枪兵团（"B"地区），洛伦兹和尼马克将步兵们部署在纵横交错的前沿阵地上，同时各自预留了若干预备队。曼陀菲尔将突击炮营拆开配属给他们，但将炮兵团配置在防区内精心布置的数条阵地上，这些大炮不仅弹药充足，射击位置极佳，还一遍遍地预先调试过射程。曼陀菲尔的4个高炮连中有3个装备的是88毫米炮，他将其中一个部署在特尔古-

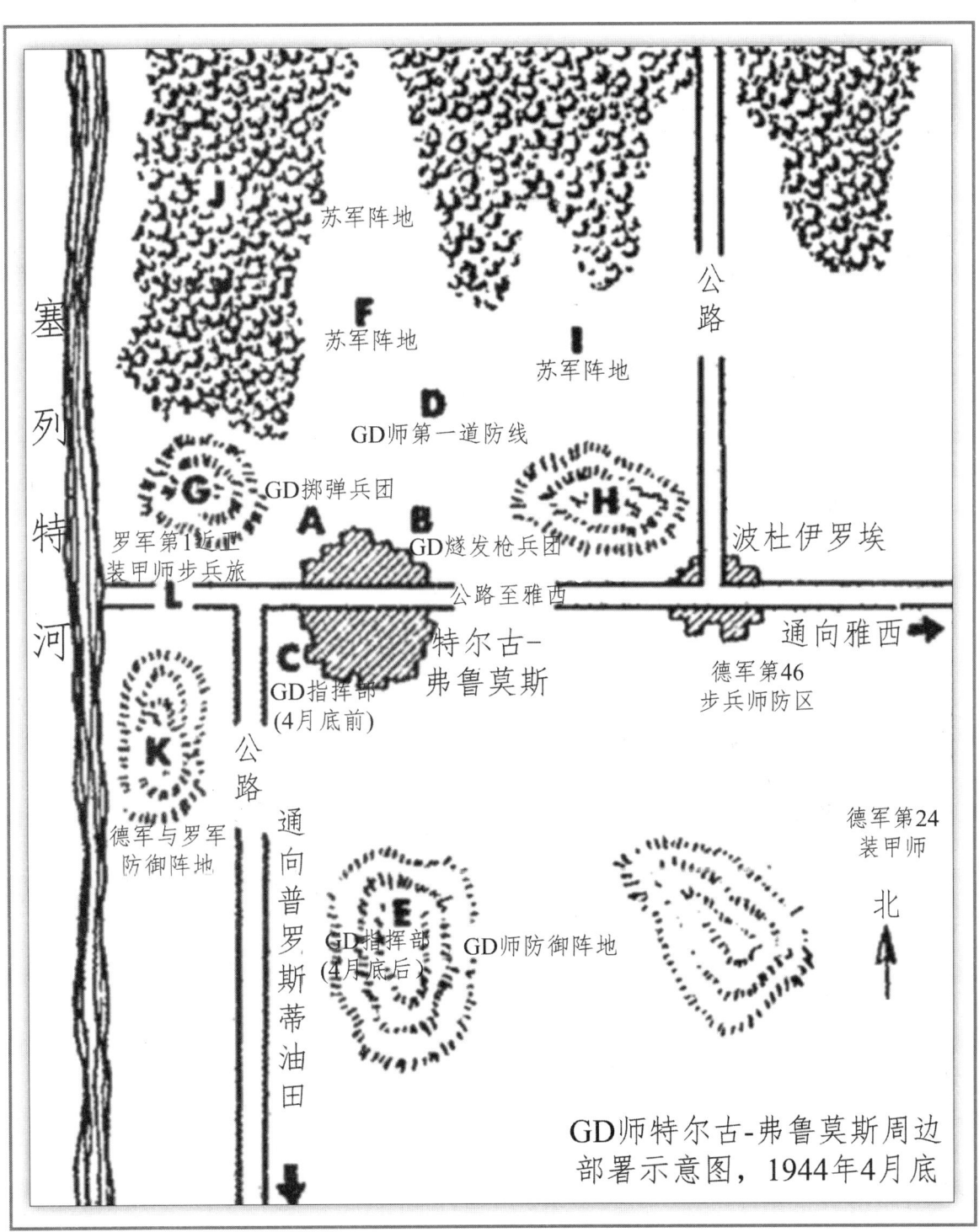

▲ GD师特尔古-弗鲁莫斯周边部署示意图

弗鲁莫斯北面的隐蔽阵地上，以对付可能突进来的苏军坦克，其它3个则在城周负责防空。GD师的预备队包括坦克团、工兵营和搜索侦察营，与手下多次讨论后，曼陀菲尔决定将坦克团用作主要的反击力量留在靠近城廓的位置，而且将修理单位尽可能近地部署在其附近，以便及时抢修坦克和装甲车。GD师的前线指挥部本设在城西（图中"C"处），但到4月底时曼陀菲尔将之转移到城南的一座小山（即"E"处）——这里在早先的战斗中已被炸得面目全非，他预计苏军很可能不会再次轰炸，更不会想到GD师指挥部就在这里。在这个制高点上他可以俯瞰整个战场和观察双方动向，可以看到坦克的对决、听到不远处的炮声，用他自己的话说就是"用眼睛和耳朵指挥作战。"曼陀菲尔预计苏军将以强大的装甲力量配合步兵突击集群展开进攻，他自己只能在步兵守住防线的前提下集中使用和灵活调动坦克团，从而在机动战中以反击消灭对手。由于坦克不可能无处不在，所以战端开启时势必会有一个团得不到坦克的支援，他只能在解除了一个方向的险情后再迅即开赴另一处解围，为此他特别警告装甲掷弹兵团和燧发枪兵团——即便苏军将其包围或绕过阵地，他们也必须严守阵地血战到底，而他将适时调遣坦克团和突击工兵营发起反攻。

值得一提的是，后来的战斗进程几乎与他事前的布置如出一辙。由于反攻时机的选择和火候的把握事关全局，曼陀菲尔特别叮嘱侦察部队和前沿哨所务必及时确定苏军的意图和调动情况，随时通过电话或无线电汇报。他虽然更重视使用无线电，但还是在防区内敷设了四通八达的电话网，属下各部的状况和敌情都能及时反馈到师部。

4月的最后几天，曼陀菲尔感觉到大战即将拉开帷幕，于是搭乘侦察飞机连续几天飞到苏军后方进行侦察，结果发现似乎对手只在GD师北面囤积了大量兵力与物资。他有些困惑，于是打电话给第46步兵师师长洛普克（Kurt Ropke）少将，询问该师防线北面的情况，而洛普克的答复是"我这里安静得可以请你来打网球！"[24]虽然满腹狐疑，但洛普克担任第9步团团长时曼陀菲尔就与之相熟，他相信洛普克在大战打响时能很好地保护他的右翼。5月1日，神经紧绷的GD师上下已完全进入临战状态，在曼陀菲尔的亲自请求下，德军第10位镶钻骑士勋章得主鲁德尔（Hans-Ulrich Rudel）少校率领第2"殷麦曼"斯图加轰炸机联队第3大队，对GD师防线以北、疑似苏军藏身集结地的方位进行了大规模轰炸。硝烟散尽、轰鸣远去过后，一切却又都恢复了平静，苏军的反攻到底什么时候才最终打响呢？

巅峰之战：特尔古-弗鲁莫斯防御战

4月底起，比萨拉比亚冬春之交的潮湿冷涩终于隐去，让位给干爽宜人、晴空万里的好天气，每个人的情绪都随着满目的绿色和湛蓝的天空变得畅快起来。在夜间值守的德军哨兵看来，5月1日夜的满天繁星无疑预示着次日又将是一个晴朗和煦的好日子。虽然预计中的苏军攻势连续多日都证明是虚惊一场，但哨兵们依然警觉地观察着周围的暗夜。5月2日凌晨4点刚过，北方的天际突然划出无数道明亮的曳光，顷刻间各处阵地附近都发生了震耳欲聋的爆炸。成百上千门榴弹炮、迫击炮和喀秋莎火箭炮发射的炮弹像下雨一样砸在阵地上，整整一个小时的弹雨震颤着特尔古-弗鲁莫斯的整个德军防线，弹幕和硝烟似乎将黑夜笼罩得更加严实。不用哨兵们示警，早被惊醒的德军上下都知道苏军的大规模进攻拉开了帷幕。天色稍微放亮，天空中又传来战机的马达轰鸣声——配属给科涅夫的空军第5集团军的大批战斗机和轰炸机，对德军防线后方的炮兵阵地和集结地进行了轰炸和扫射。等硝烟在晨雾中飘荡着渐去的时候，科涅夫突击集群的第一梯队在75毫米步兵炮、自行火炮和T-34坦克的支援下，开始向南朝着特尔古-弗鲁莫斯推进。

曼陀菲尔早就被炮火惊醒，他在城南高地的指挥部里目睹了苏军猛烈的炮火倾泻在阵地上（苏军攻击前沿每英里正面部署有250门以上的火炮），以及天亮后苏军坦克缓缓地沿着杜姆布拉维塔和特尔古-弗鲁莫斯城西方向向南袭来。多日细致的防御准备和精心伪装这时收到了效果，他的数个炮兵阵地都未遭受大的损失，最前沿的据点虽然表面阵地被毁，但在坚固工事的庇护下人员伤亡并不大。苏军第一梯队为第7近卫集团军麾下的第24和第25近卫步兵军、第27集团军的第35近卫步兵军，合计8个师的步兵身后是这些部队自己的坦克团，他们身后则是来自第5近卫坦克集团军和第2坦克集团军的先头坦克旅，而4个坦克军的数百辆坦克将出现在攻击序列的最后，随时支援步兵扩大突破。²⁵ 苏军在兵力、炮火和坦克支援方面占绝对优势，最靠北的的德军前沿很快被突破，但守卫在孤立高地和碉堡中的GD师官兵进行了顽强抵抗。尽管完整的第一道防线已不存在，而且苏军步兵和坦克已突破到身后，但精心修筑的防御堡垒还在德军手中。

苏军第8近卫空降师在一个坦克旅支援下，向GD师左翼的罗军第1近卫装甲师的步兵防线发起了攻击，几小时后达成了突破，罗军被分割成彼此孤立的小群体后开始溃退，帕斯卡尼至特尔古-弗鲁莫斯的公路也被切断。第8近卫空降师左翼的苏军第81近卫步兵师向罗军与GD师的结各部发起了攻击。多达80至100辆的苏军坦克轻易撕开了罗军阵地，但随即遭到了GD装甲掷弹兵团1营的阻击，大量步兵被座座碉堡中的德军拖住，双方展开了激烈交锋。隶属于弗米尼克(E.I. Fominykh)少将第29坦克军的这些坦克，完全不顾敞开的两翼，略微停顿后绕过德军碉堡和工事，继续朝东南方向的特尔古-弗鲁莫斯城西扑来，身后跟随的是第81步兵师愈显单薄的步兵。当弗米尼克的先头坦克团抵达城西北仅2英里处，而且摆开了攻击阵势时，一直在城南高地上观察的曼陀菲尔知道当日的第一次大危机即将出现——GD装甲掷弹兵团的绝大多数兵力眼下都在被孤立包围的工事里负隅顽抗，他只有依靠坦克团和88毫米高炮连来应对蜂拥而至的苏军坦克。在回忆如何化解这场危机时，曼陀菲尔战后曾写道：

"我们前沿的步兵放苏军坦克绕过自己的阵地，部分原因是为了把战利品留给88毫米高炮连——他们扼守着从北面进入特尔古-弗鲁莫斯城的第372高地。进攻的苏军坦克中大约有25辆被直接命中后爆炸起火，剩下的大约10辆跟跄着一头扎进了GD坦克团的集结地，它们自然是有去无回。很快我意识到苏军的主攻来自西北方向，目标就是特尔古-弗鲁莫斯城，于是我立即命令坦克团开到装甲掷弹兵团的左翼，在城西一处高地背后就位，另外这个高地上我还有一个伪装得很好的突击炮连。当我的指挥车往这个高地开去时，正赶上大约两个连、约30辆苏军坦克进攻此处。高地前埋伏的步兵让高速推进的苏军进来后，突击炮连一直等到对方逼近到约30米处才突然开火，每辆突进来的坦克都被干掉了，多数被炸得四分五裂。后来我将这些坦克碎片带给专家，向他们证明我们的穿甲弹威力多么巨大。我们没有遭受任何损失。另一个连的苏军坦克'迈着正步'——一辆接一辆地排成一排——从罗马尼亚人放弃的阵地附近驶来，结果我们自己的一个坦克连及时发现了它们并将之全歼。"²⁶

曼陀菲尔日后带给专家检验的不仅是被穿甲弹击毁的坦克碎片，他还将击毁的 IS-2 "斯大林" 重型坦克拍成照片，连带着缴获的炮弹一起带到装甲兵总监部和元首大本营，让古德里安和希特勒等"欣赏"苏联制造的最新式钢铁巨兽。5月2日上午，就在曼陀菲尔调坦克团到特尔古-弗鲁莫斯以西的装甲掷弹兵团防区阻击苏军时，他与坦克团长朗凯特上校正通过无线电筹划下一步行动，他们突然感觉到有口径极大的炮弹从指挥车上方呼啸而过。这些炮弹无疑是从很远的射程外发射的，曼陀菲尔和朗凯特一开始都认为这些炮弹恐怕是迷失方向的虎式坦克误射的，因为他们从未听说过苏军有如此大口径的坦克炮弹。但情况很快就明了了，射出这些炮弹的是大约3000米开外的苏军 IS-2 "斯大林" 重型坦克。曼陀菲尔命令虎式坦克营9连前去迎击这些怪兽，他在望远镜里明明看见德军坦克炮弹准确命中了对手，但炮弹却被弹了起来！虎式坦克营营长鲍姆克(Georg Baumunk)中校带着大约12辆坦克继续逼近苏军，在约1800米至2000米的射程内又向苏军重型坦克开炮。曼陀菲尔在望远镜中看到这次有4辆坦克中弹起火，而剩下的见势不妙立即试图逃离。他立即用无线电呼叫附近的四型坦克连连长克莱姆兹(Bernhard Klemz)上尉，令其率部展开追逐。轻快敏捷的四型坦克很快缩短了与对手的距离，而后在1000米射程内从侧翼和后部发起突袭，一举摧毁了逃跑的几辆重型坦克，克莱姆兹也因此战功获得了骑士勋章。这些重型坦克来自于苏军第14独立近卫重型坦克团，被德军干掉的是配属给第29坦克军使用的13辆重型坦克。

虽然冠名为重型坦克，"斯大林"坦克在重量和尺寸方面其实更接近于46吨重的德军豹式坦克，尽管双方在设计理念上存在较大差异。"斯大林"坦克在炮塔和前装甲厚度方面明显优于豹式坦克，但仅能装弹28发，远逊于豹式坦克的81发。当然，由于IS-2的火炮口径高达122毫米，远胜德军坦克的75毫米长管火炮，所要求的炮弹无疑更大更重。豹式坦克和IS-2坦克在1000米射程内对射的话，理论上都可以击穿对方装甲,在距离更远的情况下,IS-2坦克炮弹的效用则取决于战场的地形和乘员的能力。[27] 在重型坦克的编组使用方面,苏军的做法颇似德军的独立重型坦克营,也是将数量稀少的重型坦克编组成独立小型单位,配属给坦克军或集团军。东线德军重型坦克营一般不直接隶属于装甲师(唯GD师例外,只有该师编成内拥有虎式坦克营),而是作为集团军级的预备队和防线消防队使用,主要任务是沿着整条防线灵活机动,堵住被突破的地段。而苏军的独立重型坦克团主要被用来支援步兵和其他坦克部队的突破,由于苏军多选取德军装甲部队力量薄弱的地段作为主攻点,所以部署在突破口背后的重型坦克团,除了用护甲与炮火吓退对手的步兵外,一般并不直接与德军坦克直面交锋。"斯大林"坦克在特尔古-弗鲁莫斯虽表现不尽人意,但主要是由于坦克乘员对新武器的熟悉程度不足所致,并非本身有特别重大的缺陷。苏军高层对这款重型坦克的性能很为满意,决定扩大生产并尽快保证每个坦克军能拥有至少一个重型坦克团。随着苏军坦克兵对该型坦克性能的熟悉与掌握,在1944年6月至7月的夏季攻势中,虽然数量依然有限,但IS-2坦克的战场表现已足以让人刮目相看。曼陀菲尔战后接受李德·哈特访谈时就曾指出,虽然罗马尼亚战场上的苏军似乎还不太熟悉手中的利器,但"斯大林"重型坦克是"世界上最优秀的重型坦克。它集超强火力、厚重装甲和低矮轮廓等优点于一身,速度优于虎式坦克,且不比豹式坦克慢多少,在总体机动性方面胜过任何一款德军坦克。"[28]

曼陀菲尔满意地看到气势汹汹的GD坦克团在西北方向打退了苏军,虽然远方若隐若现中似乎还有更多的坦克,但它们只是远远地隔空开炮,并没有打算发起下一波攻势。他没有兴趣派坦克团乘胜追击,正北和东北方向的装甲掷弹兵团与燧发枪兵团防线结合部的另一场危机,亟需他当机立断和赶去化解。苏军第93近卫步兵师和第3近卫坦克军的一个旅,在2日晨的硝烟尚未散尽时,就向装甲掷弹兵团3营与燧发枪兵团3营的结合部发起了猛攻。这个薄弱的结合部位于特尔古-弗鲁莫斯城北6英里处的巴尔斯南面,不久苏军就从这里楔入进来,击退了装甲掷弹兵团3营,夺取了巴尔斯东南的第197号高地,之后还继续推进了3英里,直到第256号高地才被一路撤退的德军暂时挡住。攻击燧发枪兵团整条防线的并不止一个苏军步兵师和一个坦克旅,再往东去,苏军第3近卫空降师和第206步兵师在第16坦克军几十辆坦克的支援下,也向燧发枪兵团其他几个营的防线发起了冲击。燧发枪兵团1营防御的第192号高地被苏军攻克,附近几座高地上的碉堡也被拔除,尼马克所部只得陆续撤到法库提(Facuti)周边。随着向南突破的道路被打开,第16坦克军立即派第107和109坦克旅作为先头进军法库提,第164坦克旅和第1摩托化步兵旅任第二梯队,而在其身后跟进的是第6独立近卫重型坦克团的16辆 IS-2重型坦克。[29] 上午9时,大约34辆苏军坦克开始在法库提外围开炮,同时苏军轰炸机编队也对这里的建筑和防御工事进行了轰炸。空袭停止后苏军坦克继续逼近法库提,向残垣断壁间幸存的工事近距离开炮。尼马克的前沿指挥部就在法库提,他立即组织身边的部队利用熟悉的地形和房舍展开反击,同时通过无线电向曼陀菲尔和第57装甲军求援。尽管尼马克报告说形势十分危险,但曼陀菲尔手头无兵可调,坦克团正在西北方向与苏军激战,他只得要求尼马克严守待援,同时允诺中午12点前一定赶到。而第57装甲军军长吉青纳(Friedrich Kirchner)将军收到求救信号后,命令GD师右翼的第24装甲师赶去救援,摧毁任何突入法库提地带的苏军,尤其是夺回法库提以北2英里处的第192高地。第24装甲师师长埃德尔斯海姆(Maximillan von Edelsheim)命令手下的"E"战斗群(由两个装甲掷弹兵营和一个炮兵营组成)先由东向西朝特尔古-弗鲁莫斯开去,而后右转向北逼近法库提;该师的"W"战斗群则直接开赴192号高地,防止苏军沿高地建起牢固的反坦克堑壕,同时打击苏军侧翼,而后从北面与法库提的GD师所部建立联系。此时,在法库提以北2英里处的波列尼(Polieni),第46步兵师的一个营也在进行着生死挣扎。

尼马克是一名意志顽强的东线老手,战前他即预料到交战之初部队很可能会陷入孤军作战的境地,但他深知曼陀菲尔和军长吉青纳绝不会坐视不理。当法库提附近的GD炮兵营派联络官赶来了解情况、建议他撤到更利防守的地带重组防线时,尼马克断然拒绝,反而要求炮兵营守住自己的阵地,并向对手倾泻所有的炮弹,同时他通过无线电或派传令兵告诉分散在各处的军官,必须带领士兵不惜任何代价死守。当苏军坦克离指挥部越来越近时,有军官建议立即后撤,否则性命堪虞。尼马克只是轻描淡写地说道:"我们有手榴弹、有地雷、还有掷弹筒,难道以前我们没经历过这种场面吗?让他们来吧!我们就在这里,我们比那33辆坦克要更强悍。"当然这段出自战地记者的引语,不免有塑造英雄的夸大吹嘘之嫌,但尼马克的确亲自带领手下进行阻击,以轻武器摧毁了8辆坦克后迫使对手暂停了攻势。法库提依然在尼马克手中,他为曼陀菲尔赶来救援争取了宝贵的时间。上午11时,尼马克再次报告说苏军又发起了一轮新攻势,而他的官兵所剩无多,形势真正危险到了极点。曼陀菲尔十分了解这位好友兼忠诚下属,相信后者不到最后时刻绝不会将战场态势描述得如此不堪,于是命令坦克团立即与敌脱离接触,迅速赶到特尔古-弗鲁莫斯城附近重组,而后向法库提和燧发枪兵团的防线奔去。曼陀菲尔命令朗凯特留下一个由豹式和虎式坦克连混编的坦克营支援装甲掷弹兵团,其余坦克则在加满油料和补充炮弹后立即驰援尼马克。曼陀菲尔率先垂范,亲率四型坦克连赶在大队之前驰援,途中他迅速评估了地形和法库提周边的态势,命令仍在路上的坦克团大部抢先攻击苏军侧翼。11点55分,离承诺的到达时间尚有5分钟时,曼陀菲尔带领的先头坦克连出现在法库提,向正横冲直撞的苏军坦克发起了反击。一场坦克战随即开始,稍后杀到的GD坦克团大部也开始与对手捉对厮杀,30辆苏军坦克很快被摧毁。几乎与曼陀菲尔同时到达的还有第24装甲师"W"战斗群的25辆四型坦克和突击炮,以及由西南方向驰援而至的"E"战斗群。GD师和第24装甲师两个战斗群的反攻令腹背受敌的苏军大吃一惊,一度汹涌的攻势即刻被遏制,德军不仅摧毁了苏军第16坦克军3个坦克旅的多数坦克,还将其步兵占领的邻近高地和堡垒如数夺回,苏军被迫向北回撤数英里后才稳住阵脚。法库提及周边的危机过后,双方2日下午又在第192高地南坡进行了长时间的拉锯战。夕阳西下之时,第5近卫坦克集团军司令员罗特米斯特罗夫命令第16坦克军停止死伤惨重但又毫无作为的攻势,向西调动重组,准备支援第29坦克军次日的新攻势。德军方面,第24装甲师将法库提周边的防御移交给GD师燧发枪兵团,随后向特尔古-弗鲁莫斯集结,以准备应对次日的激战。

就在曼陀菲尔将坦克团大部调去救援燧发枪兵团之时,装甲掷弹兵团周边的苏军第25近卫步兵军和第29坦克军见有机可乘,立即转守为攻,向刚恢复的德军防线发起了新一轮攻势。不想,苏军攻势刚起,党卫军"骷髅"师的一个团级战斗群(其第6装甲掷弹兵团)出人意料地由南向北朝苏军发起了猛攻,与此同时,曼陀菲尔留在西面的混编坦克营也由东向西出战。鲁德尔的斯图加轰炸机大队也适时出现在天空,疯狂地攻击苏军坦克编队并扫射尾随的步兵。GD装甲掷弹兵团1营被打散的残部、被困在杜姆布拉维塔和鲁吉诺撒(Ruginoasa)附近碉堡中的德军,都借机后撤到鲁吉诺撒东南建立新的防线。苏军的这起攻势在两路德军的夹击下很快黯然收场。

如血的残阳悄悄消失在地平线之时,特尔古-弗鲁莫斯周边喧嚣的战场终于安静下来了。站在高处的曼陀菲尔极目远眺,看着各处仍在燃烧和冒烟的坦克残骸,长长地嘘了一口气——最困难、最危急的第一天终于过去了。科涅夫方面军当天的作战日志曾这样记载:"……方面军所部经过与敌军步兵、坦克和空军的浴血搏杀,突破了敌防御堡垒,沿着从布拉格西(Blagesi)到霍多拉(Hodora)宽达20公里的正面推进了4到10公里不等。双方在苦涩的战斗中充满敌意,都极为顽强,敌军发起了无数反击……超过50辆敌军坦克和突击炮被摧毁或烧毁,俘虏了250名德军……"[30] 除了描述和颂扬自己的官兵大无畏的英勇外,苏军战史基本没有提及5月2日的血战中己方损失的坦克和兵力。曼陀菲尔战后曾说,到2日上午11时为止,GD坦克团在装甲掷弹兵团防区即摧毁了约250辆苏军坦克。[31] 他在另一著作中又写道:"……在苏军进攻的头一天,GD坦克团与突击炮营、88毫米高炮连协同作战,摧毁了大约250辆苏军坦克,其中包括多辆'斯大林'重型坦克。"[32] 沃勒尔第8集团军5月2日的报告是这样写的:"苏军的主攻随着300至350辆坦克的被摧毁而告终结。敌军增援正从北方赶来,3日还将有一场新的大战。GD师的报告表明他们有400人伤亡,6辆坦克被毁,另有8辆受损。我们的空军一直持续不断地提供支援,包括斯图加轰炸机轰炸、对地近程掩护以及专打坦克的俯冲轰炸支援等。"[33] 如此看来,第8集团军的战果统计很大程度上是以曼陀菲尔的报告为基础的。如果说GD师自己损失的数字大约准确的话，那么关于坦克团摧毁了250辆坦克的估计，则可能有些夸大其辞——算上突击炮在内，科涅夫的两个坦克集团军5月初也只有大约500辆坦克和突击炮，第一天上午就被GD师敲掉250辆、下午又被第24装甲师等干掉50到100辆的话，其损失率将高达60%至70%，显然高得过于离谱。倒是在GD师蹲点的战地记者的报道较为可信："……到5月2日夜，仅GD师就摧毁了96辆苏军坦克，其中一些还是新式重型坦克。橡叶骑士勋章得主朗凯特上校的坦克团功劳最大，一共干掉了56辆坦克。该团今日消灭的第41辆苏军坦克，是这个团自1943年3月参战以来摧毁的第1000辆敌军坦克。"34

不管曼陀菲尔是否大大高估了首日战果，对科涅夫来说，5月2日无论如何都是他个人耻辱的一天，或许是出于这个原因，科涅夫在战后回忆录中只字未提1944年4月至5月间他在罗马尼亚北部战场的数次失败。3个月前因"切尔卡瑟口袋"围歼战声名大噪而晋升元帅的科涅夫，怎么也难以接受眼前损兵折将、坦克部队几乎被打残的事实。深受斯大林宠爱的科涅夫是苏军出名的绝不低头服软的猛将，他一方面深为自己的轻敌和准备不周感到懊恼，另一方面仍然坚信以他现有的兵力和剩下的坦克，虽不足以实现合围雅西以西全部德军的目标，但至少拔除特尔古-弗鲁莫斯这个大钉子还是绰绰有余的。5月2日夜，他修改了进攻计划，决定摒弃沿宽大正面四处出击的战法，将突击集群的4个集团军重组集中在狭窄得多的地段，预备次日晨再度强攻。科涅夫的新主攻地段是特尔古-弗鲁莫斯西北大约7英里宽的正面，突破路线正是第29坦克军5月2日一度逼近到距城西仅2英里的那条路线。第一梯队包括第6近卫空降师、第36、第72和第81等三个近卫步兵师，第5近卫坦克集团军的第29坦克军和第3近卫坦克军的180辆坦克提供支援，另外，第7近卫集团军所有的炮兵、方面军直属炮兵将全部集中在主攻地段提供炮火支援。

科涅夫准备新攻势和重组部队的同时，沃勒尔和他的军师长们也没有休息。第57装甲军军长吉青纳相当熟悉科涅夫的指挥风格，深知这位对手绝不会因一时受挫而善罢干休，他在2日下午即令第24装甲师撤出其两个战斗群后到特尔古-弗鲁莫斯西边集结，第24装甲掷弹兵团的一个营也被派到GD装甲掷弹兵团

和燧发枪兵团防线的结合部加强防御。曼陀菲尔完全赞同吉青纳对苏军次日主攻方向的判断，他将预备队装甲工兵营也派去增援装甲掷弹兵团，同时将坦克团从特尔古-弗鲁莫斯东北调到西北4到5英里处集结，负责支援装甲掷弹兵团。吉青纳还命令"骷髅"师加强团规模的"E 战斗群"在特尔古-弗鲁莫斯城西约6英里处布防。在神鬼莫测的情况下，吉青纳在苏军主攻方向上部署了GD师、第24装甲师和"骷髅"师三个战斗力相当了得的装甲师，新攻势尚未发起，枕戈待旦的德军已做出周密部署，在作战突然性方面科涅夫又

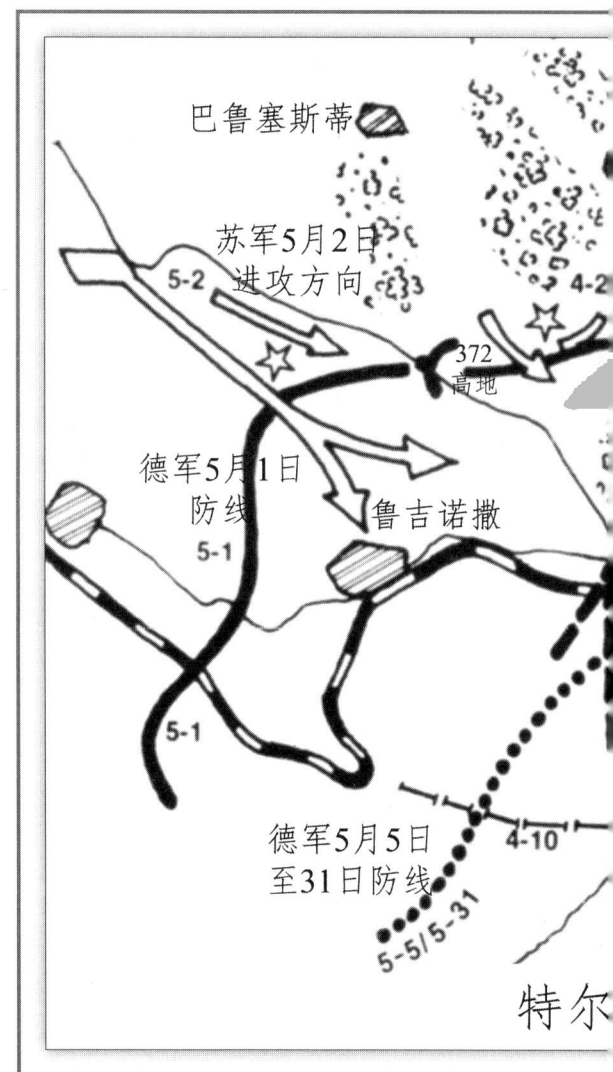

▲ **特尔古—弗鲁莫斯战役示意图**

第七章 耀眼的战星："大德意志"装甲掷弹兵师师长

输了一招。

5月3日晨，在密集猛烈的炮火轰炸之后，科涅夫的突击集群分左右两翼发起了新攻势。左翼进攻的方向位于特尔古-弗鲁莫斯正北，步兵主力为第35步兵军的3个师，得到第2坦克集团军麾下第16坦克军和第3近卫坦克军约70辆坦克与自行火炮的支援，右翼苏军负责进攻特尔古-弗鲁莫斯西北，4个步兵师来自第24和第25步兵军，支援他们的是第5近卫坦克集团军还能参战的约180辆坦克与自行火炮。同时，科涅夫在突击集群右侧还安排了针对帕斯卡尼一带的辅攻，由第40集团军麾下第51步兵军的3个师担纲。突击集群右翼的苏军官兵依然英勇无畏和不计牺牲，但德军的抵抗意志和能力更胜昨日。在GD装甲掷弹兵团防线上，苏军虽一次次试图撕开阵地，但曼陀菲尔组织的密集火力网也一次次将之粉粹。在阵地前方，德军预设的雷场和反坦克堑壕迟滞着坦克的推进，在阵地上，掷弹兵们借助掩体、防空洞和地堡疯狂地扫射苏军步兵，在阵地周边曼陀菲尔部署了又一层机枪火力网、迫击炮和反坦克炮，阵地后方不远处还安排了占据有利地形的88毫米高射炮和野战炮，机动待命的坦

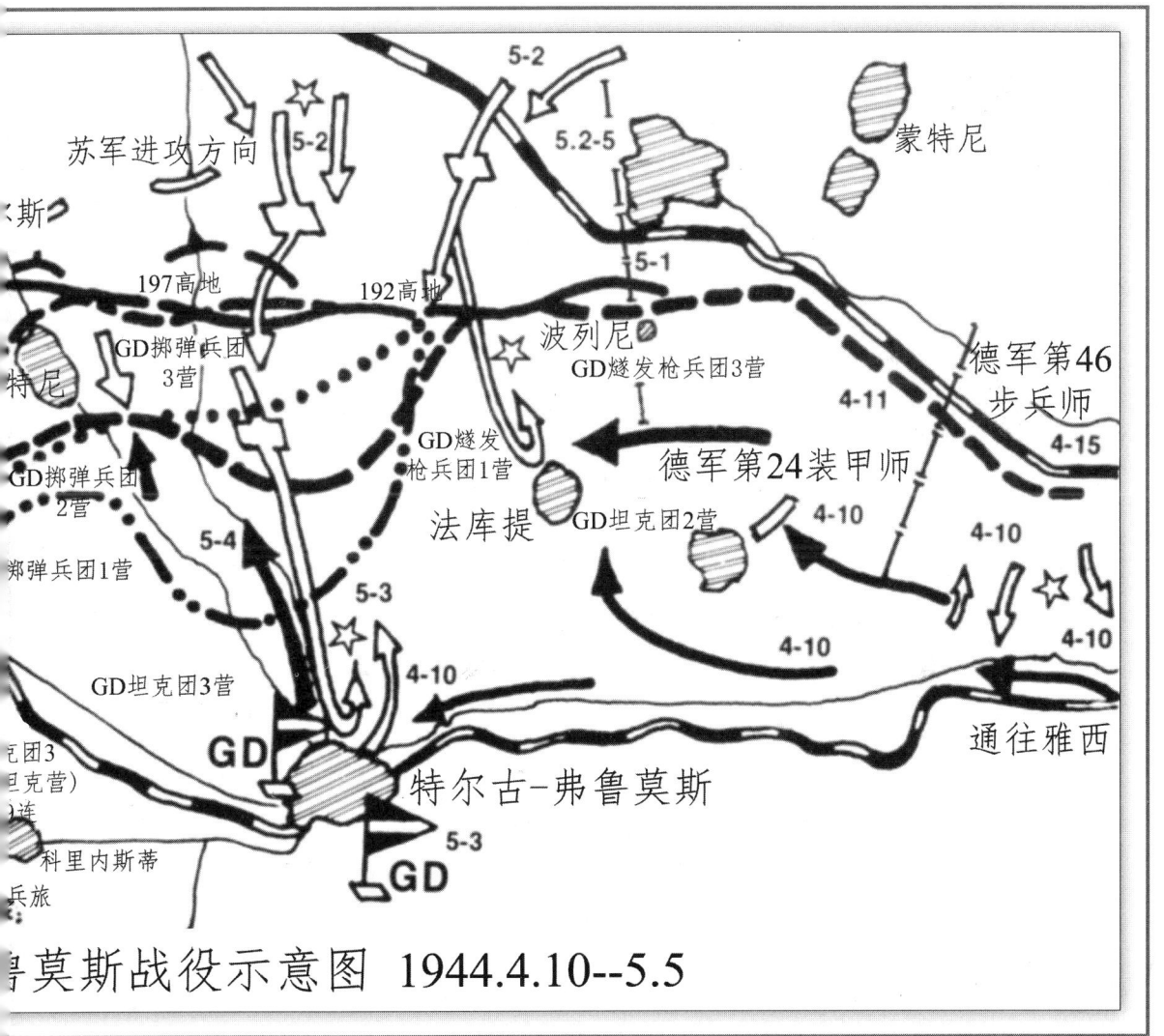

弗鲁莫斯战役示意图 1944.4.10--5.5

克团也向苏军发射致命的远程炮火,还时不时冲上前去,将少许突破进来的苏军坦克逐一摧毁。与突击集群右翼的一事无成相比,苏军左翼的攻势当日上午曾稍有起色。第35步兵军和第16坦克军经过血战后,在GD装甲掷弹兵团和燧发枪兵团的结合部再次打开了缺口,但与昨日判若两人的德军并未溃散,GD师的两个营紧紧固守和夹击着苏军突破线路的两翼,将突入进来的第107和109坦克旅与其身后的大队步兵割裂开来。就在苏军坦克举棋不定之际,第24装甲师的1个掷弹兵营在12辆坦克支援下,向正面苏军发起了迎头反击。苏军坦克和被隔开的步兵经受不住三面重击,丢盔卸甲地撤到第256号高地附近才立下足来。向帕斯卡尼方向进攻的苏军第51步兵军,更是激战竟日寸土未获。这样的厮杀持续了一整天,苏军昨日还能突破德军阵地和形成威胁,今日则在铜墙铁壁面前寸步难行,反而损失了近百辆坦克和数千人。夜幕降临时,残余苏军实在疲惫得难以为继,科涅夫方面军的作战日志也只有哀叹"当日攻势完全失败",而曼陀菲尔则留下了"此战无疑是又一次坦克杀戮、一次前所未见的屠杀"之类的文字。尤为有趣的是,在坦克和步兵表现实在乏善可陈的情况下,科涅夫方面军的作战日志只得泼墨于配属的第5空军集团军:"出击1319次……在24次空战中击落敌机38架,在罗曼机场摧毁敌机10架、重创12架。敌机两日内出动了2000余架次。"

如果说科涅夫对3日的攻势尚寄厚望的话,那么4日规模大大缩小的局部进攻又归于失败,迫使他必须承认现实、停止徒增伤亡的进攻。4日,苏军在几个狭窄地段上进行了两小时的炮轰,而后又像前两日一样,多达5个团的步兵在130余辆坦克支援下进行重点攻击。但当日的所有攻势无一例外地均遭挫败,德军以同样凶猛的炮火、步兵和坦克凌厉的协同反击挡住了任何突破,战事结束时苏军又损失了1500人以上。在已有"狗娘养的高地"之称的第256号高地,双方的小股兵力竟日厮杀,GD工兵营一次次攻占了高地、又一次次被赶下来,双方谁也无法牢牢占据。4日夜,科涅夫决定放弃攻击,命令第5近卫坦克集团军全线后撤休整,但为预防德军可能乘势发起反攻,他又命令罗特米斯特罗夫将剩下的坦克留下支援步兵。至此,第5近卫坦克集团军还剩下148辆坦克和67辆自行火炮,但能投入作战的恐怕不会太多。5日和6日,除个

别地段的小规模冲突外,特尔古-弗鲁莫斯北面的整个战场一片平静。科涅夫所部在舔伤和转入防御的同时,沃勒尔和吉ुुนนา正在计划发起反击,其意图除改善己方的防御态势外,更主要的是借此破坏苏军的下一次攻势。曼陀菲尔将坦克团调到特尔古-弗鲁莫斯北面的科内斯蒂地区重组,燧发枪兵团也调到赫尔劳(Hirlau)至特尔古-弗鲁莫斯公路以西集结,预备与坦克团一起进攻苏军。第24装甲师将沿着赫尔劳至特尔古-弗鲁莫斯公路向北进攻,以拔除苏军在第197号高地和巴尔斯附近的阵地为目标。第46步兵师则奉命向西调动,以消灭法库提西北的苏军为目标。这三个师将在5月7日晨发起协同进攻。

特尔古-弗鲁莫斯战场在5月6日没有发生任何激战,德军重组部队和预备反攻的同时,科涅夫也在调整部署和加强一线阵地,同时将几乎消耗殆尽的波格丹诺夫第2坦克集团军撤出前沿(苏军资料称该集团军6日时仅剩49辆坦克和突击炮)。是日夜,一名空军上尉突然出现在曼陀菲尔的师部,声称希特勒想在次日见他。虽反攻在即,但曼陀菲尔认为战场态势相当稳定,苏军已被严重削弱,反攻的各项准备工作井然有序,他可以放心地离开前线去汇报了。他将前些日子拍下的"斯大林"重型坦克的照片和缴获的大口径炮弹一并带上专机。赶到上萨尔茨堡后,他立即被人护送到了位于贝希特斯加登(Berchtesgaden)的元首乡间别墅。希特勒显然已了解了这位"新宠"近期的表现,热情地欢迎他并关切地询问战场态势和部队的士气。希特勒还邀请他共进午餐,作陪的有前希特勒青年团领袖、现任维也纳总督席腊赫(Baldur von Schirach)。这位年轻的纳粹高官1940年时曾作为GD步兵团军官参加过法国战役,在师中仍有不少相熟军官,他对曼陀菲尔率GD师在罗马尼亚北部的成功大加赞赏。午餐后席腊赫邀请曼陀菲尔到他治下的维也纳休息几天,后者与妻子也随后愉快地在维也纳盘桓了三日。

曼陀菲尔离职休假的几天里,特尔古-弗鲁莫斯一线的德军反攻按时发起了。GD师燧发枪兵团与第24装甲师、第46步兵师的部队,进攻之初即在几个地段突破了苏军第7近卫集团军和第27集团军的前沿,迫使科涅夫急调刚到后方休整的坦克军前来恢复局面。尼马克的燧发枪兵团在豹式坦克营和突击工兵营

第七章 耀眼的战星："大德意志"装甲掷弹兵师师长

协助下,终于攻克了那个一览众山小的第256号高地。科涅夫对高地的失守大发脾气,7日夜厉声斥责第35近卫步兵军军长戈里亚切夫(S.G. Goryachev)中将,指责他未能率领属下表现出宁死不屈的战斗意志,以致于将至关重要的第256号高地拱手相让。科涅夫气急败坏地要第27集团军重罚戈里亚切夫及其炮兵主任,并将高地失守的直接责任者送上军事法庭。由于第256号高地的德军能够窥视北面苏军的一切调动集结和坦克部队的运动,苏军次日即组织兵力发起强势反扑,结果又夺回了高地控制权。尽管随后数日里这个高地还在反复易手,但整个战场的态势已经趋稳,双方都转入了防御。

特尔古-弗鲁莫斯周边的战斗在5月10日和11日平息下来了。曼陀菲尔GD师在第24装甲师、第46步兵师和党卫军"骷髅"师的协助下,完成了一次教科书式的经典机动防御战。1990年代初曾有美军军官撰文高度评价这一经典战役:"……曼陀菲尔GD师1944年在罗马尼亚特尔古-弗鲁莫斯之战中的表现,是指挥官将装甲部队与步兵单位分开使用取得成功的经典战例。在有利地形的帮助下,经过30多天的精心准备和协同,他没有将装甲部队配属给任何步兵单位,而是作为预备队全数置于自己控制之下。苏军的总损失包括超过350辆坦克和200辆装甲车,德军仅有不到10辆坦克被毁。"35 美军当代军事历史学家格兰茨曾说特尔古-弗鲁莫斯之战"与1942年12月的奇尔(Chir)河之战、1943-44年的尼克波尔之战一起,成为美军军官战术教程中的经典战例。"36 英军准将辛普金(Richard Simpkin)对特尔古-弗鲁莫斯一战也非常欣赏,他在1979年的著作《坦克战:剖析苏军与北约的坦克战哲学》中声称:"……估计苏军此战损失了350辆坦克和装甲车,苏德双方的战损比可能高达20比1,曼陀菲尔所部之后依然还能保持之前的作战效能。此战令我着迷不已,因为它代表着闪电战的防御层面,是与今日依然相关的一个典范。'槌砧'(hammer-and-anvil)战术当然被蒙哥马利在(北非的)阿尔哈尔法之战中发挥到极致,不过他的铁锤重击可能主要来自坦克炮火,而非坦克部队的机动。曼陀菲尔则将这一战术原则与其他两方面结合了起来。其中一个战术曾为德国非洲军在较低层次上反复使用——把一支貌似、或实际上也很虚弱的坦克部队作为诱饵,把敌军引诱到反坦克炮阵地附近加以重击。另一战术则是先让敌军坦克越过己方步兵防线,而后再将坦克与攻击步兵隔离开来,最后将两者分而歼之。"37

特尔古-弗鲁莫斯之战显然也是曼陀菲尔最得意的一战,也是他担任师级指挥官期间最成功的一次胜仗。战后的1948年,他曾将此战之经历和心得写成报告,在美军战争学院做了演讲,随后又将经验教训上升到理论高度,发表在1950年的美军《装甲》杂志上。38 曼陀菲尔、吉青纳和沃勒尔等各级指挥官对特尔古-弗鲁莫斯之战的胜利均颇感自豪,曼陀菲尔在回忆录中除引述国防军5月8日的战况公报对GD师和他本人的提名表扬外,还特意提到反希特勒的外交名宿哈塞尔(Ulrich von Hassell)——后者在自己的著作中提到此次德军胜利时,曾懊丧地感叹"苏军的雅西攻势又一次不可思议地被挡住了。"39 曼陀菲尔战后在向美军军官演讲时曾自豪地宣称:"我们认为特尔古-弗鲁莫斯之战是机动防御战的经典一例……它展示了如何在适宜的时间和地点打击敌军的软肋,也显示了出其不意这种突然性的巨大价值。这一战例表明,上级的命令必须明确目标,但不能充斥不必要的细节,各级战场指挥官都有必要在一致的任务框架下独立行动。这一战例最后还体现了一点,即一支精疲力竭的部队如果有良好的士气、拥有足智多谋且富于领导技巧的指挥官、能够大胆坚定地快速反应,是完全能够击败数量绝对占优的对手的。"40 曼陀菲尔对自己在此战中使用装甲部队的方式有着更精彩的阐述:"……突击炮、高射炮、工兵部队与师主力之间的精诚团结是防御战的基础,但步兵始终是这场'演出'的'主角'……对防御战起决定作用的除了步兵外,装甲部队能否及时准确地执行反击任务是最关键的一环,他们必须集中火力,随时准备迎击对方的突击部队,填补防线上的漏洞。但无论在任何情况下,在由多个兵种组成的联合防御阵地里,步兵始终处于支配地位,而各个阵地之间的相互支援和掩护也是非常必要的(尽管坦克和突击炮往往能成为防线上的核心力量,但决不能因此而分散装甲部队的实力、弱化其对抗敌方机械化部队的能力)。除此之外,要想控制战场局面,就必须任何时候都要拥有一定数量的装甲预备队,这样才能避免意外情况的发生……"41 曼陀菲尔还曾总结了GD师成功的六大要素：[42] 1) 正确判断总体局势；2) 进行细致可靠的防御准备，充分按照每一兵种自身的技战术特点部署兵力，确保全师各兵种间最密切的合作；3) 所有反坦克兵和炮兵都必须随时做好准备并拥有精准的射术与技能；4) 步兵、炮兵、突击炮和高射炮兵必须准备充分、坚定不移且英勇无畏，坦克兵也必须具有进攻精神；5) 所有官兵都知道彼此能够相互依存，所以能展现出堪称榜样的战斗精神；6) 师长和师部在各个阶段都能正确地把握战场态势且能善用地形。关于这个最后一点，曼陀菲尔又有进一步阐述："……到师一级的所有装甲指挥官的位置都应该在最前沿，只有这样才能对地形有着最佳了解，才能与坦克部队保持良好的通信联系。我总是让自己出现在能看见和听见前沿状况的地方，也即是说在敌军附近、在战场的焦点所在。没有任何东西、没有任何人能取代个人的第一手印象。"[43] 无疑，战斗在最前沿的装甲指挥官们不仅能提振士气，还能使最具才干和经验的人能在决胜关头迅速做出关键性决策。曼陀菲尔与隆美尔和巴尔干等装甲名将在这些方面都有着共同的特质。

貌不惊人、资历不深的曼陀菲尔能在猛将如云的德军脱颖而出，成为既受希特勒宠信、又得到交战各方认可的将领之一，在一定程度上是与其骁勇善断、善于总结且不拘泥于既定战术原则密不可分的。特尔古-弗鲁莫斯之战过后，曼陀菲尔作为东线能员干将的声誉已牢牢树立起来，他也就此成为二战后期德军装甲部队一颗耀眼的战星。

沙场秋点兵：告别罗马尼亚和转战东普鲁士

虽在特尔古-弗鲁莫斯北面和西北几次受挫，但第2乌克兰方面军统帅科涅夫并没有放弃歼灭当面德军的计划。相反，他在5月中旬即拟定了新的方案，准备以5个集团军组成的突击集群夺取波杜伊罗埃至雅西的铁路和雅西本身，之后围歼特尔古-弗鲁莫斯向东延伸到雅西以南普鲁特河谷地带的所有德军，并攻克"斯特龙加防线"的大部。苏军的新攻势原定在5月底发起，但科涅夫自己已没有机会来实施了——随着苏军针对中央集团军群的"巴格拉季昂"夏季攻势的临近，朱可夫作为大本营代表被派去协调第1和第2白俄罗斯方面军的作战，科涅夫随即调任第1乌克兰方面军司令员，而他留下的职位则由马利诺夫斯基接管。科涅夫调离罗马尼亚，并非斯大林对其作战失利的惩罚，他仍是最高统帅心目中最优秀的悍将之一，斯大林需要他率领实力强劲的第1乌克兰方面军在即将展开的夏季攻势中发挥重要作用。由于一切目标均需服从夏季攻势，斯大林5月底决定先推迟、而后无限期搁置罗马尼亚北部的进攻计划。事实上，苏军在确定将白俄罗斯作为夏季攻势的主攻方向之前，确曾考虑过将西乌克兰和摩尔达维亚（Moldavia）地区作为主攻点，但大本营认为这些方向上的德军重兵集团拥有最多的装甲师和机械化部队，利沃夫、雅西和基什尼奥夫一带前一阶段历时月余的激战，已充分证明了这些德军不仅具有很强的战斗力，还借助地利进行了精心的防御准备。苏军认识到，若沿这个方向发动大规模攻势，势必将在困难的地形条件下与对手展开漫长的血腥搏杀，已经遭受了重大损失、疲惫虚弱的部队能否取得成功也至为可疑。

沃勒尔当然无从知晓苏军大本营的决定，但空中和地面的侦察表明，5月最后十天里苏军一直在进行大规模调动和在雅西西北集结，预示着其新攻势势必仍将以夺取雅西为主要目标。沃勒尔并不满足于被动防御，相反他拟定了一个两阶段反攻计划，希望借此破坏苏军攻势并进一步改进己方的防御态势：第一阶段始于5月30日，以第23和第24装甲师为主，第79步兵师和罗军第11步兵师分别掩护两翼，第14装甲师为预备队；第二阶段将从6月2日开始，主力则变成了曼陀菲尔GD师以及第一阶段完成后立即重组的第24装甲师，保护左右两翼的分别是罗军第18和第3步兵师。曼陀菲尔将左翼的装甲掷弹兵团和右翼的燧发枪兵团的防区分别移交给党卫军"骷髅"师和第46步兵师之后，于5月31日率部集中在波杜伊罗埃地区，其预定发起攻击的位置大约介于波杜伊罗埃和雅西之间的中点陶特斯蒂（Tautesti）。

5月30日，被称为"东线德军1944年唯一的一次主动进攻"正式发起，第23和24装甲师在第79步兵师等配合下，向卡尔皮蒂（Carpiti, 位于雅西以北）南面的齐齐亚（Zhizhia）河南岸的苏军桥头堡发起了进攻，遭受打击的苏军主要是第52集团军。第23装甲师组成了三个战斗群，一个以第126装甲掷弹兵团为主并得到第128反坦克营的加强，第二个以第128装甲掷

第七章 耀眼的战星："大德意志"装甲掷弹兵师师长

弹兵团为主并得到第51装甲工兵营的加强，第三个战斗群则是以第23坦克团和第23搜索侦察营为主的装甲战斗群。不过，这个装甲战斗群在5月30日和31日被配属给了第24装甲师。按照德方战史的说法，德军基本完成了当日的预定任务，但苏军战史（来自于当日紧急支援第52集团军的第6坦克集团军）则声称"（5月30日）率先增援和进入战场的（第6坦克集团军之）第5机械化军与第52集团军的第73步兵军……携手重创了敌军，恢复了局势。敌军在当日战斗中损失了200辆坦克和自行火炮、74门大炮、39辆装甲运兵车和其他车辆……以及8000名官兵。"44 虽然未曾见到来自德方的人员装备损失数字，但苏军所言的德军损失200辆坦克和自行火炮、尤其是8000官兵的说法实在令人难以置信，就像曼陀菲尔称GD坦克团5月2日半天即摧毁坦克250辆一样，恐怕也有拔高误算的成分在内。参加第一阶段作战的3支德军装甲师加在一起是否有200辆坦克和自行火炮都成疑问，更何况第14装甲师作为预备队首日并未参战。如果一日即损失了相当于两个装甲师的装备、超过一个步兵师战斗兵员的8000人，德军最高统帅部在其当日日志中就绝无可能对第8集团军"表示满意"，沃勒尔恐怕也会胆战心惊地立即中止次日的行动。5月31日，沃勒尔将预备队第14装甲师的装甲战斗群投入战场，但由于苏军从其他战场及时调派了增援，德军未能取得大的进展。是日夜，第79步兵师和第14装甲师接过了第24装甲师的防线，后者则连夜赶到雅西西北重新集结，准备与曼陀菲尔GD师携手发起第二阶段的作战。

就像第24装甲师的主要力量集中在"E"和"W"两个战斗群中一样（配属给它的第23装甲师装甲战斗群已转隶第14装甲师），曼陀菲尔也以其装甲掷弹兵团和燧发枪兵团为核心组成了两个战斗群，并分别配属若干坦克和突击工兵。6月2日拂晓，这四个德军战斗群在大约100辆坦克和突击炮支援下，沿着6英里正面进攻苏军第27集团军麾下数个兵员不整的步兵师。曼陀菲尔右翼的第24装甲师出击之初即将重拳砸向了苏军第27和第52集团军防线的结合部，进展一度相当顺利，在防线上敲开了数个大小不等的缺口。但曼陀菲尔的运气似乎较差，苏军构筑的雷场和反坦克阵地给GD师造成了极大麻烦，喀秋莎火箭炮的凶猛炮火也使之举步维艰，而且随着德军逼近对方的主防线，

正面苏军步兵的抵抗也越来越强。苏军统帅马利诺夫斯基在急调第2坦克集团军增援的同时，还派出大批近程支援战斗机和轰炸机向德军扫射轰炸，既迟滞了GD师的进军，又造成了相当的伤亡。不过，GD装甲掷弹兵战斗群还是迫使苏军第202步兵师放弃阵地北撤，燧发枪兵战斗群也类似地将苏军第337步兵师逼退，这两个战斗群均在当日夺取了一些高地和据点，但在下午和傍晚向主要目的地埃普雷尼（Epureni）推进时遇阻。

6月3日的战斗更加激烈，随着波格丹诺夫的坦克军从后方陆续赶到，GD师的处境变得更加艰难。曼陀菲尔准备集中两个战斗群的全部兵力和火力从南面猛攻埃普雷尼，但未曾想到苏军第16坦克军已于当日早些时候抵达埃普雷尼附近。这支苏军虽在5月初的激战后所剩坦克无多，但也凑出了包括若干"斯大林"重型坦克在内的约20辆坦克，还与一个机械化步兵旅联手向曼陀菲尔发起了反击。这一反击虽未能撼动GD师在埃普雷尼南面的防线，但却阻止了德军夺取埃普雷尼的尝试。与此同时，得到增援、尤其是获得了大量反坦克炮的苏军步兵的抵御更加顽强，德军第24装甲师的攻势也变得迟缓下来。随后三日，德军不顾逐日增多的伤亡（如曼陀菲尔的燧发枪兵团3营因损失过大被暂时解散，残部并入2营），继续向北进攻，试图一劳永逸地解决正面之敌。为此，沃勒尔将第23装甲师的若干坦克调配给第14装甲师，由该师组成装甲战斗群增援GD师和第24装甲师。与德军的有限增援相比，马利诺夫斯基增援第27集团军的力度更大，疲态尽显的德军在愈发顽强的抵抗下，推进速度开始像蜗牛一样缓慢，进攻能力和势头都在逐渐消散，迫使沃勒尔于6月6日下令中止进攻。不过，他倒是认为此战的目标已完全实现，因为雅西北面和西北的一系列高地均被攻克，己方的防御态势因纵深的增加而变得更加有利。7日，苏军第35近卫步兵军的两个师在第2坦克集团军和空军支援下，又向埃普雷尼南面的GD师发起了攻击。曼陀菲尔丢失了一些地盘，但防线总算没有崩溃，4月曾被国防军战报提名的突击炮营迪登斯中尉身受重伤。有资料称6月2日至7日的短短一星期中，仅GD师卫生连就治疗了大约2000名伤员。44 GD师7月1日的报告声称所部损失了1681人（223人阵亡、1135人负伤、81人失踪）。45 由于6月8日

后GD师基本进入了休整，没有参加大的战事，所以前述损失应是该师在6月2日至8日期间伤亡的人数。在惨重的损失面前，GD师摧毁苏军70辆坦克和45门大炮的战绩也顿显黯淡无光。

6月8日起GD师各部开始陆续撤出前沿，但此前数日GD搜索侦察营的驻地发生了一件不大不小的事件：一名厨师在离驻地不远的农场里偷了一头奶牛，整个过程中还有一些士兵专门掩护，这名厨师为大家准备了一顿丰盛的晚餐。但是，农民随后向罗马尼亚当地政府检举了此事，捅到德军高层那里后引起了高度关注——这名厨师很快被送交军法审判，随后以掳掠罪枪决。这一严厉举措令GD师上下深感惊惧，令普通士兵尤为不解的是参加军法审判的军官里有些竟然也是当日奶牛晚宴的享用者。稍后不久，GD师士兵找到了报复机会，他们在与逼近的苏军交手时向这个农场投掷了大量手榴弹，后来苏军炮火也将整个农场付之一炬。曼陀菲尔在整个事件中扮演了何种角色不得而知，但他无疑首肯了军法官的判决。集团军群司令官舍尔纳向以整饬战场纪律严厉无情出名，对待参谋军官和后勤部队尤为冷酷，倒霉的厨师落在了"疯子费迪南"手里，即便曼陀菲尔有心袒护，也只能自认倒霉了。6月8日后，罗军开始逐一接管德军把守的阵地。13日，GD师撤往雅西至特尔古-弗鲁莫斯公路以南，16日开始在雅西南面的巴考(Bacau)和瓦斯鲁伊(Vaslui)之间的一座小城集结，这里距雅西足有100多公里，是休整补充的绝佳去处。曼陀菲尔和官兵们在这里尽情地享受没有硝烟和战火的生活，慢慢地恢复元气和战斗力，并接着完成之前中断的结构重组工作，就连6月22日规模空前的苏军"巴格拉季昂"夏季攻势，似乎也不能影响他们享受生活的意愿。整个6月，曼陀菲尔的豹式坦克营获得了40辆豹式坦克，虎式坦克营收到了6辆虎式坦克，其他单位则得到了140余辆装甲运兵车。不过，曼陀菲尔知道眼前的宁静不可能持续多久，完成休整补充的GD师势必将被派往最危险的地带充当消防队（该师6月新创的师报即以"消防队"[Die Feuerwehr]为名）。

在1944年6月末、7月初的苏军夏季攻势中，德军中央集团军群司令官布施(Ernst Bernhard Wilhelm Busch)元帅的4个集团军合计仅有38个力量严重不足的师，防线从维捷布斯克一直延伸到莫济里(Mozyr)，面对的苏军却有14个集团军计200个师之多，双方兵力对比是6比1，坦克和大炮之比竟高达10比1，此外苏军还有绝对的制空权。苏军第1波罗的海方面军和第3白俄罗斯方面军6月22日对维捷布斯克附近的第3装甲集团军发起了钳形攻势，德军错愕之中就几乎立即损失了第33军。23日，第2和第3白俄罗斯方面军向奥尔沙与莫吉廖夫进军，几乎将德军第4集团军打得全线崩溃。一天后，德军第9集团军的防线又被苏军第1白俄罗斯方面军撕开。布施奉行希特勒的僵硬防御战术和堡垒防守策略，结果一败涂地，到27日用光了预备队，却未能阻止苏军铺天盖地的攻势。维捷布斯克、奥尔沙、莫吉廖夫和博布鲁伊斯克等重要枢纽均很快被张开的铁钳紧紧围住，同时苏军装甲洪流裹挟着沿途的一切抵抗，向明斯克方向冲去。德军不仅在7月3日失去了明斯克，仅在6月22日到7月3日这12天里就损失了25个师和大批武器装备。面对危险至极的中央战场，希特勒解除了布施的职务，派莫德尔前去救火。莫德尔此时还身兼北乌克兰集团军群司令官，这样他一人就统帅了东线近四分之三的部队，连曼施坦因在生涯最高峰时也不曾有过这样的权限。莫德尔左支右挡，使尽浑身解数，试图将千疮百孔的防线漏洞堵住，同时建起一条相对完整的新防线。莫德尔虽被认为是最优秀的战术家之一，但将灾难之影响降到最低、稳定东线全局，无疑仍是他经历过的最大挑战。中央集团军群防线的崩塌造成了灾难性后果，苏军不仅将德军逼退到维斯瓦河和东普鲁士边境、切断了波罗的海德军与本土的联系，而且在军事和政治上也严重威胁到德国在巴尔干的地位。

7月25日，希特勒亲自打电话给曼陀菲尔，询问罗马尼亚北部战场的状况，以及GD师是否绝对有必要继续留在雅西和塞列特河之间。不等曼陀菲尔回话，希特勒就告诉他说安东内斯库每天都打电话询问是否会调走GD师。显然，安东内斯库意识到GD师实为罗马尼亚战场的支柱。尽管曼陀菲尔认为GD师足以左右此间战场，但他还是认为有必要开往更需要的地方，尤其是正受威胁的东普鲁士。希特勒致电曼陀菲尔前，苏军已将北方和中央集团军群之间的缺口扩大到了70公里，莱因哈特将军的第3装甲集团军仍在后撤。7月28日，交通枢纽希奥利艾(Shiauliai，亦译作施奥伦[Schaulen])落入巴格拉米扬(Ivan

Bagramiyan）第1波罗的海方面军之手。这支苏军随即向北朝里加以西的波罗的海海岸推进，当日抵达米陶（Mitau），切断了北方集团军群连接东普鲁士的最后一条铁路线。新任北方集团军群司令官舍尔纳试图挡住苏军，但曾在特尔古-弗鲁莫斯与GD师激战的第5近卫坦克集团军还是在7月30日抵达里加湾重镇图库姆斯（Tukums，德文Tuckum被译作杜肯），斩断了北方集团军群与德国的陆路联系。[46]

在这种黯淡的形势下，曼陀菲尔GD师7月24日接到开往北乌克兰集团军群的命令，但未及成行，一天后又接到尽速开往东普鲁士、加入第3装甲集团军作战序列的命令。GD师的先头部队26日登上了列车，穿越喀尔巴阡山脉后一路向北朝东普鲁士的古谢夫（Gumbinnen）赶去。8月3日，GD师装甲掷弹兵团抵达东普鲁士后立即被送上前线，两天后，坦克团的第一批虎式坦克刚下火车，就奉命开到古谢夫以东的维尔鲍伦（Wirballen），负责沿此处至考纳斯（Kowno）的铁路支援装甲掷弹兵团向东北方向发动的进攻。6日的战斗中，GD师的4辆虎式坦克被"斯大林"重型坦克击毁。[47] 曼陀菲尔带着师部于6日抵达了盛产赛马的特雷克内恩（Trakehnen），这里距最近的苏军仅40英里。就在GD师不少单位仍在赶往特雷克内恩附近的集结地时，燧发枪兵团2营不知何故被临时配属给附近的第5装甲师，而曼陀菲尔也接到了速到大本营报到的命令。他在大本营里明显感觉到其氛围与两个多月前大相径庭，曾经的自信满满开始让位于焦虑不安和恐惧。曼陀菲尔向凯特尔和约德尔汇报了GD师的状况，声称经过一个多月的休整补充，全师现在的装备和战斗力更胜以往。当他嗅出高层有将GD师拆散组成战斗群、随即投入战斗的计划时，大声地表示反对——他辩解说一方面所部尚未全部抵达，另一方面将之拆散使用只会削弱作战能力，尽管他自己以前也曾将部队拆成战斗群使用，但毕竟是在其个人统一指挥之下，进行的是灵活机动的防御战，全师的内敛力和兵种协同能力并未丧失。曼陀菲尔反复强调GD师只有完整地置于其统一指挥下才能发挥最大效用，最后还搬出了希特勒这个挡箭牌——他说GD师直接受命于元首，而元首允诺过不会把GD师拆开使用（事实上GD师的装甲掷弹兵团和燧发枪兵团一部已被零敲碎打地投入战斗）。曼陀菲尔返回师部不久，莱茵哈特上将不期而至。曼陀菲尔与这位上将早就相熟，也很敬重他的品行与能力。莱茵哈特想了解GD师的状况、最主要的是何时能做好战斗准备，曼陀菲尔则称"一旦全师到位，几天内就会做好一切战斗准备。"也许是看出了司令官也有将GD师拆散投入战场的想法，曼陀菲尔赶紧指出GD师只能在他本人领导下、作为一个整体才能投入战斗。莱茵哈特闻言若有所思地称这很明智，并希望上级"不要推翻这个决定"。

8月8日下午，曼陀菲尔意外地收到了大本营命令，要求他立即准备进攻距东普鲁士边境不远的立陶宛重镇维尔卡维什基斯（Vilkaviskis，德语为Wilkowischken），任务是摧毁那里的苏军先头部队后夺回城池。曼陀菲尔对这道命令十分不满，因为大本营无法提供前线状况、敌军实力和部署等方面的任何情报，渐晚的天色也使他无法侦察了解地形和敌情，更令他沮丧的是，大本营似乎还违背了不将GD师拆散使用的诺言。不过命令终归是命令，曼陀菲尔将团营长找来商议对策，决定在次日晨的第一抹亮光透过天际时发起突袭。为求最大的突然性，他决定乘着夜色将部队集结在维尔鲍伦附近，还决定进攻发起时不进行炮火准备。在9日凌晨的浓雾中，曼陀菲尔简短地向各级指挥官交代了目标和注意事项，随即下令向目的地开进。尼马克燧发枪兵团是第一波进攻部队，其后为装甲掷弹兵团，坦克团则一如既往地由曼陀菲尔直接控制。GD师并不是唯一一支攻打维尔卡维什基斯的德军，协助他们的还有第5装甲师和第1步兵师所部。他们面对的苏军主要是第33集团军的第62和第19步兵军、以及第5近卫坦克集团军的第2近卫坦克军。[48] 不过，曼陀菲尔的老对手罗特米斯特罗夫自8日起已不再主持第5近卫坦克集团军，其个中原因大约是他与第3白俄罗斯方面军司令员切尔尼亚霍夫斯基自6月末以来发生了数次冲突，尤其是维尔纽斯战役期间，罗特米斯特罗夫使用装甲部队的保守方式和所部的重大伤亡引起了切尔尼亚霍夫斯基的强烈不满。这位苏军最年轻的方面军统帅可能觉得战功赫赫的罗特米斯特罗夫身上的锋芒和锐气正在急剧消退。罗特米斯特罗夫改任苏军装甲兵与机械化部队副司令员，单就战绩而言，他在第5近卫坦克集团军的继任者们无一人能望其项背。

GD坦克团的一名士兵战后曾这样描述9日的进军和战斗："……进攻发起的时刻一到，我们就准时发动了引擎，嗡嗡声顿时划破了凌晨的宁静。坚不可摧的钢铁箭头像雪崩一样席卷着敌军的主防线。跟进的燧发枪兵和掷弹兵们士气振奋，前方的每道抵抗都被粉粹了。敌军被惊醒了，他们的大炮和迫击炮朝着我们的钢铁巨兽狂轰滥炸，成群结队的战机发起了一轮轮攻击，试图阻遏我们的前进……我们的装甲箭头无可阻挡地朝着维尔卡维什基斯推进，碾压着途中的一切枪炮和阵地。"[49] 这位当事人虽然提及GD师步兵与顽强的苏军展开了激烈近战乃至徒手搏斗，但他对GD装甲箭头之威力的文学般的渲染，显然只是他个人的一厢情愿与粉饰。据GD师战史记载，装甲掷弹兵团和燧发枪兵团从南面逼近维尔卡维什基斯时不慎踏入苏军雷区，还遭到大炮和坦克的猛烈轰击。而GD坦克团大部则在晨雾掩护下绕到城东，准备自东向西进攻，主攻由豹式坦克营担任，右翼为虎式坦克营，四型坦克营负责掩护和跟进。当晨雾散去时，在崎岖地形和丛林掩护下伪装得极好的苏军"斯大林"重型坦克、大量突击炮和反坦克炮露出了狰狞的面目，突然向逼近的德军坦克编队开炮，转瞬就有数辆虎式坦克被击毁或遭受重创，虎式坦克营营长鲍姆克中校的坦克也被击中，他本人身负重伤，后被舍命相救的装甲兵抢离战场。豹式坦克营和四型坦克营也在苏军炮火下出现重大伤亡和损毁，维尔卡维什基斯东面的战场似乎成了三个月前特尔古-弗рум莫斯的翻版，只不过这次遭到血洗的是曼陀菲尔的坦克团。他在战后曾回忆说："……苏军的反坦克炮、坦克和野战炮的炮弹像下雨一样砸下，一小时内我就损失了80辆以上的坦克。不过只有11辆完全报废，其他受损的坦克经修理后还能继续作战……"[50] 时任第12装甲师作战参谋军官的涅波尔德（Gerd Niepold）战后的研究表明，GD师此战彻底报废了23辆坦克，[51] 但若加上受损的坦克，其总数之高立即引起了代理参谋总长古德里安的关注，心疼不已的总长甚至怀疑曼陀菲尔是否犯了战术错误。尽管GD师的步兵也出现了大量伤亡，但到中午时分，两个装甲掷弹兵营在大约50辆坦克与突击炮支援下，还是从西南方向突进了维尔卡维什基斯，苏军第157和第222步兵师进行了拼死抵抗，最后被击退。攻克维尔卡维什基斯后GD师立即在四周构筑工事，准备迎击反扑。曼陀菲尔将师部留在后方，率少数随从向维尔卡维什基斯开进，途中目睹了仍在焚烧冒烟的大批德军坦克，不禁黯然神伤——虽然完成了任务，还摧毁了69辆苏军坦克、突击炮及61门大炮，但离开罗马尼亚时齐装满员的GD师损失实在惨重。当夜，就在他研究苏军部署和可能的反扑时，意外收到了师部转发的电报——"限次日晨到元首大本营报到。"

曼陀菲尔不禁感到一阵烦恶，他知道希特勒不会坐视他一战即损失80辆坦克之多，肯定会出现疾风骤雨般的训斥、甚或更坏的结果，但他此时正在部署防务，在这关键时刻却要他离开战场去汇报和听训！他带着几辆坦克乘夜色回到指挥部后，要手下立刻联系参谋本部和大本营，通知他们将在次日准时报到。10日上午，曼陀菲尔首先到参谋本部面见古德里安，但正忙于他事的总长只派出一位军官接待他。这位军官说总长没时间见他或陪他面见希特勒，不过已猜到了他要说什么，而且完全接受其解释。古德里安的态度令曼陀菲尔大感欣慰，但在元首面前他的确受到一番尖锐斥责。他虽惴惴不安，但决定不置一词，让希特勒把火发完、冷静下来之后再做解释。希特勒不仅骂他损失了大量坦克，还指责他未经元首许可擅自进攻。这句话让曼陀菲尔抓住了机会，他立即辩解说自己有大本营的命令。希特勒吃惊地停下训斥，瞪着眼睛让曼陀菲尔把命令读出来。后者把手伸进衣袖上缀着"非洲军团"和"大德意志师"字样的袖标里，掏出作战命令读了起来，之后还抱怨GD师尚未完成集结就被投入到地形完全陌生、敌情完全不明的战场。希特勒完全被自己下达的命令震惊了，不明所以的他立即让副官把凯特尔找来。当着凯特尔的面，希特勒让曼陀菲尔复述了一遍命令。后者平静地照做了，这回感到紧张困窘的是凯特尔了，希特勒开始像"训下士一样训斥一名元帅"。曼陀菲尔十分窘迫，不愿看到这位元帅被当面训斥和大失颜面，于是想偷偷溜出房间，无奈凯特尔硕大的身躯挡在门口，无路可逃，只能硬着头皮伫立原地。听着希特勒的训斥，曼陀菲尔更加坚信，不仅元首不了解前线的真实状况，他的军事助手凯特尔和约德尔对前线官兵的需要、态度及战场形势也都完全不甚了了。曼陀菲尔从凯特尔唯唯诺诺的辩解中得知，就在莱因哈特造访GD师的同时，在元首大本营的例会上，有人提及苏军8月2日攻占了维尔卡维什基斯，对东普鲁士边境形成了直接威胁。希特勒闻言一惊，询问GD师是否已从南方赶到，随即得到了

第七章 耀眼的战星："大德意志"装甲掷弹兵师师长

"GD师已完成集结和做好了战斗准备"的答复。希特勒在稍后的发言中提到，可以指望曼陀菲尔的GD师挡住苏军的推进，而后再将之消灭，之后他转换了话题，开始与将领们讨论东普鲁士的反击计划。希特勒只不过提到了这个想法，并未形成明确的命令，但凯特尔稍后离开会议室，命人向曼陀菲尔下达了反攻维尔卡维什基斯的命令。

这场意外澄清后，曼陀菲尔如释重负地回到了师部。他在大本营挨训时苏军果然发起了反攻，并将重点放在了维尔卡维什基斯火车站附近。由于前日损失过大，GD师全天采取守势，但当火车站失守后，GD师的两个步兵营在部分坦克和突击炮支援下，向守卫那里的苏军第70步兵师发起了三次反攻，但都未获成功。11日，GD师奉命撤回进攻前的出发阵地，随后又接到命令向北开拔，经由陶拉格(Tauroggen)向希奥利艾方向集结，准备参加大本营筹划的"双头作战"(Operation Doppelkopf)。当时，苏军第1波罗的海方面军的第51集团军和第2近卫集团军7月末8月初时已占据了希奥利艾地区和叶尔加瓦(Jelgava)，德军北方集团军群丧失了与东普鲁士之间的主要交通线，即里加—叶尔加瓦—希奥利艾—提尔希特(Tilsit)的铁路和公路。8月10日，苏军最西翼的第2近卫集团军甚至还在强渡杜比萨(Dubissa)河后夺取了西岸的罗西埃尼(Rosieni)，而第51集团军也在继续西进，目标是前出到奥采(Auce)和库尔谢奈(Kursenai)，为坚守地理位置十分重要的希奥利艾和叶尔加瓦等创造有利条件。苏军统帅巴格拉米扬敏锐地意识到，希特勒必然会派重兵夺回失去的交通线、恢复北方和中央集团军群之间的陆路联系，为此，他除了一再敦促前述集团军向西进攻、改进己方的防御态势以外，也加强了对这两个集团军外翼、即北部的图库姆斯地区和南部的凯尔梅(Kelme)地区的掩护。同时，为迎击德军突袭，他通过在方面军内部变更部署和撤出一系列兵团的措施组建了一些预备队，如将第3近卫机械化军从里加走廊撤出后集中到叶尔加瓦以南地区，将第1坦克军撤出后集中到希奥利艾以东地区等。此外，苏军大本营还决定把第5近卫坦克集团军调给巴格拉米扬，以应付突发事件。巴格拉米扬根据侦察和游击队提供的情报，认定最危险之处在于希奥利艾和叶尔加瓦方向，他在8月上旬命令"第51集团军把叶尔加瓦地区变成坦克无法接近的地区，牢牢扼守所占领的阵地；近卫第2集团军各兵团应与坦克第1军协同，实施坚守防御，掩护希奥利艾方向，并把希奥利艾地区变成强大的抵抗枢纽部"。[52] 他还将第3近卫机械化军和第103步兵军留作方面军预备队，以便沿着叶尔加瓦通往西北、西部和西南的三条铁路线实施快速反击。

巴格拉米扬对德军意图的判断无疑相当准确，德军总部和第3装甲集团军确实在准备向苏军第2近卫集团军和第51集团军把守的突出部发起反攻。这个"双头作战"计划的出发点当然是恢复北方和中央集团军群间的陆路联系，里加湾边的图库姆斯和河港叶尔加瓦是整个战役最重要的两大目标，这个任务将由两支德军合作完成——绍肯(Dietrich von Saucken)将军的第39装甲军（下辖第4、第5和第12装甲师）负责叶尔加瓦方向，曾任GD坦克团长的传奇人物施特拉赫维茨(Hyazinth Graf Strachwitz von Gross-Zauche und Camminetz)少将的装甲集群（由第101装甲旅、党卫军"格罗斯"装甲旅及其他部队组成）负责夺取图库姆斯，而后伺机进军里加并作为增援加入北方集团军群序列。"双头作战"还有一个更具野心的目标，即打通里加至东普鲁士的铁路线，而希奥利艾是其中最重要的枢纽。克诺贝尔斯多夫将军的第40装甲军（辖GD师、第7和第14装甲师）负责从西面和西南攻打希奥利艾，之后向东北推进，与第39装甲军共同夺取叶尔加瓦。德军希望到战役结束时，北方集团军群的第16集团军能与第3装甲集团军连成一体，而且能给予前述两个苏军集团军毁灭性打击。德军为反攻下了血本，除GD师外，第4、第5和第7装甲师都是国防军精锐，除在左翼担任主攻的2个装甲军6个装甲师外，德军还安排右翼的第9军和第26军（合计1个装甲师和7个步兵师）发起辅攻，旨在牵制里加周边的其他苏军。不唯如此，德军计划战役发起后再投入第1步兵师、新组建的第548和第551国民掷弹兵师等，与它们同步到位的还将有第103和第104装甲旅[53]（每旅各含一个拥有36辆豹式坦克和4辆坦克歼击车的坦克营）。参战各部计拥有659辆坦克和突击炮（见174表），还将得到相当数量的空军支援。

莱因哈特上将8月16日被任命为中央集团军群司令官，正在匈牙利作战的劳斯奉命接手第3装甲集团

1944年8月16日"双头作战"发起时德军装甲实力一览

单位	坦克数量		突击炮数量		总数	
	可投入作战	短期修理	可投入作战	短期修理	可投入作战	短期修理
第4装甲师	47	54	–	–	47	54
第5装甲师	38	24	–	–	38	24
第12装甲师	28	–	36	2	64	2
GD师	77	22	20	4	97	26
第14装甲师	11	–	11	–	22	–
第7装甲师	24	20	5	–	29	20
施特拉赫维茨装甲集群	85	–	–	–	85	–
第9步兵军	18	17	41	–	59	17
第25步兵军	6	–	69	–	75	–
总计	334	137	182	6	516	143

资料来源：Gregory Liedtke. Furor Teutonicus: German Offensives and Counter-Attacks on the Eastern Front, August 1943 to March 1945.*Journal of Slavic Military Studies, 2008, 21(3)*, pp.563–587.

注：不同资料来源对表中装甲师的装备数量给出了不同的数字，例如：
1. 第4装甲师仅其第35坦克团在8月15日即拥有68辆四型（32辆可作战）和47辆豹式坦克（15辆可作战），合计115辆坦克（47辆可投入作战）。资料来源：Dietrich von Saucken. 4. Panzer-Division, Vol.2. Aschheim, 1969. 第198页；另参见Kamen Nevenkin. Fire Brigade, 第149页。
2. 第5装甲师8月12日拥有35辆四型和34辆豹式坦克，其中能参战的分别为22辆和19辆，此外该师还有24辆坦克歼击车（18辆可作战）、4门重型反坦克炮。参见Kamen Nevenkin, Fire Brigade, 第172页。
3. 第14装甲师的坦克与突击炮数量不详，但在8月6日，其第36坦克团第9和第11连分别拥有14辆四型坦克，第10和第12连各有10辆突击炮，所以该师至少拥有40辆坦克与突击炮。另外，该师坦克1营完成了改成豹式坦克营的工作，8月11日至15日间齐装满员，拥有79辆豹式坦克，只不过该营直到8月18日才开抵东线加入第5装甲师。资料来源：Kamen Nevenkin, Fire Brigade, 第366页。

军，负责协调指挥这次反攻。当劳斯17日匆匆赶到时，发现自己对已形成且正在实施的作战计划无法施加任何影响。最南端部署的是第40装甲军，该军将沿西南和西面两个方向抵近希奥利艾，其右翼为GD师，中路为第7装甲师，左翼则是第14装甲师；中部的第39装甲军集中在希奥利艾西北面，第12、第4和第5装甲师从北到南依次排开，首要目标即为奥采东南的重镇扎加莱（Zhagar）；施特拉赫维茨装甲集群处于靠近里加湾的最北翼，以夺取图库姆斯为初步目标。巴格拉米扬虽准确判断出德军将沿希奥利艾和叶尔加瓦两个方向反扑，但一直无法了解对手的主攻点和兵力配备情况。8月16日晨，苏军第2近卫集团军麾下的第11近卫步兵军在希奥利艾西南的凯尔梅地区突然遭到一个德军步兵团外加30辆坦克的攻击，这支德军就是试图攻克凯尔梅后沿公路北上希奥利艾的第7装甲师。毛斯少将第7装甲师的攻势并非主攻，而是试图在西面的主攻发起前牵制希奥利艾东南的苏军。第7装甲师虽对苏军第11近卫步兵军施加了强大压力，但苏军守住了凯尔梅以及通向希奥利艾的公路，毛斯几天后才经过苦战夺取了凯尔梅。8月16日上午，GD师和第14装甲师分别在希奥利艾西南和西面发起了进攻，下午时苏军第51集团军左翼的第63步兵军所在的奥采以南地区也燃起了战火。虽然已做了相当充分的准备，巴格拉米扬还是对德军反扑的规模感到惊讶和忧心，尤其是到16日晚为止，他的司令部只判明了GD师和第7装甲师的番号，无法探明沿希奥利艾西北、奥采南面攻击第51集团军左翼的德军番号与实力。不过，当德军进攻的消息传来后，巴格拉米扬第一时间即要求第2近卫集团军和第51集团军将炮兵调到一线步兵营的战斗队形中，同时要求第5近卫坦克集团军加快增援步伐，这些措施证明在随后的战斗中发挥了关键作用。

曼陀菲尔GD师的开路先锋又是尼马克的燧发枪兵团，16日夜尼马克团在突击炮营支持下渡过了文塔（Venta）河，次日在库尔谢奈与苏军第54步兵军展开了激战。当日，GD坦克团还接收了12辆崭新的虎式坦克，使参战的虎式坦克增加到41辆。在GD师强大的压力和冲击下，守卫库尔谢奈正面的苏军第126步兵师（属第54步兵军）被击溃，后撤至库尔谢奈东北地带。该师的撤退暴露了友邻的第11近卫步兵军第33近卫步兵师的右翼，曼陀菲尔随即从打开的缺口迅速向东推进。不过，好景不长，第33近卫步兵师自南向北扩大了自己的防区，试图堵上被突破的防线结合部，与此同时，溃退中的第126步兵师也在第263步兵师支援下，由北向南朝GD师的突破箭头发起了反扑。在库尔谢奈东南方向，苏军第25反坦克歼击炮兵旅顽强阻击着GD师坦克和步兵的攻击。巴格拉米扬在回忆录中曾忆及该旅的一个炮兵团一直坚持到打完最后一发炮弹，而一个仅有数人组成的反坦克炮班就击毁了德军5辆坦克，其中还有2辆是虎式坦克。[54]

在德军反击的中路，即希奥利艾西北的扎加莱方向，第4、第5和第12装甲师的重兵（约有200辆坦克和突击炮）针对苏军第51集团军左翼的攻势异常凶猛。而巴格拉米扬直到17日夜才弄清楚进攻扎加莱的德军中有一个是第5装甲师，其余两个仍无法侦知。德克尔（Karl Decker）中将的第5装甲师先是沿着沙质路面幸运地推进了20公里，而后向森林深处突击，结果其装甲箭头（由第31坦克团1营和第14掷弹团1营组成）反被包围，最后在师主力救援下才得以全身而退。第4装甲师在苏军的顽强阻击下，推进了6到10公里后就动弹不得了。而第12装甲师在16日进攻发起时只有其炮兵团的3个连参加了战斗，当时这些部队还配属给了第4装甲师。18日起，第12装甲师主力进入战场，向多贝莱（Dobele，德语为Doblen）西南的奥采进攻，但在苏军的顽强防御下也基本无所作为。苏军炮兵在阻滞和打退德军装甲部队的进攻方面发挥了极重要的作用，德军坦克往往能突破步兵的战斗队形和阵地，但之后往往遭到苏军炮兵猛烈精准的射击。例如，在苏军第27加农炮兵旅的炮火打击下，第5装甲师由2个步兵团和40辆坦克组成的突击队硬是在突破步兵防线后无法再越雷池一步。苏军资料表明，到17日夜，德军各部虽程度不等地推进了几公里，但付出的代价是"损失坦克117辆，被击毙2500人。"[55] 18日晨时，德军的战场态势发生了重大变化，在希奥利艾地区的第2近卫集团军方向，苏军除已将预备队第1坦克军和第103步兵军派去增援外，第5近卫坦克集团军终于进抵希奥利艾以西，尽管这个曾经强大的坦克集团军只带来了17辆坦克和12辆装甲车，但巴格拉米扬还是满怀期待地命令该部与第16立陶宛步兵师一起，在接近希奥利艾的周边建立和固守反坦克阵地。在扎加莱地区，来自里加的第19坦克军星夜驰援第51集团军左翼，第3近卫机械化军也被派往第51集团军防线吃紧的地带。此外，苏军还从第3白俄罗斯方面军调来了第3反坦克炮兵旅，从大本营预备队另调了3个反坦克炮兵旅。这些援军的飞速抵达和投入战斗迅速改变了战场态势，德军主帅劳斯在战役发起时曾担心过苏军装甲预备队就在不远的后方待命，有能力随时增援任何告急的步兵防线，他的这些担心现在都变成了现实。实力雄厚的苏军反坦克炮部队借助有利地形构筑的条条反坦克阵地，更是给各路德军装甲师制造了无穷的困难。18日夜幕降临时，德军经过不懈努力终于朝着希奥利艾又推进了一些，但城池仍牢牢地掌控在苏军手中。19日下午，曼陀菲尔的燧发枪兵团与装甲掷弹兵团携手向希奥利艾南面的外围阵地发起了猛攻，攻克阵地之后，GD师的步伐停在城南的丛林边缘——在希奥利艾城和GD师之间横亘着水草密布的大片沼泽，苏军在沼泽地另一头布下了由大炮、突击炮和坦克炮组成的密集火网，而GD师经过三日激战已非常疲劳，进攻势头也就此戛然而止。19日遭遇挫折的并不仅是GD师，用巴格拉米扬的话来说就是"敌人在所有方向上的冲击都被顺利击退。"在奥采南面的苏军第51集团军地带，被德军四面包围的苏军第87步兵师的一个团竟然还在当夜成功突围！

巴格拉米扬在战役之初虽曾担忧过第2近卫集团军和第51集团军左翼的防线，但他最忧虑、同时也无计可施的还是向里加湾推进后形成的突出部的尖顶地带——即图库姆斯方向。这一尖顶的狭窄走廊只得到第1近卫步兵军（第51集团军）的第267和第417步兵师从西面实施的掩护。他很清楚，这个狭窄走廊随时都可能被突破，他想向那里增兵，但又担心正中德军下怀——对手无疑将利用正面压力的减轻迅速扑向叶尔加瓦，而后还会把第51集团军左右两翼的所有部队连同走廊一并切断。巴格拉米扬不敢冒险，只能祈祷图库姆斯的苏军能以环形防御固守待援。而德军8月19日唯一有所斩获的恰恰就在图库姆斯。正是由于南面和中路的攻势吸住了大批苏军，巴格拉米扬不敢冒险分兵，这才给施特拉赫维茨装甲集群在防御薄弱的最北段打开缺口创造了条件。当日，施特拉赫维茨带领部分坦克和步兵在炮火掩护下向图库姆斯进发了。一路上他的坦克编队风暴一般席卷了数个苏军阵地。

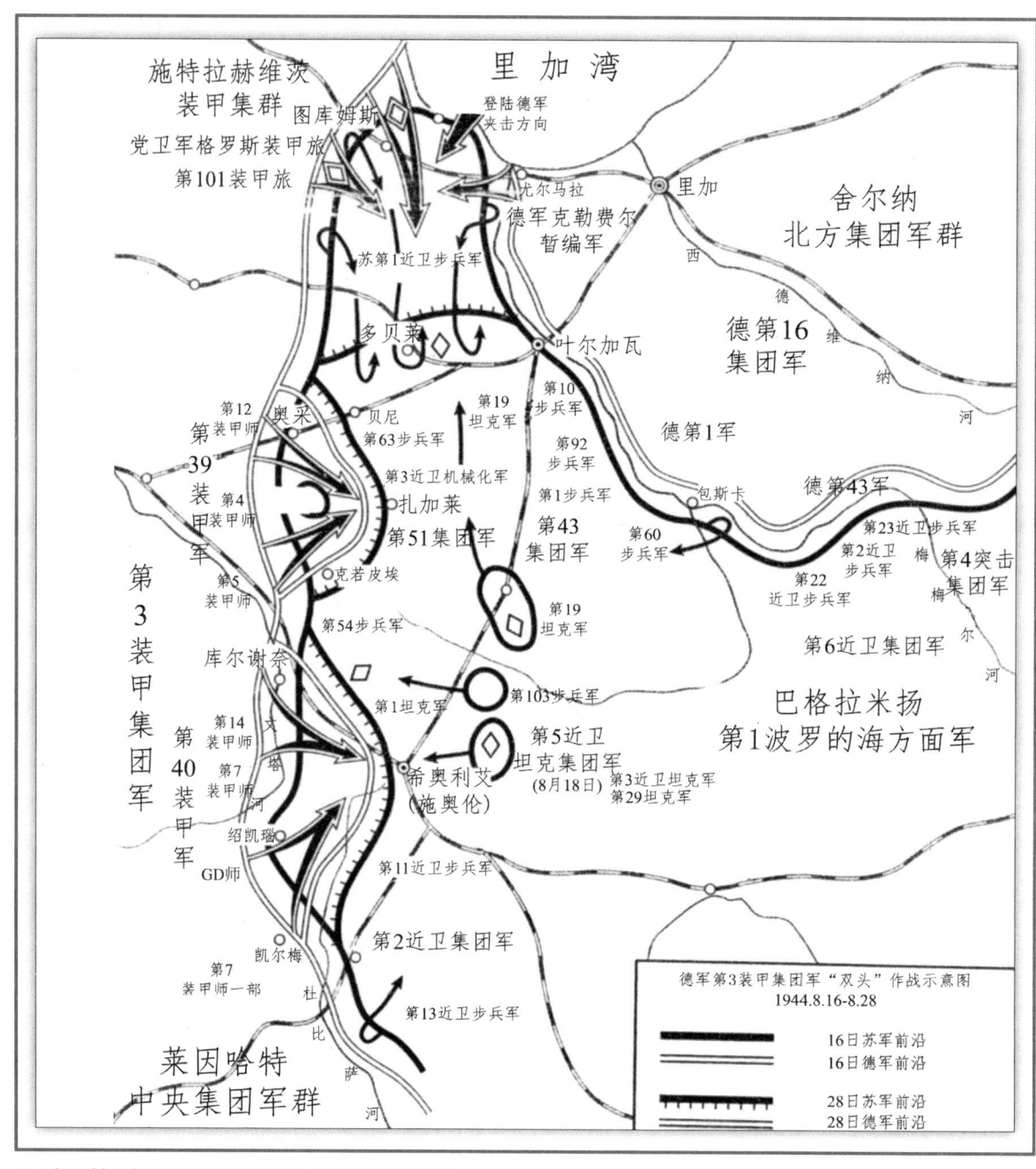

▲ **德军第3装甲集团军"双头"作战示意图**

到达图库姆斯一带时他没有立即正面进攻，而是先向东急进，到达城北后再回头突然向南杀出，期间打垮了苏军第417步兵师。他在图库姆斯城郊发现了苏军一个坦克营停放得整整齐齐的48辆坦克，随即呼叫里加湾的德军重巡洋舰"吕佐"(Luetzow)号，后者以其280毫米口径的巨炮向苏军坦克开炮，大部分坦克被瞬间击毁，其余的则被德军坦克收拾干净。他命令手下用缴获的油料进行补给后开始攻打图库姆斯。德军另一艘重巡洋舰"欧根亲王"号期间向图库姆斯发射了上百发203毫米的炮弹,另两艘驱逐舰Z-25和Z-28号也分别发射了数百枚口径稍小的炮弹。与施特拉赫维茨同步夹击的还有另一支德军,据苏军第51集团军向巴格拉米扬提交的汇报,这些德军是搭乘35艘运兵船从图库姆斯东北的里加湾登陆。苏军第346步兵师虽与被围图库姆斯的第417步兵师近在咫尺,却无法前去救援,因为战场上又出现了第三支拥有相当强大的步兵和坦克的德军,这支德军从东面的尤尔马拉(Jurmara)地区向第346步兵师发起了强攻。施特拉赫维茨当日的成功虽然无法完全恢复北方集团军群与其他地区的联系,但无疑为打开通道立下了头功。巴格拉米扬在第346和第417步兵师即将被围歼、而他却无援兵的情况下,只得命令他们撤退。8月21日,苏军第1近卫步兵军大部后撤到叶尔加瓦—多贝莱—奥采一线防御。

劳斯非常清楚,主攻点不明的德军进攻面拉得太宽太长,任何局部的有限成功都很难对全局产生实质影响。在希奥利艾方向的进攻完全停滞的情况下,劳斯与其参谋长海德凯普(Otto Heidkaemper)上校为挽救即将流产的攻势,将GD师从南翼撤下,部署到第12装甲师所在的扎加莱方向以支援绍肯装甲军。曼陀菲尔的装甲掷弹兵团在新攻势发起之初取得了成功,向东面的森林地带推进了数公里,但与之前的每次类似,随着苏军坦克部队和援军的到来,GD师的推进愈发艰难,攻击势头一再减弱,直到难以为继时才彻底停步和转入防御。这次做出迅速反应的苏军是第19坦克军,尤其是该军下属的第101坦克旅、第8独立近卫重型坦克团和第867自行火炮团。8月22日,第39装甲军连同GD师在内,5小时内向第19坦克军和第51集团军左翼的步兵师发起了6次猛烈的攻击,但进展甚微,成效不彰。令曼陀菲尔心忧的是,随着箭头向扎加莱方向猛攻,他的南翼也一再拉伸,并不断遭到苏军第1坦克军的攻击,极可能被拦腰斩断。尽管GD师向扎加莱又推进了几公里,但第39装甲军其他部队的攻势一再受挫。

22日晚些时候,曼陀菲尔收到劳斯的命令——放弃阵地、撤回进攻前的位置。原来,劳斯认为苏军在希奥利艾和扎加莱方向积聚的部队众多,德军激战数日久攻不下,于是将能调动的装甲师都重新集结在奥采—叶尔加瓦铁路北面的丛林地带,准备向多贝莱发起全力一击。他的想法是即便不能拿下多贝莱,至少也要将其周边高地控制在手,以便为打通交通线占领制高点。他之所以要曼陀菲尔所部血战拼来的地盘主动放弃,纯粹是为麻痹对手和掩盖自己重新集结的意图。果然,苏军并未察觉德军的真实用意,以为对手怯战自退,GD师放弃阵地后苏军仅派出步兵接管了这些阵地,坦克和机械化部队则陆续调往南翼。22日时,第14装甲师第36坦克团1营带着79辆崭新的豹式坦克回归本部,使该师成为第3装甲集团军实力最强的一部。第14装甲师随即以这个豹式坦克营、第103装甲掷弹兵团1营以及配属的第510重型坦克营为主组建了一个装甲战斗群,准备参加次日发起的新一轮攻势。GD师和第4装甲师被部署在奥采西南,第14装甲师装甲战斗群位于希奥利艾西北的帕皮勒(Papile),第12装甲师在贝尼(Bene)附近,第5装甲师则位于扎加莱西南的克若皮埃(Kruopiai)附近,只有第7装甲师尚在希奥利艾西南的库尔图维奈(Kurtuvenai)附近(但位置也向北做了移动)。这几个装甲师向苏军的几个步兵师发动了突然进攻,很快收复了放弃的地盘,也迅速突破了森林地带的苏军防线。劳斯战后曾回忆说自己的战术欺骗非常成功,对手不仅对德军装甲力量的重组集结毫无防范,新攻势展开之日,措手不及的苏军甚至派不出任何一架战斗机或轰炸机前来助阵。[56] 24日,第4装甲师的两个战斗群夺取了奥采,开始向贝尼方向推进,而GD师则负责进攻多贝莱周边的高地,其先锋还是尼马克的燧发枪兵团。该团途中首先遭遇了喀秋莎火箭炮的轰炸,而后又撞上了埋伏在丛林中的反坦克炮火力网,伤亡惨重,尼马克本人的指挥车也被击中,随后又撞上地雷,尼马克顿时血流如注,奄奄一息。他的手下冒着弹雨,拼死将他们爱戴的团长从燃烧的车中救出,急速送到后方医院。随后他又被转到柏林的医院,经过精心救治总算保住了左臂未被截肢。尼马克是曼陀菲尔最赏识的GD师军官,6月时曾因特尔古-弗鲁莫斯之战的卓越表现获得双剑骑士勋章。久经阵仗的尼马克受重伤似乎预示着GD师和新攻势的命运。巴格拉米扬在最初的措手不及后了解了德军部署的变更和意图,又将第19坦克军调到受威胁的奥采,同时命令第1坦克军、第51集团军大部、第3近卫机械化军以及第2近卫集团军右翼均向奥采—叶尔加瓦方向运动。

GD燧发枪兵团的攻势并没有因为团长的离去而中止,就像师长曼陀菲尔不在战场时全师还能高效执行任务一样,他们夺取了多贝莱周边的制高点,为进一步攻城创造了有利条件。但是,随着苏军增援的及时开到,GD师的进攻能量在离多贝莱8公里处耗尽,其进攻势头也在25日被完全遏制。虽未能夺取多贝莱,但劳斯的攻势还是收到了成效——北方集团军群第16集团军最右翼的"克勒费尔暂编军"(Provisional Corps Kleffel)也大约同时发起了进攻,克勒费尔(Philipp Kleffel)中将麾下的第81步兵师于26日在多贝莱以北与劳斯集团军建立了联系。此后两日德军转入防御,"双头作战"也于28日结束,其最直接的战果就是重新打开了一条宽约40公里的陆路走廊,帮助德军建立起一条从芬兰湾直到涅曼河、长约1000公里的完整防线,暂时挽救了濒临灭亡的北方集团军群。在后续几个月的作战中,北方集团军群得以经由这条走廊渐次西撤,最终进入库尔兰地区。苏军在"双头作战"期间伤亡损失的具体数字不详,但参加了此战的第12装甲师首席作战参谋军官涅波尔德的资料表明,仅第39装甲军在8月16日至25日期间就击毙苏军2060人、俘虏929人、摧毁或俘获坦克277辆、反坦克炮472门、野战炮84门。[57] 苏军第1波罗的海方面军经过此役元气大伤,明证之一就是该方面军6个星期之后才能发起下一次重大攻势。德军虽在某种程度上实现了战术目标,但也遭受了沉重打击,巴格拉米扬方面军的统计表明,德军同期内"损失了15500名官兵、354辆坦克、26辆强击火炮、268门大炮、几千辆汽车和为数众多的其他各种武器和技术装备"。[58]

8月初离职参加师级指挥官培训的洛伦兹上校,在离开数星期后9月1日突然出现在曼陀菲尔面前。原来,完成培训的洛伦兹根据总部的命令前来接替曼陀菲尔担任GD师师长,同时向其传达前往大本营报到的命令。对于自己没有明显过失而被解职、同时又被要求立即向元首报到,曼陀菲尔感到疑惑、甚至有些恐惧。当他几日后出现在元首大本营时,希特勒为之揭开了谜底:他已晋升为装甲兵将军,同时获任第5装甲集团军司令官。曼陀菲尔完全没有预料到是这样一件越级晋升的喜事!排在他前面的资深将军就有9位,其中还包括第7装甲师时的老师长扎克。

曼陀菲尔在GD师7个月的任期结束了,虽然不像其创立者、有"老爹"称号的霍尔雷恩将军那样任期长达两年有余并与官兵结下了深厚感情,但他无疑是该师短暂的历史上名头最响、也最成功的师长,他以其强悍、毫不妥协、但又不乏幽默感与同情心而在官兵心目中留下了深深的印记。当他离开前特意赶到各团营道别时,装甲掷弹兵团的一些军官与其打赌,说他们能找出比师长还矮的士兵,赌注是几瓶酒。曼陀菲尔相信自己肯定是GD师最矮的一个,因为该师1944年还坚持着相对严格的入伍身高要求,所以毫不犹豫地答应了。不想,军官们真找来一个明显不符要求的矮个士兵,曼陀菲尔在大笑之余愉快地将一瓶酒送给了GD师最矮的士兵。GD师战史中还留有这样的文字:"曼陀菲尔中将很受官兵欢迎,即便他严格得近乎冷酷无情,但他绝不要求官兵们做他自己都做不到的事情。他的名字与特尔古-弗鲁莫斯、雅西和维尔卡维什基斯等战役紧密相连,他证明了自己作为一个装甲指挥官的指挥艺术和巨大价值。"[59] 曼陀菲尔的老部下尼马克1945年初伤愈归队后曾担任过装甲教导师少将师长,1957年加入西德联邦国防军后又被授予少将军衔,还担任过西德奥林匹克运动委员会主席。他在1971年接受军史家库罗斯基采访时,曾如此评价自己的老长官:"(曼陀菲尔)是我的长官和父亲一样的朋友。我以前没有、此后也再未遇到过像他那种完全独立的装甲指挥官,由于他的仁慈和不证自明的勇气,他无疑是GD师所有战士的楷模。"[60]

第八章
名将的较量：洛林战役

越级擢升：从师长到集团军司令官

"我进去拜见希特勒前还是一个师长，几小时后出来时成了集团军司令官。"1945年冬，在英格兰北部的一座特别战俘营里，曼陀菲尔这样对前来探访的李德·哈特说。说这番话时，他的语调明显轻松愉快，深邃的眼睛也放射出难以掩饰的光彩——在1944年9月初的这次会晤中，曼陀菲尔越过一批比他资深年长、甚至是老上级的将领，被晋升为装甲兵将军，一跃成为第5装甲集团军司令官，尽管他从未指挥过一个军（他自己称曾于1944年4月在罗马尼亚北部暂代过第4军军长）。这是他军旅生涯的一次重大转折，他怎会忘记那个美丽的金秋九月，希特勒在众多亲随簇拥下，独独与他愉快交谈的场景呢？

曼陀菲尔领受的任务并不轻松愉快，否则希特勒也不会将他召来委以重任。8月底9月初时，德国的盟友一个接一个地背弃了希特勒——南乌克兰集团军群8月末在罗马尼亚的溃败造成了该国8月23日退出战争，并在两日后对德宣战；北方集团军群与东普鲁士的联系虽得以恢复，暂时躲过了覆灭的命运，但由于在卡累利阿地峡和南卡累利阿的失败，芬兰9月5日退出了战争；三日后保加利亚又宣布退出战争并对德宣战，现在德国的盟友基本上只有匈牙利了。德国武装力量自身此时也跌入了最低谷，仅在6月至8月的作战中，东线就损失了近92万人，而西线也有超过52万官兵阵亡、被俘或投降。[1]

1944年8月，美军第3集团军司令官巴顿率部取得了美军历史上最耸人听闻的一连串胜利——他从诺曼底登陆场的西翼突出后杀入德军后方，兵分四路强悍出击，向西突入布列塔尼半岛，向东扑向塞纳河和巴黎，向北与英军会合将德军包围在法莱斯口袋中，向南则直抵卢瓦尔（Loire）河，一时间西线德军闻巴顿色变，唯恐避之不及。巴顿集团军不知疲倦地向法国纵深推进，地面上的装甲箭头搭载着步兵追逐着跟踉撤退的德军，天空中成千上百的战斗机和轰炸机保护着两翼，攻击任何胆敢白天在公路上行军的德军。盟军统帅艾森豪威尔手下50个师的220万官兵，无情追逐着莫德尔B集团军群和布拉斯科维茨G集团军群的残兵败将，逃过覆灭命运的德军整个8月一直都在向德国本土退去，沿途丢失了大量部队和几乎所有的坦克与重武器。艾森豪威尔在9月初的日记中留下了"德军命运业已终结"之类的话语，似乎是为其乐观作脚注，巴顿集团军以大胆迅猛的穿插成为距德国本土最近的盟军，当其手下的第4装甲师逼近法德边境的阿尔萨斯-洛林一带时，那里甚至基本没有德军把守，法国境内的最后一道天然障碍——摩泽尔（Moselle）河两岸也静悄悄地空无一人。从美军第12集团军群司令官布莱德雷、巴顿到各级军官和士兵无人怀疑洛林很快就会易手，南锡（Nancy）和梅斯要塞即将成为后方，乐观者甚至展望夏季结束时巴顿将会站在莱茵河的右岸。

历史证明这一切都没有像想象的那样出现。到9月初，受制于长达500英里的补给线以及油料的频频告罄，巴顿的装甲箭头第一次停下了奔袭的脚步。不唯如此，艾森豪威尔还决定将主攻集中在既有大量军事目标、又有鲁尔工业区的北方，也即是蒙哥马利的英军第21集团军群的方向，运抵诺曼底滩头的油料和补给都优先供给蒙哥马利及北方战场的其他美军。洛林方向的巴顿集团军8月底只得到所需油料的四分之一，弹药、尤其是炮弹无法得到及时补给，汽油虽能从空运中得到一点接济、从德军那里抢得一些、或干脆从友军那里打劫，但这些尚不足以使巴顿有机会横扫洛林。等美军攻势再起之时，德军已完成了从北翼、从法国南部以及从意大利战场紧急增援洛林的调遣，守军也从最初的9个步兵营、2个炮兵连和10辆坦克的孱弱之师增强为8师之众，尤其是数量不菲的新编装甲旅甚至还为德军提供了反击力量。作为法德之间最近路线的洛林地区，西接摩泽尔河，东邻萨尔河(Saar)，北靠卢森堡和阿登山区，南倚孚日山区，多个世纪以来都是战事频仍之地，其地形地貌也注定了这里的每场战事都是漫长血腥的消耗战。丛林覆盖的洛林由西向东地势逐渐升高，其间分布着或缓或急的数条大河与溪流。欲杀入德国本土，美军还须突破法国境内的马奇诺防线和德国边境的齐格菲防线这两条壁垒。所有这一切，使1944年秋的洛林之战成为巴顿在二战期间最昂贵、但成效最不彰显的战役。

希特勒9月初关注的焦点之一就是如何挡住美军第3集团军这个最大的西线威胁。直接面对巴顿的是德军第1集团军，9月初它得到了第3、第15及党卫军第17装甲掷弹兵师这3个装甲掷弹兵师的增援，这些部队虽兵力不足但经验丰富，它们的到来使洛林德军的防御态势立即陡变，仅仅4天后，巴顿的前方出现了番号多达8个师的德军。希特勒的计划是在摩泽尔河畔、孚日山区和齐格菲防线阻遏盟军，争取时间重组和集结部队，然后在所谓的"浓雾、暗夜和风雪"的季节到来时发起大规模反攻。9月3日，希特勒命令刚恢复西线总司令职务的伦德施泰特元帅准备反攻计划，重点打击和消灭巴顿右翼的装甲箭头。按照计划，德军应在南锡地区集结，而后向西北进攻和夺取100英里外的兰斯(Reims)，继而挡住巴顿的推进并楔入美军第3和第7集团军的结合部。此时整个西线虽尚有约75万德军，但大溃退之后全线仅剩不到200辆坦克，而且还分散在各处，[2] 去哪里寻找担当反攻任务的装甲部队呢？希特勒的答案除了12个旅的多管火箭炮部队外，最主要的就是曼陀菲尔领衔的第5装甲集团军。

曼陀菲尔对第5装甲集团军并不陌生，1943年他在北非突尼斯任"曼陀菲尔师"师长时就隶属于阿尼姆的第5装甲集团军，为保证集团军不被美军第2军切断，他在突尼斯桥头堡北翼曾与该军的先后任军长巴顿和布莱德雷血战过。阿尼姆连同第5装甲集团军一起覆灭后，集团军的番号曾被取消，直到1944年2月才在法国恢复重建。随着盟军6月上旬在诺曼底成功登陆和随后横扫法国，这支部队在节节败退中名称几经变化，从"西线装甲集群"、"艾伯巴赫装甲集群"到后来又改称第5装甲集团军，其司令官也从施韦彭堡、艾伯巴赫(Heinrich Eberbach)再到迪特里希等数次易人。当曼陀菲尔出任新司令官时，该部刚从比利时赶到斯特拉斯堡(Strassburg)重组，隶属G集团军群节制。

曼陀菲尔将统领洛林地区几乎所有的装甲师和装甲掷弹兵师，起初包括3个新建装甲旅(第111、112和113装甲旅)和3个装甲掷弹兵师(第3、15和党卫军第17装甲掷弹兵师)，反攻发起后将另有3个装甲师(第11、21装甲师和装甲教导师)和3个装甲旅(第106、107和108装甲旅)赶来支援。[3] 纸面上看曼陀菲尔的装甲力量十分强大，但实际情况并非如此。党卫军第17 "伯利辛根"(Goetz von Berlinchigen)装甲掷弹兵师8月初在圣洛(St. Lo)之战中被美军血洗，几乎全军覆没，后来以从丹麦调来的两个党卫军掷弹兵旅为基础进行了重建，又补充了空军地面部队和来自巴尔干地区的德裔。与其他部队的情况相似，该师也只有极少的坦克，另有4辆四型坦克歼击车、突击炮和防空坦克各12辆。[4] 罗德特(Eberhard Rodt)中将的第15装甲掷弹兵师是一支经验丰富、战斗力颇强的部队，曾在西西里岛让美军第1步兵师吃尽苦头，但该师之前在意大利战场连续作战10个月，部队非常疲惫，赶往南锡的途中屡受轰炸之苦，抵达西线时只有7000人左右。第15装甲掷弹兵师的坦克营仍在转运途中，9月初时一共只有17辆坦克和突击炮。[5] 赫克(Hans Hecker)将军的第3装甲掷弹兵师可能是洛林地区最优秀的德军，虽然也是从意大利赶来南锡以北布防，但沿途空袭和轰炸并未造成大的损失，部队依然有近15000人。虽然该师坦克营和工兵营尚未赶到，但炮兵和突击炮营均装备齐全地到达防区。第11装甲师是德军的一支王牌师，即将在9月21日出任G集团军群司令官的巴尔克曾任其师长，该师从法国南部撤退的过程中虽损失了一批坦克，但加入曼陀菲尔麾下时仍有30辆豹式和20辆四型坦克，军官和军士的损失也不大。在诺曼底登陆伊始即投入激战的第21装甲师，经过漫长的苦战和撤退后加入第5装甲集团军时只剩下一些突击炮，没有哪怕一辆坦克。装甲教导师也在诺曼底战役期间损失惨重，尤其是死于美军轰炸的官兵不计其数，1944年6月至7月底任师长的施特拉赫维茨曾估计，7月底时该师已有70%的官兵战死、受伤或失去战斗力。[6] 不过，该师的状况对曼陀菲尔来说可能无关紧要——随着希特勒想法的改变以及战场形势的突变，它一直没有加入第5装甲集团军的战斗序列。

预计分配给曼陀菲尔的部队中最引人注目的当属6个装甲旅。尽管英美空军对德国的军工企业和重工业基地进行了长期轰炸，但在军备部长施佩尔（Albert Speer）卓有成效的努力下，德国的军工产量在1944年夏直线上升，8月时产出了足以装备整整10个新装甲师的869辆坦克和744辆突击炮。[7] 到9月底时，坦克和重武器的产量不仅足以弥补诺曼底登陆以来的所有损失，还能应付东线之需。虽然产能和数量不成问题，但德国面对着严重的人力短缺和油料匮乏，这些缺陷注定了德军没有足够多的有经验的坦克乘员与指挥官来弥补东西两线的损失，1944年夏季后德军装甲兵的水平和质量已呈明显下降趋势。1944年7月初，希特勒决定不再把新的坦克补充到普通装甲师中，而是另行组建一批建制颇似东线装甲战斗群那样的装甲旅，将坦克优先供给这些部队。

7月中至8月底的几十天里，德军组建了番号101至110的10个新装甲旅。尽管这些单位也吸收了东线被摧毁或损失惨重的装甲师或装甲掷弹兵师的残部（如第25装甲师、第18和第25装甲掷弹兵师，以及刚在夏季被摧毁的"统帅堂"装甲掷弹兵师等），但其大多数兵员都是毫无战斗经验的新兵，部分老兵也主要来自要塞守备营、训练团和候补军校，军官多为失守要塞的军官或伤残的东线装甲指挥官。这10个装甲旅每旅实际只有团级规模，拥有1个坦克营，装备36辆豹式坦克、11辆坦克歼击车和4辆四型防空坦克。第101、102、103和104这四个最早成立的装甲旅在刚组建1个月时即被送上东线，其中的第103和第104装甲旅还参加了前述的"双头作战"。而105、106、107、108这四个旅则在9月初来到西线，结果它们的命运甚至比东线的难兄难弟还要悲惨，初战时几乎被全歼。第109和第110装甲旅驻扎在匈牙利战场。9月4日，德军完成了最后三个装甲旅（第111、112和113装甲旅）的组建

并将之激活，这些单位实力更强，比第一批装甲旅多了一个三连制的豹式坦克营（但装备数量只有普通装甲师豹式坦克营的一半），加上四型坦克营全旅约有90辆坦克和10辆坦克歼击车，并不逊于当时绝大多数一线装甲师的坦克数量。这三个旅至少在纸面上将是曼陀菲尔装甲集团军发起反击的主力。

曼陀菲尔虽对即将拥有的坦克数量感到宽慰，但这些部队的真正战斗力并不必然与装备数成正比。德军最初设计这些重装甲单位时是着眼于东线之需，打算将之作为遏制苏军突破的机动预备队。这些对苏军可能有效的装甲旅，在西线面对英美盟军时其绩效远远不尽人意，甚至经常是完全的灾难——这些单位中装甲兵比重过高，虽有两个营的装甲掷弹兵，但没有搜索侦察营和工兵，也没有配属的野战炮兵和高射炮兵，而这些兵种是装甲战斗群战术的重要组成部分。这些装甲旅在德国各地只进行了短暂的训练（所有单位从组建到投入实战仅间隔一个月），根本没有作战经验，甚至连操作坦克和其他装甲车的训练都显不足，更勿论成建制的演习和战术演练了。包括旅长在内的各级指挥官很少到所部探视，有些甚至是在开赴战场、下火车后才第一次见到自己的部队，其内敛力与战斗力可想而知。这些装甲旅还缺乏修理单位、车辆和维护设备，大量新坦克受损后因无法及时修复只好被匆匆遗弃。由于缺乏训练和经验，包括旅长在内的指挥官经常要在最前线指导作战和鼓舞士气，因而军官伤亡颇大，在曼陀菲尔的反攻期间就有两名旅长在战斗中丧生。曼陀菲尔对希特勒急匆匆地将一些尚未形成战斗力和凝聚力的装甲旅派上前线，而不是优先装备第11和第21装甲师这类久经阵仗的老牌部队颇有微词。事实上，在1944年7月至9月期间，德军的13个新装甲旅一共占用了大约500辆豹式坦克、135辆四型坦克、30辆三型突击炮、70辆四型坦克歼击车（即SdKfz.162/1）、60辆四型防空坦克，以及1500辆中型装甲运兵车和3000辆摩托车辆。[8] 而在同一时期，一批老装甲师在基本没有装甲车补给的情况下仍在东西两线苦战不已，不少需要改成豹式坦克营的单位在德国等待坦克达数月之久，还有一些重建中的单位因缺乏半履带装甲运兵车而被迫将其装甲掷弹兵营改回搭乘卡车的摩托化步兵营。占用了数万兵员、大量装甲车辆而战场绩效惨不忍睹的这些装甲旅，被有些后世

军史家称为是整个二战期间"德军装甲兵总监部最大的败笔"。[8]

9月9日，曾在苏德战争之初与曼陀菲尔共事于第7装甲师的拉克上校，与已经飞黄腾达的曼陀菲尔邂逅于孚日山区。拉克时任第21装甲师第192装甲掷弹兵团团长，他在回忆录中曾追忆过曼陀菲尔当时向他描述的战局："包括法国第1集团军在内的美军第6集团军群正从法国南部逼近，其目标就是与巴顿集团军会合后连成一体。我们从地中海和大西洋海岸撤退的部队仍坚守着最远到第戎(Dijon)的楔形防线，但还能坚持多久？最糟的是，希特勒正在拿已不能称为师的部队大做文章……他想从第戎地区向北发起一次大规模坦克反击战，其目的正如他自己所言，就是重创巴顿的右翼，切断其交通线后将之歼灭。对我们而言这绝对是对自身潜能的误判。"[9]军史家吉兹奥斯基(Richard Giziowski)也曾称"曼陀菲尔当时面对的局势就像是在深渊边缘蹒跚而行"。[10]

为扭转西线战局，希特勒提供给曼陀菲尔纸面上看起来相当强大的装甲部队，那么他要后者去战胜的巴顿的右翼是支什么部队？它就是巴顿手下最优秀、甚至是美军装甲部队中最有战斗力的第4装甲师。这个装甲师作为一个团队已在一起战斗了两年有余，士气十分高昂，师长一直都是有"教授伍德"之称的名将伍德(John Shirley Wood)。曾任西点军校教授的伍德少将是巴顿最聪颖的信徒，也是巴顿坦克战术最热情的支持者，有后人称"伍德是所有军队里令人印象最深的斗士之一，没有什么部队能比他的第4装甲师训练得更好"。[11]巴顿对伍德的喜爱自不待言，艾森豪威尔也称赞其是天生的领袖，就像隆美尔非洲军的老兵愿意随之走遍天涯海角一样，伍德的官兵也一样愿意跟随他开往任何战场，事实上，李德·哈特就曾将伍德比作"美军的隆美尔……他比任何人都更了解纵深突破的可能性和速度的重要性"。伍德手下还有一员战将将在几个月后的阿登战役中成为曼陀菲尔强劲的对手，以及战后漫长岁月中的好友——第4装甲师旅级的A战斗群(Combat Command A，简称CCA)指挥官克拉克(Bruce C. Clarke)上校，克拉克与伍德一样攻击性十足，而且充满战斗热情，正是他直接组织实施了此后数日里的南锡桥头堡突破，美军阿拉库尔(Arracourt)防御战的成功也直接归功于他。

伍德的第4装甲师拥有15700名官兵、263辆坦克和144门各口径大炮。美军与德军装甲师在兵力构成上颇有相似之处，按照德军1944年8月实施的新编制，一个齐装满员的装甲师应有14557名官兵(408名军官、3146名军士、10289名列兵以及714名所谓的"俄罗斯志愿者"，[12]当然基本没有装甲师能够达到满额)，包括15个营的作战部队及各种配属单位和训练补充单位等。德军装甲师一般包括一个两营制的坦克团(编制数为四型坦克86辆、豹式坦克73辆、11辆四型和豹式指挥坦克)、两个两营制的装甲掷弹兵团(编制为4500人)、一个三营制的装甲炮兵团(轻型和重型榴弹炮39门、13门75毫米反坦克炮和12门88毫米反坦克炮)，除拥有约170辆坦克外，按编制还应拥有21辆四型坦克歼击车、8辆防空坦克、55辆轻型和232辆重型装甲运兵车，以及2800辆左右的各型摩托车辆。美军装甲师的兵员编制标准约为12774人，也通常组织成15个营，并配属以数量不等的坦克歼击车营和防空营等，不过美军一般将兵力和重武器配置于三个旅级战斗群(称为A、B战斗群和后备战斗群)之下，根据战场态势和任务需要将各营灵活配属于不同的战斗群。德军装甲师经常将坦克营、装甲掷弹兵营、炮兵营和工兵营等混编成加强团规模的战斗群，美军也长于组建类似的营团级"任务群"，有时还根据战场需要和地形地势，从不同连队抽调兵力组成连级的"合成兵种团队"执行小规模任务。典型的美军装甲师一般有3个坦克营，装备的主要是M5轻型坦克(37毫米炮)和M4谢尔曼中型坦克(短管75毫米炮)。德军坦克团的两个营一为四型坦克营(装备高转速75毫米炮)，另一则是豹式坦克营，这些宽履带豹式坦克的火炮威力更大，装甲厚实，大约称得上是二战中最优秀的主战坦克之一。美军的所有装甲步兵营都拥有M3半履带车，而德军的四个装甲掷弹兵营一般只有第1营装备有SdKfz 251系列的半履带车，其他各营则借助卡车行军。美军的M3半履带车在机械性能上更可靠，其橡胶履带虽制约了在泥泞山地上的机动能力，但使用寿命却是德军履带车钢制履带的5倍。美军装甲师的所有大炮都是自行火炮，多数为射程11公里的105毫米榴弹炮，德军装甲师的3个炮兵营一般只有一个是自行火炮营，但装备了一些射程15公里的150毫米榴弹炮。如果单从坦克和半履带装甲车等的质量和性能来看，德军或许还略胜一筹，但德军的兵员和装备基本达不到编制数量。此外，曼陀菲尔的对手巴顿并不只有第4装甲师这一支劲旅。第3集团军下辖埃迪（Manton S. Eddy）少将的第12军和沃克尔（Walton H. Walker）少将的第20军，前者除包括第4装甲师外，还辖有第6装甲师、第35和第80步兵师、第2机械化骑兵团等，后者则下辖第5、第83和第90步兵师。巴顿除了在火炮和反坦克炮数量上占绝对优势外，还拥有第19战术空军集群的两个战斗-轰炸机联队、约400架战机的支援，而德军G集团军群整个防区内只有大约110架战机可供调遣，飞行员多为缺乏经验的新手，其水平和能力很难与美军抗衡。

初到西线的曼陀菲尔还面临着一项挑战——熟悉和了解美军的作战特点、战术与战斗力。德军第11装甲师师长维特斯海姆（Wend von Wietersheim）少将在诺曼底登陆开始时正在法国南部防御，但他特派了一队军官前去北方战场考察，以了解英美军队与东线苏军的不同特点和作战方式。维特斯海姆和属下军官对发回的报告和得出的印象进行了仔细分析评估，认为德军在东线惯用的"多兵种混合战斗群"战术原则上依然有效，但鉴于盟军压倒性的空中优势和炮火打击能力，这一战术在西线只适于小规模作战，如果还像在苏联南部的草原上那样展开大规模、多兵团作战，只会招致无谓的伤亡损失。[13]维特斯海姆还指出，在西线作战必须调整坦克和车辆的道路行军规范，所有车辆必须用防护网和树枝加以伪装，必须有专人时刻瞭望以防空袭，而且应以3到5辆车为一组谨慎前行。维特斯海姆的军官们对盟军大炮和炮弹数目之充沛留下了至深的印象，尤其是其空军的空中精确观察和纠偏能力极大提高了炮兵的轰炸效果，因此他们认为德军必须将大炮、多管火箭炮和迫击炮集中起来，炮轰完成后必须迅速分散，以避免被对手的优势火力和空袭所反制。由于盟军空袭和炮轰经常彻底炸毁通信线路，德军比以往任何时候都更需要依靠无线通信。维特斯海姆的军官们还注意到，美军地面部队的推进往往缓慢谨慎，遇阻即停，夜幕降临时必定安营扎寨。在他们看来，美军既不如苏军顽强，又不及英军有韧性，特别喜欢呼唤炮兵和近程空军的支援。

不过，并非所有德军将领都像维特斯海姆这样了解眼前的对手，曼陀菲尔及其手下的许多师旅长都有丰富的东线经验，但对西线的认识普遍不足，甚至有些人来到西线后，脸上还带着东线将领常有的那种趾高气扬的神情和没来由的乐观，低估轻视美军，即便后来出任G集团军群司令官的巴尔克也面临类似的问题。据梅林津战后回忆，西线总司令伦德施泰特最初曾因巴尔克缺乏西线经验而有意否决对他的任命。[14]曼陀菲尔这些将领一开始并不了解美军的战术特点，也不熟悉美军步兵拥有的超强的反坦克火力，以及其炮兵和空军提供近程支援的强大能力，所以在9月中旬的坦克战中一度吃了大亏。不过，他毕竟是久经考验的老手，学习能力很强，本身也很灵活和富于创新，很快就摸清了美军的路数并给出了回击之道。这段时期的作战经验和对美军的深入了解，对他几个月后投入的阿登反击战大有裨益，也帮助他达到了军旅生涯的最高峰。

噩梦的开始：步入坟场的装甲旅

尽管曼陀菲尔和布拉斯科维茨对希特勒反攻计划的成功可能性均表示悲观，但他们都认为必须尽快集结装甲部队做好准备，因为楔入美军第3和第7集团军结合部的德军不可能固守太久。另外，布拉斯科维茨作为G集团军群司令官承担的责任更大，而他并非希特勒欣赏和信任的那种将领——最明显的例证就是早在1939年闪击波兰时，他就是上将集团军司令官，其他的同级将领早都成为元帅，唯有他5年后仍是最资深的上将。刺杀希特勒事件之后，纳粹政权进行的血腥报复和对军官团深深的不信任，也迫使布拉斯科维茨采取一些有违初衷的措施加以迎合自保，其中之一就是将尚未完成集结、训练粗疏的装甲预备队零敲碎打地投入战场。德军的反击时间原定于9月12日，但摩泽尔河畔和其他方向发生的一系列危机，迫使反攻时间一拖再拖，噩梦连连。

早在9月4日，布拉斯科维茨就命令曼陀菲尔麾下的吕特维茨（Heinrich von Luettwitz）第47装甲军进入讷沙托（Neufchateau）地区，但该部在美军第12军和第20军所部的攻击下次日即转入守势。巴顿集团军9月5日得到了油料和弹药补给后开始向摩泽尔河推进，其第12军当日也开始了夺取南锡的首次尝试，第20军的目标则是攻打坚固的梅斯要塞。第12军军长埃迪命令第35步兵师从西面进攻南锡，第4装甲师则计划利用第80步兵师正在南锡以北努力建立的桥头堡，跨越摩泽尔河后由东向西进攻，同时切断德军东撤的退路。德军第3装甲掷弹兵师挫败了美军第80步兵师建立桥头堡的尝试，但该师与其他一些原定进入第5装甲集团军集结地的部队（主要来自德第1集团军）一样，也被拖在摩泽尔河防线上无法离开。美军第20军军长沃克尔希望美第7装甲师经过快速突击能在摩泽尔河畔建立一座桥头堡，虽到7日晨时该师的B战斗群（CCB）在德里昂堡（Fort Driant）以南登上了摩泽尔河河岸，但被德军凶猛的火力和反击压制，一天都无法扩大桥头堡。德军第1集团军向元首大本营要求调派装甲部队沿摩泽尔河发起反击。希特勒曾规定隶属于曼陀菲尔的装甲部队均为预备队，必须征得元首同意方可调动。9月7日夜，希特勒同意动用第106装甲旅，但仅允许第1集团军使用48个小时。第106装甲旅是在被摧毁的"统帅堂"装甲掷弹兵师残部基础上组建的，旅长是大名鼎鼎的贝克（Franz Bäke）上校，他曾在东线率其"贝克重型坦克团"取得令人错愕的战绩，但在西线的第一仗，这位德军第49位双剑骑士勋章得主就败走麦城。

9月7日夜，贝克率第106装甲旅的36辆豹式坦克、11辆坦克歼击车和100余辆半履带车，乘着夜色兵分两路，向美军第90步兵师发起了攻击。贝克本以为仅凭夜间突袭就足以造成美军的混乱和溃退，但他对美军士气、战斗能力和武器装备的低估造成了致命的后果，对手并未陷入混乱，反而展开了顽强的反击。贝克进入战场前并没有特别明确的目标，也未进行侦察，甚至对美军阵地的具体方位也不甚了了。他的两路装甲纵队齐头并进，但没有明确主攻点，坦克和掷弹兵们在崎岖的山野上逐渐分散开来。黎明时分，美军坦克和大炮开始轰炸，步兵反坦克武器也在近距离内高效攻击着蹒跚前行的豹式坦克，更多的美军则在村落和丛林四周布下了包围网，随意击杀择路而行的德军。现在感到吃惊的是贝克了，他似乎失去了对部队的有效控制，坦克间的通信联络也出现了困难，曾有美军炮兵战后称，即便在大炮轰击正酣之时，德军传令兵依然在坦克间跑来跑去传递命令。贝克那些在东线相当好使的战术似乎在美国人这里不起作用，美军第712坦克营的反击、第357步兵团的反坦克炮以及第90步兵师属炮兵的凶猛火力，竟然使贝克装甲旅到8日傍晚时仅剩四分之一的兵力，包括坦克团长和掷弹兵营营长在内的700余官兵被俘，战斗结束后他竟然只剩9辆坦克还能作战！[15] 从贝克到曼陀菲尔的一干东线将领，在西线的第一次作战就交足了学费。用一支未经战斗考验、经验不足的新组部队夜袭依托坚固阵地、经验相当老道的美军，显然是不智的决定，但这个教训还得在付出更多代价后才被汲取。

麻烦远未结束。希特勒原规定在靠近瑞士边境的蓬塔尔列（Pontarlier）集结第5装甲集团军的部队，曼陀菲尔将从这里出发向西北方的朗格勒高原（Plateau de Langres）进攻，以切断正向贝尔福特山隘（Belfort Gap）推进的美军，同时阻止美军第3和第7集团军连成一体。但是德军的计划必须变更了，因为随着美军两个集团军逼近第戎，曼陀菲尔原定的集结和待命区域已被越过。10日，曼陀菲尔飞赴大本营，得知希特勒已将计划改为从朗格勒高原和埃匹纳（Epinal）出发向兰斯推进，以切断正在摩泽尔河苦战的巴顿第3集团军。次日，曼陀菲尔来到G集团军群司令部，布拉斯科维茨告诉他前线形势又有变化——当日，从比利时进军的美第1集团军逼近了德国本土的第一座重要城市亚琛，伦德施泰特已在搜罗所有可调动的部队增援亚琛，其中就包括本属于曼陀菲尔集团军的第107和108装甲旅。无奈之下，希特勒只得同意反攻日期顺延至9月15日，但要求决不能再晚，即便只有部分兵力准备就绪。

就在曼陀菲尔制定详细计划和进行准备时，南翼的德军第19集团军方向又出现了新的险情。9月12日，美军第15军向力量薄弱的德军第66军发起了猛攻，美军第79步兵师正面强攻德军第16步兵师防线的同时，法军第2装甲师完成了对该部德军的包抄。如果第16步兵师被歼，那么不仅吕希特（Walter Lucht）的第66军将面临绝境，南锡以南的整条德军防线都有崩盘的危险。布拉斯科维茨应第19集团军司令官魏泽（Friedrich Wiese）之请，命令曼陀菲尔派第112装甲旅和第21装甲师一部立即驰援。曼陀菲尔匆忙地将任务下达给第47装甲军军长吕特维茨，后者也急忙率部开赴战场，既无时间侦察，也没有机会预先布置协同攻势，而上级的唯一要求就是打击法军后方、解救第66军被围部队，并沿西北方向楔入盟军的侧翼。若在另一个时间和战场，拥有近百辆坦克的第112装甲旅、拥有不少经验丰富的装甲掷弹兵的第21装甲师，应是一支令人生畏的力量,但在当时的匆忙情况下,装甲部队被拆开分头集结和进攻,两部也都没有足够的获胜信心,尽管他们之前还大大低估了法军的战斗力。此外,德军坦克所需的油料也未按时送达,倒是法军在德军出发前就获得了情报,对其番号和实力构成一清二楚,还从容地在栋派尔(Dompaire)以南的高地构筑了防御工事。结果证明,这个俯瞰四周、极具地利的高地成了洼地中的第112装甲旅的坟场。

吕特维茨将装甲部队分成两路南下,西路是一个豹式坦克营(来自第12装甲师第29坦克团1营,该营当年7月在德国本土进行豹式坦克训练,9月5日开赴西线后被配属给第112装甲旅,拥有三个连计45辆豹式坦克[16]),将从埃匹纳向西推进到栋派尔,东路则是装备了四型坦克的第2112坦克营和第21装甲师的部分掷弹兵,他们将沿另一道路扑向栋派尔。两路德军未遭到任何阻击就顺利抵近栋派尔周边,当然他们也不清楚法军的准确方位。令法军上下震惊的是,西路德军指挥官对栋派尔周边根本未进行任何侦察,甚至也没有派出巡逻暗哨,就将宿营地选在低洼的栋派尔村。适逢当夜天降大雨,德军躲在温暖舒适的村舍里休息,而在不远处环绕村落的高地山林里,法军正在凄冷的雨夜准备着次日发起的战斗。西路德军的对手是法军第2装甲师的一个旅级战斗群,虽然坦克和步兵数量只有德军一半,但这些来自法属殖民地、在北非苦战过的老兵经验十分丰富,栋派尔周边高地上的炮兵和反坦克炮阵地居高临下,将对洼地里的德军坦克造成致命的打击。法军装备的谢尔曼中型坦克虽在装甲和火力上不是豹式坦克的对手,但谢尔曼坦克最大的优点就是机械性能可靠且机动灵活,其机械控制的炮塔转动的能力和速度优于德军坦克,所以法军坦克多在两翼运动,并不与对手正面对攻。攻击豹式坦克的任务则交给了炮兵和美军第19战术空军集群——当德军还在栋派尔酣睡之时,法军指挥官已将次日的空袭安排妥当。13日这天,美军对栋派尔地区进行了4次空袭,摧毁的不仅是16辆豹式坦克,还有德军继续战斗下去的信念和欲望,有附近的村民说他们曾看到好几辆德军坦克的乘员舍弃坦克后狂乱地飞奔,还试图偷抢老百姓的衣饰逃跑。西路的豹式坦克营在洼地里狼奔豕突、左右避敌,东路的四型坦克营和装甲掷弹兵迅即赶来增援,但也陆续踏入了死亡陷阱。栋派

尔周边高地的观察位置极佳,炮兵能以惊人的精度直接打击德军坦克,法军各种口径的野战炮、反坦克炮和坦克炮一起向低地里的德军倾泻炮弹,再加上美军战斗-轰炸机发射的火箭和掷下的炸弹,栋派尔真成了德军坦克的一处乱坟场。不到两天的战斗结束时,德军近50辆豹式坦克仅剩4辆尚能作战,而40辆四型坦克也只剩17辆,一天前还拥有90余辆坦克的装甲旅现在只剩21辆坦克,还丢下了350具尸体,出现了1000名伤员。法军的损失简直微不足道,仅损失了中型和轻型坦克各2辆、44人阵亡和1架战机被击落。[17]

不到一周前第106装甲旅刚被打残,13日一战中第112装甲旅又被血洗,曼陀菲尔的反攻尚未开始就损失了近百辆新坦克和一批掷弹兵。匆忙参战、不待集结完毕即将部队零敲碎打地投入战场所造成的恶果已经展现,这些新编装甲旅存在的结构缺陷、领导不力、训练稀松、经验匮乏、意志薄弱等问题更令曼陀菲尔等前线将领忧心,但这些还不足以动摇希特勒的决心和信心。对反攻持悲观态度的不仅是吕特维茨和曼陀菲尔等前线将领,布拉斯科维茨和伦德施泰特也深感前景堪忧,尤其是布拉斯科维茨因守土有责和一直不受希特勒待见,承受的压力更大。南锡以南的德军防线糜烂之际,南锡以北的美军第4装甲师又在13日开始了渡越摩泽尔河的进军。克拉克上校将其A战斗群分成三部分,带头的是以第37坦克营为核心的装甲任务群,中间的是机械化步兵任务群,殿后的是则工兵、后勤补给以及从第80步兵师借来的一个步兵营。克拉克所部克服了沿途德军的零星抵抗,当日下午抵达南锡东北20余英里外的沙托萨林斯(Chateau-Salins),随即在城外高地建起360度的防御周边。由于沙托萨林斯的德军防御较强,伍德指示克拉克避免正面接敌,令其绕开沙托萨林斯后向南疾驰到阿拉库尔一带。克拉克战斗群到达阿拉库尔后将按计划与正在马恩-莱茵运河(Marne-Rhine Canal)一线的B战斗群连成一体,从而切断南锡德军的补给交通线。14日,在奔往阿拉库尔的道路上,克拉克以伤亡33人、损毁2辆中型坦克的轻微代价,俘虏了400名德军、26辆装甲车和10门88毫米高射炮,并于当日傍晚在阿拉库尔周边建立了防御阵地。克拉克派出的侦察部队也与B战斗群取得了联系。当夜,克拉克命令炮兵向射程内的所有路口及阿拉库尔城不间断地发

射炮弹，旨在破坏德军可能发起的反攻，令对手无法确认其战斗群的位置和真实意图。克拉克在德军后方的纵深穿插，迫使布拉斯科维茨命令南锡守军第553国民掷弹兵师向东北高地撤退，这一撤退直接帮助了美军第35步兵师次日轻松地占领了南锡。布拉斯科维茨也意识到曼陀菲尔愈发稀薄的兵力已无可能执行进攻兰斯的计划，故而在14日提出了一个规模较小的方案——第5装甲集团军从埃匹纳出发，经由吕内维尔(Luneville)向北朝沙托萨林斯推进，以切断和摧毁摩泽尔河东岸的美军第12军为直接目标。伦德施泰特同意修改后的方案，他原本就对反击计划不抱奢望，现在更是只求恢复摩泽尔河东岸的防线、由曼陀菲尔集团军填上第1和第19集团军之间日渐危险的缺口即可。若是能在深秋和寒冬即将到来时将美军挡在摩泽尔河一线，给德军重组和布防齐格菲防线争取到一些时间，就足以让伦德施泰特心满意足了。出人意料的是希特勒批准了新计划，同时要求不得晚于18日发起反攻。

由于曼陀菲尔用于进攻的部队现仅包括两个完整的装甲旅、第106和第112装甲旅的残部以及依然没有坦克的第21装甲师，原列第二波攻击部队的第11装甲师也奉命加入第一波攻击群。即便对前述范围大大缩小的方案，曼陀菲尔也表示了不满和抗议，但无济于事。反攻前夕，第111装甲旅在赶往出发地的途中遭遇了美军空袭，同时还出现了机械故障，结果损失了11辆坦克，反坦克炮连也在空袭中损失惨重。第113装甲旅同样被空袭逼散，总攻发起前一刻仍在收拢四散的部队。第15装甲掷弹兵师的侦察营虽按时抵达，但其后卫部队仍在第1集团军防区内。面对着部队的混乱状况，曼陀菲尔做了最后一次努力，要求支援一些大炮和弹药，但布拉斯科维茨除了简单地将希特勒的电文转发以外，只含糊地表示或可从第19集团军挤出一个炮兵营。但曼陀菲尔从来没有得到允诺的炮兵——在从法国南部撤往孚日山区的过程中，第19集团军的1481门大炮损失了1316门，[18]这就足以解释一切了。希特勒还允诺为曼陶非提供空军支援，但也只是镜中花、水中月罢了。对即将开始的反攻，拉克上校战后曾回忆说："希特勒进攻巴顿侧翼的计划不仅毫无意义，而且也不现实，完全是一个虚妄的计划。"[19]

失败的苦涩：
吕内维尔与初次阿拉库尔坦克战

尽管各部仍在集结调动之中，希特勒已经没有耐心继续等待了。曼陀菲尔计划将手头的部队分成左右两翼协同进攻美军第4装甲师，右翼由第58装甲军军长克吕格尔(Walter Krueger)指挥，辖第113装甲旅和第15装甲掷弹兵师，其中后者的部分兵力在美军占领吕内维尔前已抵达该区域，而第113装甲旅将在进攻发起时沿马恩-莱茵运河北岸向西攻击克拉克A战斗群；左翼是吕特维茨第47装甲军，辖第111、第112装甲旅和第21装甲师，首要目标是占领吕内维尔，而后向北朝沙托萨林斯推进。

9月18日清晨，在浓雾掩护下，第111装甲旅在旅长舍伦道夫(Heinrich-Walter Bronsart von Schellendorf)上校率领下开始向吕内维尔推进。由于途中得到了错误情报，德军误以为美军在第15装甲掷弹兵师所部的压迫下已撤出吕内维尔，所以当他们遭到美军第42骑兵中队的装甲车和突击炮袭击时大吃一惊。不过美军小部队的火力无法与豹式坦克抗衡，袭扰之后这支美军向北撤去。真实情况是吕内维尔以南地区确为第15装甲掷弹兵师所部占据，但城北和城西仍在美军第4装甲师的后备战斗群及第2机械化骑兵团手中。美军机械化骑兵利用地形且战且退，阻击着德军装甲掷弹兵和第111装甲旅的整体推进，给其他美军赢得了撤退和构筑新防线的时间。上午11时左右，布拉斯科维茨在进攻发起近4小时后渐感不耐，命令曼陀菲尔再组织突击集群拿下吕内维尔。第111装甲旅和第15装甲掷弹兵师所部组成了一个混合战斗群，以40辆豹式坦克和40辆半履带装甲车为核心，将美军后备战斗群和骑兵团逼退到吕内维尔城北。就在阵地岌岌可危之际，伍德派克拉克的A战斗群驰援吕内维尔，协助后备战斗群打退德军。克拉克从所属的第37坦克营、第53步兵营、第94野战炮兵营和第704坦克歼击车营各抽出一个连，组成了由第37坦克营亨特(William L. Hunter)少校带队的专门任务群，令其于下午1时向吕内维尔进发。[20] 与此同时，第12军军长埃迪命令在南锡以东支援第35步兵师作战的第6装甲师派出其B战斗群增援吕内维尔。下午4点，亨特任务群抵达吕内维尔后向德军发起了反击，双方的交手虽称不上惊天动地，但在某些局部对抗中

▲ 曼陀菲尔第5装甲集团军洛林反击战示意图

也算惊心动魄,尤其是美军大炮对德军坦克构成的危险比任何力量都大。大约在4时15分,鉴于第15装甲掷弹兵师和第111装甲旅混合战斗群的成功,曼陀菲尔认为不再需要投入此刻正位于吕内维尔以东的第113装甲旅,遂令该部向北推进。而第58装甲军军长克吕格尔由于未收到进一步的报告,遂以为美军已被逐出吕内维尔——实际情况是进入吕内维尔的德军几乎都已被逼退到城东南角。就在德军将领们误以为大局已定之时,巴顿在4点30分出现在第12军军部——他的到来并非是因为担忧吕内维尔,他与埃迪都认为那不过是德军的局部反扑而已,他更在意的还是第12军进攻齐格菲防线的准备情况。18日夜,巴顿在日记中留下了这样的文字:

"我们得到消息说德军的两路步兵和坦克正在进攻吕内维尔……我立即赶往南锡去见埃迪。他有点担忧,但不算过分忧虑,他正把第6装甲师的一个战斗群派去挡住敌人……不管德军是否反攻,第12军明晨必须得按计划发起针对齐格菲防线的攻势……"[21]

当亨特的专门任务群在吕内维尔阻止了德军攻势后,埃迪和伍德又派出更多的增援,不久后后备战斗群的第35坦克营和第53装甲步兵营的若干连队也加入了亨特任务群,再加上第704坦克歼击车营,这些美军在夜幕降临时合力将德军基本赶出了吕内维尔。不过,这里的战斗整夜未绝,一直持续到次日晨。当克拉克A战斗群和亨特任务群被第6装甲师替换下来后,吕内维尔的战斗遂演变成规模甚小的局部冲突,德军的焦点也转到了地理位置更重要的阿拉库尔。18日夜,布拉斯科维茨给曼陀菲尔下达了新的命令:"稍晚些时候从吕内维尔发起的进攻将不再以北面的沙托萨林斯为目标,而将沿西北方向进攻南锡,与第553国民掷弹兵师连成一体后攻击沙托萨林斯南面的敌军。至于我们是先消灭摩泽尔河东岸南锡与查尔默斯(Charmes)之间的敌军,还是一直推进到蓬-达穆松(Pont-a-Mousson),则取决于敌情。目标是必须夺回摩泽尔防线。第11装甲师将在18日夜、19日晨离开第19集团军加入第58装甲军的战斗序列……"[22] 曼陀菲尔的南翼这时出现了麻烦,美军第15军渡越摩泽尔河的行动危及到吕特维茨装甲军的左翼,为免除后顾之忧,曼陀菲尔只得无奈地命令相当一部分兵力转入防御,受影响的部队包括第21装甲师、第15装甲掷弹兵师和第112装甲旅。他把第111装甲旅调给克吕格尔,命该部与第113装甲旅一起向南锡推进。

随着战场转移到阿拉库尔,吕内维尔已不再是双方关注的焦点。德军在这里损失了13辆坦克和232辆各种车辆,伤亡了1070名官兵,而美军的损失简直令人震惊——3人阵亡、15人负伤和4辆坦克被毁![22] 德军的损失虽远超美军,但此番作战还是打乱了埃迪第12军向齐格菲防线推进的计划,迫使其推迟了预期的攻势。曼陀菲尔装甲集团军所部绕过吕内维尔之后,开始进攻第4装甲师在阿拉库尔附近的阵地。此后两个星期里,这里将展开整个西线自卡昂战役之后规模最大的一场坦克战。

18日子夜,曼陀菲尔向克吕格尔下达了次日的作战命令,并警告他如果不能严格执行命令将受严惩。但是,第111装甲旅在漏夜赶往马恩-莱茵运河以北集结地的过程中,在帕洛伊(Parroy)周边的丛林间迷失了方向,迫使克吕格尔19日晨仅能以第113装甲旅展开攻势。美军官方战史对此曾评论道:"考虑到来自柏林的持续压力,以及德军无力在地面和空中突破美军的反侦察屏障,也无法获知美军第4装甲师的真实力量和方位,这种一再坚持立即零敲碎打地投入反扑的方式也就可以理解了。但这种零敲碎打的努力将最终失算,位于德军第58装甲军和南锡之间的美军第4装甲师由此也大占上风。"[23]

伍德的第4装甲师面对的是一个相当困难的局面,巴顿给他的主要任务是向北朝齐格菲防线和萨尔地区推进,但同时又要求他屏障南锡,这使他的右翼可能受到德军打击,而来自这一方向的任何威胁都将危及他的主攻任务。伍德的3个旅级战斗群从北向南依次展开,最北面的CCB位于阿拉库尔以北约20英里处,最南面的CCR正在吕内维尔侧后防御,而中间的CCA所把守的25英里开阔地段直接面对着德军反攻的发起地带。CCA在阿拉库尔一线部署了以步兵和工兵为主,辅以坦克、反坦克炮和炮兵的警戒线,虽然也侦察到对手的一些不连贯活动并俘虏了一些德军,但由于正准备发起北进攻势,所以从克拉克到普通士兵都对德军的突袭准备不足。19日晨8时,当第113装甲旅东路战斗群的一队豹式坦克在浓雾和细雨掩护下,突然出现在离美军东面的外层警戒线不到100米时,美军上下无不大吃一惊。慌乱过后,第37坦克营营长亚伯拉姆斯（Creighton W. Abrams）中校手下的两个坦克歼击车排与一个中型坦克连与这些不速之客展开了激战。德军装甲兵很快发现，给予他们突然性和空中掩护的浓雾确实不偏不倚，豹式坦克火力猛、射程远的优势也被浓雾造成的低能见度所抵消。亚伯拉姆斯的手下临危不乱，短时间内近距离击毁了3辆豹式坦克，德军惊撼之余立即向西南退去。美军相当熟悉这一带的地形，他们的谢尔曼坦克虽然火力不足以正面击穿对手的装甲，但机动能力更胜一筹。亚伯拉姆斯手下的一名上尉见德军坦克要跑，立即指挥4辆谢尔曼坦克朝西边3000米外的山脊开去，提前几分钟占领了有利地形，撤退中的8辆豹式坦克刚在山脊下出现，就有4辆被近距离从侧面击中起火。不等德军还击或作出反应，这队美军又迅速退到山脊背面埋伏，浓雾中的德军坦克就像晕头苍蝇一样，根本不知道向他们开炮的坦克身藏何处。稍后，这4辆谢尔曼坦克又从山脊背面杀出，将剩下的4辆豹式坦克也一一消灭。

第113装甲旅东路战斗群被屠戮的同时，西路战斗群的命运也好不到哪里。美军第704坦克歼击车营一部在前往勒泽伊（Lezey）途中，同样借助浓雾的掩护，在不到100米距离内向毫无警觉的德军先头坦克连发起了突袭，7辆豹式坦克被击毁，美军也损失了3辆坦克歼击车。当德军装甲箭头驱散了当面之敌继续推进时，不想又遭到对手105毫米自行榴弹炮营的直瞄射击。到中午时分，美军第704坦克歼击车营在付出了包括营长阵亡的重大牺牲后，已敲掉19辆豹式坦克。大约这个时候，亚伯拉姆斯命令散布各处的坦克连向阿拉库尔集中，亨特少校带去支援吕内维尔的坦克连也在此时归建，亚伯拉姆斯遂令亨特率两个连向南包抄德军侧翼，结果亨特以损失3辆坦克的代价摧毁了9辆豹式坦克。到下午早些时候，德军攻势已完全停止并被逐回出发地，缺乏经验和战斗意志的装甲旅再也无力发动新的攻势。

原计划参战的第111装甲旅19日这天基本未发挥作用，该旅在开往运河以北的路上被法国农民引到了一条错路上，直到下午很晚才与第113装甲旅残部取得联系。曼陀菲尔主持的阿拉库尔之战的第一天可谓一场灾难，美军一个旅级战斗群就摧毁了德军43辆坦克，而他们自身仅损失了3辆坦克歼击车和5辆中型坦克，伤亡不足20人。大约也是因为这个缘故，巴顿19日下午造访伍德的指挥部时，尽管承认"德国佬正在上演一出大戏"，但其乐观和自信丝毫不减。巴顿也认识到"伍德装甲师正与零敲碎打、四处出击的德军装甲部队进行着不连贯的战斗，因而全师拉伸得相当长，但继续向东进攻的风险是值得冒的，如果能突破齐格菲防线，这一重击给德国佬造成的影响将是巨大的"。[24] 巴顿、埃迪和伍德都同意第4装甲师次日继续向东北方向推进。

曼陀菲尔19日夜度过了一个难熬的夜晚，不仅克吕格尔的进攻遭到重创，吕特维茨装甲军的方向也是险情频传。美军第15军在德军第21装甲师和第112装甲旅残部把守的防线上捅开了多个缺口，迫使德军连夜撤到默尔特（Meurthe）河东岸防御。吕特维茨向曼陀菲尔报告说自己实在抽不出任何部队向运河以北进攻了。布拉斯科维茨对19日的惨败极为恼怒，命令曼陀菲尔次日继续进攻，不管第113装甲旅损失如何惨重、士气如何低落。曼陀菲尔抗议继续进攻纯粹是不负责任地浪费兵力和物资，要求取消反攻，结果被布拉斯科维茨指责为缺乏进攻精神，后者还就进攻战术问题喋喋不休地说教了一番。苦闷的曼陀菲尔无计可施，尽管20日凌晨克吕格尔报告说阿拉库尔方向又开到新的美军，第111和第113装甲旅的反攻也无法再继续下去，曼陀菲尔还是严令他督导两支装甲旅继续攻打阿拉库尔，因为南锡东北的第553国民掷弹兵师已经支撑不住了。

20日对交战双方来说都是失望的一天。当日晨，克拉克的CCA按计划在勒泽伊地区完成集结后应开始东进，但是，留在阿拉库尔等待换防的第4装甲师后卫部队上午晚些时候发来报告，称德军又从帕洛伊森林地带向阿拉库尔南面发起了进攻。当时，第111装甲旅的8辆坦克和部分掷弹兵甚至逼近了伍德的指挥部，还向准备开拔的美军第191野战炮兵营发起了进攻。尽管美军炮兵很快解决了两辆坦克并将其余的赶走，但伍德大动肝火，命令克拉克迅速回撤并彻底解决阿拉库尔的德军。克拉克随即以第37坦克营为核心、加上第10装甲步兵营的两个连组成了一个"扫荡"附近德军的任务群。

第111装甲旅旅长舍伦道夫得悉美军回援阿拉库尔后，派第2111坦克营的四型坦克连和若干88毫米自行火炮向勒泽伊南侧的高地进发以保护自己的侧翼。这个地区有一道名为曼尼库尔(Mannecourt)高地的漫长山脊,它的两个最高点——第260和第241高地居高临下扼守着55号公路以及通往蒙库尔(Moncourt)和奥默雷(Ommeray)等地的道路。舍伦道夫的手下抢占了这两个制高点,当美军第37坦克营C连经过山脊时,德军炮火转瞬间击毁了该连6辆中型坦克。剩下的美军撤退后与亚伯拉姆斯带领的B连合兵一处,而后机动到德军右翼发起反击,这场短暂的交手以双方各损失12辆坦克告终。夜幕降临时,亚伯拉姆斯见无力吃掉高地上的德军,遂决定绕过高地向南机动到蒙库尔,以夜袭方式将此处的德军驱逐出去,已经用处不大的曼尼库尔高地则留给对手。[25] 亚伯拉姆斯的这一机动作战显示了他的头脑和胆识,他打破了一般不得进行坦克夜战的美军装甲战术条令,而且还认定曼尼库尔高地对装甲部队来说绝对是无用之杯具,一旦固守此地,它就会成为挂在装甲部队脖子上的沉重负担。

尽管CCA在这天的战斗中始终掌握主动权,但双方短促的交手中美军第一次损失了与德军相当的坦克,对手当日表现出的韧性开始令巴顿感到担忧,他罕见地表达了自己对莱茵河攻势的悲观一面——当日他对埃迪说:"或许不可能完成一开始预定的任务,但我们能干掉大量的德国佬。"[26]

布拉斯科维茨对20日的近乎平局仍然不能接受,当日的G集团军群作战日志曾记载:"第5装甲集团军明显地将自身局限于防御行动。"他的指责并非空穴来风,当日不仅第113装甲旅大部处于守势,第111装甲旅全天也只派出了2到3个连的坦克,主要还是在曼尼库尔高地进行作战。他对曼陀菲尔越来越不满,如果后者不是希特勒的宠将,他肯定会建议将"缺乏进攻精神"的这位将军就地免职。曼陀菲尔向布拉斯科维茨抱怨装甲旅的作战能力实在太差,却招致后者对其战术的一通猛批。鉴于蒙库尔已被美军夺取,曼陀菲尔要求把第58装甲军撤到帕洛伊森林以东,以形成更便于防御的较短防线,也被布拉斯科维茨迎面驳回,反令他次日不计任何牺牲继续进攻。可曼陀菲尔面对的现实是,到20日子夜时分,第111和第113装甲旅分别只有6辆和7辆坦克还能参战,能通过火车运来的坦克最多也只有45辆,[27] 50余辆坦克就是他当前的全部家底了!

21日是一个相对安静的日子,美军第4装甲师抓紧清理各处的零星德军,继续准备向东北推进,而曼陀菲尔也没有发起计划中的攻势,前线各部德军也在抓紧时间重组休整、修理坦克和装甲车辆,但高层指挥机构却不乏惊涛骇浪——希特勒对他苦心组建的装甲旅几乎损耗殆尽、但又收效甚微的局面极为不满,对他自以为得计的反攻屡屡受挫也是大动肝火,布拉斯科维茨不出意外地成为替罪羊,巴尔克成为他的继任者,集团军群参谋长居尔登菲尔德(Heinz von Gyldenfeldt)中将也被梅林津所取代。巴尔克和梅林津在元首大本营里首先听到的就是希特勒对布拉斯科维茨的一顿臭骂,他指责后者指挥部队失当、缺乏进攻精神和胆小怯懦。[28] 其实,布拉斯科维茨也以同样的话语责骂过曼陀菲尔,但倒霉的却是他自己。用梅林津的话来说,"布拉斯科维茨上将不过是希特勒及其小圈子愚蠢错误的替罪羊而已"。[29] 希特勒的怒气显然令巴尔克感到压力和畏惧,他赴任当天就发布了新的进攻令——克诺贝尔斯多夫的第1集团军以第559国民掷弹兵师为先头,经由德军把守的沙托萨林斯向西南方的交通枢纽穆瓦延维克(Moyenvic)推进;曼陀菲尔装甲集团军右翼的第58装甲军,则以夺取尤维利泽(Juvelize)西南的高地为初步目标,得到第11装甲师增援后再向穆瓦延维克推进,从而与第1集团军所部会合形成一条完整的防线。

曼陀菲尔21日中午通知巴尔克,他将以现有兵力守住防线,待第11装甲师的掷弹兵团抵达后,再由该团与第111装甲旅一起进攻穆瓦延维克—阿拉库尔间的美军,进攻范围也将在第11装甲师全师到位后相应扩大。下午3时,巴尔克和梅林津来到曼陀菲尔的总部听取汇报,巴尔克期间表示,任何没有令人信服的理由就驾车驶往后方的人都将被送上军事法庭,并将因临阵畏缩而被判处死刑。经过紧张的调运和抢修,到21日子夜时分第111装甲旅实有10辆豹式和11辆四型坦克,第113装甲旅则有6辆豹式和13辆四型坦克,一共是40辆坦克可供投入战场。

22日凌晨4点,曼陀菲尔发出了向尤维利泽进攻的命令。但是,由于第11装甲师的先头掷弹兵营迟迟未到以及整夜行军造成的疲劳,德军攻势在上午9点45分才算正式发起。第111装甲旅和配属的掷弹兵营在晨雾帮助下接近了尤维利泽西北的高地,而克拉克CCA北翼的第25骑兵中队并未及时发现逼近的德军。德军坦克轻而易举地摧毁了7辆美军轻型坦克，但闻讯赶来的第704坦克歼击车营也干掉了3辆豹式坦克。上午11点，亚伯拉姆斯第37坦克营在第10装甲步兵营和炮兵支援下赶来阻挡德军的势头。随着晨雾的消弭，阿拉库尔地区的天空中数日来第一次出现了美军第19战术空军集群的战斗－轰炸机。亚伯拉姆斯的坦克和大炮以精准的火力攻击德军坦克，同时将装甲掷弹兵赶往空军轰炸的区域，德军步兵出现了相当的伤亡。不过，德军冒着空中和地面的轰炸，还是以损失10辆坦克的代价在中午时分占领了尤维利泽及其西北的高地。与此同时，第113装甲旅一个规模较小的装甲战斗群也在莱伊 (Ley) 西北越过了穆瓦延维克—布尔多奈(Bourdonnay) 公路，承担起保护尤维利泽方向德军侧翼的任务。就在第111装甲旅旅长舍伦道夫向曼陀菲尔报告了这个好消息之后不久，他就在激战中被机枪打死，但他手下的一些军官认为，由于连日来损兵折将，加上早晨曼陀菲尔又对其严加训斥，这位极其沮丧的上校在战斗中故意将自己暴露在敌军火力之下，以求早做了结。不管怎样，到下午时分，亚伯拉姆斯得到增援后又将失地如数夺回，美军战斗－轰炸机和地面炮兵的连续轰炸还将向东北逃窜的德军残部基本消灭干净。

面临着又一次惨败，曼陀菲尔无奈地向巴尔克做了汇报：“第58装甲军下午3点55分报告说，美军正以坦克和最猛烈的近程空中支援沿着穆瓦延维克公路进行反攻，且已抵达莱伊北面的公路并进入莱伊西侧。为应对敌人的进攻，必须利用第113装甲旅的装甲战斗群。我们极其需要空军解救饱受攻击的被困部队，而他们却因机场浓雾缭绕而无法起飞。"[30] 曼陀菲尔对空军的不满由这份报告也能看出一二，他把第113装甲旅最后剩下的一些坦克投入了战斗，但未能产生任何效果。当日终时，失去旅长的第111装甲旅已基本覆灭，从最初的90辆坦克和2500名官兵锐减为7辆坦克和80名掷弹兵！无独有偶，第113装甲旅旅长泽肯多夫 (Erich von Seckendorf) 上校也在次日死于美军轰炸。

德军前线将领和官兵的士气也像愈发糟糕的天气一样跌落到冰点，虽然第11装甲师的第111装甲掷弹兵团终于赶到了前线，但第58装甲军强烈要求曼陀菲尔和巴尔克取消原定次日再起的攻势。他们都没有理由拒绝这一要求，第5装甲集团军损失了第111和第113两个装甲旅，却未能逼近摩泽尔河并与第553国民掷弹兵师建立联系，应该说这是他们二人军旅生涯的一次惨败。9月19日至23日间，德军损失了63辆坦克、阵亡500人、受伤1200人，而美军仅损失14辆中型和7辆轻型坦克，阵亡25人、受伤88人。[31] 曼陀菲尔从这些失败中应该充分领会到了美军的战术与战斗力，而他此前数日却一直固守着一成不变的模式——借助晨雾掩护发起突袭，初期进展一般较为顺利，随后被美军连营规模的装甲部队发动的协同反击打退，而后美军占尽优势的炮兵再将德军彻底击溃和消灭。梅林津战后就曾总结说："美国空军的强大力量将我们的装甲部队置于令人绝望的不利境地，通常的装甲战术原则在西线战场根本不适用。"[32] 不过，在初次阿拉库尔坦克战中，美国空军囿于天气并未日日出战，德军的惨败并不能简单地如梅林津那样全都归咎于空中打击。曼陀菲尔在反思中咀嚼着失败的苦涩，但他并不准备认输。

第一次阿拉库尔坦克战中，美军第4装甲师无疑战胜了貌似强大的曼陀菲尔第5装甲集团军。第12军军长埃迪在发给伍德的贺电中说："德国人被你们优越的装备吓坏了，被你们更有技巧的战术打懵了，更被你们无与伦比的勇气和取胜的愿望所战胜。自向东推进以来，第4装甲师无比卓越地完成了每项任务……第4装甲师官兵的勇气、高水准的战斗技能和指挥官咄咄逼人的攻击精神，在你们夺取每座城镇的战斗中都表现得一览无余。在建立、防御和扩大摩泽尔河桥头堡的过程中，第4装甲师的所有成员都以一种令人引以为荣的方式战斗着。"[33] 埃迪的电文固然不无夸张之处，但也直白地道出了一个事实，即1944年秋的美军与1943年初在北非初战时的青涩早已有了云泥之别，更是凸显装甲部队指挥官克拉克上校、尤其是亚伯拉姆斯中校卓越的指挥和应变能力。4天的战斗里，亚伯拉姆斯的第37坦克营 (拥有53辆中型坦克和17辆轻型坦克) 就摧毁了55辆威力更大的德军豹式坦克，而且正是他多次在危急时刻力挽狂澜。巴顿对亚伯拉姆斯的战斗能力和指挥水准极为赞赏，他曾在阿拉库尔坦克战间歇中的记者见面会上对记者们说："如果你们要写亚伯拉姆斯，那最好现在赶快写。他简直太棒了，但他不会活得太久。"³⁴ 二战结束前巴顿又一次说道："……我应该是美国陆军最好的坦克指挥官了，但我还有一个对手，他就是亚伯拉姆斯。他才是世界冠军。"³⁵ 让巴顿甘拜下风的亚伯拉姆斯不仅在战争中幸存下来，还在1972年成为美国陆军参谋总长和四星上将。被称为"可能是历史上最机动灵活、战斗绩效最佳的主战坦克"的M1 Abrams，就是以他的名字命名的，这也算是对一位战士至高无上的褒奖了。亚伯拉姆斯、克拉克与曼陀菲尔的较量还远未结束，除了第二次阿拉库尔坦克战外，在几个月后的阿登战役中，率领装甲箭头星夜驰援巴斯托涅、进而扭转了美军不利态势的，正是这位亚伯拉姆斯。

烟雨中的搏杀：再战阿拉库尔

当曼陀菲尔麾下的官兵终于能在9月23日喘息一下时，他们才第一次认真地注意到初秋的洛林是如此美丽——森林中、高地上、公路旁的橡树、山毛榉、榆树、冷杉和白桦都悄悄地脱去夏装，起伏不平的原野渐渐变成了金黄的世界，点缀在乡间的农家屋舍在霏霏细雨中冒出的缕缕炊烟，使人怎么都难以想象这里数周来一直是炮声隆隆、硝烟弥漫的地球杀场。普通官兵可以享受一下难得的片刻宁静，但曼陀菲尔还不能。一个星期的损兵折将，迫使他必须思考下一步的作战方略。

远在德国的希特勒显然没有结束眼前这场战事的打算，22日他再次重申第5装甲集团军必须与北边的第1集团军第553国民掷弹兵师建立联系，从而使两个集团军在沙托萨林斯-穆瓦延维克地区连成一体，进而为消灭马恩-莱茵运河以北的所有美军创造条件。不管元首的命令是否还有成功可能，曼陀菲尔都得严格执行。对于占尽优势的美军空军，除了利用天气和浓雾的掩护外，曼陀菲尔很难有任何有效的反制措施。坦克的火力和性能方面，尽管美军谢尔曼坦克更加灵活，但他的豹式坦克和四型坦克在火力和装甲方面更占上风，但几支装甲旅的战斗能力实在令人失望和恼怒。战斗力的形成是靠艰苦的训练和实战养成的，而这些部队都被过早地草率投入战场，在形成任何战斗力之前就已被血洗。他思忖，几个装甲旅剩下的坦克和步兵必须并入作战经验丰富、韧性更足的老牌装甲师，这样才能使坦克和支援步兵的力量搭配得更加合理，而且装甲掷弹兵也可以很好地掩护装甲箭头的两翼。过份依赖物资装备的美军在曼陀菲尔眼里一向不堪，但对手召唤空军和炮兵展开协同攻击的能力着实令他吃惊——这些是他心中永远的殇，没有空军和火炮的强力支援，他只能眼睁睁地看着那些来之不易的坦克和突击炮在战场上任人宰割。前一星期的战斗已经证明他在东线获得的有些经验并不适于西线，他必须督导部队重视和加强对敌军防线的预先侦察，也必须在投入主攻力量前摸清敌军最薄弱的地段。另外，尽管明知无望，他还是得坚决要求增援，尤其是增援经验丰富的老牌装甲师。

曼陀菲尔的对手也在这天商议着部队的进退策略。巴顿集团军的补给缺口现在正急剧扩大，而且由于盟军总体策略的调整，第6装甲师和第15军都将调往北方。巴顿与军师长们商议的结果是，整个集团军必须就地转入防御，扑向齐格菲防线和莱茵河的计划只能暂时束之高阁。

曼陀菲尔的上级巴尔克也在希特勒的直接压力下制定出新的方案，这次的主角是第1集团军的第559国民掷弹兵师和9月初被打残的第106装甲旅余部，指挥反攻的任务交给了第47装甲军军长吕特维茨。³⁶ 9月24日晨又是一个浓雾缭绕的早晨，固守在沙托萨林斯突出部的美军第4装甲师B战斗群，罕见地突然遭到大量德军炮火的凶猛袭击，随后第559国民掷弹兵师的第1126和第1127掷弹兵团向美军阵地发起了强攻，第106装甲旅也在右翼展开了攻势。CCB一时阵脚大乱，就在阵地几乎失守之际，美军的战斗-轰炸机出现在上空，15分钟的功夫吕特维茨 度大有希望的攻势就被瓦解，留下了11辆燃烧的坦克和几百具尸体。与前些日子同样的一幕仍在继续上演。

巴尔克无计可施，只得把进攻重点再转到曼陀菲尔装甲集团军的方向。24日夜，西线总司令伦德施泰泰致电希特勒，恳请放弃洛林的反击，将余下的装甲部队北调亚琛，以全力守卫亚琛和阻遏盟军突破。希特勒不为所动，反而严令曼陀菲尔次日继续进攻，后者要求再支援两个装甲师，但希特勒既没有预备队，也不同意从其他战场抽调兵力，反而要求曼陀菲尔以既有兵力创造奇迹。令曼陀菲尔和巴尔克稍感宽慰的是，维特斯海姆中将的第11装甲师终于到位了——但这个西线最优秀的装甲师也明显"见瘦"，施腾克

第八章 名将的较量：洛林战役

霍夫(Karl-Gustov Stenkhoff)中校的第15坦克团实力大损，其豹式坦克营2连在转运途中因为离开隧道稍早了几分钟，就被美军轰炸机编队炸得体无完肤；该师第61坦克歼击车营还在后方接受新型四号突击炮训练，同样未开来的还有第11搜索侦察营；随维特斯海姆一起赶来的炮兵仅有2个连而已。唯一值得欣慰的是两个掷弹兵团全部到位，而且兵员达到了编制的70%~80%，这些经验丰富的掷弹兵加上坦克团剩下的老手，还是足以成为美军危险的对手。不过，即便有威名赫赫的第11装甲师加盟，吕特维茨依然情绪低沉，觉得成功的希望渺茫，对上峰的固执和不计代价深感不满。当曼陀菲尔向吕特维茨交代次日的任务时，后者流露出的情绪令曼陀菲尔大为生气，只得将他贬到一个相对安静的区域接管防务，进攻任务则交给了第58装甲军军长克吕格尔。吕特维茨冷静下来后，给集团军司令写了一封诚恳的致歉信，曼陀菲尔也愉快地接受了道歉，两人和好如初。[37] 吕特维茨其实也是装甲部队的一员猛将，尽管此后的战斗主要由克吕格尔装甲军出战，但前述不愉快的插曲并未影响曼陀菲尔对吕特维茨的评价和印象，两人还将在阿登之战中继续密切合作。

新攻势开始前，曼陀菲尔在得到批准后将几个装甲旅的残部分别并入经验和战斗力更胜一筹的装甲师或装甲掷弹兵师：第111、112、113装甲旅被分别并入第11装甲师、第21装甲师和第15装甲掷弹兵师。他还在24日夜派出部队侦察美军的部署，结果发现穆瓦延维克没有美军驻守，马沙尔(Marsal)也只有零星守军，于是决定将阿拉库尔以北的这个地段选作最初的进攻目标，第11装甲师将在25日晨7时发起攻击。但是，瓢泼大雨使德军坦克和炮兵进入出发阵地的过程非常缓慢，进攻也延迟到上午9时才算开始。第11装甲师的进攻取得了出其不意的效果，薄弱的美军防线被很快撕开，马沙尔被攻克。第58装甲军随后在马沙尔重组部队，借助烟雾和大雨的掩护，开始向南进攻。这一天德军的运气不错，大雨一直不停，低低的云层和极低的能见度使美军空军无法出动。中午时分，第11装甲师的一支先头部队到达穆瓦延维克附近时被美军第53装甲步兵营拖住，但该师另一部则推进到了塞勒河畔维克镇(Vic-sur-Seille)，完成了与第559国民掷弹兵师的会合。对于整个上午攻势的意外顺利，曼陀菲尔自然欣喜若狂，而原本估计攻势将会甚缓的巴尔克感到相当震惊，梅林津也迭称"曼陀菲尔9月25日这一仗打得很好。"巴尔克随即指示曼陀菲尔扩大进攻范围，将整个集团军能够调动的力量都集中起来打击美军第4装甲师的CCA，而且他还要求各部务必焕发精神和拿出最大的热情。曼陀菲尔随即调整部署，令第58装甲军各部经穆瓦延维克向东和东北进攻，而第47装甲军则抽出一部负责掩护集团军的左翼，余部则经由阿拉库尔向东北进攻。

美军方面，亚伯拉姆斯第37坦克营又一次承担了御敌重任，他奉命向北发起反攻，但遭到德军的顽强阻击。第11装甲师第110掷弹兵团的步兵们也渐次向亚伯拉姆斯敞开的两翼运动。美军装甲兵们非常惊讶眼前这批对手的顽强和战斗力，亚伯拉姆斯手下的B连连长里奇(Jimmy Leach)上尉战后曾回忆说："我们当然注意到对手在进攻中投入了一些真正的职业军人。"亚伯拉姆斯面对的不仅是当面之敌即将突破他的防线，德军火炮也罕见地一整天都在不停开炮，第37坦克营的整个作战区域也都在德军坦克直瞄火炮的威胁之下。在德军的步步紧逼下，伍德和克拉克都认识到很难在阿拉库尔突出部维持纵深防御，由于巴顿日前已定下就地防御的方针，所以伍德命令克拉克主动西撤2英里，在阿拉库尔城周边的山脊和高地上建立一条能够俯瞰周边、更适于防御的防线。

夜幕降临时，曼陀菲尔的部队利用美军的撤退占领了尤维利泽和考因库尔(Coincourt)，深入到距阿拉库尔仅2英里的位置，面对着美军几个步兵营沿山脊修筑的防御阵地。这是第5装甲集团军洛林战役中第一次以胜利结束一天，尽管美军的主动撤退还是其中重要的因素。25日夜，伍德命令CCB从沙托萨林斯开往阿拉库尔协助CCA，其所遗防线则由第35步兵师接管。CCB克服了天气和路况的不利，经过一夜的机动，从CCA手中接过了勒泽伊—阿拉库尔南线的防御。亚伯拉姆斯第37坦克营也结束了在阿拉库尔的使命，被调到CCR进行休整补充，其阵地则由第35坦克营外加第602坦克歼击车营的一个连承担。26日基本没有大的战事，除了一些小规模冲突外，大部分时间里都是双方炮兵轮番往对方的阵地里倾泻炮火。

27日，曼陀菲尔命令克吕格尔组织一个战斗群，夺取被称为"驼峰"的第318和第293高地，如果一切顺利的话再伺机夺取阿拉库尔。美军第4装甲师CCB承担着防御这两座高地的任务，曼陀菲尔和巴尔克都认为必须先将这些俯视德军阵地的芒刺拔掉。维特斯海姆拼凑了由25辆坦克和刚抵达的第11搜索侦察营组成的装甲战斗群（还包括第119装甲炮兵团的部分兵力和火炮），交由师炮兵主任哈蒙（Erich Hammon）中校指挥——哈蒙在第11装甲师似乎是一个不受欢迎的人，在师长和许多军官眼中他是一个坚定的纳粹分子，维特斯海姆因之也经常派哈蒙离开师部带领战斗群执行任务。当哈蒙不在时，维特斯海姆常对身边的亲信军官抱怨说"（希特勒）这个白痴又下了命令……"[38] 这次他对自己领受的命令又表示了不满，对集团军司令曼陀菲尔说一次集中使用这么多坦克风险过大，但后者不为所动，因此曼陀菲尔还被美军官方战史讥讽为"仍在借鉴自己的东线经验"。曼陀菲尔向维斯特海姆允诺说将有50架战机提供掩护和支援，尽管他自己都不知道去哪里找这些战机。为帮助哈蒙战斗群尽快实现南翼的突破，曼陀菲尔命令第58装甲军余部向美军防线的北段和中央地带发动一系列辅攻。在攻打第318高地之前，德军必须先拿下对哈蒙战斗群右翼构成较大威胁的第265高地，这个任务则交给了第11装甲师第111装甲掷弹兵团。27日晨6时，德军开始突击第265高地，高地守军仅为美军第10装甲步兵营的一个排而已，但这些美军却以无比的顽强打退了包括数辆豹式坦克协助在内的多次进攻。当日夜幕降临时德军登上了高地，但很快又被一个排的美军工兵和一个排的坦克歼击车在次日天明前夺了回来。28日上午，德军一个步兵营在6辆坦克支援下又向第265高地扑来，就在高地即将易手之际，美军战机拍马杀到，进行了无情的轰炸，加上增援的美军坦克和坦克歼击车的共同努力，高地仍然掌握在美军手中。德军直到28日晚7时发起的另一次进攻，才算再次攻占了第265高地。

哈蒙装甲战斗群是27日作战的主攻力量，上午10点该部发起进攻后仅前进了几百米，就遭到了支援CCA的美军6个炮兵营的轰击。随着美军战机的出现并投下大量的高爆炸弹，德军坦克开始后撤，进攻一时陷入困顿。下午2点，曼陀菲尔命令维特斯海姆从北翼抽调第110装甲掷弹兵团1营支援哈蒙，但到下午5时，哈蒙战斗群的攻势仍被美军的优势炮火所压制，

不过该部仍然计划在晚间夺取第293和第318高地。当晚10时过后，第11装甲师的装甲掷弹兵们经过短促激烈的战斗攻占了第318高地。在这一消息传到曼陀菲尔那里之前，他刚向巴尔克报告说，有迹象表明美军第4装甲师正准备转入防御并将撤过默尔特河，他还随后命令第47装甲军增加巡逻侦察的密度，以及时抓住机会追击撤退中的美军。不过，曼陀菲尔过于乐观了——28日破晓前美军第51装甲步兵营又经过血战夺回了第318高地。双方整个早晨激战不休，接近上午11点时德军把美军赶了下去，但一小时后美军战斗-轰炸机再次光临高地上空狂轰滥炸，此后美军经过4次艰苦的反攻，终于在下午早些时候夺回了第318和第265高地。当晚7时，第58装甲军（主要是第11装甲师）又向第265高地发起了两次进攻，但均无功而返。连日激战已使第11装甲师严重透支，维特斯海姆强烈要求推迟反攻，让部队好好休息一下，否则战斗力和绩效都将大打折扣。曼陀菲尔焉能不知部队的疲劳和伤亡？但他也别无选择，来自希特勒的直接压力迫使巴尔克和他都不能允许暂停，一旦推迟夜袭，势必给美军留下24小时的宝贵时间来加固阵地和调遣兵力。曼陀菲尔命令克吕格尔和维特斯海姆尽快组织部队夺回第318和第265高地，得手之后再继续向西北推进。当晚，第11装甲师的一支突击队在几辆坦克支援下，再次将美军从高地赶下，还将之逼入德军精心设置的火力网中。但是好景不长，子夜前美军4个炮兵营一起向高地上的德军进行炮轰，美军第51装甲步兵营之后借势发起反扑又夺回了高地。德军的报复性轰炸也随即而至，牢骚满腹的维特斯海姆驱赶着疲惫的属下，终于又将美军赶下山顶，并顺势将第293高地也一并纳入囊中。

当29日晨的第一缕阳光刺穿了浓密的云层和厚厚的晨雾，洒在酣睡中的德军官兵脸上时，两天来易手十几次的第318高地仍在德军手中。由于这一高地的失守，美军第4装甲师CCB现在面临着严峻的形势——一旦天色放亮和浓雾散去，CCB的位置和阵地将完全暴露在德军视野之内，对手可以借助高地指引炮火打击，甚至可在高地上直接开炮。CCB决定在天明前一刻发起夺回高地的反攻，担负此任务的是第51装甲步兵营和第8坦克营。黎明前笼罩战场的浓雾虽严重制约了高地德军的视线，但美军坦克兵也只能看清前方十米远的地方，不过正是由于浓雾和湿气的弥漫，德

军坦克射程远、火力猛的优势也在无形中被完全抵消。当美军第8坦克营两个连的坦克逼近第318高地的根部时，他们幸运地没有遇到任何德军坦克，只遭到高地根部和山坡战壕里的德军轻武器拦击。碾过德军前沿后，向顶部冲去的第8坦克营再次夺回了高地。随着能见度的提高，德军先是用豹式坦克和少量大炮向美军开炮，之后坦克和步兵也像美军那样发起了反攻。美军第8坦克营击毁了8辆德军坦克，自身无一损伤，但德军一轮轮锲而不舍的反扑还是在上午10点收到了效果——第318高地再次易手。然而，到中午时高地的主人又成了美国人，需仰攻的又变成了德国人。

当晨雾完全散去、阳光普照整个战场之时，美军第19战术空军集群的第405大队飞抵战场，开始向气急败坏的德军投掷高爆炸弹和发射火箭。在击退德军下午的两次反攻中，第405飞行大队起到了难以估量的作用，他们直接炸毁了11辆德军坦克、重创2辆，还有6辆被炸得无处藏身，冲到开阔地带后被美军大炮击毁。地面上的德军只能不住地咒骂——的确，在对手战机肆虐战场、恣意妄为的时候，德国空军从来没有露过一面。到下午3时，维特斯海姆向曼陀菲尔报告说他不得不终止夺回高地的战斗，4点时美军第51装甲步兵营发给师部的电文称"高地仍牢牢在手"。当第318高地附近终于平静下来时，德军在附近区域留下了400具尸体，还有24辆被击毁或动弹不得的坦克。[39]

连续三天作战的德军，在美军战机和炮火的屠戮下终于意志坍塌了，第11装甲师一个突击队的指挥官神经崩溃了，多支部队出现了解体，未经批准的全面撤退开始了，并逐渐演变成蜂拥逃窜的场面。维特斯海姆亲自出面试图止住败退，但也只是在曼陀菲尔命令第15装甲掷弹兵师派出若干坦克和设立一条拦截防线后，混乱和溃败的局面才有所收敛。下午5点35分，克吕格尔向曼陀菲尔报告说："三角高地已丢失，部队精疲力竭，急需休整。"曼陀菲尔也觉得是该收手的时候了，他请求巴尔克中止所有攻势："由于我们的战机踪影全无，战士们遭受了极大伤亡……连日酣战后极其疲劳。"巴尔克与曼陀菲尔的看法一致，当29日白天的战斗还在进行时他就来到伦德施泰特的西线总部，声称自己"依然打算铲除蓬-达穆松的美军桥头堡，也想收复摩泽尔河防线，但至少还需要增援3个师、40到50辆坦克、20到30辆突击炮、50门反坦克炮、4个重炮营以及4个工兵营。"[40] 伦德施泰特虽然并不认为巴尔克的要求离谱，但在当时的局势下也只能对他说不可能。当巴尔克收到曼陀菲尔中止攻势的请求后立即照准，并嘱其渐次撤出各部，随后拉平和固守一条新的防线。

尽管9月30日还有零星的战斗，但枪炮声大作了十余天的阿拉库尔战场终于安静了下来，西线近几个月来规模最大的坦克战就这样结束了。美军第4装甲师声称击毁了281辆德军坦克，击毙和俘虏德军各3000人，而自身仅伤亡626人。[41] 美军的坦克损失实在是微不足道，据官方战史记载，仅有25辆中型坦克被毁，另损失7辆坦克歼击车，仅此而已。即便巴顿集团军整个9月损失的坦克也只有49辆轻型坦克、151辆中型坦克与坦克歼击车，但到9月底时他又补充了392辆坦克。[42]

失意的僵局：无关宏旨的细枝末节？

1944年10月1日，巴顿来到第4装甲师视察，他对该部在疲惫之余仍然展现的高昂士气和精神面貌深感满意，视察中他颂扬该师为"美国陆军最优秀的装甲师"。伍德闻言立即让随从向各级军官传达巴顿的原话，要求每个士兵都要听到集团军司令官的评语。骄傲自豪的第4装甲师官兵有资格担当这样的褒扬，每个与他们并肩战斗过的步兵师都坦承这是一支战斗力超强的精锐之师。步兵们尊敬和喜爱这些坦克兵，是因为他们在激战中从来都不像其他坦克兵那样"扣严舱盖"，而是探出身子观察敌情并与步兵密切协同，也是因为他们理解步兵在战斗中面临的危险更大——亚伯拉姆斯就曾对坦克兵说过"步兵和敌人之间只隔一层羊绒衫。"[43] 建立士兵的自信心和部队的内敛力一直是美军各级军官最重要的一项工作，经过诺曼底登陆之后几个月摧枯拉朽般大胜的第4装甲师，在信心和战斗力方面的确胜过友军和西线德军的任何部队。与这样一支部队交手近三个星期，曼陀菲尔肯定会时时想起他那支鼎盛时期拥有27000人、坦克实力超过装甲师的GD师，或许还有他在罗马尼亚的特尔古-弗鲁莫斯战场上，三天内摧毁数百辆苏军坦克的惊人战绩。

在二战这幅波澜壮阔的历史长卷中，1944年秋发生在洛林地区的这次交锋，无疑属于无关宏旨而常被遗忘的细枝末节，即便在西线战事的范围内，与之前的盟军诺曼底登陆、之后的德军阿登反击战相比，洛林战役也往往被双方视为规模有限的局部冲突而已。但是，在曼陀菲尔耀眼的军旅生涯中，洛林战役、尤其是阿拉库尔坦克战，尽管缺乏亮点，也实在不应成为被遗忘的角落。曼陀菲尔在没有指挥军级部队的培训和经验的情况下，从师长直接晋级为集团军司令，指挥第5装甲集团军实施的反击战的确乏善可陈。从战役结果和战术角度来看，曼陀菲尔集团军、布拉斯科维茨/巴尔克先后领衔的G集团军群无疑属于失败的一方，希特勒本不现实的切断和消灭巴顿集团军的计划也彻底流产。但就整个西线的格局和战略来看，第5装甲集团军的顽强阻击和反扑，也粉粹了巴顿在9月间就夺取齐格菲防线、跨越莱茵河、攻占萨尔工业区的迷梦和野心。1944年8月底时，艾森豪威尔、布莱德雷和巴顿等一干将领无不信心满满地展望着第三帝国的迅即崩溃，但是到9月底、10月初的洛林战事尘埃落定之时，他们都收起了自己的乐观情绪，随后两个月里洛林的僵持局面，甚至还使神采飞扬的美军第一装甲名将成为"向隅的巴顿"。德军步兵将军提佩尔施基希 (Kurt von Tippelskirch) 在1944年10月底来到洛林接任第1集团军司令官，他在战后的一番评价颇能代表德军将领对洛林战役的看法："……下达给第5装甲集团军的进攻命令缺乏任何现实基础，也与真实情况脱节，最后演变成防御性命令——堵上第1和第19集团军之间已被撕开的缺口。这些命令在14天的苦战中成功地得到执行，其结果是到10月初时德军在吕内维尔两侧建起了一条完整的防线。"[44] 梅林津也曾指出："那时齐格菲防线的兵力还很空虚，尚未组织起有效的防御。在我们看来，（曼陀菲尔）向美军第12军发起反攻、挫败美军先头的继续推进确有其合理性。尽管代价十分高昂，但似乎达到了目的，事实上我们有效阻遏了美军第3集团军的推进。"[45] 曼陀菲尔战后对同僚们的评价自然感到欣慰，但他也坦承，虽然他的努力堵上了两个集团军间的缺口，但并不足以决定性地改变西线南翼德军的总体态势。[46]

曼陀菲尔自然是一个不甘失败的指挥官，但他也有太多的经验教训需要汲取。10月的洛林迎来了豪雨、泥泞和刺骨寒风的季节，但没有硝烟和战火的宁静，也给了他机会整训那些情绪低靡、处境可怜的部队。在过去的战斗中，第5装甲集团军那些战斗素质低下、训练匮乏的士兵，虽然在泥泞的羁绊和炮火的轰炸下勇敢作战，但战斗绩效根本不能与对手相比，十倍于敌的伤亡就是最好的证明。曼陀菲尔虽是性格强悍的将领，但他并不想看到愿意战斗至死的士兵白白送死，提高他们的训练水准和部队内敛力是他唯一的途径。装甲旅这种建制已经证明具有重大缺陷，不仅指挥官对部队的领导不力，也缺乏称职的参谋人员，整个部队鲜有侦察、工兵和炮兵，虽然坦克数量不菲，却没有必要的修理单位。1944年9月后德军再没有组建任何新的装甲旅，现有装甲旅也不再作为独立单位参加进攻作战，而是被并入现有装甲师或装甲掷弹兵师——血淋淋的事实业已证明这些装甲旅无力成为高度机动的强大突击力量。在希特勒已开始紧锣密鼓准备的阿登反击战中，这些表现惨淡的装甲旅甚至都没有被考虑进来。10月初，多数装甲旅由于名存实亡而被陆续解散，曾划归曼陀菲尔指挥的6个装甲旅中，第111、第112和第113装甲旅已分别并入第11、第21装甲师和第15装甲掷弹兵师，洛林战役之初即遭血洗的第106装甲旅是唯一一支未被解散的装甲旅，该部之后进行了补充和重新装备，直到1945年初一直担任阿尔萨斯-洛林地区的德军预备队。第107和第108装甲旅因被调往亚琛而未参加洛林之战，前者直到11月份一直在荷兰担任第86军的预备队，后者则在10月初并入第116装甲师，并随该师成为阿登反击战中曼陀菲尔的突击箭头。第101装甲旅10月底被并入第20装甲师，第104装甲旅则在11月初成为第25装甲师的一部分，第109和第110装甲旅也分别被并入第13装甲师和"统帅堂"装甲师。

曼陀菲尔赞同克吕格尔将军对阿拉库尔坦克战的总结："敌人在空军和炮兵方面占有压倒优势。这一地区根本没有坦克和步兵的藏身之所，一旦天气转好，美军战机就开始肆虐，而每次当我们要求德国空军支援时，得到的答复总是机场天气恶劣，战机不能起飞。美军大炮日夜炸个不停，可名副其实地称为连珠炮。"[47] 曼陀菲尔和克吕格尔的言论并非托辞，阿拉库尔之战无疑表明，在西线，没有足够空军和火炮支援的作战很大程度上是徒劳的。整个9月间，曼陀菲尔多次请求空军支援，但由于飞机无法起飞或正在他处作战，他总共只有两次得到数量稀少的战机支援。

至于炮兵，德军虽有专门的野战炮兵观察营，但大炮匮乏、炮弹紧缺使德军炮兵在有限的支援作战中也不能、或不愿发射足够的炮弹，盟军轰炸的密度和强度还使德军经常缩手缩脚，或者干脆不作为。

美军在阿拉库尔坦克战中无疑向曼陀菲尔展示了他们进行多兵种协调、攻击性十足的机动防御战的能力。美军作战部队往往分成相对自我包容的战斗群，分头应对零敲碎打投入战场的德军，坦克部队不仅被应用于防御中，也在战场前后左右灵活调动，直到寻觅到最佳突破口和攻击时刻时一剑毙敌。美军熟悉洛林战场的地理地形，时常借助烟雾弹和浓雾掩护发起突袭，固守阵地的步兵不仅装备了数量众多的反坦克武器，也经常召唤空军和炮兵的火力支援，而骑兵则以轻型坦克负责侦察和掩护两翼，能够时常在第一时间洞悉德军的兵力调配和进攻意图。占尽优势的美军炮兵常以360度的交叉火力网向周边密集轰炸。如果说美军的这些战术在曼陀菲尔看来并无太多过人之处，毕竟他在东线率领第7装甲师和GD师时也是如此、甚至做得更好，那么美军这些战术成功的原因就值得他深思了。美军的指挥和命令控制体系与德军和苏军都有很大差别，面对苏军时颇为有效的德军战术，在西线面对陌生的美军时很有可能失效，尤其是美军的机动能力因其全面的摩托化和机械化而远胜德军和苏军。美军的指挥系统可以用"高度分散化"来简略概括，各级指挥官在战役实施中享有相当大的自主权和展示创新能力的灵活度。美军第12集团军群司令官布莱德雷将军虽负有约束巴顿这匹野马的责任，但他给巴顿独立完成任务的绝对自由；巴顿对第12军军长埃迪也很信任，而埃迪虽在性格上与第4装甲师师长伍德截然相反，但在作战组织和兵力调动方面绝不横加干涉。至于伍德，更是给CCA指挥官克拉克上校和第37坦克营营长亚伯拉姆斯中校极大的战场自主权。9月12日，当巴顿、埃迪、伍德与第80步兵师师长麦克布赖德（Horace L. McBride）少将在摩泽尔河一座刚建立的桥头堡上研究策略时，正是克拉克和亚伯拉斯这两个衔级较低的与会军官的极力坚持，第4装甲师的装甲箭头才得以获准继续推进到阿拉库尔，由此可见美军指挥系统的灵活性，以及中层指挥官说服和改变高层决策的能力。在美军的连营级单位内，高度分散化的指挥控制也使下级军官们在接敌时享有相当的自由度，其结果早已被该师踏上欧洲大陆以来几个月的战绩所证明。

与美军指挥控制体系的高度分散化处于两极的是德军的高度集中化，事实上德军的决策权完全集中在希特勒手中，伦德施泰特抱怨自己"只能指挥西线总司令部门口的哨兵"并不是没有来由的。被称为曼施坦因以外德军最有战略头脑的这位老帅，多次向希特勒提出的建议均毫无缘由地被粗暴拒绝；布拉斯科维茨9月20日建议停止曼陀菲尔集团军的反攻，结果换来的是被解职的羞辱；曼陀菲尔在洛林战役期间曾提出暂停接敌、向阿拉库尔以东后撤12英里建立新防线，结果遭到一通训斥；巴尔克经常越过曼陀菲尔和他手下的两个装甲军军部，直接指挥各师的行动。希特勒"死守到底"的政策在这些前东线将领间早已不是什么新鲜事，从巴尔克、曼陀菲尔到一干军师长，都很难在最高层的严密控制下做出有效的决策，更不用说前线团营长的战场即兴发挥了。希特勒（确切地说应是古德里安）辛苦拼凑的一批装甲旅一战几乎损失殆尽（据信这些装甲旅在9月内"挥霍"了至少300辆坦克和250辆坦克歼击车[48]），除了兵员素质、训练匮乏、对手空军和炮兵的绝对优势等重要原因外，德军最高统帅部规定的部队使用方式，也使曼陀菲尔等将领失去了根据不同地形和对手进行灵活应变的可能性。

狂人希特勒也从战场失利中领悟到，战斗力陡降的德军面对强大的美军发动的半心半意的攻势是不可能有成功机会的。他对曼陀菲尔倒没有失去信心，甚至前阶段的损兵折将也没有损害后者在他心目中的地位。10月中下旬，曼陀菲尔第5装甲集团军总部奉命加入阿登山区以北、鲁尔河以西的莫德尔B集团军群。当盟军侦测到曼陀菲尔总部出现在亚琛前线时，无人怀疑这有什么不妥或异常，毕竟，德军派它最出名的装甲将军应对盟军即将展开的亚琛攻势完全合情合理。另外，随着曼陀菲尔的到来，原本负责亚琛和艾菲尔（Eiffel）两个防区的第7集团军现在只需警戒艾菲尔一带，这也是盟军司空见惯的调动。

什么样的任务等候着曼陀菲尔呢？难道仅仅是因为亚琛即将告破，需要他率领装甲部队发动反击、挡住盟军奔向莱茵河的脚步吗？

第九章
帝国的深秋：阿登反击战

最后的赌注：狂人的呓语

1944年8月底，当东线德军以付出近百万官兵生命的代价终于挡住了苏联红军的滚滚洪流之时，西线英美盟军也因战线过长、补给匮乏暂停了向齐格菲防线和莱茵河挺进的攻势。惊魂甫定的希特勒终于迎来了喘息之机，就在8月底，他第一次向凯特尔、约德尔和军备部长施佩尔谈及将在"11月的暗夜、浓雾和积雪"中向盟军发起大规模反扑。[1] 希特勒深为自己的"战略天才和军事素养"所折服和陶醉，9月16日，也就是曼陀菲尔第5装甲集团军奉命在洛林反击巴顿第3集团军的前两天，他在大本营向最高统帅部参谋长约德尔宣布，他已决定在11月的某个时候在阿登山区发起反攻，以夺取安特卫普和切断英美盟军的补给线为目标。约德尔根据元首的精神准备了初步的反击方案，希特勒又对这一方案进行了扩展和完善，9月25日正式提出了代号"莱茵嘹望"(Wacht am Rhein) 的作战计划。希特勒的想法是，得到强大炮火支援的德军步兵师在盟军防御最薄弱的阿登山区突破其防线，之后数个德军装甲师则快速推进和夺取马斯河上的桥头堡，一切顺利的话装甲部队将在两翼步兵的掩护下扑向安特卫普，整个英军第21集团军群和美军第9集团军都将因补给线被断而被迫投降。希特勒心目中执行这一大胆计划的理想人选是他的爱将迪特里希，因为他相信只有党卫军才有足够的胆量和实力来实现他"伟大的军事目标和政治意图"。同时，希特勒认为他的国防军宠将曼陀菲尔应率第5装甲集团军支援迪特里希并掩护其侧翼，而勃兰登堡 (Erich Brandenberger) 的第7集团军将负责掩护曼陀菲尔的侧翼。

希特勒为保证这一计划的实施执行了最严格的保密措施。最高统帅部作战部的参谋们夜以继日地进行细化和准备工作，所有能接触最高机密者都被要求签署泄密必斩的军令状。希特勒还命令把阿登山区的德军行动减少到最低限度，让敌人产生一种安全宁静的错觉。他的欺骗十分成功，美军一直把阿登山区作为新到师团的练兵场，或是刚在阿登以北的许特根 (Hurtgen) 森林之战中被血洗的部队的休整地。德军最高统帅部以外的任何人中，最早知道计划轮廓的是伦德施泰特的参谋长威斯特法尔(Siegfried Westphal) 中将和B集团军群参谋长克雷布斯 (Hans Krebs) 中将。[2] 这两位参谋长于10月22日被召到大本营参加作战会议，当时他们本以为会遭到雷霆怒斥，因为德国本土的第一座城市亚琛刚刚陷落。出乎意料的是希特勒闭口不谈亚琛，反而慷慨激昂地通知他们将于11月25日在阿登山区发起大规模反攻，为此将投入几十万兵力、2000辆坦克和2000架飞机，德军将出其不意地从阿登山区突破美军防线，装甲部队将以闪电攻势在列日南侧越过马斯河，随后直扑安特卫普，进而将大量的英美军队包围在一个大口袋里。希特勒自信地宣示，计划一旦成功将对盟军造成巨大的杀伤并能攫取无数物资，还能破坏英美与苏联的同盟关系，甚至迫使西方与德国单独媾和，最不济也能为德军在东普鲁士和波兰挡住苏军争取宝贵的时间。震惊的两位参谋长回去后向各自的司令官做了汇报，莫德尔的第一反应却是"这个计划见鬼得没有一点根据。"[3] 莫德尔火爆地直接拿起电话接通约德尔，没有任何问候就直接嚷道："告诉你的元首，我莫德尔不会参与这个疯狂的计划！"[3] 伦德施泰特显得更有涵养，但他的不满与惊骇是一样的，战后他曾告诉李德·哈特说："当我得悉这个计划时惊呆了。希特勒根

第九章 帝国的深秋：阿登反击战

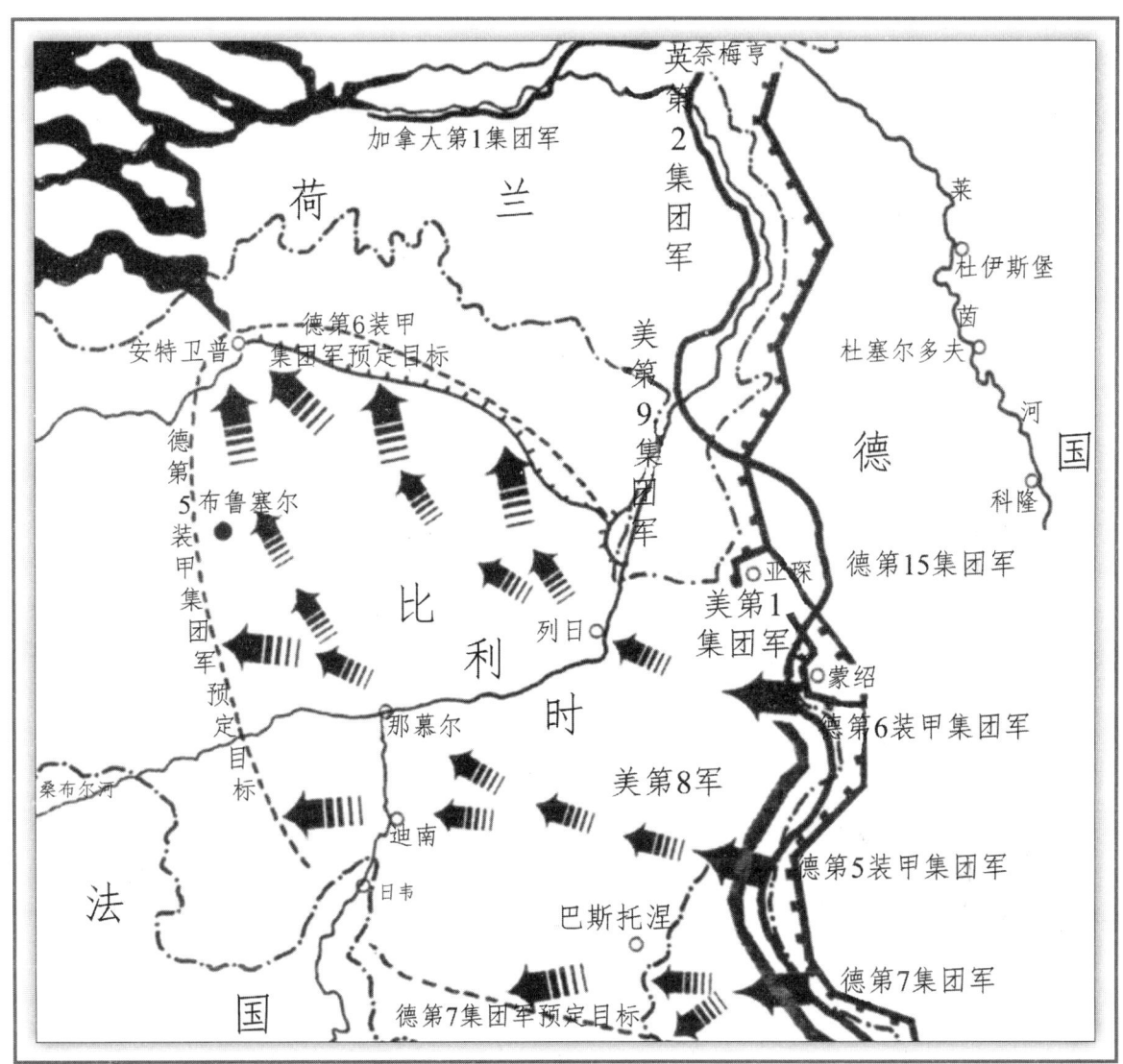

▲ **德军阿登反击战的作战目标示意图**

本没有就其可能性征询过我的意见。在我看来，我们可调动的力量根本不能满足这个野心勃勃的计划。莫德尔与我的看法一样。事实上无人相信抵达安特卫普的目标能够真正实现。"[4]

曼陀菲尔第一次听说反攻计划是在10月27日，同时才算真正明白了把他和第5装甲集团军调到亚琛的原因。伦德施泰特和莫德尔这天将曼陀菲尔、迪特里希和勃兰登堡召集到B集团军群司令部开会。自从近三年前在尔热夫发生摩擦后，曼陀菲尔与莫德尔就一直没再见过面。见到莫德尔后，曼陀菲尔一边行礼，一边思忖这位脾气火爆的元帅会怎样对待他。莫德尔冷冷地招呼道："还记得1942年初我们在俄国前线的对话吗？"曼陀菲尔紧张地点点头，只听见他又接着说："那件事已过去了。现在我们有同样的任务。我们是好朋友。"曼陀菲尔这才如释重负。曼陀菲尔与莫德尔之间的关系颇耐人寻味，有人说莫德尔恼火于曼陀菲尔在1944年的快速晋升和经常被元首召见的受宠地位，无疑觉得自己受到了威胁，也有人说贵族世家出身的曼陀菲尔轻视莫德尔这位教师之子，还有人说曼陀菲尔的兄弟在第3装甲师时经常受时任师长莫德尔的训斥和责骂，[5]更有人说尽管两人在东线闹过不愉快，但在手下诸将中，莫德尔最欣赏的还是曼陀菲尔。[6]不管怎样，两人在阿登战役期间相处甚好，还产生了惺惺相惜之意。

当曼陀菲尔在会上了解到希特勒的想法后，震惊地发现"这些计划甚至列出了攻击方法、炮火准备和具体时间等细节。"将领们一致认为夺取安特卫普的想法根本不现实，为了说服希特勒改变计划，他们讨论了莫德尔提出的一个"小方案"——在阿登山区突破美军防线后，两个装甲集团军不再向马斯河推进，而是折向北方或西北，从而把马斯河作为曼陀菲尔集团军的左翼屏障，以在亚琛附近切断和消灭20多个英美师为目标。这个方案还要求阿登以北的赞根(Gustav-Adolf von Zangen)将军的第15集团军向南朝亚琛发动辅攻。即便这个规模大大缩小的方案，在将领们看来也是为说服希特勒而有意迎合的作品，其成功希望虽比元首的要大，但也有一堆"当且仅当"之类的条件需要满足。

11月3日，应前线将领要求，约德尔代表希特勒来到莫德尔司令部参加冗长的会议。约德尔首先声明元首决心坚持预定的目标、已做出的安排和预计投入的部队，然后介绍了3个集团军的构成和任务：担任主攻的迪特里希第6装甲集团军有9个师（含4个装甲师)，突破阿登山区后将在列日附近渡过马斯河，然后向阿尔伯特运河推进并抵达安特卫普以北地区；曼陀菲尔第5装甲集团军有7个师（含4个装甲师），任务是在列日以西渡过马斯河，阻止盟军从西面攻击迪特里希的翼侧和背后；勃兰登堡第7集团军有7个步兵师，任务是阻止盟军从南面和西南攻击前述两个集团军；另将有6到7个装甲师或装甲掷弹兵师充任预备队。约德尔讲完后轮到将领们发言，他们指出，即便承诺的部队能够齐装满员和按时抵达，对于抵达和夺取安特卫普这个目标来说也远远不够，曼陀菲尔更是明确指出："在冬季条件下，沿着125英里长的前沿发起这种规模的攻势，而且还必须死守西翼足够长的时间来围歼25到30个敌军师，凭我们现有部队的数量、武器装备、机动能力和补给水平，能否完成实在令人怀疑。"[7]莫德尔随后拿出前述的小方案，强烈要求将进攻目标限制在抻平亚琛防线、堵住盟军到目前为止在齐格菲防线上撞开的唯一缺口。将领们的这些要求当然都被

拒绝，他们唯一的收获是进攻发起日从11月25日延后到12月10日。此外，莫德尔认为手下的3个司令官中以曼陀菲尔个性最强、军事素养和指挥能力也最佳，他要求将主攻交给曼陀菲尔，但希特勒出于政治考虑，更愿意把展望中的胜利光环留给迪特里希和党卫军。有趣的是，迪特里希本人很有自知之明，当他还是第5装甲集团军司令官时，就于8月23日请求莫德尔解除其职务，因为他自认"能力和表现不足以指挥一个集团军，无法完成交办的任务"。B集团军群的战时日志曾记载了这一事件，同时也记下莫德尔给迪特里希的答复："忘了辞呈，接着干。"

11月4日，莫德尔又与曼陀菲尔一起研究了小方案的细节，决定用这个方案去说服希特勒改变心意。曼陀菲尔战后说自己"整个11月都花在不停地讨论和探索每种有可能说服希特勒接受小方案的途径上。"[8]其实，11月份曼陀菲尔和迪特里希都对所部进行了大量的训练和准备工作，尤其是夜战训练和秘密调动。迪特里希在11月7日接到向西运动的命令时，他的几支装甲师均已完成重新装备，但并未来到预定发起进攻的艾菲尔地段，而是到了科隆以西地区，作出了迎击美军莱茵河攻势的架势。这些调动当然逃不过盟军的注意，但这正是为麻痹对手做出的举动，同样不明所以的还包括"希特勒警卫旗队"装甲师第1坦克团团长派普在内的所有中下级军官和士兵——毕竟，盟军向莱茵河和鲁尔工业区的进军迫在眉睫，党卫军第6装甲集团军的位置正是反击盟军的绝佳地段。与迪特里希部相比，曼陀菲尔集团军的调动则费时费力，高层绝不愿看到第5装甲集团军从亚琛前线的突然消失引起盟军的关注，为此他们决定大搞迷魂阵——为将该集团军从前线调动到集结地，在荷兰与英军对垒的第15集团军司令部秘密顶替了曼陀菲尔的总部，在无线电通讯中使用化名"曼陀菲尔集群"；驻荷兰的第25集团军则接过了第15集团军的防务，还称自己为后者，另一个完全虚构的第25集团军总部则通过频繁的无线电通信，给人以该部正朝迪特里希所在的莱茵河西岸集结的假象；曼陀菲尔总部撤离前线时，甚至还使用了"军警特种任务司令部"这个无关痛痒的假名字。[9]

11月23日，不甘心就此接受希特勒疯狂计划的莫德尔和曼陀菲尔，借到大本营参加会议的机会又向希

特勒表达了反对意见。莫德尔重点强调支撑进攻势头的补给能力远比战术突然性重要，根据德军1944年底的补给能力和兵员状况，他和曼陀菲尔力主的反攻亚琛的小方案更现实、更可能成功。希特勒断然拒绝了莫德尔的建议，还嘲笑其方案只能算是"半个解决方案"。希特勒的心腹爱将迪特里希也对部队的补给状况表示忧虑，即将担任主攻的他和国防军同僚们一样忧心忡忡。

12月2日，伦德施泰特来到迪特里希的司令部，与军长和参谋长们一起进行沙盘推演，迪特里希本人倒不在——他与莫德尔、曼陀菲尔和威斯特法尔正在希特勒那里，试图最后一次说服元首改变计划。莫德尔以其惯常的、其他将领想都不敢想的坦率率先发言。曼陀菲尔曾回忆说："莫德尔元帅以坦诚但无比坚定的态度陈述了自己的看法。他的见解都是基于他对德军力量强弱的深刻了解得出的，在战争的第六个年头他比任何人都清楚德军现在能做什么和无力尝试什么。希特勒显然被莫德尔汇报的力度所感染，特别是因为其以不可辩驳的证据向他表明成功的必备条件并不存在。即便如此，许多小时的讨论也无法改变元首的想法。他拒绝对计划的任何基本偏离——目标、关键点、编组、部署以及如何投入使用等都不容置疑。"[10] 曼陀菲尔也做了补充发言，指出目下的德军已不能与1939或1940年时相提并论，现在的问题不是军人缺乏决心或意志，而是缺乏各种武器装备和必要的训练。谈及细节问题时，他强调根本没有可能在两天内推进到马斯河。希特勒又一次拒绝了他们的建议，甚至根本不允许讨论莫德尔和曼陀菲尔的小方案。会议结束时，希特勒显然看出了曼陀菲尔的不满和失望，于是将其单独留下又交谈了一个半小时。希特勒在这样的私下场合态度明显和蔼得多，也没有再重复阿登反攻的军事意义，而是重点阐述了政治动机。希特勒坦言，以安特卫普为目标确实存在风险，或许看起来超出了现有部队的力量和能力，但他"决定将宝压在这一手牌上，因为德国太需要喘息空间了。希望这一攻势的成功能夺回战争主动权，从而赢得时间开发和投入新武器，并等待盟国阵营预期的分裂。"[11] 希特勒特别认定这次反攻将在心理上对西方造成永久性重创，希望反击战的成功能敦促盟国放弃德国无条件投降的要求，迫使他们回到谈判桌旁与

德国媾和。面对希特勒的坦率，曼陀菲尔也敞开心扉直抒胸臆。希特勒在原则问题上没有做任何让步，但当曼陀菲尔告诉他"任人皆知美军岗哨凌晨时都在睡觉"时，希特勒同意在他的进攻区域里不进行任何炮火准备。希特勒还在其他一些战术细节上做了罕见让步，比如允许曼陀菲尔发起进攻时投入两个装甲师、使用探照灯进行人工照明、总攻发起前派特遣队渗入敌后进行破坏和制造混乱等等。事实上，战后的军史家们普遍认为，所有德军将领中只有曼陀菲尔能在作战的最初展开方式上让希特勒略做让步。莫德尔在此方面一事无成，尤其是希特勒对其小方案的嘲笑和拒绝，更被军史家称作"莫德尔生命与军旅生涯的关键转折点。"[12]

12月10日，希特勒的专列开进了法兰克福附近被称作"鹰巢"的元首西线指挥部，他曾在这里目睹了1940年法国战役的辉煌胜利，也将在这里以最后一手牌进行豪赌。11日和12日，希特勒将参战部队师以上将领分批召来进行最后的动员。他在演讲中说道："如果这一大反攻成功了，我会隐身幕后，把荣誉和光环都留给将军们。如果失败了，这将是我个人的责任……几个月来我们的战争工业一直都服务于这个唯一的行动，结果造成了东线补给的短缺。我们不可能再有机会集中如此庞大的兵力兵器。如果失败了，我们都将面临暗无天日的日子……此战将定生死。我希望所有战士们英勇作战、毫不容情。战斗必须以冷血残忍的方式进行，必须以恐怖的方式消灭所有抵抗。敌人必须被打退——现在或永无机会！我们的德国由此将获得永生！"[13] 在1944年这个寒冷的严冬，与会将领没有一位胆敢发言，也没有一个被元首的鼓噪所感染。会议结束时，每位将军都得到几分钟机会与元首握手和说几句话，当希特勒问迪特里希是否准备好了时，后者瓮声瓮气地答道："就进攻而言，没有。"希特勒有些愠怒地指责他"从不知足。"迪特里希不可能对部队的状况感到满意，他的抱怨和不满或可从其战后的一段回忆得到佐证："我要做的不过是先渡马斯河，再陷布鲁塞尔，而后继续推进和占领安特卫普。这一切都要在一年里最糟的三个月完成，不仅要穿越积雪齐腰的阿登山区，而且糟糕的道路根本不足以让4辆坦克并行通过，更勿论6个装甲师了；这个季节早晨不到8点天不亮，下午不到4点天就黑，而坦克

又不能在晚上作战；我手下的师团都是新组的，基本都是没经过多少训练的新兵；更何况很快就要到圣诞节了。"14

反攻日期最后敲定在12月16日。德军在保密方面可谓煞费苦心，当然也卓有成效，几个月里除最高统帅部的若干军官以外，就只有西线统帅、集团军和军以上的将领知晓此事。参战各师的团长们在进攻前3天才震惊地获悉了进攻计划（即将担任突击箭头重任的派普，是在总攻发起前不到48个小时、即14日上午才从师部获悉了细节15），营连长们提前两天得到了任务，而普通士兵更是在进攻前夕才如梦初醒，尽管附近积聚的大量兵力兵器使他们预感到将有大动作。在兵力调动部署和整个准备过程中，希特勒禁止使用任何无线电通信，转而依靠普通电话线路，盟军长期以来拦截过无数机密的"超级机密"(Ultra)系统也未侦测到异常，加上阿登山区的阴翳蔽日和冬季气候妨碍了空军侦察，德军的欺骗取得了最大的效果。就连曼陀菲尔本人也曾帮助散布烟雾弹，战后他曾对审讯他的美军军官说："1944年12月初的一个晚上，我在一家餐厅与手下一些军官就餐时曾大声散布谣言，称我们正准备来年1月在萨尔地区发动攻势。"16 军史家哈斯汀斯(Max Hastings)曾直言："盟军未能预计到希特勒的反扑实在是二战中最恶名昭著的一次情报灾难，其主要原因乃是过于自信。"17 美军装甲兵学校1964年曾邀请曼陀菲尔参与了一项关于阿登战役的研究，研究报告清楚描绘了德军反攻前夕美军从上到下的心态：

"在德军进攻前夕，美军第1集团军防守着从亚琛到卢森堡165英里长的前沿。该集团军右翼是第3集团军，新编组的第9集团军在其左翼。第1集团军的3个军——北段的第7军已向洛尔河(Roer)推进的态势，中路的第5军朝着控制洛尔河水域的水坝方向做试探性进攻，而米德尔顿(Troy Middleton)少将的第8军则在相对安静的阿登山区把守着约90英里的防线。第2和第99步兵师位于第5军南翼，防线靠近第8军，而第5和第8军之间的缺口由属于第8军的第14机械化骑兵团把守。第8军前沿的北段守军是刚到欧洲、还未受过战火洗礼的第106步兵师，中段是第28步兵师，其防线延伸至巴斯通涅(Bastogne)以东，长约27英里，南段则由第9装甲师一部和第4步兵师据守……尽管阿登山区的防御十分薄弱，但美军普遍的看法是，试图在冬季的这种地形条件下发起大规模反攻根本不可能。艾森豪威尔和布莱德雷将军都接受这种'预计中的风险'，他们甚至都未将之视为赌博。美军构筑防线时也是以进攻为出发点的，所有官兵都是进攻的心态，根本没有预计到这里会有任何真正的行动，所以美军在这一防线上甚至连基本的准备和布置都没有。德军兵力集中的情报被解读为强化防御的表现，我们的情报军官统统都是乐观主义者，似乎很少有人真的认为德国还有足够的力量使出'杀手锏'。"18

1944年西线盟军最黑暗的几天就将降临了，被轻视和低估的德军就在阴翳蔽日的森林和山的那一边，悄悄积聚了30万大军、上千辆坦克和无数的大炮。在飞鸟尽绝、走兽消隐的季节里，一场关乎德国战争命运的大战就要打响了，阿登静谧的群山和积雪很快就要沸腾起来了。

沸腾的山野：鏖战圣维特

曼陀菲尔曾向希特勒指出1944年的德军已不可与法国战役时同日而语，以他在东西两线的作战经验，他自然认识到德军的闪电战战术早已不再是令对手惊悚敬畏的神话。盟军在战争的这个阶段早已熟悉德军进攻战的特点，比如以猛烈的火力侦察和试探性进攻探寻弱点，绕过对手最顽强的防御强点；试图在狭窄的正面打开多处缺口，而后在成功突破的区域投入装甲部队并直插敌后；同时使用摩托化步兵固守和扩大取得的突破，掩护装甲部队的两翼，直到跟进的大队步兵赶到。故而，虽无从得知德军攻击的准确时间和地点，其初始推进的势头也能让盟军一时陷入恐慌和混乱，但盟军对德军战术执行的方式方法已不再感到惊讶，德军期待的以突然一击令对手陷入瘫痪和崩溃的想法也已不现实。曼陀菲尔从洛林战役中获得的经验告诉他，从上到下视进攻为最好防御的美军，本身就是按照闪电战的要求组织的，他们的机动能力和机械化水准远胜1944年时的德军。其实，即便在1940年的法国战役中德军也只有10%的机械化部队，绝大多数都是非摩托化的步兵和靠马拖人拉的支援炮兵，只不过那时的步兵与机械化部队和装甲箭头协同进行机动作战的能力远胜对手罢了。经过近5年

第九章 帝国的深秋：阿登反击战

的物资消耗和兵力损失，1944年底时，比重仅占德军总数10.8%的装甲师和装甲掷弹兵师本身都未能实现完全机械化，更勿论那些仍然徒步行军的步兵和依然有赖于战马的炮兵了。美军装甲师则完全实现了摩托化，包括他们的炮兵和各种配属部队在内莫不如此，而美军步兵师的火力配备和机动能力事实上至少等同于德军装甲掷弹兵师的实力。此外，美军还有能力将其在摩托化运输工具和机动性上的数量优势转化为战术执行与战斗力上的优势，这些都将对阿登之战产生决定性影响。曼陀菲尔更不会忘记他的坦克部队如何在阿拉库尔被美军战斗－轰炸机"欺凌和折磨"。地空协调曾是德军闪电战的要义之一，但德国空军的重心已置于本土防御，西线的天空早已拱手相让。失去了制空权和地空协调，曼陀菲尔等将领只能以最大限度地降低对手空军的影响为基础制定方案，借助天气、地形、森林和群山等条件避免对手空中优势的发挥。尽管希特勒梦想以闪电战的方式再现1940年的辉煌，但从一开始德军闪电战的两条腿就跛了一条。

正因为装甲战术家曼陀菲尔十分清楚德军的弱点和美军的强项，他才在反攻发起前在准备和细节上做足了功课。在这些方面，他的参谋长瓦格纳（Carl Wagener）少将及其领导的司令部可谓居功至伟，事实上美军官方战史曾称曼陀菲尔的参谋班子"可能是整个西线德军中最好的"。第5装甲集团军在16日反攻发起前，辖有炮兵将军吕希特的第66军（含第18和第62国民掷弹兵师）、吕特维茨的第47装甲军（含第2装甲师、装甲教导师和第26国民掷弹兵师）以及克吕格尔的第58装甲军（含第116装甲师和第560国民掷弹兵师），加上配属部队，总共拥有90000官兵、963门大炮及396辆坦克和突击炮。[19]曼陀菲尔的当面之敌是美军5个步兵团加上一些零星的支援部队，仅就兵力和装备而言他的大军显然占据压倒优势。曼陀菲尔为将部队从后方按攻击次序分批调往前沿做了大量细致的工作，12月14日其装甲师抵达距出发阵地约15公里处，步兵师则驻扎在距前沿5到8公里不等的地方，并于次日进入出发阵地。到15日夜6时，曼陀菲尔各部陆续进入前沿，美军虽一如既往地往德军方向打炮，但步兵没有任何动作，使他相信所有的集结准备工作完全未被察觉。当夜，他下达了次日晨5时30分反攻的命令。由于并不清楚美军防御强点的准确位置，为避免惊醒对手，曼陀菲尔在集团军范围内均不进行炮火准备。他从各师选出一些最优秀的士兵组成若干突击连，事先进行了大强度夜袭训练，准备总攻发起前渗透到美军后方。事实上，这些突击队在黎明前几小时已经用橡胶艇渡过了乌尔河（Our），等德军近千门大炮发出震耳欲聋的吼叫时，被打得措手不及的一线美军更是惊恐地发现自己的背后已出现了德军。尽管曼陀菲尔所部的进军路线的地形相对于迪特里希来说更为有利，但他还是安排使用探照灯，借助低矮云层的反射形成一个足以照亮进军道路的人造月亮。此外，他还获准在乌尔河前沿投入两个装甲师的兵力以求一举突破。事实证明他的部属远比迪特里希有效和高明，后者的攻击正面过于狭窄，大批部队在进攻发起后受困于有限的道路和交通堵塞，迟迟不能突破。

尽管曼陀菲尔强烈反对过希特勒的计划，但一旦失去斡旋余地必须执行命令，他会拿出最大的热情与努力去争取成功。总攻发起前的黑暗中，曼陀菲尔既充满信心又忐忑不安，正如他战后回忆的那样："我从未指望过2天或3天内就能抵达马斯河，不过，如果一切顺利，我们应能在4到6天到达马斯河。无论是计划还是弹药补给，进攻的一切准备都毫无问题。但整个事情的决定性因素是构想进攻计划的人经验不足、具体执行的士兵又缺乏训练……我们最初的进攻在宽大的正面上展开，所有装甲师都出现在攻击大潮中。我的理论是如果你捶打十扇门的话，总会找到几扇门是敞开的。"[20]

尽管德军攻势从北面的蒙绍（Monschau）到南边的迪基希（Diekirch）都取得了出其不意的效果，但并非曼陀菲尔希望的那样"一切顺利"，他在反攻当日的第一个重要目标——夺取圣维特（St.Vith）就未能实现，而且这里的战斗将占用他整整6天的宝贵时间和大量兵力。像阿登山区的许多城镇一样，圣维特也坐落在四周皆为崎岖山地的碗状地形的碗底，城东是森林植被茂密的施尼-艾菲尔（Schnee-Eiffel）山脊，圣维特与施尼-艾菲尔之间是东北流向的乌尔河，城西也是高度虽不足250米但难以穿行的森林坡地。圣维特是阿登山区除巴斯托涅外最重要的一个交通枢纽，这里交汇的道路向西和西北可通达马斯河附近的迪南与列日，向东可直达笙堡（Schonburg）和普鲁姆（Prum），向南可达霍法力兹（Houffalize）与巴斯托

▲ 美军阿登山区的兵力部署示意图

涅，向北则连接马尔梅迪（Malmedy）和斯塔维洛特（Stavelot）。另外，从莱茵河经艾菲尔进入阿登地区的唯一一条东西向铁路也从这里经过。故而此处是名副其实的战略要地，能否及时夺取它，事关曼陀菲尔和迪特里希两大集团军的装甲箭头能否及时得到增援补给，还将决定德军向马斯河推进的整体势头。

按照曼陀菲尔自己的评估，"第5装甲集团军精心准备和完美执行的、没有炮火掩护的突袭取得了完全成功。"[21] 曼陀菲尔在部队突破前沿后才进行了30分钟左右的炮火覆盖，旨在摧毁美军的炮兵阵地、通信线路和前沿指挥部，同时希望制造足够的混乱并迟滞美军增援。他命令最北翼的第66军两个师包围青涩的美军第106步兵师，得手后迅速向西推进夺取圣维特。美军第106步兵师的南翼是第28步兵师第112团，面对的则是克吕格尔的第58装甲军，曼陀菲尔要求该军的第116装甲师和第560国民掷弹兵师尽快击溃美军和夺取几座重要桥梁，以便第116装甲师的80余辆坦克和突击炮能以最快速度扑向马斯河。再往南是美军第28步兵师第110团的防线，而当面德军则是吕特维茨第47装甲军的三个师，它的任务也是撕开美军防线后向马斯河进军。吕特维茨最重要的任务是以装甲箭头突袭交通枢纽巴斯托涅，但曼陀菲尔深知此城乃美军必定死守的战略要地，他要求吕特维茨如果不能一蹴而就，就必须令装甲箭头绕城而去，毫不迟疑地继续向马斯河突进，至于巴斯托涅则留给后续跟进的步兵解决。

16日晨，德军第66军右翼的第18国民掷弹兵师两个团在第244突击炮旅支援下突破了美军防线，并很快突入到美军第106步兵师第422团后方约3英里处。不过，第18国民掷弹兵师左翼步兵团的进攻虽一度突破了防线，但很快又被击退，使曼陀菲尔希冀的快速包围施尼-艾菲尔的钳形攻势未能实现。当日夜幕降临时，美军第106步兵师已处于危境之中，其第422和第423团几乎被围，而且后者经过一天激战基本弹尽粮绝。德军快速合拢的双钳只剩下5英里的缺口，第106步兵师的第424团也在被迫后撤。第106步兵师师长琼斯（Alan W. Jones）少将派第9装甲师CCB赶去增援第424团，同时请求第8军军长米德尔顿允许撤出即将被围的两个步兵团。米德尔顿允诺立即派出第7装甲师CCB驰援，而这个战斗群的指挥官就是阿拉库

尔坦克战中让曼陀菲尔吃尽苦头的克拉克准将。16日夜，当克拉克战斗群在南下增援途中陷入了交通堵塞之时，德军合围施尼-艾菲尔美军的攻势达到了高潮，到次日晨8点半，德军双钳在笙堡完全合拢。琼斯命令被围美军夺回笙堡，进而打开向西逃亡的通道，但其攻势很快失败，而克拉克还在拥挤不堪的道路上挣扎，无法及时赶到。尽管两个团的美军多次挣扎，包围圈外也数次发起救援，但在19日下午最后一次打通求生之路的尝试失败后，这两个团放弃了抵抗，至少7000名美军官兵被俘。这是二战期间美军投降人数最多的一次，一直被引为奇耻大辱。

16日晨，迪特里希装甲集团军首先进行了长时间的炮火准备，而后发起了全线突击。该集团军右翼面对的是美军第2和第99步兵师，虽然美军一时阵脚大乱，但还是顶住了党卫军第1装甲军的强攻，双方很快在艾森伯恩（Elsenborn）山脊形成了僵持局面。迪特里希的左翼则在攻克了美军第14机械化骑兵团的防线后成功楔入洛斯海姆（Losheim）峡谷，从而打开了通向斯塔维洛特的道路。引领迪特里希突击箭头的仍是狂热而又勇猛无比的纳粹战士派普，作为阿登反击战中实力最雄厚的突击队，派普战斗群拥有包括25辆虎王坦克（来自第501重型坦克营）在内的117辆坦克、149辆半履带装甲车、18门105毫米自行火炮、6门150毫米自行榴弹炮以及30门以上的防空炮，整个战斗群兵员达4800人，装甲车和运输车辆多达800辆以上。[22] 尽管派普战斗群一开始就陷入道路堵塞，沿途的山林崎岖难行，而且频频遭遇阻击，但派普还是一路披星戴月，奋勇冲杀，向着他唯一的目标马斯河狂奔而去。迪特里希的绝大多数部队开战之初即在蒙绍和艾森伯恩山脊受阻，而且此后数日里也基本裹足不前，所以，有军史家称党卫军第6装甲集团军在阿登山区的作战，其实就是派普战斗群孤军扑向马斯河的战斗，尽管派普也未能完成预定的任务。

17日下午，莫德尔和曼陀菲尔一起来到第18国民掷弹兵师师部，下令发起夺取圣维特的战斗，他们顺便还在笙堡至圣维特拥挤不堪的公路上指挥疏导交通。在克拉克赶到圣维特接管防务之前，这一带美军的形势已经非常危险——克拉克CCB大部还在路上奔命，守卫圣维特的美军只有一些工兵，而德军先头部队距城仅两英里，双方甚至已在美军指挥部附近短兵相

接了。不过,幸运的是德军大队一样受困于道路拥塞而无法及时赶到。吕希特右翼的第18国民掷弹兵师被所围的两个步兵团吸住而无法分身,被围美军也一直在试图挣脱囚笼,而其左翼的第62国民掷弹兵师也被美军第424团和第9装甲师CCB发起的反攻所阻遏。圣维特形势虽然危急,但暂无陷落之虞,不过美军指挥官们此时还未清醒地认识到德军攻势的规模和压倒性优势,仍然认为这不过是一次局部反扑。紧随克拉克战斗群赶来的第7装甲师CCR在圣维特以北防御,该部在18日凌晨2点遭到"希特勒警卫旗队"师一个战斗群的重击。当日晨8时整,德军步兵在重型坦克支援下向克拉克CCB发起了猛攻,但是克拉克的两个坦克连发起的反击不仅收复了阵地,还使德军指挥官误认为圣维特守军的力量远比预期的强大。

18日晨,圣维特这个战略要地对迪特里希集团军来说显得更为重要——其右翼在艾森伯恩山脊为美军的顽强防御所阻,经过两天激战仍无突破迹象,他认定必须扩大"希特勒警卫旗队"师在左翼捅开的缺口,以便日渐不耐的其他装甲师能追赶派普战斗群的步伐。"希特勒警卫旗队"师打开的缺口北起布林根(Bullingen),南至维尔索穆(Vielsalm)和圣维特,仅7英里宽,且多数地段无法通行,欲突破瓶颈,就必须尽快拿下圣维特这个中枢。[23] 迪特里希向莫德尔表达了对曼陀菲尔未能按时夺取圣维特的不满和忧虑,而莫德尔则将这些抱怨转致给后者。曼陀菲尔此时正关注着第58和第47装甲军面对美军第28步兵师所取得的突破,坚信装甲部队为发挥速度优势必须绕过美军防线之强点,以扑向马斯河为唯一目标,所以他一方面敦促自己的装甲军尽快拿下霍法力兹和巴斯托涅,另一方面对迪特里希在艾森伯恩山脊陷入苦战,似乎忘记了装甲箭头的首要任务也表达了不满。尽管如此,他并未忽视圣维特的重要性,严令第66军尽快夺城。同时,迪特里希命令预备队党卫军第2装甲军开始沿着前述的狭窄走廊向西推进。

当日,"希特勒警卫旗队"师一部占领了圣维特北面的波图(Poteau),对防御维尔索穆—圣维特一线的美军北翼构成了威胁。美军第7装甲师CCA经过3小时血战夺回了波图,同时该师后备战斗群也赶到CCA背后构筑防御工事,以保护维尔索穆—圣维特之间的公路。尽管曼陀菲尔和吕希特三令五申,第18国民掷弹兵师从东面进攻圣维特的一系列攻势还是显得半心半意——该师围住的第422和第423步兵团仍未放弃突围努力,迫使德军无法集结足够的兵力攻打圣维特。曼陀菲尔意识到夺取圣维特的难度比想象的要大,于是命令第62国民掷弹兵师抄近路赶来增援,他眼中战斗力最差的这个师从南面向圣维特发起了多次攻势,但都被美军第9装甲师CCB和第106步兵师第424团打退。曼陀菲尔对眼前的攻击不力颇为恼怒,于是将预备队"元首警卫旅"(Fuehrer Begleit Brigade)投入战场。这支部队被他视为国防军最优秀的部队之一,绝大多数官兵来自他曾任师长的GD师,其旅长就是在平息刺杀希特勒事件中发挥了重要作用的李梅尔上校。曼陀菲尔命令李梅尔率部先行进到圣维特北面,绕到该城背后发起突袭,但他坦承"该旅官兵虽战斗力不俗,但承担了太多警卫任务,反而缺乏山地行军训练,由于行动迟缓,花了3天才算全部到位。"[24] 曼陀菲尔暂不打算把第116装甲师和第560国民掷弹兵师调来,他希望这两支部队继续向马斯河推进,而且也相信单凭第66军的兵力就足以攻克圣维特。

19日,第18国民掷弹兵师在克拉克CCB的正面进行了多次试探性进攻,希望找出美军防线的薄弱之处,但都被击退。其实,这路德军的注意力还是身后那两个即将覆灭的美军步兵团。第62国民掷弹兵师在圣维特南面的进攻也都被美军如数击退。一直在前沿指挥调动的曼陀菲尔深感失望,他后来曾说:"在我看来,进攻失败的原因并不在于敌军兵力有多强、物资装备有多雄厚,而是我们在18日至19日未能成功集结足够的攻击力量,也未能在圣维特区域将各兵种很好地协同使用。"[25] 20日,德军最高统帅部显然认识到除非尽快清除圣维特的美军,否则整个反攻计划几无成功之可能,曼陀菲尔和吕希特在压力之下被迫投入更多部队,南翼的第116装甲师和第560国民掷弹兵师也奉命折向北方,从南面对圣维特形成包围态势。曼陀菲尔还改变了进攻策略,除第18国民掷弹兵师由东向西正面进攻外,他还命令"希特勒警卫旗队"师的一个战斗群和"元首警卫旅"等北翼德军绕过美第7装甲师防线后向西推进,南翼德军在向守军侧翼施加强大压力的同时,也需向西行军,这一态势使圣维特就像伸向德军虎口的大拇指,而看起来似乎德军能轻易地咬掉这个手指。圣维特美军已基本被围,补给线被断,弹药日渐稀少，伤亡逐日增加。20日夜、21日晨，德军经过一天一夜的调动，在圣维特的北、南和东三个方向集结了大约2个装甲师和1个半步兵师、约54000人的庞大兵力，而在南边和西边能够提供增援的还有第116装甲师和第2装甲师大部、第340和第560国民掷弹兵师大部，以及党卫军"帝国"师大约半个师规模的战斗群，所有兵力加起来竟高达10万人。[26] 而圣维特的美军全部力量加起来也只有一个装甲师（第7装甲师CCB、CCR和第9装甲师CCB）与大约三分之二个步兵师（第106步兵师第424团和第28步兵师第112团），大约22000人守卫着50公里长的周边。21日天明时分，德军炮兵向克拉克战斗群把守的北面和东面防线进行了猛轰，北面的党卫军第9装甲师和南面的第116装甲师继续向西和西北推进，试图穿过拉罗什（La Roche）和霍法力兹后切断美军西撤的退路，但美军的殊死抵抗还是使德军的南北双钳迟迟不能合拢，还导致了德军先头部队的后勤补给困难。曼陀菲尔下决心在21日彻底解决圣维特，上午11时起，德军向克拉克战斗群与第9装甲师CCB的结合部发起了有步兵与坦克协同的多次攻击，下午1时许克拉克战斗群全线遭到重击，3点时再次遭到大规模炮击，到晚上8点时美军防线至少有三处被撕开。晚10点前不久，德军又发动了一次强力突击，终于突破了美军第38装甲步兵营的防线，开始如潮水般渗入圣维特，到子夜时分该城大部已落入德军之手。危急时刻克拉克将所部撤到城西高地附近。自12月19日起开始全面负责盟军阿登作战北部区域的蒙哥马利元帅，认为圣维特一线迟滞德军的目的已经达到，而且部队正陷入即将被优势德军合围的危险之中，于是在22日上午下令弃守圣维特，要求各部经美军第82空降师防区向西后撤到索穆河（Salm）一线。尽管美国的历史学家们普遍不愿承认蒙哥马利这一决定的正确性和及时性，但他的决策无疑挽救了圣维特守军，这才有了第7装甲师数十天后又一次杀回圣维特的一幕。12月23日，美军残部还令人瞠目地完成了白天撤退的艰巨任务。

在诸多师团共同努力下，曼陀菲尔一边占据兵力对比3比1、坦克和突击炮数量对比4比1的绝对优势，一边又有恶劣天气的帮助和事先出其不意的突袭的情况下，还是花费了6天才算占领了圣维特。美军第7装甲师和第9装甲师CCB并没有满足于就地挖掘战壕

和挡住对手，而是以高度的自信和机动发起了攻击性十足的反攻，尤其是在德军战斗力薄弱的方向。美军第7装甲师16日时还在圣维特以北几十英里外，但次日就在圣维特发起了英勇的抵抗和有效的反扑，这一高效机动令德军各级指挥官大吃一惊，使他们误以为美军各部的机动能力和战斗力都大约与此相仿，德军攻势也相应变得谨慎和踟蹰起来。美军积极的攻击性防御不仅使曼陀菲尔等将领无从了解其真正实力和士气，还因此拖住了大量德军，极大地延迟了对手的西进，为盟军从其他战场调遣兵力（如巴顿的第3集团军）争取到了宝贵的时间。曼陀菲尔战后曾总结说："总体来说德军及其指挥官取得了卓越的成就，但敌军充分利用了时间要素，他们通过圣维特的成功防御使整个战场的态势变得对他们有利。敌军拖住了比我预期要多的德军……借助圣维特地区的延迟战，敌军赢得了把其他部队调往索穆河防线的时间，进而挡住了德军北翼的突破……第62国民掷弹兵师最终被用来直接支援圣维特作战，致使第58装甲军的北翼完全缺乏保护。第6装甲集团军的行动也受到了不利影响。"[27]

最黑暗的一周：巴斯托涅

曼陀菲尔手下的三个军中，吕特维茨的第47装甲军拥有最多的坦克和突击炮（216辆）以及兵力（约27000人），也是战斗力最强、准备最充分的一个军。该军的第26国民掷弹兵师是曼陀菲尔手下的步兵中实力最强的一个师，它是以原第26步兵师的班底加上第582步兵师的余部组成的，师长科克特（Heinz Kokott）少将也是阅历丰富、足智多谋的东线老手，虽厕身国民掷弹兵师行列，但"老26师"的声誉还是标志着其战斗力远胜同类一筹。吕特维茨还拥有第2装甲师和装甲教导师这两个堪称精锐的装甲师，前者虽在1944年秋的一系列作战中损耗殆尽，但经过重新装备和整训补充，到12月中旬又恢复了战斗力，拥有64辆豹式坦克、28辆四型坦克和45辆突击炮。第2装甲师师长为东线猛将劳彻特（Meinrad Lauchert）上校，他曾任过德军第一支豹式坦克团团长，正是由于有着作战大胆勇猛的声誉，德军高层才在阿登战役发起前一天将之调来担任师长。劳彻特第2装甲师对曼陀菲尔集团军突向马斯河的作战来说，就像派普战斗群对迪特里希集团军一样，事实上，第2装甲师是所有

参战德军中向西推进最远的部队,最后是在距迪南的马斯河渡口不足6英里处受阻。装甲教导师的师长是拜尔莱因(Fritz Bayerlein)中将,该师在盟军诺曼底登陆期间曾在卡昂和圣洛的激战中损失惨重,但逃出法莱斯口袋后经过整补重建,在12月中旬依然是一支实力不俗的劲旅。

吕特维茨装甲军进攻之初的对手是美军第28步兵师以第110团为主的大约5000人战斗群。美军将自己部署兵力的圣维特—迪基希快速路称为"天际线公路"(Skyline Drive),这条公路的硬质路面相对于阿登地区的其他崎岖山路不知要好多少,公路以东2英里即为乌尔河和德国边境,以西2英里就是克勒尔夫(Clerf)河和卢森堡边境。曼陀菲尔交给吕特维茨的任务是当天粉碎美军第110团的防线,而后架设一系列渡桥供装甲部队渡河,16日晚时完好无损地夺取克勒尔夫河渡桥,到17日或18日时大部队应已行进在通向巴斯托涅和马斯河的道路上了。16日子夜刚过,第2装甲师的第304掷弹兵团、第26国民掷弹兵师的第39和第77掷弹兵团就开始用橡皮艇横渡乌尔河,凌晨2点时大批德军步兵在美军毫无察觉的情况下,已向西穿过积雪覆盖的丛林,悄悄隐藏在美军的多处防御阵地周边。一俟己方的炮火覆盖结束,这些德军同时向美军阵地发起了冲锋,虽然美军很快被孤立和包围,但他们并未被对手的突袭和大兵压境吓倒,反而在短暂的混乱之后展开了顽强抵抗。吕特维茨的步兵未能完成16日晨的任务,而天明之后德军工兵的架桥工作也充满混乱延迟,装甲部队过河后更是被迫转而支援步兵消灭对于——美军第110团以极顽强的血战挡住了通向巴斯托涅的道路。16日夜,当曼陀菲尔向莫德尔和伦德施泰特汇报进展时,他承认"敌军富有技巧地借助延迟战术在多处进行了极为英勇不懈的抵抗。敌军在小股装甲部队支援下即时展开的反攻导致前沿多处出现关键性险情……敌军的顽强抵抗、预置的路障、困难的地形、泥泞而无法通行的道路是我们的进攻未能按计划展开,并变得缓慢的最根本原因。"[28] 克勒尔夫直到17日夜幕降临时才告易手,而占尽优势的德军直到18日才算基本肃清了区区一个团的美军。19日晨,尽管已比预定计划迟了3天,曼陀菲尔总算在其南翼实现了突破,通向巴斯托涅乃至马斯河渡口的道路被打开了。然而,这些道路并非畅通无阻——在美军第110团拼死抵御的3天里,盟军急调部队加强了巴斯托涅的防御,最显著的增援就是第101空降师和第10装甲师的CCB。米德尔顿将军曾高度称赞过作出自我牺牲的第110团:"被敌军强大攻势摧毁的第28步兵师第110团完成了一件极其出色的任务……3天里它进行了极顽强的抵抗,若非如此,只怕在第101空降师赶到前德军就早早占领了巴斯托涅。"[29]

劳彻特第2装甲师在18日上午向巴斯托涅进军的途中,消灭了美军第9装甲师后备战斗群所属的一个由坦克连和步兵连组成的任务群,而第9装甲师另一负责防御隆维利(Longvilly)的任务群,也在当日夜幕降临时遭到德军炮火的轰炸,随后不久被劳彻特的豹式坦克营击溃,这两个美军任务群残部开始朝巴斯托涅方向撤去。美军第10装甲师的CCB于18日晚些时候赶到巴斯托涅增援,该部组成了三个任务群分头防御通向巴斯托涅的道路,其中一个任务群沿着至隆维利的公路朝东开去,结果与第9装甲师后撤的战斗群残部拥堵在公路上。18日夜,装甲教导师师长拜尔莱因率少量坦克和步兵占领了巴斯托涅附近的马格雷特(Mageret),但他手下的第901、第902掷弹兵团仍在泥泞的道路上挣扎。拜尔莱因在这里得到了比利时老百姓提供的假情报,误认为附近有整整一个装甲师的美军,于是命令手下沿马格雷特东北构筑防御阵地,准备等两个掷弹兵团赶到后,再于次日晨进攻巴斯托涅——结果,拜尔莱因的这一误判错失了从南边夺取巴斯托涅的大好机会,19日晨他才懊恼地发现,美军在马格雷特西南的高地上已漏夜构置了防御工事。曼陀菲尔对拜尔莱因的这一耽搁和失误非常生气,战后曾留下了这样不客气的话语:"装甲教导师在注定会取得成功的情况下,并未立即折向南面打开通向巴斯托涅的道路,这一事实无疑显示出该师领导层的缺陷……"[30] 同样在这个18日深夜,第101空降师的先头部队在炮兵主任麦考利夫(Anthony McAuliffe)准将率领下抵达巴斯托涅,次日接管了城防。一天后,该师的四个主力空降步兵团全部到位,这支精锐美军的及时抵达将彻底改变巴斯托涅的命运以及整个阿登之战的走向。

19日下午,第2装甲师和装甲教导师各一部连同第26国民掷弹兵师第77掷弹兵团,携手攻击仍在拥挤的公路上挣扎的美军,大约100辆美军车辆和坦克被摧毁或遭弃,包括23辆坦克、14辆装甲车、15门自行榴弹炮等。[31] 下午晚些时候,吕特维茨来到拜尔莱因处讨论夺取巴斯托涅的最佳方式,前者对美军第10装甲师和第101空降师等新部队陆续抵达巴斯托涅周边颇为恼火,担心如果不立即绕过巴斯托涅并向马斯河突进,不久还会有更多的美军开到。而拜尔莱因则极力争辩夺取巴斯托涅对未来作战的重要性,他认为即便目下绕过此城,它也将继续成为德军推进的一大威胁。拜尔莱因当晚7时即组织部队从东南方的奈弗(Neffe)进攻巴斯托涅,第26国民掷弹兵师同时也从东面的比佐里(Bizory)发动进攻。尽管巴斯托涅外围防御比较稀松,但随着德军步步紧逼,美军防线也变得越来越难以突破。果然,拜尔莱因和科克特进行的夜战均未取得实质成效,反而碰出了一鼻子血。就在拜尔莱因和科克特在巴斯托涅以东和东南一次次无功而返之时,东北面的第2装甲师正艰难地向西跋涉。20日晨,该师在巴斯托涅东北几英里处的诺维尔(Noville)击溃了美军10装甲师的一个任务群。劳彻特下午致电吕特维茨,要求允许第2装甲师向巴斯托涅挺进,但军长的答复简洁又毫不含糊——"忘了巴斯托涅,继续向马斯河进军!"[32] 当日子夜,沿巴斯托涅—马尔什(Marche)公路进军的第2装甲师搜索侦察营突然现身于乌尔特(Ourthe)河附近的乌尔特维尔(Ourtheuville),成功地在美军工兵引爆渡桥前将之完好无损地夺下。此时,第2装甲师也是曼陀菲尔各部中最靠西的部队,大约走完了到马斯河的一半路程,但其先头部队的油料基本告罄,不得不停顿一天多等待补充。正是这一天多的耽搁使这支装甲箭头失去了在几乎没有抵抗的情况下抵达马斯河的良机,美军第84步兵师第334团正是利用这一稍纵即逝的机会,披星戴月地赶到马尔什布防,第2装甲师的西面于是平地生出了一道壁垒。

德军高层的心态随着阿登战况的变化而大起大落,莫德尔18日夜间曾悲观地对伦德施泰特和约德尔表示,由于迪特里希无力突破美军防线、曼陀菲尔的进展缓慢,大反攻已然失败了,不仅夺取马斯河渡口、进军安特卫普的大方案无从谈起,就连他所力主的小方案因装甲箭头的迟缓恐怕也难以实现。但是,当20日夜、21日晨第2装甲师占据乌尔特河渡口的消息传来时,从希特勒大本营到伦德施泰特和莫德尔都像注入了一针强心剂,他们都为曼陀菲尔集团军的"英勇冲刺"感到欢欣鼓舞,莫德尔更是一改连日的晦暗颓丧,宣称突破美军第1集团军防线的攻势已经成功。由于迪特里希集团军的表现实在差强人意,伦德施泰特主张将反攻重心立即转移到曼陀菲尔战区。与此同时,迪特里希也主动提出,要么将所有装甲力量转向曼陀菲尔战区的迪南方向,以便扩大第2装甲师的突破,要么立即改变其第6装甲集团军的主攻方向,从美军宁死不退的艾森伯恩山脊转至曼陀菲尔手下的第116装甲师打开的霍法力兹—拉罗什—列日中央线路。[33] 得到希特勒批准后,伦德施泰特遂令第9装甲师、第15装甲掷弹兵师和党卫军"帝国"师等预备队向曼陀菲尔战区运动,以支援第5装甲集团军突向马斯河的攻势。当圣维特突出部被曼陀菲尔基本抹平后,迪特里希属下的党卫军第2装甲军也开始朝曼陀菲尔的中央战场赶来。

高层对曼陀菲尔寄予了无限期望的时候,他手下的部队却仍在巴斯托涅严密的防线面前一筹莫展。装甲教导师攻势的多次受挫终于使曼陀菲尔和吕特维茨相信这种进攻方式简直就是浪费装甲部队,于是在21日命令拜尔莱因将其第901掷弹兵团留在巴斯托涅,全师大部则务必即刻绕城而去,继续向马斯河推进;第2装甲师也奉命留下一个战斗群部署在巴斯托涅的西面和西北面,围攻巴斯托涅的任务也由科克特少将全权负责。科克特的全部兵力包括他自己的第26国民掷弹兵师和前述两支装甲师留下的部队,虽仅有大约一个加强师的规模,但由于能得到大量炮兵的支援,而且曼陀菲尔还允诺继续增援,他似乎信心十足,眼见无法强取,就借势改为围困。他的第77掷弹兵团此时位于巴斯托涅东面,第2装甲师的战斗群居于北面,第901掷弹兵团也从东南方向威胁巴斯托涅,第39掷弹兵团则在锡布雷(Sibret)扼守由南向北通往巴斯托涅的道路。科克特唯一不能牢牢控制的就是巴斯托涅以西地区,但由于第2装甲师和装甲教导师两支装甲箭头正一北一南齐扑马斯河,事实上已将中间的巴斯托涅以西地带包围起来。另外,勃兰登堡第7集团军所属的第5伞兵师也在向西推进中取得了较大进展,该部的适时抵达无疑将在巴斯托涅南面和西面强化德军的包围圈,同时还能阻遏巴顿第3集团军的增援部队从南向北进攻造成的威胁。所以，巴斯托涅事实上已在21日白天被围。伦德施泰特命令曼陀菲尔抓住机会夺取巴斯托涅，但同时又决不能减缓装甲箭头西进的势头。曼陀菲尔21日夜来到吕特维茨的军部，以确保次日发起缩小和挤压包围圈的作战。由于巴斯托涅以东的防御非常顽强，吕特维茨和科克特决定将打击重点放在西面。

22日接近中午时，吕特维茨在调遣兵力准备攻城的同时，在事先未请示曼陀菲尔的情况下，自作主张派出军官到城内美军指挥部劝降，允诺给予对手体面的投降条件和战俘待遇。让骄傲的第101空降师在连续数日击退德军所有攻势的情况下投降，这种想法本身就令麦考利夫感到忍俊不禁，他让德军军官带回的复函简单地无以复加："Nuts（扯淡）！"绝不屈服的麦考利夫面对的形势远不像他的豪言那样鼓舞人心——美军的坦克损毁严重，弹药几乎耗尽（每门大炮只剩10发炮弹），战地医院人满为患。但有一个信念支撑着他和手下的官兵——巴顿正在救援巴斯托涅的路上！曼陀菲尔对吕特维茨的自作主张很是不满，为避免劝降变成令人耻笑的空头威胁，他要求空军全面轰炸巴斯托涅。12月23日是开战以来第一个晴朗的日子，曼陀菲尔召唤的德军轰炸机没能赶到，倒是241架美军大型运输机在一天内就向巴斯托涅空投数百吨炮弹、弹药、药品和食物等补给。当日，美军第9和第29战术空军集群也出动了近700架次，向围城的德军地面部队发起轰炸和攻击，迫使德军龟缩在掩体或地窖中，坦克和大炮也纷纷躲入密林之中。美军的中程轰炸机还向德军后方的补给基地和交通运输线发起了袭击，但遭到德军拦截，当天出动的624架美军轰炸机中有35架被击落，另有高达182架受损。拥有制空权的美军空军还在圣诞节前夕攻击了德国境内的12座机场，使本来在阿登之战中就没有发挥突出作用的德国空军雪上加霜，曼陀菲尔等陆军将领对空军更是指望不上了。在地面上，科克特23日组织了三次攻势，但均以失败告终。他既痛恨美军的战斗-轰炸机在这个时候介入战场肆意妄为，又忧虑南面的第5伞兵师能否顶住巴顿援军的压力。这位将军战后曾回忆说："……一想到有人在你背后发动攻势，你就会感到非常不舒服。我很担忧美军第4装甲师，那可是一个精锐装甲师。我在与曼陀菲尔将军通话时告诉他无法同时兼顾两个方向。他让我不要去想第4装甲师，毕竟此刻南面还很平静。解决目下问题的唯一出路就是攻克巴斯托涅。他指示我不要再忧虑背后，要把全部努力都放在从西北方向发起的进攻上。"[34] 曼陀菲尔和科克特并没有充分意识到23日的三次强攻给美军造成了多大的伤亡和打击，虽未能毕其功于一役，但当晚确被美军称为"巴斯托涅最黑暗的时刻"。第101空降师的作战处长向米德尔顿发去的求援急电称："我们的局势变得极其棘手。敌人沿着南翼发起了全线攻击，一些豹式和虎式坦克就在这里横行霸道。请军部立即要求第4装甲师尽一切可能施加压力。"[35] 擅打硬仗、尤其是从来都临危不惧的第101空降师发出如此不堪的救援急电，第8军军部乃至巴顿本人无不为之动容，他们当然深知局势之险恶。但是，第4装甲师在哪里呢？

正如曼陀菲尔所言，科克特的背后此刻之所以仍相对安静，是因为驰援巴斯托涅的第4装甲师正在南面经历着整个二战期间最困难的苦战。巴顿19日即命令第3军（辖第26和第80步兵师、第4装甲师）向北面的阿尔隆（Arlon）进军，而加菲（Hugh J. Gaffey）少将任师长的第4装甲师作为箭头，甚至在18日夜就已开始北上。一路奔波和崎岖的地形导致美军损失了大量坦克，但严峻的考验在他们抵近巴斯托涅外围时才真正开始。22日下午时美军第4装甲师抵达距巴斯托涅仅13英里的马特朗日（Martelange）以南地区，而第26步兵师的先头此刻位于第4装甲师东面，第80步兵师则占领了海德沙伊德（Heiderscheid）。在此期间，德军第5伞兵师全面封锁了巴斯托涅以南地区北进的道路，该师之一部在马特朗日生生挡住了第4装甲师CCA，另一部则将沿着另一路线北上的CCB逼得一筹莫展。海尔曼（Ludwig Heilmann）上校的第5伞兵师虽在头一个星期的进攻战中表现乏善可陈，但在巴斯托涅南部顶住巴顿救援大军的防御战中绝对堪称一流，这些伞兵以极其顽强的意志和娴熟的技能，借助便于防御的崎岖山地和密林，令救援美军和巴斯托涅守军叫苦不迭。据守公路沿线要地的一小队伞兵，通常只需一辆突击炮或反坦克炮就足以拖住整整一队美军坦克和装甲车几个小时，除公路外根本不可能越野推进的美军装甲部队只能一次次地发动代价高昂、费时费力的正面仰攻。就这样，美军第4装甲师只能以每天2公里的速度向北慢爬，难怪曼陀菲尔对科克特身后的美军潜在威胁并不以为意。

曼陀菲尔对于从西北方向突破巴斯托涅城防抱有很大期望，24日他特意从预备队第15装甲掷弹兵师抽出一个加强团规模的战斗群划归科克特指挥，同时将另一支预备队第9装甲师的一个战斗群留下增援第5伞兵师，以免巴顿救援兵团干扰科克特将于圣诞节凌晨发起的总攻。曼陀菲尔命令上述两师余部立即向迪南进发，支援装甲教导师在左、第2装甲师居中、第116装甲师在右的三路马斯河攻势。尽管巴斯托涅守军不知道德军又在西北方向集结了兵力和大炮，但无疑清楚对手正准备更大的攻势。24日时，第101空降师又向第4装甲师直接发去急电——"圣诞节前只有一天的购物时间了！"但第4装甲师的进展还是异常缓慢，其CCB仅剩2个排的坦克还能运行，CCA则被沿山脊构筑防线的德军第5伞兵师所部牢牢挡住。第4装甲师长加菲此时作出了一个重要决定，把原在右翼的CCR经过大范围调动集中到左翼，另行择路北上。这样，CCR在25日黎明前抵达了距巴斯托涅南翼德军（第39掷弹兵团）的阵地仅5英里处。

曼陀菲尔的圣诞攻势计划在25日凌晨3时发起，60分钟的炮火准备（之前德军轰炸机将进行夜袭）之后，第15装甲掷弹兵师的4个步兵营、2个炮兵营和1个坦克连将发起协同攻击，预计在晨6时突破防御周边，最晚于上午9时突入巴斯托涅城内。曼陀菲尔选在寒冷漆黑的凌晨进攻，主要还是为避免对手空军白天的狂轰滥炸。与之前的多次情形一样，攻击发起后非常顺利，甚至可以说势如破竹，第15装甲掷弹兵师的17辆豹式坦克在早晨8点45分已突破到巴斯托涅城西，距第101空降师的前沿指挥部已不足1英里。就在此时此刻，大约半数的豹式坦克被美军第705坦克歼击车营挡住，美军步兵也以火箭筒和机枪等向德军掷弹兵反击，结果这路德军坦克和步兵被完全消灭在阵地前。另一路德军的命运也一样惨淡。当天的战斗即将结束时，第15装甲掷弹兵师投入的几个步兵营和坦克连几乎荡然无存，17辆豹式坦克无一生还，其中一个营最后只能由一名19岁的少尉代理营长，因为他是唯一幸存的军官。[36]

1944年的圣诞夜终于来临了，但似乎美军和德军将军们都怒气冲天，根本没有心思欢度佳节。对巴斯托涅守军来说，这真是惊心动魄、雪白血红的一天，当他们当晚得知第4装甲师仍在爬行、最近的战斗群距巴斯托涅仍有6英里之遥时，官兵们的愤怒爆发了，因为他们深知德军只要再发动一次白天规模的攻势，脆弱的防线就会完全崩溃。麦考利夫厌倦了每日收到的都是"第4装甲师即将到来"的消息，于是打电话给军长米德尔顿，重申局势危在旦夕之余还不忘重重地补上一句——"我们深感失望。"米德尔顿和巴顿对第4装甲师也深感恼火，每天2公里的爬行速度已持续整整3日，如此下去巴斯托涅势必沦陷。真正愤懑的还是第4装甲师长加菲，无人体谅他的装甲兵作战有多艰苦、牺牲有多大，也无人在意德军伞兵的防御在有利地形帮助下又是多么顽强有效，更无人知晓他的坦克和兵力损失已到了无法承受的地步。德军方面最感失落的恐怕要算科克特，不仅兵强马壮的第15装甲掷弹兵师战斗群被血洗，而且他也找不出任何体面的借口向曼陀菲尔解释为何攻势一再受挫。当晚，当第39掷弹兵团团长因担忧第4装甲师的先头部队向其进攻而要求转移团部时，科克特压抑多日的怒火也喷薄而出，严令该团保持向北攻击巴斯托涅的部署，只有在背后遭到直接进攻时才允许形成朝南的防线，尽管这当然意味着腹背受敌。

在巴斯托涅北面约8英里的拉罗什，曼陀菲尔也正在自己的司令部里愁眉不展。一年前的圣诞，在东普鲁士的狼穴大本营，他作为元首的贵宾与之共渡圣诞，还得到50辆坦克的厚礼，那时的他是何等的荣光。而现在的局势让他面对着圣诞晚餐也无心下咽。前一晚他刚与约德尔通过电话，气急败坏地警告后者——他不可能既突向马斯河，又同时夺取巴斯托涅。他还对约德尔说："……我们最多能抵达马斯河。我们在巴斯托涅已被耽搁了太久。任谁都能看出第7集团军实力太弱，根本不足以抵挡美军从南面发起的重大攻势。此外，到那时盟军肯定在马斯河对岸已集结了强大的兵力……我将掉头向北，在马斯河东岸包围所有盟军部队……再给我些预备队，我将攻克巴斯托涅和抵达马斯河，而后掉头向北。"[37] 约德尔除了安抚和允诺转告元首外，对曼陀菲尔重提月前的小方案不置一词，尽管他心里或许赞同这位前线司令官的建议。圣诞节这天，对前线将领的报告一向狐疑的希特勒，派他的最后一任陆军副官约翰梅耶（Willy Johannmeyer）少校匆匆赶到曼陀菲尔那里了解情况。曼陀菲尔作为方面大员，虽对巴斯托涅的受挫深感恼火失望，但他更重要的任务是突破马斯河，而他的第2装甲师正被美军第2装甲师切断，尽管第9装甲师和装甲教导师正尽一切努力展开救援，但形势并不乐观。曼陀菲尔在晚餐期间向约翰梅耶分析了形势，声称突向马斯河的进军必须立刻停止，"如果元首批准的话，第5装甲集团军将立即掉头北上，仍有可能将马斯河东岸的所有盟军一网打尽。这仍将是一次伟大的胜利，但时机正一点点溜走。"[38] 约翰梅耶被曼陀菲尔的雄辩说服后向约德尔做了汇报，但曼陀菲尔随后得知元首仍未做出决定，就在约德尔仍在唠叨"元首绝不愿看到你后退一步，向前，绝不允许后撤"之时，曼陀菲尔愤愤地扔下了电话。

圣诞后的第一天，加菲第4装甲师又开始继续北进。该师的CCR是救援兵团中离巴斯托涅最近的部队，该部沿着讷沙托—巴斯托涅公路向东北推进，下午抵达距巴斯托涅城中心不足5公里的阿瑟努瓦(Assenois)。这时的CCR名义上仍由布兰查德(Wendell Blanchard)上校统领，但一路冲杀的实际指挥官是第37坦克营营长亚伯拉姆斯中校。这位年轻中校3个月前在阿拉库尔坦克战中曾让曼陀菲尔手下的装甲旅损兵折将，此时他的坦克营虽已损失了一半坦克和兵力，但得到了杰奎斯(George L. Jaques)中校第53装甲步兵营的支援。头一天晚上亚伯拉姆斯与杰奎斯一起说服布兰查德放弃了向锡布雷进攻的想法，改为在阿瑟努瓦发起攻势。下午4时，在短促的炮火准备后，亚伯拉姆斯与杰奎斯两个营的一些坦克和步兵杀入了村庄，经过激烈的巷战后摧毁了德军最后的抵抗。不久后，一名美军工兵在晦暗的天色中辨认出向他开来的3辆坦克正是美军谢尔曼坦克，宣告了巴斯托涅的围城在这一刻被打破了。亚伯拉姆斯随后率领长长的补给卡车和救护车队开进了巴斯托涅。

第4装甲师打开的救援通道此后数日里一直狭长脆弱，德军第5伞兵师在得到第15装甲掷弹兵师战斗群残部的增援后，仍在顽强阻击着其他道路上向巴斯托涅挺进的美军坦克和步兵。巴斯托涅之战还远未结束，但毕竟缺口已经打开，就像一块小小的砾石足以在死水中荡起波澜一样，阿登战役胜负的天平开始向美军倾斜了。

▲ 德军阿登反击战的态势与进展

第九章 帝国的深秋：阿登反击战

遥远的马斯河：潮流逆转

如果说整个阿登战役中迪特里希集团军始终无所作为的话，那么唯一能为他挽回一点颜面的就是派普战斗群扑向马斯河的努力了，尽管后者也未成功，还损失了全部坦克、重武器及85%的兵力。派普在最初三天里进展颇为顺利，但到20日其局势愈发紧张，整个战斗群只剩下30辆坦克，油料殆尽，完全依靠空投补给，不过90%的空投都落在美军防线内。"希特勒警卫旗队"师余部21日奉命增援派普，但遭到层层阻截，只能望洋兴叹。到22日时派普战斗群已基本陷入重围，次日他接到了允其携带重武器、装甲车和伤员突围的命令。24日凌晨2点，派普留下300人殿后，炸毁了30辆没有油料的坦克、70辆半履带车以及所有大炮，在漆黑的寒夜中率800余人开始了艰难跋涉。圣诞节当日晨，派普战斗群残部终于抵达德军一线，9天不眠的派普向指挥官敬礼之后便一头栽倒熟睡起来。派普战斗群的任务是一次完败，一周内损失了4000余人和百余坦克，除了比迪特里希的其他部队突得更深更远外，没有取得任何有价值的胜利。不过，希特勒并没有忘记奖赏这个胆大敢为的纳粹武士，这次作战为派普赢得了德军第119枚双剑骑士勋章。

相对于失败的派普战斗群，曼陀菲尔的第2装甲师则是反击战中向西推进得最远的德军，此外他还有装甲教导师和第116装甲师分别在第2装甲师左右两翼跟进，如果这些部队能够占领马斯河畔的桥头堡，那么阿登之战的整个大局都将为之激变，也难怪后人称曼陀菲尔是希特勒最后一赌中最成功的指挥官。第2装甲师在12月21日即越过了乌尔特河，但如前所述，其推进由于油料告罄而停顿一天有余。就在这段时间里，盟军迅捷地调动兵力，第84步兵师的第334和335团21日已在马尔什布防，第3装甲师一部也在豪顿(Hotton)挡住了第116装甲师的去路，再往西去，英军第29装甲旅于21日晚些时候赶到那慕尔(Namur)和迪南的马斯河渡口，而美军第2装甲师也奉命南下填补第84步兵师和第29装甲旅之间的缺口。尤其值得一提的是美军第2和第3装甲师，这两个装备超强的"重装甲师"不仅得到了充分的休整补充，还与美军其他14个装甲师的建制不同，除拥有一个3营制的步兵团外，它们各自都有2个坦克团，每团有1个轻型坦克营和2个中型坦克营（其他装甲师仅有3个混合坦克营）。这两个装甲师各自都拥有14000名官兵和252辆中型坦克，[38]若再算上轻型坦克总数竟达390辆。[39]劳彻特第2装甲师跨过乌尔特河时拥有88辆坦克和28辆自行火炮，[40]而第116装甲师的坦克和突击炮数量按编制应为172辆，在12月10日实际拥有135辆，[41]经过多日激战和沿途跋涉的损耗，该师的重武器数量应与劳彻特装甲师相去不远。有关资料曾统计了阿登战役中双方重武器数量的逐日对比，12月24日时仅美军第2装甲师就有239辆坦克和255辆突击炮，而曼陀菲尔集团军各部当日加起来的数字才是174辆坦克和204辆突击炮！[42]

无论如何，曼陀菲尔敦促装甲箭头尽力前冲的决心并未因兵力兵器的悬殊对比而有任何动摇。12月23日，第2装甲师获得部分油料后又继续西进了，顶着巨大压力的第47装甲军军长吕特维茨也随该师前行，途中他甚至不耐烦地撤换了一名稍遇阻碍即进军不力的上校团长。当第2装甲师在马尔什遇到美军第84步兵师的顽强阻截时，吕特维茨命令劳彻特留下部分兵力与美军周旋，等待援军第9装甲师赶来会合，同时将装甲师大部分成两个战斗群继续向迪南推进——在全师最前面的是波姆(von Böhm)少校的战斗群，由他自己的搜索侦察营和部分豹式坦克组成，另一规模更大的战斗群由科申豪森(Ernst von Cochenhausen)上校率领，由第3坦克团1营、第304装甲掷弹兵团、第74装甲炮兵团的自行火炮营、第38工兵营的一个连和第273高射炮营一部等组成，第2装甲师余部则负责保障补给线的畅通和掩护侧翼。波姆战斗群当日深夜踏上了通往迪南的公路，次日凌晨时进抵弗伊-圣母(Foy Notre Dame)附近的山林。科申豪森战斗群24日到达迪南东南的塞勒斯(Celles)以东林区，但与波姆战斗群相仿，该部也面临着官兵疲劳和油料即将用尽的窘境。波姆24日晨派出一个小分队试探性侦察马斯河渡口，结果遭到英军第3皇家坦克团的炮轰。损失了4辆坦克后，波姆战斗群彻底停下了脚步——他的坦克和装甲车用完了最后一点油料。尽管吕特维茨和劳彻特命令波姆继续徒步推进，但距渡口不足6英里的弗伊-圣母就是整个阿登战役期间德军到达的最远点了。当波姆战斗群准备向渡口推进时，其侧翼受到了美军第2装甲师CCA接连不断的攻击，而他身后的美军第84步兵师一部也发起了切断德军补给线的作战，虽然劳彻特将装甲师余部以霍尔特迈尔(Friedrich Holtmeyer)上尉的第38坦克歼击车营为主组成了第3个战斗群,并夺回了一度失守的补给线,但科申豪森和波姆都已面临着被分割包围的态势。虽然局势不妙,吕特维茨还是严令劳彻特顶住压力继续推进,同时他改变了装甲教导师与第2装甲师会合于塞勒斯的计划,转而命令装甲教导师占领于曼(Humain)和比松维尔(Buissonville),希望借此减轻劳彻特承受的压力,并在稍后将该师撤到罗什福尔(Rochefort)。吕特维茨和劳彻特苦苦期盼的援军第9装甲师,却因油料短缺和盟军轰炸依然迟迟难至。

圣诞节这天,第9装甲师的先头部队终于赶到,但其任务已不再是突向马斯河,而是与装甲教导师一起进攻美军第2装甲师CCA和第4机械化骑兵团。几乎与此同时,美军第2装甲师的CCB也发起了消灭德军第2装甲师两个战斗群的作战。美军第82搜索侦察营与英军第3皇家坦克团携手包围了波姆战斗群,但波姆设法逃出了包围圈,率部与科申豪森在塞勒斯东北的密林里合兵一处。美军随即又将这些德军围住,危急之中劳彻特请求曼陀菲尔允许撤出第2装甲师,但遭到拒绝,于是他急令霍尔特迈尔战斗群当夜赶到塞勒斯救援被围部队。霍尔特迈尔设法摸到了距塞勒斯仅1英里处,但先是遭到美军炮火的狂轰滥炸,后又因缺乏坦克支援而被美军坦克轻易地驱逐回去。26日下午3时,曼陀菲尔终于得到上峰批准撤出第2装甲师的许可,随即指示吕特维茨和劳彻特将该师撤至罗什福尔。半小时后,科申豪森接到了炸毁一切无法运动的重武器后向罗什福尔突围的命令,当夜他组织了两次突围,终以高昂的代价突出了重围——27日子夜后,大约600名德军官兵在他的带领下徒步跋涉18公里后终于摆脱险境。第2装甲师经过几日苦战,其搜索侦察营(即波姆战斗群)基本被歼,两个装甲掷弹兵团伤亡惨重,全师损失了三分之二的坦克和突击炮,在巴斯托涅缴获的大批美制卡车也几乎全被遗弃或炸毁。这样一支曾经强悍的装甲师,现在羸弱到自保都勉强,更勿论进攻了。第2装甲师在迪南附近的功败垂成,被后人认为是整个阿登战役最重要的转折点之一。

无独有偶,曼陀菲尔的另一支装甲箭头,即在第2装甲师东北的第116装甲师,也在26日奋力救援其"拜尔战斗群"。这个战斗群由第16坦克团团长拜尔(Johannes Bayer)上校率领,除坦克团外战斗群还包括第60装甲掷弹兵团大部、第146装甲炮兵团1营以及第675装甲工兵营的一个连,拥有3000名官兵和40余辆坦克,实力相当可观。24日时曼陀菲尔来到第116装甲师前进指挥所,命令拜尔战斗群进攻韦尔代纳(Verdenne)。[43] 拜尔相应地拿下了韦尔代纳,同时还阻断了豪顿—马尔什公路。当夜,美军第84步兵师在坦克支援下发起了反攻,不仅收复了失地,还包围了位于韦尔代纳东北林区的拜尔战斗群。拜尔起初对此并不以为意,他老练地率领部下选择了极佳的防御地形,构置的环形工事让美军无从下手,所部也展示出固守的意志和娴熟的技能。但拜尔最大的问题还是无法得到增援补给,把守的狭窄区域一直受到美军重炮的轰炸。25日夜,美军向拜尔战斗群发起了5次进攻,虽均未成功,但造成了德军人员物资的重大损失,使之到26日晨时几乎难以支撑下去。26日,第116装甲师师长瓦尔登堡(Siegfried von Waldenburg)将军曾数次试图救援,但均未成功,随即他命令拜尔自行突围。为分散美军的注意力,瓦尔登堡当夜又命令另一战斗群(由第156装甲掷弹兵团、第60装甲掷弹兵团2营、第146装甲炮兵团2营等组成)向美军第84步兵师发起一系列小规模攻击,结果拜尔战斗群借势成功突围。第116装甲师此时的情形并不比第2装甲师好多少,该师炮兵团团长桑格尔桑(Fritz Vogelsang)少校在12月26日的个人日记中曾这样写道:"第116装甲师长时间地充当整个攻势之箭头,一直在快速前突,它已成为地面和空中日益增多的敌军协同攻击的靶子。在不间断的进攻、追击和突击作战中它经受了惨重损失,到此时为止其装甲掷弹兵团、搜索侦察营和坦克团已基本不复存在。全师现在被迫沿着一条薄弱的防线转入防御。"[44]

1940年的法国战役中曼陀菲尔曾来到西线考察战场,当时他还伫立在马斯河畔的迪南,遐想声望正隆的隆美尔如何在这里跨越天堑。转眼4年半过去了,曾经傲视欧陆的强盛帝国进入了苦寒前夜的深秋,正在东西两线拼死抵御的德军迅速滑入了灾难的深渊,隆美尔已然作古,曼陀菲尔也从一名中校教官成为统兵十万的装甲将军,唯一不变的只有见惯交替轮回,却永远默默无语的马斯河。在1944年的最后几日,随着第2、第116装甲师和装甲教导师等攻击部队的接连失利,曼陀菲尔夺取马斯河渡口的努力宣告失败了,重现隆美尔式辉煌的梦想也彻底破灭了，整个阿登战役的大势也随着德军的这些失败被盟军彻底扭转过来。

前途黯淡的撤退：盟军反攻

希特勒在1944年圣诞节前后的心情恐怕如过山车一般起伏跌宕，第2装甲师在马斯河畔的功败垂成令他扼腕，而整个战役从最初几天的主动权在握，到现在全线转入守势，更是令他懊恼不已。他坚信造成这一局面的主因，就是那些一开始反对其计划，而后又在勉强执行中走样的前线将领的无能，至于崎岖的地形、破烂的道路、糟糕的天气、时常中断的油料供给、短缺的装备、匮乏的训练、陈旧的通信设备、盟军的空中优势等等，只不过都是将领们惯用的借口而已。圆滑的约德尔并不仅仅是个唯唯诺诺的近臣，他本人其实也是经验丰富的职业参谋军官。在阿登战役前后，他对曼陀菲尔、莫德尔和伦德施泰特等人的意见并非完全无动于衷，只不过他不愿忤逆希特勒而已。约德尔以自己更温顺的方式不停规劝元首放弃扑向马斯河的想法，但希特勒依然半信半疑，他的梦还没有醒。

12月24日圣诞前夜，曼陀菲尔还相信"即便晚至此时我们或许还能取得进攻胜利，迅速集中整个集团军、乃至B集团军群所有可动用的部队，还有可能大大地扩大胜果。"45 即便圣诞节后，曼陀菲尔对他和莫德尔所提的小方案还未彻底绝望，依然坚信如能迅速解决巴斯托涅并令大军随后进军迪南，则胜负仍未可知。莫德尔和伦德施泰特同意曼陀菲尔的判断，但由于重新部署必然要放弃一些既得地盘，而希特勒势必出面阻拦，为保持对上的缓冲余地，他们决定由曼陀菲尔出面发号施令，当然后者的每个步骤和调动都得到了默许。曼陀菲尔首先将李梅尔的"元首警卫旅"从北面的第58装甲军调到巴斯托涅以西加强防御，从而为再度攻城提供装甲利器，其次命令几只剩番号的第2装甲师东撤，来到第9装甲师和装甲教导师的防线以东休整补充。而后他又将第47装甲军的职责减半，令吕特维茨只负责罗什福尔西面的防御，巴斯托涅周边的全盘作战则交给了刚从大本营预备队赶来的第39装甲军军长德克尔（Karl Decker）中将。德克尔负责指挥第26国民掷弹兵师、装甲教导师一部、第15装甲掷弹兵师一部以及巴斯托涅东面和北面的各部德军，随后几日里第167国民掷弹兵师和第3装甲掷弹兵师也将赶来增援。这些部队将在30日和31日进攻巴斯托涅，目标当然是攻克此城，至少也要切断美军第4装甲师打通的走廊。攻势展开后，第340国民掷弹兵师、党卫军第9"霍亨施陶芬"装甲师、第12"希特勒青年团"装甲师也将参战。另外，曼陀菲尔还从各处搜罗到一些炮兵和支撑部队。

盟军方面对圣诞节后的进退举止则出现了争议。巴顿力主由其第3集团军与北翼的第1集团军一南一北发起夹攻，目标是在圣维特会师，尽可能多地围歼曼陀菲尔和迪特里希所部。巴顿野心勃勃的提议并未得到艾森豪威尔和布莱德雷的响应，统帅们不仅怀疑冬季条件下阿登的道路能否支持这种规模的攻势，还认定德军逃窜的速度会比盟军推进的速度快得多。美军第7军军长柯林斯（Joseph L. Collins）少将和第18空降军军长李奇微（Matthew B. Ridgway）少将迫切要求立即铲除德军突出部，前者还在27日向蒙哥马利提交了进攻计划，建议与巴顿集团军同步发起进攻后会师于巴斯托涅或圣维特附近。但蒙哥马利拒绝任何进攻的提议，他坚信德军的进攻力量犹在，而且必将还有一次大反扑，而他将等到时机成熟时再行反击，届时将沉重打击突出部鼻翼部位的德军，并将之彻底赶回出发地。包括布莱德雷、巴顿、霍奇斯、柯林斯在内的所有美军将领都对蒙哥马利的态度怒不可遏。整整60年后，美国著名历史学家安布罗斯（Stephen Ambrose）还在文章中用尽所能想起的贬义词汇为美军将领狠出恶气，他嘲讽蒙哥马利"高傲自负、目空一切、轻蔑讥笑和谨小慎微"。46 曼陀菲尔对蒙哥马利的评价不同于美军将领，他在战后曾写道："……美军第1集团军的作战变成了一系列各自为战的独立坚守。蒙哥马利在恢复总体局势方面的贡献在于，他将一系列的孤立行动扭转成按照清楚明确的计划展开的一场连贯大战。正是他拒绝在时机不成熟时就展开零敲碎打的反攻，才使美国人得以集结预备队并挫败了德军扩大突破的努力……"47 不管怎样，艾森豪威尔、蒙哥马利和布莱德雷这三巨头经过妥协，决定由巴顿第3集团军在12月30日向北发动攻势，而霍奇斯第1集团军则在1945年1月3日开始反攻，目的是将德军撵出突出部，而非包围和彻底歼灭对手。

双方在巴斯托涅周边经过数日的不断小战和兵力调配，都选定在12月30日发起攻势。到29日下午，曼陀菲尔在巴斯托涅周边已集结了第39和第47装甲军以及第7集团军的第53军，大约有8个师、近10万官兵。另外，党卫军第1装甲军军长普里斯(Hermann Priess)的军部与党卫军第9、第10装甲师也在赶往战场途中。曼陀菲尔在下午的作战会议上宣布，此番作战的任务是沿美军进入巴斯托涅南部的走廊两侧发起攻击，切断守军的补给生命线并攻克巴斯托涅。为此，"元首警卫旅"将与第3装甲掷弹兵师一起从西边进攻，通过锡布雷向东南推进，而"希特勒警卫旗队"师将在第167国民掷弹兵师支援下从东向西南进攻，这两个方向以切断美军走廊为目标，第15装甲掷弹兵师和第26国民掷弹兵师负责警戒和掩护巴斯托涅北翼。巧合的是，巴顿也在30日命令美军第3军和第8军向北攻击，以缓解巴斯托涅周边的压力。巴顿的兵力包括4个装甲师、1个空降师和3个步兵师，就兵力而言德军略占优势，但美军的装备更加精良，面对攻击性十足的巴顿及美军的炮火和空中优势，曼陀菲尔苦心筹集的部队并不充裕，他的攻势也没有必胜的把握。

30日凌晨时分，在10个炮兵营和空军协助下，美军第8军的第87步兵师与第11装甲师开始进攻，虽未达到军长米德尔顿的预期，但将德军"元首警卫旅"和第3装甲掷弹兵师牢牢钉在各自的出发阵地，使这一方向的德军攻势根本无从展开。在德克尔的第39装甲军方向，"希特勒警卫旗队"师的一个战斗群在第167国民掷弹兵师支援下，向美军第35步兵师发起了凶猛的攻势。第35步兵师的步兵在师属炮兵和第4装甲师的炮兵以及空军帮助下，顽强顶住了党卫军的轮番攻击，空军还将"希特勒警卫旗队"师的坦克营炸得无处藏身，其中一个坦克连好不容易避开了轰炸，却一头撞入了美军第4装甲师的伏击阵地，转瞬间就损失了12辆坦克和3辆突击炮。尽管曼陀菲尔首日的攻势未取得进展，但德军还是固守着巴斯托涅以西的防御阵地，并让美军11装甲师损兵折将。31日的战斗主要集中在装甲教导师方向，米德尔顿把第8军所有的炮兵全部配给第87步兵师，但是当弹幕消匿，美军步兵在坦克支援下向装甲教导师进攻时，才真正见识了什么是久经考验的铁血精锐。拜尔莱因残存的兵力只有极少的坦克和微不足道的油料弹药，但就是这点力量不仅固守了防线，还发起反击击溃了美军，第87步兵师第345团死伤惨重，致使该团直接撤出前线开赴后方休整，顶替上来的第347步兵团也是整整4天无所作为。美军第11装甲师的作战也像昨日一样毫无起色，4天的战斗中推进了6英里，但付出了660人阵亡、44辆坦克被毁的代价，顶替他们的美军第17空降师更是一个青涩的新手，在德军主动后撤之前，这支美军也不得不每天悲哀地拉回成千上百的尸体。在1945年转眼即到的时刻，德军官兵的韧性、战斗力、意志和凶蛮程度还是让美军吃尽苦头，巴顿黯然承认："德军肯定比我们更冷更饿，也更虚弱，但他们依然打得非常出色。"48

1945年新年的第一天见证了德国空军的天鹅绝唱。1100架德军战机分成3个集群，向法国北部和比利时的27个盟军机场进行了低空轰炸和扫射，英国皇家空军的损失包括144架战机被毁、84架遭受重创，美军的损失分别是84架被毁和62架受重创。49希特勒当然视之为空军罕见的大胜，却有意忽略了自身一日失去237名飞行员，其中甚至包括几十名中队长以上的老手，更不愿承认盟军的损失很快能得到补充恢复的事实。几天后，仿佛示威一般，又有1000架美军战机和480架英军战机飞抵德国狂轰滥炸。德军战斗机部队总监加兰德(Adolf Galland)中将曾痛苦地直言"这是德国空军最后的死亡打击"，而二战期间威名赫赫的斯图加轰炸机王牌鲁德尔上校，当天正由希特勒为之颁发独一无二的金橡叶镶钻骑士勋章。他也在战后坦承，盟军损失的数百架战机对美国巨大的飞机产能来说根本不具有决定意义，而德军失去的几百架战机和数百飞行员则完全无法弥补。鲁德尔说他一想到所谓的战果被作为重大胜利汇报给希特勒时就不禁气愤填膺，因为他认为这种兑子战法实在得不偿失，怀疑这如果不是有意欺骗，也一定是夸大其词的个人野心。军史家艾尔斯托伯(Peter Elstob)曾评论说："如果德军飞行员的牺牲是为了尽可能快、尽可能多地将官兵和物资装备撤离阿登，为无可避免的本土之战进行准备的话，那么其牺牲或许还有意义，但莫德尔和曼陀菲尔得到的命令是继续进攻，而且还不许退后一步和放弃任何地盘，这就表明希特勒的动机完全基于情绪和冲动，而不是军事上的理性，在纳粹帝国梦魇的最后时刻，他的疯狂情绪更是时时显现。"50

同日，希特勒还发起了所谓的"北风作战"——G集团军群的第1集团军在阿尔萨斯-洛林地区向美军第7集团军发起了进攻，希望能够掣肘巴顿集团军、减轻巴斯托涅方向德军的压力。阿尔萨斯-洛林战场的厮杀鏖战，除了使德军的资源分配和兵力补充更加捉襟见肘外，对阿登山区的战斗并未产生实质性影响。

1945年最初几天的阿登山区气候更加恶劣，白天的气温都在冰点以下，地面上浓雾缭绕，整日下个不停的大雪越积越厚，双方的运动都变得极为困难。1月2日，曼陀菲尔向莫德尔要求结束眼前无望的攻势，将部队撤到更便于防御的地带。莫德尔深知希特勒不可能批准，于是断然拒绝，要求曼陀菲尔把巴斯托涅前线的指挥权交给党卫军第1装甲军军长普里斯，而后者很快向曼陀菲尔提交了进攻计划——第26国民掷弹兵师沿霍法力兹—巴斯托涅公路西侧进攻，托尔斯托夫的第340国民掷弹兵师沿布尔西（Bourcy）-巴斯托涅铁路两侧进攻，"希特勒青年团"装甲师则从巴斯托涅周边的米尚普斯(Michamps)展开攻势，此外党卫军第9"霍亨施陶芬"装甲师也正在赶来。[51] 普里斯要求推迟到4日开始进攻，因为"希特勒青年团"师刚在2日夜抵达，其炮兵要更晚才能就位，托尔斯托夫师的若干部队也无法在3日晨到位。曼陀菲尔和莫德尔同意普里斯的进攻部署，但坚持要求3日即发起攻势。除第26国民掷弹兵师外，其余几支德军均是首次在巴斯托涅周边作战，他们将为夺取巴斯托涅、巩固所占地盘进行规模最大，也是最后的一次攻势。巧合的是，1月3日这天盟军也有两次大的行动，一是美军第1集团军沿25英里宽的正面反攻迪特里希集团军，另一个自然是巴顿集团军再次向霍法力兹的推进。战幕拉开后，双方在积雪和丛林中挣扎的部队都未取得任何鼓舞人心的进展，沮丧和悲观的情绪随着纷扬的大雪笼罩在双方的每个战士心中。1月4日，"希特勒青年团"师和托尔斯多夫师突破美军防线后夺回了米尚普斯和布尔西，造成了美军第6装甲师参战以来最大的一次溃败，而第17空降师更被血洗，一个营出现了40%的伤亡。巴顿在当日日记中写道："我们仍有可能输掉这场战争"，他坦承这是他在整个战争期间唯一一次留下如此黯然神伤的文字。[52]

与巴顿有同感的肯定还包括第1集团军司令官霍奇斯和第7军军长柯林斯。1月3日，美军第2和第3装甲师在步兵师协助下，向维尔索穆到霍法力兹一线的德军发起了猛攻，英军第30军也同步发起攻势。反攻之初信心满满的英美军队很快感受到了在厚厚的积雪和湿滑的道路上进军的痛楚，其攻势被占据地利的德军一次次化解，一个星期后第1集团军才走完了到霍法力兹一半的路程，而巴顿也需要大约相同的时间才能完全挡住巴斯托涅德军的最后一搏，即便凶悍的党卫军"希特勒青年团"师和"霍亨施陶芬"师早在1月5日就已撤离了巴斯托涅。1945年的最初十天里，美军遭受了比前阶段重得多的伤亡损失，而每日的推进却慢得惊人，进展与牺牲完全不成比例。1月6日，丘吉尔在视察了鲜血染红积雪的阿登战场后，分别致信罗斯福和斯大林表达震惊和忧虑，同时希望苏军能在东线发起大规模攻势，以减轻西线盟军的压力。

德军的巨大伤亡和损失同样折磨着曼陀菲尔等前线将领的意志，但似乎并未对官兵的战斗意志和抵抗决心造成大的影响。一些德军师减员到每连仅剩1名军官、20至30名士兵，他们的大炮没有炮弹而只能被拖回，他们的坦克和装甲车没有油料和配件而只能被遗弃，他们缺衣少食，就连救命的医疗器械也严重不足，而美军的战斗-轰炸机似乎总能找到德军补给车队并进行摧毁一切的轰炸。勇敢的普通官兵似乎对饥饿、寒冷、流血和无谓牺牲已经麻木了，他们唯一知道的就是，即将杀向本土的敌人——无论来自东方还是西方——对他们自己和家人都不会有丁点的仁慈，"无条件投降"的要求就是发给他们的最好的动员令。曼陀菲尔战后就曾直言不讳地告诉那些美军将领朋友们，正是"无条件投降"的要求激发了德军官兵战斗至死的抵抗意志，困兽犹斗正是双方在阿登战役以及随后数月的战斗中付出极大生命代价的根本原因。

1月8日，即便狂人希特勒也意识到攻势难以为继，盟军虽慢但步步紧逼的扎实推进，很可能再营造一个类似法莱斯口袋的包围圈。他批准将曼陀菲尔集团军从乌尔特河以西撤到巴斯托涅西北，但并不是像曼陀菲尔敦促的那样一直撤到霍法力兹。由于曼陀菲尔所部西进最远、突破最深，他的部队在撤退中遭受攻击、出现混乱甚至溃败的可能性也最大。但这种局面并未出现，曼陀菲尔娴熟地指挥部队秩序井然地交替撤出，同时命令负责掩护的部队占据一些精心选择的防御要地进行阻击，而这些部队在无法支撑下去时并没有溃逃，而是突然反击，因而前沿局势常常僵持不下。1月12日，大约300万苏军在无数大炮和坦克的支援下，沿着从波罗的海海岸到波兰中部宽达400

英里的正面向东线德军发起了突然进攻。应丘吉尔和罗斯福之请发起的苏军大反攻立刻改变了阿登的格局，希特勒大本营的地图上顿时插满了代表苏军攻势的小旗，他立即下令迪特里希集团军撤离前线紧急整补，同时批准曼陀菲尔从索穆河一线撤到霍法力兹。曼陀菲尔将其第2、第9装甲师和装甲教导师东撤后加以集结，以防盟军在突出部翼尖处形成合围态势，同时指示第116装甲师竭尽全力保持上述装甲师东撤道路的畅通。希特勒不仅将迪特里希集团军撤下休整，还将正在巴斯托涅附近激战的"希特勒警卫旗队"师余部一并撤走，结果这些调动惹火了曼陀菲尔，他战后曾说自己当时即以最尖锐的方式表示了抗议，"我得到的解释是这些部队将到东线领受新任务，而这些鬼把戏再也不能欺骗我们，谁都知道在那些最关键的日子里，陆军需要再次独自承担战斗的苦难，而党卫军却又一次得到了优先休整。最高统帅部又一次忘记了他们的决策对前线部队造成的心理影响。"[53]

13日，美军第83步兵师抵达距霍法力兹不足4英里处，第3装甲师也成功切断了德军东撤的主要道路——圣维特至霍法力兹的公路，但担负掩护的德军后卫没有出现丝毫溃散的迹象，他们的抵抗甚至在撤退令下达近一个星期后还变得更加顽强和残忍。巴顿集团军的第11装甲师与霍奇斯集团军的第2装甲师，还需要经过整整3天的流血牺牲，才能在霍法力兹附近会师，而此时距德军发起阿登反击已整整过去了一个月。16日后，德军基本上再也无力发起大的反击，在撤退和放弃地盘的过程中阻击抵御的强度也在逐渐衰减，这样的延迟作战一直持续到28日——美军官方战史承认的突出部之战正式结束的日子。

1月15日又是一个寒风呼号的大雪天，失望愤懑的希特勒乘坐专列顶着风暴驶离了西线指挥部，身后留下了一眼望不到头的莱茵守望者的撤退队列。疲惫不堪的官兵在雪地上跟跄跋涉，脚上裹着破布，头上围着女人的围巾或一切能够御寒的东西，整个队伍就像一只流血的怪兽，匍匐着往德国本土爬去。追逐他们的不仅有刺骨的寒风和舞动的雪花，还有在身后不远处爆炸的炮弹。在离他们的身影越来越远的山林里、道路旁、村镇边，除了静静安歇的美军和德军士兵冻僵的尸体，到处都是因为没有油料或部件而被遗弃或炸毁的坦克、突击炮、反坦克炮和多管火箭炮，这些守卫德国本土急需的武器都静悄悄地躺在曾经的战场上，任由风雪敲打它们的躯壳。一度沸腾的山谷和丛林再次寂寥下来了。

希特勒的最后一赌以惨淡的结局收场了。这是一次双方皆感困惑的非正统战役，正如美国作家托兰（John Toland）所言："……战线并不存在，而且时常流变。它是一系列仅仅由进攻命令关联起来的孤立的战斗。一会儿美国人被围了，而另一刻几英里外的德国人又被困了。部队间的通信也不可靠。师、团、营、连，有时甚或是一两个人的战斗都是能够左右战局的、孤独的奋战……"[54] 当然这也是一次双方都付出了高昂代价的搏杀——美军的官方数字显示，美军伤亡和失踪官兵80987名，英军伤亡和失踪1400余人，美军还损失了733辆坦克和坦克歼击车，另外空军在1944年12月16日至1945年1月中旬期间也损失了592架战机。[55] 德军最高统帅部估计，整个阿登战役期间德军伤亡和失踪的总人数约介于81834人至98024人之间，损失的坦克和突击炮介于600至800辆之间，大约占投入数的近一半。[56] 1945年冬，当美军审讯官问曼陀菲尔在阿登战役中得到了什么样的空军支援时，他依然以愤慨的语气答道："……敌人白天黑夜都拥有无限的空中优势。而我们从空军那里什么支持都没得到。在我看来，我们的空军对巴斯托涅的唯一一次空袭也没有任何实质作用。"[57] 令人惊讶的是，有统计数字显示德国空军在阿登战役期间损失了近800架战机，[58] 如果除去1945年1月1日攻击盟军机场时损失的280余架外，仅在1944年12月23日至27日就有346架战机化作灰烬（包括圣诞节前一天损失的106架），[59] 整个战役期间德军还是损失了高达500余架战机，但其效果却近乎于零，因为曼陀菲尔这个前线最高指挥官竟然丝毫没有感受到空中支援的存在！

二战结束后，曼陀菲尔作为阿登之战的德军指挥官和战后最重要的专家之一，曾总结出德军失败的三大原因：

1）当党卫军第6装甲集团军的进攻起步即受挫不前、而他的集团军进展顺利时，最高统帅部未及时地将重心从迪特里希方向转移到他的方向，以及高层一再拒绝采纳他和莫德尔提出的小方案；

2）第5装甲集团军的进展受到了两翼集团军进展甚微的致命影响；3）当整个战役已变得无望且亟需新

决断时,高层并未尽早停止攻势。

他也总结了美军的三大成功要素:

1)美军对德军12月16日攻势的反应之快,超出了德军最高统帅部的预期和估计;

2)美军在反制措施方面有着通盘的考虑和决策;

3)当天气变好时美军享有无限的空中优势。[60]

曼陀菲尔的总结当然是站得住脚的,更多的具体原因都包括在他向最高统帅部提交的报告中,但那些经验教训都被希特勒斥为借口。曼陀菲尔对盟国空军的全面优势和德国空军的隐形有着切肤之痛,天气是公正的,它给了曼陀菲尔5天的掩护和帮助,但不可能永远袒护一方。1944年12月21日晴朗天气的出现似乎预示着战场态势开始逆转,美军的战术空军无情地磨损着曼陀菲尔的装甲箭头,延迟着德军向美军防线缺口的推进。当曼陀菲尔的装甲师历尽千辛万苦扑向马斯河之时,又是美军的战斗-轰炸机逼迫着装甲部队昼伏夜行,乌云低垂、浓雾缭绕的"好"天气再也不肯青睐疲敝力竭的德军装甲部队。而当第2装甲师和装甲教导师等在距马斯河不远处急待增援时,又是盟军空军一次次迟滞着第9装甲师和党卫军第2装甲军的跟进,更勿论一日数次遭到无情轰炸的德军补给队列、火车站和交通要道了。在12月23日至31日期间,单是每天出动1150架次的美军战术空军,就摧毁了200余辆坦克、150门大炮和2000辆以上的运输卡车,相当于整整两个装甲师的装备![61] 在这样的情况下,饶是精明能干、指挥水准上乘的曼陀菲尔,也只能躲在地下掩体里望天诅咒、遥望马斯河上那可望不可及的渡桥了!

曼陀菲尔战后总结的德军败因中似乎没有强调战场之王——炮兵的威力。阿登战役之初,盟军空军受限于天气基本未发挥作用,一再阻滞德军攻势,除了官兵的顽强抵抗外,其炮兵可谓居功至伟:正是美军第5军在艾森伯恩山脊集结的大量炮兵,以其凶猛的炮火击退了迪特里希集团军的攻势,并在12月20日后成功粉碎了迪特里希试图绕过美军防线的尝试;德军第2和第116装甲师以及第560装甲掷弹兵师沿着马尔什—豪顿一线推进时,正是美军第7军的优势炮火打退了来势汹汹的德军;当美军第3集团军发起救援巴斯托涅的作战时,还是其集结的炮兵在关键时刻及时支援了装甲兵和步兵;当曼陀菲尔麾下的装甲师进逼马斯河畔时,在大炮数量和弹药方面占尽优势的美军炮兵,熟练地在几分钟内切换目标,危急时刻一次次集中发射高爆炮弹,再加上空军的配合,使德军第2装甲师等只能龟缩在山林中无法行动。整个战役期间,美军展示出了快速集结集团军、军和师属各级炮兵的卓越能力,这些数量庞大的大炮在摧毁德军坦克和步兵的突击方面发挥了至为关键的作用。相较之下,德军离马斯河最近的3个装甲师拥有的自行火炮数量加在一起,也不如美军第2装甲师一个师,而且德军炮兵在通信手段、装备和训练方面远逊美军,有经验的前线炮兵观察员在这个时刻更是寥寥无几。德军炮兵在兵力结构、炮弹配备和补给、保持炮兵随先头部队向前运动等方面的缺陷,使美军炮兵基本上在一个不受德军炮火反制的状况下从容集中作战。在规模与灵活性方面无可匹敌,又擅长与空军和地面部队协同作战的美军炮兵,无疑是阿登战役中德军最大的梦魇。

美军老兵布朗洛(Donald Grey Brownlow)曾说:"如果说有什么人受惠于阿登战役的话,那就是装甲兵将军曼陀菲尔。这个德军最年轻的集团军司令官现在广为人知了,他在几无胜算的情况下领导部队克服难以逾越的障碍的能力,为他赢得了德国国防军和盟军的广泛尊敬。"[62] 曼陀菲尔此战中表现出的指挥艺术、领导能力、战术运用水准,并没有因为整体的失败而被遗忘或否定——他于1945年2月18日被授予德军第24枚镶钻骑士最高战功勋章。借助阿登之战,曼陀菲尔攀上了个人荣誉的巅峰,也奠定了其国防军最优秀的装甲战术家和军事家之一的地位。不过,布朗洛的断语只说出了事实的一半,阿登之战还有另一个受益者——斯大林。当希特勒葬送了德军最后的预备队、苦心积聚的坦克军团和残留的空军之际,苏军1945年1月12日发起的排山倒海的攻势,只遭到微弱的抵抗即大获成功。正如曼陀菲尔本人战后所言:"苏军这一攻势令人讶异的迅速成功,其根源无疑在于德军在阿登山区的攻势。"[63] 一月有余的阿登血战,德军不仅大量杀伤了美英盟军,还迫使丘吉尔放下自尊和高傲,请求斯大林发起反攻以缓解西线压力,而丘吉尔和罗斯福的低姿态无疑增加了斯大林进一步讨价还价的筹码,大大帮助了后者在雅尔塔会议上谋取有利于苏联的战后世界格局。所以,阿登战役在政治上唯一的赢家只有斯大林,这倒是尸横遍野、两败俱伤的德军和英美盟军始料未及的。

第十章
套紧的绞索：奥得河畔

崩溃的前夜：临危受命

1945年1月12日，大约300万苏联红军在数万门大炮惊天动地的轰鸣声中，在绵绵不绝的T-34坦克和"斯大林"重型坦克引领下，沿着从波罗的海海岸到波兰中部、宽达400英里的正面向东线德军发起了突然进攻。75万疲惫惊惧、装备不整的德军从北到南依次面对着占据绝对优势的4个苏军方面军：最北端的切尔尼亚霍夫斯基第3白俄罗斯方面军风暴一般直扑东普鲁士的都城柯尼斯堡；往南一些的罗科索夫斯基第2白俄罗斯方面军数日内征服了东普鲁士的大片土地，装甲铁骑正向但泽和坦能堡高速推进；再往南的朱可夫第1白俄罗斯方面军五天之内攻克华沙，柏林这个最大的战利品第一次清晰地展现在朱可夫面前；最南翼的科涅夫第1乌克兰方面军在冲出华沙以南的维斯瓦河桥头堡后，正席卷一切地向西里西亚推进。

面对苏军洪流的是伦杜利克(Lothar Rendulic)上将的北方集团军群和舍尔纳上将的中央集团军群。遭受重创的德军丢失了大量城池，虽在勉力招架下尚能维持相对完整的防线，但朱可夫还是在德军两大集团军群之间戳开了一个危险的大窟窿。有鉴于此，德军参谋总长古德里安要求立即组建一个新集团军群，迅速堵上被捅开的缺口。这个集团军群被命名为"维斯瓦集团军群"，古德里安建议任命魏克斯元帅领衔这支救急大军，但希特勒认为魏克斯年老体衰，精力不足以应对繁重的任务，他出人意料地选择了希姆莱。古德里安强烈反对由毫无军事经验的党卫队首脑担此重任，但希特勒不为所动，认定唯有希姆莱这个"卓越的组织者和管理专家方能一夜间拼凑出一支大军，而且光是他的名字就足以激励官兵苦战到底。"[1] 希特勒没有说出的潜台词是只有希姆莱才是他最信赖的人，在他看来，刺杀元首的事件发生之后，国防军将领都是一群不值得信赖的、阳奉阴违的"反动派"。对这一任命表示愤怒的不止是古德里安，其他将领也无不深感惊骇，觉得是这对他们的集体侮辱。从各部残兵败将中拼凑出来的"维斯瓦集团军群"的主干是步兵将军布塞的第9集团军、维斯(Walter Weiss)上将的第2集团军以及所谓的党卫军第11装甲集团军——这个徒有其名的党卫军集团军就是希姆莱"发挥组织特长"在西波美拉尼亚拼凑出的部队。不过，当1945年2月劳斯将军带着他的参谋班子接管这支部队时，它没有多久就消弭于劳斯任司令官的第3装甲集团军之内。

1945年2月初，大批溃退的东普鲁士德军被分割包围在一些要塞城堡之中，等待他们的将是被围歼的命运，而苏军先头部队甚至已出现在奥得河东岸。2月即将结束时，尽管德军还固守着奥得河口的什切青(Stettin)、法兰克福东郊桥头堡、瓦尔塔河与奥得河交汇处的科斯琴(Kustrin)等少数几座桥头堡，但苏军已基本消灭了奥得河以东的德军，百万雄狮开始陈兵奥得河与尼斯河这两道柏林前方最后的天然屏障。第3装甲集团军司令官劳斯是德军公认的防御专家，也是最能干的装甲兵将领之一，但他手下只有8个番号古怪、兵员不整的师，更是只能凑出70辆坦克。2月中旬，希特勒命令劳斯从斯塔加德(Stargard)西南迁回到科斯琴后方歼灭苏军。劳斯向希姆莱坦言这是一道自杀式命令，但在根本不为所动的元首面前希姆莱也无可奈何，劳斯被迫发起的反攻虽给苏军造成了一时恐慌，但正如事前预料的那样，这场徒劳的攻势以损失党卫军第10装甲军全部和以特杜(Hans von Tettau)中将之名命名的"特杜军"大部而告终。3月7日，劳斯向希姆莱汇报战况时，后者安排他次日面见元首。3月8日，劳斯经过层层严格检查后出现在希特勒面前，他注意到元首"几乎让人认不出来，身体看起来很衰弱，痛苦而又似乎满腹狐疑。"劳斯战后曾坦承："光是认识到德国人民的命运完全掌控在希特勒一个人——事实上已是一具躯壳——之手这个事实，就足以让我震撼。"² 当时在汇报现场的古德里安战后曾记载了这一幕：

"劳斯开始提纲挈领地列出总体局势。希特勒打断他说：'我已了解了总体情况，想从你那里听到的是详细介绍你属下各师的战斗力。'劳斯于是开始准确地描述细节，显示出他真正了解自己前沿的每寸土地，且能够判断每支部队的能力和价值。当时我就在场，发现他的汇报非常明晰……他讲完后，希特勒未作任何评论就让他离开了。就在劳斯还未离开总理府地堡的当儿，希特勒冲着凯特尔、约德尔和我嚷道：'真是糟糕的汇报！这个人除细节外什么都没讲。从他讲话的方式来看，他肯定是柏林人或东普鲁士人。必须立刻解除他的职务！'我马上接腔道：'劳斯上将是我们能力最强的装甲兵将军之一。我的元首，当他向您介绍总体局势时，正是您本人打断了他，是您命令他详细汇报各师的状况。另外，至于他的出生地，他是一个奥地利人，因而是元首您的同乡……'"³

随后希特勒和约德尔开始讨论劳斯是否真是奥地利人。而古德里安眼见劳斯将被革职，接着为他辩护说："在您作出任何决定前，请允许我再次强调，劳斯上将对其前沿的方方面面都有准确的了解，而且能对属下各师做出准确的评价，另外，他在这场漫长的战争中一直表现卓异，最后……他是我们最好的装甲兵将军之一。"³

古德里安对希特勒的奇思怪想、喜怒无常和固执己见早已习以为常，但他又一次感到自己在后者面前

是多么的无能为力，尽管他一直尽可能保护那些被侮辱、受怀疑和被随意解职的将领，劳斯的命运还是锁定了。令人意外的是，尽管对东普鲁士出身的将领有一种根深蒂固的偏见和厌恶，希特勒选择接替劳斯的竟然是一位自己刚嘲讽过的柏林人，还是一个贵族出身，被后人称为"普鲁士人中的普鲁士人"的将军——曼陀菲尔。

3月8日夜，身在西线的曼陀菲尔将第5装甲集团军指挥权移交给哈佩(Joseph Harpe)上将后，离开了被困在鲁尔(Ruhr)包围圈中的莫德尔B集团军群。9日，征尘未洗的曼陀菲尔出现在帝国总理府，他首先见到的是凯特尔，这位几乎从不造访前线的元帅一边握着他的手一边急切地说道："曼陀菲尔，你年轻，容易急躁，千万别让元首过份焦虑。尽管你的地位与众不同，但也不要对他说得太多，不要把你部的那些情况、你的反对意见和要求什么的提出来。需要元首忧心的事情已经够多了。"

稍后曼陀菲尔被引到一间大会议室，只见希特勒正垂头丧气地坐在椅子上，远远地朝曼陀菲尔走来的方向大声嚷嚷："所有将军都是骗子！"这是希特勒第一次朝曼陀菲尔发怒和大声吆喝，而他很不喜欢受到这种待遇，尤其是2月18日前来领取橡钻骑士勋章时，希特勒还温言和语地向他表示谢意和感激。曼陀菲尔健步走到元首面前，行礼之后温和但坚定地问道："请您告诉我，曼陀菲尔将军或他属下的任何一位将领什么时候欺骗过元首。"⁴ 当时在场的希特勒贴身副官惊呆在那里，嘴巴张得大大的，而希特勒显然也被吓了一跳，他眨了眨眼睛，解释说自己责骂的并不包括曼陀菲尔和他手下的任何将领。恢复理智之后，希特勒开始平静且有礼貌地与曼陀菲尔讨论局势。除了深感元首一日日衰老和虚弱外，曼陀菲尔也对他根本不了解盟军的空中优势感到震惊。当他说自己在西线的莱茵兰地区白天根本不能自由出入，头顶上时刻都有盟军战机追踪扫射时，希特勒耸耸肩表示难以置信。曼陀菲尔随后说过去两个月里自己的座车曾三度被盟军飞机击毁，希特勒这才张大嘴巴表示信服。⁵

接着希特勒简要介绍了柏林前方的局势：朱可夫的75万大军距柏林只有1小时车程，当然还得跨越奥得河这道天堑；希姆莱的"维斯瓦集团军群"负责拱卫首都，正面面对朱可夫方面军的德军是布塞第9集

团军；部署在法兰克福和科斯琴背后，而从布塞的左翼延伸到波罗的海海岸的什切青，则是第3装甲集团军的防区，当面苏军为朱可夫方面军的右翼部队。调曼陀菲尔来的目的就是接管第3装甲集团军。在敦促曼陀菲尔面见希姆莱之后，他们两人间的谈话结束了。

离开总理府前，凯特尔又追在曼陀菲尔身后，训斥他实在不该在元首面前添麻烦，而曼陀菲尔却反过来要求凯特尔代表国防军所有将领，向元首抗议那些令人难以置信的控告和指责。凯特尔只是用一些毫无意义的评论敷衍了事。多年以后，曼陀菲尔曾说"像希特勒的许多亲随一样，凯特尔也完全脱离了前线实际，而且随着战争的进行这种情况愈发严重。他不再了解前线部队的需要和态度了。"[6] 他还认为约德尔也与前线失去了联系，"当我从前线赶来汇报时，约德尔从不找机会与我交谈。在希特勒那里有几次看到他时，我无法不注意到他对希特勒唯唯诺诺的态度，以及他对比其资浅者的傲慢，即便我是集团军司令官，他对我的态度也是如此。"[7]

曼陀菲尔马不停蹄地拜访了希姆莱，后者对他并无好感，甚至可能还在心中痛恨他。不到一年前，曼陀菲尔在罗马尼亚战场不仅公然无视希特勒的"政委命令"，甚至还向希姆莱的党卫军发起挑战，他曾说："党卫队、帝国保安总局或盖世太保的任何人，未经我的同意，如若试图招募我的部下用作别的职责，将会被立即逮捕。"[8] 他还拒绝允许手下将部队配属给党卫队或帝国保安总局使用。希姆莱的参谋长沃尔夫（Karl Wolff）将军战后曾说自己从未见过希姆莱闻听此事后是如此的气愤难当，只不过是由于希特勒的直接干预，帝国党卫队首脑才未采取进一步的反制措施，尽管他从未原谅过曼陀菲尔对他和党卫队的不敬态度。现在，希姆莱面对这个深得元首宠信的将军，开始一本正经地大谈自己的政治观点以及如何靠意志力来固守防线，而对后者询问的战场态势和军事问题，他和参谋们都不甚了了，对部队的损耗、需要、补给、弹药状况等均支支吾吾。曼陀菲尔十分失望，难怪他在不到两个星期后得知希姆莱被解职时难掩自己的兴奋情绪。10日，曼陀菲尔赶到什切青与劳斯进行了交接，原任集团军参谋长穆勒-希勒布兰德（Burkhart Muller-Hillebrand）少将继续留任。

孤堡背水西风啸：阿尔特丹桥头堡之战

曼陀菲尔上任后立即以惯常的作风对部队和防线进行了考察。他坦言自己的第一印象"非常令人沮丧，因为部队几乎缺乏进行有效防御的一切必要手段，既无足够的火炮，也没有工兵或技术人员帮助建立防御体系。由于在东普鲁士和波美拉尼亚长时间作战，现有各师和战斗群基本都是屡受重创的残部，由于缺乏运输车辆，这些部队不仅战斗力不强，甚至机动性都很差。我甚至都没有战术预备队。"[9] 曼陀菲尔第3装甲集团军大约有10万5千人，但均为疲敝之师，一直未得到补充休整，总体防线却长约150公里，从北边的什切青一直向南延伸到霍亨索伦运河与奥得河交汇处，距柏林东北大约45公里的施韦特（Schwedt）。[10] 更严重的是，奥得河东岸只剩下一个日渐缩小的桥头堡，这就是什切青东北6公里外的阿尔特丹（Altdamm）桥头堡。这座桥头堡虽取名自阿尔特丹城，但覆盖面宽达80公里，北起戈莱纽夫（Goleniow，德语作Gollnow），南至格雷芬哈根（Greifenhagen），阿尔特丹城本身大约位于两地间的中点。桥头堡周边的地形非常适于防御，树木繁茂、山体断层严重的布赫艾德（Bucheide）森林就像一道屏障一样延伸到桥头堡正前方，而奥得河及其支流、密布其间的沼泽和时常泛滥的洪水又能很好地屏障桥头堡侧翼和后方。这里不同于柯尼斯堡和但泽等地，其背后就是德国腹地，因之可从后方获得不断的增援。希特勒对阿尔特丹桥头堡非常重视，固守这里不仅为东波美拉尼亚撤退的部队和平民保留了一条通道，还羁绊住了朱可夫方面军的右翼，此外也是阻挡苏军进入德国中北部的屏障，更是维持与希维诺乌伊希切（Swinoujscie，德语作Swinemuende）海军基地联系的重要通道。突出于奥得河东岸的阿尔特丹桥头堡，为正在法兰克福和科斯琴试图阻断苏军进攻柏林线路的德军侧翼提供了屏障，对苏军的柏林攻势也是一大威胁。朱可夫对这个堡垒是必欲拔之而后快，在曼陀菲尔接管防务之前的3月6日，第1白俄罗斯方面军所属的第61集团军就试图从东面强攻桥头堡，而第47集团军则同时沿奥得河东岸北上直扑格雷芬哈根，5天里苏军发起了多次攻势，但都在德军的严防死守和地形羁绊下无所作为。与此同时，朱可夫右翼的第3突击集团军和第2近卫坦克集团军于3月9日一路向

▲ **奥得河东岸阿尔特丹桥头堡之战示意图**

北抵达了波罗的海海岸。在此期间，朱可夫奉召来到莫斯科，与斯大林进一步讨论了柏林战役的计划和准备。斯大林决定将朱可夫麾下的第1近卫坦克集团军划拨给罗科索夫斯基，以便后者完成向东清理波罗的海沿岸所有德军的作战任务。

1945年1月底、2月初从库尔兰口袋中撤出的德军装甲掷弹兵师、步兵师、炮兵和众多迫击炮营等，在经历了2月中旬失败的反攻之后，陆续进入什切青—阿尔特丹桥头堡一线防御。这些部队虽给苏军造成了重大伤亡，但自身损失更是惨不忍睹，各部残余在党卫军第3装甲军指挥下于3月8日撤到阿尔特丹桥头堡据守。防守桥头堡周边的德军主要是由欧洲各国志愿者组成的一众党卫军装甲掷弹兵师——第11"北方"(Nordland) 师、第27"兰杰马克"师、第23"尼德兰"(Nederland) 师、第28"瓦隆人"(Wallonien) 师以及第10"弗兰德斯堡"(Frundsberg) 装甲师等。[11] 此外，桥头堡里还有各种各样的由海空军人员组成的陆战师。这些名目繁多的部队，虽顶着令人目眩的称号，但实力相当虚弱，如"弗兰德斯堡"装甲师最多只有旅的实力，所剩的坦克和装甲车数量微不足道，"兰杰马克"和"瓦隆人"师本身都是不超过2500人的战斗群，荷兰志愿者组成的"尼德兰"师在改称党卫军第23装甲掷弹兵师的1945年2月时也仅有千人左右，战斗力非常有限。国防军的主要兵力集中在第32军，当时包括第281步兵师、第25装甲掷弹兵师、第9伞兵师和第1海军师等。

朱可夫3月12日暂停了对阿尔特丹桥头堡的进攻，前几日的重大伤亡迫使他必须改变作战方式。他命令第2近卫坦克集团军、第47和第61集团军继续包围桥头堡，但将第3突击集团军撤离，留待柏林战役展开时使用。随后他把4个炮兵师调到阿尔特丹附近选定的突破地带，使炮火密度达到了每公里250至280门大炮和迫击炮。[12] 曼陀菲尔也利用战前的间隙强化已经森严的壁垒，搜刮一切能找到的部队支援桥头堡，大量武器弹药和补给也运抵桥头堡内的各个存储基地。曼陀菲尔指示部队必须准备在苏军炮击前立即撤离阵地，待其轰炸完成后须立即返回前沿阻击苏军步兵。与劳斯和海因里希等东线著名将领一样，曼陀菲尔也十分熟悉这种有效的防御策略，只不过1945年的3月中旬，他手头没有坦克和突击炮预备队供他杀

入两翼进行反击了。3月14日，平息了两日的战场再度燃起硝烟，苏军大炮开始了长时间的炮火覆盖，尽管曼陀菲尔事先警告过部队，但炮火密度和轰炸强度还是超出了德军的想像。党卫军"北方"师的瑞典籍志愿兵瓦林 (Erik Wallin) 曾在战后这样描述苏军炮火之猛烈："各种口径的大炮射出的炮弹重重地捶打着我们狭小区域上的阵地，从最重型的榴弹炮、喀秋莎火箭炮、120毫米迫击炮到各种步兵炮，甚至是37毫米反坦克炮，应有尽有……苏军炮兵不舍昼夜地向我们的阵地和阿尔特丹城狂轰滥炸，在炮火的碾压之下每样东西都变成细碎的粉末，整个防区上空飘荡着厚厚一层黑棕色的烟雾。"[13] 但是，当苏军步兵开始冲锋时，他们发现遭遇的是比以往更坚固的防线和更无情的抵抗，而德军海岸炮兵的巨炮也向冲锋的队列进行了猛轰，苏军在某些地段的攻势被德军反冲锋挫败。

按照曼陀菲尔的经验，当苏军的装甲铁流碾平第一线的步兵防线和反坦克阵地、并继续向纵深推进之时，他会将预备队的坦克和突击炮投向苏军两翼及其后方，直到将对手的装甲箭头牢牢钉死在防御纵深为止。但他眼前并没有这样的装甲预备队，更糟的是，希特勒3月15日还下令把阿尔特丹和什切青一带的装甲部队调至科斯琴地区。除分散在各师的极少数坦克和突击炮外，曼陀菲尔根本没有成建制的坦克连可供驱遣了。阿尔特丹桥头堡的党卫军官兵被苏军逼迫着步步后退，尽管对手获得的每寸土地都浸满了亡者的鲜血。瓦林曾这样描述数日里的苦战："在苏军不间断的冲锋和攻击下，桥头堡被挤压得越来越小。现在它就像我们两年来从俄罗斯撤退中多次经历的那种'刺猬型阵地'。只有一条退路——通往什切青的那座唯一的奥得河大桥。前线离阿尔特丹城的边界仅有100米左右了……整个大地就像地震一样从未停息过震颤。伴随着炮弹的爆炸，整个天空都在不停地嘶鸣和震动，想在这种情况下合上一会眼睛都是奢望。满眼看去都是痛苦、肮脏、胡子拉碴的士兵们的脸。尽管什切青和阿尔特丹都储有充足的补给，但送到前沿阵地来的还是很少。不止一次，炊事班往前沿送食物时，连人带物都被炮弹炸得四分五裂。我们可以忍饥挨饿，但难以忍受疲劳——双眼都睁不开了，脸也一直紧绷绷的。在这个到处燃烧和爆炸的地狱里根本没有一块安静的地方，爆炸的间歇中满耳听到的都是伤

员痛苦的嘶嚎或呻吟。足以毁灭一切的弹雨落到每个地方，倒塌的墙体砸向前进的部队，落到伤员们去急救所的路上。我们的地下掩体也成了死亡陷阱，苏军的120毫米迫击炮装有延迟引信，只在穿透屋顶后才炸，掩体里的人们都被锋利的弹片击中毙命。"[14]

瓦林所在的党卫军"北方"装甲掷弹兵师绝非唯一饱受炮火煎熬的德军，实际上，在桥头堡之战乃至月后的柏林战役中给德军杀伤最大的还是苏军的炮弹。15日夜，党卫军和海空军陆战部队奉命放弃了桥头堡外围，开始陆续撤入阿尔特丹城。随着战斗的进行，越来越多的德军士兵阵亡或受伤，部队也越来越虚弱，但曼陀菲尔拿不出任何增援。17日，城内的战斗达到高潮，"北方"师的"挪威团"和"丹麦团"均已消耗殆尽，只剩寥寥无几的老兵死守着最后一道防线。他们衣衫褴褛、数日未眠、饥饿疲劳，脸上到处都是血迹，但他们还在坚守和苦战。在整个战争即将结束的前夜，党卫军外籍兵团还能在保卫德国的土地时展现出如此旺盛的斗志和狂热的意志，实在令人既不得其解，又感慨万分。

3月17日起，双方开始在城内的街道和残存建筑里进行惨烈的巷战，战斗场面往往有着这样的景象：苏军步兵在街角隐蔽处等候己方大炮炮轰楼房，之后坦克开上前去再对残垣断壁进行齐射，形成道道密集的火网，弥漫的硝烟中步兵乘势蜂拥而上，就在此时，隐身各处的残存德军一阵扫射，楼前顿时留下大片尸体，但又一波苏军踏着尸身继续前冲，躲在地窖或楼梯间的德军与涌入的苏军对射或徒手相搏。尽管伤亡不菲，但数量和火力均占优势的苏军前仆后继，还是将一幢幢建筑摧毁或攻克，党卫军"北方"师和其他失去建制的部队都渐渐被挤压到离奥得河大桥不远的几条街道。他们身后不远处就是那座唯一的逃生之桥，在这里德军不再后撤一步，而是死死地顶住苏军的任何攻势。

1945年3月19日伦敦出版的《晚邮报》报道，朱可夫大军攻陷了什切青以南3英里处的布林肯(Bruenken)，从而将阿尔特丹桥头堡一劈为二，还切断了阿尔特丹与什切青之间的铁路线。[15] 如果说曼陀菲尔一直在密切关注桥头堡的局势并部署撤退方案，那么正是布林肯的失守才促使他下了最后的决心。当日，他急电古德里安和希特勒要求撤退，声言"要么将所有部队漏夜撤至奥得河西岸，要么次日晨全军覆没。"[16] 这一次希特勒没有再固执己见，批准了曼陀菲尔的撤退。在阿尔特丹城内，来自"瓦隆人"师的500名官兵奉命组成一个突击营，由德里克斯(Henri Derrickx)少校指挥，任务是不惜代价守住邻近阿尔特丹至什切青铁路桥的地带并保持其畅通。[17] 为此，他得到了"弗兰德斯堡"装甲师第10坦克团最后几辆豹式坦克的支援。德里克斯率部死守着求生之路，期间成功粉粹了苏军的数次进攻。在德里克斯防区以北约1500米处，党卫军"北方"师"丹麦团"的残余兵力坚守着公路桥，掩护城内德军交替撤退。当夜，党卫军第3装甲军各部陆续撤出阿尔特丹城并抵达西岸的什切青。午夜时分，"丹麦"团的一个机枪排炸毁了通往铁路桥的公路桥，德里克斯所部一直坚守到20日晨天色放亮之际，在"瓦隆人"师余部和几辆坦克越过铁路桥后，连接奥得河东西两岸的这座唯一一通道也被炸毁。未及撤退的德军和一部分自愿坚持到最后一刻的志愿者又在城内恶战了一天，到21日城内的抵抗才算最终平息。苏军战报称阿尔特丹桥头堡之战中有4万德军被击毙、12000余人被俘，还缴获了126辆坦克和突击炮、200余门大炮和154门迫击炮。[18] 随着阿尔特丹桥头堡的失守，此地重要的鱼雷飞机制造厂被完全摧毁，什切青港口和隧道也都处于苏军大炮的射程之内。什切青这座一流的工业和军工基地基本停止了运转，开始被曼陀菲尔转变成一座防御森严的要塞。

曼陀菲尔的损失并不是一些枯燥的数字所能完全反映出来的。党卫军第10装甲师的第21和第22装甲掷弹兵团完全解体，其第10坦克团仅剩几辆坦克；"北方"师的"丹麦团"和"挪威团"几乎全军覆没；"兰杰马克"师撤出战斗时幸存者不足百人；"瓦隆人"师仅剩700人；国防军的几个师也同样伤亡惨重，尤以第1海军师为甚。

掣肘朱可夫方面军右翼多时的阿尔特丹桥头堡，在苏军大本营看来其威胁甚至超过了法兰克福和科斯琴，尽管它们抵达柏林的直线距离要短得多。这座桥头堡的彻底拔除无疑令朱可夫如释重负，现在苏军沿奥得河东岸已拥有一条完整的战线，可以更好地准备对柏林发起的最后一击。苏军并没有即时夺取什切青的计划，直到4月25日才再次向此处进攻，不过到那时柏林之战已开始数日，整个世界都在屏住呼吸、目不转睛地注视着第三帝国的最终陷落。

最后的屏障：挣扎于奥得河西岸

阿尔特丹桥头堡的失守促使古德里安下决心调整维斯瓦集团军群的指挥体系，他以帝国党卫队领袖兼职过多、分身无术为由，成功地说服希姆莱辞去了司令官职务。希特勒虽不情愿，但还是同意由58岁的海因里希上将接任。海因里希是一位老派的普鲁士军官，被认为是德军最优秀的防御战专家之一。他是一位牧师之子，不仅自己坚持每天颂读圣经，甚至也要求部队每逢周日列队去教堂做礼拜。他的这两样癖好无疑都不为纳粹高层所喜，加上一直固执地拒绝盖世太保和党卫队干涉其指挥体系，直到1943年初才晋为上将。其实，早在1942年1月他就是第4集团军司令官，当时其防线正面面对莫斯科，希特勒令他不惜任何代价守住防线，以掩护其他部队撤退并为再度进攻莫斯科提供跳板。在苏军浩大的莫斯科大反攻中，海因里希率部与12倍于己的苏军浴血苦战了10周，得到了一个"毒矮子"（Giftzwerg）的不雅绰号。[19] 海因里希1944年夏出任第1装甲集团军司令官，数度激战之后尚能将部队基本完整地撤至斯洛伐克，为此他于1945年3月3日获得了双剑骑士勋章。身材与曼陀菲尔差不多的海因里希是一个强悍固执，但广受尊敬的将军，他的行事作风、战场表现和可靠性使古德里安认为这位老部下就是那个能稳定前线乱局的人。曼陀菲尔对海因里希取代希姆莱自然也非常兴奋和期待。

3月22日，海因里希从匈牙利战场来到参谋本部面见古德里安。寒暄之后，古德里安介绍了维斯瓦集团军群的防线和部队——集团军群的防线长约280公里，北起什切青，南至奥得河与尼斯河交汇处，北段由曼陀菲尔第3装甲集团军负责，南段由布塞第9集团军防御，面对的是第1白俄罗斯方面军。布塞的右翼是舍尔纳中央集团军群所属的第4装甲集团军，其指挥官为装甲兵将军格雷泽尔（Fritz-Hubert Graeser），当面苏军为科涅夫的第1乌克兰方面军。曼陀菲尔手下有10个师，布塞有15个师，格雷泽尔则有14个师。在曼陀菲尔和布塞身后是集团军群的预备队——魏德林（Helmuth Weidling）将军的第56装甲军，计有3个装甲师又3个装甲掷弹兵师。德军总计有近50个师，抗衡着奥得河对岸的193个苏军师。德军防御的关键在于布塞防区内的科斯琴，苏军不仅在科斯琴附近屯有重兵，就在曼陀菲尔所部还在激战阿尔特丹桥头堡时，朱可夫已派先头部队越过奥得河并在西岸建立了立足点。这个桥头堡现已宽达25公里、纵深5公里，苏军已在此处囤积了大量炮兵，尽管德国空军进行了多次轰炸，但始终不能完全铲除。希特勒命令布塞23日发起铲除科斯琴桥头堡的作战，按照他的想法，布塞应派5个装甲掷弹兵师从科斯琴以南的法兰克福渡过奥得河，然后沿河北上，直抵科斯琴背后发动进攻，如此以来西岸的苏军桥头堡自然会不攻自破。古德里安和海因里希在地图上立即看出，被希特勒标榜为"大胆的非正统用兵"，实为毫无成功可能的业余战术——横跨奥得河两岸的法兰克福只有一座大桥，这对渡河的5个德军重装师来说实为通向死亡的快车道。古德里安估计坦克只能一辆接一辆地过桥，而这将产生一条24公里的长龙，无疑这将是奥得河东岸高地上的苏军炮兵最丰盛的美餐。

就在海因里希抵达柏林以北80公里处的比肯海恩（Birkenhein），从希姆莱手里接过指挥权的时候，当晚他收到了科斯琴完全被围的消息——朱可夫察觉到布塞的调动后先发制人，令其麾下的第8近卫集团军和第5突击集团军迅速收紧包围科斯琴的双钳，切断了德军第20装甲掷弹兵师的归路。

海因里希23日来到曼陀菲尔的防区视察，受到了后者的欢迎。曼陀菲尔带着他检查了防线，介绍说防线与奥得河之间是大片的沼泽地，显然不太可能是苏军的主攻地段。曼陀菲尔非常清楚自己防线的地利，除沼泽地外，这一段的河面宽达2至3英里，而布塞的防线则缺乏这种地利和天然障碍，而且布塞面对的是8个步兵集团军和2到3个坦克集团军，而曼陀菲尔的防线上只有4到5个步兵集团军和1个坦克集团军。曼陀菲尔战后曾回忆说，虽然他非常欣赏布塞这位曼施坦因前参谋长的能力和意志，但还是担忧第9集团军120公里的防线上承受的巨大压力。[20] 当海因里希下令把第25装甲掷弹兵师、党卫军第10装甲师、"元首"装甲掷弹兵师、第9伞兵师等全数调往法兰克福和科斯琴的关键区域时，体谅大局的曼陀菲尔痛快地同意了。这样，曼陀菲尔的作战序列中就只包括沙克（Friedrich-August Schack）中将的第32军，下辖"福格特"（Voigt）步兵师、第549国民掷弹兵师、什切青卫戍师和第281步兵师；步兵将军加赖斯（Martin Gareis）的第46装甲军，含第547国民掷弹兵师和第1海军师；安萨特（John Ansat）中将的"希维诺乌伊希切"军，含第402步兵师和第3海军师；下辖第610步兵师和"克罗塞克"（Klossek）步兵师的"奥得河"军，[21] 它的军长就是1944年初将GD师移交给曼陀菲尔的霍尔雷恩。

海因里希巡视曼陀菲尔防区的当天，还来到法兰克福巡视布塞的防区。不唯如此，他还指示布塞派出部队发起了两次攻击，试图与被困科斯琴的德军建立联系。随着进攻的失利，海因里希认定科斯琴的战斗纯属浪费弹药油料，于是在25日要求希特勒批准科斯琴守军突围。在未能说服希特勒的情况下，海因里希又于27日命令布塞再度出击——后者派出了第20和第25装甲掷弹兵师、"元首"装甲掷弹兵师以及"慕钦堡"（Muncheberg）装甲师等多支机械化部队。这些部队从法兰克福桥头堡出发向北朝科斯琴推进，虽取得了若干进展，但最后付出了伤亡8000人的代价却未能达成目的。古德里安事后提交了一份备忘录解释失败的缘由，但希特勒对报告的语调很不满意，还很反感他为布塞辩护的态度。当布塞28日奉召前来汇报时，希特勒突然当面发作，愤怒地指责失败的根源就是布塞的无能和粗枝大叶。而当古德里安试图辩解时，希特勒索性连带着参谋本部一起冷嘲热讽，被激怒的古德里安涨红着脸为布塞大声辩护："不要指责布塞！我已跟你说过了！他完全是按命令行事！他用完了所有弹药，所有的！看看伤亡损失！部队已尽力了，他们的自我牺牲足以证明一切！"希特勒也脸红脖子粗地大嚷："他们失败了！失败了！"古德里安咆哮道："我必须要求你……必须要求你不要再指责布塞或他的部队！"亲随们见惯了希特勒的雷霆发作和疾风骤雨，却从未见过有人敢对元首如此大呼小叫和直接冲撞。直到约德尔将古德里安拉到一边，凯特尔等将希特勒引到另一边不停安抚，两人才暂时闭上了嘴。这场争执使古德里安获得了"即刻离职休养6周"的待遇——他的去职适逢纳粹帝国最危急的时刻，大本营里再也没有优秀的军事头脑了。古德里安的作战部长、圆滑听话的克雷布斯中将担任了普鲁士—德国参谋本部140年历史上的末任参谋总长。29日，海因里希和曼陀菲尔都收到了古德里安去职、克雷布斯继任的电报。海因里希未做任何评论，尽管他的参谋们对此极为不满。曼陀菲尔没有掩饰自己的强烈不满，他不仅了解和尊敬古德里安，后者的装甲战术和作战思想很大程度上也塑造了他的军旅生涯，他对古德里安的提携关照一直充满感激。曼陀菲尔的情绪和意志力此刻都受到了很大影响。

曼陀菲尔是一名标准职业军人，尽管不满，他还是尽职尽责地稳定军心和强化防线。海因里希3月底下令将西里西亚奥特马豪（Ottmachau）的一座大型人工湖掘开注入奥得河，泛滥的洪水奔涌而下，曼陀菲尔防区内的奥得河下游本身又分成东、西两条河道，两者间的河滩现已完全为洪水淹没，由此平添了宽达5公里、深达2英尺以上的水面。参加过强渡奥得河的一位苏军士兵战后曾形象地抱怨说："这哪里是一条河，分明是两条第涅伯河、中间再加上一条普里皮亚季河。"[22] 曼陀菲尔防线的地利还不止于此，洪水泛滥的河滩地自然无法通行，奥得河西岸的地势还高出东岸不少，西岸德军能居高临下地观察和压制苏军的任何渡河尝试。据罗科索夫斯基战后回忆，他的对手曼陀菲尔曾筑有相当完整的三条防御带——第一道防御带沿奥得河西岸延伸到内陆6至7英里纵深，由2至3个阵地构成，每个阵地有1至2道绵密的堑壕和据点，河岸上每隔10至15米就有一个供射手和机枪手用的掩体，并以交通壕与堑壕连接起来。此外，靠奥得河一带纵深25英里以内的居民点都适于防御并被构置成支撑点。曼陀菲尔的第二道防御带距奥得河河岸约12英里，是以兰多夫河（Randow）河岸为依托修建的，而这条防线后面还有第三道防御带。不过，尽管曼陀菲尔占尽地利，但他缺乏有经验的部队，急需坦克、大炮、汽油、弹药和通信器材，甚至步枪也不够。海因里希对这些缺口也毫无办法。在整个奥得河防线，德国空军只能凑出300架战机，还经常因缺乏油料无法起飞，而苏军拥有近5000架战斗机和轰炸机。大战前的日子里，苏军已开始在奥得河及其岸边的沼泽地架设舟桥，而德国空军却束手无策。海因里希只好求助于炮兵，但大炮和炮弹同样匮乏，迫使他只能四处搜罗高射炮权且充作野战炮。曼陀菲尔防区内就配备了600门高射炮，不过，由于炮弹不足以及不愿暴露炮兵阵地的位置，他命令只能等到苏军攻势发起时才能使用这些火炮。

▲ 摄于1944年9月5日的东普鲁士狼穴大本营，希特勒正在问候宠将曼陀菲尔，在场的还有戈林和一众副官，曼陀菲尔右侧的是装甲兵将军克诺贝尔斯多夫，数日前他在"双头"作战中还是曼陀菲尔的上司（第40装甲军军长）。克诺贝尔斯多夫9月6日被任命为西线第1集团军司令官，与曼陀菲尔第5装甲集团军同属G集团军群。

▲ 摄于1944年9月5日，曼陀菲尔奉召觐见元首。图中希特勒正向曼陀菲尔询问前线状况，曼陀菲尔右侧的是克诺贝尔斯多夫。

▲ G集团军群司令官布拉斯科维茨上将。这位老将在波兰战役时即为第8集团军上将司令，当时的同级上将后来都成为元帅，唯有他例外——他因抗议党卫军的暴行而获罪于希姆莱和希特勒，此后基本未指挥过重要的野战集团军，直至1944年5月出掌G集团军群。9月20日，他因洛林反击战受挫而被解职，3个月后又突然官复原职，负责在阿尔萨斯-洛林发动"北风"作战，支援进行中的阿登反击战。在战争最后阶段他是驻荷兰的H集团军群司令官。

▲ 1944年9月21日，巴尔克接替布拉斯科维茨担任G集团军群司令官。图为同月复职的西线总司令伦德施泰特元帅（中）与巴尔克（左）晤谈，右为第1集团军司令官克诺贝尔斯多夫。

▲ 第58装甲军军长、装甲兵将军克吕格尔，他曾长期担任第1装甲师师长，被该师官兵称为"老爹"。本图摄于1944年6月5日，希特勒正向他颁发橡叶骑士勋章。

▲ 摄于1944年9月的洛林地区,第5装甲集团军司令官曼陀菲尔正为立功官兵颁发铁十字勋章。曼陀菲尔右臂上佩戴着非常珍爱的"大德意志"师袖标,其装甲兵作战夹克上饰有将官肩章,但军帽上并没有常见的束帽带。受奖官兵中左起第二位是一名身着黑色装甲兵制服的坦克兵,他穿着1942制式的高领毛衫,戴的是M-1943款式的军帽。

▲ 西线德军战斗力最强的第 11 装甲师师长维特斯海姆少将，图片约摄于 1943 年 8 月，当时他是第 1 装甲师第 113 掷弹兵团上校团长，已被任命为第 11 装甲师师长，官兵正为其饯行。维特斯海姆是一名出色的装甲师长，他领导的第 11 装甲师堪称西线德军防御战的中流砥柱。

▲ 从左至右为巴顿、艾森豪威尔和布莱德雷。巴顿第 3 集团军在洛林战役中是曼陀菲尔的主要对手。曼陀菲尔晚年曾称巴顿是"机动战中最棒的领袖"，但在洛林战役前后，性格刚烈的巴顿既不理解艾森豪威尔的总体战略，也与以前的下级、第 12 集团军群司令官布莱德雷难以和谐相处，似乎也未把对手曼陀菲尔放在心上。眼中只有齐格菲防线，对曼陀菲尔的反扑不屑一顾的巴顿，在 1944 年秋的洛林之战中毫无光彩可言，还栽了不小的跟头，自言是其军旅生涯中灰暗的一页，也一度成为后人所言的"向隅的巴顿"。

▲ 曼陀菲尔在洛林战役中的打击重点是巴顿手下的第 12 军，尤其是该军第 4 装甲师。图为巴顿（左）与第 12 军军长埃迪少将正在商量洛林作战策略。埃迪在洛林并未表现出自己真正理解和掌握了巴顿所倡导的、第 4 装甲师师长伍德所执行的机动战的要义，伍德 9 月曾取得纵深突破，但埃迪错失良机，未能及时扩大装甲箭头的成功，造成美军的不利局面及日后的僵持。当然，将全部失误归咎于埃迪也是不公平的，巴顿本人也有一定的责任。

▲ 布拉斯科维茨上将。他佩戴的是波兰战役中获得的骑士勋章，1944 年 10 月 29 日他获得德军第 640 枚橡叶骑士勋章，1945 年 4 月 26 日希特勒又向其颁发了双剑骑士勋章（第 146 位）。

▲ 第 47 装甲军军长、装甲兵将军吕特维茨。1944 年 2 月至 9 月初他是第 2 装甲师师长，还将在阿登反击战中继续与曼陀菲尔共事。吕特维茨是一名中规中矩的将领，阿登反击战中当他派人向巴斯托涅被围美军劝降时，却得到简洁无比的一句答复——"Nuts！"，这大约是这位将军最出名的经历。

▲ 第106装甲旅旅长贝克上校。图片约摄于1943年初，当时他还是第6装甲师第11坦克团2营少校营长，身后是他的三型指挥坦克。贝克是德军有名的中级装甲指挥官，他的"贝克重型坦克团"在1944年1月发生的5天战斗中，据说曾以4辆坦克的代价击毁了苏军267辆坦克。到西线后贝克很快遭遇了个人的滑铁卢，1944年9月7日至8日，他的第106装甲旅在进攻美军第90步兵师时遭遇血洗，几乎全旅覆没。

▲ 第112装甲旅旅长乌瑟德姆（Horst von Usedom）上校。图中的他时任GD师搜索侦察营少校营长，他乘坐的是SdKfz. 250/3 装甲车。此人有"拼命三郎"之称，作战十分勇猛，但他领导第112装甲旅期间的表现可谓惨烈，他的装甲旅在坦克数量和质量均占优势、兵力远胜对手的情况下，在洛林地区的栋派尔被法军第2装甲师所部及美军空军彻底击败。

◀ 摄于1944年12月1日，巴顿（右一）与手下考察萨尔河渡桥，左一为第4装甲师长伍德。两天后，巴顿无奈地解除了他最喜爱的将领伍德的职务。伍德被李德·哈特战后称为"美军的隆美尔"，但就是这样一员猛将，由于与军长埃迪个性反差太大、理念不同，两人无法和衷共济，巴顿为息事宁人只得忍痛失去伍德。有美军历史学家曾评论说："留下埃迪、失去伍德，实际上标志着巴顿选择了一种缺乏想象力的保守作战风格。"这可能也是巴尔克在洛林战役之后能多次挫败巴顿攻势的原因之一。

▲ 洛林战役期间曼陀菲尔与第111装甲旅的两名连长在交谈，右一为豹式坦克营4连连长彭兹勒（Walter Penzler），右二为2连连长吉特曼（Horst Gittermann）。这两人后随第116装甲师第16坦克团参加了阿登之战，吉特曼任坦克团长拜尔（Johannes Bayer）上校的副官。

▲ 第113装甲旅旅长泽肯多夫（Erich von Seckendorf）上校。这位生于1897年的上校早年的经历与曼陀菲尔颇相似，长期在骑兵部队任职，1941年夏曾任第6装甲师第114掷弹兵团团长，晋升上校的时间也只比曼陀菲尔晚两个月，但此后再未担任过任何显著职务。1944年夏末任第113装甲旅旅长，9月23日在阿拉库尔以南的战斗中死于美军轰炸，后被追赠少将军衔。

▲ 美军第4装甲师CCA指挥官克拉克上校。50年代他曾任驻欧美军第7集团军司令官，1958年成为四星上将，1962年退休前任驻欧美军总司令。克拉克在阿登之战中曾率部救援圣维特，延迟了曼陀菲尔装甲集团军西进的步伐。克拉克与曼陀菲尔战后成为好友，曾邀后者重游当年的阿登战场。

▲ 摄于1944年9月22日，曼陀菲尔正向第111装甲旅旅长舍伦道夫下达作战指令。舍伦道夫曾任第5装甲师第13装甲掷弹兵团团长（曾短暂代理过师长），是一位勇敢的军人，但所部连日的惨重损失令其十分沮丧，这幅照片拍摄前后曼陀菲尔还对其严加训斥，数小时后这位上校死于美军机枪火力之下。他的部下相信旅长是想早做了断而故意暴露在枪口下的。舍伦道夫后被追赠少将军衔。

▲ 美第4装甲师CCA 第37坦克营营长亚伯拉姆斯中校。巴顿对他的战斗能力和指挥水准极为赞赏，二战谢幕前曾称其为美军最好的坦克指挥官。1972年时亚伯拉姆斯担任了陆军参谋总长、四星上将，美军曾经的主战坦克M1Abrams就是以他的名字命名的。

▲ 摄于1944年9月中下旬吕内维尔周围的道路上，一辆被摧毁的德军四型坦克横在路上，炮塔掉在路边，美军第106骑兵团的士兵正在观察其残骸。这辆坦克可能来自第112装甲旅，该部9月13日曾在栋派尔遭到血洗，其残部在洛林反击战发起后也未发挥大的作用，9月末时被并入第21装甲师。

— 235 —

▲ 摄于1944年9月的阿拉库尔附近,第111装甲旅第2111坦克营的一辆四型坦克。右二(戴眼镜者)为一名连长,他佩戴着一级铁十字勋章,左臂上的徽章似为1942年的"克里米亚战役纪念臂章"。

▲ 亚伯拉姆斯在自己名为"雷霆"(Thunderbolt)的指挥坦克上。他的坦克营是阿登之战中最先打开巴斯托涅重围的美军。鲜为人知的是,他可能还是二战美军击毁对手坦克最多的人之一,先后换过7辆指挥坦克(均命名为"雷霆")。

▲ 摄于1944年9月的洛林,德军装甲部队装备的"旋风"(Wirbewind)四型防空坦克。每个装甲师和装甲旅都拥有8辆此种防空坦克,配有4门20mm自动火炮,虽然火力霸道,但对付美军P-47战机的效果并不彰显。

▲ 摄于1944年9月20日的小镇比尔斯(Bures),德军第111装甲旅的一辆豹式坦克(Ausf. G)搭载着步兵开赴阿拉库尔。

▲ 1944年冬，西线总司令伦德施泰特元帅坐在办公桌前沉思。这位人称"德军中战略才华仅次于曼施坦因"的老元帅，在阿登反击战的计划阶段即认为其毫无可能实现，但此战实为希特勒的个人"杰作"，伦德施泰特只是最后一赌中名义上的统帅。不过，伦德施泰特保守战略家的声誉也使之在反攻开始前就为德国做出了贡献：盟军统帅们坚信西线德军只会进行小心谨慎的防御战，在这种心态支配下，盟军完全没有准备好应对希特勒的大规模冒险反攻。具有讽刺意味的是，盟军将领们还是将希特勒的作品命名为"伦德施泰特反攻"。

▲ 摄于1944年3月，伦德施泰特视察党卫军第12"希特勒青年团"装甲师的情形。图中手持权杖者为伦德施泰特，同排最右侧是该师师长维特（Fritz Witt）上校，两人中间的是第26装甲掷弹兵团3营10连连长帕拉斯（Wilhelm Pallas）中尉，伦德施泰特身后的是第26装甲掷弹兵团团长蒙克（Wilhelm Mohnke），蒙克右边衣领敞开的将官则是时任党卫军第1装甲军军长的迪特里希。图中前方的装甲车是一辆SdKfz. 251/3 Ausf.D装甲车。

▶B集团军群司令官莫德尔。他曾强烈反对举行阿登反击战，也与伦德施泰特和曼陀菲尔等多次试图说服希特勒，但不仅未获成功，反遭希特勒的嘲讽讥笑。性格强悍的莫德尔在元首面前的影响力已大不如前，到1945年1月，他在希特勒心目中恐已变成"另一个自以为比元首懂得多的元帅而已。"

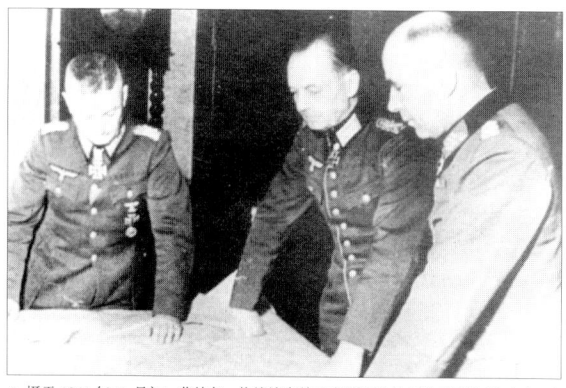

▲摄于1941年11月初，莫德尔、伦德施泰特及莫德尔的参谋长克雷布斯（右一）正借助地图探讨反击方案。西线高级将领们曾强烈反对希特勒的计划，但唯一的收获就是获准将进攻日期顺延到12月上旬。

▲第7集团军司令官、装甲兵将军勃兰登堡。阿登反击战中他的集团军在左翼作战，负责保护迪特里希和曼陀菲尔的侧翼。图中的勃兰登堡看似温文尔雅，貌似教师，但他是一名能干的装甲兵将军，早在苏德战争之初即是曼施坦因麾下的第8装甲师师长。1944年9月初执掌第7集团军前，他一直在东线作战，先后任第59军和第29军军长。

◀ 党卫军第6装甲集团军司令官迪特里希，图片摄于1944年6月盟军诺曼底登陆期间，迪特里希时为党卫军第1装甲军军长，隆美尔正在迪特里希的指挥部。迪特里希稍后任第5装甲集团军司令官，8月23日曾请求莫德尔解除其职务，因其自认能力和表现不足以指挥集团军。到阿登战役开始准备时，隆美尔已经作古，迪特里希将出演主角，曼陀菲尔负责支援和扩大突破，希特勒显然更愿意把胜利的光环留给党卫军。不过，迪特里希从一开始就对反击战不抱成功希望。

▲ 德国的"西墙"——齐格菲防线的一角，图中可见层层反坦克障碍，它们呈之字形延展于开阔地带，与道路交汇时有硕大的铁门看家护院。这些障碍物后方几百米分布着隐藏很好的碉堡、掩体、火力点和指挥所。这一整套防御体系的目的是尽力延迟盟军的步伐，以便德军预备队能发起致命的反戈一击。参与阿登反击战的德军各部战前都部署在齐格菲防线背后，以最严格的保密和欺骗措施进行调度、训练和准备。

▲ 在西欧作战的美军将领中不少都是阿登战役的直接参与者，前排从左至右依次为：第3集团军司令官巴顿，第12集团军群司令官布莱德雷，艾森豪威尔，第1集团军司令官霍奇斯；后排从左至右为：基恩(Hugh Keen)少将，科尔莱特(Charles H. Corlett)少将，第7军军长柯林斯(J. Lawton Collins)少将，第5军军长格罗(Leonard Gerow)少将，空军第3军军长奎沙达(Elwood R. Quesada)少将。

▲ 第5装甲集团军司令官曼陀菲尔，约摄于1944年11月末。

▲ 美第8军军长米德尔顿少将。阿登之战开始前第8军在安静的阿登山区把守着90英里防线，他属下的几个师是遭受德军打击最重的。图中的米德尔顿正顶风冒雪地赶路。

▼ 迪特里希的党卫军第6装甲集团军被希特勒指定为反击战的主角，他的先锋就是鼎鼎大名的纳粹武士派普——希特勒警卫旗队装甲师装甲坦克团上校团长。图中的派普身着引人注目的黑色装甲兵制服，背对镜头的军官正向他行纳粹举手礼，派普刚参加了师部作战会议，准备返回团部，摄于1944年12月上旬反攻前两日。

▶ 巴斯托涅之战的美军两大英雄，左为第4装甲师第37坦克营营长亚伯拉姆斯中校，右为第101空降师炮兵主任、代师长麦考利夫准将。

▲ 曼陀菲尔的装甲箭头之一、第130装甲教导师师长拜尔莱因（Fritz Bayerlein）中将。这位将军曾在北非任隆美尔的参谋长，1943年5月突尼斯桥头堡覆灭前，他也像曼陀菲尔一样幸运地因病撤离。回到东线后拜尔莱因担任过第3装甲师师长，后任装甲教导师师长，先后转战匈牙利、法国诺曼底和阿登山区。

▲ 曼陀菲尔的另一装甲箭头、第2装甲师师长劳彻特上校。他曾在库尔斯克之战中担任德军第一支豹式坦克团团长，有着大胆勇猛的声誉，阿登之战发起前一天才被调任第2装甲师师长。第2装甲师对曼陀菲尔突向马斯河的作战来说，就像派普战斗群在迪特里希那里扮演的角色那样，事实上，劳彻特所部是向西推进最远的德军，最后是在距迪南的马斯河渡口不足6英里处受阻。

▲ 阿登反击战中的一辆豹式坦克（Ausf. G），摄于1944年12月16日战役发起之初。

▲摄于1944年12月18日,党卫军第12"希特勒青年团"师的一辆豹式坦克在克林凯尔特(Krinklet)附近遭伏击,这张图片难得地捕捉了坦克燃烧的瞬间。

▲摄于1944年12月17日,派普战斗群在开往布林根(Bullingen)的途中。

▲摄于1944年12月中下旬,配属于派普战斗群的第3伞兵师伞兵(来自其第9伞兵团)搭乘虎王坦克(Ausf.B)向战场进发。这些训练精良的伞兵不仅参加正面攻坚和后方作战,还借助地形顽强阻击美军救援部队,在第7集团军战区作战的第5伞兵师就对美第4装甲师造成了大量杀伤,延迟了对手救援巴斯托涅的步伐。

▲ 摄于1944年12月中下旬，曼陀菲尔与莫德尔元帅（右）和托马勒少将（中）交谈，托马勒此时为西线德军装甲兵总监。

▲ 摄于1944年12月中下旬，派普战斗群的一辆虎式坦克在斯塔维洛特街头因机械故障而被遗弃。

▲ 摄于1944年12月中下旬，党卫军第1装甲师的一名军官正向部队发令和招呼士兵奋勇向前，背景是一辆美军装甲车。

▲ 摄于圣维特周边，德军第116装甲师的一辆装甲运兵车正向圣维特方向攻击，背景车辆为被摧毁的美军M10坦克。

▲ 摄于1944年12月中下旬的霍法力兹附近。曼陀菲尔右侧的是莫德尔，左侧背对镜头者为托马勒少将。

▲ 摄于阿登反击战期间，第116装甲师的几名军官正在商议下一步行动计划，身后的装甲车来自该师第28装甲掷弹兵团，这辆装甲车车顶的MG42机枪周边有装甲保护。

▲ 摄于1944年12月中下旬，曼陀菲尔与莫德尔（左）、托马勒少将（右）借助地图研判局势。前线经验和才华颇为出众的托马勒是装甲兵总监部参谋长，曾是古德里安最得力的助手，此时为西线装甲兵总监。

▲ 摄于1944年12月中下旬,莫德尔与他的参谋军官贝尔(Winrich Behr)少校正在研判反击战的进展。贝尔曾在斯大林格勒担任过保卢斯元帅的情报参谋,也曾在隆美尔集团军群任参谋军官,算得上是与多位元帅共事经历甚为丰富的军官之一,2011年以93岁高龄去世。

▲ 摄于1944年12月22日或23日,党卫军第1装甲师"汉森"战斗群正在一名生猛的军官率领下前进,他们一行路过燃烧的美军车队,向拉格雷兹(La Gleize)方向扑去,试图救援和接应进退维谷的派普战斗群。

▲ 逃离巴斯托涅战场的比利时难民。

▲ 美军第 4 装甲师所部向北救援巴斯托涅。

▲ 救援巴斯托涅的作战中，美军第 4 装甲师 CCA 和 CCB 两个战斗群遭到了德军第 5 伞兵师的顽强阻击，进展一度仿若爬行。图为一辆美军坦克从刚被击毙的德军士兵尸体前经过。

▲ 正在巴斯托涅周边的冰天雪地间作战的德军士兵。

▲ 美军的大口径火炮正在炮击德军。到1944年秋时，美军可能已拥有世界上最好的炮兵，在与德军的多次交手中炮兵发挥了至关重要的作用，有时仅凭优势炮火即足以粉碎德军攻势，巴斯托涅之战也不例外。即便在阿登战役之初德军攻势较为顺利之时，由于盟军空军受限于天气基本未发挥作用，一再阻滞德军的除了官兵的顽强抵抗外，其炮兵可谓居功至伟。

▲ 巴顿救援巴斯托涅的先锋是亚伯拉姆斯的第4装甲师第37坦克营，图为该营坦克正在雪原上疾驰。

▲ 阿登反击战之初，乌云低垂、浓雾缭绕的"好"天气曾青睐了德军，但从12月21日起放晴的天气预示着德军命运的逆转。美军的战斗-轰炸机部队逼迫着德军装甲师昼伏夜行，一日数次轰炸德军的运输车队、火车站、铁路和道路枢纽。1944年12月23日至31日间，有整整2个装甲师的坦克和各种装备被美空军炸毁。图为美军的P-47和B-26战机执行轰炸任务。

▲ 亚伯拉姆斯是解救巴斯托涅的英雄之一，本图摄于12月26日，当日他的坦克营与第53装甲步兵营联手打通了从南面进入巴斯托涅的通道。图中的亚伯拉姆斯（右）正骄傲地向人展示自己的"雷霆"指挥坦克。

▲ 这是一张令人印象深刻的图片，显示的是美军第4装甲师所部在距巴斯托涅尚有5英里处的一处战场。

▼ 摄于1944年12月26日巴斯托涅之围解开之后，一辆美军吉普车从巴斯托涅街头驶过，图中可见德军对这里进行了大强度的炮击和轰炸。

▶ 阿登战役中，曼陀菲尔所部曾费尽千辛万苦夺取了巴斯托涅北面的交通枢纽圣维特，这个重镇在战后也变成了一片废墟。在这张图片中，肃杀的严冬封住了一切，了无生机的一片死寂仿佛在诉说着刚刚过去的血腥搏杀。

▲ 1944年末的德军已非1940年闪击法国时的德军,其数量、士气、装备、训练、机动能力、尤其是补给支援能力,都注定了曼陀菲尔等将领无法完成希特勒下达的任务。即便缺乏补给和后援的装甲箭头能最后抵达马斯河,也不可能再有力量摧毁那里养精蓄锐已久的英军。图为英军禁卫装甲师的一辆坦克正在那慕尔的马斯河畔巡逻。对马斯河防线构成最大威胁的是德军第2装甲师,但防御迪南的英军第29装甲旅所部拦住了其去路。德军第2装甲师在望河兴叹之余,旋即被英美装甲部队包围,几经挣扎之后,才在丢失了几乎所有重武器后得以逃生。

▲ 1944年底,在迪南的马斯河畔布防的英军第29坦克旅的谢尔曼坦克隐藏在附近的森林边缘,这些坦克正严阵以待地恭候突破到不远处的德军第2装甲师。

▶ 劳彻特第 2 装甲师的科申豪森战斗群曾在 1944 年 12 月 24 日进抵迪南东南的塞勒斯森林地带，随后遭到美军第 2 装甲师和英军皇家第 3 坦克团的攻击，美军第 84 步兵师也切断了其补给通路。两天激战后曼陀菲尔批准劳彻特撤退，科申豪森战斗群与另一战斗群合兵一处后在塞勒斯几经挣扎，终有 600 名德军逃出绝境。图片显示的是后人在塞勒斯所设立的突出部之战纪念牌。

▲ 摄于 1945 年 1 月 1 日的元首西线指挥部，希特勒正与戈林（左一）、参谋总长古德里安（右一）研究大规模轰炸盟军机场的作战，目的是支援阿登地区的激战。当日，空军集中了 1100 架战斗机和轰炸机攻击法国北部和比利时的 27 个盟军机场，英美盟军有近 400 架战机被毁或受重创，但德军也损失了 237 名飞行员、尤其是为数不菲的老手。这场空战是德国空军的天鹅绝唱，自身损失的战机和飞行员再也无法弥补，战斗机部队总监加兰德曾说这是"德国空军最后的死亡打击。"

▲ 摄于 1945 年初，莫德尔与 B 集团军群参谋部的参谋们在研究撤退事宜。左边第 3 人为作战处长赖希黑尔姆（Gunther Reichhelm）上校，右边第 2 人为莫德尔，最右边的是贝尔少校。

▲ 摄于 1945 年 1 月，曼陀菲尔正与其参谋长瓦格纳少将商量撤退方案。阿登反击战中，曼陀菲尔取得了较大战果和最深远的突破，这当然与他的指挥才能和战术素养直接相关，也与反攻前所做的精心准备密不可分，在此方面瓦格纳及其领导的集团军总部可谓居功至伟，美军官方战史曾称曼陀菲尔的参谋班子"可能是整个西线德军中最好的。"

▲ 摄于1945年2月，美军三巨头聚首于巴斯托涅。20年后，当曼陀菲尔与昔日对手相聚时，仇恨早已泯灭，但艾森豪威尔仍为阿登阵亡的8000美军"感到负罪和内疚"，布莱德雷则在与曼陀菲尔晤面时调侃道："这么一个小个子怎么能在阿登战役中给我们制造了那么大麻烦？"可惜巴顿1945年末即去世，否则重逢的巴顿与曼陀菲尔又会演绎出怎样的传奇？

▲ 摄于阿登之战结束后的战场，图为被摧毁或遗弃的德军装甲车辆，前者是一辆四型坦克，后者为一辆豹式坦克。德军在阿登之战中除人员伤亡外，还损失了大量坦克、突击炮、反坦克炮和多管火箭炮，这些守卫本土和东线急需的武器都静悄悄地躺在战场上，任凭风雪敲打它们的躯壳。

▲ 一张难得的图片，一辆德军豹式坦克栽到霍法力兹附近的一座桥下，这座桥在停战之后得到修复，但坦克直到1946年才被打捞出来。本图应是桥梁修复后的1945年拍摄的。德军在阿登投入了相当数量的虎王和虎式坦克，但效果并不好，该地区的地理地貌决定了重型坦克无法发挥其特长，天气不佳、道路稀缺、桥梁无法承重等原因也严重迟滞着德军装甲部队的推进。这辆轻一些的豹式坦克都能一头栽到桥下，如果是更重的虎王坦克，只怕整桥即刻就会垮塌。

▲ 纳粹帝国中，除希特勒外，党卫队领袖兼警察首脑希姆莱应是最令人发指的凶魔了。平时甚少动枪的希姆莱不仅是屠杀数百万犹太人和平民的元凶，而且一直梦想成为军事领袖——随着希特勒任命他执掌"维斯瓦集团军群"，他的梦想成真了。古德里安此后一直设法令希姆莱去职，不过直到1945年3月下旬方能如愿，替代希姆莱的是东线老手、德军最出色的防御专家之一——海因里希上将。

▲ 摄于1945年3月6日，古德里安正向记者控诉苏军进入东普鲁士以来对德国平民施暴的罪行，他的右侧是希特勒的新闻总管迪特里希（Otto Dietrich）。3月28日，古德里安因与希特勒发生了激烈冲突而被解除了职务。

▲ 摄于1945年3月下旬的阿尔特丹桥头堡，正从废墟间行进的是苏军第311步兵师。阿尔特丹桥头堡之战是曼陀菲尔接手第3装甲集团军后的第一仗，朱可夫所部3月14日至20日间给曼陀菲尔部以重大杀伤。桥头堡的被拔除使朱可夫在奥得河东岸拥有一条完整的战线，可以集中精力准备柏林的最后一战。

▲ 在纳粹帝国的最后时日里将与朱可夫和罗科索夫斯基决斗的"维斯瓦集团军群"司令官海因里希上将。这位身材与曼陀菲尔相当、强悍固执的将军有"毒矮子"的绰号，1942年初以来就是德军最顶尖的防御专家——在苏军莫斯科反攻中，他的第4集团军曾生生挡住了朱可夫近百万部队继续西进的道路。

▲ 摄于1945年3月的什切青，一辆SdKfz.7半履带车拖拽着88毫米高射炮行驶在什切青的街道上。4月20日，当罗科索夫斯基发起奥得河作战时，什切青并非他的重要目标，这座海港25日被苏军三面包围后很快失守。

▲ 这张图片难得地汇集了德军的三位优秀将领，从左至右为温克、胡伯（Hans-Valentine Hube）和曼施坦因，摄于1944年3月的卡门涅茨—波多尔斯基突围战期间。曼施坦因当时为南方集团军群司令官，但3月底即被解职；胡伯为被包围的第1装甲集团军上将司令官，突围成功后的4月21日因飞机失事身亡；温克时任胡伯的参谋长。温克是二战德军最年轻的装甲兵将军，可能也是普鲁士-德国参谋本部培养出的最聪颖的参谋军官之一。1944至1945年他任副参谋总长，是古德里安最得力的助手，1945年4月任第12集团军司令官，希特勒曾将最后的全部希望寄托在他身上。

▲ 1945年3月11日，希特勒到第9集团军视察，图为他正与集团军司令官、步兵将军布塞（右边戴眼镜者）交谈，希特勒右手戴眼镜者为格莱姆（Robert Ritter von Greim）上将（4月底被晋升为元帅并任空军总司令）。

▶ 摄于1945年3月的海港什切青附近，一队德军正经过什切青铁路桥前去增援。

▲ 苏军两大名帅罗科索夫斯基与朱可夫，摄于 1944 年末的波兰。

▲ 罗科索夫斯基手下有名的战将、第 65 集团军司令员巴托夫（P.I. Batov）上将（右一）。巴托夫自 1942 年 1 月起就一直在罗科索夫斯基麾下效力，在 4 月突破奥得河的作战中，他的第 65 集团军发挥了最重要的作用。

▲ 党卫军上将斯坦因纳。他是"维京师"创始人，被称为党卫军最具才华的指挥官，长时间任党卫军第 3 装甲军军长后，1945 年 1 月任党卫军第 11 装甲集团军司令官。柏林战役中斯坦因纳任"维斯瓦集团军群"总预备队指挥官，希特勒 4 月底曾令其在柏林北面发起反攻，但他拒绝从命。斯坦因纳有着希特勒"金童"的称号，一直深受宠信，有后人说他的抗命和党卫军的背叛，是希特勒最后举枪自裁的直接原因之一。

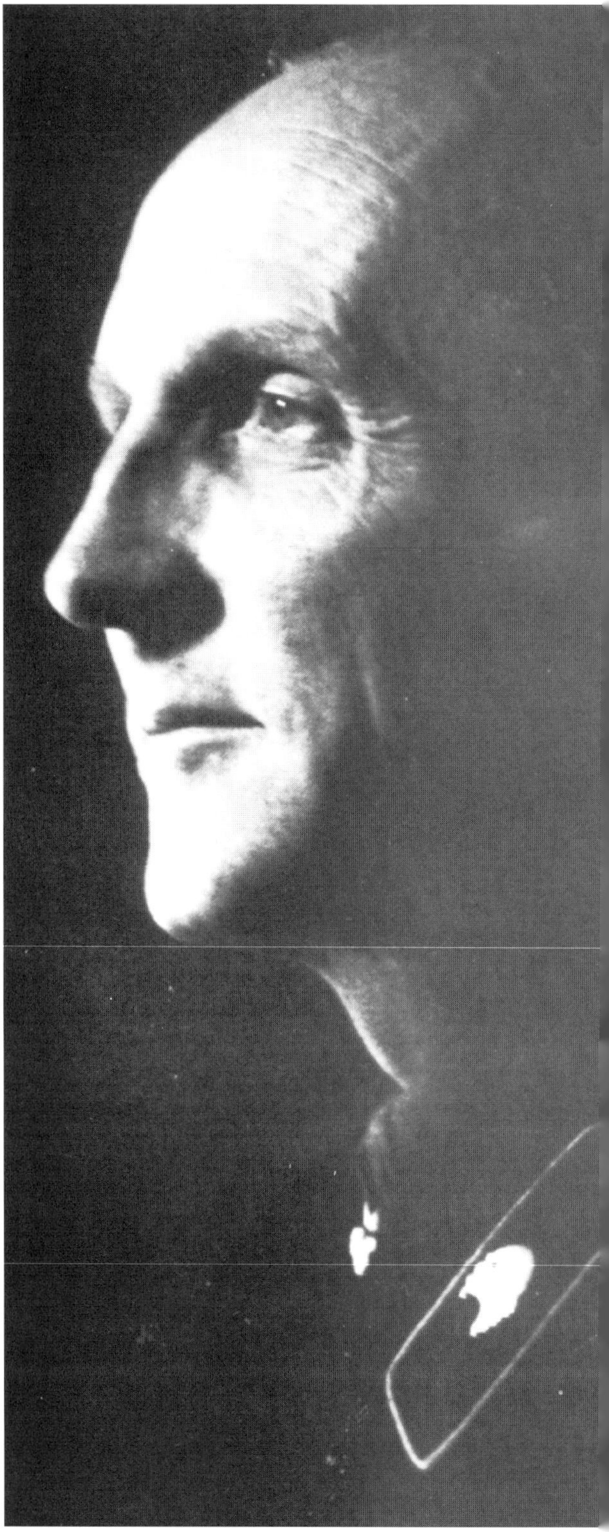

▲ 曼陀菲尔获得镶钻骑士最高战功勋章之后拍摄的侧面标准照。

▲ 1945年2月18日曼陀菲尔成为德军第24位镶钻骑士勋章得主。这张照片是授勋后纳粹宣传部门拍摄的标准照。3月上旬，曼陀菲尔改任第3装甲集团军司令官，开始在奥得河畔为拱卫柏林进行最后的挣扎。

▲摄于1945年3月末,希特勒来到奥得河前线视察防务。

▲摄于1944年11月12日,戈培尔正在检阅国民突击队队员。当年10月,纳粹党根据希特勒的命令开始组建国民突击队,征召所有16岁至60岁的男子参战。在1945年的奥得河和柏林之战中,有大量未经训练的孩子和老人手持轻武器与苏军作战。

▶奥得河之战中曼陀菲尔的直接对手、第2白俄罗斯方面军司令员罗科索夫斯基元帅。斯大林曾高度评价这位战功彪炳的战将:"我没有苏沃洛夫,但罗科索夫斯基就是我的巴格拉季昂。"

▲摄于1945年3月末,海军总司令邓尼茨元帅来到奥得河前线视察充任步兵的海军部队。

▲摄于1945年3月末,外交部长里宾特洛普(中)在奥得河前沿观察敌情。

▲摄于1945年3月末,德军豹式坦克编队和步兵向前线开去。最后两个月里,德军匮乏坦克、重武器和弹药,曼陀菲尔既没有多少坦克,也无装甲预备队,自然无法施展他拿手的防守反击。

▲摄于1945年4月奥得河之战打响前,德国国民突击队防御的奥得河防线一段。

▲摄于1945年4月,德国国民突击队沿奥得河防线的一处机枪阵地。

▶ 摄于1945年4月末的奥得河之战，苏军工兵正在奥得河上架设浮桥，背景中的大桥已被德军炸毁。

▲ 1945年4月14日至15日，英军轰炸机轰炸了曼陀菲尔的故乡波茨坦，除炸死炸伤3500人外，还有超过1100幢建筑毁于战火，其中就包括受损严重的圣尼可拉斯大教堂（位于图片中间）。

▲ 摄于1945年4月的奥得河之战中，苏军正从泛滥的河滩地上打捞反坦克炮。曼陀菲尔防区内的奥得河段水情复杂，有数条大小支流和漫长的沼泽滩涂，苏军总攻发起前夜河水还曾上涨两米，淹没了苏军积聚的物资和重武器。尽管天堑在握，但毕竟大势已去，曼陀菲尔的老弱残兵也只能勉力固守一周而已。

▲ 希特勒青年团的两个孩子刚从战场上下来，从他们的面部表情来看，残酷的战争对这些身心尚未成熟的孩子来说实在过于沉重了。四面楚歌的纳粹帝国只能搜罗孩子和老人前去迎战士气炽盛、装备精良的苏军，其末日屈指可数了。

▲这是颇为有名的一张照片,摄于1945年4月的柏林战役期间。有著名军史家称图中两人为祖孙,不管是否如此,穷途末路的德国即将战败了。

▲1945年4月柏林毛奇大街上的激战,附近被毁的建筑是纳粹内政部,苏军穿过这里后直扑帝国议会大楼。

◀二战最后的战斗场面之一。图中的背景建筑为帝国议会大厦,右前方是德军尸体,中间是一门再也无人操作的88毫米高射炮,以及满目的残垣断壁。

▶摄于1945年5月2日,德军第56装甲军军长兼柏林城防司令、炮兵将军魏德林走出掩体投降。苏联法庭判处他25年监禁,1955年死于苏联内务部监狱。

▲ 只代理了一天"维斯瓦集团军群"司令官的提佩尔施基希将军带着所谓的第 21 集团军向蒙哥马利所部投降，摄于 1945 年 5 月 2 日。

▲ 摄于 1945 年 5 月 4 日下午 6 时左右，德国海军上将弗里德堡（Hans-Georg von Friedeburg）等在蒙哥马利位于吕讷堡的指挥部签署投降文件。曼陀菲尔已在前一日向蒙哥马利投降，三日后约德尔在艾森豪威尔的总部签署了国防军全面投降的文件。

▲ 摄于 1945 年 5 月初的柏林街头，一眼望不到头的战俘在苏军战士押送下步入战俘营，等待他们的将是晦暗不明的未来。图中几乎所有战俘都是年轻人，一些人显然是希特勒青年团的大孩子。曼陀菲尔在最后几日里拼命向英美军队的方向撤退，否则进入苏军战俘营的也将有他和属下十万人的身影，倘若如此，他的战后经历恐将完全改写。毕竟，他的二战生涯一多半是在东线，而且立下了很多战功。

▲ 摄于 1945 年 7 月柏林的勃兰登堡门附近，英军元帅蒙哥马利与苏军将领见面，与蒙哥马利握手的是朱可夫，敬礼者为罗科索夫斯基，他身后左侧的是第 1 白俄罗斯方面军参谋长索科洛夫斯基（Vasily D. Sokolovsky）大将，右侧是第 2 白俄罗斯方面军参谋长马里宁（Mikhail Malinin）上将。这四位将领随后获得了蒙哥马利代表英国政府颁发的高级勋章。

4月1日，斯大林将朱可夫和科涅夫召到克林姆林宫，商议柏林战役的策略和具体计划。正忙于作战的罗科索夫斯基没有与会，但斯大林并未忘记他——大本营命令他重组第2白俄罗斯方面军，于15日至18日间全面接管朱可夫右翼的防线，使后者的正面缩短100英里，从而能集中力量进攻柏林。[23] 这并不是一次轻而易举的重新部署，用罗科索夫斯基自己的话来说，"昨天部队还在向东进攻，而现在他们必须转向西，强行军通过300~350公里，穿过那些刚刚结束战斗、硝烟尚未散尽的地方，而清理道路、在无数江河和运河上修复渡口的工作才刚刚开始。铁路上缺乏机动车辆，而路基和桥梁状况极差，列车行驶的速度跟步行差不多。就是在这种条件下要完成数十万人、几千门炮的换防，几万吨弹药和大量其他物资的转运工作。"[24] 不过，抱怨归抱怨，从4月4日起，罗科索夫斯基的诸集团军开始沿着残破的铁路和弹坑密布的公路开拔，坦克、炮兵和运输车辆像蜗牛一样爬行，而大批步兵就靠双脚跋涉了300余公里。他的先头部队4月10日出现在奥得河东岸的指定区域，却失望地发现泛滥的奥得河前还有着长长的沼泽滩涂。13日，巴托夫 (Pavel I. Batov) 上将的第65集团军抵达了阿尔特丹、费迪南施坦因 (Ferdinandstein) 地区，波波夫 (Vasilii S. Popov) 上将的第70集团军16日抵达第65集团军南面的出发阵地，而格里申 (Ivan T. Grishin) 上将的第49集团军则在15日出现在第70集团军南面的克兰茨菲尔德、尼佩尔维泽 (Nipperwiese) 地区。第2突击集团军也于15日凌晨抵达第65集团军北面的卡明、伊肯明德地域。

希特勒4月5日在总理府地堡召开军事会议，听取海因里希关于奥得河防线的汇报。海因里希清楚地指出，苏军主攻方向就在布塞的第9集团军防区，最重的拳头将砸向弗里岑 (Wriezen)、科斯琴桥头堡周边、法兰克福南部以及曼陀菲尔防区最南翼的施韦特。他指出，为应对苏军对柏林正东的泽洛 (Seelow) 高地的强大压力，必须大大加强布塞集团军的实力，但必须付出的代价是削弱曼陀菲尔的实力——第3装甲集团军的防线现在都由一些末流部队把守，上年纪的民兵、希特勒青年团稚气未脱的孩子、士气低迷的匈牙利部队和一些反苏的俄罗斯部队等，就是曼陀菲尔所部的兵力来源。海因里希说："布塞的局势现在有了改观，但曼陀菲尔第3装甲集团军的战斗力却很差。至少在其前沿中段和北段，他的部队没有任何潜力。他们基本没有大炮，高射炮也不能取代大炮，而且还没有足够的炮弹……第3装甲集团军现在的局势之所以还算安全，纯粹是拜奥得河的洪水泛滥所赐。我必须警告您，只要奥得河水依然泛滥，我们尚可接受曼陀菲尔集团军的虚弱状况，一旦大水退去，俄国人的攻势势必会取得成功。"[25] 海因里希随即将汇报重点转到第9集团军，他一再坚持放弃法兰克福，将撤出的3万守军充实到紧要地段。他还要求希特勒把调往中央集团军群的几个装甲师和装甲掷弹兵师迅速归建。当然，他的所有要求都遭到拒绝，倒是与会的戈林、希姆莱和邓尼茨"慷慨地"表态，愿意支援海因里希15万人充作预备队。对海因里希来说，这些毫无陆战训练和经验的海空军人员、党卫队行政人员无疑是画饼充饥，而且即便这个承诺也未兑现，最后仅有3万余人到达，而他们的武器竟然只是1000余条老旧步枪，海因里希所能提供的子弹还与之不兼容!

海因里希与曼陀菲尔对于守住奥得河防线基本不抱奢望，但他们在部队面前表现得十分镇定，仍竭尽全力以自己的热情和干劲鼓舞官兵。海因里希根据曼陀菲尔的成功经验，也结合自己在莫斯科和其他战场上屡试不爽的防御策略，决定在集团军群区域内执行"预先后撤"的策略——在苏军弹幕射击前撤出一线，使炮弹落到无人的堑壕里，待炮火一停，德军立即从未受攻击的阵地向前推进，重新占领原先的前沿。海因里希在下发的命令中强调说，此战术并不适用于日常作战，主要目的还是避免苏军炮火所造成的伤亡和混乱。由于几无可能预知对手进攻的准确时间，海因里希告诫属下某些情况下可能会发出错误信号，要求他们相应地通知部队。在德军已经撤退，苏军总攻并未发起的情况下，海因里希要求部队必须在次日中午前重新占领阵地。参谋本部一位巡视的将领向海因里希指出，炮兵的后撤对步兵有着不容忽视的心理影响，因之建议最好分阶段撤出炮兵，以使步兵难以察觉到支援炮兵力量的削弱。由于担心逃兵会将己方意图透露给苏军，海因里希规定撤退计划只能在实施前一刻下达给负责军官，这虽然确保了不至泄密，但也使部队没有条件进行演习或做好心理准备。另外，还有些将领对于在苏军炮口下转换阵地感到不快，当他们把忧虑和抱怨汇报上去时，海因里希毫不客气地指出："别的任何方案的后果都将更加令人不快，全军将被数万门大炮的弹幕齐射彻底摧毁。"苏军4月初发动了数次试探虚实的佯攻，使海因里希判断对手总攻时间的任务更为困难。在曼陀菲尔防区最南翼布防的是第46装甲军，军长加瑟斯4月初在防线前方侦测到苏军的频繁调动和火炮集中，认定其总攻将在8日发动。曼陀菲尔将此敌情迅速上报给海因里希，但后者根据情报分析和判断确信苏军4月中旬前不会发起总攻。固执的海因里希又一次猜对了，当日整个奥得河前沿平安无事，但他凭直觉预感到这个日子越来越近了。

4月11日，美军第2装甲师攻克了柏林西南90英里处的易北河名城马格德堡，而当日曼陀菲尔和海因里希却在参加一个部署毁灭城镇、执行焦土政策的会议。海因里希对于毁坏一切重要设施和工业厂矿的焦土政策嗤之以鼻，根本不在集团军群内传达。曼陀菲尔对此命令也是不屑一顾，一个月前，当他从西线的鲁尔口袋调来东线之前，军备部长施佩尔就曾专门拜访了他和莫德尔，请求他们不要破坏对战后的德国而言至关重要的鲁尔工业区。莫德尔表示了默许，而曼陀菲尔则表示，除非军情紧急和万不得已，绝对不会命令部队破坏任何工业厂矿和基础设施。

4月13日，随着维也纳的失守，留在德军手中的大城市就只剩下慕尼黑、柏林及布拉格等寥寥数座。舍尔纳仍在全力防御布拉格，他提醒希特勒牢记俾斯麦的名言——"谁守住了布拉格，谁就拥有整个欧洲！"深受鼓舞的希特勒依然坚信布拉格才是苏军的主要进攻方向，他不仅晋升舍尔纳为陆军元帅，还将海因里希仅有的几支装甲师和装甲掷弹兵师都派给了舍尔纳。15日下午8时过后不久，海因里希在分析了敌情报告后，确信苏军将在次日凌晨发起进攻。他让参谋长金泽尔给布塞发去了只有一行字的命令："后撤并占据第二道防线！"[26] 布塞立即组织部队在夜幕掩护下后撤，这一行动整整用了大半个夜晚才告完成。16日黎明前，朱可夫在科斯琴桥头堡附近山头上的掩蔽所里长久地观察着德军阵地，凌晨4点整，随着他的命令的下达，三颗红色信号弹出现在夜空，140余部探照灯连同坦克和卡车的前灯一起开亮，把远处的德军阵地照得通明。随后22000门大炮和喀秋莎火箭炮开始了弹幕射击，东线前所未见的猛烈炮火顷刻间震

撼大地，摧毁着远方的一切村庄和防御工事，猛烈的炮击甚至引起了风暴性大火。但是，当震天动地的弹幕射击告一段落时，轰炸引起的烟尘却将探照灯的灯光反射回来，让开始冲锋的苏军步兵一时无法看清前方。海因里希精心布置的防线和屡试不爽的防御策略也开始发挥作用，泽洛高地上俯瞰整个前沿正面的德军，开始用高射炮和反坦克炮向轰隆而至的苏军坦克倾泻致命的炮火。布塞下达的命令是立即枪决任何擅自后撤者，德军的抵抗因之无比顽强，泽洛高地前的开阔地带转瞬间就留下了大批燃烧的坦克和数不清的尸体。步兵仰攻泽洛高地的攻势一再受阻，而且代价高昂，迫使心急如焚的朱可夫放弃了苏军惯用的战术，即一般只在步兵打开缺口后才派坦克部队扩大突破，他当日中午就命令两个坦克集团军展开正面强攻。并不宽大的正面上挤满了装甲车和步兵，蜂拥的坦克也在缓慢爬行，而泽洛高地上的德军88毫米炮和反坦克炮再次美餐了一顿。朱可夫不断要求航空兵派出庞大的机群轰炸德军，直到17日时总算突破了泽洛高地的第一道防线，而后又花了一天时间征服了第二道防线。与朱可夫实力相当的科涅夫方面军也在16日发起了总攻，尽管他要跨越尼斯河，但他面对的地形不像朱可夫方向那样水网密布和难以迂回。科涅夫没有使用探照灯，而是采用了烟幕，其工兵部队几小时内就奇迹般地架起了几十座浮桥。17日，科涅夫麾下的2个坦克集团军强渡了尼斯河，次日抵达科特布斯 (Cottbus) 和施普雷堡 (Spremberg) 这两座要塞。科涅夫的坦克部队并未强攻要塞，而是绕行之后迅速楔入海因里希和舍尔纳集团军群的结合部。至此，朱可夫和科涅夫这两位名帅竞相夺取柏林的较量也正式拉开了帷幕。

相较于泽洛高地的激战，曼陀菲尔的防区在4月16日还显得异样的宁静。对岸的罗科索夫斯基也在一边观察着朱可夫和科涅夫的攻势，一边进行着总攻前的最后准备。当日夜，为准确了解曼陀菲尔一线守军的实力和火力配置，更为了改善总攻前的出发位置，第65集团军司令员巴托夫发起了试探性进攻，以夺取东、西奥得河之间被洪水淹没的河滩与防护堤为目标。巴托夫所部成功夺取了一些尚算完好的公路干线路基，有些小部队甚至还在西奥得河西岸夺取了几个小小的立足点。或许是由于德军弹药实在短缺，也许

是不愿暴露火炮的配置和阵地，沿岸德军并未对苏军小部队的登陆采取有力的反制措施，也没有炮击已占据河滩地的苏军。17日，曼陀菲尔防区最南翼的施韦特一带遭到朱可夫手下第61集团军所部的攻击，但其规模与泽洛高地相比实在微不足道。第61集团军的第80步兵军当日向施韦特西南3公里处的桥头堡调派了增援，主要目的还是牵制和欺骗德军。第89步兵军的两个团在炮火和烟雾掩护下，也试图跨越奥得河后增援新格列增（Neuglietzen）桥头堡，但德军第5轻步兵师的第56团设法遏制了苏军桥头堡的扩大。另外，第9近卫步兵军的两个团也试图渡河，但都被第5轻步兵师击退。[27]

如果说曼陀菲尔对16日和17日的小规模攻势都未放在心上的话，那么18日起他知道他这个方向上苏军的反攻迫在眉睫了。罗科索夫斯基原定在朱可夫攻势发起后的第4天，即4月20日发起总攻，但由于施韦特和什切青之间奥得河的地形地貌、水文状况有别于朱可夫方向，罗科索夫斯基决定提前两天发起预备攻势，结果证明这是一次特别困难的作战，光是跨越奥得河下游的大小支流和进入河滩地就花了他整整两天。由于地形格外困难，苏军炮兵的炮击效果也大打折扣，罗科索夫斯基只能依赖空军第4集团军航空兵的支援和掩护。罗科索夫斯基战后曾回忆说，进攻前夜"轰炸航空兵对敌阵地进行了突击，轰炸进行了整整一夜……就在这天夜里，所有集团军地段上都在进行特种支队为扩大西奥得河西岸已夺取的地段及全部占领河滩的紧张战斗。在两河之间的防护堤上正在集聚兵力……"[28] 苏军总攻前夜的准备工作繁忙紧张，但也危机四伏，尤其是在离什切青最近的巴托夫集团军方向更是险情迭出。19日夜幕降临时，来自波罗的海的狂风将滔天的巨浪推入奥得河口，再加上涌动的海潮，西奥得河河水立时大涨，眼见即将把河滩地上集聚的物资装备统统淹没在水下。有些苏军士兵手忙脚乱地把物资往地势稍高处搬运或干脆将其捆在树上；有些则扎制木筏，把不防水的弹药置于其上；还有些用木板制成浮标捆绑在炮弹堆上，以便能在水下摸到这些炮弹。就在苏军轰炸德军阵地达到高潮的时刻，西奥得河水面上涨了整整两米，迫使苏军士兵爬到树上避水，或三五成群地蜷缩在防护堤上瑟瑟发抖。令这些预定担任攻击先头的苏军雪上加霜的是，大约从子夜时分起，什切青方向的德军进行了两小时炮击，不过，除了让对手度过一个不眠之夜外，德军的炮击似乎并未产生实质效果。有后人曾对此感叹道："德军并未能善加利用河水暴涨给罗科索夫斯基的突击部队所造成的尴尬、危险局面，可能没有什么能比这个更能展示此刻德军的虚弱程度了。不过，战争进行到这一刻时，绝大多数德军都匮乏弹药补给，所以可能守军决定把炮火留待实际的总攻开始的那一刻。"[29]

4月19日夜，罗科索夫斯基打电话给斯大林，报告说部队已准备就绪，总攻将于20日凌晨准时发起。苏军将沿着阿尔特丹至施韦特之间50公里宽的正面，由自北向南依次部署的第65、第70和第49集团军强攻曼陀菲尔的第3装甲集团军。罗科索夫斯基在战后回忆录中曾称奥得河西岸德军的第一梯队"由3个步兵师、2个要塞团、2个独立步兵团、1个营和1个战斗群组成。"[30] 他也像科涅夫那样准备大量使用烟幕来掩护突击部队，同时以第2突击集团军和第19集团军在什切青以北发起跨越奥得河河口的佯攻。罗科索夫斯基的总攻原定20日晨7时开始，先进行60分钟的弹幕射击，但巴托夫请求在自己的地段提前一小时行动，因为他想充分利用晨雾，渗入西岸的苏军小部队也亟需增援，另外他还要求将炮火覆盖时间缩短至45分钟——他的参谋们认为，到弹幕射击结束时，第65集团军的突击部队应已渡过了西奥得河。罗科索夫斯基批准了巴托夫的要求，但第70和第49集团军仍将按原定时间和计划发起进攻。

"龙虎散，风云灭"
——军旅生涯的终结

4月20日凌晨，罗科索夫斯基的3个集团军在宽大正面上几乎同时开始强渡西奥得河。为迷惑德军的观察所和火力点，苏军火炮和迫击炮用发烟弹进行了长时间射击，使自己的渡河和集结区域完全处于烟雾笼罩之下。巴托夫第65集团军（辖第18、第46和第105军）借助600艘各种轻便船只、11个登陆渡口和15个门桥渡口，早上不到7时即率先向西奥得河西岸冲去。巴托夫很快在西岸登陆了一大批配有机枪、迫击炮和45毫米炮的步兵，这些先头与头天夜间已登陆的小部队一起与西岸德军进行了激战。苏军试图赢得足够的立足空间运来坦克和重炮,而德军也竭尽所能地欲将苏军赶下河去。早上8点左右,一度汹涌泛滥的河水开始退去,使苏军有可能通过渡轮和自行浮桥渡运更多的步兵、装备和重武器,尤其是渡轮一次能够拖运3到5只载有直瞄火炮和弹药的筏子。就在苏军抓紧运送重武器的同时,双方围绕西岸防护堤的战斗愈发激烈,德军千方百计地阻止苏军夺取防护堤,因为对手一旦得手,就能将之作为坦克和重炮上岸的码头。弥漫的烟幕和浓重的晨雾使苏军占优势的航空兵暂时不能发挥威力,但自早晨9时起天气突然变好,成群结队的轰炸机和战斗机开始向德军防线倾泻炸弹。上午10点,巴托夫已在西岸集结了足以发起反攻的兵力,10点30分左右,苏军的大口径火炮又向已识别的德军防御支撑点和堡垒进行了15分钟轰炸,炮轰结束前几分钟,已登陆的步兵跃出掩体,跟随着延伸的弹幕向德军发起了冲锋。罗科索夫斯基曾这样描述巴托夫方向当日的战斗:"西奥得河西岸的战斗越来越残酷……我们的战士每攻下一块地方和设施便立刻固守起来,敌人千方百计地想夺回去,但都被打退了。新到来的分队继续扩大登陆场,不断地啃——确实是在'啃'敌人的防御……敌人想阻止这一进程,但所有办法都无济于事,尽管他们进行了接连不断的一次又一次更凶猛的反冲击。"[31]

曼陀菲尔从看到弹幕的第一刻起就知道苏军的总攻终于打响了。由于他的第一线梯次搭配的阵地纵深达十余公里,苏军航空兵前夜的轰炸和总攻前的炮火准备并未给一线德军造成大的伤亡,证明了其防御策略的有效性。苏军第65集团军登陆之初的顺利和轻微伤亡,重要原因之一就是曼陀菲尔19日午夜时分命令一线守军陆续后撤,仅在前沿部署了一些力量较弱的警戒部队。待苏军开始发起全面冲锋时,德军各部进行了正如罗科索夫斯基所言的一次次凶猛的反击。曼陀菲尔部署在一线的主要是第549和第610步兵师、什切青要塞第3和第4团、"波美拉尼亚"第4团、第1伞兵团及"施韦特"战斗群等实力并不强的部队,而且还分摊在苏军三个集团军的进攻正面上,所以随着巴托夫方向登陆苏军的与时俱增,曼陀菲尔在20日接近中午时被迫投入了原为第二梯队的党卫军"兰杰马克"师和"瓦隆人"师。据苏军资料记载,这些德军不止一次地以一个步兵连到一个团、3至5辆坦克支援的兵力转入反击。罗科索夫斯基对曼陀菲尔如此早地投入预备队感到惊讶,他说德军"已没有能力夺回我们的部队占领的空间,现在竭力想阻挡我们在这一地段继续推进。连……敌坦克第3集团军预备队的师也在坦克加强下参加了反冲击。可战斗才刚刚开始,在西奥得河西岸作战的还仅仅是我们的先头部队,他们仅仅是没有坦克支援,也没有炮兵护送的步兵部队。但是这些部队以其英勇顽强和献身精神已迫使敌人竟连自己的预备队都用上了。"[32] 罗科索夫斯基当然有理由为巴托夫所部的英勇作战和成功感到骄傲——到20日终了时,第65集团军已有31个营和上百门各口径大炮登陆西岸,夺取并扼守了宽达6公里、1.5公里纵深的登陆场。不过,巴托夫的成功颇有"无心插柳柳成荫"的味道,罗科索夫斯基原计划中的主攻方向却是巴托夫左翼的第49集团军。格里申的第49集团军20日的登陆作战虽不能说是完败,但战斗打响之初只有极少的步兵到达西岸,在德军凶猛火力的压制下,整个集团军全天也只有4个步兵营成功登陆。21日全天,格里申集团军在德军的凶猛抵抗和反扑下也与昨日一样无所作为。罗科索夫斯基曾对该集团军寄予厚望,配属给格里申的重武器比其他集团军都多,本来他指望该部能与朱可夫方面军的右翼携手分割德军,先将曼陀菲尔集团军赶到北方和西北方,再由第65和第70集团军将之挤压到波罗的海沿岸聚歼。第70集团军的情形比格里申部略好,到20日结束时共有10个营的兵力抵达西奥得河西岸,但没有炮兵跟随。总体而言,罗科索夫斯基20日这天的攻势可谓喜忧参半,但战果小于预期,而且曼陀菲尔所部的顽强坚守使从其北面进攻柏林的可能性正变得越来越渺茫。当夜11时30分,罗科索夫斯基决定将主攻转移到第65集团军方向,下令将大批舟桥设备转运至该方向,第1近卫"顿河"坦克军也被配属给巴托夫,同时空军第4集团军的主力也奉命全力支援巴托夫集团军。

4月20日这天是希特勒的最后一个生日。曼陀菲尔在奥得河西岸的防御依然相当稳固,他在战后曾感谢他的那些士兵,说"正是他们在最困难的情况下以艰苦卓绝的努力阻遏着苏军的推进。"[33] 但是,整个战局的变化使他的集团军面临着新的威胁——布塞第9集团军的防线在朱可夫大军4天的重击之下已经扭曲变形,即将被肢解,柏林以北也即曼陀菲尔防

第十章 套紧的绞索：奥得河畔

▲ **奥得河与柏林战役示意图**

线的南翼已被苏军突破。朱可夫手下的第47、第61集团军及波兰第1集团军已楔入弗里岑，正向奥拉宁堡(Oranienburg)高速推进，这些苏军不仅把曼陀菲尔和布塞两部分割开来，还对前者形成了包围态势。回忆这些惊心动魄的时日时，曼陀菲尔坦承："虽然第3装甲集团军能够守住防线，但在我们的南翼，朱可夫

元帅的部队已对我们构成了侧翼包围的威胁……这些日子里我最在意的就是部队的完整和内敛，任何情况下第3装甲集团军都要保持一个内敛的整体，决不能被撕裂分割，那样的话就意味着死亡。集团军决不能被肢解。"[33] 正是在这样的意念支配下，曼陀菲尔指挥所部在21日和22日进行了更顽强的抵抗。原定

调往柏林方向的德军第281步兵师被紧急派往第65集团军登陆场的方向投入战斗,曼陀菲尔在这个方向的部队21日一天中竟发起了多达53次反突击,每次投入2个连至1个团的兵力,同时配属5至15辆坦克进行支援。在中路的苏军第70集团军方向,曼陀菲尔属下的第547国民掷弹兵师也与对手展开了血战,21日一天内进行了19次反突击,令苏军的每寸进展都付出了高昂代价。南路的苏军第49集团军依然无所作为,竟日未能前进一步,绝大多数部队仍在奥得河右岸观战。21日终了之时,3路苏军中仍然只有巴托夫取得了一定进展,将主登陆场扩大到9公里宽,并向纵深又推进了1.5公里,不过,曼陀菲尔的防线依然完整。22日,第65集团军所部击退了德军步兵和坦克协同发起的15次反突击,在个别地段前进了约2公里,占领了几个被德军变成防御枢纽的居民点——一天的血战换来这样一点战果,令罗科索夫斯基战后不由感慨道:"敌人的抵抗不仅没有减弱,反而越来越强了。"不过,到当日结束时,巴托夫集团军的所有步兵单位和一个反坦克歼击炮兵旅、一个迫击炮团都渡过了西奥得河。

4月22日时曼陀菲尔和海因里希已在考虑将部队撤出奥得河防线。布塞集团军的补给线已被科涅夫插向措森和波茨坦的部队切断,他与舍尔纳麾下的第4装甲集团军的联系也被斩断。海因里希请求希特勒批准将布塞所部撤出奥得河前沿,但遭到严词拒绝。事实上,几近疯狂的希特勒还认为当日的战斗只不过是达到了战役的高潮和转折点而已。海因里希认为希特勒的举措无疑判了布塞集团军的死刑,无奈之余他转而全力确保曼陀菲尔集团军避免类似的命运。为掩护曼陀菲尔已经敞开的南翼,海因里希命令统领集团军群预备队的斯坦因纳(Felix Steiner)将其总部前移到埃伯斯瓦尔德(Eberswalde),接管被朱可夫推挤到这一带的第101军和第25装甲掷弹兵师残部。海因里希意识到,几乎没有部队的斯坦因纳要完成任务是不可能的,于是命令第3海军师从北边的希维诺乌伊希切乘火车赶来,同时将理应出现在这里的党卫军第4"警察"师,以及几个空军陆战营、老百姓组成的应急部队和地方民兵都交给斯坦因纳。希特勒突然注意到柏林北边竟还有这样一支由其爱将斯坦因纳指挥的集群,立即兴奋地命令把希特勒青年团的孩子动员起来交给他指挥,同时将警戒戈林"卡琳官"的守备营也调拨给他。随后希特勒命令他的"金童"斯坦因纳向东南进攻,以堵住被朱可夫右翼部队捅开的缺口,恢复与维斯瓦集团军群预备队第56装甲军的联系。22日的多数时间里,希特勒都在焦躁地等待斯坦因纳的消息。斯坦因纳一个月前曾自嘲自己是"没有士兵的将军",他此时接收的这些部队基本都是纸面上的番号而已,加上从北方赶来的部队充其量也只有不到15000人和少得可怜的坦克与重武器,允诺的党卫军"警察"师和国防军步兵师踪影全无,而他面对的敌人是足有10万人,士气正旺的坦克和步兵集团军。他认定希特勒的命令极其荒唐,只会白白葬送这点可怜的兵力,于是并未采取任何行动,相反还把孩子们打发回去了。希特勒22日晚些时候听说了斯坦因纳的抗命,之后他的怒火像火山一样喷发了,整整5小时没有一个人敢上前安抚快要疯了的元首。希特勒对国防军将领的不信任和敌视早已不是什么新鲜事,之前在匈牙利统帅党卫第6装甲集团军的迪特里希因擅自撤退,已被希特勒以缺席判处死刑,现在斯坦因纳的抗命不从更令他伤心透顶,一直被他视为支柱、永远不会令他失望的党卫军现在也背他而去了。有不少历史学家认为,正是斯坦因纳的这一抗命,以及希特勒认定的党卫军的背叛,导致了其信心的完全丧失和数日后的饮弹自尽。

4月23日,苏军第65和第70集团军奥得河西岸的登陆场已扩大为宽30公里、纵深6公里,越来越多的重武器和渡河器材也从始终不成功的第49集团军方向调到右翼的两个集团军。当日,由于朱可夫已挺进到柏林西北,苏军大本营取消了罗科索夫斯基从北面迂回包抄柏林的任务,转而要求他向施特雷利茨(Strelitz)方向突击,同时责成其抽出部分兵力从西面迂回包抄什切青。曼陀菲尔集团军仍然坚守着奥得河防线,但承受的压力越来越大,他和海因里希都认识到离弓弦绷断的时候不远了。事实上,海因里希正打算将曼陀菲尔集团军向西撤往易北河一带,准备向英美军队投降。在当日的德军大本营作战会议上,参谋总长克雷布斯报告了柏林城外和奥得河前沿的状况,在希特勒听到的一大堆令他愤怒的失利中,最令他失望的就是曼陀菲尔集团军被切断的消息。罗科索夫斯基方面军右翼的两个集团军已预备向新勃兰登堡、施特拉尔松德(Stralsund)和罗斯托克(Rostock)方向推进，什切青南面的第65集团军桥头堡正迅速地向施韦特方向扩大，曼陀菲尔与布塞之间的联系已被完全切断。希特勒在作战室用颤抖的手指敲打着地图，向克雷布斯吼道："第3装甲集团军有奥得河这个宽广的天然屏障庇护，竟然还让苏联人获得了成功，这只能归咎于那里的指挥官无能！"[34] 曼陀菲尔这位元首钦点的宠将现在也被横加责骂了。克雷布斯虽与曼陀菲尔并无特别的交情，但对希特勒的恶语挞伐也觉不公，于是提醒他，曼陀菲尔的部队基本都是由孩子老人组成的，既无战斗经验，又缺乏重武器和装备，根本不能与罗科索夫斯基和朱可夫那些精锐的红军抗衡，而事实上曼陀菲尔的防线至今仍完好无损。希特勒不耐烦地打断了克雷布斯的辩词，接着发号施令："最迟明天必须开始从奥拉宁堡以北发起反攻。第3装甲集团军必须以一切可动用的力量进攻，哪怕削弱未受攻击地带的防御也在所不惜。必须恢复北面与柏林的联系。"克雷布斯服从地将命令下达给海因里希，而后者收到命令时除了惊讶得张大嘴巴外，就只有摇头叹息了。令他更讶异的是，当凯特尔和约德尔未能说服希特勒离开已遭炮击的柏林时，他们还试图组织一次挽救柏林的反攻——他们命令温克（Walter Wenck）的第12集团军从西边的易北河防线调头向东，试图在抵达波茨坦后与布塞第9集团军残部会合，同时他们还指示斯坦因纳和曼陀菲尔从北边发起救援柏林的攻势！

海因里希4月25日晨来到曼陀菲尔位于普伦茨劳（Prenzlau）的总部。曼陀菲尔告诉他说自己的防线已被拉成弓形，费久宁斯基（I. I. Fedyurinsky）的第2突击集团军和巴托夫的第65集团军已摆出向西北突击的态势，意图显然是要把在什切青—新勃兰登堡—罗斯托克一线东北作战的全部德军包围和挤压到波罗的海沿岸加以消灭，第70集团军冲出桥头堡的部队也正向西北和西面快速推进，即便最迟缓的第49集团军也与第3近卫坦克军一起借助第70集团军的登陆场开始登陆，而在南翼的斯坦因纳根本无力阻挡朱可夫右翼大军的滚滚西进。曼陀菲尔向海因里希黯然坦承，第3装甲集团军内部正面临着被分割包围的险境，他既无坦克和反坦克炮，也没有机动预备队，手下的步兵已全部投入作战，很可能只能再坚守一天。海因里希闻言不语，但显然在做最后的评估——他在

内心里已经认同，是该让曼陀菲尔尚算完整的集团军西撤的时候了。但在最后下令撤退之前，他还想再到斯坦因纳处了解一下情况，因为大本营仍指望曼陀菲尔固守防线的同时，由斯坦因纳率部向东南方的施潘道（Spandau）发起挽救柏林的攻势。海因里希费尽周折才在第25装甲掷弹兵师指挥部里找到斯坦因纳，发现他正与约德尔激烈地争论。海因里希耐心地询问为何还未发起进攻，斯坦因纳说没有足够的部队，他手头只有党卫军"警察"师的6个营和几乎没有坦克的第5装甲师，允诺给他的第7装甲师由于缺乏交通工具和油料正困在新勃兰登堡附近，而第3海军师还是迟迟没有到位。斯坦因纳反复强调自己几乎没有大炮、只有几辆坦克和少许高射炮的困难，更不愿派手下去无谓送死，而海因里希认为这一攻势在战术上是必要的，至少能给曼陀菲尔集团军的南翼增加一点保护，但斯坦因纳还是拒不出兵。海因里希最后正色道："这是一生仅有一次的拯救元首的机会，你至少应该尝试一下。"[35] 不想，斯坦因纳瞪着眼回敬道："他也是你的元首！"[36]

25日当天，曼陀菲尔又在兰多夫河的第2道防御带以东地区向苏军突击集团的正面发起了反击，他投入了最高统帅部拼凑的绝大多数预备队以及所有能调动的兵力，包括党卫军第103步兵旅、第171反坦克炮兵旅、第549国民掷弹兵师、"腓特烈"坦克歼击旅、伞兵第2训练旅、第102特种师及第1海军师等五花八门的部队。不过，正如罗科索夫斯基战后所言，苏军"在奥得河西岸已经拥有了任何东西都不能阻挡的力量"，曼陀菲尔的所有反击努力都告失败，而且死伤惨重。到当日夜幕降临时，苏军第65、第70和第49集团军经过6天的作战，全面突破了奥得河西岸德军的第一条防御带，推进纵深达22公里，而且沿20公里宽正面逼近了德军沿兰多夫河西岸的沼泽河滩所建立的第二条防御带。就在海因里希离去不久，巴托夫属下的第105步兵军切断了从西面通向什切青的所有道路，加上苏军已在城南和城东部署了大量部队，守卫什切青的德军卫戍师只剩下北面一个逃生出口了。与此同时，南面的施韦特也受到苏军第3近卫骑兵军等的围攻。25日夜，当海因里希拖着疲惫的身躯刚回到比肯海恩的司令部时，曼陀菲尔打来了告急电话——他气急败坏地请求批准立即从什切青和施韦特撤退，

而且必须尽快把两翼守军撤往中央地带，否则将有立被合围之虞。海因里希略加思忖，决定独自承担责任，授权曼陀菲尔撤出奥得河沿线部队以及什切青要塞守军。为防止凯特尔和约德尔撤销命令，他有意地利用指挥和通讯系统此时的混乱失控局面，将曼陀菲尔开始撤退的消息进行了封锁。此后两天里，德军指挥体系里除海因里希及其参谋长外，无人知晓第3装甲集团军到底在干什么！

什切青要塞守军收到弃城命令后于26日清晨向北突围，但随后不久与第549国民掷弹兵师和第281步兵师残部一起遭到苏军第2突击集团军的沉重打击。巴托夫第65集团军的三个步兵军在第1近卫坦克军支援下，也于26日晨开始向曼陀菲尔的第二条防御带冲去。德军最高统帅部把第1海军师、第610步兵师残部、"奥斯特泽"战斗群、党卫军第50警察大队，以及从一所军校学员中拼凑出的部队派往扎尔措、吕茨洛一带加强防御，但苏军第18军和第46军挫败了这些德军的努力，当日突破了兰多夫防线后又向前推进了10余公里。波波夫的第70集团军在第3近卫坦克军支援下，也于26日晨发起了突破兰多夫河防线的攻势。德军"汉堡营"、"勃兰登堡营"和"格雷芬哈根营"等三个营的国民突击队根本无力阻挡对手，苏军迅速前出到普伦茨劳区域，并对这个重要的铁路和公路交通枢纽构成了重大威胁。如果普伦茨劳失守，那么整个第3装甲集团军就将失去实施机动所需的转圜空间，而一旦曼陀菲尔所部垮掉，那么苏军将能在很短时间内从北面和东北重击柏林德军的翼侧与后方，最后的战斗无疑将立即一败涂地。希特勒在26日下达给海因里希的命令中称"粉碎苏军在普伦茨劳地域的突破"是决定柏林战役能否继续下去的先决条件，"为保持防线的完整性，第3装甲集团军必须把苏军尽可能远地阻挡在东面。"这道命令注定无法执行了——曼陀菲尔已在有计划地西撤了，而最高统帅部显然毫不知情。迟至27日时，德军仍试图从西面，甚至从德国北部抽调正在抵抗英军的部队赶来加强普伦茨劳地域的防守。曼陀菲尔战后在回忆这一撤退时曾写道："我得到了海因里希上将的全力支持。他从自己的良知和对平民命运的关注出发，数次抵制纳粹党地方领袖对撤出平民的阻挠……我开车从一个师转到另一个师，不停地提醒和敲打每个战士：'大家保持队形携手西撤。

如果你们都这样做，苏联人就不敢进攻。'我用无线电向所有部队传达了这样的命令。事后总有人问我为什么不再死守。毋庸置疑，我的部队还能在前沿再坚守几天，但我没有预备队，没有交通工具，也没有重武器和大炮，最主要的是敌人已深入我的侧翼，第3装甲集团军已不再有力量进行任何有效的延迟作战了。他们面对的是压倒一切的敌军装甲部队，如果不结束这一切，等待他们的将是完全毁灭。"37

28日凌晨4点，当凯特尔来到斯坦因纳处了解其理应发起的进攻的准备情况时，他还不知道第3装甲集团军的最新形势，依然假定曼陀菲尔会在昂格明德—乌克尔海姆（Angermunde-Uckerheim）一线固守。斯坦因纳承诺一旦完成准备就发起进攻，但凯特尔还是决定亲自去看一看部队的状况。凯特尔驱车行进在柏林以北的公路上，结果他在预备发起进攻的地段没有看到任何部队，相反，在返回途中却震惊地发现了大批步兵和炮兵正从前沿方向撤离，而他们竟然都是曼陀菲尔的部队！凯特尔顿时怒火升腾，问清楚这些部队来自第7装甲师和第25装甲掷弹兵师之后，他意识到不仅他本人和希特勒的命令没有得到执行，曼陀菲尔所部的撤退还把他和约德尔的总部直接暴露在苏军枪口之下。更令他气愤难当的是，头天下午他刚与海因里希见面，后者竟只字未露！凯特尔见约德尔后依然愤恨难消，立即打电话给曼陀菲尔，厉声要求后者做出解释。曼陀菲尔的参谋长穆勒–希勒布兰德当时就在电话旁边，他在战后接受美军讯问时曾回忆说："曼陀菲尔在应付最高统帅部的电话质询时表现得十分聪明，他平静地告诉凯特尔：'我们正在后方训练，别担心。'"38 不过，凯特尔根本不信曼陀菲尔的鬼话，大骂后者是个彻头彻尾的失败主义者，还命令他和海因里希下午2点半到新勃兰登堡以北森林的某个十字路口向他汇报。穆勒–希勒布兰德心中起疑，怀疑凯特尔可能会逮捕曼陀菲尔，于是让几位参谋带着冲锋枪，事先藏在会面地点附近的林子里，一旦形势不妙，他会毫不犹豫地采取措施保护曼陀菲尔。其实，曼陀菲尔自己也做了准备，他的口袋里即藏有一把子弹上膛的手枪。

凯特尔因气愤而脸色紫红，劈头盖脸地痛骂海因里希的拒不从命和胆小怯懦，指责他批准曼陀菲尔撤退完全是叛国行为。曼陀菲尔在旁边生气地不住摇头,曾对凯特尔十分失望的他此刻更加从心里鄙视这位元帅。海因里希十分平静地直视着盛怒不已的凯特尔,一直等他发泄完毕才条理清晰地指出,他的部队已无可能守住奥得河防线,当最高统帅部发出完全不合实际的命令时,他不能盲从并将士兵们送入死亡陷阱。曼陀菲尔表态完全支持海因里希,还说"如若没有增援,集团军还要继续后撤。"凯特尔愤怒地用元帅权杖敲打着自己的手心,命令曼陀菲尔立即停止撤退和调转方向。海因里希则说,只要自己还是集团军群司令官,就绝不会给曼陀菲尔下这样的命令,而后者火上浇油,倨傲地说第3装甲集团军只听从他曼陀菲尔将军的命令。他的这番话彻底惹爆了凯特尔,后者说出了一些连海因里希和曼陀菲尔都听不清的咒语,最后只听他高声怒喝:"你们将在历史面前为自己的行为负责!"曼陀菲尔立马火气极盛地回敬:"曼陀菲尔家族为普鲁士王朝尽忠已经200年了,他们一直都为自己的行为负全责。我,哈索·冯·曼陀菲尔,很高兴地承担这个责任。"³⁹凯特尔一时语塞,又转过身对海因里希说,如果他能像伦杜利克在维也纳所做的那样,有胆量枪毙几千个逃兵或者把他们吊死在树上,自然就不会有撤退出现了。海因里希毫不示弱,拉着凯特尔看着从他们身边匆匆经过的队伍,指着那些没有枪炮弹药、没有坦克和车辆、疲惫惊慌的士兵,一字一句地正色道:"凯特尔元帅,如果你想射杀这些人,那么请现在就动手吧!"凯特尔一时语塞,他已经很久没亲历过前线生活了,更从未见过行刑队如何杀人。只见这位最高副统帅哼哼唧唧,恶狠狠地威胁了几句后,铁青着脸转身钻进轿车离开了。穆勒-希勒布兰德这时带着手下从树丛中走了出来,曼陀菲尔诚恳地向海因里希表示愿保护他的安全一直到底,但后者婉拒了他的好意。

穆勒-希勒布兰德在联邦德国战后组建新国防军时曾担任过国防部人事局长的要职,他曾这样评价与他共事时间甚短的长官:"曼陀菲尔是一个优秀的战术家,但不是很出色的战略家。他像隆美尔一样精力充沛,总是在前沿指挥作战,对战场局势的嗅觉十分敏锐。"⁴⁰穆勒-希勒布兰德还说是他自己最早提出将第3装甲集团军西撤的建议,而且在向曼陀菲尔汇报前先说服了手下的一干参谋。他对参谋们说集团军"已无守住防线的可能,虽然还能坚持2或3天,但到

那时会因弹药告罄而束手无策,因此必须撤往下一道防线。"他开始还比较担心曼陀菲尔会加以拒绝,但汇报一结束,司令官就表示"参谋长的意见绝对正确而且合情合理。"曼陀菲尔自撤退开始(25日夜)到战争全面结束前的最后日子里,曾接到过包括戈林、施佩尔和里宾特洛普等在内的不少大人物的电话。这些人纷纷向他询问前线局势,当然也少不了质问他为何不再进攻。曼陀菲尔曾向穆勒-希勒布兰德描述过自己在此期间被戈林召见的情形:戈林打电话命令他到"卡琳宫"别墅北面的一个村庄汇报情况,他说戈林打扮得像个演员那样姗姗而至。他简要汇报了真实的前线状况,却发现帝国元帅只关心他个人的命运,"我们在一所学校的校舍里碰头,屋外聚了不少人,当戈林走出去时,他把自己装饰得非常考究的短剑送给了人群中的一个男孩,还轻拍着那男孩的头说:'做一个勇敢的德国人。'"⁴¹

夜幕降临时,苏军的又一次攻击终于撕裂了屏障曼陀菲尔撤退的防线,罗科索夫斯基的大军开始朝新勃兰登堡蜂拥而来。曼陀菲尔的前线部队出现了崩溃,包括党卫军"兰杰马克"师、"瓦隆人"师、第1海军师和整个高射炮部队在内,都在丢盔卸甲地向西逃窜。他向海因里希报告说:"即便1918年我都没见过这种场面。只有'兰杰马克'师和第1海军师的师长等少数真正勇敢的军官还在维持秩序和坚持作战。我极为担心部队解体,只有派几百名军官截住溃兵才能止住溃败。所有可鄙的懒鬼都在西窜,那些勇敢的军人不是在战斗中死去、就是还在与苏军激战。我会致电约德尔上将,请他亲自来看看这种失控局面并请他来制止部队的溃逃。"海因里希午夜时分回到了指挥部,看到这样的电文后十分生气,向曼陀菲尔发出了作为集团军群司令官的最后一份电报:"你必须建立一支500人左右的拦截别动队。拦住'兰杰马克'、'瓦隆人'和'北方'师等从新勃兰登堡向西逃窜的党卫军士兵。任由他们成群结队地骑着摩托逃窜,一定会制造严重的灾难。明晨务必尽你所能,绝不允许党卫军开着摩托西窜!"⁴²海因里希随后打电话向凯特尔汇报了这一情况,不想后者对他冷嘲热讽,两人还就是否应继续坚守希维诺乌伊希切发生了激烈争执。最后的结果是凯特尔解除了海因里希的职务,要他等候继任者前来接管。

4月29日，罗科索夫斯基的北翼部队攻克了安克拉姆（Anklam），中路越过了新勃兰登堡和新施特雷利茨（Neustrelitz），南翼则在列宾瓦尔德（Liebenwalde）附近渡过了哈弗尔河。在易北河的另一侧，蒙哥马利的第21集团军群也在劳恩堡（Lauenberg）建立了桥头堡。套在德军脖子上的绞索正在拉紧，曼陀菲尔集团军也加快了西撤的步伐，生怕苏军斩断他们逃生的唯一希望，但罗科索夫斯基对抓俘虏的兴趣显然不如夺取重镇吕贝克。当日，凯特尔来到曼陀菲尔的指挥部，要他接任维斯瓦集团军群司令官，并允诺晋升其为上将。曼陀菲尔毫不客气地拒绝了，还反过来指责凯特尔对海因里希的做法有欠公允。后来约德尔也赶来试图说服曼陀菲尔，但他还是拒不从命，也不接受晋升。无奈之余，凯特尔和约德尔想起了伞兵上将斯图登特（Kurt Student），准备任命他出任新司令官，但由于他仍远在荷兰，在其赶到前必须有人代理，于是又找到步兵将军提佩尔施基希——他是刚组建的第21集团军司令官，这个只有两个团的所谓集团军当时被部署在曼陀菲尔的后方，负责保护瑞丝瑙和奥拉宁堡之间的德军南翼。提佩尔施基希恳请不要强迫他，但凯特尔和约德尔软硬兼施，最后以命令的方式迫使他从命。他们要求提佩尔施基希尽可能守住现有的地盘，但目的不再是解救柏林，而是给政客们更多讨价还价的筹码。提佩尔施基希代理了一天的集团军群司令官后于30日辞职。

4月30日下午3点到3点半之间，希特勒和他的新婚妻子在总理府地堡中饮弹自尽了。夜幕降临时，一片废墟的柏林的枪炮声渐渐弱了下来。

随着罗科索夫斯基向吕贝克快速挺进，艾森豪威尔也特意敦促蒙哥马利抢在苏军占领石勒苏益格-荷尔斯泰因（Schleswig-Holstein）地区之前，尽快向吕贝克、维斯马（Wismar）和波罗的海海岸进军，为此，李奇微将军的美军第18空降军也暂时划归蒙哥马利指挥。5月1日，蒙哥马利所部占领了这一带，仅比罗科索夫斯基早到了一天。由于苏军还占领了维腾贝尔格（Wittenberge）和帕尔希姆（Parchim）一线，曼陀菲尔集团军和提佩尔施基希集团军于是就被挤压进易北河和波罗的海海岸之间长约15英里的狭长走廊里。美军第9集团军的装甲箭头当日在什未林（Schwerin）俘获了维斯瓦集团军群的军需总部，刚上任的司令官斯图登特在美军坦克开到前一刻刚刚匆匆逃走。[43]

5月1日上午10点30分，被解职的海因里希和撤退中的曼陀菲尔都从广播中听到了"希特勒已英雄般死去"的消息。抵抗已失去了意义，曼陀菲尔当即下令全集团军"肩并肩、手拉手地撤向什未林—路德维希斯卢斯特（Ludwigslust）铁路线背后"，因为他听说这条线正是苏军和英美盟军划定的军事分界线。他决定把自己和部队的命运交给英美，而不是他素所痛恨轻蔑的苏军。像他这样做的将领绝不在少数，近在眼前的吕贝克守军司令布鲁门特里特就是一例，在得知英军和苏军展开了争夺吕贝克的竞争时，他特意命令部队不要在蒙哥马利推进的道路上设置任何阻碍或进行抵抗，而对罗科索夫斯基则展开了顽强阻击，直到英军开到为止。曼陀菲尔5月1日上午派参谋长穆勒–希勒布兰德乘侦察飞机寻找蒙哥马利的总部接洽投降事宜。他在战后回忆这段日子时曾说道："我们有三架飞机都挂上了白床单，这是投降的标志，对我来说这是一个令人伤感的时刻。还能有别的什么出路吗？部队加上难民肯定有50万人……5月2日，令我惊讶的是，一位美军上校在我的参谋长陪同下坐着吉普车来到司令部。这位上校说他不能接受我部的投降，但请我跟他走。"[44] 曼陀菲尔随即下令部队毁坏所有武器和文件，而后越过铁路线向美军投降。他接着写道："……一战的经验告诉我什么命运在等待着我。我现在有充裕的时间考虑前途了……司令部的所有人都在场，他们彼此握手，我也与每个人握手道别，提醒他们要勇敢一些，他们还将在德国的重建中发挥作用，然后我坐车离开了。"[44] 曼陀菲尔的部属放下武器后奉命向哈格诺（Hagenow）机场集中，次日进入机场附近的一处临时战俘营，看守他们的正是李奇微手下的美军伞兵。

1945年5月3日夜，英国广播电台（BBC）记者韦慕特（Chester Wilmot）在伦敦报道："今天，第3装甲集团军的曼陀菲尔将军和第21集团军的提佩尔施基希将军向蒙哥马利元帅提出所部15万德军投降的请求。元帅拒绝了这一请求，但愿意接受两位将军及其他高阶军官的个人投降。"[45]

第十一章
躁动的灵魂：战后岁月

阶下囚与重获自由

1945年5月3日，曼陀菲尔在梅克伦堡(Mecklenburg)-西波美拉尼亚的哈格诺正式成为蒙哥马利的战俘。就在英美盟军与苏军会师易北河的欢呼声还在回响之时，已有传言说两大阵营的冲突即便在蜜月期内也随时有可能发生。英美方面对俘获曼陀菲尔这种级别的知名将领如获至宝，迫切地想从他那里了解苏军的作战特点、战斗力、指挥官的能力，以及德军东线机动作战的经验教训。于是，曼陀菲尔5月5日被送到吕讷堡(Luneberg)接受英军讯问，未几又来到距莱茵河仅数公里的克雷费尔德(Krefeld)再次受审。曼陀菲尔采取了完全合作的态度，英军也尽可能多地从他嘴里掏出感兴趣的东西，审讯中曼陀菲尔秉承其一贯的仇视苏俄的风格，不仅详尽地提供自己的认识和经验，还一再警告盟军警惕苏联这个他眼中的"欧洲和西方共同的敌人"，他还希望盟军有朝一日能够认识到德军数年的对苏作战并非白白牺牲。

英国人在有限的时间内榨取了足够多的东西后，又将曼陀菲尔送到伦敦南部的一座城堡里继续囚禁。曼陀菲尔在这里见到了前参谋总长哈尔德，他们交换了对战时最高统帅部和希特勒的一些决策的看法，由于后者曾位居中枢，曼陀菲尔也得以了解到一些自己无从得知的内情。他在战俘营中真正体会到了败军之将和阶下囚的滋味，不仅英雄的光环和将军的尊荣都被完全扯下，就连基本的衣食都经常缺乏保障，还时常忧虑仍在战后德国挣扎的家人的状况。约在1945年11月中旬，曼陀菲尔和哈尔德等被押送到南威尔士的"岛屿农庄第11特别战俘营"(Island Farm Special Camp XI)。[1] 曼陀菲尔在这里遇到了伦德施泰斯、勃劳希契、曼施坦因及克莱斯特等几位元帅，也见到了最后阶段的上级海因里希。这座战俘营陆续羁押了大约200名少将以上的德军将领，他们或在此静候盟军对其战争罪行的调查结果，或等待出庭受审和作证，或等候被其他国家引渡归案。虽然生活条件艰苦，曼陀菲尔尚能在逆境中保持良好心态——李德·哈特来探访他时曾同情地埋怨条件实在差强人意，但曼陀菲尔面带微笑且不乏幽默地回应道："或许会更糟。我估计下一冬时我们将栖身于一个荒芜的小岛，或是在一艘抛锚于中大西洋的船。"[2]

1946年3月，曼陀菲尔和伦德施泰特来到德国纽伦堡出庭作证。约德尔作为战争罪犯被判处绞刑，他在法庭上谈论1944年7月20日刺杀希特勒的事件时曾说："谁能在一场对外战争正进行到生死存亡的紧要关头还能同时进行革命？我无法想象。"[3] 约德尔将政变视为胆小鬼的叛国行径,其论调得到了前来作证的伦德施泰特和曼陀菲尔的附和。伦德施泰特也称这是"不折不扣的、赤裸裸的叛国行径。"³ 曼陀菲尔在法庭上解释了7月20日事件的前后背景,声称自己这样的野战指挥官是不可能做出类似举动的,而且他们这些"视荣誉为生命"的军官一生都以履行职责和服从命令为荣。曼陀菲尔在作证时的态度并不偏激,但对参与政变的密谋分子终生不肯原谅,旗帜鲜明地认为他们都是"背弃自己效忠元首誓言的胆小鬼。"早在1948年时,曼陀菲尔就多次提醒后来的西德首任总理阿登纳不要与"卖国贼"产生瓜葛,1949年时又指责用炸弹行刺实在是一种有损荣誉的刺杀方法,质问为什么没有军官有勇气拔出手枪,与希特勒面对面地了断?1950年代,许多老兵组织和前将领都不断地援引和重复曼陀菲尔的论调。此后,约德尔和伦德施泰特指责密谋分子的"叛国行径",以及曼陀菲尔对他们是"胆小鬼"的控诉,一直是人们讨论这一事件时必然提及的观点。

1946年7月,曼陀菲尔被移交给美军并被关押在纽伦堡的一座战俘营中,但很快又来到马堡(Marburg)附近的施坦因拉格(Steinlager)战俘营——他被选中参加哈尔德所领导的战史研究项目。美军战史部门出于种种需要,要求哈尔德出面组织德军将领撰写战史和总结作战经验,哈尔德欣然从命,因为他认为这是一个既能恢复将领和军官团名誉的好机会,又能借机将德国的军事传统延续下去,还能就苏军的军情军力与作战特点等给美军好好上一课。他一手挑选了一批他认为能够承上启下的德军将领,特别是东线经验丰富的将军,如凯塞林、屈希勒尔(Georg Kuchler)、古德里安、海因里希、法肯豪森(Alexander von Falkenhausen)、布鲁门特里特、曼陀菲尔、劳斯、伦杜利克、施韦彭堡和豪辛格(Adolf Heusinger)等人。⁴ 这些将领中有些已被指控犯有战争罪或将被起诉,如曾任北方集团军群司令官的屈希勒尔元帅和曾任南方集团军群司令官的伦杜利克上将,都被指控在巴尔干犯有战争罪行;凯塞林被指控在担任意大利战场最高指挥官时犯有屠杀平民的罪行;资格很老的法肯豪森上将(1935-1938年间他曾接替塞克特出任蒋介石的德国军事顾问团团长)被指控在担任比利时最高军事首脑期间曾枪毙人质和屠

杀犹太人等。也有些人将在战后的德国政坛和军界扮演重要角色,其中最出名的当然要属曼陀菲尔和豪辛格。豪辛格战时曾任参谋本部作战部长,对东线的重大事件有着比前线将领更全面的了解,由于经常出席希特勒主持的军事会议,他对高层的决策和倾轧也有着深刻的认识。刺杀希特勒事件发生时,豪辛格就在那间爆炸的会议室里,虽然也受了伤,但事后还是被怀疑为从犯并遭盖世太保逮捕,不过很快又因证据不足获释。豪辛格的名字最早也曾出现在战犯名单上,但很快又神秘地被人抹去。他也在纽伦堡出庭作证并为前同僚辩护,之后又为美国资助和控制的西德情报机关——"盖伦组织"工作。40年代末,50年代初时豪辛格是德国老兵为争取释放被俘官兵的多次运动的领导者之一,1950年时脱颖而出成为阿登纳的军事顾问。1955年西德创建新国防军时,豪辛格是第一批进入新军的前将领并被授予联邦国防军(Bundeswehr)中将军衔,1957年更是成为国防军首任总监,即事实上的武装力量总司令。1960年代初豪辛格还担任了"北约军事委员会"主席。在战后十余年里,豪辛格的身份从可能的战犯演变为美国人的帮手,又从新德军高级将领最后成为北约盟军首脑之一,他的人生轨迹也将与曼陀菲尔的战后政治活动时时交叉。

曼陀菲尔撰写的是其巅峰之战阿登战役,他完成了长达200余页的手稿,详细总结了自己对美军强项与弱点的认识。阿登之战是美军二战中规模最大的一次作战,人员伤亡和物资损耗相当惊人,全面系统地总结此战得失在美军战史部门的日程中占有优先的地位。曼陀菲尔的总结分析引起了高度关注,他在战后岁月里以阿登之战的德军主将和战史专家身份不下几十次地在北约和英美军营中发表演讲。另外,他在题为"快速机动与装甲部队"的报告(美国陆军战史部研究报告MS#B-036号)中,详细介绍了德军装甲部队的创立过程、组建之初兵种间的分歧和倾轧、指挥官的特点以及古德里安对该兵种的深远影响。

关于曼陀菲尔何时重获自由似乎有两种主要的说法:一说见于布朗洛的著作,他说曼陀菲尔1946年圣诞节前后收到了一份意外的厚礼——重获自由。⁵ 另一说更具有普遍性,最早似见于梅林津的著作《我所认识的德军将领》,称曼陀菲尔获释的日期为1947年9月。⁶ 不管怎样,曼陀菲尔是被英美盟军视为"体面

的、没有战争罪行"的国防军将领，而且苏联也从未把他列入务必要弄到手的战犯名单，所以，1947年结束前他已经能够自由呼吸着战后的第一缕新鲜空气了。到曼陀菲尔开始平民生活和融入战后社会的1947年末，盟国在德国发起的去纳粹化、消除军国主义影响的全民再教育运动已开展了两年多，旨在彻底铲除德国工业能力和再次发动战争之经济基础的"摩根索"计划也实施了相当一段时间。德国百姓仍在为工作、温饱乃至生存而挣扎，出于对战争的苦涩记忆以及在激烈的就业市场上保护自己，德国的行业工会在工商业界有着极大影响力，他们对老兵，尤其是军官普遍持反感和憎恶态度，使军官们在工商企业谋职异常困难。曼陀菲尔倒是在朋友帮助下很快在科隆的一家银行谋得了职位。1920年时他曾试图离开军界加入银行，近30年后总算有机会实现夙愿。在科隆安定下来后，曼陀菲尔的家人也从汉堡赶来团聚。

1948年，曼陀菲尔举家迁往莱茵河下游西岸，来到与杜塞尔多夫隔河相望的小城诺伊斯（Neuss）——他的一位老友推荐其为这里的一家大型制造企业工作。曼陀菲尔的新雇主并不介意他过去如何辉煌以及社会舆论对前将领如何不利，与工会负责人协商后愿为他提供一个机会。曼陀菲尔在这家企业的出口部勤奋地工作，其精明强干和领导才能很快引起了管理层的注意，他也被提升为出口部经理。不过，这也就是他所能升到的最高职务了——工会虽能接受他做经理，但进入最高管理层则基本没有可能。德军的超级王牌飞行员、第5位镶钻骑士战功勋章获得者格拉夫（Hermann Graf）上校，战后也曾做到慕尼黑一家大电子厂商的销售总监，但当公司准备任命其为董事会成员兼秘书时，遭到了工会和大批工人的强烈反对，结果格拉夫始终未能如愿晋级公司管理层。

没有硝烟的战场：
重整军备与地下组织

曼陀菲尔骨子里就不是一个安于现状的人，刚满50岁的他不可能对平民生活心满意足。很快他就成为战后老兵运动的领军人物之一，以及更大范围的重整军备大辩论的幕后推手与军师。

还在1945年被拘于威尔士战俘营期间，曼陀菲尔接受了李德·哈特的访谈并得到后者的高度评价。李德·哈特这一时期结识了大批德军将领，并与他们中的很多人保持着长期通信联系。1948年，他将访谈记录以《山的那一边》为名在英国结集出版，在美国出版时书名则改为《德国将领访谈录》。他在这一著作中提到曼陀菲尔的地方比任何一位将帅都多。曼陀菲尔重获自由后也开始思考军事问题，尤其是在装甲战、未来地面部队的组织与武器装备等方面写下了不少文字和备忘录。1948年他第一次见到了政治家阿登纳，当时就曾建议后者不要与那些"背弃誓言"的人发生联系。[7]

在与李德·哈特保持联系的将领中，似乎有两个人格外愿意与他交流并将各种军事问题备忘录寄给他。其中一个是布鲁门特里特，这位曾任曼施坦因参谋长的将军经常就西欧的防御问题与李德·哈特交换意见，另一个就是曼陀菲尔。李德·哈特作为西方军事理论权威的地位得到德军将领的几乎一致认可，而他对曼陀菲尔这位精明强悍的年轻将领似乎格外青睐，不仅在1948年的著作中对他不吝赞美之辞，更是在后来的洋洋大著《第二次世界大战史》中大量引述曼陀菲尔的看法与观点，甚至还将"机动与突袭艺术的大师"这样的桂冠赠予曼陀菲尔。在1945至1950年的惨淡岁月中，昔日对手的一位军事权威给自己如此高的评价、如此平等的待遇，肯定让曼陀菲尔受宠若惊。他与李德·哈特的交谊持续了很多年，当他1959年被德国的地方法院起诉前，还专门致信李德·哈特倾述自己的满腹委屈和心酸。

之所以提及李德·哈特，是因为他在1948年7月发表了一篇关于德国重整军备之必要性的文章，文章声称如果盟国不允许德国发挥作用，那么防卫欧洲既不现实，也无可能，必须加强德国的力量和对欧洲的贡献，以抗衡苏联在二战期间及其后的扩张。由于李德·哈特在英国内外的影响力，也由于他与诸多德军将领保持着联系，更主要的是他在公开和私下场合都反对以战争罪审判德军将领，他的观点和立场立刻得到了前德军将帅的广泛欢迎和支持。布鲁门特里特当年11月致信李德·哈特，表示完全赞同其观点，还说自己为美军战史部门工作时就曾研究过此问题。布鲁门特里特尤其反对西方盟国将莱茵河一线作为防卫前沿的论点。[8] 曼陀菲尔在1949年4月25日写给李德·哈特的信中指出，他认为一旦苏联进攻西方，盟国空军所有的力量加起来也不足以阻止其推进，唯有装备精良、受过良好训练的地面重装甲部队，才能为防御欧洲提供有效的屏障。[9]

继1948年第一次见到阿登纳以后，曼陀菲尔于1949年1月30日再次见到这位未来的总理。阿登纳似乎对曼陀菲尔与其领导过的部队之间的密切关系非常感兴趣，也有意与之探讨重建国防的可能性，于是请他就重整军备问题提交一份专业备忘录。3月时曼陀菲尔交出了题为"一个坦诚的德国人的告白"的备忘录，不仅蔑称布尔什维克乃"世界之恶魔"，还惊呼苏俄与法国当时达成的和解是危险的信号。他呼吁德国要全心全意地与西方结盟，但不赞同英国希望在莱茵河筑防的观点，认为西方必须从根本上转变防御欧洲的态度。至于由谁来领导德国和新军队，他清楚地向阿登纳表明自己鄙视"背弃誓言的人"，还颇带感情色彩地写道："我们需要诚实可靠、忠诚直率、坚定且有远见的人，他们拥有勇敢的品质和领导能力，他们过去信守誓言，将来也会这么做。"[10]

1949年6月，阿登纳的非正式顾问圈子进一步扩大了，相对年轻的曼陀菲尔因其见识和才干显然引起了阿登纳的关注，他也被纳入这个包括豪辛格和施派德尔（Hans Speidel）等前将领的小圈子。不久曼陀菲尔又向阿登纳提交了名为"一个热爱自由的德国人的告白"的备忘录。在这份文献里，他再次表达了对苏俄共产主义的憎恨，强调只有与大西洋诸强结盟才能使德国免受扩大中的"共产主义恶魔"的侵蚀。他指出，脆弱的德国需要与西方合作才能保证自由，而西方也需要德国才能在欧洲制衡苏联，而现状却是"中欧盟军在数量和精神意志上都脆弱不堪，而德国人很大程度上还保持着无可匹敌的战斗能力"。[11] 曼陀菲尔重申自己与施派德尔和豪辛格的观点一致，即西方防御苏俄必始于东面，而不能指望沿莱茵河建立防线。他还强调，一旦德军重新武装起来，必须由那些久经考验的军人领导，而且只能使用那些"恪守誓言者"，决不能任用那些"出于怯懦或个人野心而在背后向领袖捅刀子的所谓抵抗战士。因为这些背信者无法赢得体面的德国人的尊重"，他大声疾呼"未来的军官决不能被行刺希特勒的密谋分子所玷辱。"姑且不论这些言论的是非曲直，倒是与他的一贯作风一脉相承。虽然他预计在界定新德军"可以言说的过去"时将会有更苦涩的斗争，但他还是毫不掩饰自己的见解。后来，他还公开声称自己因从未属于密谋群体而倍感自豪，同时也为自己将职责履行到最后一刻而深感光荣。曼陀菲尔向阿登纳谏言时，内心中浮现出来的、最能体现军官传统与荣誉感的未来领军人物一定包括他自己。他的备忘录几乎不加掩饰地流露出个人野心，尽管他在以后的岁月里时有不当言论或未经深思熟虑就脱口而出的厥词，但这种野心，就像他在二战中借助希特勒沿着军事阶梯迅速攀升一样，也在战后推动着他大步前行，从不回头。

1949年5月23日西德正式立国，不久后进行了首次全国大选，阿登纳领导的基督教民主党（CDU）胜出，当年9月20日他成为首任总理，自由民主党（FDP）党魁豪斯（Theordor Heuss）成为兴登堡之后的首位民选总统。自由民主党是基督教民主党的主要执政联盟，它的领导人之一，前国防军上校维尔德穆特（Eberhard Wildermuth）出任了阿登纳内阁的住房建设部长；另一领导人，前国防军少校门德（Erich Mende），此时则是国会中唯一军官出身的议员。曼陀菲尔此时虽未进入政坛，但已加入自由民主党，还被视为该党重要的军事专家。阿登纳的主政无疑给他身边的非正式军事顾问曼陀菲尔、豪辛格和施派德尔等以极大的鼓舞。以他们为代表的国防军将领一直都觉得自己这个群体被不公正地要求为希特勒的崛起和发动的战争负责，而阿登纳的当选有望消弭这些不公。

适逢此时，法国总理普利文（Rene Pleven）在1949年10月24日倡议成立一体化的欧洲军队，其中将包括一支规模甚小的德国军队。普利文的提议既是迫于美德两国要求重整德国军备，加强欧洲防御能力的压力，又是对欧洲理事会成员国要求把欧洲一体化进程扩大为欧洲防御共同体的响应。"普利文计划"出人意料地让西德国内支持和反对重整军备者皆感满意：一方面，它有可能使西德承担抵御外敌入侵的责任，德国军人有可能就此枯树逢春；另一方面，对那些担心德军复活将会削弱弱小的波恩政府、普鲁士军国主义和军官团的影响力会借此提升的人来说，这个提案也在很大程度上起到了安抚作用。另外，不少德国人还视此为迈向欧洲一体化与德法和解的一大步。对曼陀菲尔这样的前将领来说，这个提案若能实施，不仅德国

第十一章 躁动的灵魂：战后岁月

能够重整军备，他们的军旅生涯还有望延续下去，而德国被占领的局面或许还有可能就此终结。不过，"普利文计划"的实施和欧洲防御共同体的建立充满了曲折和矛盾，在这个过程中分裂的不仅是矛盾重重的法国人，德国人也一样分成了壁垒森严的阵营——职业军人与普通大众、天主教徒与新教教徒，以及势力庞大的行业工会内部都出现了分裂，也引起了阿登纳的执政联盟与左翼政党之间更加苦涩的新争斗。

1949年11月11日，阿登纳就重整军备问题发放了一个试探气球——他在接受法国报纸采访时声称，前德国国防军的"消失"使西方在与苏联的对峙中变得跛脚，重建德军将有助于恢复力量的平衡，而且德国只会考虑在"西方联盟"的框架内重新武装。[12] 一周后，或许是受到"普利文计划"的鼓舞，或许听到总理对外公开了他们一力主张的重整军备思想，曼陀菲尔给阿登纳写了一封长信，以"代表绝大多数前职业军人"的口吻全面阐述了自己的观点。他首先驳斥了德国需要保持中立的论点，指出战争爆发时欧洲国家在美国援军赶到前，必须得有足够的力量至少坚持半年。他认为即便不能立即获得组织军队的权力，把德国迅速纳入北大西洋公约组织也是非常有益的目标。在具体的军事问题上他抨击了有人提出的组建轻装甲部队的想法，认为这种见解不仅不现实，事实上也是在提供炮灰——这种军队不可能吸引优秀的德国人。他还告诉阿登纳说，德国约需1年半到2年才能建立一支有效的军事力量，但必须得先有一些参谋和计划人员进行筹备。最后他说有必要建立一支纯粹由德国人构成的力量，规模以30个师为宜，应主要包括装备了现代化武器的装甲师和装甲掷弹兵师。另外他还主张建立战术空军和防御海岸的海军。[13]

曼陀菲尔的建言书显然拨动了阿登纳的心弦，继前一试探后，阿登纳12月初又向另一家报纸畅谈了想法。他重申德国愿在一支欧洲军队的框架内作出应有的贡献，甚至指出对德军的需要已迫在眉睫，因为"只有德国才能挡住苏联……如果不抓紧时间给德国人提供军事训练，他们将很快失去其军事技能。"[14] 但是，阿登纳的试探气球很快就泄了气——盟国占领军当局对其言论非常恼火，尤其对他绕过正常谈判渠道，将盟国与德国在重整军备问题上的矛盾公开化大为不满。占领军首脑们聚在一起，明确地告诉阿登纳，他们丝毫不感激他提出的让德国为防御欧洲做出贡献的构想，而且要求他日后就此类问题发表公开声明前，务必先与占领军当局沟通协商。

1949年12月6日，阿登纳让自己的外交顾问布兰肯霍恩（Herbert Blankenhorn）写信给曼陀菲尔，告之在当前的情况下毫无可能进行军备重整。盟国不仅强势扑灭了阿登纳心中存有的重整军备念头，他们也注意到了他身边的那些出谋划策者，尤其是不避忌讳、言辞不谨的曼陀菲尔。如果说曼陀菲尔此时在阿登纳心目中尚有份量的话，那么1950年上半年发生的一件事，则使阿登纳与他的关系就此冷淡下来，他也成为总理有意疏远的对象之一了。这件事情就是新闻界披露的一个令人震惊的消息——曼陀菲尔是西德右翼地下组织"兄弟会"（Bruderschaft）的重要成员。1950年1月13日的《纽约先驱论坛报》巴黎版发表了记者库克（Don Cook）的报道，称曼陀菲尔在地下组织"兄弟会"里扮演着重要角色。[15] 这篇报道引起了政界的轩然大波，因为任人皆知他是总理身边重要的军事智囊，而且谁都听说过兄弟会是个极端组织。事实上，这只是将曼陀菲尔与兄弟会挂起钩来的头批文章。2月23日的《波恩汇报》(Bonner Rundschau)称，盟军情报机构正对某地下组织进行调查，据信曼陀菲尔是其重要成员之一。[16] 3月，德国最权威的媒体《明镜周刊》（Der Spiegel）也发文指出曼陀菲尔是兄弟会成员，尽管该文没有引述他的言论，也未提供任何关于其活动的细节。[16]

面对这些言之凿凿的报道，曼陀菲尔也慌了神，立即给美国占领军最高司令官麦考洛伊（John J. McCloy）将军写信澄清，否认自己是任何此类组织的成员，并重申自己支持盟国、拒绝激进主义和右翼极端行为的立场。不过他承认自己未能区分和阻止形形色色之人找他提供建议和支持。曼陀菲尔的竭力否认并未让盟国掉以轻心，除盟军军事安全委员会展开了调查外，美军反间谍机构也立即对兄弟会和曼陀菲尔进行了调查。美军反间谍机构确曾收集到一些指控曼陀菲尔是兄弟会成员，但没有证实的报告，不过，当他们1950年4月完成调查时，并未就曼陀菲尔是否为兄弟会成员，以及与该组织的合作关系做出定论。美军在结论中留了一个尾巴，声称尽管调查未能证实曼陀菲尔与兄弟会的关系，但建议继续侦察，直到其

"政治活动完全暴露为止。"美军和盟国情报机构都相信,老兵组织与地下准军事群体之间肯定存在某种形式的联系与合作。1950年5月22日,法国占领军司令部询问阿登纳是否有兄弟会的详细资料,而后者则回复说不能轻信《南德日报》(Suddeutsche Zeitung)等报章杂志的报道,自己更相信曼陀菲尔的声明。阿登纳虽然愿意相信他,但由于兄弟会的恶名以及曼陀菲尔本人时常不慎的发声,想必这时总理已下决心疏远曼陀菲尔等人,因为他已认定,任何重整军备的尝试都将与自己的初衷背道而驰,只会引来麻烦和惊扰,而他和总统豪斯的首要任务还是将年轻的联邦共和国纳入西欧共同体中。此后,阿登纳确实疏远了曼陀菲尔等可能带来麻烦的将领,最直接的例证就是他在当年5月24日出人意料地任命了施维林(Count Gerhard von Schwerin)担任自己的军事和安全事务顾问。施维林固然也是一名前装甲兵将军,但他是一个"众所周知的反纳粹分子",而且是由英国占领军最高司令官罗伯特森(Brian Robertson)这位太上皇推荐的。施维林不仅为英军占领军认可,更在英国外交部有着极佳的声誉,被认为是"库德诺夫伯爵(Count Richard Coudemhove-Kalergi)泛欧理想主义的追随者。"[17] 罗伯特森非常不满阿登纳接受"曼陀菲尔那种狂野又不负责的人的意见",这也是他急于为之寻找军事顾问的本因。不过,由此也足见曼陀菲尔作为重整军备的军师和思想家的影响,虽然离开了阿登纳的顾问圈子,但他仍是50年代初期重整军备运动的鼓手与领导者之一。

"兄弟会"到底是怎样的一个组织,能让盟国占领军如此紧张?盟军在二战的最后阶段曾郑重承诺将彻底铲除纳粹主义和军国主义,波茨坦协议更是清楚地要求废除所有老兵组织和任何形式的军事团体。但就在协议的墨迹未干之际,在战俘营中,部分党卫队高级官员、纳粹总督和国防军军官就在英美主子的眼皮底下秘密组织了"兄弟会"。这个新纳粹组织有诸多目标,其中最出名的就是"存续国家社会主义好的方面,修改不好的方面",战后它以地下组织的面貌迅速兴旺起来。它的发起成员中经过确认的包括前汉堡总督考夫曼(Karl Kaufmann)、前维也纳总督弗劳恩菲尔德(Alfred Frauenfeld)、前帝国保安总局部门首脑兼党卫队将军弗兰克-格里克施(Alfred Franke-Grieksch)、前希特勒青年团领袖艾克斯曼(Arthur Axmann)等,还有来自GD师的参谋本部军官贝克-布罗伊希西特尔(Helmut Beck-Broichsitter)。后人的某些著作也将曼陀菲尔列在"兄弟会"重要领导者之列。[18,19] 除曼陀菲尔外,据说还有一批知名将领为其成员,如古德里安、施通普夫、斯图登特、纳茨默尔,以及党卫军的豪塞尔、吉勒、斯坦因纳和库姆(Otto Kumm)等。[20] 如果这些传言属实,那可是一大新闻卖点,引起大众的兴趣和盟军的关注自然也是意料之中的事。单就卷入这些真假报道中的曼陀菲尔来说,他引起的麻烦已使阿登纳身边的另几位将领,尤其是施派德尔和豪辛格感到紧张,似乎此事碰到了他们的痛处。时任美国中央情报局特工的克里奇菲尔德(James H. Critchfield)当时正在西德调查"盖伦组织",按照他的说法,豪辛格和施派德尔曾打算亲自找曼陀菲尔了解此事,但在他的劝说下放弃了这个念头,因为他说服他们相信背后的故事可能远比报道的要多要深。[21]

几个月后,慕尼黑的大报《南德日报》经过调查,证实"兄弟会"是由两名前纳粹高官发起的,而且从一开始就被东德情报机构渗透和控制——报纸给出的证据就是其发起者之一弗兰克-格里克施后来逃往东德。克里奇菲尔德也指出,"兄弟会"成立伊始就被东德控制,后者将之作为吸引国际社会注意力的工具,目的在于阻挠西德的重新军事化。克里奇菲尔德甚至还说这是苏联克格勃的一项高优先级的工作。[21]

"兄弟会"事件无疑给曼陀菲尔的声誉造成了严重影响,有关报道指责他不仅是"兄弟会"成员,还说他意图利用与各方的关系加重自己在阿登纳面前的份量,并把自己的见解说成是更大范围的群体意见。尽管那位前GD师军官贝克-布罗伊希西特尔1951年8月发表文章称"兄弟会"组织"无论如何与曼陀菲尔的政见不同",从而否定了曼陀菲尔是其成员的说法,但在新闻媒体上他的名字还是继续与该组织密切相连。事实上,有人曾注意到曼陀菲尔的见解与"兄弟会"的政治主张确有相当的相似性。曼陀菲尔虽被迫离开了阿登纳的顾问团,但他在重整军备辩论中的作用并未消弭,反而随着1950年6月25日朝鲜战争的爆发和随后的国际形势巨变而变得更加醒目。1950年下半年,他不仅积极地为前台的豪辛格和施派德尔就重整

▲ 刺杀希特勒的抵抗运动领袖施陶芬贝格，图片摄于1933年9月他结婚之时。曼陀菲尔似乎对这位30年代初的老战友毫不容情，多次指责密谋分子们是"背弃效忠誓言的胆小鬼"或"卖国贼"。1950年代前半程，人们时时能听见曼陀菲尔高呼未来的德国需要"忠诚可靠、信守誓言之人"。虽然只能猜测他指的是不是自己，但他这种曾经受宠的高级将领在战后的德军里是没有位置的。

▲ 1949年5月23日联邦德国正式立国，阿登纳当选为首任总理。图片摄于1952年6月。曼陀菲尔与施派德尔和豪辛格等是阿登纳最重要的军事智囊，但随着时间的推移，阿登纳疏远了与曼陀菲尔的关系，施派德尔与豪辛格则在新军延续了军旅生涯，1955年新军成立时他们两人都获得了最高的中将军衔。

▲ 德军有名的装甲战将和理论家施韦彭堡，骑兵出身，早在1935年即为少将，曾任驻英武官，1937至1940年任第3装甲师师长，1940至1942年任第24摩托化军军长，1944年任西线装甲集群（即稍后的第5装甲集团军）司令官。施韦彭堡是一个敢做敢说、个性鲜明之人，战后经常与前将领同僚发生冲突，他在西德新军的建立过程中发挥了相当作用。

▲ 1950年代末期的西德联邦国防军总监（即武装力量总司令）豪辛格上将。豪辛格二战中曾长期位居中枢，担任参谋本部最重要的作战部长，几乎参与了所有作战计划的拟定，1944年初还曾短暂代理过参谋总长。刺杀希特勒的政变发生时，他正在向希特勒做汇报，虽然也被炸伤，但盖世太保随后逮捕了他。因查无实据后被释放，但被解除现役。1955年成为联邦国防军中将，1957年至1961年任国防军上将总监，1961年至1964年更成为北约军事委员会主席。

▲ 阿登纳的首位军事顾问施维林在任不足 5 个月就被迫下台，1950 年 10 月，阿登纳出人意料地任命前行业工会官员布兰克出任新军事顾问。布兰克二战中曾在装甲部队任少尉，他将在德国重整军备的过程中发挥关键作用，并在 1955 年出任首任国防部长。图片摄于 50 年代初，左为阿登纳，右即布兰克。

▲ 摄于 1953 年 5 月 1 日的英国鲁尔沃斯（Lulworth），施派德尔正在观看英军最新武器的展示。当时，来自北约 19 个国家的 160 名代表应邀观摩这次武器展示活动，图中右一为战后曾任英军副总参谋长的克劳福德（Kenneth Crawford）将军，中间的是施派德尔。

▲ 摄于 1953 年 9 月底的西德北部某处，前国防军将领豪辛格（左一）、马茨基（Gerhard Matzky，左三）应邀观摩盟军秋季演习。图中他们正与英军将领扬格（R. Younger）准将、海克特（John Hackett）少将讨论演习策略。马茨基二战中曾任第 21 步兵师师长、第 28 军和第 26 军军长，1956 年加入新军后被授予中将军衔。

▲ 摄于 1944 年 6 月的法国拉罗什居永（La Roche Guyon），施派德尔与西线德军指挥官们在一起，从左至右依次为西线总司令部参谋长布鲁门特里中将、B 集团军群参谋长施派德尔少将、B 集团军群司令官隆美尔元帅、西线总司令伦德施泰特元帅。布鲁门特里特在战后最初几年里与曼陀菲尔、李德·哈特等交往频繁，探讨重整德国军备的可能性。施派德尔更是阿登纳信赖的主要军事智囊。

▲ 二战中曾任第 116 装甲师师长和第 76 装甲军军长、战后曾任阿登纳军事顾问的施维林将军。图片显示的是 1943 年 5 月 17 日获得橡叶骑士勋章时的施维林，当时他还是第 16 摩托化步兵师师长，半年后他获得了第 41 枚双剑骑士勋章。施维林是一名反纳粹分子，对他颇为欣赏的英国外交部"建议"阿登纳任命他担任军事顾问。施维林上台伊始，就受到曼陀菲尔等人的敌视和排斥。

▲ 踌躇满志的国会议员曼陀菲尔,摄于1953年9月当选议员不久。曼陀菲尔是国会外交和军事委员会的活跃成员,曾率国会代表团出访英美,但1957年3月杜塞尔多夫地方法院准备起诉他的一桩战时罪行,这断绝了他继续从政的念头。

▲ 斯特劳斯 1956 年夏成为西德国防部长，他上任后任命的空军总监是二战德军夜间战斗机部队创始人、卓越的组织家卡姆胡伯将军，而非战时的空军战斗机部队总监加兰德。图中斯特劳斯（左一）正与美军上校文赞特（Mark H. Vinzant）交谈，右一为卡姆胡伯。

▲ 1955 年 4 月 20 日至 5 月 12 日，曼陀菲尔随西德国会代表团出访美国，参观了国防部、西点军校和其他一些军事单位。图为曼陀菲尔在美国军舰上参观。

▲ 阿登纳总理在曼陀菲尔当选国会议员后向他表示祝贺，摄于 1953 年。

▲ 摄于 1956 年 1 月，阿登纳向西德新军的首批志愿者发表演说。阿登纳的信条是，一个不能防御边境和国土的国家不是一个安全的国家，他也认定德国参与西方防御联盟至关重要。曼陀菲尔从 1948 年起就开始为重建国防向阿登纳建言，后来关系虽不再紧密，但新军的建立应有曼陀菲尔的一份功劳。

▲ 曾为国防军最年轻中将的托尔斯多夫在1958年9月末再次出庭受审，他的命运引起了曼陀菲尔的关注。有后世历史学家认为，对托尔斯多夫的审判为把曼陀菲尔送上被告席廓清了道路。不过，托尔斯多夫最终被免于起诉。图片摄于1944年11月中旬，当时托尔斯多夫任第340国民掷弹兵师师长，在西线的堡垒城镇具利克布防，图中他正在亚琛—具利克公路旁的一幢民房屋顶观察美军动向。

▲ 1959年8月中旬出庭受审时的曼陀菲尔。

▲ 曼施坦因1953年获得自由后，他的一项重要工作就是为面临牢狱之灾的战时下属们出庭作证。曼陀菲尔案开庭审理时，曼施坦因和巴尔克都曾应邀作证。

▲ 一张非常难得的图片，舍尔纳元帅1945年5月7日被美军逮捕时的场景。注意他的平民服饰，当时，舍尔纳脱下军装后遗弃了部队，但还是在逃亡途中被捕。舍尔纳1957年10月被起诉，罪名是以绞刑和行刑队方式草率处决官兵。虽未以遗弃部队的罪名被起诉，但此行为还是令其他前将领们非常不齿。

▲ 摄于1949年9月，西德首任总理阿登纳（左）与总统豪斯（右）。作为资格很老、广受尊敬的政治家，豪斯于1949至1959年一直担任总统。曼陀菲尔1960年入狱时，已退休的豪斯出面为之说项，称赞后者的军旅生涯无可挑剔、平民生活也卓尔不凡。曼陀菲尔入狱仅4个月后即重获自由。

▲ 摄于 1964 年 9 月的美国宾夕法尼亚州盖蒂斯堡。当时，曼陀菲尔应艾森豪威尔邀请到盖蒂斯堡的总统私人牧场做客。1969 年 3 月 28 日，也即艾森豪威尔去世的当日，曼陀菲尔在接受记者采访时曾透露了五年前两人的一些对话细节，他反复称赞艾森豪威尔是"一名杰出的将领和真正的伟人。"

▲ 1950 年代中期的驻欧美军第 7 集团军司令官克拉克中将。他于 1958 年晋为四星上将，1960 至 1962 年任驻欧美军总司令。

▲ 摄于 1960 年代初，克拉克邀请了极少的阿登战役亲历者重游战场，曼陀菲尔大约是受邀的唯一昔日对手。图中，他们两人站在圣维特周边高地上举目四望，各自讲述当年的胶着战况和兵力调动情况。晚至 1976 年，克拉克还应时任北约武装部队总司令之请，专程赶到德国拜访曼陀菲尔，与之商量如何借用圣维特之战中的战术，反击华约组织对北约可能发起的进攻。

▲ 曼陀菲尔与曼施坦因（左三）、GD 师老部下尼马克（右一）等在一起。尼马克 1952 年任西德奥委会主席，曾以官员身份连续 4 届参加奥运会马术比赛，西德国防军成立时他被委任为装甲兵少将。

▲ 摄于1964年9月的美国纽约。曼陀菲尔在会晤布莱德雷将军时,后者曾向助手笑言:"这么一个小个子怎么能在阿登战役中给我们制造了那么大麻烦?"本图反映的就是两位昔日对手共进午餐时回顾和研判往日战事的场面。

◀ 曼陀菲尔退休后最喜爱的活动之一就是参加老战友聚会,图为第2装甲师老兵1968年在巴特基辛根聚会的场景,曼陀菲尔作为该师元老之一应邀做主题发言。

▲ 摄于1964年9月的美国华盛顿。曼陀菲尔与昔日的对手们见面,左一为克拉克,左三为1944年底任美第7装甲师少将师长的哈斯布鲁克,右一为当年任第101空降师炮兵主任和代师长、死守巴斯托涅的麦考利夫。

▼ 摄于1977年,曼陀菲尔与妻子和女儿的合影照。

▲ 1968 年时的曼陀菲尔还被人赞为"尽管身材矮小、貌不惊人，但 70 岁时仍是一个精力充沛、孔武有力的领导者。"不过，这张摄于 1970 年代初的图片还是显示他似乎已进入垂垂老矣的暮年。

▲ 摄于 1965 年 4 月英国伊辛顿山蒙哥马利元帅私宅前。左一为蒙哥马利的战时参谋长德古因刚将军，中为蒙哥马利。1975 年 5 月初，曼陀菲尔接受访谈时曾点评过昔日对手，称英军元帅亚历山大是"最优秀的盟军战场指挥官。"他认为蒙哥马利是"很好的战场指挥官，但处理事情有些过于步步为营……"他还称艾森豪威尔是比蒙哥马利更出色的战略计划者，曼陀菲尔不理解蒙哥马利战后为何批评艾森豪威尔在诺曼底登陆后的战略，称这位英国元帅"似乎忘了自己当年的身份。"

▲ 比利时巴斯托涅历史中心里陈列的曼陀菲尔塑像以及其他用品，他曾将自己 1944 年末穿着的皮大衣捐赠给这家博物馆。

▲ 摄于 1975 年。3 年后的 9 月 24 日，曼陀菲尔在奥地利城市蒂罗尔度假时死于心脏病突发，最后安息在阿默尔湖畔的蒂森小城。2001 年 7 月，他的妻子以 98 岁高龄辞世。

▲ 曼陀菲尔与妻子合葬的墓地。

军备问题出谋划策，更是频频接受英美媒体访谈，以军事理论家和实战专家的姿态全面阐述冷战时期欧洲的防御策略。

繁忙的1950年：
冷战铁幕下的军事思想家

当1950年5月24日阿登纳任命施维林担任其军事顾问时，感到震惊和愤怒的不仅仅是曼陀菲尔、施派德尔和豪辛格，更感意外和不满的还是阿登纳的住房建设部长维尔德穆特。这位前国防军上校曾得到过总理的许诺——一旦时机成熟将任命其担任国防部长，领导德国重整军备的繁杂进程。维尔德穆特自身也有一个小圈子，除曼陀菲尔、豪辛格和施派德尔外，还有弗尔奇和施韦彭堡等人，而施维林不仅在前将领间默默无闻，根本就是个圈外人。施维林出生于1899年，参加过一战及战后的自由军团，二战前曾在美国学习并出访过英国，也曾在参谋本部情报部的西方外军处任职。二战后期他担任第116装甲师师长，在1944年9月的亚琛战役中，他以保护亚琛的文物古迹、免除百姓的无谓伤亡为由试图率部投降，结果被逮捕并受到军法审判。施维林在曼陀菲尔等人眼中无疑是将军中的另类，作为坚决反对纳粹政权的军人，施维林对德军军事传统也持批判和否定态度，难怪绝大多数将领都毫不掩饰地敌视他。另外，由于他是英国人推荐给阿登纳的，这也使将领们觉得这个圈外人势必将是一个缺乏主见、仰人鼻息的应声虫。

维尔德穆特一直视自己为国防部长的不二人选，关于总理军事顾问的候选人，他先后考虑过施韦彭堡、曼陀菲尔、温克甚至是情报机关"盖伦组织"的首脑盖伦 (Reinhard Gehlen) 等。施维林上任伊始就受到施派德尔和豪辛格等人在前台，曼陀菲尔和布鲁门特里特等人在幕后的敌视与排斥。上述四人关系非常密切，经常交换看法或协手攻讦施维林。1950年9月14日，曼陀菲尔在写给布鲁门特里特的信中直言施维林会出卖他们这些人，"必须想办法把施派德尔推上本应属于他的位置 (即总理军事顾问)。"在另一封致布鲁门特里特的信中，曼陀菲尔说自己从可靠的消息来源获知，阿登纳政府从没有一天没收到过对施维林的抱怨——所有人都抱怨施维林不能胜任其职责。曼陀菲尔在信中议论道："当把一个背弃誓言的人弄到他现在的位置上时，人们并未意识到自己在干什么！"[22] 曼陀菲尔在写给施韦彭堡的书信中也毫不掩饰自己要在驱逐施维林一事上推波助澜。施韦彭堡对这些前同僚之间的攻讦大为不满，他曾这样说道："一些所谓的前同志所发起的攻讦，其猛烈程度甚至超过了我在希特勒时代的经历。"[22] 施韦彭堡是个敢做敢说、个性鲜明之人，他后来又与弗尔奇发生了激烈冲突。

曼陀菲尔等人在幕后推波助澜的同时，豪辛格和施派德尔等也在前台开火，他们二人一起攻击施维林并非参谋本部军官出身，因而没有资格和能力从事军事计划工作，而这些恰恰是军事顾问职责的重中之重。此外，势力庞大的"盖伦组织"也在扳倒施维林的过程中发挥了作用。在这样的背景下，维尔德穆特组织豪辛格和施派德尔等人另起炉灶，于当年10月召开了所谓的"希姆若德会议"(Himmerod)，准备推出以前国防军上将维廷霍夫为代表的新班底，以便与施维林分庭抗礼。与会的15名前三军将校中没有曼陀菲尔，但豪辛格和施派德尔几乎每天都向他通报情况，后者也积极地在幕后出谋划策。所有这些活动加上当时西德反对重整军备的舆论氛围，导致了施维林在任不足5个月即告下台。1950年10月17日，阿登纳选择了反纳粹的前行业工会官员布兰克 (Theodor Blank) 出任新顾问。布兰克木匠出身，二战中曾任装甲部队少尉，后被苏军俘虏。他将在重整军备过程中发挥关键性作用，并在1955年成为战后的西德首任国防部长。

就在政客和将领们为争夺重整军备的领导权而倾轧，并又意外地导致另一圈外人布兰克脱颖而出的时候，西德社会从总体上对重整军备持什么态度呢？比勒菲尔德 (Bielefeld) 的一家民意调查机构 1949年12月的调查显示，超过74.6% 的受访民众表示不愿在军中服役。[23] 1950年3月，另一项民意调查表明，52%的德国民众不希望在欧洲军队中看到德军的重建和复活。[23] 汉堡出版的《时代周刊》(Die Zeit) 1950年8月17日发表的一篇文章颇能反映那个时候普通人的心声："5年来，德国人得出的印象是，他们曾经尊崇的人物，特别是像俾斯麦和腓特烈大帝这样的人物，不过是反动的贵族君主或战争罪犯。5年来，德国人认识到军事作为一种生活方式实为一件邪恶之事。在这些黑白分明的集体谴责中有一点非常清楚，即所有的德国战士都因他们曾追随希特勒而失誉……他们(盟国)想使德国人痛恨挑起战争的人,这个信号当然是明白无误的,而且再教育计划的目标很大程度上已实现了。"[24] 盟国开展的去纳粹化再教育运动到1950年已经整整5年了,除这个重要原因外,德国人反对重整军备还有更深的原因,即对战场死亡的恐惧以及战争带来的悲惨灾难,使德国人更深地认识到军事冒险的危险。在这个时候,除了骨子里被军事生活所吸引、生活的实际意义完全取决于重整军备的那些前职业军人外,鲜有人还愿意去捍卫德国军队的所谓传统和荣誉。特别是年轻人,他们在战后的凄惨境地里长大,在社会中挣扎,为德意志民族的集体罪恶所累,致使他们反过来反对将德国带入灾难和屈辱深渊的那一代人,他们不信任老师、厌恶政客和国家领导人,甚至对父母也时常发起挑战。一句话,他们对德国军队的传统和传奇表现出深深的不信任。德国《时代周刊》上曾载有一个年轻人的如下文字:"我们多数人根本无意在这号人领导下捍卫西方。军国主义连同它那夸大其词的口号'军官的荣耀'、'灰制服的荣誉',以及军营中个性的完全缺失,无不令我们生疑生厌……过高地夸大军旅生活的价值,对我们来说就是军国主义的核心所在——我们愿意看到德国的军事最终能拥有一些平民的色彩。"[25]

令人意外的是,1950年年中朝鲜战争的爆发并没有使德国普通人和年轻一代的态度发生多大变化。他们并未像曼陀菲尔等人估计的那样群起呼号,要求重整军备以抵御来自东德的可能入侵。相反,他们的第一反应是强烈要求增加驻西德占领军的数量。

1950年夏的曼陀菲尔一直忙于应对新闻媒体的采访。他在一家报纸上评论说,虽然西德是否应对欧洲防御做出贡献是一个政治决策,他个人支持使用西德的部分工业能力以及征召能履行军人职责的人来承担应尽的义务,但"有几个先决条件"——9月14日,曼陀菲尔在杜塞尔多夫向工业界人士发表演说时提出了这几个条件:释放所有德国战犯,解决德国的东西部边境问题,给予德国造船和商业航运自由,保证前国防军军人的养老金。当月稍后,曼陀菲尔与古德里安、前步兵将军迪特马尔(Kurt Dittmar)等人又提出了6项与防卫欧洲义务相关的要求:其中的3项与指挥权有关,他们不仅要求任命德国人担任欧洲军队的军级指挥官,还要求在最高司令部中设有德军代表;另一要求与军事和民族主义有关,即"承认易北河而非莱茵河的第一道防线地位";最后两项则要求为老兵及其家属提供足够的养老金,以及将战犯转交给德国司法机构。由此可见,随着西德的成立和朝鲜战争的爆发,尤其是意识到西德在军事和技术方面有可能为欧洲防御所急需、从而增加了与西方讨价还价的筹码,前将领们对盟军的再教育运动和占领措施开始采取一种更有攻击性、也更自信的立场。有后人曾对曼陀菲尔等人的6项主张做了很有趣的描述,称这些是对西德与西方即将到来的"基于利害关系的军事联姻"所提出的"嫁妆要求"。[26] 曼陀菲尔等人的主张很快成为老兵们的标准呼声,他们拒绝"充当外国军事和政治强权的沉默工具",宣称只有当德国取得了与西方平等的主权地位、所有战犯都重获自由之时,他们才会支持重整军备和保卫欧洲。

1950年底,曼陀菲尔接受了美国《生活》周刊的采访,详细阐述了自己对苏联军事实力的了解,以及他心目中的所谓"蜘蛛网"式欧洲防御战略。《生活》周刊1951年5月28日发表了名为《我们会为之作战的战争》的长篇专题,集中介绍了曼陀菲尔等前将领的见解。这篇长文以典型的冷战思维,开篇即渲染了一幅苏军压境、战争一触即发的态势,声称现拥有175个师、但能迅速动员300个师的苏军,拥有40000辆坦克和无数的战术空军支援,二战时多达250个师的东线德军与之抗衡时都显势单力薄,现在只有区区不到40个师的欧洲诸国如何能够抵挡苏军的钢铁洪流?这篇文章建议听一听曼陀菲尔等东线将领的"真知灼见",并称曼陀菲尔是所采访的将领中最能言善辩的,"他对战争准备的分析显然经过深思熟虑,有着镇定的、外科手术般的精确。"曼陀菲尔等将领对苏军的战斗力、质量、领导能力及战略物资储备依然有着清醒的认识,时隔多年后他们仍为红军战士难以想象的耐久力和承受力惊叹。但是东线败退并没有使他们真正地敬畏对手或被吓倒,他们相信失败是希特勒的错误造成的,相信自己仍有办法束缚这条巨龙。

曼陀菲尔等预计苏军一旦决定向西方发动战争将会兵分3路——第1路将直接向西,跨越易北河和莱茵河后直抵德国鲁尔工业区、法国北部和低地国家的工业带;第2路将针对西方国家的南翼防御体系,苏军将从奥地利发起攻势，目标直指阿尔卑斯山脚；第3路则会在欧洲最北端展开，苏军将从芬兰和波罗的海国家发起针对斯堪的纳维亚的海陆空三栖作战。曼陀菲尔等特别强调，西方的命运维系于能否固守住两个关键的轴心防线，即北方的丹麦半岛、德国东北部的石勒苏益格－荷尔斯泰因，以及曾被希特勒用作最后的负隅之地的阿尔卑斯山堡垒。美国记者称曼陀菲尔是"二战德军军事理论家与实战专家"，因之特别详细地引述了他的见解。曼陀菲尔说："只要苏俄的两个侧翼还受到从北翼的丹麦、南翼的阿尔卑斯山堡垒可能发起的钳形攻势的严重威胁，他们就永远不会认为自己在欧洲是安全的。希特勒当然认识到了这一点，所以他在跨过莱茵河进攻英法之前先夺取了丹麦和挪威。我们从多年经验中深知，苏军对深入其侧翼或后方的作战是极其敏感的。正因如此，我们可以认定苏联势必将进军斯堪的纳维亚国家以达成包抄丹麦半岛的目的。我认为西方盟国的海空力量应能挫败苏军的斯堪的纳维亚半岛攻势。盟军也应能持续地补给、增援和增强集中在斯堪的纳维亚侧翼的欧洲军队……至于如何阻遏和迟滞苏军在德国平原上的主攻力量，这就需要学习德国人以前的经验。任何试图以僵硬的防线来阻挡潮水般的苏军的尝试注定都要失败。希特勒对付俄国人时最糟糕的错误就是命令德军不经血战不得放弃任何一寸土地。这一决策彻底瘫痪了我们的机动能力，斯大林格勒就是最著名的一例，但同样代价高昂的战例还有不少。西方在军事上主要有三方面优于苏军，即情报、物资和机动性。这些优势都将在被动僵硬的阵地战中丧失殆尽。只有在运动和机动战中才能发挥这些优势，李奇微将军正在朝鲜战场上熟练地使用着这些战术。"[27]

无疑，曼陀菲尔眼中真正的防御之道既非固定的静态防线，也不是大堤深壑或森严壁垒，而是纵深的梯次防御和战术空军对战场的严密控制。他将这种体系称作"蜘蛛网"式防御，以他之见，这个"蜘蛛网"将密布于德国西部，并在北方的丹麦半岛、石勒苏益格－荷尔斯泰因与南方的阿尔卑斯山堡垒之间缕缕环绕。他预计苏军打击德国北部的主攻力量将非常强大，易北河和莱茵河之间的"蜘蛛网"几乎肯定要被撕裂，因此中部地区的西方军队在苏军攻击下别无选择，只能退守莱茵河背后，而两个侧翼的西方军队将分别退却到丹麦半岛和阿尔卑斯山堡垒据守。由此西方的意图就是将苏军进一步引诱到蜘蛛网中来，以连续不断的空中打击摧毁其装甲箭头，无情地猛砍其暴露的侧翼和补给线，还要反复冲击和缠住行进较慢的步兵。曼陀菲尔相信西方军队有可能战胜对手，但无疑将是漫长的苦涩战斗。他心目中的灵活防御将像螺旋弹簧一样发挥作用，"在退却过程中它将自动地积聚巨大的反弹力，首要目标就是进行损耗战和反击战。这样一种防御理念要求地面部队拥有比二战时更强大的机动性和火力。这些力量应不少于80个师，防御网中的装甲部队应占有不低于50％的比重，即便步兵也要经过最高水准的训练。以大规模军队应对同样规模的军队是没有实质意义的，必须以质量来应对纯粹的数量。"[27]

这篇长文还指出，以曼陀菲尔为代表的前德军将领认为至少需要80个在训练和装备上均优于苏军的师"才有可能拯救欧洲"。北约的军事计划是到1952年底时拥有36到40个师用于防御，而其中并不包括来自西德的贡献。至此，《生活》周刊的意图才图穷匕首见："今天的德国人正陷入一个畸形的政治蜘蛛网中：法国人害怕德国人赶在他们前面重整军备，在西方建起更坚固的防御而非总是停留在规划和蓝图上之前，德国人自己也大声反对重新武装自己。事实上，如果不大幅吸收德国的人力和技能，西欧的防御几乎完全脱离现实。前德军将领们私下里的期待是，一旦当前的政治障碍得到清除，西德应当逐渐为欧洲贡献25个师。"[27]

这才是曼陀菲尔等一干将领的真实意图——借助影响深远的舆论平台，介绍德军二战中取得的独一无二的对苏作战经验教训，宣扬西德在欧洲防御体系中的重大潜力和能力，为重整军备和建立新军廓清舆论和政治上的障碍，并在重新武装的进程中谋求与西方平等的主权国家地位。曼陀菲尔的公开言论当然令西方和西德政客们感到烦心恼火，但他的军事思想却在美国华盛顿的五角大楼里得到了沉默的呼应和欣赏，也对日后北约的欧洲防御策略产生了重大影响。英美将领、尤其是二战中曾与他对垒的高级将领们对他也越来越赏识。当曼陀菲尔步入政坛和退休以后，他们频频邀请他到北约和英美军队演说考察，并认真倾听他的战争经验与理论，这些当是那些欣赏和信服的最好注脚。

政治漩涡中的老兵运动领袖

1949年后，随着去纳粹化再教育运动的成效初显，盟国占领军对西德老兵组织和其他形式的军事俱乐部的控制终于有所松动，最明显的标志就是废弃了禁止老兵结社聚会的法令，老兵组织和各种协会的数量因之大幅增加，重要性也日渐彰显。这些老兵组织大约可分作三种类型：其一是战后之初即成立的组织，他们关注的焦点是老兵的社会福利，以保障老兵领取退休金的权益或帮助伤残军人及其家属为主要诉求；其二是组织目标在政治上比较激进的组织，最有名的包括"钢盔党"（Stahlhelm）和"前德国军人捍卫联盟"（Schutzbund deutscher Soldaten，简称BdS），这类组织虽数量不多，但其政治主张和声明特别尖锐刺耳；其三是所谓的军事单位传统协会，有些是按兵种加以组织、旨在鼓励老兵发展同志友谊的协会，最著名的就是伞兵将军雷姆克（Hermann Ramcke）领导的势力庞大的伞兵老兵协会，有些则是某师或某军的老兵自发结成的传统协会，最有代表性的当属曼陀菲尔组织的"大德意志装甲军"传统协会和曾任非洲军军长的克吕威尔组织的"非洲军老兵"传统协会等。1950年4月，前海军上将汉森（Gottfried Hansen）成为"应获养老金的国防军军人及其直系亲属联盟"（Bund versorgungsberechtigter ehemaliger Wehrmachts-angehoriger und deren Hinterbliebenen，简称BvW）的主席，这一组织已拥有85000名成员，宣称愿意捍卫国家，但要求恢复士兵荣誉，并将"无辜的"德国人从国内外监狱释放。简称为BdS的"前德国军人捍卫联盟"以巴伐利亚为活动中心，到1951年6月时也发展成拥有5万人的庞大组织。BdS也积极投入到政治活动中，宣称自己"意识到共同的使命，呼吁所有欧洲国家的战士与我们携起手来，与我们一起为合法地重新武装而奋斗，为值得捍卫的新和平秩序而奋斗，让我们的人民在平等与尽职中完成统一。"[28] 1951年8月13日，钢盔党领导人西蒙（Karl Simon）宣称该组织支持德国参加欧洲防御，而它的任务就是给未来的战士们以"精神上的提升"——钢盔党号称自己代表的群体格外强调坚守荣誉、工作和体面，要求对国家的敌人进行无情攻击，还毫不妥协地要求立即释放所有战俘，这些主张无疑非常适合极端分子的胃口。

曼陀菲尔是"大德意志装甲军"传统协会的主要发起人。在1950年的繁忙之余他大量地给老兵们写信宣扬其政治观点。1951年2月起，他领导的一个工作小组开始筹备协会将于6月2日至3日在卡塞尔举行的首次集会，邀请函上的大标题就是"欧洲正在召唤、我们召唤欧洲。"[29] 在GD师服役过的军官中有两位特别引人瞩目，一是兄弟会创始人之一的贝克-布罗伊希西特尔，另一位则是在镇压刺杀希特勒政变中发挥了关键作用的李梅尔，所以这次聚会毫无悬念地引起了当局的关注。一位曾在GD师服务的将军感觉前述两人的出席可能会引发问题，于是将消息通报给了波恩政府，希望政府做好预案。由于政府的随后出面干涉，李梅尔被要求不要出席聚会。曼陀菲尔领导过的GD师当然是二战国防军中地位独特的一支精锐，尽管从未隶属于党卫军，但在很多人看来这支部队就是纳粹党试图全面接管国防军的一个重要桥头堡。尽管该师没有纳粹的出身和起源，但无疑是受纳粹意识形态影响颇重的部队。另外，由于战争期间的伤亡率非常之高，GD师老兵们对先是"败坏"其名誉，而后又期待他们重新武装的盟国和波恩政府，肯定抱有别样的仇视。有着这种历史背景的GD师老兵们现在举行聚会，肯定要吸引政府的注意力。结果波恩政府的担忧证明是虚惊一场，老兵们的两日聚会可谓波澜不兴，除550名老兵及其家属外，还吸引了27名新闻记者，聚会的总体氛围是老兵们沉浸在战友重逢的喜悦和兴奋之中。聚会的焦点出现在6月3日曼陀菲尔所做的主题发言上，演讲时他首先撇清自己与李梅尔的关系，在未点名的情况下感叹自己"很遗憾一位战时颇受敬重的老战友现在踏上了一条我们大家都不准备走的政治道路。"[30] 曼陀菲尔的演说很长，最后才将话题引向了西德在欧洲防御中的贡献问题。他驳斥了那种对重整军备漠不关心的态度，指出这种态度"只会让苏俄受益。"然后他重申自己坚决反对德国仍被占领的立场，要求释放"所谓战争罪犯"，呼吁为德国的主权和平等而奋斗。尽管他在演说中再次攻击阿登纳的前军事顾问施维林，并发出了"叛国者永远都是叛国者"的论调，但从总体上看，他的演说清楚表明了支持政府的立场。也许是为了进一步证明这一点，聚会期间曼陀菲尔以老兵传统协会的名义向豪斯总统发去电报，声言GD师老兵们支持宪法与共和国。据说，聚

第十一章 躁动的灵魂：战后岁月

会之前曼陀菲尔曾与施派德尔交换过意见，正是后者建议他拍发这份电报。据闻，豪斯总统感动之余，亲自向曼陀菲尔表示了谢意。[31]

西德国内、英美甚至法国的新闻媒体都对曼陀菲尔致电总统表示效忠，以及李梅尔这个"危险分子"未出席聚会持肯定态度。不过，也有一些批评的声音传来——贝克-布罗伊希西特尔就曾愤懑地发问，最勇敢、最出名的装甲兵将军曼陀菲尔，怎么可能在致电总统表示他的师"愿为共和国无条件服务"的同时，却决定不予宣读他的一位名叫塞普·迪特里希的老同志从兰茨贝格（Landsberg）监狱中发来的贺电？贝克-布罗伊希西特尔还抨击说，曼陀菲尔战时就常在命令的结尾处高呼"希特勒万岁"，现在他又在高呼"豪斯万岁"，只不过他"十分怀疑曼陀菲尔的做法现在的成效。"李梅尔也对曼陀菲尔提出了猛烈批评，他说："我真不能理解曼陀菲尔怎么会支持德国参与重整军备。我们都在GD师战斗过，都佩戴过希特勒青年团的金质荣誉勋章。钢盔曾是我师的战术符号与象征，而现在我们却有了另外一个象征。"当然，参加聚会的老兵并非人人都信服曼陀菲尔的观点和姿态，还有不少人憎恶波恩政府，依然为盟国继续拘禁德军战俘感到愤怒，他们中不少人对曼陀菲尔致电总统的做法感到惊讶，甚至不以为然。

1951年夏秋之交，西德的老兵协会和各种组织酝酿成立一个类似行业工会的统一组织。9月间，"德国战士联盟"（Verband deutscher Soldaten，简称VdS）这个试图统一所有老兵协会的综合性组织宣告成立，前国防军上将弗里斯纳（Hans Friessner）成为其临时主席。9月7日至9日，该组织成立大会在波恩举行，大德意志装甲军传统协会、非洲军老兵协会、伞兵老兵协会等重要团体均参加了大会。9月8日，曼陀菲尔代表大德意志装甲军传统协会宣称准备加入VdS。VdS除了成为所有德国战士的组织这个目标以外，还要求释放二战后被拘押的所有德国人，要求捍卫祖国的权利，以及索取战士们应得的权利和福利待遇。所有老兵协会都赞同这三大要求，曼陀菲尔及其传统协会自然也不例外。不过，即便在波恩成立大会之前，就有其他老兵协会的代表对无处不在的曼陀菲尔提出了非议——他们认为他是自由民主党的重要成员，对于这样一个政客积极参与VdS的发起和准备感到不满。

这种态度在大德意志装甲军传统协会内部也有，被称为"GD师之父"的霍尔雷恩就明确批评过曼陀菲尔代表的自由民主党在老兵运动中的过份参与。VdS成立之初就麻烦缠身，先是弗里斯纳在9月21日的新闻发布会上大放厥词，声言只有VdS的几项要求都得到满足，作为交换他们才会支持重整军备。这位政治上幼稚的前上将似乎觉得自己的话还不够刺激在场的新闻界人士，又接着说"二战是由波兰人挑起的"，还谴责刺杀希特勒的密谋分子都是"彻头彻尾的卖国贼。"[32]这一丑闻发生后，舆论立即对VdS大加挞伐，要求弗里斯纳辞职。第二件事就是各地的传统协会、以原服役单位为基础成立的组织开始了"造反"活动。在大德意志装甲军传统协会内部，不少人觉得自己的协会被强迫着加入了他们并不想与之为伍的组织，于是在9月28日汉堡举行的集会上，一些成员表达了对曼陀菲尔未经协商擅自代表他们讲话的不满。其后该协会内部还出现了一个专与VdS作对的小组织，另有不少人认为传统协会的目的是培养战友感情、承续军事传统和保存自己的特点与个性，他们反对政党政治，仍然认为波恩政府除了"把老兵作为罪犯对待外什么都没做"，故而他们对VdS试图把老兵协会引入政治舞台的努力深感疑虑。正是出于这个原因，尽管曼陀菲尔对提升大德意志装甲军传统协会的影响力有很大价值，1951年底时他还是被明确告知，请他本人在公开声明中务必注意言辞，在未事先了解传统协会的立场和意见前，请他不要再代表该组织发言。[33]

曼陀菲尔再次因言行不谨而招人厌弃。事实上，有些组织已在大声抗议前将领在老兵运动和组织中拥有过大的权力，还有人私下怀疑与政党走得过近的曼陀菲尔等人实际上从政府那里领取报酬。受指责的不仅是曼陀菲尔，伞兵组织的老兵也开始对雷姆克的领导能力发出质疑，担忧自己有可能在政治上被人利用。1952年7月，仍在医院就医的凯塞林欣然出任钢盔党名誉主席，获释后他又建议钢盔党应该高擎黑、红、金三色国旗来表明他们对共和国的忠诚，但他的这种"极端支持波恩政府的立场"也受到老兵的广泛抗议和抨击。所有这些都表明，在1951-1952年的老兵运动中，波恩政府的民主努力仍然面临着巨大的困难和挑战。此外，这些也证明了盟国和波恩政府把曼陀菲尔的观点等同于是大德意志装甲军传统协会的意见实为想当然的一大错误。

1952年,总理阿登纳明确表示,西德是否加入欧洲防御共同条约取决于能否尽快释放在押的德国军人。这一强烈信号给占领军当局和各国政府施加了强大压力,也指引了1952年多数时间里老兵运动的走向。老兵运动的重点随即转移到了强烈要求释放在押将领和官兵,尤其是营救凯塞林出狱一事上。自由民主党议员门德在国会演说时甚至煽情地称"凯塞林正为我们在座的每个人服刑。"³⁴ 当年7月,凯塞林因喉癌就医,期间接受了数个老兵组织的荣誉主席称号,其中就包括空军老兵协会、非洲军老兵协会和钢盔党。1952年10月22日,凯塞林被英军以健康原因正式释放。

有趣的是,1952年6月的《明镜周刊》发表的一篇文章称,美国占领军最高司令部曾向阿登纳提交过一份名单,上面列着美军最不愿看到的、有可能领导新德军的将领的名字,古德里安不出意外地位居榜首。曼陀菲尔不在"黑"名单上,该文还揣测55岁的曼陀菲尔、53岁的施维林和66岁的施韦彭堡等是最有可能出任新军军长的人。³⁵

仅过了一个月,包括大德意志装甲军老兵协会、非洲军老兵协会在内的10个老兵组织,集体发表了对所谓"战犯问题"和"德国的军事贡献问题"的意见。1952年夏,大德意志装甲军传统协会在科隆举行了二次聚会,没有证据显示曼陀菲尔在其中发挥过主导作用,但该协会曾主动联络布兰克的军事顾问办公室,声称该协会并不试图影响布兰克办公室为组织未来新军进行的人事筛选工作,但愿为之提供相关申请人的资料和推荐材料。该协会释出的善意等来的是失望的结果,布兰克办公室的回复尽管客气,但明确告之,新军高层的人事筛选将通过一个"人事筛选委员会",并在国会监控下进行。显然,大德意志装甲军传统协会高估了自己在老兵运动中的影响力,它试图尽可能多地参与重整军备进程的愿望,无疑也是政治上幼稚的一种表现。

国会议员曼陀菲尔: 1953-1957

1953年是战后西德的又一个大选年,曼陀菲尔被提名代表自由民主党参选国会议员。自1949年加入自由民主党以来,几年里他一直扮演着该党主要军事问题专家兼老兵运动首席联络人的角色。1953年8月,曼陀菲尔在竞选演说中讨论了是否应允许在公开场合佩戴军事荣誉勋饰,他认为这类问题并无紧迫性,最重要的是到新军的首批成员公开亮相时,西德在北约中是否已取得平等的地位。他在演说中还拒绝把第三帝国的罪恶与普通军人的履行职责挂起钩来,但坦承军人佩戴的勋章不应再有纳粹的万字图案。在9月6日的全国大选中自由民主党获得了48个席位,其中就有在诺伊斯-杜塞尔多夫选区获胜的曼陀菲尔。新一届国会中还有一名前将领,即战时曾领导海军特种兵、现代表基督教民主党参选的前海军上将海耶(Hellmuth Heye),他与曼陀菲尔是本届国会仅有的两名前将领。当曼陀菲尔沉浸在成功涉足政坛的喜悦中时,大德意志装甲军传统协会同月在吕讷堡举行了第3次聚会,但未邀请任何高阶军官做主题发言。9月23日,曼陀菲尔的老朋友豪辛格作为观察员出席了盟军在德国北部举行的秋季演习。这次演习有来自英国、荷兰、丹麦和加拿大的6万余官兵,豪辛格参观了盟军的新式武器,还与英国将领海克特(John Hackett)少将、扬格(R.Younger)准将等就军力部署与调动问题交换了意见。

曼陀菲尔当选议员不久就遭遇了一件又令其名誉受损的事件。大德意志装甲军传统协会的奥地利分部准备于1953年10月24和25日在希特勒的出生地林茨(Linz)举行成立大会,但他们的集会申请被奥地利内政部禁止了——理由是"带有'大德意志'字样的前军事单位成员的集会,势必在国内外引起广泛忧虑和麻烦。出于公共秩序和安全考虑将禁止这一集会"。禁令的发布与奥地利新闻媒体所制造的舆论压力有密切关系,有报纸使用的标题本身就很耸人听闻,如"曼陀菲尔的嗜血猎犬要到林茨来了!"、"希特勒的大德意志装甲军引发严重的军国主义挑衅"等,维也纳的《晚报》(Der Abend)也于9月29日评论说这次集会"被所有民主的公众舆论视为是最糟糕的一次挑战,尤其是据闻希特勒的将军曼陀菲尔将在集会上现身"。³⁶ 当时奥地利正被美英苏法四国占领,官方对老兵运动的态度与西德有很大差别,而且该国正把自己描绘成希特勒纳粹强权的"牺牲品",再加上当局一直在与盟国协商谈判主权的回归,所以老兵聚会和类似的活动无一例外地被视为威胁,倒并不是因为大德意

第十一章 躁动的灵魂：战后岁月

志装甲军老兵协会代表的过去与其他协会有何不同，更不是因为曼陀菲尔有什么昭著的恶名。

曼陀菲尔很快成为国会国防和外交两个委员会的成员，开始在他既有兴趣又有所长的领域发挥作用。1954年他在埃森（Essen）的一次演讲中要求阿登纳政府原则上"在第一批新军志愿者进入军营前，保障前战士领取退休金的权利。"同年，布兰克向新闻界通报说新德军的正式名称虽尚未确定，但他已决定避免使用任何与魏玛时代的"帝国国防军"（Reichswehr）或希特勒时代的"德意志国防军"（Wehrmacht）相似的名字，因为这些名字承载着太多的内涵和痛苦的记忆。他也不同意基督教民主党的提案，即将新军的12个师以二战后失去的12个城市命名，如"但泽师"（Danzig）、"布雷斯劳师"（Breslau）、"柯尼斯堡师"等。他心目中的名字应该质朴无华，最好就叫"德意志联邦共和国三军武装力量"（Die Gesamtstreitkrafte der Bundesrepublik Deutschland，简称 Gesamtsreitkrafte）。不过这个名字既不起眼又冗长拗口，一般人很难正确读出，而盟国可能永远都无法恰当地读出来。在讨论新军志愿者法案时，国会国防委员会认为为新军冠名乃份内之事，曼陀菲尔说自己虽会继续用"Wehrmacht"之名，但还是提议使用"联邦国防军"（Bundeswehr）——他认为这个报章杂志早已使用的名字不仅简短易记，至少听起来还有"临时军队"的含义，"Wehrmacht"之名可以留给日后东西德统一后的德军使用。社会民主党（SDP）在军事与外交政策方面的主要思想家埃勒尔（Fritz Erler）赞同曼陀菲尔的提议，他觉得波恩政府这种临时政府的军队也应是临时性的，但"Wehrmacht"之名与第三帝国有太多瓜葛。不过，国防委员会的不少成员觉得"联邦国防军"之名缺乏想象力，社会民主党的另一老牌政客施密德（Carlo Schmid）就认为它听起来太像"Feuerwehr"（消防队），而他更喜欢的是"Landwehr"（后备军），因为它最能体现"1813年的老普鲁士民兵的理想"。由于大家各执一词，国防委员会最后投票表决，结果有18人赞同"Bundeswehr"，但仍有8人主张使用"Wehrmacht"。出于慎重，布兰克决定眼下仍使用"Gesamtsreitkrafte"这个名字，"联邦国防军"之名直到1956年3月"西德士兵法"通过后才正式启用。[37]

到1955年二战结束十周年之际，西德已有充足的理由宣告自己揖别了战后的过渡岁月——欣欣向荣的国民经济、从东部迁居西部的几百万德国人成功地融入了民主社会、被西方盟国接受为主权国家和伙伴，以及整个国家基础设施和国民自信心的重建等等，无不见证着一个所谓的"西德奇迹"。一切迹象表明，曾经满目疮痍、人心混乱的德国已从1945年的废墟中站了起来。曼陀菲尔在一次国会辩论中曾满怀信心地对同僚们说："成千上万的前职业军人现已融入了民主社会的日常生活中，他们以一种值得信赖的、体面有序的方式履行着公民的义务。"[38]

1955年4月20日至5月12日，曼陀菲尔随西德国会代表团出访美国，参观了国防部、西点军校和其他一些军事单位。他的出访直到一个月后才被美国报刊披露，新闻界还曾质疑"为何国防部未曾正式宣布曼陀菲尔的到访？"国防部则声称"一切安排皆是应国务院的要求做出的"，而国务院称曼陀菲尔的身份是"议员"、而非"将军"，是以国务院的"国际人员交流项目"为由进入美国的（详见美国《密尔沃基卫报》1955年6月11日名为"纳粹将军成为美国的秘密访客"的文章）。曼陀菲尔访美期间，西德在5月9日被接纳为北约成员国，此后重整军备、组建新军的步伐明显加快了。6月7日西德联邦国防部成立，布兰克成为首任部长。7月23日，国会通过了"武装力量人事筛选委员会法案"，批准成立一个包括前国防军军官、反纳粹人士、律师和其他行业代表等38人组成的人事筛选委员会。委员会中有8人为前国防军将领，最知名的是装甲兵将军森格（Fridolin von Senger und Etterlin），但其他不在名单上的将领也在委员会日后的工作中充当咨询顾问，包括前文提及的布鲁门特里特和施韦彭堡。这个委员会负责审查所有上校以上的军官候选人，前党卫军将军和上校均被拒之门外，上校以下的党卫军军官只有在证实了现在的反纳粹立场后才能取得服役资格，另外前帝国保安总局成员、"自由德国全国委员会"成员也要接受类似的审查。西德国会随后还通过了"德国军队法"，规定在选录军人时不得考虑出身、宗教信仰和社会阶层，如若某项命令将导致战争罪行，军人可以选择不服从，如若士兵在不知其所为非法的情况下服从了命令，那么这些人将被确保无辜。

新军将"无条件支持基本法所阐述的自由、民主和秩序原则",将以获得全体国民信任,认可人类自由的价值、毫无保留地献身于民主制度为己任。任何反民主的人都将被拒绝进入新军,以前受纳粹胁迫而被迫辞职的军官将被重新征召和担任相应的职位。[39] 为鼓励前国防军官兵提交申请,布兰克曾在公开场合表示:"绝不能把军人和战士视为魔鬼,并把他们从社会中割裂开来……德国战士勇敢、忠实、服从地履行了自己的职责。他们被罪恶的国家领导人利用了,这就是他们的悲剧所在。"对那些曾因盟国和政府妖魔化他们而心怀怒火的老兵来说,国防部长的一番说辞无疑令其如释重负。人事筛选委员会10月14日还发布指令,要求尊重"1944年7月20日事件参与者们做出的有意识的决定"。

人事筛选委员会成立之初,不少前将领还因其代表性和不透明而有不满情绪,但不久后就转变立场给予支持。曼陀菲尔也有在新军中谋求领导职位的想法,他以国会议员的身份和权力对其给予了大力支持。他在1955年9月的一次题为"建立联邦德国未来武装力量的问题"的演讲中曾说:"对我个人而言,即便是老师的老师、教官的教官,也要看他们是否承认新的民主制度,是否愿把自己全身心地置于宪法之下接受筛选。"[40] 2个月后他又表示了对该委员会的支持:"这不仅事关未来武装力量的基础和决定性要素,也意味着未来军队在道德上的保证。"[40] 他的唯一批评是国防部未将申请者可能将被任命的职位透露给筛选委员会。1955年9月时,一共有172000名德国人志愿申请入伍,其中14万人是二战中的军官或军士。[41] 11月时,新军第一批成员诞生,包括2名将军和100名军官,这两名将军就是施派德尔和豪辛格,而所有军官都将成为国防部的雇员。11月12日,这些军官从布兰克手中接过了委任状。这是一个极富象征意义的日子,因为当日正是18世纪末、19世纪初的普鲁士军事改革家沙恩霍斯特(Gerhard von Scharnhorst)诞辰200周年纪念日。国防部对整个仪式采取了"简单体面"的低调姿态,只有少数人观礼,没有邀请任何新闻媒体,现场的装饰也只有黑、红、金三色国旗与铁十字的简单组合。[42]

曼陀菲尔确有加入新军的愿望,但由于自己的议员身份,他并没有在1955年提出申请。他大约是在1956年底或1957年初时提交申请的,不过,据1957年7月24日《明镜周刊》的报道,他的申请被拒绝了——官方理由是战争期间他有过不当的演讲和命令。[43] 也许是巧合,当老朋友豪辛格和施派德尔站在国旗前宣誓效忠宪法和共和国之时,曼陀菲尔正在英国伦敦附近的切特西(Chertsey)军营考察英军的武器装备——11月10日,受英国外交部邀请,曼陀菲尔率国会代表团对英国进行了12天访问。他不仅爬上坦克观察其内部构造,还考察了英国的议会政治,对英国议会控制军队的能力和权力艳羡不已,对英军将领与文职首脑之间的互信机制也感慨良多。回国后他向国会报告了考察印象,建议学习英美的做法,要求将军们必要时有义务出现在国防委员会前回答问题和消除疑虑。

1955至1956年的西德政坛充满着政党间的勾心斗角和倾轧。在布兰克出任国防部长几个月前,阿登纳曾询问基督教社会联盟(CSU)的主席斯特劳斯(Franz Josef Strauss)是否愿出任劳工部长,而后者却咄咄逼人地告诉年近八旬的总理,应让布兰克出任劳工部长,而他自己更愿执掌国防部。稍后,斯特劳斯又向阿登纳建议成立一个"联邦防务委员会",除了有国防部长外,还应再任命一个"国土安全部长",举凡联邦情报机构、国防工程的环境与开发事务、国民心理防御、核武研究与规划等都属于"联邦防务委员会"的职权范围,而他斯特劳斯愿成为委员会的秘书长。[44] 斯特劳斯的野心对于死抓国防外交大权不放的阿登纳来说是个重大威胁,最后他任命斯特劳斯担任了核能源部长。与阿登纳的基督教民主党结成执政联盟的自由民主党,明确提出想让该党的国防问题专家门德出任国防部长,尽管阿登纳畏惧斯特劳斯这只猛虎,但对门德这个恶狼也无好感。由于自由民主党一向以"德国最可倚靠的经典自由主义传统的守护者"自居,视军事问题为自己禁脔的阿登纳绝不愿看到由自由民主党人执掌"德意志国防军"——总理本人还继续把"联邦国防军"称作"德意志国防军"——的管理大权。另外,他也不愿看到门德这种曾获骑士勋章的前少校军官出任国防部长。1955年8月10日出版的《明镜周刊》曾披露,在自由民主党推举国防部长人选之际,曼陀菲尔曾致信该党主席德勒(Thomas Dehler),声言自己更有资格出任防长,因为他不仅比门德年长,战时的军衔和职位更不知要比门德少校高出几许。⁴⁵ 由于阿登纳对门德的态度尚且如此，曼陀菲尔即便被推举上去，在当时的党派斗争和舆论环境下，也断无出任防长之机。当然，随着布兰克成为国防部长，自由民主党内部的争执也暂时平息下来，但埋下了该党之后分裂的种子。

1955年12月，代表社会民主党的议员梅利斯(Wilhelm Mellies)提出，他的党派坚决要求国防部直接向国会负责，国会不仅有权过问国防事务、避免总理滥用职权，也有权对国防部长进行不信任表决，有权在不解散内阁的情况下罢免国防部长。曼陀菲尔所在的自由民主党议员们支持这一动议。1956年1月，联邦国防军第一批6000名志愿者进入兵营开始受训，他们将成为这支军队日后的教官。与此同时，国会开始就义务兵役制和服役年限问题展开辩论。由于义务兵役制涉及每个德国人，所以引起广泛的关注和争议在所难免。在服役年限问题上，曼施坦因受邀专门领导一个小组进行了细致的研究，给出了服役年限以最低18个月为宜的建议。国防部将此建议提交国会审批时，多数议员认为时间过长，但也有曼陀菲尔等有军事背景的议员认为时间不是太长，而是不足。朝野内外还有舆论认为从经济角度来看18个月的服役期显得过长。而施韦彭堡根据自己1944年在西线训练装甲预备队的经验，说6个月的严格训练足以把新兵练成符合要求的战士，他的意见也为这场争论添上了一缕花絮。

1956年初，曼陀菲尔所在的自由民主党与阿登纳及其领导的基督教民主党决裂的迹象愈发明显，以德勒和门德为首的自由民主党人对阿登纳政府的外交政策持不同意见。当1956年2月赫鲁晓夫在苏共二十大全会上作了谴责斯大林的报告，并作出了单方面裁军的姿态之时，阿登纳一贯的反共冷战思维及其外交和军事政策的基石似乎出现了松动。自由民主党人要求阿登纳政府更多地关注与东德统一的事宜，要求政府在东方政策上进行试探性、非常规、更大胆的努力。⁴⁶ 但这些主张被阿登纳完全拒绝，后者甚至对自由民主党人发出了最严重的警告——"要么与我立场一致，要么离开政府。"在这种情况下，再加上两党在修订选举法和国防问题上的分歧，1956年2月25日，自由民主党国会党团在主席德勒和门德等人领导下做出决定，离开与基督教民主党、基督教社会联盟组成的执政联盟。但是，自由民主党内部也非铁板一块，

并非所有成员都赞同德勒和门德的做法。阿登纳内阁中有四名部长来自自由民主党，他们全部反对德勒和门德的举动，在副总理兼经济合作部部长布吕歇尔(Franz Blucher)带领下，这四名部长和来自国会的12名自由民主党籍议员一起脱离了该党，成立了"自由人民党"(FVP, Freie Volkspertei)。曼陀菲尔就是这4名部长和12名议员中的一个。而"自由人民党"又在1957年初与"德意志党"(DP)进行了合并，这也是为什么在曼陀菲尔的从政履历上经常能看到"1956 FVP, 1957 DP/FVP"字样的原因所在。

虽然布吕歇尔和曼陀菲尔等自由人民党人仍站在阿登纳一方，但自由民主党脱离执政联盟一事，仍被后人视为西德内政史上足以改变政治版图的决定性事件。在讨价还价和妥协之余，布兰克的国防部长也做到了尽头，斯特劳斯终于在1956年夏实现了野心。布兰克下台的最直接后果是前空军战斗机部队总监加兰德(Adolf Galland)出任联邦国防军首任空军总监的梦想破灭。由于加兰德丰富的战争经历与成就、干净的政治背景，以及新近组训阿根廷空军时获取的经验，他在1955年夏接受了布兰克的邀请，但就在等待国会批准期间，政局的变化迫使他放弃了加入新军的想法。新国防部长斯特劳斯任命的空军总监竟然是与加兰德一向不睦的老熟人——一手组建了二战德军夜间战斗机部队及其防御网的卡姆胡伯(Josef Kammhuber)将军。卡姆胡伯也是前国防军优秀的空军将领，不仅资历更深，而且被誉为组织天才。尽管卡姆胡伯无疑也是新空军总监合适的人选，但"一朝天子一朝臣"的政治斗争，却让加兰德意外地成了无助的牺牲品。

随着1957年的到来，又一次全国大选即将拉开帷幕。我们无从得知曼陀菲尔是否有意竞选连任，但或许是国防部长的易主又燃起了他"梦回吹甲连营"的梦想，他在1956年底、1957年初申请加入新军时，肯定没有忘记几年前的《明镜周刊》上那篇预测他将出任军长的文章。但是，如果他了解了斯特劳斯上任后与前国防军将领们之间的冲突与摩擦，恐怕就不会如此兴冲冲地提交申请，最后等到的还是自取其辱的结果了。

曼陀菲尔任第3装甲集团军司令官时的参谋长穆勒–希勒布兰德1955年底加入新军，出任国防部

人事局长的要职并于12月1日被授予少将军衔。斯特劳斯次年夏成为国防部长后,不久就与为人体面、秉承参谋军官传统的穆勒-希勒布兰德发生了一系列冲突。斯特劳斯本人在回忆录中曾说穆勒-希勒布兰德是他最苦涩的对头之一,说后者"根本不把非军人出身的文官放在眼里。"两人最激烈的一次冲突发生在1957年,穆勒-希勒布兰德强烈反对斯特劳斯任命二战时曾任第7集团军参谋长的佩姆塞尔(Max Josef Pemsel)少将担任第2军军长,因为他认为这位少将在参谋职位上任职过久,缺乏处理一线部队的直接经验。斯特劳斯为解决分歧将他召来协商,但有意让他长时间等候,等了大约半个小时后穆勒-希勒布兰德愤然离去。结果,斯特劳斯的火气更大,立即派军警将这位人事局长带回了国防部!穆勒-希勒布兰德的鲁莽轻率导致了他于当年9月23日被解职,国防部的官方说辞是"由于人事问题上的严重分歧,穆勒-希勒布兰德不再拥有部长的无条件支持。部长认为有必要撤去穆勒-希勒布兰德少将国防部人事局长的职务。"[47]

穆勒-希勒布兰德被解职的1957年9月,第3次大选的结果已于当月15日揭晓。曼陀菲尔不再是国会议员,也未能实现加入联邦国防军的愿望。更糟的是,他现在还面临着有可能出庭受审的困窘局面——1957年3月初,60岁的曼陀菲尔接到杜塞尔多夫地方法院的来函,声称检察官正在调查他1944年1月下令枪毙一名士兵的事件。祸不单行,就在他着手应对检察官指控的同时,围绕着他和国防委员会的另两位同僚又发生了一件丑闻:1957年9月,德意志党/自由人民党议员布兰克(Martin Blank)、曼陀菲尔以及基督教民主党议员贝伦德森(Fritz Berendsen)被控行为不检,怀疑他们以权谋私,为自己所代表的企业谋求国防合同。他们三人中,布兰克兼有一家钢铁公司主管的身份,而贝伦德森则是著名企业"克罗克纳-哈姆波特-道依茨公司"(Klockner-Humboldt-Deutz)的法律总顾问。[48]国会根据西德基本法的有关条款迅速组成了调查委员会,经过数周仔细调查,很快洗脱了布兰克和曼陀菲尔的罪名。贝伦德森则被指控运用公权力为道依茨公司谋求生产坦克和装甲运兵车的合同,[49]但他本人矢口否认。最后的结果虽是查无实据,但调查委员会警告他的议员身份与企业法律顾问的角色相冲突。

政坛失意的曼陀菲尔怎样应对若隐若现的牢狱之灾?他的政治理想、军事抱负、公众生活和私人空间又将发生怎样的巨变?

第十二章
矮小的巨人：大结局

意外的审判：1957-1960

精力充沛、精明过人的曼陀菲尔当然记得1944年1月在战火纷飞的乌克兰所发生的一切。当时，第7装甲师位于第4装甲集团军防区最西翼的瑟柏托夫卡，这个铁路枢纽是中央集团军群铁路线的终点，地理位置十分重要。据劳斯回忆，苏军1943年底曾试图夺取该地，但无功而返。转年1月初，苏军再次试图以强大的兵力分割包围德军第39和第48装甲军，但从北方集团军群赶到的一个步兵师及时填上了缺口，使其意图再次流产。[1] 局势虽暂时稳定下来，但第7装甲师在瑟柏托夫卡陷入与7倍于己的苏军的拉锯苦战中。曼陀菲尔当时刚从大本营归来，虽已被任命为GD师师长，但迫于前线的紧张局势而暂未移交指挥权，继续指挥第7装甲师完成反击前的防御和准备工作。他直到1月26日才到GD师履新，时运不济的舒尔茨接手不足3日，就被炸成重伤不治身亡。瓦图京第1乌克兰方面军麾下的6个集团军和1200辆坦克，虽未能将第4装甲集团军的4个军和200辆坦克把守的防线彻底撕裂，但防线已不再是连成一体的完整体系，而是被分割成一个个堡垒，瑟柏托夫卡就是其中重要的一个。为防止苏军的渗透和突破，曼陀菲尔要求各部严防对手的夜间渗透和破坏。结果，就在他的防区内，出现了一起士兵目睹战友被掳走，却既未施以援手、又未及时汇报的恶性事件。第7装甲师的军法官判处一名19岁的士兵两年徒刑，曼陀菲尔以犯罪事实清楚、影响极坏为由推翻了判决，坚持要求运用元首7号令赋予前线指挥官的权力杀一儆百。1月14日枪毙了那名士兵后，曼陀菲尔向第48装甲军军长巴尔克及其参谋长梅林津作了书面报告。[2]

十几年后细细回忆当年的这件"琐事"，曼陀菲尔依然认为自己的所作所为合理合法，并无任何不妥之处。他决心尽一切努力阻止法院提起诉讼，像他这样一个国会议员，人称"干干净净的"将军和战斗英雄，怎么能出现在被告席上，为一件问心无愧的往事接受一些平民的质疑呢？1957年3月底他致函大律师拉特恩泽尔，表示自己很有信心，而且"看起来问题的焦点就在于'军情紧急'这四个字上"。拉特恩泽尔也十分重视此案，特意邀请曾与自己一起在纽伦堡为魏克斯元帅辩护的吕希特（Harold Lucht）博士共同为曼陀菲尔做无罪辩护。两位律师精心撰写了律师信，编排了一系列附件加以佐证，包括从国防部获得的元首7号令复件、曼陀菲尔本人的陈述以及巴尔克的证明信等。1957年6月1日，这些辩护材料寄送给杜塞尔多夫地方法院，两位律师在信中重申了1944年1月14日对那名德军士兵行刑的细节后，强调当时前沿已出现解体的苗头，说曼陀菲尔正是为防止所部出现大量临阵脱逃才被迫杀一儆百。[3]两位律师的核心辩词在于元首7号令为曼陀菲尔当时的决定提供了法律基础，法理上来说他有权否决军法官的判决。另外，他们还指出曼陀菲尔的上级巴尔克并未认为他的举措有何不妥。事实上，巴尔克本人1948年时曾被斯图加特地方法院判处3年徒刑，罪名就是他在1944年秋的洛林战役中未经军法审判枪毙一名渎职的军官。巴尔克当然理解前线紧张局势下指挥官的举措，因而在提交给法庭的证明信中给予曼陀菲尔力所能及的支持。两位律师最后的结论是，由于元首7号令允许前线指挥官在危急局势下采取必要的军法措施，而当时曼陀菲尔的战场态势属于此类，因而并不存在所谓的非法行刑问题，他们请求法院"放弃进一步的司法行动"。

曼陀菲尔在长达19页的自述信中首先指出，第7装甲师在瑟柏托夫卡一线承担着至为关键的防御任务，而他之所以暂未移交指挥权，也是因为战场的重要性和形势的危急性。他一再强调战场局势是他做出行刑决定的根本原因，而他觉得"指控他做了错事可谓荒唐透顶"。虽然依然充满信心，但为了避免给波恩政府和国防部造成名誉上的过大伤害，他还是在提交了抗辩材料后的6月12日致函国防部长斯特劳斯，在未解释原因的情况下请求辞去国防军顾问的职务。不过曼陀菲尔当时并不打算辞去国会议员的职位。

1957年10月1日，前陆军元帅舍尔纳出现在慕尼黑地方法院接受审判，指控他的罪名是以绞刑和行刑队等方式草率处决官兵。这件事肯定在曼陀菲尔心里引起了巨大波澜。虽然他与舍尔纳在战时并无长期上下级关系（在罗马尼亚北部作战时其GD师曾隶属于舍尔纳的南乌克兰集团军群），而且后者在德军将帅中声誉不佳，还有"魔鬼将军"之称。但是，既然能将元帅送上民事法庭，又有什么不可能把他这位装甲兵将军也送上被告席？一些新闻媒体用"普通士兵的凶神恶煞"、"坚持到最后一刻的元帅"等吸引人的标题描述对舍尔纳的审判，引起了公众的极大兴趣。有些前将领利用影响力发动老兵，千方百计地将自己代表的一批军人与舍尔纳划清界限，还有些将领认为审判舍尔纳其实就是把军官团作为被告再次集体羞辱一番。现任联邦国防军中将豪辛格则认为这有可能为襁褓中的联邦武装力量带来一场公共关系上的灾难。10月2日为舍尔纳出庭作证的凯塞林指出，希特勒曾在1943年2月24日下达过元首7号令，授权前线指挥官可以为加强战场纪律而采取严厉制裁措施。根据这一证词，舍尔纳的做法似乎是在遵循希特勒下达的灾难性命令。由于曼陀菲尔案中的关键一环也是元首7号令，所以他格外留心舍尔纳案中对这一节的辩论和法庭的态度。审判结果想必令舍尔纳和曼陀菲尔都大为失望，10月15日法庭宣布舍尔纳获刑四年半，同时郑重宣称"即便在战争年代个人生命也是神圣不可侵犯的。"

曼陀菲尔就在等待的煎熬中观望着舍尔纳的命运，忖度着自己是否会出庭受审，而法院方面似乎也极有耐性地一直在花时间收集证据。1958年初，曼陀菲尔出于对合并后的自由人民党和德意志党的失望，决定退出一切政治活动。年中时他从法院获知，司法机关仍在积极寻求证据和收集材料，尚未最后决定是否正式起诉他。当年9月23日，四年多前轰动一时的对前陆军中将托尔斯多夫的审判又在特劳恩施泰因地方法院开庭。此次审判引起的舆论关注更胜以往，因为托尔斯多夫曾是德国陆军最年轻的中将，获得过第25枚镶钻骑士最高战功勋章，他在德国百姓、老兵和军官团中的印象，与同获镶钻骑士勋章的舍尔纳完全不同，被普遍认为是"干净"的国防军军官的典型代表，在他受审前甚至还有传言说这位年轻将领将被接纳进入联邦国防军。对托尔斯多夫的审判，被有些当代史学家视为西德公共舆论对前国防军军官团和将军们态度的一个分水岭，体现了西德社会强烈的反军事情绪，而且这一审判为将曼陀菲尔送上法庭直接廓清了道路和障碍。[4]不过，9月29日特劳恩施泰因地方法院根据陪审团的意见，裁决对托尔斯多夫免于起诉。这无疑令曼陀菲尔大感欣慰，他一向认为自己的案子与舍尔纳不同，毕竟被枪毙的那个士兵在战场上曾临阵畏敌。

1959年5月21日，曼陀菲尔致函李德·哈特，第一次通知老朋友自己可能会有牢狱之灾："经过差不多两年半的调查，而且还是在我本人协助下，法院将对我提起诉讼，指控我1944年1月作为第7装甲师师长时，曾根据有效的战时法律下令枪毙了一名士兵。"[5]话虽然说得简单，但他的悲怆情绪还是可略见一斑。6月22日，曼陀菲尔致信布鲁门特里特时表示自己仍充满信心,"没有什么好畏惧的"。当杜塞尔多夫地方法院7月31日最终确定了开庭日期时,曼陀菲尔又在致信布鲁门特里特时表示,虽未能说服法庭放弃指控,但他和律师都有信心获胜。

开庭日期确定在8月17日至19日。此前,全国各地获得消息的新闻媒体均已开始报道此事,尤其是曼陀菲尔被视为战时最杰出的装甲指挥官之一,战后最体面的将领之一,也被人称为联邦共和国的模范公民,更兼具国会议员和政治活动家的身份,对他的战争罪行进行审判自然引起了广泛的兴趣,甚至英美的一些地方小报都发布了消息。除他本人的经历和政治家身份外,对他的审判还涉及到如何认识前军官在纳粹时代扮演的角色,以及如何界定他们应承担的责任问题,也体现了新的联邦国防军与前军官团之间的关系确实麻烦不断。另外,根据德国的法律传统,除谋杀外的所有战时罪行,在第三帝国灭亡15年后将不再予以追究。换言之,到1960年,包括误杀在内的所有战争罪行将被免于起诉。曼陀菲尔的案子到1959年8月已过去15年有余,离1960年也就几个月而已。地方法院坚持要在1959年将他治罪,更显得此案非比寻常。事实上,曼陀菲尔几乎就是最后一个被审判定罪的高级将领。正如一家德文报纸指出的那样,很多人怀疑,在二战结束将近15年的时刻,在一种完全不同的心态和精神状态下,德国的一家民事法庭该怎样评价一位将军1944年1月在战火纷飞的东线做出的决定和举措。

8月17日,曼陀菲尔现身法庭,法官并未强行要求他站在被告席上,而是令人惊讶地允许其坐在律师身边回答问题。新闻媒体对当天的开庭和一般性陈述进行了较客观的报道,没有出现舍尔纳受审时那种舆论竞相挖苦嘲讽的乱局。18日的庭审中,一系列证人陆续出庭。一位叫纽曼(Arthur Neumann)的前军法官作证时就元首7号令与法官展开了激烈辩论,他认为曼陀菲尔根据这一授权推翻军法官的判决没有任何问题。随后,巴尔克出庭作证,他声称曼陀菲尔可以用元首7号令修改已做出的军法审判结果,还驳斥了关于后者对此问题考虑不周的说法。他尤其对曼陀菲尔的领导能力、指挥水准和人品给予了高度评价。巴尔克之后作证的是曼施坦因,当这位元帅进入证人席时,曼陀菲尔立即起身向其鞠躬致意,并一直笔直地站立着。曼施坦因印证了巴尔克的评语,同时也指出1944年初的东线局势的确险象环生。当天下午又有两位证人出庭,其中一位就是当年第7装甲师的随军牧师,当时正是他陪着那位年轻士兵走完的最后一段路。这位牧师描述完行刑场景后,当年师里的军医也出庭描述了行刑场面。休庭前检方提出判处曼陀菲尔入狱两年。法庭认为,第7装甲师当时的士气还没有低迷到曼陀菲尔即将失去控制的程度,因而他推翻军法官的判决并下达死刑令的决定超出了职权范围,但法庭同时承认曼陀菲尔的上级、同僚和下属均视其为一个严格但不失公正的军官这一事实。

庭审第3天,曼陀菲尔在法庭上做了25分钟陈述,声称被枪决的那名士兵事实上已将成千上万官兵的生命置于危险之中。他说如果法庭认为他犯有判断错误,那也是长期作战对身体和精神两方面造成的损害所致。他一再强调其行为是为所有官兵的福祉着想,为有时间将伤病员转移到后方他也必须这么做。最后他甚至动情地说:"我坚信我的战士们和上帝会相信我,法庭也会相信我。"[6] 陪审团随后进行了整整9小时的辩论,最后拿出了一份长达30页的判决意见书。法庭认为被处死的士兵临阵畏敌一说不能证实,对曼陀菲尔所言的部队出现了解体迹象才迫使他杀一儆百的说辞也不能接受,因为整个作战期间该部只出现过一起逃兵事件。法庭认为他根据元首7号令作出行刑决定的做法不妥,但的确注意到他并未有意识地以必须服从元首7号令为借口。法庭认定,曼陀菲尔为提升部队在危急时刻的士气而采取死刑的极端措施,其动机并不邪恶,尽管未意识到该举措并不合法。与此同时,法庭也考虑到他一贯的良好声誉和行事风格,认为前线的紧张气氛和危急情况使其行为偏离了一贯轨道,故而将公诉人诉求的两年徒刑酌减为一年半。曼陀菲尔在庭审结束后感谢了有关人士,其律师也只简单地说了一句话:"当然要上诉。"

新闻媒体对庭审结果发表了大量评论,绝大多数舆论都同情曼陀菲尔的处境,指责法庭的判决过于苛严。从支持曼陀菲尔的报刊评论来看,媒体认为问题之要害并不在于元首7号令是否合法、能否用作执行战场纪律的依据,也不在于被处死的士兵是否确实临阵退缩,而在于能否在二战结束15年后以和平时期的标准和思维来裁决战争,在于前将领们是否15年后还要为他们在硝烟弥漫的日子里做出的决策受到惩罚,在于对前国防军将领的此类审判还要持续到什么时候。《莱茵邮报》(Rheinische Post) 的社论指出，对于过了这么久的一件旧事，已不可能由平民法庭来裁决是非曲直，而法庭的判决过于严苛。对于法庭在审判中曾说"曼陀菲尔自己有责任弄清楚元首7号令的准确措辞"，该报冷嘲热讽地指出："防御作战不需要没有技能的小职员和律师。"另一报纸评论说时隔15年再审判这一事件本身就很成问题，还让人产生了矛盾的心理和感受。还有记者说不能将曼陀菲尔简单地视为一个"纳粹将军"，看待他的决定必须从其当年担负的战场职责、以及他需要并试图尽可能多地营救官兵的动机出发。另有一家日报的评论较为中肯："在我们看来，在此事发生15年后，试图以一种公平的方式来衡量一切事物，如果不是不可能的话，至少也极为困难……对前集中营头目等罪犯的审判当然与曼陀菲尔的案子是两码事。那些审判是为了恢复社会规范，而曼陀菲尔一案所面对的是彼时有效的规范，也即是一个负责任的指挥官必须尽一切可能保护国家不受外敌践踏。如果我们再一次建立武装力量，那么我们今天也会提出同样的要求、做出同样的事情。在此案中缺乏纪律是不可能被忽略的，和平岁月与战争年代的人看待同一问题的视角并不相同。"[7] 当然也有个别报刊支持法庭，在他们看来，不仅曼陀菲尔与舍尔纳没有本质区别，就连国防军与党卫军、党卫队其他恶名昭著的单位一样都是一丘之貉。8月22日的《法兰克福评论报》(Frankfurter Rundschau) 上的一篇文章就尖刻地指出："这位将军根本不记得被他枪毙的年轻人姓甚名谁，但他知道元首7号令，而且还睡得很安稳……他把军法审判的结果——当然不是过于谨慎的结果——拿过来大笔一挥就变成了死刑，这是什么样的一个将军啊！"这家报纸还质问，既然曼陀菲尔在法庭上声称行刑的目的是守住瑟柏托夫卡，为什么他自己并未因城池失守而被枪毙？还有一家媒体以被枪决的士兵为入手点，不住地感叹这位士兵还不到19岁，面对死亡时不仅拒绝用黑布蒙上双眼，还以惊人的镇定告别，"一个本可活到1945年5月的年轻生命就这样消失了……"这家媒体将讨论上升到战争期间的人性高度，认为对曼陀菲尔的判决不是太重、而是太轻，就像他当年觉得军法官的判决太轻一样。

各种老兵团体的态度几乎是一边倒地支持曼陀菲尔。二战中曾任第15集团军司令官的前上将撒尔穆特 (Hans von Salmuth) 此时是"德国战士协会"(VdS) 的主席，他在致曼陀菲尔的公开信中称为审判结果感到难过和失望，而且相信所有老兵都身有同感。他写道："经过这么多年，今天已无人能够想像曼陀菲尔这样一个非常清楚自己的义务与职责的高级将领当年面对的战场情势有多困难，为了以极其有限的资源照料好官兵，他又付出了多大的心血和努力。"[8] 前军官团成员普遍觉得，对他们的老将军曼陀菲尔的审判是西德社会反战和拒绝重整军备的又一声明，是把他们"前线一代"拒之门外的真实体现。VdS的官方刊物《人民中的战士》(Soldat im Volk) 登载了一篇足以代表这种情绪的文章："前线老战士了解战争是怎么回事，也知道战争有自己的规则。但是，没有经过战火洗礼的法官和陪审团，应该让那些曾经血流满面的人解释给他们听，在包围圈中挣扎是怎么回事，面对突破的敌人和残忍的游击战时感受若何，否则他们的审理和判决势必都将脱离现实。"[8] 大德意志装甲军老兵协会也发表了对曼陀菲尔审判的观感，虽然认同曼陀菲尔的确做错了事，其行为超出了职权范围，但也批评司法系统似乎为求公正而极力追求完美。

尽管有舆论和老兵团体的支持，但由于西德社会一直在深刻反思纳粹政府的罪行，以及辩论二战中的国防军是忠实履行职责、还是助纣为虐，这些支持对曼陀菲尔随后的上诉并未带来实质性帮助。曼陀菲尔1960年3月提起的上诉被驳回，4个月后的再次上诉也未成功。1960年10月24日法院判决生效，曼陀菲尔在兰茨贝格的监狱里开始了18个月的服刑。不过，他的境遇引起了西德一批知名人士的关注，尤其是前总统豪斯的干预，使他在监狱仅呆了4个月就以健康原因交保获释。出于身份敏感，时任北约中欧地面部队司令官的施派德尔将军只发表了一句评论："我为他感到难过。从既往的经验来看他真需要有人给他以正确的建议。"而豪斯则称："在我看来，曼陀菲尔将军当年做出决定的时候，其内心一定存在着真正充满悲剧色彩的冲突。从人道角度出发，如果公正和仁慈的至上权力能够施用在这样一位军旅生涯无可挑剔、平民生活也卓尔不凡的人身上，我会非常地高兴。"[9] 尽管曼陀菲尔仅服刑4个月即出狱，但其名誉已受到相当的损害——他一直被禁止公开使用"退役装甲兵将军"（General der Panzertruppe a. D.）的头衔，直到1971年时，时任西德武装力量总监才恢复了他的这一权利。[10]

曼陀菲尔重获自由后，围绕他的审判的争议仍未消停。有一位名为格尔斯多夫（Rudolf-Christoph von Gersdorff）的前国防军少将1961年撰文称，根据他与曼陀菲尔的接触与交往，他认为后者实为一坚定的、毫不妥协的希特勒支持者。他甚至说"曼陀菲尔之所以下令枪毙士兵，是因为他想在希特勒和凯特尔面前露脸，登上他们那份'有狠劲'的将军的名单，从而帮助自己的军旅生涯。"[11] 格尔斯多夫的这一观点立即招致了前将领的广泛批评，尤其是他自己曾为刺杀希特勒的重要密谋分子身份，更令曼陀菲尔对其不实之词感到愤懑。1943年初，当还以"曼陀菲尔师"师长身份在突尼斯桥头堡作战时，他就对希特勒1942年10月18日下发的"敢死队命令"（Commando Order）置若罔闻，甚至拒不执行。希特勒的这份命令规定，欧洲和北非战场的所有德军在遭遇任何形式的盟军敢死队时必须将之消灭，即便对手当时身着军服或试图投降。这份命令还要求德军将身着平民服饰的敌方特种兵、特工或颠覆分子立即移送盖世太保，违者将以玩忽职守罪受到军法审判。1944年在东线时，曼陀菲尔不仅对希特勒恶名昭著的屠杀苏军政治工作者的"政委命令"置之不理，还公然挑战希姆莱的权威。他曾说："党卫队、帝国保安总局或盖世太保的任何人，未经我的同意，如若试图招募我的部下用作别的职责，将会被立即逮捕。"[12] 他还拒绝允许手下军官将部队配属给党卫队或帝国保安总局使用。他的言论和行为激怒了希姆莱，后者的参谋长沃尔夫战后曾回忆说："我记不太清楚曼陀菲尔的言论是怎样传到帝国党卫队领袖那里的，但我可以说从未见过希姆莱本人这么生气过。一旦那些言论得到确认，他命令我写信要求曼陀菲尔澄清立场。两个星期后他回信了，这位将军对待我们党卫队的方式只能使事情变得更糟。希姆莱终于找到机会与希特勒面谈此事，除戈林外，我们大家都出席了会议。希姆莱想知道元首怎么处理曼陀菲尔和他将命令置于脑后的行为。希特勒只是说：'我不会太在意曼陀菲尔伯爵的行为。他那里似乎一切秩序井然。'我不相信希姆莱会对这个答复感到满意，他从未原谅过曼陀菲尔威胁党卫军战场指挥官的事情。"[12]

这样一个将军当然不会为了给希特勒留下"有狠劲"的印象，而去有意枪毙一个士兵。虽然不是所有前将领和军官都喜欢或认同曼陀菲尔，而且战后十几年里他也多次因言辞不当招来麻烦和争议，但正如前总统豪斯所说的那样，他在战时的所有经历无可指责，战后他为老兵代言、鼓动重整军备、支持政府和联邦宪法、积极参政议政等一切作为，表明他早已成功地融入战后的民主社会，并成为其模范公民之一。

"只要再高1厘米就能当元帅"

托兰在1990年代初曾回忆，约在1959年前后，他受美军邀请撰写一部关于突出部战役的著作。军方将之送到驻西德的第7集团军司令部面见司令官克拉克将军。这位将军在1944年末的洛林和阿登战役中曾是曼陀菲尔的老对手，战后岁月里出于相互敬重和仰慕、以及对那场血腥战事的共同记忆，两人逐渐成为捻熟的老友。克拉克除命令参加过阿登战役的美军军官接受托兰访谈外，还特意请曼陀菲尔抽时间见见他。

当时的托兰只是崭露头角，并不特别出名，而且像很多美国人一样，对德国人，尤其是德军将领也有着几乎不加掩饰的厌恶和轻视。他与曼陀菲尔在波恩的美国大使馆里见了面，他这样描述当时的情形："（曼陀菲尔）身着百姓服饰，但看起来仍是军人。他大概只有5英尺2英寸高，却是一个出色的运动健将。我并不喜欢他这个普鲁士人中的普鲁士人。他上下打量着我，看着我那松松垮垮的衣饰，显然对我也无好感。然后我们开始对话，随着谈话的深入，我逐渐看出他是个诚实的人，他坦率地告诉我自己与希特勒的关系……他打开了话匣子，把知道的一切都告诉我。等我们彼此有了更多了解和交情后，他对我说他计划竞选公职，并询问把他穿军服的照片制成招贴画作何感想。我直白地说道：'想都不要想，现在不会有人投票给你。你应该搬到德国南部去好好享受生活。'他回应说：'可他们都说我会赢的。'我坚持道：'你不会的。'他没有去参选，而是一路朝南，搬到巴伐利亚享生活去了。此后20年里我们依然是朋友。他是我接触前国防军军人的唯一渠道，他告诉他们可以信赖我。"[13]

不知是不是托兰的建议启发了他，总之，曼陀菲尔不久就告别了是非之地波恩,举家迁往巴伐利亚阿默尔湖畔的小城蒂森(Diessen am Ammersee)。阿默尔湖方圆50余公里,为树木繁茂的冰碛山丘所环抱,风景如画,是理想的隐居和修身养性之所。曼陀菲尔经过多年的军旅生活、政治风波和广为争议的审判,终于能与家人一起享受宁静平和的生活,也有时间坐下来写些东西和做些研究了。1960年,他为雅各布森(H.A. Jacobsen)和罗韦尔(J. Rohwer)主编的《第二次世界大战的决定性战役》一书撰写了篇幅厚重的阿登战役一章。大约从1959年起,英美开始陆续归还二战结束时携走的总量约350余吨的德国档案,英国1965年完成了归还工作,而美国一直拖到1970年才全部归还。[14] 当曼陀菲尔在国防部见到了第7装甲师当年的作战日志等档案后,受第7装甲师传统协会委托,开始着手撰写该师师史。1965年,他撰写的名为《二战中的第7装甲师:"幽灵之师"的部署与战斗1939-1945》的战史著作问世。[15]

美国军人似乎对曼陀菲尔有着与众不同的好感和认同。2001年出版的著作《美国的军事对手:从殖民地时代到当代》曾这样写道:"在德国的装甲兵领袖中曼陀菲尔是一个巨人。他富于进取心,创新能力十足,东线的数年作战磨砺了他的军事才华,而后在突出部战役中向美军释出了他的强大武力。在那时的所有德军将领中曼陀菲尔取得了最大的进展……他那些令人愉悦的友善举止既使他在德国备受喜爱,也同样赢得了昔日对手的喜爱和尊敬。"[16] 的确如此,曼陀菲尔重获自由后不久,美国总统艾森豪威尔就邀请他访美,还亲自在白宫接待了他。从60年代初开始,曼陀菲尔先后9次出访美国,每次至少停留4周,期间参观了许多军事基地并在一些大学发表演讲,还在宾夕法尼亚州的美国陆军战争学院与教官和将领们交流。1964年9月,艾森豪威尔再次邀请曼陀菲尔访美,这次访问中特意请他到自己位于宾夕法尼亚州盖蒂斯堡(Gettysburg)的农场做客。1969年3月28日艾森豪威尔去世的当天,曼陀菲尔在德国蒂森接受记者采访时,曾透露了5年前盖蒂斯堡会晤时的若干细节。曼陀菲尔称艾森豪威尔当时"对阿登之战仍有负罪感……他有8000人阵亡……"还说艾森豪威尔询问自己"是不是犯了错误,因为他沿着所有前沿推进,造成了力量的分散,尤其是阿登山区的防线异常脆弱……"曼陀菲尔没有透露自己的回答,但反复称赞艾森豪威尔是"一名杰出的将领和真正的伟人。"同样是在这次行程中,曼陀菲尔在纽约见到了布莱德雷将军,就在共进午餐之际,布莱德雷笑着对助手说:"这么一个小个子怎么能在阿登战役中给我们制造了那么大麻烦?"曼陀菲尔在华盛顿不仅见到了早就相熟的老朋友克拉克将军,还结识了1944年底时担任美军第7装甲师少将师长的哈斯布鲁克(Robert W. Hasbrouck),以及时任第101空降师准将炮兵主任的麦考利夫。他们几位聚在一起畅谈了当年阿登之战中双方的战术得失,又提到了曼陀菲尔手下的吕特维茨将军向巴斯托涅美军劝降时,麦考利夫那句直截了当的回复——"Nuts(扯淡)!"

1965年4月,曼陀菲尔的身影出现在英格兰伊辛顿山(Isington Mill)的一处豪宅附近,站在门口迎接他的正是蒙哥马利元帅及其战时参谋长德古因刚(Sir Francis De Guingand)将军。三年后,曼陀菲尔又应时任美国陆军参谋总长的威斯特摩兰(William C. Westmoreland)将军之邀出访五角大楼,随后在西点军校的毕业典礼上以特邀嘉宾身份做了主旨发言。访美期间美国空军专门为他提供了专机,供他在各地演讲和考察时使用。此番访美他还收到了一份意外的礼物——美国国防部官员赠送了一套他的二战人事档案复印件。当他看到这些战时长官的考语和评价时,一定感慨良多,也一定明白了美军将领对他的敬意和礼遇,并不仅仅是因为他在1944年寒冷的阿登让美军吃尽了苦头。一份日期为1942年4月1日的考语这样写道:"(团长)曼陀菲尔是一个不知疲倦的胆大之人,更是一位冲劲十足的领袖。"[17] 在他担任第7装甲师第7摩托化步兵旅旅长时,一份日期为1942年7月27日的考语则写道:"曼陀菲尔在俄国战役中杰出地证明了自己。他反应敏捷,战术上能考虑战场全局,任何时候都做好了战斗准备,勇敢且不知疲倦,他所执行的每项任务都获得了完全成功。他是一位任何情况下都能托付重任的指挥官。"[18] 当他1943年在北非担任"曼陀菲尔师"师长时,凯塞林元帅在当年4月6日的报告中赞其为"一名杰出的指挥官"。[19] 当时的第5装甲集团军司令官阿尼姆上将对他也不吝赞美之词,"曼陀菲尔是我在突尼斯战场上最优秀的指挥官和师长之一。"1944年初调任GD师师长时,巴尔克对曼陀菲尔在第7装甲师期间的表现给予了高度评价,1944年1月25日的考评报告这样写道:"(曼陀菲尔)不仅极其勇敢,还是卓越的领导者。他总是出现在战斗最激烈的地方,没有什么他不能完美完成的任务。"[20] 担任GD师师长后,他的集团军群司令官曼施坦因在1944年3月22日的报告中称他是"一位非常杰出的装甲师师长,是一个耀眼的、充满热情和能量的领导者,在每一方面都卓而不群。他在任何时候都做好了战斗准备。他是一个鹤立鸡群的人物。"[19]

曼陀菲尔从师长越级晋升为第5装甲集团军司令官后,他的长官莫德尔同样对他赞赏有加,在落款1945年3月13日的报告中莫德尔这样写道:"曼陀菲尔将军是一位卓越的领导者,个性很强,在精神和身体两方面都充满活力。他不仅为完成任务而冷酷无情和不知疲倦,而且有着出众的军事才华,头脑极为清醒。他还能成功地感染下属并将自己浑身的能量传递给他们。作为集团军司令官和装甲部队的领袖,他在进攻和防御战中均已反复地证明过自己。"[21] 担任第3装甲集团军司令官期间,参谋总长古德里安也曾在考语中称赞其为"各方面都很优秀的领导者。不仅拥有卓越的军事才华,还具有令人侧目的透过现象把握本质的能力。"[22] 曼陀菲尔在攀升军事阶梯的每个台阶上都得到严谨挑剔的上级的好评,也难怪他当年会引起希特勒的重视和宠信。

曼陀菲尔与美军的交往合作,除了参观军营、考察军队、发表演说、总结战例之外,他还与美军四星上将怀特(Issac D. White)和耶鲁(Wesley W. Yale)上校合作,于1970年出版了《另一种决战:闪击战的和平潜力》一书。[23] 在这本书中,曼陀菲尔等人宣扬闪电战作为一种国家基本战略工具的重要价值,预测未来的冲突将从防御战转变为空地一体作战。他们还分析了闪电战大师们的经典战例及其指挥技巧和控制部队的能力,并以虚构的战役展示了如何将其想法付诸于未来的冲突中。这部著作出版后在英美军界产生了相当大的影响,书中的许多战例分析的就是蒙哥马利、巴顿、隆美尔和曼陀菲尔指挥的战役,更有美军军官将曼陀菲尔称为堪与前三者比肩的将领。[24] 有趣的是,在写作这本著作的过程中,几位作者与李德·哈特等保持着密切的书信联系,怀特等人认为闪电战最早是美国人的想法,只不过德国人在1930年代参观诺克斯堡(Fort Knox)美军基地时"借走"了这个思想。而李德·哈特则回函称,他本人和富勒(John Frederick Charles Fuller)将军都认为英国人才是闪电战的真正鼻祖,德国和美国都是从老祖宗英国那里借用了这一思想。[25]

曼陀菲尔在著书立说和拜访老友之余,还频频地为有关二战的电视纪录片和电影担任顾问。1964年,他与老部下、第2装甲师前师长劳彻特将军为美国国防部资助的一部反映突出部之战的电影担任军事顾问,当1965年12月这部名为《突出部战役》的电影首映时,却遭到艾森豪威尔的批评,后者认为影片中存在着刺眼的与史实不符之处。在巴斯托涅历史中心的一个军事博物馆中,曼陀菲尔的形象被后人制成了塑像,他也把当年所穿的皮夹克捐献给该馆。曼陀菲尔也曾来巴斯托涅重游故地,还参观了后人修建的阵亡德军公墓。1969年时英国泰晤士电视台斥巨资制作了26集电视纪录片《大战中的世界》,这部巨片1973年开播后直到今日仍被认为是最优秀的二战纪录片之一。曼陀菲尔出现在第3集《法国的陷落》和第19集《钳形攻势》中,是这两集最主要的受访者。[26]

早在1959年托兰为写突出部战役而频频采访曼陀菲尔时,时任驻欧美军司令官克拉克即邀请少数将领重游阿登山区,曼陀菲尔是他的特邀贵宾之一。当时,克拉克与曼陀菲尔站在圣维特周边的山峦上极目四望,感慨万千,各自讲述了当年的兵力部署和战场对决情形,这一场景被当代军事历史学家德埃斯特(Carlo D'Este)感慨地称为"可能是有史以来最值得记忆的战场重游"。[27] 克拉克与曼陀菲尔的交谊以及对他的器重一直延续到后者去世前夕。克拉克1984年曾撰文指出,1976年时,为应对华沙条约组织国对北约可能发起的攻击,时任北约武装力量总司令的美军四星上将黑格(Alexander M. Haig, Jr.)曾邀他到欧洲再度面晤曼陀菲尔,与后者协商如何将1944年圣维特之战的战术用于可能的反击。当时与会的除克拉克和曼陀菲尔外,还有北约成员国的80名现役将校。他们的建议包括三个步骤,首先是在北约不损失部队的前提下消耗对手、减慢其攻击节奏,其次要以最大努力守住防线,同时等待美军援兵开到,最后是一旦条件可行则立即反击。[28]

退休但不隐居的曼陀菲尔还有一项喜爱的活

动——出席各种老兵聚会，接受老战士们的欢呼和问候，赞许他们昔日的勇气和牺牲精神，并与他们一起回忆往事和放眼未来。他发起成立了第7装甲师传统协会，还在去世前夕出版了名为《第7装甲师：图说隆美尔"幽灵之师"1938-1945》的图片战史著作。1968年，阿登战役中曾在其麾下作战的第2装甲师老兵在巴伐利亚州的巴特基辛根聚会，特别邀请他在晚宴上做主旨发言。受邀与会的还有一位美军上校拜尔斯 (John Byers)，这位上校不止一次听说过以阿登战役出名的曼陀菲尔，对他的演讲印象极为深刻，赞赏他"尽管身材矮小、貌不惊人，但70岁时仍是一个精力充沛、孔武有力的领导者。"晚宴后拜尔斯邀请曼陀菲尔次日造访不远处的美军军营，并向军官们发表演讲。美军军营的名字叫达利 (Daley) 军营，但德国人更喜欢称呼它的老名字"曼陀菲尔军营"——这座军营就是30年前曼陀菲尔观礼第2摩托车营迁营仪式的那座军营，他欣然应允造访这座纪念其家族的骄傲和自己的偶像的军营。第二天一早他准时出现，所有美军官兵列队向他行礼致意，他也在拜尔斯和另一位从纽伦堡赶来的上校陪同下，风度翩翩地检阅了队列。随后，他在军官餐厅以毫无瑕疵的英语与军官们一起回顾了阿登战役的过程以及双方犯下的错误。曼陀菲尔对英语的精通和对细微之处的把握，尤令美国军人震惊，他的造访也成了官兵们此后一周的话题。[29] 曼陀菲尔本人似乎非常享受这种生活。

1975年5月初，在二战结束30周年之际，78岁的曼陀菲尔在接受美联社记者专访时畅谈了他对昔日战场上的英美统帅们的评价。他出人意料地把"最优秀的盟军战场指挥官"这一桂冠送给了意大利和地中海战场的盟军统帅亚历山大元帅。在评论蒙哥马利时，他说这位英国元帅"是一个很好的战场指挥官，但处理事情有些过于步步为营……他在非洲也就是将将挫败隆美尔元帅那些疲惫虚弱、装备不整的部队，而且还是在获得了空中和装甲力量的巨大优势之后才做到的"。针对蒙哥马利战后对艾森豪威尔的有关批评（主要是后者在诺曼底登陆后坚持宽大正面的战略，而且反对蒙哥马利提出的1944年秋即深入突破莱茵河防线、夺取鲁尔工业区的计划），曼陀菲尔表示"考虑到北非战役中蒙哥马利采取的步步紧逼的方式，自己无法理解这位英国元帅对艾森豪威尔的批评"。曼陀菲尔称自己认同艾森豪威尔的战略，还认为他是比蒙哥马利更出色的战略计划者，而后者在批评艾森豪威尔时"忘记了一个事实，即只有在美国贡献了巨大的人力物力的前提下，他才有可能实现他的目标……蒙哥马利索要整整一个集团军群所需的油料和弹药，但他似乎忘记了统揽全局的是艾森豪威尔，不是他蒙哥马利"。曼陀菲尔还称"在机动战、也即是德国人所称的闪电战中，巴顿无疑是最棒的领袖。"他特别称颂了巴顿的两则经典战例，一是1944年7月从阿夫蓝士 (Avranches) 瓶颈地带破茧而出的成功突破，另一则发生在当年12月的阿登战役中，巴顿指挥第3集团军旋转90度、驰援巴斯托涅时表现出的技巧令曼陀菲尔感到钦服。垂垂老矣的曼陀菲尔在回顾这场人类历史上最大的浩劫时，说自己"1939年时曾支持收回连接德国本土与东普鲁士的但泽走廊，但相信这个目的可以通过谈判、而非战争的手段达到……从军事上来讲，希特勒最大的错误就是极大地低估了西方盟国的军备潜能……甚至战争开始前我们就已经输了。我们的原材料来源和军备工业根本不足以支撑这场规模急剧扩大的战争"。[30]

1978年9月24日，曼陀菲尔在离巴伐利亚不远的奥地利城市蒂罗尔 (Tyrol) 度假时因心脏病突发去世。他最后安息在阿默尔湖畔的蒂森小城，与蓝天白云和碧水青山永久为邻。英美和加拿大等西方国家的许多报刊发布了消息，使用的标题中有称其为突出部之役的"英雄"或"设计师"的，也有直呼其为"德国坦克将军"或"纳粹将军"的，就连遥远的维京群岛的主要报纸《每日新闻报》也转载了美联社的相关消息。23年后的2001年7月，曼陀菲尔的妻子阿姆加德以98岁高龄辞世。

现今的人们只能通过照片和纪录片来感受这位名将远去的风采。出现在胶片中的曼陀菲尔总是最矮小的一个。人们常说他也就只比拿破仑高那么一点点，绝对不超过5英尺3英寸（约1.6米），甚至还有玩笑说他"只要再高1厘米就能当元帅了"。[31] 还有眼尖的人注意到，曼陀菲尔的照片绝大多数拍的都是他在装甲车或坦克中探出身子，而且总是只露腰部以上，有人说那是因为他总是乘摄影师不备，偷偷地在脚底下塞上一个小板凳！

但没有人否认这个矮小的将军是现代军事史上

的一个巨人。1948年时李德·哈特就曾赞颂他是"卓越的装甲兵领袖"、"机动和突袭艺术的大师",1966年时著名作家瑞安 (Cornelius Ryan) 在名著《最后一战》中曾称"曼陀菲尔可能是古德里安和隆美尔之后德军最伟大的装甲战术家。"[32] 而曼陀菲尔似乎从不居功自傲,总是把自己的成功归因于战士们相信他并尽最大努力照他的命令与要求行事。1964年12月,曼陀菲尔在接受美联社记者采访时曾说:"我把一切都建立在互信的基础上。在我的部队里,将军不会比战士得到更多的配给。我从不要求战士们去做我都做不到的事情。我的饮食与战士们毫无二致,他们毫无保留地信赖我。"[33] 1973年,他向前来探视的梅林津这样说道:"我们的荣誉在于为人民和祖国尽职尽责,在于相互信赖和彼此相依。我们必须牢记,即便在现今的技术时代,最终决定胜负的仍是战士们的战斗精神。"[34]

让我们以二战中国战区的参谋长、对德国军事史颇有研究的美军四星上将魏德迈 (Albert C. Wedemeyer) 的一段话结束对曼陀菲尔军事生涯和人生的探索——1975年魏德迈曾如此评价曼陀菲尔:"当曼陀菲尔将军完成了他在地球上的使命,敲响(掌管天堂大门钥匙的)圣人彼得的大门时,当圣人看到曼陀菲尔之时,他的脸上定会绽放出愉悦的光彩。圣人彼得会让助手暂时看守大门,自己则会亲自引领着战士兼政治家——曼陀菲尔——加入德国英雄腓特烈大帝、沙恩霍斯特、格奈瑟瑙、施利芬、克劳塞维茨和毛奇等众神的行列。"[35]

注释

第1章

1. Alaric Searle. Wehrmacht generals, West German society, and the debate on rearmament, 1949–1959. pp. 256–257.
2. Gunther Fraschka. Knights of the Reich. pp.312.
3. 同1，第36–37页。

第2章

1. Donald Grey Brownlow. Panzer Baron: The military exploits of General Hasso von Manteuffel. pp.24.
2. Correlli Barnett. Hitler's generals. pp. 422.
3. Gordon A. Craig. The politics of the Prussian Army: 1640–1945. pp. 149.
4. Franz Kurowski. Hasso von Manteuffel, Panzerkampf im Zweiten Weltkrieg. pp.9.
5. Franz Kurowski, Hasso von Manteuffel, Panzerkampf im Zweiten Weltkrieg. pp.8.
6. Christopher Duffy. The military experience in the age of reason. pp.35.
7. Steven E. Clemente. For King and Kaiser: The making of a Prussia Army Officer, 1860–1914. pp.5.
8. United States War Department. Annual report of the Secretary of War, Volume 1. pp.738–739.
9. Henry Bernard. The American Journal of Education, Volume 23. pp.298.
10. Franz Kurowski, Hasso von Manteuffel, Panzerkampf im Zweiten Weltkrieg. pp.10.
11. William Mulligan. The creation of the modern German Army: General Walther Reinhardt and the Weimar Republic: 1914–1930. pp.21.
12. Steven E. Clemente, For King and Kaiser: The making of a Prussia Army Officer, 1860–1914. pp.118.
13. 古德里安著，戴耀先译．古德里安将军战争回忆录．第1页。
14. Franz Kurowski, Hasso von Manteuffel, Panzerkampf im Zweiten Weltkrieg. pp.10–14.
15. Steven E. Clemente. For King and Kaiser: The making of a Prussia Army Officer, 1860–1914.xii–xiii.
16. Kenneth Macksey. Guderian: Creator of the Blitzkrieg. pp. 25.
17. Klaus Theweleit. Male fantasies, Volume 2: Male bodies: Psychoanalyzing the white terror. pp.164.
18. Klaus Theweleit, pp.165.
19. Klaus Theweleit, pp.143.
20. Klaus Theweleit, pp.143–147.
21. Klaus Theweleit, pp.148–149.
22. Klaus Theweleit, pp.174.
23. Franz Kurowski. Hasso von Manteuffel, Panzerkampf im Zweiten Weltkrieg. pp.11; Donald Grey Brownlow. Panzer Baron: The military exploits of General Hasso von Manteuffel. pp.29.
24. United States War Department. Annual report of the Secretary of War, Volume 1. pp.744–745.
25. 克劳斯·费舍尔著，萧韶工作室译．纳粹德国：一部新的历史(上)．第50页。
26. Dennis Showalter. Hitler's Panzers: The lightning attacks that revolutionized warfare. pp.1.
27. Peter McCarthy & Mike Syron. Panzerkrieg: The rise and fall of Hitler's tank divisions. pp. 9.
28. Charles Messenger. Hitler's gladiator. pp.8.
29. 克劳斯·费舍尔著，萧韶工作室译．纳粹德国：一部新的历史(上)．第121页。
30. Walter Goerlitz. History of the German General Staff: 1657–1945. pp.197.
31. Franz Kurowski. Hasso von Manteuffel, Panzerkampf im Zweiten Weltkrieg. pp.15.
32. Roderick Stackelberg. Hitler's Germany: Origins, interpretations, legacies. pp.,65.
33. Franz Kurowski. Hasso von Manteuffel, Panzerkampf im Zweiten Weltkrieg, pp.20; Correlli Barnett. Hitler's generals. pp. 423.
34. Carlos C. Jurado. The German Freikorps: 1918–1923. pp.12.
35. Gernan horse cavalry and transport. http://www.lonesentry.com/articles/germanhorse/index.html.
36. Robert M.Citino. The path to blitzkrieg: Doctrine and training in the German Army, 1920–1939. pp.10–11.
37. Samuel P. Huntington. The solders and the state: The theory and politics of civil-military relations. pp.111.
38. Samuel W. Mitcham & Gene Mueller, Hitler's commanders. pp.139.
39. Donald Grey Brownlow. Panzer Baron: The military exploits of General Hasso von Manteuffel. pp.44.
40. 关于勃兰特上校的生平，参见：http://www.lexikon-der-wehrmacht.de/Personenregister/B/BrandtGeorg-R.htm.
41. James S. Corum. The roots of blitzkrieg. pp.85.
42. James S. Corum. The roots of blitzkrieg. pp.85–86.
43. James S. Corum. The roots of blitzkrieg. pp.71.
44. James S. Corum. The roots of blitzkrieg. pp.188.
45. Franz Kurowski. Hasso von Manteuffel, Panzerkampf im Zweiten Weltkrieg. pp.24.
46. Peter Hoffmann. Stauffenberg: A family history, 1905–1944. pp.69.
47. Peter Hoffmann. Stauffenberg: A family history, 1905–1944. pp.314–315. 注释36.
48. Correlli Barnett. Hitler's generals. pp. 424.
49. Marcel Stein. Flawed genius: Field Marshal Walter Model, a critical biography. pp.19.
50. Peter Hoffmann. Stauffenberg: A family history, 1905–1944. pp.69.
51. Benoit Lemay. Erich von Manstein: Hitler's master strategist. pp.31.
52. Ian Kershaw. Hitler 1936–45: Nemesis. pp.xxxviii.
53. Benoit Lemay. Erich von Manstein: Hitler's master strategist. pp.30–31.
54. Correlli Barnett. Hitler's generals. pp. 424.
55. Benoit Lemay. Erich von Manstein: Hitler's master strategist. pp.28.
56. Franz Kurowski. Hasso von Manteuffel, Panzerkampf im Zweiten Weltkrieg. pp.33.
57. Correlli Barnett. Hitler's generals. pp. 437.
58. David M. Glantz. The initial period of war on the Eastern Front, 22 June – August 1941. pp.318–319.

第3章

1. Steven H. Newton. Hitler's commander: Field Marshal Walther Model. pp.58.
2. Correlli Barnett. Hitler's generals. pp. 424.
3. Hasso von Manteuffel. Fast mobile and armored troops. pp. 3.

4. Albert Seaton. The German Army 1933—45. pp.60—61.
5. Franz Kurowski. Hasso von Manteuffel, Panzerkampf im Zweiten Weltkrieg. pp.35.
6. Ian Kershaw. Hitler 1936—45: Nemesis. pp.xxxv.
7. Franz Kurowski. Hasso von Manteuffel, Panzerkampf im Zweiten Weltkrieg. pp.36.
8. Franz Kurowski. Hasso von Manteuffel, Panzerkampf im Zweiten Weltkrieg. pp.44.
9. Ian Kershaw. Hitler 1936—45: Nemesis. pp.172.
10. Benoit Lemay. Erich von Manstein: Hitler's master strategist. pp.66.
11. Benoit Lemay. Erich von Manstein: Hitler's master strategist. pp.73.
12. William L. Shirer. The rise and fall of the Third Reich. pp.625.
13. Peter McCarthy & Mike Syron. Panzerkrieg: The rise and fall of Hitler's tank divisions. pp. 2.
14. Bryan Perrett. Knight of the Black Cross: Hitler's Panzerwaffe and its leaders. pp. 33.
15. Donald Grey Brownlow. Panzer Baron: The military exploits of General Hasso von Manteuffel. pp.66.
16. Peter McCarthy & Mike Syron. Panzerkrieg: The rise and fall of Hitler's tank divisions. pp. 71.
17. Michael Rinella. Rommel's Ghost Division. World War II History, October 2010, pp. 52—61.
18. Benoit Lemay. Erich von Manstein: Hitler's master strategist. pp.153.
19. Ralf Georg Reuth. Rommel: The end of a legend. pp. 36—37.
20. Heinz Guderian. Panzer leader. pp. 142.
21. Larry H. Addington. The Blitzkrieg era and the German General Staff, 1865—1941. pp.180—182.

第4章

1. David M. Glantz. The initial period of war on the Eastern Front. pp.389.
2. Brian I Fugate. Operation Barbarossa: Strategy and tactics on the Eastern Front, 1941.pp.103—104.
3. Charles D. Pettibone. The organization and order of battle of militaries in World War II: Volume V. pp.784.
4. David M. Glantz. Stumbling colossus: The Red Army on the eve of World War. pp.155.
5. 参见: http://www.fireandfury.com/scenarios/scenalytus.pdf.
6. David M. Glantz. Barbarossa derailed. pp.63—64.
7. B.H. Liddell-Hart. The other side of the hill. pp. 187.
8. Hans von Luck. Panzer commanders: The memoirs of Colonel Hans von Luck. pp. 45—73.
9. Donald Grey Brownlow. Panzer Baron: The military exploits of General Hasso von Manteuffel. pp.158.
10. David M. Glantz. Barbarossa derailed. pp.73—74.
11. David M. Glantz. Barbarossa derailed. pp.78.
12. David M. Glantz. Barbarossa derailed. pp.113.
13. Correlli Barnett. Hitler's generals. pp. 433.
14. 曼施坦因著, 戴耀先译. 曼施坦因元帅战争回忆录. 第149页.
15. United States Department of Army. Military improvisations during the Russian campaign. pp.22.
16. Franz Halder. The private war journal of Generaloberst Franz Halder. VII, 1 (1 August 1941).
17. Alexander Werth. Russia at war, 1941—1945. pp. 174.
18. Alan Clark. Barbarossa: The Russian-German conflict, 1941—1945. pp.146.
19. Samuel W. Mitcham. Panzer commanders of the Western Front. pp. 25.
20. Franz Kurowski. Panzergrenadier aces: German mechanized infantrymen in World War II. pp.143.
21. Donald Grey Brownlow. Panzer Baron: The military exploits of General Hasso von Manteuffel. pp.76—77.
22. Paul Carell. Hitler moves east 1941—1943. pp.89.
23. Richard Kirchubel. Operation Barbarossa 1941 (3): Army Group Center. pp.74.
24. Michael Jones. The retreat: Hitler's first defeat. pp.71.
25. Robert Forczyk & Howard Gerrard, 1941: Hitler's first defeat. pp. 68.
26. Correlli Barnett. Hitler's generals. pp. 433.
27. Franz Kurowski. Panzergrenadier aces: German mechanized infantrymen in World War II .pp.150.
28. Heinz Guderian. Panzer leader. pp. 251.
29. Heinz Guderian. Panzer leader. pp. 254.
30. Michael Jones. The retreat: Hitler's first defeat. pp.130—131.
31. Paul Carell. Hitler moves east, 1941—1943. pp.339.
32. Alan Clark. Barbarossa: The Russian-German conflict, 1941—1945. pp.182—183.
33. Steven H. Newton. Hitler's commander: Field Marshal Walther Model. pp.177—178.
34. John S.D. Eisenhower. The bitter woods. pp.129.

第5章

1. Franz Kurowski. Panzergrenadier aces: German mechanized infantrymen in World War II. pp.257.
2. Samuel W. Mitcham. Rommel's desert war: The life and death of the Afrika Korps. pp.221.
3. F. W. von Mellenthin. German generals of World War II: As I saw them. pp.241.
4. Rick Atkinson. An army at dawn: The war in North Africa, 1942—1943. pp.166.
5. H.R.Alexander. The African Campaign from El Alamein to Tunis, from 10th August, 1942 to 13th May, 1943. Supplement to the London Gazette, February 3rd, 1948. pp. 839—887.
6. Walter Goerlitz, History of the German General Staff: 1657—1945. pp.431.
7. Walter Walimont. Inside Hitler's Headquarters 1939—1945. pp.309—311.
8. W.G.F.Jackson. The battle for North Africa 1940—43. pp.348.
9. Harry Yeide. Fighting Patton: George S. Patton Jr. through the eyes of his enemies. pp.152.
10. George F.Howe. Northwest Africa: Seizing the initiative in the West. pp.504—505.
11. B.H. Liddell-Hart (ed.) The Rommel Papers. pp.410.
12. B.H. Liddell-Hart (ed.) The Rommel Papers. pp.415.
13. 参见: http://www.islandfarm.fsnet.co.uk/General der Panzertruppe Hasso von Manteuffel.htm.
14. H.R.Alexander. The African Campaign from El Alamein to Tunis, from 10th August, 1942 to 13th May, 1943. Supplement to the London Gazette, February 3rd, 1948. pp. 876.

15. B.H. Liddell-Hart. History of the Second World War. pp.424-425.
16. Correlli Barnett. Hitler's generals. pp. 427.
17. Samuel W. Mitcham. Rommel's desert commanders: The man who served the Desert Fox, North Africa, 1941-1942. pp.126.
18. Rick Atkinson. An army at dawn: The war in North Africa, 1942-1943. pp.510.
19. Rick Atkinson. An army at dawn: The war in North Africa, 1942-1943. pp.524.

第6章

1. Kamen Nevenkin. Fire Brigades: The Panzer Divisions 1943-1945. pp.215.
2. Paul Carell. Scorched earth: The Russian-German War, 1943-1944. pp. 303-304.
3. David M. Glantz. From the Don to the Dnepr: Soviet offensive operations, December 1942- August 1943. pp. 305.
4. Earl F. Ziemke. Stalingrad to Berlin: The German defeat in the East. pp.156.
5. Kamen Nevenkin. Fire Brigades: The Panzer Divisions 1943-1945. pp.215-216.
6. 科涅夫著, 赖铭传译. 科涅夫元帅战争回忆录. 第109页.
7. F. W. von Mellenthin. Panzer battles. pp.290.
8. Niklas Zetterling & Anders Frankson. Korsun Pocket. pp.20.
9. Douglas E. Nash. Hell's gate: The battle of the Cherkassy Pocket, January-February 1944. pp.10.
10. Nikolai Litvin. 800 days on the Eastern Front. pp.40-42.
11. Franz Kurowski. Panzergrenadier aces: German mechanized infantrymen in World War II. pp.153.
12. Erich von Manstein. Lost victories. pp.486.
13. F. W. von Mellenthin. Panzer battles. pp.303.
14. Rolf Heinz. Crucible of combat: Germany's defensive battles in the Ukraine 1943-44. pp. 138-139.
15. 朱世巍. 东线: 决战第聂伯河. 第132页.
16. John Erickson. The road to Berlin: Stalin's war with Germany. pp.143.
17. Thomas Jentz. Panzertruppen. Vol.2, pp.117.
18. Kamen Nevenkin. Fire Brigades: The Panzer Divisions 1943-1945. pp.217.
19. F. W. von Mellenthin. Panzer battles. pp.305-306.
20. Kamen Nevenkin. Fire Brigades: The Panzer Divisions 1943-1945. pp.243.
21. Franz Kurowski. Panzergrenadier aces: German mechanized infantrymen in World War II. pp.154-155.
22. Franz Kurowski. The Brandenburger commandos: Germany's elite warrior spies in World War II. pp.153.
23. Patrick Agte. Jochen Peiper: Commander Panzerregiment Leibstandarte. pp.247.
24. Rolf Heinz. Crucible of combat: Germany's defensive battles in the Ukraine 1943-44. pp.149.
25. Patrick Agte. Michael Wittmann and the Tiger commanders of the Leibstandarte. pp.133.
26. Charles Wincehester. Hitler's war on Russia. pp.171.
27. 罗科索夫斯基著, 徐锦栋等译. 罗科夫斯基元帅战争回忆录. 第199-200页.
28. F. W. von Mellenthin. Panzer battles. pp.304-305.
29. 罗科索夫斯基著, 徐锦栋等译. 罗科夫斯基元帅战争回忆录. 第200-201页.
30. Steven H. Newton (ed.) Panzer operations: The Eastern Front memoir of General Raus, 1941-1945. pp.256.
31. F. W. von Mellenthin. Panzer battles. pp.312.
32. Patrick Agte. Jochen Peiper: Commander Panzerregiment Leibstandarte. pp.257.
33. F. W. von Mellenthin. Panzer battles. pp.315.
34. Steven H. Newton (ed.) Panzer operations: The Eastern Front memoir of General Raus, 1941-1945. pp.261.
35. David M.Glantz & Janathan M.House. When Titans clashed. pp.298.
36. Rudolf Lehmann, Die Leibstandarte, Band III. Osnabruck: Munin Verlag GMBH, 1982. pp.344.
37. Kamen Nevenkin. Fire Brigades: The Panzer Divisions 1943-1945. pp.798.
38. Kamen Nevenkin. Fire Brigades: The Panzer Divisions 1943-1945. pp.217.
39. B.H. Liddell-Hart. The other side of the hill. pp.306.
40. Steven H. Newton (ed.) Panzer operations: The Eastern Front memoir of General Raus, 1941-1945. pp.263.
41. Steven H. Newton (ed.) Panzer operations: The Eastern Front memoir of General Raus, 1941-1945. pp.264.
42. Russian forces now 30 miles inside Poland. The Canberra Times. 8 January 1944, Page 1.
43. Bitten in deeply. Evening Post, Volume CXXXVII, Issue 6, 8 January 1944, Page 5.
44. Earl F. Ziemke. Stalingrad to Berlin: The German defeat in the east. pp.245-246.
45. Franz Kurowski. Hasso von Manteuffel, Panzerkampf im Zweiten Weltkrieg. pp.115-116.
46. Donald Grey Brownlow. Panzer Baron: The military exploits of General Hasso von Manteuffel. pp.99.
47. 参见: http://en.wikipedia.org/wiki/Adelbert_Schulz.
48. Franz Kurowski. Hasso von Manteuffel, Panzerkampf im Zweiten Weltkrieg. pp.116.

第7章

1. B.H. Liddell-Hart. The German generals talk. pp.102.
2. Norman Davies. No simple victory: World War II in Europe, 1939-1945. pp. 249-250.
3. Omer Bartov. The Eastern Front, 1941-45: German troops and the barbarization of warfare. pp.16.
4. Alaric Searle. Veterans' associations and political radicalism in West Germany 1951-54: A case study of the Traditionsgemeinschaft Grossdeutschland. *Canadian Journal of History, 1999, 34*(8), 221-248.
5. 曼施坦因著, 戴耀先译. 曼施坦因元帅战争回忆录. 第488页.
6. Alaric Searle. Veterans' associations and political radicalism in West Germany 1951-54: A case study of the Traditionsgemeinschaft Grossdeutschland. *Canadian Journal of History, 1999, 34*(8), pp.225.
7. Kamen Nevenkin. Fire Brigades: The Panzer Divisions 1943-1945. pp.666.
8. Kamen Nevenkin. Fire Brigades: The Panzer Divisions 1943-1945. pp.683.
9. Franz Kurowski. Hasso von Manteuffel, Panzerkampf im Zweiten Weltkrieg. pp.119-120.
10. Michael Sharpe & Brian L. Davis. Grossdeutschland: Guderian's East Front

elite. pp. 43.

11. Correlli Barnett. Hitler's generals. pp. 428.

12. Franz Kurowski.Panzergrenadier aces: German mechanized infantrymen in World War II.pp.156.

13. 曼施坦因著、戴耀先译。曼施坦因元帅战争回忆录。第488页。

14. 华西列夫斯基著、徐锦栋等译。华西列夫斯基元帅战争回忆录。第351页。

15. Franz Kurowski. Hasso von Manteuffel, Panzerkampf im Zweiten Weltkrieg. pp.122.

16. Hasso von Manteuffel. The tank battle of Targul Frumos. Military Review, September, 1956. pp.78–84.

17. Gefreiter Walter Thomaschek. 参见：http://members.shaw.ca/grossdeutschland/thomas.htm.

18. 周明、马文俊著。大德意志师 (下)。第213–214页。

19. Bob Carruthers & Simon Trew. Servants of evil: New first-hand accounts of the Second World War from survivors of Hitler's armed forces. pp.203.

20. David M. Glantz. Red storm over the Balkans. pp. 52–62.

21. David M. Glantz. Red storm over the Balkans. pp. 66.

22. Hasso von Manteuffel. The tank battle of Targul Frumos. Military Review, September, 1956. pp.78–84.

23. David M. Glantz. Red storm over the Balkans. pp.167.

24. Franz Kurowski. Hasso von Manteuffel, Panzerkampf im Zweiten Weltkrieg. pp.124.

25. David M. Glantz. Red storm over the Balkans. pp.218–221.

26. Hasso von Manteuffel. The tank battle of Targul Frumos. Military Review, September, 1956. pp.78–84.

27. Steven Zaloga & Peter Sarson. IS–2 heavy tank, 1944–1973. pp.12–13.

28. B.H. Liddell–Hart. The German generals talk. pp. 99.

29. David M. Glantz. Red storm over the Balkans. pp.237.

30. David M. Glantz. Red storm over the Balkans. pp.217.

31. David M. Glantz. Red storm over the Balkans. pp.229.

32. Franz Kurowski. Hasso von Manteuffel, Panzerkampf im Zweiten Weltkrieg. pp.124.

33. David M. Glantz. Red storm over the Balkans. pp.247.

34. Donald Grey Brownlow. Panzer Baron: The military exploits of General Hasso von Manteuffel. pp.112.

35. John M. Hutcheson. Of tank and infantry: Lessons of heavy–light integration learned, forgotten and relearned. pp.16.

36. David M. Glantz. The failures of historiography: Forgotten battles of the German–Soviet War. 参见：http://fmso.leavenworth.army.mil/documents/failures.htm.

37. Richard Simpkin. Tank warfare: An analysis of Soviet and NATO Tank philosophy. pp.44–48.

38. Hasso von Manteuffel. The decisive arms in ground combat. Armor, 1950, 59(5), pp. 18–21.

39. Franz Kurowski. Hasso von Manteuffel, Panzerkampf im Zweiten Weltkrieg. pp.125.

40. David M. Glantz. Red storm over the Balkans. pp.269.

41. 周明、马文俊著。大德意志师 (下)。第225–226页。

42. David M. Glantz. Red storm over the Balkans. pp.340.

43. Richard Simpkin. Race to the swift: Thoughts on Twenty–First Century warfare. pp.234–235.

44. David M. Glantz. Red storm over the Balkans. pp.366.

45. Kamen Nevenkin. Fire Brigades: The Panzer Divisions 1943–1945. pp.686.

46. Howard D. Grier. Hitler, Donitz, and the Baltic Sea: The Third Reich's last hope, 1944–1945. pp.27–28.

47. Wolfgang Schneider. Tigers in combat, Volume 2. pp.44.

48. 参见：http://forum.axishistory.com/viewtopic.php?f=79&t=123950.

49. Thomas L. Jentz. Germany's Panther tank. pp.143.

50. Franz Kurowski. Hasso von Manteuffel, Panzerkampf im Zweiten Weltkrieg. pp.128–129.

51. Gerd Niepold.Panzeroperationen "Doppelkopf" und "Casar". pp.26.

52. 巴格拉米扬著，赖铭译。巴格拉米扬元帅战争回忆录(下)。第351页。

53. Gerd Niepold. Panzeroperationen "Doppelkopf" und "Casar". pp.66.

54. 巴格拉米扬著，赖铭译。巴格拉米扬元帅战争回忆录(下)。第354页。

55. 巴格拉米扬著, 赖铭译。巴格拉米扬元帅战争回忆录(下)。第356页。

56. Steven H. Newton (ed.) Panzer operations: The Eastern Front memoir of General Raus, 1941–1945. pp.297.

57. Gerd Niepold. Panzeroperationen "Doppelkopf" und "Casar". pp.78..

58. 巴格拉米扬著，赖铭译。巴格拉米扬元帅战争回忆录(下)。第366页。

59. Donald Grey Brownlow. Panzer Baron: The military exploits of General Hasso von Manteuffel. pp.117–118.

60. Correlli Barnett. Hitler's generals. pp. 434.

第8章

1. John N. Rickard. Patton at bay：The Lorraine Campaign, September to December,1944. pp.29.

2. Don M. Fox. Patton's vanguard: The United States Fourth Armored Division. pp.127.

3. Don M. Fox. Patton's vanguard: The United States Fourth Armored Division. pp.128.

4. Steven J. Zaloga. Lorraine 1944: Patton vs Manteuffel. pp. 21–22.

5. John N. Rickard. Patton at bay：The Lorraine Campaign, September to December,1944. pp. 36.

6. Barrett Tillman. Brassey's D–Day encyclopedia: the Normandy invasion A–Z. pp. 107.

7. Alan Clark. Barbarossa: The Russian–German conflict, 1941–1945. pp.396.

8. Kamen Nevenkin. Fire Brigades: The Panzer Divisions 1943–1945. pp.41–42.

9. Hans von Luck. Panzer commander: The memoirs of Colonel Hans von Luck. pp. 168–169.

10. Richard Giziowski. The enigma of General Blaskowitz. pp.352.

11. Geoffrey Perret. There's a war to be won: The United States Army in World War II. pp. 364–365.

12. Kamen Nevenkin. Fire Brigades: The Panzer Divisions 1943–1945. pp.30.

13. A. Harding Ganz. The 11th Panzers in the defense, 1944. Armor, March–April, 1994. pp.26–37.

14. F. W. von Mellenthin. Panzer battles. pp.373.

15. Steven J. Zaloga. Lorraine 1944: Patton vs Manteuffel. pp. 42.

16. Kamen Nevenkin. Fire Brigades: The

Panzer Divisions 1943–1945. pp.314–317.
17. Steven J. Zaloga. Lorraine 1944: Patton vs Manteuffel. pp. 62.
18. Hugh M. Cole. The Lorraine Campaign. pp. 198.
19. Hans von Luck. Panzer commander: The memoirs of Colonel Hans von Luck. pp.171–173.
20. Richard H. Barnes. Arracourt—September 1944. pp. 63.
21. Martin Blumenson. The Patton Papers. Vol. 2. pp. 550.
22. Richard H. Barnes. Arracourt—September 1944. pp.66–67.
23. Hugh M. Cole. The Lorraine Campaign. pp. 222.
24. John N. Rickard. Patton at bay: The Lorraine Campaign, September to December,1944. pp.111.
25. Roman Johann Jarymowycz. Tank tactics: From Normandy to Lorraine. pp. 240.
26. John N. Rickard. Patton at bay: The Lorraine Campaign, September to December,1944. pp.112.
27. Hugh M. Cole. The Lorraine Campaign. pp. 229.
28. Richard Giziowski. The enigma of General Blaskowitz. pp.361.
29. F. W. von Mellenthin. Panzer battles. pp.371.
30. Richard H. Barnes. Arracourt—September 1944. pp.101.
31. Steven J. Zaloga. Lorraine 1944: Patton vs Manteuffel. pp. 76; Richard H. Barnes. Arracourt—September 1944. pp.102–103.
32. F. W. von Mellenthin. Panzer battles. pp.371.
33. George Forty. 4th Armored Division in World War II. pp. 54–55.
34. Michael Green & Greg Stewart. M1 Abrams at War. pp.22.
35. Michael Green & Greg Stewart. M1 Abrams at War. pp.27.
36. Samuel W. Mitcham. Panzer commander of the West Front. pp.138.
37. Samuel W. Mitcham. Panzer commander of the West Front. pp.139.
38. A. Harding Ganz. The 11th Panzers in the defense, 1944. Armor, March–April, 1994. pp.26–37.
39. Don M. Fox. Patton's vanguard: The United States Fourth Armored Division. pp.165.
40. Hugh M. Cole. The Lorraine Campaign. pp. 242.
41. Christopher R. Gabel. The 4th Armored Division in the encirclement Nancy. pp.21.
42. Steven J. Zaloga. Lorraine 1944: Patton vs Manteuffel. pp. 86.
43. Don M. Fox. Patton's vanguard: The United States Fourth Armored Division. pp.168.
44. Kurt von Tippelskirch. Geschichte des zweiten Weltkriegs. pp. 518.
45. F. W. von Mellenthin. Panzer battles. pp.381–382.
46. H.A. Jacobsen & J. Rohwer. Decisive battles of World War II: The German view. pp. 392.
47. Hugh M. Cole. The Lorraine Campaign. pp. 242.
48. Ruud Bruyns. Panzer-Brigades in the West, 1944. http://www.militaryhistoryonline.com/wwii/articles/panzerbrigades.aspx.

第9章

1. Max Hastings. Armageddon: The battle for Germany 1944–1945. pp.197.
2. Charles Messenger. Hitler's gladiator. pp.147.
3. Steven H. Newton. Hitler's commander: Field Marshal Walther Model. pp.329.
4. B.H. Liddell-Hart. The German generals talk. pp275.
5. Steven H. Newton. Hitler's commander: Field Marshal Walther Model. pp.332.
6. Danny S. Parker. Battle of the Bulge. pp.29.
7. H.A. Jacobsen & J. Rohwer. Decisive battles of World War II: The German view. pp. 396.
8. H.A. Jacobsen & J. Rohwer. Decisive battles of World War II: The German view. pp. 399.
9. Charles B. MacDonald. A time for trumpets: The untold story of the Battle of Bulge. pp.41.
10. H.A. Jacobsen & J. Rohwer. Decisive battles of World War II: The German view. pp. 399.
11. H.A. Jacobsen & J. Rohwer. Decisive battles of World War II: The German view. pp. 401–402.
12. Steven H. Newton. Hitler's commander: Field Marshal Walther Model. pp.332.
13. Danny S. Parker. Battle of the Bulge. pp.18.
14. Charles Messenger. Hitler's gladiator. pp.149; Steven H. Newton. Hitler's commander: Field Marshal Walther Model. pp.330.
15. Michael Reynolds. The Devil's Adjutant: Jochen Peiper, Panzer leader. pp.37.
16. Donald S. Detwiler (ed.). An interview with Gen Pz Hasso von Manteuffel. pp.3.
17. Max Hastings. Armageddon: The battle for Germany 1944–1945. pp.199.
18. The US Army Armor School. The battle of St. Vith, Belgium, 17–23 December 1944. pp.2.
19. Danny S. Parker. Battle of the Bulge. pp.79.
20. Danny S. Parker (ed.). Hitler's Ardennes Offensive: The German view of the Battle of the Bulge. pp.73.
21. H.A. Jacobsen & J. Rohwer. Decisive battles of World War II: The German view. pp. 404.
22. David Cooke & Wayne Evans. Kampfgruppe Peiper: The race for Meuse. pp.20.
23. T.N. Depuy, et al. Hitler's last gamble. pp.148–149.
24. Donald S. Detwiler (ed.). An interview with Gen Pz Hasso von Manteuffel. pp.6.
25. Danny S. Parker (ed.). Hitler's Ardennes Offensive: The German view of the Battle of the Bulge. pp.92.
26. T.N. Depuy, et al. Hitler's last gamble. pp.155.
27. Danny S. Parker (ed.). Hitler's Ardennes Offensive: The German view of the Battle of the Bulge. pp.96.
28. Danny S. Parker (ed.). Hitler's Ardennes Offensive: The German view of the Battle of the Bulge. pp.88.
29. Gary Schreckengost. Battle of the Bulge: U.S. Army 28th Infantry Division's 110th Regimental Combat Team upset the German timetable. World War II Magazine, 15(5), January 2001.
30. Danny S. Parker (ed.). Hitler's Ardennes Offensive: The German view of the Battle of the Bulge. pp.106.
31. Steven J. Zaloga. Battle of Bulge 1944 (2): Bastogne. pp.44.
32. Hugh M. Cole. The Ardennes: Battle

33. Steven J. Zaloga. Battle of Bulge 1944 (2): Bastogne. pp.50.
34. Peter Elstob. Hitler's last offensive: The full story of the Battle of Ardennes. pp.310.
35. Peter Elstob. Hitler's last offensive: The full story of the Battle of Ardennes. pp.311.
36. Peter Elstob. Hitler's last offensive: The full story of the Battle of Ardennes. pp.314.
37. John Toland. Battle: The story of the Bulge. pp. 248.
38. John Toland. Battle: The story of the Bulge. pp. 269.
39. T.N. Depuy, et al. Hitler's last gamble. pp.235–236.
40. Peter Elstob. Hitler's last offensive: The full story of the Battle of Ardennes. pp.319.
41. Heinz Gunther Guderian. From Normandy to Ruhr with the 116th Panzer Division in World War II. pp.291.
42. T.N. Depuy, et al. Hitler's last gamble. pp.481–482.
43. Heinz Gunther Guderian. From Normandy to Ruhr with the 116th Panzer Division in World War II. pp.331.
44. Heinz Gunther Guderian. From Normandy to Ruhr with the 116th Panzer Division in World War II. pp.337.
45. Danny S. Parker (ed.). Hitler's Ardennes Offensive: The German view of the Battle of the Bulge. pp.115.
46. Stephen Ambrose. The Fuhrer's final hurrrah. World War 2 Magazine Special Collector's Edition, 2007. pp. 60–65.
47. Peter Elstob. Hitler's last offensive: The full story of the Battle of Ardennes. pp.340.
48. Danny S. Parker. Battle of the Bulge: Hitler's Ardennes Offensive 1944–1945. pp. 287.
49. T.J. Constable & R.F. Toliver. Fighter General: The life of Adolf Galland. pp. 270.
50. Peter Elstob. Hitler's last offensive: The full story of the Battle of Ardennes. pp.359.
51. Hubert Meyer. The 12th SS: The history of the Hitler Youth Panzer Division, Volume II. pp. 336–337.
52. George Smith Patton. War as I knew it. pp. 213.
53. Danny S. Parker (ed.). Hitler's Ardennes Offensive: The German view of the Battle of the Bulge. pp.127–128.
54. John Toland. Battle: The story of the Bulge. pp. 379.
55. Danny S. Parker. Battle of the Bulge. pp.334–335.
56. Danny S. Parker. Battle of the Bulge. pp.336–338.
57. Danny S. Parker (ed.). Hitler's Ardennes Offensive: The German view of the Battle of the Bulge. pp.160.
58. Danny S. Parker. Battle of the Bulge. pp.336–339.
59. Steven J. Zaloga. Battle of Bulge 1944 (2): Bastogne. pp.60.
60. Danny S. Parker (ed.). Hitler's Ardennes Offensive: The German view of the Battle of the Bulge. pp.141.
61. James O. Kievit. Operation art in the 1944 Ardennes Campaign. pp. 20.
62. Donald Grey Brownlow. Panzer Baron: The military exploits of General Hasso von Manteuffel. pp.144.
63. H.A. Jacobsen & J. Rohwer. Decisive battles of World War II: The German view. pp. 418.

第10章

1. John Tolan. The last 100 days. pp. 6–7.
2. Peter G. Tsouras. Panzers on the Eastern Front: General Erhard Raus and his Panzer divisions in Russia, 1941–1945. pp. 26.
3. Heinz Gudelian. Panzer leader. pp. 348–349.
4. F. W. von Mellenthin. German generals of World War II: As I saw them. pp.247.
5. John Tolan. The last 100 days. pp. 183.
6. F. W. von Mellenthin. German generals of World War II: As I saw them. pp.247.
7. F. W. von Mellenthin. German generals of World War II: As I saw them. pp.248.
8. Colin Heaton. Occupation and insurgency: A selective examination of the Hague and Geneva Conventions on the Eastern Front, 1939–1945. pp. 25.
9. Franz Kurowski. Hasso von Manteuffel, Panzerkampf im Zweiten Weltkrieg. pp.185.
10. Cornelius Ryan. The last battle. pp. 87.
11. Richard Landwehr & Jean-Louis Roba. The Wallonien: The history of the 5th SS- Sturmbrigade and 28th SS Volunteer Panzergrenadier Division. pp. 39.
12. Tony Le Tissier. Zhukov at Oder: The decisive battle for Berlin. pp.103.
13. Thorolf Hillblad & Erik Wallin. Twilight of the gods: A Swedish Waffen-SS volunteer's experience with 11th SS-Panzergrenadier Division 'Nordland', Eastern Front 1944–45. pp. 41.
14. Thorolf Hillblad & Erik Wallin. Twilight of the gods: A Swedish Waffen-SS volunteer's experience with 11th SS-Panzergrenadier Division 'Nordland', Eastern Front 1944–45. pp. 42–43.
15. Murderous Battle. Evening Post, Volume CXXXIX, Issue 66, 19 March 1945. pp.5.
16. Christopher Duffy. Red storm on the Reich: The Soviet march on Germany 1945. pp. 237–238.
17. Richard Landwehr & Jean-Louis Roba. The Wallonien: The history of the 5th SS- Sturmbrigade and 28th SS Volunteer Panzergrenadier Division. pp. 39.
18. Tony Le Tissier. Zhukov at Oder: The decisive battle for Berlin. pp.103; Christopher Duffy. Red storm on the Reich: The Soviet march on Germany 1945. pp.238.
19. Karl Bahm. Berlin 1945: The final reckoning. pp. 52.
20. Franz Kurowski. Hasso von Manteuffel, Panzerkampf im Zweiten Weltkrieg. pp.187.
21. Tony Le Tissier. The battle of Berlin 1945. pp. 243.
22. 罗科索夫斯基著, 徐锦栋等译。罗科索夫斯基元帅战争回忆录。第282页。
23. Anthony Read & David Fisher. The fall of Berlin. pp. 282–283.
24. 罗科索夫斯基著, 徐锦栋等译。罗科索夫斯基元帅战争回忆录。第278页。
25. Cornelius Ryan. The last battle. pp. 266.
26. 小奥托·普雷斯顿·钱尼著, 张光远、沈澄如译。朱可夫元帅。第268–269页。
27. Tony Le Tissier. Zhukov at Oder: The decisive battle for Berlin. pp.191.
28. 罗科索夫斯基著, 徐锦栋等译。罗科索夫斯基元帅战争回忆录。第285页。
29. Nikolai Litvin. 800 days on the Eastern Front. pp.136.
30. 罗科索夫斯基著, 徐锦栋等译。罗科索夫斯基元帅战争回忆录。第283页。
31. 罗科索夫斯基著, 徐锦栋等译。罗科索夫斯基元帅战争回忆录。第286–287页。
32. 罗科索夫斯基著, 徐锦栋等译。罗科索夫斯基元帅战争回忆录。第287页。
33. Franz Kurowski. Hasso von Manteuffel, Panzerkampf im Zweiten Weltkrieg. pp.189.
34. Anthony Read & David Fisher. The fall of Berlin. pp. 379.
35. John Tolan. The last 100 days. pp.442.
36. Cornelius Ryan. The last battle. pp. 474.

37. Franz Kurowski. Hasso von Manteuffel, Panzerkampf im Zweiten Weltkrieg. pp.190.
38. A.Stephen Hamilton. Defending the Oder Front: The final battle of the 3rd Panzer Armee. pp.33.
39. Anthony Read & David Fisher. The fall of Berlin. pp. 431.
40. A.Stephen Hamilton. Defending the Oder Front: The final battle of the 3rd Panzer Armee. pp.33.
41. A.Stephen Hamilton. Defending the Oder Front: The final battle of the 3rd Panzer Armee. pp.34.
42. 参见http://www.feldgrau.net/forum/viewtopic.php? f=31&t=29926&p=211297&hilit=Manteuffel#p211297.
43. Earl F. Ziemke. Stalingrad to Berlin: The German defeat in the East. pp. 495.
44. A.Stephen Hamilton. Defending the Oder Front: The final battle of the 3rd Panzer Armee. pp.31.
45. Desmond Hawkins & Donald Boyd. War report: A record of dispatches broadcast by the BBC's war correspondents with the Allied expeditionary force, 6 June 1944–5 May 1945. pp.420.

第11章

1. 参见：http://www.islandfarm.fsnet.co.uk/Special%20Camp%2011.htm.
2. Samuel W. Mitcham & Gene Mueller. Hitler's commanders . pp.145.
3. Jay Lockenour. Soldiers as citizens: Former Wehrmacht officers in the Federal Republic of Germany, 1945–1955. pp.164.
4. Ronald M. Smelser, Edward J. Davies. The myth of the Eastern Front: The Nazi-Soviet war in American popular culture. pp. 67–68.
5. Donald Grey Brownlow. Panzer Baron: The military exploits of General Hasso von Manteuffel. pp.157–158.
6. F. W. von. Mellenthin, German generals of World War II: As I saw them. pp.248.
7. David Clay Large. Contending with Hitler: Varieties of German resistance in the Third Reich. pp.172.
8. Alaric Searle. Wehrmacht generals, West German society, and the debate on rearmament, 1949–1959. pp. 36–37.
9. Alaric Searle. Wehrmacht generals, West German society, and the debate on rearmament, 1949–1959. pp. 38.
10. Alaric Searle. Wehrmacht generals, West German society, and the debate on rearmament, 1949–1959. pp. 37.
11. David Clay Large. Germans to the front: West German rearmament in the Adenauer era. pp. 50.
12. David Clay Large. Germans to the front: West German rearmament in the Adenauer era. pp. 54.
13. Alaric Searle. Wehrmacht generals, West German society, and the debate on rearmament, 1949–1959. pp. 38.
14. David Clay Large. Germans to the front: West German rearmament in the Adenauer era. pp. 54.
15. James H. Critchfield. Partners at the creation: The men behind postwar Germany's defense and intelligence establishments. pp. 121–122.
16. Alaric Searle. Wehrmacht generals, West German society, and the debate on rearmament, 1949–1959. pp. 157.
17. David Clay Large. Germans to the front: West German rearmament in the Adenauer era. pp. 57.
18. Glen Yeadon & John Hawkins. The Nazi Hydra in America: Suppressed history of a century. pp. 250
19. Arther Settel. This is Germany. pp.71.
20. Alaric Searle. Wehrmacht generals, West German society, and the debate on rearmament, 1949–1959. pp. 158.
21. James H. Critchfield. Partners at the creation: The men behind postwar Germany's defense and intelligence establishments. pp. 122.
22. Alaric Searle. Wehrmacht generals, West German society, and the debate on rearmament, 1949–1959. pp. 50–52.
23. Frank Roy Willis. France, Germany and the new Europe: 1945–1963. pp. 145.
24. Frank Roy Willis. France, Germany and the new Europe: 1945–1963. pp. 146.
25. Frank Roy Willis. France, Germany and the new Europe: 1945–1963. pp. 147.
26. Jay Lockenour. Soldiers as citizens: Former Wehrmacht officers in the Federal Republic of Germany, 1945–1955. pp.108–109.
27. Charles J.V. Murphy. The war we may fight. LIFE, 1951, 30(22), pp. 76–95.
28. Frank Roy Willis. France, Germany and the new Europe: 1945–1963. pp. 147.
29. Frank Roy Willis. France, Germany and the new Europe: 1945–1963. pp. 148.
30. Alaric Searle. Veterans' associations and political radicalism in West Germany 1951–54: A case study of the Traditionsgemeinschaft Grossdeutschland. Canadian Journal of History, 1999, 34(8), 221–248.
31. Alaric Searle. Wehrmacht generals, West German society, and the debate on rearmament, 1949–1959. pp. 162–163.
32. Alaric Searle. Wehrmacht generals, West German society, and the debate on rearmament, 1949–1959. pp. 151.
33. David Clay Large. Germans to the front: West German rearmament in the Adenauer era. pp.191–192.
34. Kerstin von Lingen. Kesselring's last battle: War crimes trials and Cold War politics, 1945–1960. pp. 299.
35. Alaric Searle. Wehrmacht generals, West German society, and the debate on rearmament, 1949–1959. pp. 190.
36. Alaric Searle. Veterans' associations and political radicalism in West Germany 1951–54: A case study of the Traditionsgemeinschaft Grossdeutschland. Canadian Journal of History, 1999, 34(8), 221–248.
37. Jay Lockenour. Soldiers as citizens: Former Wehrmacht officers in the Federal Republic of Germany, 1945–1955. pp.118.
38. Frank Biess, et al. Conflict, catastrophe and continuity: Essays on modern German history. pp. 333.
39. Eugene Davidson. The death and life of Germany: An account of the American occupation. pp. 389–390.
40. Alaric Searle. Wehrmacht generals, West German society, and the debate on rearmament, 1949–1959. pp. 124–125.
41. Eugene Davidson. The death and life of Germany: An account of the American occupation. pp.390.
42. David Clay Large. Germans to the front: West German rearmament in the Adenauer era. pp. 243.
43. Hasso von Manteuffel. Der Spiegel, July 24, 1957. pp.48
44. Hans-Peter Schwarz. Konrad Adenauer: German politician and statesman in a period of war, revolution and reconstruction. Vol.2: The Statesman, 1952–1967. pp.157.
45. Mende. Der Spiegel, August 10, 1955.

pp.9.
46. Hans-Peter Schwarz. Konrad Adenauer: German politician and statesman in a period of war, revolution and reconstruction. Vol.2: The Statesman, 1952-1967. pp.210.
47. Alaric Searle. Wehrmacht generals, West German society, and the debate on rearmament, 1949-1959. pp. 125-126.
48. Gerard Braunthal. The Federation of Germany Industry in politics. pp.226.
49. Nobile Officium. Der Spiegel, April 9, 1957. pp.16-19.

第12章

1. Steven H. Newton. Panzer operations: the Eastern Front memoir of General Raus, 1941-1945. pp. 267.
2. Gunther Fraschka. Knights of the Reich. pp. 311-312.
3. Alaric Searle. Wehrmacht generals, West German society, and the debate on rearmament, 1949-1959. pp. 257.
4. Alaric Searle. Revisiting the 'myth' of a 'clean Wehrmacht': Generals' trials, public opinion, and the dynamics of Vergangenheitsbewaltigung in West Germany, 1948-1960. *German Historical Institute London Bulletin, 2003, 25*(2), pp.17-48.
5. Alaric Searle. Wehrmacht generals, West German society, and the debate on rearmament, 1949-1959. pp.258.
6. Alaric Searle. Wehrmacht generals, West German society, and the debate on rearmament, 1949-1959. pp. 260.
7. Gunther Fraschka. Knights of the Reich. pp. 313-314.
8. Alaric Searle. Wehrmacht generals, West German society, and the debate on rearmament, 1949-1959. pp. 264.
9. Gunther Fraschka. Knights of the Reich. pp. 314.
10. Marcel Stein. Flawed genius: Field Marshal Walter Model, a critical biography. pp.163-164.
11. Alaric Searle. Wehrmacht generals, West German society, and the debate on rearmament, 1949-1959. pp. 265.
12. Colin Heaton. Occupation and insurgency: A selective examination of the Hague and Geneva Conventions on the Eastern Front, 1939-1945. pp.25.
13. John Toland. Living history. The *Journal of Historical Review. 1991, 11*(1), pp. 5-24.
14. Holger H. Herwig. An introduction to military archives in West Germany. *Military Affairs, 1972, 34*(4), pp.121-124
15. Hasso von Manteuffel. Die 7. Panzer-Division im Zweiten Weltkrieg: Einsatz und Kampf der "Gespenster-Division" 1939-1945. Podzun-Pallas-Verlag GmbH, 1986.
16. John C. Fredriksen. America's military adversaries: From colonial times to the present. pp. 317-319.
17. F. W. von Mellenthin, German generals of World War II: As I saw them. pp.248.
18. F. W. von Mellenthin, German generals of World War II: As I saw them. pp.249.
19. Correlli Barnett. Hitler's generals. pp. 433.
20. F. W. von Mellenthin, German generals of World War II: As I saw them. pp.249.
21. Marcel Stein. Flawed genius: Field Marshal Walter Model, a critical biography. pp.163.
22. Correlli Barnett. Hitler's generals. pp. 433.
23. Wesley W.Yale, Issac D. White & Hasso von Manteuffel. Alternative to Armageddon: The peace potential of lightning war. New Brunswick, NJ: Rutgers University Press, 1970.
24. Gary B. Griffin. Directed Telescope: A traditional element of effective command. pp.20.
25. Matthew Darlington Morton. Men on iron ponies: The death and rebirth of the modern U.S. Cavalry. pp.47.
26. 参见: http://www.worldlingo.com/ma/enwiki/en/The_World_ar_War.
27. John Toland, Battle: The story of the Bulge. Introduction by Carlo D'Este, pp.xii.
28. Bruce C. Clark. Airland concept questioned. Armor, January-February 1984. pp.3.
29. 参见: http://www.eaglehorse.org/3_home_station/iron_crosses/iron_crosses.htm.
30. Otto Doelling. Patton was tops, Manteuffel says. Youngstown Vindicator (Ohio, U.S.), May 7, 1975, pp.9.
31. A.Stephen Hamilton. Defending the Oder Front: The final battle of the 3rd Panzer Armee. pp.14.
32 Cornelius Ryan. Last battle: The classic history of the Battle of Berlin. New York, NY: Touchstone, 1995. pp. 87.
33. Hal Boyle. German General now likes to weed garden in peace. The Gadsden Times, Wednesday, December 16, 1964. pp.4.
34. F. W. von Mellenthin, German generals of World War II: As I saw them. pp.248.
35. Donald Grey Brownlow. Panzer Baron: The military exploits of General Hasso von Manteuffel. pp.15.

参考书目

外文部分

1. Addington, Larry H. The Blitzkrieg era and the German General Staff, 1865-1941. New Brunswick, NJ: Rutgers University Press, 1971.

2. Agte, Patrick. Jochen Peiper: Commander Panzerregiment Leibstandarte. Manitoba, Canada: J.J. Fedorowicz Publishing Inc., 1999.

3. Agte, Patrick. Michael Wittmann and the Tiger commanders of the Leibstandarte. Manitoba, Canada: J.J. Fedorowicz Publishing Inc., 1996.

4. Alexander, H. R. The African Campaign from El Alamein to Tunis, from 10th August, 1942 to 13th May, 1943. Supplement to the London Gazette, February 3rd, 1948. pp. 839-887.

5. Ambrose, Stephen. The Fuhrer's final hurrrah. World War 2 Magazine Special Collector's Edition, 2007. pp. 60- 65.

6. Atkinson, Rick. An army at dawn: The war in North Africa, 1942-1943. New York, NY: Owl Books, 2002.

7. Bahm, Karl. Berlin 1945: The final reckoning. St Paul, MN: MBI Publishing Company, 2001.

8. Barnes, Richard H. Arracourt—September 1944. Fort Leavenworth, KS: United States Army Command and General Staff College, 1982.

9. Barnett, Correlli. Hitler's generals. New York, NY: Grove Weidenfeld, 1989.

10. Bartov, Omer. The Eastern Front, 1941-45: German troops and the barbarization of warfare. Palgrave Macmillan, 2001.

11. Bernard, Henry. The American Journal of Education, Volume 23. London, UK: Thurner & Co., 1872.

12. Biess, Frank, Roseman, Mark & Schissler, Hanna. (eds.) Conflict, catastrophe and continuity: Essays on modern German history. Oxford, UK: Berghahn Books, 2007.

13. Blumenson, Martin. The Patton Papers. Vol. 2. 1940-1945. Boston, MA: Houghton Mifflin, 1974.

14. Braunthal, Gerard. The Federation of Germany Industry in politics. Ithca, NY: Cornell University Press, 1965.

15. Brownlow, Donald Grey. Panzer Baron: The military exploits of General Hasso von Manteuffel. North Quincy, MA: The Christopher Publishing House, 1975.

16. Carell, Paul. Hitler moves east 1941-1943. New York, NY: Bantam, 1966.

17. Carell, Paul. Scorched earth: The Russian-German War, 1943-1944. Boston, MA: Little, Brown and Company, 1970.

18. Carruthers, Bob & Trew, Simon. Servants of evil: New first-hand accounts of the Second World War from survivors of Hitler's armed forces. St. Paul, MN: Zenith Press, 2005.

19. Citino, Robert M. The path to Blitzkrieg: Doctrine and training in the German Army, 1920-1939. Boulder, CO: Lynne Rienner Publishers, Inc.,1999.

20. Clark, Alan. Barbarossa: The Russian-German conflict, 1941-1945. New York, NY: HarperCollins Publishers, 1985.

21. Clemente, Steven E. For King and Kaiser: The making of a Prussia Army Officer, 1860-1914. Westport, CT: Greenwood Press, 1992.

22. Cole, Hugh M. The Lorraine Campaign. Washington, D.C.: The United States Army Historical Division, 1993.

23. Cole, Hugh M. The Ardennes: Battle of the Bulge. Washington, D.C.: The United States Army Center of Military History, 1965.

24. Constable, T.J. & Toliver, R.F. Fighter General: The life of Adolf Galland. Zephyr, NV: AmPress Publishing, 1990.

25. Cooke, David & Evans, Wayne. Kampfgruppe Peiper: The race for Meuse. South Yorkshire, UK: Pen & Sword Military, 2005.

26. Corum, James S. The roots of Blitzkrieg. Lawrence, KS: University Press of Kansas, 1992.

27. Craig, Gordon A. The politics of the Prussian Army: 1640-1945. New York, NY: Oxford University Press, 1956.

28. Critchfield, James H. Partners at the creation: The men behind postwar Germany's defense and intelligence establishments. Annapolis, MD: Naval Institute Press, 2003.

29. Davidson, Eugene. The death and life of Germany: An account of the American occupation. Columbia, MO: University of Missouri Press, 1999.

30. Davies, Norman. No simple victory: World War II in Europe, 1939-1945. New York, NY: Viking Penguin, 2007.

31. Depuy, T.N., Bongard, D.L., and Anderson, R.C. Hitler's last gamble. New York, NY: HarperCollins Publishers, 1994.

32. Detwiler, Donald S. (ed.). An interview with Gen. Pz. Hasso von Manteuffel. ETHINT #46 (ML-1067). In: World War II German Military Studies, Volume 3, Part II. New York, NY: Garland Publishing, Inc. 1979.

33. Duffy, Christopher. Red storm on the Reich: The Soviet march on Germany 1945. Cambridge, MA: Da Capo Press, 1993.

34. Duffy, Christopher. The military experience in the age of reason. London,

UK: Routledge & Kegan Paul Ltd, 1987.

35. Eisenhower, John S.D. The bitter woods. Cambridge, MA: Da Capo Press, 1995.

36. Elstob, Peter. Hitler's last offensive: The full story of the Battle of Ardennes. New York, NY: The Macmillan Company, 1971.

37. Erickson, John. The road to Berlin: Stalin's war with Germany. London, UK: Weidenfeld & Nicolson, 1983.

38. Forczyk, Robert & Gerrard, Howard. Moscow, 1941: Hitler's first defeat. Oxford, UK: Osprey Publishing Ltd, 2006.

39. Forty, George. 4th Armored Division in World War II. London, UK: Compendium Publishing Ltd, 2008.

40. Fox, Don M. Patton's vanguard: The United States Fourth Armored Division. McFarland & Company, 2007.

41. Fraschka, Gunther. Knights of the Reich. Atglen, PA: Schiffer Military History, 2004.

42. Fredriksen, John C. America's military adversaries: From colonial times to the present. Santa Barbara, CA: ABC-CLIO Inc., 2001.

43. Fugate, Brian I. Operation Barbarossa: Strategy and tactics on the Eastern Front, 1941. New York, NY: Presidio Press, 1989.

44. Gabel, Christopher R. The 4th Armored Division in the encirclement Nancy. Fort Leavenworth, KS: U.S. Army Command and General Staff College, 1986,

45. Ganz, A. Harding. The 11th Panzers in the defense, 1944. Armor, March-April, 1994. pp.26-37.

46. Giziowski, Richard. The enigma of General Blaskowitz. New York, NY: Hippocrene Books, Inc., 1997.

47. Glantz, David M. The initial period of war on the Eastern Front, 22 June - August 1941. New York, NY: Frank Cass Publishers, 1993.

48. Glantz, David M. Stumbling colossus: The Red Army on the eve of World War. Lawrence, KS: University Press of Kansas, 1998.

49. Glantz, David M. Barbarossa derailed: The battle of Smolensk 10 July - 10 September 1941. Volume 1. West Midlands, UK: Helion & Company Limited, 2010.

50. Glantz, David M. From the Don to the Dnepr: Soviet offensive operations, December 1942-August 1943. London, UK: Frank Cass Publishers, 1991.

51. Glantz, David M. & House, Janathan M. When Titans clashed: How Red Army stopped Hitler. Lawrence, KS: University of Kansas Press, 1995.

52. Glantz, David M. Red storm over the Balkans. Lawrence, KS: University Press of Kansas, 2007.

53. Goerlitz, Walter. History of the German General Staff: 1657-1945. New York, NY: Praeger, 1957.

54. Green, Michael & Stewart, Greg. M1 Abrams at War. St Paul, MN: Zenith Press, 2005.

55. Grier, Howard D. Hitler, Donitz, and the Baltic Sea: The Third Reich's last hope, 1944-1945. Annapolis, MD: US Naval Institute Press, 2007.

56. Griffin, Gary B. Directed Telescope: A traditional element of effective command. Fort Leavenworth, KS: U.S. Army Command and General Staff College, 1991

57. Guderian, Heinz. Panzer leader. Cambridge, MA: Da Capo Press, 1996.

58. Guderian, Heinz Gunther. From Normandy to Ruhr with the 116th Panzer Division in World War II. Bedford, PA: The Aberjona Press, 2001.

59. Halder, Franz. The private war journal of Generaloberst Franz Halder. (translated by Phillip Willner et al, edited by Arnold Lissance). Washington, D.C.: OCMH, 1950.

60. Hamilton, A. Stephen. Defending the Oder Front: The final battle of the 3rd Panzer Armee, March-May 1945. Raleigh, NC: LuLu, Inc., 2010.

61. Hastings, Max. Armageddon: The battle for Germany 1944-1945. New York, NY: Alfred A. Knopf, 2004.

62. Hawkins, Desmond & Boyd, Donald. War report: A record of dispatches broadcast by the BBC's war correspondents with the Allied expeditionary force, 6 June 1944-5 May 1945. Oxford, UK: Oxford University Press, 1946.

63. Heaton, Colin. Occupation and insurgency: A selective examination of the Hague and Geneva Conventions on the Eastern Front, 1939-1945. Algora Publishing, 2008.

64. Heinz, Rolf. Crucible of combat: Germany's defensive battles in the Ukraine 1943-44. West Midlands, UK: Helion & Company Limited, 2009.

65. Herwig, Holger H. An introduction to military archives in West Germany. Military Affairs, 1972, 34(4), pp. 121-124.

66. Hillblad, Thorolf & Wallin, Erik. Twilight of the gods: A Swedish Waffen-SS volunteer's experience with 11th SS-Panzergrenadier Division 'Nordland', Eastern Front 1944-45. West Midlands, UK: Helion & Company Limited, 2004.

67. Hoffmann, Peter. Stauffenberg: A family history, 1905-1944. McGill-Queen's University Press, 2003.

68. Howe, George F. United States Army in World War II Mediterranean Theater of Operations: Northwest Africa: Seizing the initiative in the West. Washington, D.C.: Department of the Army, 1957.

69. Huntington, Samuel P. The solders and the state: The theory and politics of civil-military relations. Cambridge, MA: Harvard University Press, 1981.

70. Hutcheson, John M. Of tank and infantry: Lessons of heavy-light integration learned, forgotten and relearned. Carlisle, PA: U.S. Army War College, 1991.

71. Jackson, W.G.F. The battle for

North Africa 1940-43. New York, NY: Manson/Charter Publishers, Inc. 1975.

72. Jacobsen, H.A. & Rohwer, J. Decisive battles of World War II: The German view. New York, NY: G.P. Putnam's Sons, 1965.

73. Jarymowycz, R. Johann. Tank tactics: From Normandy to Lorraine. Boulder, CO: Lynne Rienner Publishers, Inc. 2001.

74. Jentz, Thomas L. Germany's Panther tank: The quest for supremacy: development, modifications, rare variants characteristics, combat accounts. Atglen, PA: Schiffer Publishing, 1995.

75. Jentz, Thomas L. Panzertruppen, Vol. 1 & 2. Atglen, PA: Schiffer Publishing, 1996.

76. Jones, Michael. The retreat: Hitler's first defeat. New York, NY: Thomas Dunne Books, 2009.

77. Jurado, Carlos. C. The German Freikorps: 1918-1923. Oxford, UK: Osprey Publishing, 2001.

78. Kershaw, Ian. Hitler 1936-45: Nemesis. New York, NY: W.W. Horton & Company, 2000.

79. Kirchubel,Richard. Operation Barbarossa 1941 (3): Army Group Center. Oxford, UK: Osprey Publishing Ltd, 2007.

80. Kievit, James O. Operation art in the 1944 Ardennes Campaign. Fort Leavenworth, KS: U.S. Army Command and General Staff College, 1987.

81. Kurowski, Franz (ed.). Hasso von Manteuffel, Panzerkampf im Zweiten Weltkrieg. Schnellbach, Germany: Verlag Siegfried Bublies, 2005.

82. Kurowski, Franz. Panzergrenadier aces: German mechanized infantrymen in World War II. Mechanicsburg, PA: Stackpole Books, 2010.

83. Kurowski, Franz. The Brandenburger commandos: Germany's elite warrior spies in World War II. Mechanicsburg, PA: Stackpole, 2005.

84. Landwehr, Richard & Roba, Jean-Louis. The Wallonien: The history of the 5th SS-Sturmbrigade and 28th SS Volunteer Panzergrenadier Division. Bennington, VT: Merriam Press, 2006.

85. Large, David Clay. Contending with Hitler: Varieties of German resistance in the Third Reich. New York, NY: Cambridge University Press, 1991.

86. Large, David Clay. Germans to the front: West German rearmament in the Adenauer era. Chapel Hill, NC: University of North Carolina, 1996.

87. Lehmann, Rudolf. Die Leibstandarte, Band III. Osnabruck, Germany: Munin Verlag GMBH, 1982.

88. Lemay, Benoit. Erich von Manstein: Hitler's master strategist. Havertown, PA: Casemate, 2010.

89. Liddell-Hart,B.H. The other side of the hill. London, UK: Cassell & Company Ltd, 1948.

90. Liddell-Hart, B.H. The German generals talk. New York, NY: William Morrow & Co.,1948.

91. Liddell-Hart,B.H. (ed.). The Rommel Papers. Cambridge, MA: Da Capo Press, 1982.

92. Liddell-Hart,B.H. History of the Second World War. Old Saybrook, CT: Konecky & Konecky, 1970.

93. Liedtke, Gregory. Furor Teutonicus: German Offensives and Counter-Attacks on the Eastern Front, August 1943 to March 1945. Journal of Slavic Military Studies, 2008, 21(3), pp.563-587.

94. Lingen, Kerstin von. Kesselring's last battle: War crimes trials and Cold War politics, 1945-1960. Lawrence, KS: University Press of Kansas, 2009.

95. Litvin, Nikolai. 800 days on the Eastern Front. Lawrence, KS: University of Kansas Press, 2007.

96. Lockenour, Jay. Soldiers as citizens: Former Wehrmacht officers in the Federal Republic of Germany, 1945-1955. University of Nebraska Press, 2001.

97. Luck, Hans von. Panzer commanders: The memoirs of Colonel Hans von Luck. Westport, CT: Praeger Publishers, 1989.

98. MacDonald, Charles B. A time for trumpets: The untold story of the Battle of Bulge. New York, NY: HarperCollins Publishers, 1997

99. Macksey, Kenneth. Guderian: Creator of the Blitzkrieg. New York, NY: Stein & Day, 1975.

100. Manstein, Erich von. Lost victories. Novato, CA: Presidio Press, 1982.

101. Manteuffel, Hasso von. Fast mobile and armored troops. U.S. Army Historical Division Study MS# B-036. Washington, D.C.: Office of the Chief of Military History, 1945.

102. Manteuffel, Hasso von. The tank battle of Targul Frumos. Military Review, September, 1956.

103. Manteuffel, Hasso von. Die 7. Panzer-Division im Zweiten Weltkrieg: Einsatz und Kampf der "Gespenster-Division" 1939-1945. Podzun-Pallas-Verlag GmbH, 1986.

104. McCarthy, Peter & Syron, Mike. Panzerkrieg: The rise and fall of Hitler's tank divisions. New York, NY: Carroll & Graf Publishers, 2003.

105. Mellenthin, F. W. von. German generals of World War II: As I saw them. Norman, OK: University of Oklahoma Press, 1977.

106. Mellenthin, F. W. von. Panzer battles. New York, NY: Ballantine Books, 1971.

107. Messenger, Charles. Hitler's gladiator. London, UK: Brassey's Defence Publishers, 1988.

108. Meyer, Hubert. The 12th SS: The history of the Hitler Youth Panzer Division, Volume II. Mechanicsburg, PA: Stackpole Books, 2005.

109. Mitcham, Samuel W. & Mueller, Gene. Hitler's commanders. New York, NY: Cooper Square Press, 2000.

110. Mitcham, Samuel W. Panzer commanders of the Western Front. Mechanicsburg, PA: Stackpole Books, 2010.

111. Mitcham, Samuel W. Rommel's desert war: The life and death of the Afrika Korps. Mechanicsburg, PA: Stackpole Books, 2007.

112. Mitcham, Samuel W. Rommel's desert commanders: The man who served the Desert Fox, North Africa,1941–1942. Westport, CT: Praeger, 2007.

113. Morton, Matthew D. Men on iron ponies: The death and rebirth of the modern U.S. Cavalry. DeKalb, IL: Northern Illinois University Press, 2009.

114. Mulligan, William. The creation of the modern German Army: General Walther Reinhardt and the Weimar Republic: 1914–1930. Oxford, UK: Berghahn Books, 2005.

115. Nash, Douglas E. Hell's gate: The battle of the Cherkassy Pocket, January–February 1944. Stamford, CT: RZM Imports, Inc. 2009.

116. Nevenkin, Kamen. Fire Brigades: The Panzer Divisions 1943–1945. Manitoba, Canada: J.J. Fedorowicz Publishing Inc., 2008.

117. Newton, Steven H. (ed.) Panzer operations: The Eastern Front memoir of General Raus, 1941–1945. Cambridge, MA: Da Capo Press, 2003.

118. Newton, Steven H. Hitler's commander: Field Marshal Walther Model. Cambridge, MA: Da Capo Press, 2005.

119. Niepold, Gerd. Panzeroperationen "Doppelkopf" und "Cäsar".Herford, Germany: E.S.Mittler, 1987.

120. Parker, Danny S. Battle of the Bulge. Cambridge, MA: Da Capo Press, 1991.

121. Parker, Danny S. Battle of the Bulge: Hitler's Ardennes Offensive 1944–45. Cambridge, MA: Da Capo Press, 2004.

122. Parker, Danny S. (ed.). Hitler's Ardennes Offensive: The German view of the Battle of the Bulge. Mechanicsburg, PA: Stackpole Books, 1997.

123. Patton, George Smith. War as I knew it. New York, NY: Houghton Mifflin Company, 1995.

124. Perrett, Bryan. Knight of the Black Cross: Hitler's Panzerwaffe and its Leaders. New York, NY: Dorset Press, 1986.

125. Perret, Geoffrey. There's a war to be won: The United States Army in World War II. New York, NY: Random House, 1991.

126. Pettibone, Charles D. The organization and order of battle of militaries in World War II: Volume V – Book B: Union of Soviet Socialist Republics. British Columbia, Canada: Trafford Publishing, 2009.

127. Read, Anthony & Fisher, David. The fall of Berlin. New York, NY: W.W. Norton & Company, 1992.

128. Reuth, Ralf Georg. Rommel: The end of a legend. London, UK: Haus Publishing Limited, 2005.

129. Reynolds, Michael. The Devil's Adjutant: Jochen Peiper, Panzer Leader. New York, NY: Sarpedon,1995.

130. Rickard, John N. Patton at bay: The Lorraine Campaign, September to December 1944. Westport, CT: Praeger Publishers, 1999

131. Rinella, Michael. Rommel's Ghost Division. World War II History, October 2010, pp. 52–61.

132. Ripley, Tim. Steel storm: Waffen–SS Panzer battles on the Eastern Front 1943–45. Osceola, WI: MBI Publishing Company, 2000.

133. Ryan, Cornelius. The last battle. New York, NY: Touchstone, 1995.

134. Saucken, Dietrich von. 4. Panzer–Division, Vol.2. Aschheim, Germany : Traditionsverbande der 4. Panzer–Division, 1969.

135. Schneider, Wolfgang. Tigers in combat, Volume 2. Mechanicsburg, PA: Stackpole Books, 2005.

136. Schwarz, Hans–Peter. Konrad Adenauer: German politician and statesman in a period of war, revolution and reconstruction. Vol.2: The Statesman, 1952–1967. Oxford, UK: Berghahn Books, 1997.

137. Searle, Alaric. Wehrmacht generals, West German society, and the debate on rearmament, 1949–1959. Westport, CT: Praeger Publishers, 2003.

138. Searle, Alaric. Veterans' associations and political radicalism in West Germany 1951–54: A case study of the Traditionsgemeinschaft Grossdeutschland. Canadian Journal of History, 1999, 34(8), 221–248.

139. Searle, Alaric. Revisiting the 'myth' of a 'clean Wehrmacht': Generals' trials, public opinion, and the dynamics of Vergangenheitsbewaltigung in West Germany, 1948–1960. German Historical Institute London bulletin, 2003,25(2), pp.17–48.

140. Seaton, Albert. The German Army 1933–45. London, UK: Weidenfeld & Nicolson, 1982.

141. Settel, Arther. This is Germany. William Sloane Associates, Inc., 1950.

142. Sharpe, Michael & Davis, Brian L. Grossdeutschland: Guderian's East Front elite. Surrey, UK: Ian Allan Publishing, 2001.

143. Shirer, William L. The rise and fall of the Third Reich. New York, NY: Simon and Schuster, 1960.

144. Showalter, Dennis. Hitler's Panzers: The lightning attacks that revolutionized warfare. New York, NY:

145. Simpkin, Richard. Tank warfare: An analysis of Soviet and NATO Tank philosophy. London, UK: Brassey's Defence Publishers, 1979.

146. Simpkin, Richard. Race to the Swift: Thoughts on Twenty-First Century warefare. London, UK: Brassey's Defence Publishers, 1985.

147. Smelser, Ronald M. & Davies, Edward J. The myth of the Eastern Front: The Nazi-Soviet war in American popular culture. New York, NY: Cambridge University Press, 2008.

148. Stackelberg, Roderick. Hitler's Germany: Origins, interpretations, legacies. London, UK: Routledge, 1999.

149. Stein, Marcel. Flawed genius: Field Marshal Walter Model, a critical biography. West Midlands, UK: Helion & Company, 2010.

150. The US Army Armor School. The Battle of St. Vith, Belgium, 17–23 December 1944. Fort Knox, KY: The US Army Armor School, 1966.

151. Theweleit, Klaus. Male fantasies, Volume 2: Male bodies: Psychoanalyzing the white terror. Minneapolis, MN: University of Minnesota Press, 1989.

152. Tillman, Barrett. Brassey's D-Day encyclopedia: the Normandy invasion A-Z. Dulles, VA: Brassey's, Inc., 2004.

153. Tippelskirch, Kurt von. Geschichte des zweiten Weltkriegs. Bonn, West Germany: Athenaum, 1951.

154. Tissier, Tony Le. Zhukov at Oder: The decisive battle for Berlin. Westport, CT: Praeger Publishers, 1996.

155. Tissier, Tony Le. The battle of Berlin 1945. London, UK: Jonathan Cape Ltd, 1988.

156. Toland, John. Battle: The story of the Bulge. Lincoln, NE: University of Nebraska Press, 1999.

157. Toland, John. The last 100 days. New York, NY: Random House, 1966.

158. Tsouras, Peter G. Panzers on the Eastern Front: General Erhard Raus and his Panzer divisions in Russian, 1941–1945. London, UK: Greenhii Books, 2006.

159. United States War Department. Annual report of the Secretary of War, Volume 1. Washington, D.C.: Government Printing Office, 1895.

160. United States Department of Army. Military improvisations during the Russian campaign. US Army Pamphlet No. 20–201. Washington, D.C.: United States Department of Army, August 1951.

161. Walimont, Walter. Inside Hitler's Headquarters 1939–1945. Novato, CA: Presido Press, 1964.

162. Werth, Alexander. Russia at war, 1941–1945. New York, NY: E.P. Dutton & Co., Inc., 1964.

163. Willis, Frank Roy. France, Germany and the new Europe: 1945–1963. Stanford, CA: Stanford University Press, 1965.

164. Winchester, Charles. Hitler's war on Russia. Oxford, UK: Osprey Publishing Ltd, 2007.

165. Yale, Wesley W., White, Issac D. & Manteuffel, Hasso von. Alternative to Armageddon: The peace potential of lightning war. New Brunswick, NJ: Rutgers University Press, 1970.

166. Yeadon, Glen & Hawkins, John. The Nazi Hydra in America: Suppressed history of a century. Joshua Trees, CA: Progressive Press, 2008.

167. Yeide, Harry. Fighting Patton: George S. Patton Jr. through the eyes of his enemies. Minneapolis, MN: Zenith Press, 2011.

168. Zaloga, Steven J. Lorraine 1944: Patton vs. Manteuffel. Oxford, UK: Osprey Publishing, 2000.

169. Zaloga, Steven J. & Sarson, Peter. IS-2 heavy tank, 1944–1973. Oxford, UK: Osprey Publishing, 1994.

170. Zaloga, Steven J. Battle of Bulge 1944 (2): Bastogne. Oxford, UK: Osprey Publishing Ltd, 2004.

171. Zetterling, Niklas & Frankson, Anders. Korsun Pocket. Philadelphia, PA: Casemate Publishers, 2011.

172. Ziemke, Earl F. Stalingrad to Berlin: The German defeat in the East. Washington, D.C.: United States Army, 1987.

中文部分

1.古德里安著，戴耀先译。古德里安将军战争回忆录。北京：解放军出版社，2005年第1版。

2.克劳斯·费舍尔著，萧韶工作室译。纳粹德国：一部新的历史(上)。江苏人民出版社，2005年第1版。

3.曼施泰因著，戴耀先译。曼施泰因元帅战争回忆录。北京：解放军出版社，2006年第1版。

4.科涅夫著，赖铭传译。科涅夫元帅战争回忆录。北京：解放军出版社，2005年第1版。

5.朱世巍。东线：决战第聂伯河。重庆：重庆出版社，2007年第1版。

6.罗科索夫斯基著，徐锦栋等译。罗科索夫斯基元帅战争回忆录。北京：解放军出版社，2003年第1版。

7.华西列夫斯基著，徐锦栋等译。华西列夫斯基元帅战争回忆录。北京：解放军出版社，2003年第1版。

8.周明、马文俊著。大德意志师(下)。重庆：重庆出版社，2008年6月第1版。

9.巴格拉米扬著，赖铭传译。巴格拉米扬元帅战争回忆录(下)。北京：解放军出版社，2009年第1版。

10.小奥托·普雷斯顿·钱尼著，张光远、汲澄如译。朱可夫元帅。北京：新华出版社，1984年11月第1版。

11.沃罗比约夫、帕罗季金、希曼斯基等著，杨伯清等译。希特勒末日。北京：军事译文出版社，1985年9月第1版。